BEITRÄGE ZUR HISTORISCHEN THEOLOGIE
HERAUSGEGEBEN VON GERHARD EBELING

54

Promissio, Pactum, Ordinatio

Freiheit und Selbstbindung Gottes in der scholastischen Gnadenlehre

von

BERNDT HAMM

1977

J. C. B. MOHR (PAUL SIEBECK) TÜBINGEN

CIP-Kurztitelaufnahme der Deutschen Bibliothek

Hamm, Berndt
Promissio, pactum, ordinatio: Freiheit u.
Selbstbindung Gottes in d. scholast. Gnadenlehre. —
1. Aufl. — Tübingen: Mohr 1977.
  (Beiträge zur historischen Theologie; 54)
  ISBN 3-16-139032-6
  ISSN 0340-6741

MEINEN ELTERN

VORWORT

Die vorliegende Untersuchung wurde im Herbst 1974 beim Fachbereich Evangelische Theologie der Universität Tübingen als Dissertation eingereicht. Für den Druck wurde sie nur geringfügig überarbeitet.

Mein herzlicher Dank gilt zunächst Herrn Professor Dr. Heiko A. Oberman, der mich als Studenten für die Beschäftigung mit der reformatorischen und mittelalterlichen Theologie zu begeistern wußte, der mir die Anregung zu dem Thema meiner Doktorarbeit gegeben und sie mit lebendigem Interesse, kritischem Rat und wichtigen Impulsen begleitet hat. Besonders danke ich auch Herrn Professor Dr. Wilfrid Werbeck für die Übernahme des Korreferates und seine stets hilfsbereite Anteilnahme an der Arbeit, besonders im Stadium der Vorbereitung für die Drucklegung. Herrn Professor Dr. Gerhard Ebeling danke ich für die Aufnahme der Dissertation in die Beiträge zur Historischen Theologie.

Die Arbeit entstand neben meiner Tätigkeit im Sonderforschungsbereich Spätmittelalter und Reformation der Universität Tübingen. Meinen Kollegen und Freunden in diesem Kreis der Augustinismusforscher verdanke ich eine reiche wissenschaftliche Förderung und vielfältige liebenswürdige Hilfe. Beim Lesen der Korrekturen halfen mir Frau Heinke Geiter und Herr Christoph Burger.

An dieser Stelle muß ich auch derjenigen zwei Freunde gedenken, die mich bereits während meiner Schulzeit in das Gebiet der kirchenhistorischen Forschung eingeführt und die Freude am wissenschaftlichen Arbeiten in mir geweckt haben, Helmut Köster und Edgar Früchtel. Das grundlegende Interesse am theologischen Fragen freilich empfing ich durch meine Eltern, denen ich dieses Buch als Zeichen des Dankes widme.

Schließlich danke ich meiner Frau für Verständnis und Ermutigung, die sie mir während der vergangenen Jahre angespannter Arbeit schenkte.

Tübingen, im August 1976   Berndt Hamm

INHALT

VORBEMERKUNGEN

1. Zu den Anmerkungen:

Die Anmerkungen sind kapitelweise durchgezählt. Verweise auf
Anmerkungen ohne Seitenangabe beziehen sich immer auf das gerade vorliegende Kapitel.

2. Zu den Quellenzitaten:

Bei Quellenzitaten, auch aus kritischen Editionen, wählte ich
dort, wo es mir grammatikalisch korrekter bzw. zur Erhellung
des Sinns nützlich erschien, eine eigene Interpunktion. Die
Schreibweise der lateinischen Texte ist durchgehend so verein-
heitlicht, daß für e(=ae) ae und für c(=t) t bzw. für t(=c) c
steht. Textkritische Anmerkungen und erläuternde Zusätze füge
ich durch runde Klammern in den Text ein.

Die hinter den Stellenangaben in Klammern gesetzten Seiten-
(bzw. Folio-) und Zeilenzahlen beziehen sich auf die im Quellen-
verzeichnis genannten Editionen, Drucke oder Handschriften.
Bei Handschriftenzitaten gilt: Sind die Manuskriptseiten ein-
spaltig, dann wird die Vorderseite durch r und die Rückseite
durch v gekennzeichnet, sind sie zweispaltig, dann werden die
Spalten der Vorderseite a und b und die Spalten der Rückseite
c und d benannt.

3. Zur Sekundärliteratur:

Angeführt sind in der Regel nur der Familienname des Verfassers
und der gekürzte Titel. Die vollständigen bibliographischen Angaben sind dem Literaturverzeichnis zu entnehmen.

ABKÜRZUNGEN

Für alle nicht aufgeführten Abkürzungen sei, soweit sie nicht in sich verständlich sind, auf die in RGG VI XXXIIf zusammengestellten Abkürzungen verwiesen.

a.	articulus
arg.	argumentum
c.	causa
cod.	codex
concl.	conclusio
d.	distinctio
disp.	disputatio
dub.	dubium
epist.	epistula
fol.	folium
hom.	homilia
inq.	inquisitio
l.	liber
lect.	lectio
m.	membrum
marg.	marginalis
n.	numerus
not.	notabile
Ox.	Opus Oxoniense (nur bei Duns Scotus)
p.	pars
prol.	prologus
q.	quaestio
qcl.	quaestiuncula
reg.	regula
Report. Paris.	Reportata Parisiensis (nur bei Duns Scotus)
resp.	responsio
s.a.	sine anno
schol.	scholion
Sent.	Sentenzenkommentar
sol.	solutio
S.th.	Summa theologiae (nur bei Thomas von Aquin)
subq.	subquaestio
tr.	tractatus
un.	unicus

EINLEITUNG

1. Klärung der Begriffe 'Freiheit' und 'Selbstbindung'

Ehe wir uns dem Problem von Freiheit und Selbstbindung Gottes
in seiner historischen Entfaltung durch die mittelalterliche
Theologie zuwenden, sei kurz geklärt, was mit diesen Begriffen
gemeint ist. Sprechen wir von Freiheit und Selbstbindung, dann
haben wir nicht zwei einander ausschließende Gesichtspunkte,
sondern zwei Aspekte derselben Sache, der freien Selbstbindung
Gottes also, im Blick - eine Freiheit, die zur Selbstbindung
Gottes führt und das Reden von einer Selbstbindung Gottes erst
sinnvoll macht, und eine Selbstbindung, die als Folge und konkreter Ausdruck der göttlichen Freiheit verstanden werden muß.
Beide Begriffe legen sich in ihrer Dialektik gegenseitig aus
und haben die Funktion, nicht Gottes Wesen an sich, sondern
Gottes Verhältnis zur Welt und damit den Charakter der geschichtlichen Heilsordnungen zu klären. Freiheit ist dann
gleichbedeutend mit Gottes souveräner Überlegenheit gegenüber
der Schöpfung, die sich in seiner absoluten Wahlfreiheit zeigt.
Daß Gott auch ganz anders hätte entscheiden können, als er faktisch entschieden hat, ist nach der Vorstellung mittelalterlicher Theologen Ausdruck seiner Unabhängigkeit vom Einflußbereich des Geschaffenen.

Diese absolute Wahlfreiheit Gottes, dieser unendliche Möglichkeitsraum ist mit der faktischen Gültigkeit einer bestimmten Heilsordnung durch den Akt der freien Selbstbindung Gottes
verknüpft; die Selbstbindung verklammert somit die beiden Bereiche, die man seit der ersten Hälfte des 13. Jahrhunderts
immer wieder als potentia dei absoluta und potentia dei ordinata einander gegenüberstellt. Begriffe wie ordinatio, pactum,
promissio, decretum, statutum und conventio, die den Akt der
Selbstbindung Gottes beschreiben, machen deutlich, daß es sich
hier nicht um ein schon immer bestehendes Gebundensein oder
Gehaltensein Gottes durch seine wesenhafte Güte, sondern um
ein punktuell neu einsetzendes Ereignis der Selbstbindung

handelt, durch das Gott seinen Möglichkeitsraum freiwillig beschränkt. Dabei ist zu beachten, daß es nach Auffassung der
Scholastik in der Ewigkeit Gottes ein Früher oder Später nicht
im zeitlichen Sinne, sondern nur "secundum rationem intelli-
gentiae" gibt. Daß bei Gott überhaupt etwas wie Selbstbindung
möglich ist, hängt natürlich mit seinem ewigen Wesen, d.h. damit, daß er als wahrhaftiger Gott hält, was er verspricht, zusammen. Daß er sich jedoch tatsächlich bindet, indem er etwa
Abraham seine Verheißung gibt, ist aus Gottes Wesen nicht ableitbar, sondern ein kontingentes,   n e u e   Verhältnisse
schaffendes Geschehen. Gott hätte ja diese tatsächlich vollzo-
gene Selbstbindung auch unterlassen können. Als inchoatives
Ereignis, das von einem anfangslosen essentiellen Gebundensein
Gottes zu unterscheiden ist, muß die freie Selbstbindung Gottes
auch als geschichtliches Geschehen gesehen werden. Weil sie als
kontingenter Akt des göttlichen Willens nicht a priori aus dem
Wesen Gottes oder dem Befinden und Verhalten der Schöpfung de-
duzierbar ist, kann sie vom Menschen nur a posteriori aus den
geschichtlichen Kundgebungen Gottes (promissio, pollicitatio,
sponsio, iuramentum, conventio, contractio, pactum) erkannt
werden. So entspricht dem Interesse an der Unverfügbarkeit Gottes das Interesse an der Geschichte als Offenbarungsraum der
verschiedenen Selbstbindungen Gottes.

   Damit dürfte deutlich geworden sein, wann wir von einer
freien Selbstbindung Gottes sprechen: Von ihr ist dann die Rede, wenn die regelhafte Gültigkeit einer bestimmten Heilsordnung nicht durch ontologische Argumente, sondern durch eine
kontingente Entscheidung und Verordnung des göttlichen Willens
begründet wird.

2. Die freie Selbstbindung Gottes als Schlüssel zum Verständnis der Gnadenlehre

Wir werden diesen Gedanken in der Gnadenlehre Augustins und
exemplarischer Theologen der Früh- und Hochscholastik untersuchen, weil gerade auf dem Gebiet der Gnadenlehre und hier wieder besonders innerhalb der Verdienstlehre das Problem der frei
schenkenden Souveränität Gottes aufbricht und durch die Konzeption der freien Selbstbindung Gottes bewältigt werden soll.
Eine Untersuchung der Selbstbindungstradition im Rahmen der

Verdienstlehre eignet sich ferner ausgezeichnet dazu, um auf
charakteristische Unterschiede innerhalb der Gnadenlehre des
12. und 13. Jahrhunderts aufmerksam zu machen. Sie dient uns
gleichsam als Schlüssel, um die meist nur feinen, aber doch
sehr gewichtigen Nuancen zu erkennen, die etwa - um nur ein
Beispiel zu nennen - zwischen der Gnadenlehre des Franziskaners
Bonaventura und des Dominikaners Thomas von Aquin bestehen und
die ihre Wurzeln in verschiedenen theologisch-philosophischen
Grundentscheidungen und -interessen dieser Theologen haben.

In der bisherigen Forschung hat man diesen Schlüssel bereits
benützt, um die typischen Merkmale der ockhamistischen Gnadenlehre gegenüber der thomistischen herauszuarbeiten. Man hat gezeigt, welche entscheidende Rolle die Dialektik von potentia
dei absoluta und potentia dei ordinata für die Beurteilung der
ockhamistischen Gnadenlehre spielt[1]. Dasselbe läßt sich für
die Erforschung der skotistischen Gnadenlehre sagen: Auch hier
wurde die Bedeutung der franziskanisch-augustinischen Konzeption der freien Selbstbindung Gottes gegenüber der thomistisch-
aristotelischen Gnadenlehre deutlich betont[2]. Für die Theologie
des 13. Jahrhunderts wurde ebenfalls gezeigt, welche typische
Funktion das freie Versprechen Gottes in der franziskanischen
Verdienstlehre hat. Dies ist Auer zu verdanken, der in seinem
Werk über die Gnadenlehre der Hochscholastik eindringlich darauf hinweist, daß die spezifische Ausprägung der skotistischen
und ockhamistischen gegenüber der thomistischen Gnadenlehre
auf den besonderen Charakter der Gnadenlehre in der mittleren

---

1 s. bes. Vignaux, Justification et prédestination, 1934;
ders., Luther. Commentateur, 1935; Iserloh, Gnade und Eucharistie, 1956; Hoffmann, Iohannes Lutterell, 1959; Grane, Contra
Gabrielem, 1962; Oberman, The Harvest of Medieval Theology,
1963; dt.: Spätscholastik und Reformation I, 1965; ders., Wir
sein pettler, 1967; Courtenay, Covenant and Causality in Pierre
d'Ailly, 1971; ders., Nominalism, 1972, 720: "Indeed, it was
not so much the method of linguistic analysis that characteriz-
ed nominalism as it was the dialectic of the two powers of
God applied to a series of philosophical and theological problems, especially the atonement, justification and sanctifica-
tion, natural law and ethics."
2 s. Auer, Gnadenlehre I und II, 1942/51; Dettloff, Acceptatio divina, 1954; ders., Die antipelagianische Grundstruktur,
1966.

und älteren Franziskanerschule seit Odo Rigaldi zurückgeht[3]. Allerdings benützt Auer den Gedanken der freien Selbstbindung Gottes nicht als   S c h l ü s s e l   , um durch ihn
die Besonderheit franziskanischen Denkens zu erschließen, sondern erwähnt ihn im Rahmen der Verdienstlehre als ein Moment
neben vielen anderen, als ein zwar bemerkenswertes, aber doch
nicht vorrangiges Indiz für den personalistischen Grundzug der
franziskanischen Gnadenlehre. So wird eine wichtige Entwick-
lungslinie, die zu Duns Scotus führt, in unvollkommener Weise
beschrieben. Es wird nicht deutlich, daß die Konzeption der
freien Selbstbindung Gottes dominierender Grundzug der franziskanischen Gnadenlehre im 13. Jahrhundert ist, der das zentrale
Interesse des Duns Scotus an der Spannung zwischen potentia dei
absoluta und potentia dei ordinata erst historisch-genetisch
verständlich macht. Auer verkennt zudem, daß die Begründung
der menschlichen Verdienstmöglichkeit durch das göttliche Versprechen nicht erst bei dem Franziskaner Odo Rigaldi kurz vor
der Mitte des 13. Jahrhunderts[4], sondern schon bei Augustin
auftaucht, um dann bereits im 12. Jahrhundert eine bedeutsame
Rolle zu spielen. Für diesen Zeitraum sind es besonders die
Arbeiten von Landgraf, denen wir wichtiges Material verdanken,
auch wenn Landgraf unser Thema nur beiläufig, ja mehr oder min-
der zufällig zur Sprache bringt und es nie zur Charakterisierung eines bestimmten theologischen Anliegens aufgreift[5].

3. Zwei Betrachtungsweisen: immanente Qualität der Werke und externe Verfügung Gottes

Wenn wir im Unterschied zu Auer und Landgraf als Schlüssel zur
Erkenntnis entscheidender Modifikationen in der Gnadenlehre des
12. und 13. Jahrhunderts den Gedanken einer freien Selbstbindung Gottes wählen, dann haben wir vor allem den Unterschied

---

3 Auer, Gnadenlehre I und II, passim. Zum Problem der
Selbstbindung Gottes durch sein Versprechen s. bes. II, 64-66.
102-111.150-166.
4 Auer, Gnadenlehre II, 150: "Dies finde ich hier (Auer
meint Odo Rigaldi) zum erstenmal: die Sicherung des Lohnes
für das Verdienst durch das göttliche Versprechen."
5 s. die im Literaturverzeichnis aufgeführten Arbeiten von
A.M.Landgraf.

zwischen zwei Betrachtungsweisen im Blick, deren Extreme wir
so formulieren können: Die eine geht bei der Frage nach der
Verdienstmöglichkeit des Menschen von der seinen Werken durch
die Gnade geschenkten immanenten Dignität aus; der Innenaspekt
der gottgeschenkten Qualität menschlichen Handelns begründet
das Verdienst. Die andere Betrachtungsweise sieht den Grund des
Verdienstes in dem Außenaspekt einer freien göttlichen Verfügung, die das an sich unwürdige Werk des Menschen im Stand der
Gnade in Beziehung zum Lohn des ewigen Lebens setzt. Man kann
hier von einer externen Dignität des menschlichen Handelns
sprechen. Die Frage nach der freien Selbstbindung Gottes ermöglicht es uns, die Lösungsversuche des 12. und 13. Jahrhunderts
mehr in die Nähe des einen oder mehr in die Nähe des anderen
Extrems zu rücken. Oft sind es nur Nuancen, die das Pendel nach
der einen oder anderen Seite ausschlagen lassen; aber in einer
theologischen Epoche, in der das Gebundensein an die Tradition
den Vorrang vor der Originalität des Individuums besitzt, sind
gerade die kleinen Nuancen entscheidend, wenn man nach dem Interesse des Autors fragt.

Von einer Untersuchung des Selbstbindungsgedankens in der
Früh- und Hochscholastik und der sie prägenden Theologie Augustins ist ein Einblick in die Grundlagen der mehr externen Betrachtungsweise, die sich später vor allem in der Theologie des
Nominalismus und Luthers zeigt, zu erwarten. Ziel dieser Arbeit
ist also letztlich die Erkenntnis einer Traditionslinie, die
von Augustin über die scholastische Theologie bis ins 16. Jahrhundert reicht. Es soll nachgezeichnet werden, wie der Selbstbindungsgedanke des Nominalismus, seine grundlegende Unterscheidung zwischen potentia dei absoluta und potentia dei ordinata,
die in jüngster Zeit eine auffallend positive Würdigung erfährt,
einerseits durch die Theologie Augustins sowie der Früh- und
Hochscholastik in sehr wesentlicher Weise vorbereitet wird, andererseits in das Reformationszeitalter ausstrahlt. Wie ich
hoffe, wird damit das Interesse verschiedener Forschungsrich-
tungen angesprochen: des Augustinforschers, der sich die Frage
nach der Wirkungsgeschichte Augustins im Mittelalter stellt,
des Theologiehistorikers, der nach charakteristischen Lehrunter-
schieden innerhalb der Früh- und Hochscholastik fragt, des No-
minalismusforschers, der an der Vorgeschichte des nominalistischen Kontingenzbewußtseins interessiert ist, und des Luther-

forschers, der das Problem der Kontinuität zwischen Scholastik und Reformation im Auge hat.

Um dieser umfassenden historischen Bedeutung der auf die Extra-Dimension von promissio, pactum oder ordinatio Gottes abhebenden Betrachtungsweise annähernd gerecht zu werden, wollen wir uns nicht auf eine isolierte Betrachtung des 12. und 13. Jahrhunderts beschränken, sondern einerseits mit Augustin beginnen und andererseits dem Hauptteil einen Ausblick auf die weitere Geschichte der Konzeption einer freien Selbstbindung Gottes von Bonaventura zu Luther folgen lassen. Im zusammenfassenden Kapitel der Arbeit werden wir ferner zeigen, daß die Konzeption der freien Selbstbindung Gottes nicht nur eine Besonderheit der Gnadenlehre, sondern ein Gestaltungsprinzip in allen Bereichen der mittelalterlichen Schultheologie ist. Dabei soll deutlich werden, daß hinter dem Verweis auf die Extra-Dimension der geschichtlichen Anordnungen, Verheißungen und Verträge Gottes überall das theologische Interesse an der Souveränität des frei wählenden und schenkenden Gottes steht, das sich mit dem Interesse an der Relevanz des faktischen Heilsweges durchdringt.

4. Zum Problem der Prädestinationslehre

Obwohl die Vorstellung von der freien Selbstbindung Gottes auch in der Prädestinationslehre zum Tragen kommt und die Prädestinationslehre mit der Gnadenlehre sachlich sehr eng verknüpft ist, blieb die Prädestinationslehre des 12. und 13. Jahrhunderts in unserer Arbeit fast unberücksichtigt. Wir sahen uns dazu gezwungen, da eine Behandlung der Prädestinationslehre die Erörterung so vieler eigener diffiziler Probleme mit sich gebracht hätte, daß sie in unserem Rahmen nicht hätte bewältigt werden können. Wo allerdings die Auffassungen von der Prädestination unmittelbar relevant für eine Beurteilung der Verdienstlehre und des in ihr vertretenen Selbstbindungsgedankens sind, wie vor allem beim Vergleich der nominalistischen mit der skotistischen Tradition, werden wir darauf aufmerksam machen. Keineswegs soll durch die thematische Beschränkung unserer Arbeit das Mißverständnis gefördert werden, man könne die Entwicklung der scholastischen Verdienstlehre von der Prädestinationslehre isolieren. Immer muß man bei der Beschäftigung

mit den Problemen der Gnadenlehre das Problem der Prädestination im Hintergrund sehen, auch wenn im zweiten Sentenzenbuch die im ersten getroffenen Weichenstellungen nicht mehr
zur Sprache kommen[6].

---

6 Vgl. Oberman, Spätscholastik und Reformation I, 176:
"Es gibt in der theologiegeschichtlichen Forschung die zuverlässige Grundregel: Kennt man die Einstellung eines Theologen
zur Prädestinationslehre, dann hat man schon ein gutes Stück
seiner Rechtfertigungslehre vor sich."

1. Kapitel
AUGUSTINS LEHRE VON DER SCHULDNERSCHAFT GOTTES

Obwohl der Schwerpunkt unserer Arbeit auf der Untersuchung der
Früh- und Hochscholastik liegt, wollen wir der Behandlung des
12. und 13. Jahrhunderts ein Augustinkapitel vorausschicken.
Wird doch die Tradition der Alten Kirche gerade von Augustin in
der Weise übernommen und zu der Gestalt weiterentwickelt, die
für das mittelalterliche Abendland von maßgeblichem Einfluß
werden wird, und darf doch gerade er als Wegbereiter der scholastischen Selbstbindungstradition und des in ihr lebendigen
Interesses an der Freiheit Gottes gelten. Wir werden diese Zusammenhänge zwischen der Theologie Augustins und der Lehre des
12. und 13. Jahrhunderts am Ende unserer Arbeit noch eingehender erläutern. Für den Selbstbindungsgedanken innerhalb der
scholastischen Verdienstlehre wurde insbesondere Augustins Lehre von der Schuldnerschaft Gottes wichtig, die zeigte, wie man
den Gesichtspunkt der Bindung Gottes und damit der garantierten
Gültigkeit einer bestimmten Vergeltungsordnung mit dem Gesichtspunkt der frei schenkenden Souveränität Gottes in Einklang.brin-
gen und beides in gleicher Weise betonen konnte.

I. Gott als debitor. Entfaltung der Problematik

Augustins ausgebildete Gnadenlehre ist durch und durch geprägt
vom Gedanken der Souveränität Gottes gegenüber seinem Geschöpf.
Gottes Gnade kommt allem Gutsein und Guthandeln des Menschen
zuvor. Muß doch Augustin gegen Pelagius "den Gott des ungeschuldeten, allwirksamen Erbarmens verteidigen"[7]. Diese Tatsache ist
zu bekannt, als daß sie weiter begründet und durch Texte belegt
werden müßte[8]. Um so verwunderlicher ist es, daß Augustin an
mehreren Stellen, die keinesfalls alle einer frühen Phase seiner
theologischen Entwicklung zuzuschreiben sind, von Gott als dem

---

7 Pesch, Die Lehre vom "Verdienst", 1876.
8 "Die erste Aussage in Sachen des Verdienstes muß für
Augustin daher lauten, daß der Mensch nicht nur an der Peri-
pherie seines Seins, sondern wesenhaft auf Gnade und Hilfe
Gottes angewiesen ist ..." Pesch, aaO; vgl. die dort in
Anm.38 angegebenen Augustin-Stellen.

Schuldner des Menschen spricht[9], womit er an ähnlichen Formulierungen Tertullians[10] und Cyprians[11] anknüpft. Eine typische Passage aus dem Sermo 158 mag davon einen guten Eindruck vermitteln. Augustin gibt hier zu Rom.8,30 ("Quos autem praedestinavit, hos et vocavit; et quos vocavit, hos et iustificavit; quos autem iustificavit, illos et glorificabit") folgende Erläuterung:

"In his autem quattuor rebus, quas commendavit Apostolus insignes, quae pertinent ad eos, pro quibus est deus, id est praedestinatione, vocatione, iustificatione, glorificatione, in his ergo quattuor rebus considerare debemus, quid iam habemus et quid adhuc exspectemus. In his enim, quae iam habemus, laudemus deum largitorem, in his, quae nondum habemus, teneamus debitorem. Debitor enim factus est, non aliquid a nobis accipiendo, sed quod ei placuit promittendo. Aliter enim dicimus homini: 'Debes mihi, quia dedi tibi', et aliter dicimus: 'Debes mihi, quia promisisti mihi'. Quando dicis: 'Debes mihi, quia dedi tibi', a te processit beneficium, sed mutuatum, non donatum. Quando autem dicis: 'Debes mihi, quia promisisti mihi', tu nihil dedisti et tamen exigis. Bonitas enim eius, qui promisit, dabit, ne in malitiam fides convertatur. Qui enim fallit, malus est. Deo autem numquid dicimus: 'Redde mihi, quia dedi tibi?' Quid dedimus deo, quando totum, quod sumus et quod habemus boni, ab illo habemus? Nihil ergo ei dedimus. Non est, quemadmodum ista voce exigamus debitorem deum, maxime dicente nobis Apostolo: 'Quis enim cognovit sensum domini? Aut quis consiliarius eius fuit? Aut quis prior dedit illi et retribuetur ei?' (Rom.11,34f) Illo ergo modo possumus exigere dominum nostrum, ut dicamus: 'Redde quod promisisti, quia fecimus, quod iussisti; et hoc tu fecisti, quia laborantes iuvisti.'"[12]

An Hand dieses Textes und der anderen zahlreichen Stellen wollen wir nun die besonderen Merkmale der augustinischen Vorstellung von Gott als Schuldner herausarbeiten.

---

9 s. folgende Stellen: Confessiones 5,9 (Skutella 90,23-91,2); Enarrationes in Psalmos: in Ps.32, II2,2 (CC 38,258, 7-14); in Ps.83,16 (CC 39,1159,21-1160,42); in Ps.100,2 (CC 39,1406,43-1407,72); in Ps.109,1 (CC 40,1601,1-1602,37); De gratia et libero arbitrio 5,10-6,15 (PL 44,888-890); Sermo 110,4,4-5,5 (PL 38,640f); 158,2,2 (PL 38,863); 255,5,6 (PL 38,1184f); 315,4,6-5,7 (PL 38,1428-1430). - Zur genauen Datierung der Werke vgl. Vetus Latina 1/1. Die Sermones werden hier so datiert: 110: 410/2; 158: nicht vor 418; 255: 418; 315: 416/17. Sie fallen also bereits in die antipelagianische Phase Augustins, was für den Charakter der debitum-Vorstellung bezeichnend ist.

10 De poenitentia 2,11 (CC 1,323,44-46): "Bonum factum deum habet debitorem, sicuti et malum, quia iudex omnis remunerator est causae." Vgl. Bakhuizen van den Brink, Mereo(r) and meritum, 333.

11 De opere et eleemosynis 26 (PL 4,622A): "Christianus .. promeretur Christum iudicem, deum computat debitorem." Vgl. Bakhuizen van den Brink, aaO 333f; Wirth, Der "Verdienst"-Begriff bei Cyprian, 52 Anm.6 und 74f.

12 Sermo 158,2,2 (PL 38,863).

Augustin sagt, daß Gott durch seine Verheißung unser Schuldner geworden ist ("debitor factus est") oder daß er sich uns
durch seine Verheißungen zum Schuldner gemacht hat ("promittendo debitorem se fecit")[13], d.h. wir sind Gläubiger Gottes, soweit Gott seine Verheißungen noch nicht erfüllt hat. Sind wir
bereits gerechtfertigt, so schuldet uns Gott kraft seiner Verheißung noch die Gabe der himmlischen Herrlichkeit[14].

Der Gedanke der Schuldnerschaft Gottes kann von Augustin
noch veranschaulicht und intensiviert werden: Ein nur mündli-
ches Versprechen war Gott zu wenig; er wollte auch durch ein
Schriftstück gebunden sein ("teneri voluit") und stellte uns
deshalb gleichsam einen eigenhändig unterschriebenen Schuld-
schein (chirographum) über seine noch nicht erfüllten Verheißungen aus[15]. Zweifellos versteht Augustinus hier unter chirographum als der "scriptura promissorum" die Bibel[16]. Im gleichen Sinne verwendet er auch den wie chirographum aus dem
römischen Recht stammenden Begriff cautio[17]. Gott hat unseren

---

13 Der Ausdruck "promittendo debitorem se deus fecit"
kommt an folgenden Stellen vor: Enarr. in Ps.83 und 109
(s.o.Anm.9); Sermo 110 (s.o.Anm.9).

14 Über die Verheißung der himmlischen Herrlichkeit sagt
Augustinus: "Promisit (deus) salutem aeternam et beatam vitam
cum angelis sine fine et hereditatem immarcescibilem, gloriam
sempiternam, dulcedinem vultus sui, domum sanctificationis
suae in coelis ... Hoc est promissum eius tamquam finale, quo
decurrit nostra omnis intentio, quo cum venerimus, nihil
amplius requiramus, nihil amplius exigamus." Enarr. in Ps.
109,1 (CC 40,1601,18-25).

15 "Fidelis deus, qui se nostrum debitorem fecit, non
aliquid a nobis accipiendo, sed tanta nobis promittendo. Parum
erat promissio, etiam scripto se teneri voluit veluti faciens
nobiscum chirographum promissorum suorum, ut, cum ea quae promisit solvere inciperet, in scriptura promissorum considerare-
mus ordinem solvendorum." ebd (CC 40,1601,11-17). Vgl. Sermo
110,4,4 (PL 38,641): "Promissorum suorum nobis chirographum
fecit. Non debendo enim sed promittendo debitorem se deus fecit, id est non mutuo accipiendo."

16 'Chirographum' kann aber auch für das nur mündliche Versprechen stehen, z.B. in Confessiones 5,9 (Skutella 90,23f.25-
91,2), wo Augustin von den göttlichen Zusagen an seine Mutter
Monnica spricht: "Absit, ut tu falleres eam (sc. Monnicam) in
illis visionibus et responsis tuis ..., quae illa fideli pecto-
re tenebat et semper orans tamquam chirographa tua ingerebat
tibi. Dignaris enim, quoniam in saeculum misericordia tua, eis,
quibus omnia debita dimittis, etiam promissionibus tuis debitor
fieri."

17 Zur Verwendung von chirographum und cautio im römischen
Privatrecht s.u.S.464 Anm.447. Beide Begriffe finden sich, un-

Vätern die Verheißung gegeben, die Bürgschaft (cautio) aber,
welche die Verheißung bekräftigt, können auch wir lesen und so
genau feststellen, was Gott bereits abgegolten hat und was er
uns noch schuldet[18].

Der Grund, weshalb Gott kraft seiner Verheißung überhaupt
unser Schuldner sein kann, weshalb er notwendigerweise seine
Verheißungen erfüllt, liegt in seinem unwandelbaren Wesen.
Augustin bezieht sich in diesem Zusammenhang auf Gottes Wahrhaftigkeit[19], Güte[20] oder Barmherzigkeit[21]. Gott ist ein treu-
er Gott (fidelis deus), der seine wesenhafte Glaubwürdigkeit
durch die Erfüllung der Verheißungen beweisen wird[22].

II. Die theologische Motivation zum Reden von der Schuldner-schaft Gottes

Was veranlaßte Augustin, in dieser Weise von Gott als Schuldner des Menschen zu sprechen? In einer Auslegung von 2.Tim.4,8
hebt Augustin hervor, daß Paulus an dieser Stelle Gott als
seinen Schuldner bezeichne: Gott schuldet ihm den himmlischen
Lohn, die "corona iustitiae". Paulus rede aber deshalb so von
Gott, um alle Gläubigen zur gleichen Hoffnung auf den Lohn zu
ermutigen (erigere)[23]. Diese paränetische Interpretation ist

---

ter dem Einfluß der Terminologie des römischen Rechts, auch in
der Vulgata.

18 "Promisit patribus nostris. Sed cautionem fecit, quam
legeremus et nos. Si faciat nobiscum rationem, qui dignatus
est facere cautionem, et dicat: 'Legite debita mea, hoc est
debita promissionum mearum, et computate quae reddidi, computate etiam quae debeo: Ecce, quam multa reddidi! Modicum est,
quod debeo. Pro modico quod restat infidelem me promissorem
esse putabitis?', quid respondebimus contra manifestissimam
veritatem?" Sermo 110,5,5 (PL 38,641).

19 "(Dominus) veritatem diligit, ut credenti det quod promisit." Enarr. in Ps.83,16 (CC 39,1160,2f); vgl. Sermo 110,4
(PL 38,641).

20 "Bonitas enim eius, qui promisit, dabit ..." Sermo 158,
2,2 (PL 38,863); vgl. Sermo 255,5,6 (PL 38,1184).

21 "Quia (deus) diligit misericordiam, oportet, ut exhibeat
quod promittit." Enarr. in Ps.32, II2,2 (CC 38,258,12f); vgl.
Confessiones 5,9: s.o. Zitat in Anm.16.

22 Zur Treue Gottes vgl. Enarr. in Ps.32, II2,2 (CC 38,
258,7f): "Fidelis ille factus est debitor"; Enarr. in Ps.109,1
(CC 40,1601,11); Sermo 110,5,5 (PL 38,641).

23 "Numquid solus Paulus id (sc. coronam iustitiae) meruit?
Hoc enim dixeram: Quomodo in illo testimonio (sc. Rom.2,3-6)
terruit, sic in isto (sc. 2.Tim.4,6-8) erexit, cum dixisset:

bezeichnend für Augustins Interesse. So kann er auch aus der
Schuldnerschaft Gottes den Appell an den Menschen ableiten, mit
Habgier von Gott zu fordern[24].

Es sind hier zum Vergleich zahlreiche Augustin-Stellen zu
beachten, wo zwar nicht von Gott als Schuldner des Menschen und
vom Verheißungsinhalt als Schuld Gottes gesprochen wird, wo
aber trotzdem eine enge sachliche Beziehung zum Thema debitor/
debitum besteht, da von der unumstößlichen Gültigkeit der göttlichen Verheißungen die Rede ist[25]. In diesen promissio-Stellen
hat der Hinweis auf die Unwandelbarkeit der Verheißungen immer
wieder die Funktion, die Sicherheit von Glaube und Hoffnung,
Geduld und Ruhe, Zuversicht und Freude des Christen zu begründen. So verbindet Augustinus mit der Aufforderung zur Hoffnung
auf das, was noch nicht zu sehen, und zur Erwartung dessen, was
noch nicht zu haben ist, das Argument, daß die Gläubigen in
Christus einen "verax promissor" haben[26]. Oder er kann sagen:
Sofern wir auf unseren gegenwärtigen Zustand schauen, haben wir
Grund zum Seufzen; sofern wir aber hoffen können, haben wir
Grund zur Freude. Denn wir freuen uns auf Grund der Verheißung,
weil wir wissen, daß uns der nicht täuscht, der die Verheißung
gegeben hat[27]. Die Hoffnung des Christen gründet sich darum
nicht auf seine Werke, sondern auf die Barmherzigkeit und Wahrhaftigkeit des verheißenden Gottes[28]. Die Sicherheit der christ-

---

'Reddet mihi dominus in illo die iustus iudex, non solum mihi',
inquit, 'sed omnibus, qui diligunt manifestationem et regnum
eius'." Enarr. in Ps.100,2 (CC 39,1407,68-72).
    24 "Fidelis ille factus est debitor, esto tu avarus exac-
tor." Enarr. in Ps.32, II2,2 (CC 38,258,7f).
    25 Gemeint sind z.B. folgende Stellen: Enarrationes in
Psalmos: in Ps.54,3 (CC 39,657,55-60); in Ps.88, I1 (CC 39,
1220,1-13); in Ps.91,2 (CC 39,1280,10-23); Sermo 39,8,10 (PL
38,240f); 157,6,6 (PL 38,862).
    26 "Firmissime sperate quod non videtis, patienter exspec-
tate quod nondum habetis, quia veracem promissorem Christum fi-
delissime retinetis." Sermo 157,6,6 (PL 38,862).
    27 "Agnoscamus ergo honorem nostrum et intelligamus. Si in-
telligimus, videmus non esse istam regionem gaudendi, sed gemen-
di, non iam exsultandi, sed adhuc plangendi. Sed etsi exsulta-
tio quaedam habitat in cordibus nostris, nondum est in re, sed
in spe. Ex promisso laetamur, quia scimus non nos fallere pro-
mittentem." Enarr. in Ps.54,3 (CC 39,657,55-60).
    28 "Nemo in hoc saeculo robustus est, nisi in spe promis-
sionis dei. Quantum enim attinet ad merita nostra, infirmi sumus, quantum ad eius misericordiam robusti sumus. Itaque iste
infirmus in se, robustus in misericordia dei." Enarr. in Ps.88,
I1 (CC 39,1220,9-13).

lichen Existenz entspricht der Sicherheit der Verheißung. Augustin hebt die Infallibilität der Verheißung hervor, um dieses Entsprechungsverhältnis zu klären und die paränetischen Konsequenzen daraus zu ziehen.

Aus der thematischen Verwandtschaft dieser Stellen mit den Abschnitten, wo Augustin von einer Schuldnerschaft Gottes ex promissione spricht, darf man schließen, daß sich in den beiden Textgruppen das gleiche Interesse Augustins bekundet – auch dort, wo die paränetische Zuspitzung des Gedankengangs fehlt. Augustin nennt Gott Schuldner, um auf die unumstößliche Sicherheit des künftigen Heils und damit auf die garantierte Sicherheit christlichen Glaubens und Hoffens hinzuweisen.

III. Die Souveränität des Schuldners

Dies war der eine wichtige Aspekt der debitor/debitum-Stellen. Den anderen sehen wir darin, daß Augustin immer nur so von Gott als Schuldner spricht, daß er zugleich die Souveränität Gottes gegenüber den Menschen, denen er die vita aeterna schuldet, betont. Der Gedankengang ist folgender: Gott schuldet dem Gerechtfertigten, sofern dieser nicht rückfällig wird, die vita aeterna, doch schuldet er sie ihm nicht deshalb, weil er etwas von ihm empfangen hätte, sondern weil sein Wirken dem Guthandeln des Menschen immer zuvorkommt und bleibende Gültigkeit besitzt. Augustin entfaltet also den Gedanken von Gott als Schuldner des Menschen auf eine Weise, die durchaus mit dem spezifischen Charakter seiner antipelagianischen Gnadenlehre harmoniert. Diesen Aspekt des zuvorkommenden göttlichen Wirkens bringt Augustin im Rahmen des Schuldnermotivs durch zwei sich gegenseitig ergänzende Argumente zur Geltung, durch das promissio- und durch das gratia-Argument.

1. Das promissio-Argument für die Souveränität Gottes

Das eine Argument begegnet uns sehr deutlich im anfangs zitierten Sermo 158: Gott ist zum Schuldner geworden, nicht weil er etwas von uns empfangen hätte, sondern weil er das, was ihm gut dünkte, verheißen hat. Der Hinweis auf die promissio dei

erfüllt also den Zweck, Gottes Schuldner-Sein von seinem Anfang her aus einer ungeschuldeten Selbstverpflichtung Gottes
zu erklären. So lautet eine charakteristische Stelle aus Sermo
110: "Non debendo enim, sed promittendo debitorem se deus fecit, id est non mutuo accipiendo. Non possumus ergo ei dicere:
'Redde quod accepisti', ... sed plane dicimus: 'Redde quod promisisti.'"[29] In Sermo 158 führt Augustinus aus, daß es ein Unterschied ist, ob ich zu einem Menschen sage: Du schuldest mir
etwas, weil ich es dir gegeben, d.h. geliehen habe, oder ob
ich sage: Du schuldest mir etwas, weil du es mir versprochen
hast. In letzterem Falle stelle ich eine Forderung, obwohl ich
nichts gegeben habe: "Tu nihil dedisti et tamen exigis." Auf
Gott bezogen heißt das: Wir haben Gott nicht durch unsere guten
Werke zum Schuldner gemacht, sondern er schuldet uns die vita
aeterna allein kraft seines freien Versprechens, und wenn er
sein Vesprechen hält, dann ist dies in seiner wesenhaften Barmherzigkeit und Treue und nicht in der Rücksicht auf unsere Leistungen begründet[30]. Gott hat, wie Augustin an anderer Stelle
sagt, seine Verheißung Unwürdigen gegeben, damit nicht gleichsam der Lohn für gute Werke, sondern ein Gnadengeschenk Inhalt
der Verheißung sei[31].

Damit ist gesagt: Gott wird durch die promissio zum d e -
b i t o r ; aber er ist debitor auch immer nur durch die ständige Präsenz seiner freien p r o m i s s i o . Die Verheißung bleibt kein fernes Datum der Vergangenheit, sondern begleitet als weiterwirkendes Anfangsmoment das Leben des Gerechtfertigten, umgreift als geschichtsmächtige Dimension sein
Werden und macht ihn dessen gewiß, daß er nichts sich selbst,
sondern alles - was er ist und was er sein wird - dem Erbarmen

---

29 Sermo 110,4,4 (PL 38,641).
30 Vgl. Enarr. in Ps.83,16 (CC 39,1160,27-38): "Unde debitor? Accepit aliquid? Cui debet aliquid deus? Ecce videmus,
quia tenet eum debitorem Paulus consecutus misericordiam ex-
igens veritatem:'Reddet mihi', inquit, 'dominus in illo die'
(2.Tim.4,7f). Quid tibi reddet, nisi quod tibi debet? Unde tibi
debet? Quid ei dedisti? Quis prior dedit illi et retribuetur
ei? Debitorem dominus ipse se fecit non accipiendo sed promittendo. Non ei dicitur: Redde quod accepisti, sed: Redde quod
promisisti ... Ille autem, qui praerogavit misericordiam, negare poterit debitum?"
31 "Quidquid promisit, indignis promisit, ut non quasi operibus merces promitteretur, sed gratia a nomine suo gratis datur." Enarr. in Ps.109,1 (CC 40,1602,29f).

Gottes verdankt. Der promissio-Begriff hat somit im Zusammenhang der Vorstellung von Gott als Schuldner die spezifische
Funktion, Gottes Selbstverpflichtung als Ausdruck seiner Souveränität zu interpretieren.

2. Das gratia-Argument für die Souveränität Gottes

Das andere Argument, das diese Interpretation des Schuldnermotivs begründen soll, findet sich in fast allen Texten, wo
von Gott als debitor die Rede ist, also auch in Verbindung mit
dem promissio-Argument, es findet sich aber mit besonderer Ausführlichkeit an den Stellen, wo das promissio-Argument fehlt
und somit die Begründung von Gottes Souveränität allein diesem
zweiten Argument zufällt[32]. Es besagt: Gott schuldet im End-
gericht dem Menschen die Gabe des ewigen Lebens nur insofern,
als er ihn durch seine Gnade zum Guten befreit hat und die
Gnade in ihm als Kraft zum Guten wirksam gewesen ist; er schuldet den Lohn also nicht menschlichen Leistungen, sondern seinen eigenen Geschenken im Menschen.

So empfängt Paulus die "corona iustitiae" (2.Tim.4,8) nur
deshalb, weil er vorher durch Gottes Gnade gerechtfertigt worden ist. Wem, so fragt Augustinus, würde denn Gott als gerechter Richter diesen himmlischen Lohn erstatten, wenn er nicht
als barmherziger Vater bereits die gerecht machende Gnade geschenkt hätte? Wie könnte hier eine Schuld abgegolten werden,
wenn nicht ein pures Geschenk vorausgegangen wäre?[33] Zum gleichen Timotheusvers ("... corona iustitiae, quam r e d d e t
mihi dominus") bemerkt Augustin an anderer Stelle: "Non dixit
(sc. Paulus): 'donat', sed: 'reddet'. Quando donabat, misericors erat; quando reddet, iudex erit, quia 'misericordiam et
iudicium cantabo tibi, domine' (Ps.100,1). Sed donando delicta

---

32 Das promissio-Argument fehlt z.B. an folgenden Stellen:
Enarr. in Ps.100,2 (CC 39,1406,43-1407,72); Sermo 315,4,6-5,7
(PL 38,1428-1430); De gratia et libero arbitrio 5,10-6,15 (PL
44,888-890).
33 "'Superest', inquit, 'mihi corona iustitiae, quam reddet
mihi dominus in illa die iustus iudex' (2.Tim.4,6-8). Cui redderet coronam iustus iudex, si non donasset gratiam misericors
pater? Et quomodo esset ista corona iustitiae, nisi praecessis-
set gratia quae iustificat impium? Quomodo ista debita redderetur, nisi prius illa gratuita donaretur?" De gratia et libero
arbitrio 6,14 (PL 44,890).

fecit se coronae debitorem. Ibi misericordiam consecutus est
(sc. Paulus), misericors ergo dominus primo; hic autem 'reddet
mihi' coronam iustitiae."[34]

Augustin unterscheidet zwei Stadien im Verlauf der christlichen Existenz, ein Entwicklungsstadium (=tempus misericordiae)
und ein Endstadium (=tempus iudicii)[35]. In Hinblick auf das
tempus iudicii kann er von Gott als debitor und von Verdiensten
des Menschen sprechen. Keinesfalls dürfe man die Existenz von
Verdiensten leugnen, entweder der guten Verdienste bei den
Frommen oder der Mißverdienste bei den Gottlosen. Denn, so lautet seine Begründung, wie sollte Gott ohne dieses Unterschei-
dungsmerkmal die Welt richten?[36] In Hinblick auf das tempus
misericordiae aber fällt auf den debitor das Licht des donator
und auf die merita das Licht der dona dei: Gott belohnt also
die Verdienste nicht als Verdienste des Menschen, sondern als
seine eigenen Geschenke[37]. Unter diesem Aspekt wird dann auch
das ewige Leben gratia genannt, mit den Worten des Johannes-
prologs eine "gratia pro gratia" (Io.1,16), d.h. Gnade als
Konsequenz der rechtfertigenden Gnade[38]. Vom Lohn des ewigen
Lebens als mir geschuldetem Lohn kann dann streng genommen nicht
mehr gesprochen werden. Scheinbar in Widerspruch zu den Stellen,
an denen Augustin Gott als Schuldner des Menschen bezeichnet,

---

34 Enarr. in Ps.100,2 (CC 39,1407,55-60).

35 "Primo misericordiam consecutus est. Quare? Quia fuit
blasphemus et persecutor et iniuriosus. Venit dominus, ut donaret Paulo, non ut redderet. Nam si reddere vellet, quid inveni-
ret quod redderet peccatori nisi poenam et supplicium? Noluit
reddere poenam, sed donavit gratiam. Audi, quia ille, cui donavit, tenet dominum etiam debitorem. Invenit eum donatorem tempore misericordiae, tenet debitorem tempore iudicii." Enarr. in
Ps.100,2 (CC 39,1406,43-1407,50).

36 "Non ... nullum est meritum, vel bonum piorum, vel malum
impiorum. Alioquin quomodo iudicabit deus mundum?" Epist.214,4
(PL 33,970).

37 "Si ergo dei dona sunt bona merita tua, non deus coronat
merita tua tamquam merita tua, sed tamquam dona sua." De gratia
et libero arbitrio 6,15 (PL 44,891).

38 "'Omnes de plenitudine eius accepimus' (Io.1,16): De
plenitudine misericordiae eius, de abundantia bonitatis eius
accepimus. Quid? Remissionem peccatorum, ut iustificaremur ex
fide. Et insuper quid? 'Et gratiam pro gratia' (Io.1,16): id
est pro hac gratia, in qua ex fide vivimus, recepturi sumus
aliam. Quid tamen nisi gratiam? Nam si dixero, quia et hoc debetur, aliquid mihi assigno, quasi cui debeatur. Coronat autem
in nobis deus dona misericordiae suae, sed si in ea gratia,
quam primam accepimus, perseveranter ambulemus." Tractatus in
Ioannis evangelium 3,10 (CC 36,25,19-27).

sagt Augustin im gleichen Zusammenhang: "Wenn ich behaupte, daß
mir das ewige Leben geschuldet wird, dann maße ich mir etwas
an, als ob es dieser meiner Eigenschaft geschuldet wird. Gott
krönt aber in uns die Gaben seiner Barmherzigkeit."[39] Diese
Stelle macht deutlich, in welchem Sinne Augustin nicht von Gott
als debitor reden möchte, nämlich nicht so, als hätte Gott etwas vom Menschen empfangen. Vielmehr ist Gott in der Sicht Augustins nur deshalb Schuldner, weil er seinem im Menschen be-
gonnenen Werk treu bleibt.

3. Das gratia-Argument als Entfaltung des promissio-Arguments. Integratives Verständnis der Selbstbindung Gottes

Rückblickend können wir feststellen, daß Augustin durch die Art
und Weise, wie er von Gott als Schuldner des Menschen spricht,
sein Interesse an der frei schenkenden Souveränität Gottes zum
Ausdruck bringt, indem er

a) auf das Anfangsmoment der promissio weist ("promittendo
   debitorem se fecit")[40],

b) die Bedeutung der rechtfertigenden Gnade, der Rolle Gottes als donator hervorhebt ("donando delicta fecit se
   coronae debitorem")[41].

Diese zwei Argumente zur Sicherung von Gottes Freiheit sind
kein Anzeichen eines latenten Widerspruchs bei Augustin, sondern zwei Aspekte des gleichen theologischen Denkvorganges,
insofern das gratia-Argument eine Entfaltung des promissio-
Arguments darstellt. Dies ist deutlich, wenn man sich klar-
macht, daß nach Augustin die Verheißung Gottes nicht nur das
Ziel der vita beata, sondern auch den Weg der Rechtfertigung
beinhaltet, ist sie doch nicht an den bereits Gerechten, sondern an den Gottlosen adressiert ("quidquid promisit, indignis
promisit")[42] und sollen doch andererseits nur die Gerechten
die corona iustitiae empfangen. So wie Gottes Prädestination
nicht die Mittlerschaft der institutionellen Kirche über-
springt[43], so geht auch seine promissio nicht an dem donum

---

39 s.o.Anm.38.
40 Sermo 110,4,4 (PL 38,641).
41 Enarr. in Ps.100,2 (CC 39,1407,58f).
42 Enarr. in Ps.109,1 (CC 40,1601,27-1602,30).
43 Für Augustin gibt es im Zeitalter der Kirche, d.h. post

gratiae vorbei, sondern schließt es mit in den Heilsplan ein[44].
Durch das donum gratiae beginnt Gott, seine auf die vita aeterna hinzielende Verheißung in die Tat umzusetzen, so daß promissio und donum gratiae eng aufeinander bezogen sind. Das Anfangsereignis der Verheißung wirkt in der Geschichte weiter durch die Gerechtmachung des Gottlosen, und die Gerechtmachung des Gottlosen hat ihre Bedeutung für das ewige Leben nur als Auswirkung der Verheißung des ewigen Lebens. Nur durch den ständigen Rückbezug auf Gottes promissio, nur als Element des durch Gottes souveränen Willen in Gang gesetzten und gehaltenen Verheißungs-Erfüllungs-Geschehens besitzt das donum gratiae diese Relevanz hinsichtlich der himmlischen Belohnung.

Die Zusammengehörigkeit von promissio und donum gratiae macht verständlich, weshalb Augustin, ohne sich zu widersprechen, sowohl auf Gottes Verheißung als auch auf Gottes Gnadenhandeln als Grund seiner Schuldnerschaft verweisen kann, denn in der Selbstverpflichtung durch die Gnade konkretisiert sich die Selbstverpflichtung Gottes durch die Verheißung. Darum taucht auch im Rahmen des Schuldnermotivs mehrfach das gratia-Argument unmittelbar neben dem promissio-Argument auf, z.B. in Sermo 158, wo zugleich auf das promittere und auf das iuvare Gottes verwiesen wird: "Illo ergo modo possumus exigere dominum nostrum, ut dicamus: Redde quod promisisti, quia fecimus quod iussisti; et hoc tu fecisti, quia laborantes iuvisti."[45]

Da Augustin den Gesichtspunkt des mit der Gnade geschenkten Anrechts des Menschen auf das ewige Leben in den Gesichtspunkt der bindenden Verheißung integriert, ohne das Verhältnis des immanenten und des externen Aspekts als Konkurrenz zu empfinden, wollen wir bei ihm von einem integrativen Verständnis der Selbstbindung im Gegensatz zum exklusiven bzw. restriktiven Verständnis in der Früh- und Hochscholastik sprechen.

Christum, keinen Menschen, der ohne Vermittlung der kirchlichen Verkündigung und der kirchlichen Sakramente zum Heil gelangt. Zur Begründung dieser These vgl.u.S.493 Anm.585.

44 "Promisit salutem aeternam et beatam vitam ... Hoc est promissum eius tamquam finale, quo decurrit nostra omnis intentio, quo cum venerimus, nihil amplius requiramus, nihil amplius exigamus. Sed ad illud, quod erit in fine, quo ordine veniatur, neque hoc tacuit promittendo et praenuntiando. Promisit enim hominibus divinitatem, mortalibus immortalitatem, peccatoribus iustificationem." Enarr. in Ps.109,1 (CC 40,1601, 18-1602,28).

45 Sermo 158,2,2 (PL 38,863); zum Kontext s.o.S.9.

IV. Ausblick auf die Augustinrezeption im 12. und 13. Jahrhundert

Wir werden sehen, daß diese Vorstellungen Augustins einen
großen Einfluß auf die Verdienstlehre der Scholastik des 12.
und 13. Jahrhunderts ausgeübt haben. Dabei zeigt sich aber
auch, daß die Entwicklung in der Früh- und Hochscholastik von
Augustin fortführt, insofern die enge Verbindung zwischen pro-
missio- und gratia-Argument zerrissen wird. Am Beispiel der
großen Antipoden Thomas von Aquin und Duns Scotus sei dies kurz
erläutert. Thomas hebt den Aspekt des donum gratiae als gratia
creata hervor und drängt das voluntaristische Element der promissio - "quod ei placuit promittendo"[46] - fast völlig zurück.
Die eingegossene übernatürliche Gnade gewinnt eine vom geschichtlichen Rahmen der promissio losgelöste ursächliche Bedeutung, d.h. meritorische Würde. Duns Scotus hat als Vertreter
typisch franziskanischer Theologie ein solches Interesse an der
geschichtlichen Verankerung der Relevanz des Gnadenhabitus, daß
er die Notwendigkeit der gratia infusa nicht wie Augustin als
unmittelbare Konsequenz des sich in der promissio äußernden
göttlichen Heilswillens, sondern erst als Folge einer zusätzlichen Verordnung Gottes versteht. Während bei Thomas Augustins
Gedanken in eine Richtung weiterentwickelt werden, die für die
Vorstellung von einer freien Selbstbindung Gottes keinen Raum
mehr läßt, erweitert Duns Scotus in Abhängigkeit von Odo
Rigaldi, Bonaventura und der Olivi-Schule die augustinische
Dimension der freien Selbstbindung Gottes[47]. Augustins Theologie erweist sich somit an diesem Punkt - wie auf vielen anderen Gebieten auch[48] - als eine Kombination später auseinander-
strebender Elemente.

---

46 Sermo 158,2,2 (PL 38,863); zum Kontext s.o.S.9.
47 Allerdings ist zu beachten, daß die gratia infusa bei
Duns Scotus eine andere Qualifizierung besitzt als das donum
gratiae bei Augustin und daß darum Scotus die Freiheit Gottes
auch gegenüber der gratia infusa stärker betonen muß als Augustinus die Freiheit Gottes gegenüber dem donum gratiae; s.u.
S.353. Vgl. auch Pesch, Die Theologie der Rechtfertigung, 709-
711.
48 Als Beispiel sei nur die Ekklesiologie erwähnt, wo man
bei Augustin oft einen falschen Gegensatz zwischen Spiritualis-
mus und Institutionalismus konstruiert hat.

2. Kapitel
DIE REZEPTION DER INTEGRATIVEN LÖSUNG AUGUSTINS
IM 12. JAHRHUNDERT: DER AUSSENASPEKT DER PROMISSIO
IN VERBINDUNG MIT DER IMMANENTEN WÜRDE DES GNADENGESCHENKES

Der große Sprung von Augustin ins 12. Jahrhundert erscheint uns
deshalb berechtigt, weil wir erst in dieser Blütezeit der Frühscholastik auf neue Entwicklungen innerhalb der Konzeption einer freien Selbstbindung Gottes stoßen. Zum Teil, d.h. in der
ersten Hälfte des 12. Jahrhunderts, wird allerdings Augustins
integratives Verständnis der Selbstbindung Gottes fast unver-
ändert tradiert, so von zwei der einflußreichsten frühscholastischen Theologen, Bernhard von Clairvaux und Petrus Lombardus.

I. Bernhard von Clairvaux

Bernhard von Clairvaux (gest. 1153) hält sich mit seiner Vorstellung von der Selbstbindung Gottes streng an die integrative
Lösung Augustins, die wir bereits kennengelernt haben. Wie
Augustin vertritt er in seinem zwischen 1128 und 1130 verfaßten
Traktat De gratia et libero arbitrio[1] die Meinung, daß Gott sich
durch die Verheißung des ewigen Lebens gebunden habe. Er schuldet nun dem Menschen, der sich mit Hilfe der Gnade Verdienste
erwirbt, den zukünftigen Lohn: "Debet autem, quod pollicitus
est." Hat Gott seine promissio oder sponsio nur aus Gnade und
Barmherzigkeit gegeben, so muß er jetzt sein Versprechen aus
Gerechtigkeit einlösen[2].
Durch den Hinweis auf das Versprechen als den Grund der Schuldnerschaft Gottes bringt Bernhard wie Augustin die frei schen-

---

1 s. Faust, Bernhards "Liber de gratia et libero arbitrio".
2 "Dei promissum suum appellat depositum (2.Tim.1,12);
quia credidit promittenti, fidenter promissum repetit: promissum quidem ex misericordia, sed iam ex iustitia persolvendum.
Est ergo, quam Paulus exspectat, corona iustitiae, sed iustitiae dei, non suae. Iustum quippe est, ut reddat quod debet.
Debet autem, quod pollicitus est." De gratia et libero arbitrio
14,51 (Ed.Cist.III203,1-5). "Deus namque rex noster ante sae-
cula, cum operatus est salutem in medio terrae, dona sua, quae
dedit hominibus, in merita divisit et praemia, ut et praesentia
per liberam possessionem nostra interim fierent merita et futura per gratuitam sponsionem exspectaremus, immo expeteremus
ut debita." De gratia et libero arbitrio 13,43 (Ed.Cist.III196,
21-25).

kende Souveränität Gottes zum Ausdruck. Gott ist nicht Schuldner, weil er der menschlichen Gerechtigkeit, sondern nur, weil
er seiner eigenen Gerechtigkeit gegenüber verpflichtet ist[3].
In Abwehr eines falschen Verständnisses von Gottes Schuldnerschaft kann Bernhard sogar sagen, daß den menschlichen Verdiensten das ewige Leben nicht "ex iure" geschuldet werde, so
daß Gott ein Unrecht täte, wenn er es nicht verliehe. Da alle
Verdienste Gaben Gottes sind - eine Formulierung Augustins[4] -,
sei eher der Mensch Gottes Schuldner als umgekehrt[5]. Es ist nun
aber keinesfalls so, als ob bei Bernhard der Außenaspekt des
göttlichen Versprechens in Konkurrenz zur Wirksamkeit der guten
Werke des Christen träte. Sind die Werke doch das Geschenk der
gleichen Gnade, die auch hinter der promissio Gottes steht. Darum sieht Bernhard den Akt der Selbstbindung nicht nur in der
Verheißung, sondern auch in der Ermöglichung der guten Werke
des Christen durch die Gnade. Ausdrücklich sagt er: Durch unsere guten Werke hat sich Gott zum Schuldner gemacht[6]. Die promissio tritt also nicht in Konkurrenz zum donum gratiae und zu den
verdienstvollen Leistungen des Christen, sondern nur zum selbst-
gefälligen Pochen des Menschen auf eigene Werke. Sind doch die
Verdienste des Gerechtfertigten gegenwärtige Manifestationen
derselben promissio, die die Zukunft des ewigen Lebens garantiert. Wir können hier auf das verweisen, war wir bereits zu
Augustin über die Entfaltung und Ersetzbarkeit des promissio-
Arguments durch das gratia-Argument gesagt haben[7].
Festzuhalten ist, daß bei Bernhard wie bei Augustin das do-

---

3 "Et haec est iustitia, de qua praesumit Apostolus: promissio dei, ne si hanc contemnens suam velit statuere, iustitiae dei non sit subiectus. Cuius tamen suae iustitiae deus
ipsum voluit habere consortem, ut et coronae faceret promeri-
torem." De gratia et libero arbitrio 14,51 (Ed.Cist.III203,5-
8).
4 s.o.S.16 Anm.37.
5 "Neque enim talia sunt hominum merita, ut propterea vita
aeterna debeatur ex iure aut deus iniuriam aliquam faceret,
nisi eam donaret. Nam ut taceam, quod merita omnia dei sunt dona et ita homo magis propter ipsa deo debitor est quam deus homini, quid sunt omnia merita ad tantam gloriam?" In annuntia-
tione sermo 1,2 (Ed.Cist.V14,9-13); zit. bei Zumkeller, Das
Ungenügen der menschlichen Werke, 267 Anm.11.
6 "Dei sunt procul dubio munera tam nostra opera quam eius
praemia. Et qui se fecit debitorem in illis, fecit et nos pro-
meritores ex his." De gratia et libero arbitrio 13,43 (Ed.Cist.
III,197,11f).
7 s.o.S.17f.

num gratiae und die dadurch gewirkten guten Werke des Christen
auf den Außenaspekt des göttlichen Versprechens verwiesen bleiben. So wird zwar nicht deren immanente Würdigkeit in Frage gestellt, aber sie ist doch von der Klammer einer freien Verfügung Gottes umgeben, die sich dem Menschen gegenüber als promissio kundgibt. Dieses Versprechen ist das vorrangige Argument
für Gottes Schuldnerschaft und die Verdienstlichkeit der christlichen Werke.

II. Petrus Lombardus

Auch Petrus Lombardus (gest. 1160) begründet in der Nachfolge
Augustins die Schuldnerschaft Gottes durch die gegebene Verheißung[8]. In seinem Psalmenkommentar (1135-1137) heißt es:
"Fidelis dicitur deus, sed aliter homo fidelis dicitur. Fidelis enim est deus dans homini quod promisit, fidelis est homo
credens promittenti deo. Ex promisso vero deus est nobis debitor, non ex commisso, quia nihil ei commendavimus, ut debitorem teneamus, cum ab illo habeamus omnia quibus gaudemus.
Teneamus ergo fidelissimum debitorem, quia tenemus fidelissimum
promissorem."[9] Diese Stelle zeigt auch, daß der Lombarde wie
Bernhard die promissio Gottes insofern in einer exklusiven Bedeutung anführt, als die Begründung der Schuldnerschaft Gottes
durch die promissio eine Begründung durch eigenmächtige Leistungen (commissum) des Menschen ausschließt. Die promissio hat
also die augustinische Funktion, die Schuldnerschaft Gottes als
Ausdruck seiner Souveränität gegenüber jedem selbstgerechten
Anspruch des Menschen zu begründen. Diese Rolle der promissio
wird durch eine programmatische Stelle der Sentenzen (1150-
1157)[10] bestätigt, wo Petrus Lombardus den Spielraum der göttlichen Macht gegenüber Abaelard verteidigt und vor einer leicht-
fertigen Anwendung des Begriffs debere auf Gottes Handeln warnt.
Wie er meint, enthält das Wort debere Gift. Denn es habe eine
vielseitige und nur schwer verständliche Bedeutung und treffe

---

8 Zu unserer Frage vgl. Schupp, Die Gnadenlehre des Petrus
Lombardus, bes. §25: Die Gnade als Basis des Verdienstes (255-
266).

9 Commentarium in Psalmos: in Ps.32,4 (PL 191,327D); vgl.
in Ps.118,49 (PL 191,1068C).

10 Zur Datierung der Sentenzen vgl. Gründel, Die Lehre von
den Umständen, 130 und die dort (in Anm.1) genannte Literatur.

für Gott im eigentlichen Sinne (proprie) nicht zu, da Gott
nicht unser Schuldner sei, es sei denn auf Grund seiner Verheißung[11].

Schließt also Gottes Selbstbindung durch seine Verheißung
nach der Darstellung des Lombarden eine Wirksamkeit des menschlichen commissum aus, so doch keinesfalls eine Wirksamkeit der
gnadengewirkten bona opera des Christen. Ohne Erwähnung der
promissio kann der Lombarde sagen, daß den guten Werken das
Himmelreich geschuldet wird[12]. Das entspricht durchaus der Bedeutung, welche die merita als dona dei bei Augustin und Bernhard für den Anspruch des Christen auf das ewige Leben haben.
Auch bei Petrus Lombardus ist die promissio der heilsgeschichtliche Rahmen für die immanente Würdigkeit der christlichen
Werke hinsichtlich ihres Lohnes.

Angemerkt sei noch, daß in der Gnadenlehre des Petrus Lombardus das debitum Gottes und das meritum des Menschen begriff-
lich nicht miteinander verbunden sind. Wo er in seinem Psalmenkommentar von der Schuldnerschaft Gottes und in diesem Zusammenhang von der promissio spricht, fehlt der Begriff des meritum.
Lediglich von bona opera ist die Rede, denen das Himmelreich
geschuldet werde. Umgekehrt setzt Petrus Lombardus in distinctio
26-28 seines zweiten Sentenzenbuches, wo er die Frage eines
möglichen Verdienstes erörtert, das meritum nie in Beziehung
zu einem debitum, ebensowenig wie er hier die Verdienstmöglichkeit durch die Verheißung Gottes begründet[13]. Neben der Beteiligung des liberum arbitrium, des freien Entscheidungsvermögens,
wird nur die Gnade als Grund des Verdienstes genannt: "Principalis causa bonorum meritorum est ipsa gratia, qua excitatur

---

11 "Sed, ut mihi videtur, hoc verbum 'debet' venenum habet.
Multiplicem enim et involutam tenet intelligentiam nec deo proprie competit, qui non est debitor nobis, nisi forte ex promisso; nos vero ei debitores sumus ex commisso." Sent.I d.43 c.un.
n.3 (300,9-12).
12 "Malis enim operibus tuis debetur damnatio, sicut bonis
operibus debetur regnum coelorum." Commentarium in Psalmos: in
Ps.31,1 (PL 191,317C); vgl. in Ps.118,159 (PL 191,1125C); Collectanea in Epistolas Pauli: in Rom.13,11 (PL 191,1510A): Hier
spricht der Lombarde zwar von der salus aeterna, die verheißen
ist, aber nicht die Verheißung ist der Grund der Schuldnerschaft, sondern die bona opera ("salus ... debita per bona opera")
13 Sent.II d.26-28 (470-491).

liberum arbitrium et sanatur."[14] Wir schließen aus diesem Befund, daß meritum für Petrus Lombardus in erster Linie ein
Qualitätsbegriff ist, der die gottgewirkte Güte der christlichen Werke im Gegensatz zum Charakter der vor dem Gnadenempfang
verrichteten Werke bezeichnet[15]. Natürlich wird auch vom Lombarden der Bezug des meritum zum verheißenen Lohn stillschweigend vorausgesetzt oder an anderen Stellen der Sentenzen ausdrücklich genannt[16], doch tritt das Wesen des Verdienstes als
Rechtstitels vor Gott zurück, da es nie direkt mit der Schuldnerschaft Gottes verbunden wird.

III. Zusammenfassung

Für die Theologen, die in der Frage der Selbstbindung Gottes
als Gefolgsleute Augustins und damit als Vertreter der integrativen Lösung anzusprechen sind, ist kennzeichnend, daß sie
durch den promissio-Aspekt nicht das immanente Wertelement der
guten Werke in seiner Auswirkung auf den himmlischen Lohn ein-
schränken, sondern nur in einem heilsgeschichtlichen Bogen
verankern. Die Einschränkung, die stattfindet, wendet sich lediglich gegen eine Aufwertung derjenigen Werke, die nicht durch
die Gnade verursacht sind, nicht aber gegen die Effizienz gnadengewirkter Leistungen.

Der promissio-Aspekt hat auch nicht die Funktion, den Begriff des meritum zu erläutern oder seine Verwendung in einer

---

14 "Cum ergo ex gratia dicuntur esse bona merita et incipere,... gratia gratis data intelligitur, ex qua incipiunt bona
merita. Quae cum ex sola gratia esse dicantur, non excluditur
liberum arbitrium; quia nullum est meritum in homine, quod non
sit per liberum arbitrium. Sed in bonis merendis causae principalitas gratiae attribuitur; quia principalis causa bonorum
meritorum est ipsa gratia, qua excitatur liberum arbitrium et
sanatur atque adiuvatur voluntas hominis, ut sit bona." Sent.II
d.27 c.3 n.1/2 (482,21f.24-483,3).
15 "Quid enim est meritum hominis ante gratiam, cum omne
bonum meritum nostrum non in nobis faciat nisi gratia?" Collectanea in Epistolas Pauli: in Rom.6,21-23 (PL 191,1412C).
16 "Temporale ac visibile bonum prius dedit; invisibile autem et aeternum promisit et meritis quaerendum proposuit. Ad
illius autem custodiam quod dederat, et ad illud merendum quod
promiserat, naturali rationi in creatione animae hominis indi-
tae, qua poterat inter bonum et malum discernere, praeceptum
addidit oboedientiae, per cuius observantiam datum non perde-
ret et promissum obtineret, ut per meritum veniret ad praemium." Sent.II d.20 c.6 n.1/2 (432,28-433,9).

bestimmten Bedeutung zu ermöglichen. Zwar taucht bei Augustin und Bernhard das meritum im Kontext der Vorstellung von Gott als Schuldner auf[17], während beim Lombarden dieser Zusammenhang fehlt, doch sollte man diesen Befund nicht überbewerten. Auch Augustin und Bernhard setzen meritum und debitum nicht in unmittelbare Verbindung, indem sie das eine aus dem anderen erklären, wie es dann in der späteren Definition geschieht: "Mereri est de indebito debitum facere."[18] Diese Verdienstdefinition ist bei Augustinus sowie bei Bernhard und Petrus Lombardus noch nicht vorausgesetzt. Deshalb erklären sie zwar die Schuldnerschaft Gottes durch die promissio, sehen aber keine Veranlassung, darum auch das meritum durch die promissio zu interpretieren. Erst im Laufe der zweiten Hälfte des 12. Jahrhunderts werden in der Verdienstdefinition meritum und debitum so eng miteinander verbunden, daß das debitum das meritum hinreichend erklären kann und die Erörterung der Verdienstmöglichkeit automatisch mit der Frage verbunden ist, wie Gott zum Schuldner des Menschen werden kann. Die Antwort war durch das promissio- und gratia-Argument Augustins und seiner Schüler vorgegeben.

---

17 Zu Augustin vgl. z.B. Epist.194,5,21 (PL 33,881): "Recte 'stipendium' (Rom.6,23), quia debetur, quia digne retribuitur, quia merito redditur." Zu Bernhard vgl.o.Anm.2 und 5.
18 Diese Verdienstdefinition fand ich zum ersten Mal gegen Ende des 12. Jahrhunderts bei Alanus von Lille (s.u.S.29 Anm.18) und Petrus Cantor (s.u.S.72 Anm.108).

3. Kapitel

DIE NEGATION DES VERDIENSTES IN DER PORRETANER-SCHULE: GOTT ALS URHEBER DER GUTEN WERKE

I. Zwei in der Beurteilung des Verdienstes verwandte Konzeptionen

In der zweiten Hälfte des 12. Jahrhunderts formierte sich eine theologische Richtung, die von Augustin die Begründung der Schuldnerschaft Gottes durch den promissio-Aspekt übernahm, ihn aber im Gegensatz zu Bernhard oder Petrus Lombardus gegen die immanente Würde und Suffizienz der Gnadenwerke ausspielte. Dem Menschen wurde so die Möglichkeit, das ewige Leben wirklich zu verdienen, entweder abgesprochen oder auf eine Weise konzediert, daß die Rolle der guten Werke durch das Moment der freien Selbstbindung Gottes an den Rand gedrängt wurde. Man konnte durch dieses exklusive - die immanente Würdigkeit menschlicher Leistungen ausschließende - Verständnis der göttlichen Selbstbindung gleichzeitig die Souveränität Gottes gegenüber dem kreatürlichen Bereich zur Geltung bringen und dabei doch den Bibelstellen gerecht werden, die in den Augen jener Theologen von einem Anspruch des Menschen auf das ewige Leben sprechen[1].

Diese theologische Konzeption, die bis in die ersten Jahre des 13. Jahrhunderts hinüberreicht, wollen wir erst im nächsten Kapitel ausführlich darstellen. Zunächst soll vom spezifischen Standpunkt der Porretaner zu der Frage des Verdienstes die Rede sein. Für sie rückt Gottes Allursächlichkeit, seine auctoritas bei jedem guten Werk des Menschen, so in das Zentrum der Betrachtung, daß sie ein Verdienst im eigentlichen Sinne ablehnen. Wir stoßen hier auf eine Negation der menschlichen Verdienstmöglichkeit, die für uns deshalb von besonderem Interesse ist, weil sie mit dem eben erwähnten exklusiven Verständnis der Selbstbindung Gottes ein entscheidendes Anliegen teilt: Die durch die Gnade geschenkte Qualität der menschlichen Werke soll

---

1 Die klassische Stelle ist 2.Tim.4,8: "In reliquo reposita est mihi corona iustitiae, quam reddet mihi dominus in illa die iustus iudex." Den Begriff reddere setzte man hier und an anderen Schriftstellen (z.B. Mt.20,8 = Weinberggleichnis) in Beziehung zum debitum des Gebers.

kein Verdienst des ewigen Lebens begründen. So können beide
Konzeptionen auch sehr gut miteinander verbunden werden. Es
gibt Porretaner, die sowohl vom auctoritas-Begriff her den Menschen die Möglichkeit des Verdienens absprechen als auch in
Gottes freier Selbstbindung die Ermöglichung eines uneigentlichen Verdienstes sehen. In zahlreichen einschlägigen Schriften aus dem Bereich der Porretanerschule fehlt jedoch die Konzeption einer Selbstbindung Gottes. Darum wollen wir die den
Porretanern gemeinsame, durch den Gesichtspunkt der auctoritas
bestimmte Kritik am Verdienstgedanken für sich behandeln, ehe
wir uns dem Problem der Selbstbindung Gottes zuwenden.

II. Die Vertreter der porretanischen Kritik am Verdienst-
gedanken

Die Porretaner- oder Gilbertinerschule des 12. Jahrhunderts
wurde vor allem von Landgraf auf ihre besonderen Merkmale hin
untersucht[2]. Wir werden darum bei der Besprechung dieser Schule
in erster Linie auf seinen Angaben aufbauen. Wenn wir von der
Verdienstlehre der Porretanerschule sprechen, dann denken wir
an den engeren und weiteren Einflußbereich Gilbert Porretas[3],
des Bischofs von Poitiers (gest.1154), und rechnen unter die
Vertreter dieser Lehre die sogenannten Sententiae divinitatis
(1141-1147)[4], den Kommentar zum 1.Korintherbrief Cod.Paris.

---

2 Vgl. die folgenden Arbeiten von A.M.Landgraf: Eigenlehren; Mitteilungen zur Schule Gilberts de la Porrée; Neue Funde
zur Porretanerschule; Laborantis Cardinalis Opuscula; Der
Porretanismus der Homilien des Radulphus Ardens; Commentarius
Porretanus.
3 Mit Landgraf (Eigenlehren, 210; Einführung, 81-92) und
Ott (Porretaner, 62Of) ist zwischen der nächsten und der ent-
fernteren Einflußsphäre Gilberts, bzw. zwischen der engeren
und weiteren Porretaner- oder Gilbertinerschule zu unterscheiden. Dem engeren Kreis sind zuzurechnen: Sententiae divinitatis, der Kommentar zum 1.Korintherbrief Cod.Paris.Arsenal.
lat.1116, Paulinenkommentar Cod.Paris. Nat.lat.686, Quästionen Cod.British Museum Royal 9 E XII fol.82v-97v, Quästionen
Clm 18918 fol.108v-118v. Zum weiteren Kreis gehören: Laborans,
Simon von Tournai, Odo von Ourscamp, Alanus von Lille, Radulfus Ardens und Nikolaus von Amiens.Wir beschränkten uns auf die
Nennung derjenigen Autoren bzw. Werke, die in unserer Arbeit
zur Sprache kommen.
4 Ed. Geyer, Die Sententiae Divinitatis, 1909.

Arsenal.lat.1116 (um 1150)[5], Kardinal Laborans (gest.gegen
1191)[6], die zum Bereich Odos von Ourscamp (gest.1171) gehörigen
Quästionen Cod.British Museum Harley.lat.1762[7], die dritte
Quästionensammlung des Cod.British Museum Royal 9 E XII[8], die
Quästionen Clm 18918[9], den Paulinenkommentar Cod.Paris.Nat.lat.
686[10], Alanus von Lille (gest.1202)[11] und Radulfus Ardens (gest.
vor 1200)[12]. Die Verdienstlehre des Petrus Cantor (gest.1197),
der auch zum Porretanerkreis gezählt werden kann, werden wir
unter dem Gesichtspunkt der freien Selbstbindung erst im vierten Kapitel berücksichtigen[13]. Roland Bandinelli, der spätere

---

5 Ed. Landgraf, Commentarius Porretanus, 1945; zur Verdienstlehre s.S.14.36; zur Datierung s. Einleitung XII-XV.
    6 De iustitia et iusto (1154-1160); ed. Landgraf, Labo-
rantis Cardinalis Opuscula, 1932, 6-42; s. bes. II 8 - III 8
(30-37); zur Datierung s.S.1.
    7 fol.144r/144v; zit. bei Landgraf, Eigenlehren, 202 Anm.8,
und ders., Vorbereitung auf die Rechtfertigung, 272. Zur Einordnung der Quästionen s. Landgraf, Einführung, 116.
    8 fol.88r; zit. bei Landgraf, Eigenlehren, 202 Anm.3.
    9 fol.118r/118v; zit. bei Geyer, Die Sententiae Divinita-
tis, 27. Diese Quästionen, die um die Mitte des 12. Jahrhunderts verfaßt sein dürften (vgl. Gründel, Die Lehre von den
Umständen, 166), schließen sich in Clm 18918 unmittelbar an
die Sententiae divinitatis an und stammen nach Geyers Urteil
wie diese aus der Gilbertschen Schule.
    10 fol.34v und 39v; zit. bei Landgraf, Der Porretanismus
der Homilien des Radulphus Ardens, 143.144f. fol.38v; nach
Landgraf, Die Erkenntnis des Übernatürlichen, 184 Anm.10. Zu
der von H.Denifle vermuteten Verfasserschaft des Nikolaus von
Amiens (gest.nach 1203) s.u.S. 65 Anm.82.
    11 Theologicae regulae, reg.82 (PL 210,663B-D).
    12 Speculum universale II 16 (Qua ratione gratia cooperans
dicatur meritum) und 17 (Quod solus Christus dicitur meruisse
proprie): Cod.Vat.lat.1175 I fol.19b-c. Vgl. Gründel, Das 'Speculum Universale' des Radulfus Ardens; Landgraf, Eigenlehren,
201 Anm.6. Nach Gründel, für den Radulfus "in seinem Gedankengut ein sehr eigenständiger Theologe und nur gelegentlich anderen 'auctoritates', besonders Gilbert de la Porrêe verpflichtet
ist" (3), wurde das Speculum universale zwischen 1193 und 1199
verfaßt. Zu dieser Datierung vgl. auch van den Eynde, Précisions chronologiques, 243. Ein weiteres wichtiges Zeugnis zur
porretanischen Verdienstlehre des Radulfus Ardens sind seine
Homilien: s. bes. Homiliae in epistolas et evangelia dominicalia I, hom.67 (PL 155,1914f); zur Interpretation der Homilien s.u.S. 42.
    13 s.u.S.70ff. Zu vermuten ist, daß sich der typisch porre-
tanische Standpunkt zur Frage des Verdienstes noch in einigen
ungedruckten Werken der Porretanerschule, die ich nicht eingesehen habe, findet. Ich denke hier vor allem an den zweiten
Paulinenkommentar des Cod.lat.24 der Bibliothek von Boulogne-
sur-mer (von Blatt 136v an), der sich nach Mitteilung Landgrafs
(Commentarius Porretanus, Einleitung Vf) in der Hauptsache mit

Papst Alexander III.(gest.1181), gehört zwar nicht zu diesem
weiteren Kreis der Schule Gilberts de la Porrée, denn seine um
1150 verfaßten Sentenzen gelten als Zeugnis der Schule Abae-
lards[14]. Doch dürfte Roland gerade in der Frage der Verdienstmöglichkeit unter dem Einfluß der Porretaner gestanden haben,
zumal sich auf diesem Gebiet für seine Argumentation keine
Parallele bei Abaelard findet[15]. Wir erkennen die Verdienstlehre
der Porretaner ferner in opiniones wieder, die in der zwischen
1190 und 1194 entstandenen Summa theologica des Praepositinus
von Cremona[16] und in dem kurz nach der Jahrhundertwende verfaßten Paulinenkommentar des Stephan Langton[17] referiert und
abgelehnt werden.

III. Die auctoritas operandi als Verdienstgrund

Charakteristisch für die Vertreter der Porretanerschule ist ein
ganz spezifischer Verdienstbegriff, der das meritum des Menschen noch nicht primär durch das debitum Gottes bestimmt[18],
sondern die auctoritas des Handelnden als entscheidendes Moment
beim Verdienst in den Mittelpunkt stellt: Der Verdienende müsse

---

dem Paulinenkommentar Cod.Paris.Nat.lat.686 deckt, sowie an
den Römerbriefkommentar Cod.C.57 der Biblioteca Vallicelliana
in Rom (s. Landgraf, Einführung, 81).
  14 Ed. Gietl, Die Sentenzen Rolands, 1891. Zur Abhängigkeit Rolands von Abaelard s. Einleitung XXI-XXXIV.
  15 s. Schupp, Die Gnadenlehre des Petrus Lombardus, 257.
  16 Toulouse Cod.lat.159 fol.226r; zit. bei Landgraf, Eigenlehren, 201. Zur Datierung s. van den Eynde, Précisions
chronologiques, 239-241;Pilarczyk, Praepositini Cancellarii de
Sacramentis, [10].
  17 Salzburg Stiftsbibliothek St.Peter Cod.a X 19 S.25, zu
Rom.6; zit. bei Landgraf, Eigenlehren, 201f Anm.7. Zur Datierung s.u.S.107 Anm.7.
  18 Eine Ausnahme unter den genannten Vertretern der Porretanerschule bildet Alanus von Lille, der als notwendiges Element des Verdienstes auch das debitum aufführt: "Ad hoc enim,
ut aliquis proprie dicatur aliquid mereri, quattuor concurrunt:
ut illud quod agit eius proprie sit; ut apud alium mereatur; ut apud talem qui potestatem habet remunerandi; ut de indebito fiat debitum." Theologicae regulae, reg.82 (PL 210,663
B/C). Es ist freilich bezeichnend, daß Alanus zu den späteren
Porretanern am Ausgang des 12. Jahrhunderts gehört. Denn die
unmittelbare Erklärung des meritum durch das debitum findet
erst im letzten Viertel des 12. Jahrhunderts Eingang in die
theologische Literatur, während sie bei den frühen Porretanern
der vierziger, fünfziger und sechziger Jahre noch nicht vorkommt. Zur Datierung der Theologicae regulae vgl. d'Alverny,
Alain de Lille, 17-20.67.

notwendigerweise der auctor seiner verdienstlichen Werke sein;
andernfalls könne man nicht von einem wirklichen Verdienst
sprechen. Besonders klar formuliert Roland die.en Verdienstbegriff, indem er sich auf Hilarius von Poitiers beruft: "... ut
dicit Hilarius Pictaviensis episcopus, ad hoc, ut quis vero nomine merendi mereatur, necesse est, ut in se habeat, secundum
quod possit mereri, et ut se auctore mereatur et ut habeat prae
se, a quo possit praemiari."[19] Bei Hilarius von Poitiers, der
sein Hauptwerk De trinitate um die Mitte des vierten Jahrhunderts verfaßte, findet sich dieses Zitat mit seiner Aufzählung
von drei Verdienstgründen nicht vollständig. Bereits Gietl,
der Herausgeber der Sentenzen Rolands, hat darauf aufmerksam
gemacht, daß Hilarius in De trinitate 11,19 lediglich sagt:
"Mereri enim eius est, qui sibi ipsi meriti acquirendi auctor
exsistat."[20] Immerhin enthält dieser Satz genau den Aspekt, der
für den Verdienstbegriff der Porretaner charakteristisch ist,
nämlich daß der Verdienende auctor seiner Werke sein muß. Es
ist darum mit Landgraf anzunehmen, daß die Hilarius-Stelle zum
Anlaß für den Verdienstbegriff in der Schule Gilberts geworden
ist[21].

IV. Die Negation der Verdienstmöglichkeit

Die Betonung der auctoritas des Verdienenden, seiner Rolle als
Urheber der verdienstvollen Werke, zielt nun bei den Porreta-
nern darauf hin, dem Menschen die Möglichkeit des Verdienstes
abzusprechen. Denn nicht der Mensch sei der Autor seiner im
Gnadenstand vollbrachten Werke, sondern Gott allein wirke sie
im Menschen. Keiner hat diesen Gedanken schärfer formuliert als
Kardinal Laborans. In seiner zwischen 1154 und 1160 verfaßten
Schrift De iustitia et iusto[22], einem der eindrucksvollsten
Dokumente der mittelalterlichen Verdienstlehre, bestimmt er das
Verhältnis zwischen der Tat Gottes und dem Beitrag des Menschen
folgendermaßen: "Da alle Macht von Gott, dem Herrn, kommt, ist
er selbst niemandes Macht unterworfen. Man möge aber einmal

---

19 Gietl, Die Sentenzen Rolands, 181,28-182,2.
20 PL 10,413B. Vgl. Gietl, aaO 181 Anm. zu Zeile 28.
21 Landgraf, Eigenlehren, 201.
22 s.o.Anm.6.

erörtern, was der Stein oder das Schwert bei der Ermordung eines Tyrannen, was die Feile beim Feilen oder was das Schreibrohr beim Schreiben verdient. Ich glaube, das Urteil wird so ausfallen: Nicht diese Werkzeuge verdienen etwas, sondern die Personen, von denen sie bewegt werden. Denn keineswegs bewirken sie etwas durch sich selbst, sondern sie werden betätigt, damit sie wirken. Du wirst aber einwenden: Mit dem Menschen verhält es sich nicht so wie mit diesen Instrumenten, da der Mensch durch seinen eigenen Geist, diese aber durch eine fremde Bestimmung bewegt werden. Ich entgegne: Du machst einen erwägenswerten Einwand, doch beachte die Tatsache, daß zu lesen ist: 'Nicht auf den kommt es an, der will, noch auf den, der läuft' (Rom.9,16). Ferner: 'Nicht ihr seid es, die reden, sondern der Heilige Geist redet in euch' (Mt.10,20). Außerdem: 'Meine Zunge ist das Schreibrohr eines Schreibers' (Ps.44,2), der bewirkt, daß ich handle. 'Nicht ich, sondern die Gnade Gottes mit mir' (1.Cor.15,10), der auch alles Böse auf gute Weise gebraucht."[23] Laborans kommt zu dem Schluß, daß den Heiligen ein Verdienst im Vollsinn des Wortes abzusprechen ist, da ihnen die auctoritas operandi fehlt[24].

Sieht man, wie sehr Laborans, aber auch die anderen Porretaner vor und nach ihm die Urheberschaft Gottes auf Kosten des Anteils des menschlichen Willens unterstreichen, dann ergibt sich eine wichtige Konsequenz für das Verständnis der Gnadenlehre des Petrus Lombardus: Daß der Lombarde die bedeutende Rolle des liberum arbitrium beim Zustandekommen eines guten

---

23 "Quoniam omnis potestas a domino deo est, nullius subiacet ipse potentiae. Amplius autem, age, discutiatur, quid in occidendo tyrannum mereatur lapis aut gladius, quid in limando lima vel calamus in scribendo. Existimo, quia non haec instrumenta, sed a quibus moventur censebit aliquid promereri. Nullimodis enim per se quidquam agunt, sed potius aguntur, ut agant. Sed dices: Non eiusdem esse rationis hominem, cuius haec, quod homo proprio spiritu, haec autem alieno quidem arbitrio moveantur. Probabiliter, inquam, obvias, et tamen paululum attende, quod legitur: 'Non est volentis neque currentis.' Item: 'Non estis, qui loquimini, sed Spiritus Sanctus loquitur in vobis.' Adhuc autem: 'Et lingua mea calamus scribae', qui facit, ut faciam; 'non ego, sed gratia dei mecum', qui et bene malis etiam omnibus utitur." Landgraf, Laborantis Cardinalis Opuscula, 35,29-36,1.
24 "Praecise fatendum in solo Christo plenitudinem rationis fuisse merendi, in sanctis vero non plenitudinem, sed plenitudinis portiones, dum reliquo promerentes auctoritate careant operandi." Landgraf, aaO 36,27-29.

Werkes hervorhebt[25], ist als Stellungnahme gegen die Verdienstlehre der Porretaner zu verstehen, deren Beurteilung der
auctoritas Gottes auf der gegnerischen Seite in den Verdacht
des Determinismus geraten mußte und auch tatsächlich den Vorwurf des manichäischen Irrtums hervorgerufen hat[26].

V. Das Axiom "Christus solus meruit"

Sprach man dem Menschen die Möglichkeit des Verdienstes ab,
dann ergab sich daraus die für den Porretanerkreis charakteristische Lehre, daß Christus als einziger Mensch ein Verdienst
erworben hat. Wir finden sie unter den Sätzen, die nach dem Bericht Ottos von Freising[27] durch das im Anschluß an das Konzil
zu Reims 1148 einberufene Konsistorium als Anklagepunkte gegen
Gilbert von Poitiers aufgestellt wurden. Einer der Anklagepunkte
lautete: "Quod meritum humanum attenuando nullum mereri diceret
praeter Christum." Landgraf zeigt, daß Gilbert selbst wohl nie
diese Lehre vorgetragen hat[28], wie sie auch in der späteren
Literatur des 12. und 13. Jahrhunderts nie mit ihm, sondern mit
Hilarius von Poitiers in Verbindung gebracht wird[29]. Es ist
dagegen wahrscheinlich, daß sie aus den Schriften seiner Schüler stammt. Dafür spricht auch die Tatsache, daß Gilbert auf
dem Konsistorium von Reims zwar von Papst Eugen III. hinsichtlich seiner Trinitätslehre korrigiert, nicht aber formell ver-

---

25 Vgl. Schupp, Die Gnadenlehre des Petrus Lombardus, 258.
301. Vgl. auch das Zitat aus den Sentenzen des Petrus Lombardus o.S.24 Anm.14, vor allem die prononcierte Aussage: "Non
excluditur liberum arbitrium; quia nullum est meritum in homine, quod non sit per liberum arbitrium."
26 Den Vorwurf des manichäischen Irrtums, der in der Überbetonung der Erbsünde und ihrer Folgen sowie in der Leugnung
des menschlichen Anteils am Verdienst gesehen wurde, machte
den Porretanern z.B. der Verfasser des Paulinenkommentars Cod.
Paris.Arsenal.lat.534 auf fol.149r; nach Landgraf, Die Erkenntnis des Übernatürlichen, 185 Anm.16.
27 Gesta Friderici I. imperatoris, 1.1 (379).
28 Landgraf, Eigenlehren, 200-202.210f.
29 Zur Rolle des Hilarius von Poitiers vgl. die Sentenzen
Rolands (s.o.S.30 bei Anm.19) und die Summe des Präpositin von
Cremona, wo es heißt: "Item Hilarius: Meritum eius (sc. Christi) est, quod sibi ipsi meriti acquirendi auctor exstiterit.
Ubi videtur notare, quod ipse solus meruerit et sibi, quia
nullus alius auctor est sui meriti praeter eum." Toulouse Cod.
lat.159 fol.226r; zit. bei Landgraf, Eigenlehren, 201.

urteilt wurde[30]. Vielmehr sind nach dem Bericht des Johannes
von Salisbury die Kardinäle für Gilbert eingetreten, während
das Buch eines Schülers auf Befehl des Papstes öffentlich zerrissen wurde[31]. Geyer hat es als wahrscheinlich bezeichnet, daß
die von ihm edierten Sententiae divinitatis mit jenem Buch
identisch sind. Diese Vermutung müsse wenigstens so lange als
zu Recht bestehend anerkannt werden, so lange nicht ein anderes
Sentenzenbuch der Gilbertschen Schule gefunden werde, das die
in Reims verurteilten Lehren enthält[32]. Wir wollen kurz zeigen,
was die Sententiae divinitatis über die singuläre Rolle des
Verdienstes Christi sagen, um so an einem Beispiel die Lehre
der Porretaner näher kennenzulernen.

Die Sententiae divinitatis gehen von der Frage aus, mit
welchem Recht gesagt werden könne, daß allein Christus für sich
und uns verdient habe. Vorausgesetzt werden drei rationes, die
für das Zustandekommen eines Verdienstes konstitutiv sind: eine
Tat, und zwar ein "se auctore facere", eine Instanz, von der
eine Belohnung erwartet werden kann, und eine Gnade, die das
Handeln gut macht. Gott-Vater handelt zwar in eigener Autorität,
hat aber keinen Belohner, so daß er nicht verdienen kann. Der
Heilige Geist ist ebenfalls Urheber seiner Tat und hat in Gott-
Vater und Gott-Sohn ein Gegenüber, doch kann er von ihnen keinen Lohn empfangen, da er auf Grund der gemeinsamen Natur schon
alles hat, was sie haben. Petrus - er wird als ein besonders
würdiger Repräsentant der Menschen erwähnt - ist nicht der Urheber seiner Tat und kann darum ebenfalls nicht verdienen:
"Quia se auctore non facit, immo deo faciente, non vero dicitur nomine mereri." Hier kommt also jene typisch porretanische
Auffassung zum Vorschein, die eine wirkliche Urheberschaft des
Gerechtfertigten an seinen gnadengewirkten Werken und damit die

---

30 Vgl. Gammersbach, Gilbert von Poitiers, 99.102. Zum Verlauf des Reimser Prozesses vgl. auch die bei Gammersbach genannte Literatur und Häring, Das sogenannte Glaubensbekenntnis;
ders.(Haring), Notes on the Council.
31 Johannes von Salisbury, Historia pontificalis 10 (23);
vgl. auch den Bericht des Gilbertgegners Gottfried von Auxerre
in seiner Epistula ad Albinum cardinalem et episcopum Albanensem (PL 185,592BC).
32 Geyer, Die Sententiae Divinitatis, 53. Gegen Geyers
Meinung wendet sich Weisweiler, Maître Simon et son groupe,
XLVIff.LXI. Vgl. dazu Geyer, Neues und Altes zu den Sententiae
divinitatis, 621f.

34

Möglichkeit von Verdiensten bestreitet. Nachdem die Sententiae
divinitatis Gott-Vater, dem Heiligen Geist und den Menschen ein
Verdienst im wahren Sinn des Wortes abgesprochen haben, betonen
sie, daß bei Christus allein alle Bedingungen für ein Verdienst
gegeben seien: Nach seiner göttlichen und menschlichen Natur
habe er eine Belohnungsinstanz über sich, nämlich den Vater.
Allein auf Grund seiner göttlichen Natur habe er kraft eigener
auctoritas handeln und allein auf Grund seiner menschlichen Natur das Geschenk der Gnade empfangen und gebrauchen können.
Die Schlußfolgerung der Sententiae divinitatis lautet:
"Et ita Christus vero nomine meretur, non alius homo nec deus
pater vel spiritus sanctus."[33] Wir finden hier also genau die
Lehre, die auf dem Konsistorium zu Reims als Anklagepunkt
formuliert wurde und als kennzeichnend für die Verdienstlehre
der Porretaner angesehen werden kann.

---

33 "Videamus ergo, quomodo solus Christus dicatur meruisse
sibi et nobis. Ad quod videndum tres fore merendi rationes,
quas oportet in aliquo concurrere ad hoc ut aliquis mereatur:
ut aliquid faciat et prae se habeat auctorem, a quo praemium
exspectet, et aliquam gratiam habeat bene operandi, secundum
quam munus possit accipere. Solus Christus hoc habet. Pater
enim licet se auctore faciat, tamen, quia non habet prae se remuneratorem, non accipit praemium, nec ei potest convenire nomen merendi. Spiritus quoque sanctus facit se auctore et alium
habet prae se, id est deum patrem et deum filium, sed praemiari
non potest ab illis. Nihil enim habet ut munus ab eis, sed natura tantum eadem habet quae illi. Petrus vero facit nec deest
praemium, quod facienti possit dari, quoniam prae se habet
remuneratorem deum, sed quia se auctore non facit, immo deo faciente, non vero dicitur nomine mereri. In Christo autem concurrunt omnes rationes merendi ... Et harum rationum merendi
quaedam considerantur in humana natura, quaedam in divina. Non
omnes quaerendae sunt divisim, sed collectim. Facere enim et
prae se alium habere, Christo secundum utramque naturam convenit; se auctore secundum divinam tantum; usus autem in munere
secundum humanam convenit. Et ita Christus vero nomine meretur,
non alius homo nec deus pater vel spiritus sanctus." Geyer,
Die Sententiae Divinitatis, 80*, 1-29. Die Darlegungen der
Sententiae divinitatis entsprechen bis in einzelne wörtliche
Übereinstimmungen hinein der opinio, die Präpositin von Cremona in seiner Summa (Toulouse Cod.lat.159 fol.226r; zit. bei
Landgraf, Eigenlehren, 201) referiert. Man darf daher die Möglichkeit annehmen, daß Präpositin die Sententiae divinitatis
vor Augen hat, wenn er von den "quidam istorum, qui dicunt"
spricht (s.u.Anm.41).

VI. Das uneigentliche Verdienst als Möglichkeit für alle Menschen

Als Ergebnis des bisher Gesagten können wir festhalten, daß die Gilbertsche Schule eine Verdienstmöglichkeit des Menschen bestreitet und nur den Gott-Menschen Jesus Christus als einen Sonderfall von dieser Regel ausnimmt. Allerdings wird in den meisten porretanischen Schriften mit dem Axiom "Christus solus meruit" nur der Gedanke eines Verdienstes im strengen Sinne in Verbindung gebracht, während damit noch nichts über ein Verdienst im weiteren Sinne gesagt ist. So heben die Sententiae divinitatis[34] und der Korintherbriefkommentar Cod.Paris.Arsenal lat.1116[35] hervor, daß Christus allein "vero nomine" verdient habe. Laborans spricht davon, daß allein in Christus die "plenitudo rationis merendi" gewesen sei[36]. Die Quästionen Cod.British Museum Harley.lat.1762 schreiben Christus allein ein "proprie mereri" zu[37], ebenso wie Alanus von Lille feststellt: "Solus Christus proprie nobis meruit vitam aeternam."[38] In den Quästionen Clm 18918 ist von einem "mereri vero nomine et vero verbo" die Rede und wird der Satz aufgestellt, daß keine Kreatur die "vera virtus merendi" habe, sondern daß allein eine Person, die Schöpfer und Geschöpf zugleich ist, die "vera ratio merendi" besitze[39]. Daß Christus allein "vero nomine" verdient habe,

---

34 s.o.Anm.33.
35 "Nec etiam vero nomine merendi in aliquo numquam meruit Petrus vel Paulus, immo nullus praeter Christum." "'Crux', id est mors, 'Christi' hoc gratiae contulit homini, ut homo fidelis, licet non vero nomine merendi aliquid mereatur vel pro Christo moriatur, sola gratia salvetur." Landgraf, Commentarius Porretanus, 14.36.
36 s.o.Anm.24.
37 "Cum igitur solus Christus proprie dicatur mereri, tamen et nos improprie mereri dicimur." fol.144v; zit. bei Landgraf, Eigenlehren, 202 Anm.8.
38 Theologicae regulae, reg.82 (PL 210,663C).
39 "Utrum aliquid meruerit an non. Diligenter attendendum est, quae rationes meriti sint et concurrentes ad hoc, ut vero nomine ipsius meritum dicatur. Quicumque ergo vero nomine et vero verbo susciperet praedicamentum, in ratione trinitatis susciperet aut vera ratione nullo modo merebuntur ... Nulla igitur creatura veram virtutem merendi habere poterit, nihil igitur, quod sit deus tantum, etiam ulla ratione merebitur. Nisi igitur sit creator et creatura, veram rationem merendi habebit." fol.118r/118v; zit. bei Geyer, Die Sententiae Divinitatis, 27.

vertritt auch Roland Bandinelli in seinen Sentenzen[40], während
Praepositinus von Cremona bei der Wiedergabe der porretanischen
opinio den Ausdruck "mereri proprie" aufgreift oder von einem
"mereri omni ratione merendi" spricht[41].
Vorausgesetzt ist in all diesen Fällen offensichtlich ein Verdienst im weiteren Sinne, das allen Menschen als Möglichkeit
eingeräumt wird, während Christus das eigentliche Verdienst,
das Verdienst im Vollsinn des Wortes vorbehalten bleibt. Tatsächlich wird auch meist dieses Verdienst im weiteren Sinne
ausdrücklich zur Sprache gebracht. So vertreten die Sententiae
divinitatis die Auffassung, daß die Gläubigen "ratione consortii", d.h. auf dem Wege der Teilhabe, verdienen, da sie als
Glieder Christi am Verdienst Christi partizipieren. Wirkt er
doch in ihnen das gute Wollen und Vollbringen[42]. Diese Begründung des Verdienstes durch das consortium findet sich auch bei
Praepositinus, der die Meinung der Porretaner so referiert:
"Allein Christus hat im eigentlichen Sinn verdient. Die Heiligen verdienen gleichwohl auf Grund der Gemeinschaft mit ihm
("ex ipsius consortio"), denn obschon sie selbst keine auctoritas haben, handeln sie dennoch in der auctoritas desjenigen,
mit dem sie vereint sind, nämlich Christi."[43] Auch Laborans
konzediert den Menschen ausdrücklich eine eingeschränkte Verdienstmöglichkeit: Findet sich in Christus allein die Fülle
des Verdienstes, so gibt es in den Heiligen Anteile an der
Fülle, die es dann ermöglichen, von einem promereri suo modo
des ewigen Lebens zu sprechen[44]. Wir werden auf die Verdienst-

---

40   "Dicimus itaque, quod Christus meruit et ipse solus
vero nomine merendi meruit." Gietl, Die Sentenzen Rolands, 181,
26-28.
    41   "Et sunt quidam istorum, qui dicunt, quod Christus so-
lus meruit omni ratione merendi ... Petrus nihil facit sua
auctoritate, licet omnia alia habeat, et ita solus Christus
proprie meretur. Sancti tamen merentur ex ipsius consortio, quia
etsi ipsi auctoritatem non habeant, faciunt tamen eius auctoritate, cui uniti sunt, scilicet Christi." Summa theologica,
Toulouse Cod.lat.159 fol.226r; zit. bei Landgraf, Eigenlehren,
201.
    42   "Dicuntur tamen fideles, qui sunt membra eius (sc. Chri-
sti), mereri ratione consortii, pro eo quod membra sunt eius et
unum cum illo, qui in eis operatur bonum velle et perficere. Ex
tali consortio dicuntur mereri, non autem vero nomine merendi."
Geyer, Die Sententiae Divinitatis, 80*,29-81*,4.
    43   s.o.Anm.41.
    44   s.o.Anm.24 und Landgraf, Laborantis Cardinalis Opuscula,

lehre des Kardinals Laborans im nächsten Kapitel noch genauer
eingehen. Die Quästionen Cod.British Museum Harley.lat.1762[45]
und Radulfus Ardens[46] stellen dem proprie mereri Christi das
improprie mereri der anderen Menschen gegenüber. Bei Alanus von
Lille findet sich an der schon zitierten Stelle der Theologicae
regulae[47] neben dem proprie mereri, das Christus vorbehalten
ist, nicht ein entsprechend weiter gefaßter Verdienstbegriff.
Allenfalls kann man in dem Gedanken, daß die Menschen zwar
nicht auctoritate, sondern ministerio ihre guten Werke zu eigen
haben, einen Anklang daran erkennen[48]. Deutlicher freilich
spricht Alanus in seinen Distinctiones dictionum theologicalium.
Hier unterscheidet er zwischen einem "mereri proprie", das einen Anspruch beinhaltet, und einem Verdienst, das ein "congruum
esse", d.h. eine gewisse Eignung des Menschen, bezeichnet. Wenn
man also sage, daß Maria verdient habe, den Heiland zu tragen,
dann nicht deshalb, weil ihre Verdienste das forderten, sondern
weil sie dazu auf Grund ihrer Unschuld geeignet war ("fuit
congrua")[49]. Wir werden auf diese Stelle nochmals am Ende unserer Arbeit bei der Untersuchung der Geschichte des meritum de
congruo zu sprechen kommen[50].

VII. Zusammenfassung

Die Konzeption der Verdienstlehre, die für die meisten Vertreter der Porretanerschule kennzeichnend ist, wird durch drei
wichtige Momente bestimmt: durch die Orientierung des Verdienstbegriffs an dem stark betonten Gedanken der auctoritas des

---

37,8f: "Est tamen hominis, ut perstrinximus, sed modo suo, vitae
gaudia promereri."
   45 s.o.Anm.37.
   46 Homiliae in epistolas et evangelia dominicalia II, hom.
38 (PL 155,2074D).
   47 s.o.Anm.38.
   48 "Boni veri operis homo auctor non est auctoritate, sed
solo ministerio. Unde non proprie dicitur mereri vitam aeternam
... Bona autem opera proprie nostra non sunt nisi ministerio,
dei autem auctoritate." (PL 210,663B/C).
   49 "Mereri proprie notat 'exigere'. Unde Augustinus: Caritas habita meretur augeri, ut aucta mereatur et perfici. Notat
'congruum esse'. Unde de beata virgine dicitur, quod meruit
portare salvatorem, non quod hoc exigerent eius merita, sed
quia ad hoc ratione innocentiae fuit congrua." Distinctiones
dictionum theologicalium, Stichwort 'mereri' (PL 210,857A/B).
   50 s.u.S.448 (bei Anm.366).

Handelnden, durch die Lehre, daß Christus als einziger Mensch
wirklich verdient habe, und durch das Zugeständnis, daß sich
die sancti auf Grund des Gnadengeschenkes ein Verdienst im uneigentlichen Sinne erwerben können. Fragen wir nach dem leiten-
den Interesse, das hinter dieser Konzeption steht, so stoßen
wir auf den Glauben an Gottes souveräne Machtfülle und Allursächlichkeit[51], der in seiner streng antipelagianischen Tendenz
auch die extreme Formulierung nicht scheut - auf die Gefahr hin,
im Sinne eines manichäischen Determinismus mißverstanden zu
werden[52]. Man denke etwa an Kardinal Laborans, der die Rolle
des Menschen vor Gott mit der lebloser Werkzeuge vergleicht
und so den Verdienstgedanken zurückweist[53]. Landgraf sieht deshalb in der Verdienstlehre der Porretanerschule eine "Überbetonung des Gnadenhaften"[54], und Auer zählt sie sogar zu den
"neuen Irrlehren". Wie der Pelagianismus nach der einen, so
entferne sich diese "Überbewertung des historischen Verdienstes
Christi gegenüber der religiösen Existenz des Christen" und
diese "Überbetonung der Allmacht und Allursächlichkeit Gottes
gegenüber der menschlichen Freiheit" nach der anderen Seite von
der katholischen Mitte[55]. Tatsächlich wurde der antipelagianische Standpunkt von keinem namhaften Theologen während des ganzen 13. Jahrhunderts in solcher Schärfe gegen die Verdienstmöglichkeit des Menschen ins Feld geführt. Sucht man nach
Parallelen, dann muß man eine Brücke ins 14. und 15. Jahrhundert
schlagen und zum Vergleich Theologen wie den Augustinereremiten
Gregor von Rimini und seinen Schüler Hugolin von Orvieto oder
wie John Wyclif und dessen Anhänger Jan Hus heranziehen, die
alle ein eigentliches Verdienst (meritum de condigno) hinsichtlich des ewigen Lebens - zumindest ein meritum de condigno im

---

51 Auer, Gnadenlehre II, 60: "Jetzt aber erscheint als Hintergrund der Auseinandersetzung der lebendige Glaube an Gottes
Allmacht und Allursächlichkeit. Obwohl keine eigentlichen Vertreter eines Pelagianismus in dieser Zeit bekannt sind, wendet
man sich, geleitet noch von der augustinischen Argumentation,
in großen Ausführungen gegen den Pelagianismus, um aus diesem
tiefen, lebendigen Glauben an Gottes Größe der menschlich immer
gegebenen Gefahr der Verselbständigung des Menschen und der Ver-
menschlichung des Göttlichen ... von vornherein zu begegnen."
52 s.o.Anm.26.
53 s.o.Anm.23.
54 Landgraf, Die Erkenntnis des Übernatürlichen, 185.
55 Auer, Gnadenlehre II, 60f.

eigentlichen Sinne -[56] und erst recht ein auf die rechtfertigende Gnade vorbereitendes uneigentliches Verdienst (meritum de
congruo)[57] ablehnen. Interessant ist vor allem, wie sich etwa
bei Hus mit der Kritik am meritum de condigno die Vorstellung
verbindet, daß das durch Gott bewirkte gnadenhafte Handeln des
Gerechtfertigten mit der Tätigkeit einer Säge oder anderer
Werkzeuge in der Hand des Menschen zu vergleichen sei: "Nam
omnis creatura in agendo non est nisi instrumentum dei, cum quo
deus ex gratia operatur."[58]

Maßgebend für die Verdienstlehre im 13. Jahrhundert und für
ihre die Extreme vermeidende Position, von Auer als "die ka-
tholische Mitte" gewertet, wurden die Sentenzen des Petrus Lombardus (1150-1157), die bereits seit dem letzten Drittel des
12. Jahrhunderts von mehreren Magistern glossiert[59], durch das
Laterankonzil 1215 als rechtgläubig approbiert[60] und zuerst
von Alexander von Hales als offizieller Vorlesungstext benützt
wurden[61], um dann für die folgenden dreihundert Jahre als Lehrbuch einen dominierenden Einfluß auf die Theologie auszuüben[62].
Es war entscheidend, daß die Sentenzen ohne Einschränkung von
einer Verdienstmöglichkeit für den Menschen sprechen und dabei
nicht nur die Kausalität der Gnade, sondern auch den notwendigen Anteil des freien Willens betonen[63]. Diese Lehre setzte

---

56 s.u.S.460-462 und S.462 Anm.442.
57 s.u.S.453.
58 Das Zitat hat folgende Fortsetzung: "Ideo nulla creatura plus potest sibi ascribere laudis aliquod praemium sine titulo gratiae, quam potest laus artificii serrae vel alteri in-
strumento artificis per artem regulantis ipsum ad opus, cum
deus arte sua aeterna movet creaturam ut suum o r g a n u m ,
prout vult et quando vult, ad quodlibet opus suum." Sent.II
d.27 q.5 (II 308,40-309,3).
59 s. de Ghellinck, Les notes marginales, 511ff.705ff;
Landgraf, Sentenzenglossen, 55; Lottin, Le premier commentaire,
71 (Lottin datiert die Sentenzenglosse des Magister Odo - wohl
die erste überhaupt - in den Zeitraum 1160-1165); Glorieux,
Sentences, 1871-1877; Chenu, Das Werk, 299.304f (Chenu erwähnt
den Glossator Petrus von Poitiers).
60 Damals errang Petrus Lombardus einen Sieg über seine Gegner dadurch, daß das IV. Laterankonzil die Rechtgläubigkeit seiner Trinitätslehre bestätigte und die Verurteilung des Joachim
von Fiore aussprach. s. Denzinger, Enchiridion symbolorum,
803/804 ("Nos autem, sacro approbante concilio, credimus et
confitemur cum Petro Lombardo ..."). Zur Bedeutung dieses Vor-
gangs für die Rezeption des Lombarden vgl. Chenu, Das Werk, 299.
61 s. Prolegomena zur Glossa Alexanders von Hales I 65*f.
62 Zum Ansehen des Petrus Lombardus vgl. Chenu, Das Werk,
298-307; de Ghellinck, Pierre Lombard, 1941-2019.
63 s.o.S.24 Anm.14.

sich durch und hatte zu Beginn des 13. Jahrhunderts die porretanische Negation des eigentlichen Verdienstes und das Axiom
"Christus solus meruit" verdrängt. Waren somit die Porretaner
in dieser Hinsicht den Anhängern des Petrus Lombardus unter-
legen, so beeinflußten sie doch die Verdienstlehre der folgenden Jahrzehnte auf mancherlei Weise, so etwa durch die Unterscheidung zwischen einem eigentlichen und einem uneigentlichen
Verdienst, die sich bei Petrus Lombardus nicht findet[64]. Wie
wir zeigen werden, geht sowohl der Begriff des meritum de congruo als auch der des meritum de condigno aus ihren Reihen hervor[65]. Allerdings verschob sich bei den nachfolgenden Theologen
der Anwendungsbereich dieser Begriffe. Während die Porretaner
das eigentliche Verdienst überhaupt ablehnen und das uneigentliche Verdienst für den Wegabschnitt zwischen Empfang der rechtfertigenden Gnade und vita aeterna ansetzen, wird im 13. Jahrhundert für diesen Wegabschnitt allgemein das eigentliche Verdienst bejaht, während man für den vorbereitenden Weg bis zum
Empfang der Gnade das uneigentliche Verdienst konzediert. So
baut man die Position des Lombarden durch die Terminologie der
Porretaner aus und verwirft damit einerseits die porretanische
Beurteilung der Verdienstmöglichkeit, entfernt sich aber andererseits auch vom Lombarden, der eine Verdienstmöglichkeit vor
der rechtfertigenden Gnade strikt abgelehnt hatte[66]. Es ergibt
sich somit die seltsame Situation, daß gerade die Übernahme
der porretanischen Terminologie den Abstand zwischen den Porretanern und ihren Gegnern noch vergrößert. War doch für die
Porretaner wie für Petrus Lombardus eine Verdienstmöglichkeit
vor der Rechtfertigung undenkbar.

---

64 Vgl. Schupp, Die Gnadenlehre des Petrus Lombardus, 264
(über das Fehlen der Begriffe meritum de condigno und meritum
de congruo beim Lombarden).
65 s.u.S. 448f und 454f.
66 "... etiam ante gratiam praevenientem et operantem ...
praecedere quaedam bona ex dei gratia et libero arbitrio, quaedam etiam ex solo libero arbitrio, quibus tamen vitam non meretur, nec gratiam qua iustificatur." Sent.II d.26 c.7 n.1 (477,
8-11).

4. Kapitel
DIE KONZEPTION DER FREIEN SELBSTBINDUNG
GOTTES IM EXKLUSIVEN SINNE

In Bernhard von Clairvaux und Petrus Lombardus haben wir zwei
Vertreter einer noch ganz an Augustin orientierten Richtung
der Verdienstlehre, d.h. eines integrativen Verständnisses der
Selbstbindung Gottes, kennengelernt. Sie sprechen von der
Schuldnerschaft Gottes auf Grund seines freien Versprechens,
ohne die Extra-Dimension der promissio zum Argument gegen eine
durch das immanente Gnadengeschenk begründete Würdigkeit und
meritorische Wirksamkeit der guten Werke hinsichtlich des himmlischen Lohnes zu machen. Wie wir schon ankündigten, ist nun
eine andere Richtung zu untersuchen, die bereits in der Zeit
des Lombarden, d.h. in den fünfziger Jahren des 12. Jahrhunderts, nachweisbar ist und den Gedanken der freien Selbstbindung Gottes so zur Sprache bringt, daß ein Kausalitätsbezug
zwischen der gnadengewirkten Qualität der guten Werke und der
Belohnung mit dem ewigen Leben ausgeschlossen wird. Insofern
kann man hier von einem Verständnis der Selbstbindung Gottes im
exklusiven Sinne sprechen, im Gegensatz zu einem anderen Verständnis, das die Bedeutung des inneren Wertelements für das
Verdienst des ewigen Lebens nicht ausschließt, bisweilen sogar
stark betont, aber durch den Gedanken der freien Selbstbindung
Gottes deutlich einschränkt. In diesem Fall werden wir von einem
Verständnis der Selbstbindung Gottes im einschränkenden oder
restriktiven Sinne sprechen, wodurch auch der Unterschied zur
augustinischen Richtung eines Bernhard oder eines Lombarden klar
bezeichnet ist. Diese Konzeption wird später zu behandeln sein,
während wir uns jetzt dem exklusiven Verständnis der freien
Selbstbindung Gottes in der Verdienstlehre des 12. und beginnenden 13. Jahrhunderts zuwenden wollen. Dabei unterscheiden wir
zwischen einer frühen Richtung, die das Verdienst im strengen
Sinne ablehnt, und einer späteren Richtung, die es bejaht.

I. Das exklusive Verständnis der freien Selbstbindung Gottes
in Verbindung mit einer Ablehnung des strengen Verdienstbegriffs

Zu der Richtung, die eine exklusive Vorstellung von der Selbstbindung Gottes hat und diese gegen den Verdienstbegriff im
strengen Sinne ausspielt, zählen wir folgende vier Vertreter:
Kardinal Laborans, den anonymen Verfasser des Paulinenkommentars Cod.Paris.Nat.lat.686, Petrus Cantor und den Petrus Cantor in der Frage des Verdienstes sehr nahestehenden anonymen
Verfasser des Paulinenkommentars Cod.Paris.Nat.lat.3572. Da
Laborans, Cod.Paris.Nat.lat.686 und Petrus Cantor dem Porretanerkreis zuzurechnen sind, darf man annehmen, daß das exklusive Verständnis der freien Selbstbindung Gottes seinen Ursprung
in der Porretanerschule hat. Es ist darum bezeichnend, daß auch
der Porretaner Radulfus Ardens in seinen Homilien die Auffassung vertritt, Gott gebe den Auserwählten den ewigen Lohn nicht
auf Grund von Verdiensten, sondern nur deshalb, weil er ihnen
den Lohn gratis versprochen habe[1]. Im Unterschied zu Laborans,
Cod.Paris.Nat.lat.686 und Petrus Cantor wendet sich allerdings
Radulfus Ardens kategorisch gegen den Gedanken, daß Gott auf
Grund seines Versprechens gebunden sei: "Qui, quamvis promiserit, tamen ex hoc vinculo promissi non astringitur." Ein debitum Gottes sei mit seiner Freiheit unvereinbar[2]. Obwohl Radulfus den Außenaspekt des göttlichen Versprechens im exklusiven
Sinne zur Sprache bringt, wollen wir ihn darum trotzdem nicht
zu den eigentlichen Vertretern der mittelalterlichen Selbstbindungstradition rechnen.

Wie wir feststellten, besteht eine vom gleichen Anliegen bestimmte Verwandtschaft zwischen der Negation der Verdienstmöglichkeit, die wir im vorausgehenden Kapitel bei mehreren Porretanern feststellen konnten, und der exklusiven Sicht der Selbstbindung Gottes. Es ist darum nicht verwunderlich, daß Kardinal
Laborans und Cod.Paris.Nat.lat.686 gemeinsam mit den genannten
Porretanern vom Gesichtspunkt der auctoritas dei her Kritik am
Verdienstgedanken üben und gleichzeitig aus der Selbstbindung

---

1 Homiliae de tempore, hom.10 (PL 155,1336f).
2 Homiliae in epistolas et evangelia dominicalia, p.2 hom.
28 (PL 155,2040C).

Gottes die sichere Belohnung des Menschen ableiten. Die eine
Konzeption fügt sich unter dem gemeinsamen Aspekt der Souveränität Gottes gegenüber dem Anspruch des Menschen nahtlos an die
andere; Laborans und Cod.Paris.Nat.lat.686 sind die Verbindungs-
stellen. Der Chronologie entsprechend wenden wir uns zuerst
Kardinal Laborans zu.

1. Kardinal Laborans

Laborans, der in Pantorma bei Florenz geboren wurde, nach der
Vermutung Landgrafs unter Gilbert de la Porrée in Frankreich
studierte[3], dann wieder nach Italien zurückkehrte und um 1191
starb, war zugleich Kanonist und Theologe. Als Kanonist verfaßte er in zwanzigjähriger Arbeit (1162-1182) sein Hauptwerk,
die Compilatio decretorum, eine Bearbeitung des Gratianschen
Dekrets. Daneben schrieb er vier kleinere theologische Werke,
unter denen uns besonders der zwischen 1154 und 1160 verfaßte
Traktat De iustitia et iusto interessiert, dessen Bedeutung als
Beitrag zur mittelalterlichen Verdienstlehre wir bereits erwähnten. Das Gewicht dieses Traktats ist vor allem darin zu
sehen, daß wir hier zum ersten Mal der Konzeption einer freien
Selbstbindung Gottes im exklusiven Sinne begegnen, wobei die
Exklusivität gegenüber der immanenten Dignität des menschlichen
Handelns in einer Schärfe vertreten wird, die für den porretanischen Geist charakteristisch ist, sich aber auch innerhalb der
porretanischen Schule nie mehr so deutlichen Ausdruck gegeben
und nie mehr so ausführlich dargestellt hat wie bei Kardinal
Laborans. Um seine ablehnende Haltung gegenüber dem meritum
verständlich zu machen, fragen wir zunächst nach dem von ihm
vorausgesetzten Verdienstbegriff.

a) Der Verdienstbegriff nach dem bürgerlichen Recht

Spricht Laborans von meritum, dann hat er einen Sprachbereich
im Auge, den er lingua civilis nennt[4] und dem ius civile[5] oder

---

3 Zu dieser und allen übrigen Angaben über Laborans vgl.
Landgraf, Laborantis Cardinalis Opuscula, 1.
4 s.u.Anm.55.
5 s.u.Anm.40 und 57.

den Gebieten der "ethica seu politica"[6] zuordnet. Gemeint ist
mit ius civile das spätrömische Privatrecht in seiner durch
Iustinians Corpus iuris civilis (528-534) festgelegten offi-
ziellen Fassung, während die Begriffe ethica und politica die
Geltungsbereiche dieses Rechts bezeichnen, d.h. den bürgerlich-
säkularen Raum, der bei Laborans vom kirchlich-theologischen
Bereich streng geschieden ist. Beschäftigt sich die Theologie
mit den Geheimnissen Gottes[7], so erreicht das ius civile, wie
Laborans betont, mit seinen Schlingen nur die Sterblichen[8].
Diesem vom römischen Recht bestimmten säkularen Rechtsbereich
weist nun Laborans den Begriff des meritum zu[9]. Es ist zu fragen, wie Laborans das meritum im Rahmen der lingua civilis inhaltlich bestimmt.

Im vorausgehenden Kapitel stellten wir bereits fest, daß der
Verdienstbegriff des Kardinals Laborans wie der zahlreicher
anderer Porretaner durch den Gedanken der auctoritas des Handelnden gekennzeichnet ist[10] und daß er darum nur Christus ein Verdienst im Vollsinn des Wortes einräumt[11]. So macht Laborans auch
Pelagius den Vorwurf, daß er unter Mißachtung der Gnade die
auctoritas operandi in den freien Willen des Menschen verlegt
habe[12]. Mit dem auctoritas-Gedanken haben wir aber nur eine Seite des in Laborans' Schrift De iustitia et iusto dargestellten
Verdienstbegriffs berührt. Ebenso wichtig ist für Laborans der
Aspekt der Gleichwertigkeit von Leistung und Lohn, das Postulat,
daß die Tat, die den Titel 'meritum' für sich beanspruchen darf,
dem Lohn ebenbürtig ist. Er spricht hier von condignitas[13] oder
von einem tantum an Leistung, dem ein tantum an Belohnung entspricht, ja der Wert des Verdienstes könne sogar den des Lohnes
bisweilen übertreffen[14]. Damit verbunden ist die Vorstellung von

---

6   "Nullis opinor ignotum rationes meritorum ad ethicae seu
politicae pertinere libamen." Landgraf, aaO 35,21f; s.u.Anm.56
("in ethicis").
7   s.u.Anm.55.
8   s.u.Anm.57.
9   Vgl. z.B. o.Anm.6.
10 s.o.S.30 und bes. das Zitat o.S.31 Anm.23.
11 s.o.S.35 (bei Anm.36).
12 "Absit enim, ut Pelagio coaptemur, qui neglecta gratia
penes liberum arbitrium auctoritatem operandi constituit."
Landgraf, aaO 30,28f.
13 s.u.Anm.81; vgl. auch u.Anm.21.
14 "Paciscuntur miles et princeps: hic, ut tantum militet,
ille, ut tanto remuneret. Antecedit meritum, consequitur et
(ex?) necessitate legitimae pactionis praemium, et fit interdum praemio meritum pluris esse." Landgraf, aaO 35, 22-25.

einer in der Ebenbürtigkeit begründeten Effizienz der Leistung:
Die Verdienste bewirken als causae efficientes den Lohn[15]. Dieser Zusammenhang zwischen condignitas und efficientia wird sehr
deutlich in der Kritik, die Laborans an Pelagius übt und die
sich an den oben genannten Vorwurf unmittelbar anschließt:
"Das Bewirken des Heils (efficientia salutis) verlegte er in
die Verdienste der Werke, als ob die Leiden dieser Zeit der
ewigen Herrlichkeit ebenbürtig (condignae) seien."[16] Dieser
Satz zeigt auch, wie die Begriffe condignus und condignitas in
die mittelalterliche Verdienstlehre Eingang gefunden haben,
nämlich über Rom.8,18: "Non sunt condignae passiones huius temporis ad futuram gloriam." Darüber wird in dem zusammenfassenden Überblick über die Geschichte des meritum de condigno ausführlicher die Rede sein[17]. Wichtig ist an diesem Punkt, daß
für Laborans beim meritum die Aspekte auctoritas, condignitas
und efficientia zusammengehören, wobei der Gesichtspunkt der
auctoritas des Handelnden bereits bei Porretanern vor Laborans
auftaucht, etwa in den Sententiae divinitatis[18], während die
Vorstellung von einer Gleichwertigkeit zwischen Verdienst und
Belohnung innerhalb der theologischen Literatur zum ersten Mal
bei Laborans in unser Blickfeld gerät.

Ein weiterer wichtiger Bestandteil des zivilrechtlichen Verdienstbegriffs ist nach Laborans das Verpflichtungsmoment: Das
Verdienst verpflichtet den Empfänger zu einer Belohnung, d.h.
dieser schuldet einer bestimmten Leistung eine entsprechende
Gegenleistung[19]. Das Verpflichtungsmoment hängt also eng mit dem
Prinzip der Gleichwertigkeit zusammen. Der Inhalt der Verpflichtung wird quantitativ durch die Größe der Leistung bestimmt. Daß
aber überhaupt eine Verpflichtung zur Belohnung, eine Notwendig-

---

15 Laborans sieht sich darum auch, wie wir unten sehen werden, bei der Erklärung des Verdienstgedankens veranlaßt, ausführlich auf das Problem der Kausalität und die verschiedenen
Arten von causae einzugehen. s.u.S. 61-64.
16 "Efficientiam salutis in meritis operum collocavit, quasi
'condignae sint passiones huius temporis ad futuram gloriam'
(Rom.8,18) et non ex misericordia, sed ex operibus iustitiae
salvi simus." Landgraf, aaO 30,29-32.
17 s.u.S.454-456.
18 s.o.S.34 Anm.33.
19 "Debetur equidem merito merces et redditur." Landgraf,
aaO 34,7. "... ut merito laboris diurni de iure civili cogatur
operario reddere sero denarium." Landgraf, aaO 31,2f.

keit des Folgeverhältnisses von meritum und praemium entsteht,
ist durch die Existenz eines Vertrages zwischen Verdienendem
und Belohnendem zu erklären. Laborans wählt das Beispiel einer
pactio zwischen Soldat und Fürst: "Paciscuntur miles et princeps: hic, ut tantum militet, ille, ut tanto remuneret. Antecedit meritum, consequitur et (lies: ex) necessitate legitimae
pactionis praemium."[20] Zum hier verwendeten Begriff pactio ist
zu bemerken: Der von späteren Autoren, etwa Odo Rigaldi und
Bonaventura, innerhalb der theologischen Verdienstlehre benütz-
te pactum-Begriff hat die Funktion, die Diskrepanz zwischen dem
Wert der guten Werke und der Größe der himmlischen Herrlichkeit
dahingehend zu überbrücken, daß man trotzdem von einer Verpflichtung Gottes (ex pacto) sprechen kann. Der Vertragsgedanke,
den Laborans zur Beschreibung des Verdienstgedankens im römischen Recht verwendet, besitzt dagegen nicht diese Überbrückungs-
funktion, sondern schließt gerade die Gleichwertigkeit von Werk
und Lohn ein. Er verweist lediglich auf einen vertraglichen
Rahmen, der den obligatorischen Charakter der Abfolge von meritum und praemium garantiert. Weil der Vertrag und die durch ihn
gesetzte Verpflichtung eine Kondignität von Leistung und Lohn
beinhaltet[21], kann von einem Geschenkcharakter des Lohnes nicht
gesprochen werden. Im ius civile besteht darum ein unversöhn-
licher Gegensatz zwischen donum und merces: "Si gratia, tunc
donum. Si vero donum, quomodo merces? Et si merces, quomodo donum? Adversari sibimet civiliter ista videntur. Debetur equidem
merito merces et redditur; donum vero merito non respondet."[22]

Zusammenfassend können wir sagen, daß der Verdienstbegriff
des Kardinals Laborans am Verdienstbegriff des römischen Pri-
vatrechts ausgerichtet ist und die Merkmale auctoritas, condignitas, efficientia oder causalitas, debitum und pactio enthält:
Der Verdienende erbringt aus eigenem Vermögen eine bestimmte
Leistung, die eine gleichwertige Belohnung verursacht, wobei
die Belohnung der Leistung auf Grund einer vorhergehenden Ab-
machung geschuldet wird.

---

20 Landgraf aaO 35,22-24.
21 Nach Laborans sind die Mühen des Soldaten dem auszuzah-
lenden Sold ebenbürtig: "Labores sunt denario persolvendo condi-
ni." Für den agricultor, d.h. den Christen auf dem Wege zur
Glorie, weist Laborans diesen Gedanken strikt zurück. Landgraf,
aaO 35,25f.
22 Landgraf, aaO 34,5-8.

b) Die Ablehnung der zivilrechtlichen Verdienstvorstellung für
das Verhältnis Gott-Mensch

Den beschriebenen Verdienstgedanken des ius civile weist Laborans strikt zurück, wenn er von der Beziehung zwischen Gott und
Mensch spricht. Es ist hier zunächst an die schon ausführlich
beschriebene Tatsache zu erinnern, daß Laborans allen Menschen
außer Christus die auctoritas operandi abspricht[23]. Wenn sie
etwas Gutes wirken, dann ist nicht ihre humanitas, sondern die
von Gott kommende iustitia, gleichsam eine iustitia aliena, als
Urheberin anzusehen[24]. Diesen Sinn erhält auch der Gedanke
Augustins, daß Gott nicht unsere Verdienste, sondern seine eigenen Gaben belohnt[25]. Laborans teilt mit Augustin das starke
Interesse an der Souveränität Gottes gegenüber jeder Eigen-
mächtigkeit des Menschen, doch gibt er den Worten Augustins
eine neue Radikalität. Während Augustin auch immer sehr deutlich die Beteiligung des liberum arbitrium und der voluntas des
Menschen an den gnadengewirkten Handlungen hervorhebt[26], vergleicht Laborans die Gerechtfertigten mit leblosen Werkzeugen,

---

23 s.o.S.31 Anm.23 und 24.

24 "Paulisper igitur advertamus non dici coronam iusti, sed
coronam reddi iustitiae. Hoc autem, ut intelligatur deus non
merita nostra, sed gratias et sua munera coronare, dum non hu-
manitati, sed iustitiae vitae corona sit consequens." Landgraf,
aaO 34,16-19. Man beachte die Gegenüberstellung von humanitas
und iustitia. Laborans führt zur Erklärung dieser Ausdrucksweise-
se zwei Beispiele an: 1.) Man sagt zutreffender: "Die Erscheinung des Priamus ist der Herrschaft würdig" als: "Priamus ist
der Herrschaft würdig". Vgl. zu diesem Beispiel Simon von
Tournai, Disputationes, disp.56 q.5 (162,24-27) und disp.100
q.3 (289,29f). 2.) Ebenso sagt man richtiger: "Die Weisheit
Ciceros bändigte Catilina" als: "Cicero bändigte Catilina".
Landgraf aaO 34,20-25. Hier wird also sehr deutlich zwischen
der Person und dem Prinzip des Wirkens oder Handelns in ihr
unterschieden. Ebenso differenziert Laborans scharf zwischen
dem menschlich-natürlichen Bereich im Menschen und der geschenkten iustitia in ihm. Was die guten Werke anbelangt, so ist die
humanitas nicht Wirkursache oder Urheber des Handelns, sondern
Instrument der iustitia, die als geschenkte iustitia immer
iustitia aliena bleibt. s.o.S.31 Anm.23.

25 Text des Kardinals Laborans s.o.Anm.24. Vgl. Augustin,
De gratia et libero arbitrio 6,15 (PL 44,891): "Si ergo dei
dona sunt bona merita tua, non deus coronat merita tua tamquam
merita tua, sed tamquam dona sua."

26 s. z.B. De spiritu et littera 5,7 (CSEL 60,159f) und
9,15 (CSEL 60,168); De gratia et libero arbitrio 17,33 (PL 44,
904); Sermo 169,11,13 (PL 38,922f).

die durch ein alienum arbitrium bewegt werden[27]. War Augustins
Theologie bleibend durch seine frühe Auseinandersetzung mit dem
Manichäismus geprägt, so mußten sich Porretaner wie Laborans
den Vorwurf eines neuen Manichäismus gefallen lassen[28], wobei
freilich gefragt werden darf, ob die Porretaner in den Fragen
der Gnadenlehre nicht trotzdem mehr von Augustin gelernt haben
als ihre Gegner. Der Gesichtspunkt der auctoritas war somit für
Laborans schon Grund genug, um die Verdienstvorstellung des
ius civile zurückzuweisen.

Dazu kam nun der für ihn ebenso wichtige Aspekt der fehlenden condignitas zwischen den Werken des Christen und dem ewigen
Lohn. Nicht nur, daß der Mensch nicht als Urheber seiner guten
Handlungen angesehen werden kann, es besteht auch eine völlige
Diskrepanz zwischen ihrem Wert und dem des ewigen Lebens. Nachdem Laborans aus dem Bereich der "ethica seu politica" das oben
zitierte Beispiel einer pactio zwischen Fürst und Soldat[29] angeführt und mit dem Gedanken abgeschlossen hat, daß in diesem
Fall das Verdienst bisweilen größer sei als der Lohn, stellt er
die Frage: "Kann es etwa auch größer sein als der göttliche
Lohn?" Die Antwort lautet: "Keinesfalls, denn selbstverständlich sind die Arbeiten der Bauern der Bezahlung durch einen Denar (Weinberggleichnis Mt.20,1-16!) nicht ebenbürtig (condigni).
Denn der bürgerliche Lohn ist begrenzt, jener ist unermeßlich;
dieser ist augenblicklich, jener ewig; dieser gibt Anlaß zu
Furcht und Trauer, jener zu unvorstellbarer Sicherheit und
Freude."[30]

---

27   s.o.S. 31 Anm.23. In sehr ähnlicher Weise wird Augustins
Gnadenlehre etwa durch Johann Hus (s.o.S. 38f und dort Anm.58)
und den Wittenberger Theologen Andreas Bodenstein gen. Karlstadt radikalisiert. In Karlstadts Apologeticae Conclusiones
(9.Mai 1518), n.259-263 (91f) findet sich wie bei Laborans in
diesem Zusammenhang der Vergleich des menschlichen Anteils an
den guten Werken mit der Rolle lebloser Instrumente, wie bei
Hus speziell das Bild von der Säge (serra) in der Hand des
artifex. Wie Laborans verweist Karlstadt ferner auf die Schriftstellen 1.Cor.15,10, Mt.10,20 und Rom.8,14 (wenn das betonte
"aguntur" bei Laborans als Zitat aus Rom.8,14 gelten darf).
     28   s.o.S. 32 Anm.26.
     29   s.o.S. 46 (bei Anm.20).
     30   "... et fit interdum praemio meritum pluris esse. Num-
quid et divino pluris? Absit, quia nimirum nulli nec multo magis omnes agricultorum labores sunt denario persolvendo condigni. Quippe civile praemium quantum est, illud immensum; momentaneum hoc, illud aeternum; hoc formidinis et maeroris, illud
inaestimabilis securitatis et gaudii." Landgraf, Laborantis
Cardinalis Opuscula, 35,24-29.

Wichtig wird für Laborans in diesem Zusammenhang der Vers des
Römerbriefes: "Non sunt condignae passiones huius temporis ad
futuram gloriam" (Rom.8,18)[31]. Es dürfte traditionell sein, daß
man mit diesem Vers den Abstand zwischen menschlichem Verdienst
und himmlischem Lohn in Verbindung bringt. So schreibt Petrus
Lombardus in seinem Psalmenkommentar (1135-1137): "Praemium
maius merito, et supra quam petimus, speramus. Unde: 'Non sunt
condignae passiones huius temporis ad futuram gloriam.'"[32] Noch
deutlicher ist die Auslegung desselben Verses im Römerbriefkommentar des Lombarden (1139-1141): "'Non sunt condignae', id
est sufficientes, si districte ageretur nobiscum, 'ad' promerendam 'futuram gloriam'. Tribulatio namque est cum fine, merces sine fine erit, et multo maior erit tibi gloria quam hic
labor."[33] Der Lombarde schließt dann noch den Gedanken an, daß
der Heilige Geist das tut, was die Verdienste nicht können[34].
So wird für ihn die Kluft zwischen meritum und gloria überbrückt. Vergleichen wir die Auffassung des Lombarden mit der
des Kardinals Laborans, dann kommen wir zu dem Ergebnis: Petrus
Lombardus hat wohl ein Bewußtsein vom Ungenügen der menschlichen Werke angesichts der Unermeßlichkeit der gloria dei, so
daß er sich kritisch gegenüber der Möglichkeit eines promereri
äußern kann, wenn er ein streng rechtliches Verfahren Gottes mit
den Menschen voraussetzt. Dieser Zusatz "si districte ageretur
nobiscum" ist aber sehr bezeichnend; denn unter der Voraussetzung, daß der Heilige Geist - für den Lombarden wesensgleich
mit der caritas - im Menschen seufzt und bittet und Gott diesem
Flehen seine Ohren nicht verschließen kann[35], besteht nach Auffassung des Lombarden durchaus die Möglichkeit, das ewige Leben
zu verdienen. So spricht er auch meist ohne Einschränkung von
den Verdiensten des Menschen[36]. Anders interpretiert Laborans
Rom.8,18. Da er beim Begriff des meritum zunächst an das Ver-

---

31   s.o.Anm.16.
32   Commentarius in Psalmos: in Ps.118,43 (PL 191,1066A).
33   Collectanea in Epistolas Pauli: in Rom.8,18 (PL 191,
1441f).
34   "Ecce hoc facit spiritus, quod merita non possunt." aaO
(PL 191,1442A).
35   "Spiritus sanctus gemit ..., quia ipse nos movet ad orandum, cum gemimus ... Caritas enim, quae per spiritum sanctum
facta est in nobis, ipsa gemit, ipsa orat. Contra hanc aures
claudere non novit, qui illam dedit." aaO: in Rom.8,26 (PL 191,
1447B).
36   s.o.S. 24 Anm.14 und 16.

dienstverständnis des ius civile denkt und deshalb mit meritum
sofort eine Gleichwertigkeit von Lohn und Verdienst in Verbindung bringt, bedeutet für ihn eine Ablehnung der condignitas
zugleich eine Ablehnung des Verdienstes im eigentlichen Sinn[37].
Wie wir bereits sahen, ist Kardinal Laborans der erste Theologe,
bei dem wir diese enge Verknüpfung von meritum- und condignitas-
Begriff gefunden haben[38]. Dabei spielte offensichtlich seine
juristische Bildung eine wichtige Rolle.

Mit der Negation einer Gleichwertigkeit zwischen den Werken
des Christen und der himmlischen Herrlichkeit steht für Laborans unmittelbar in Zusammenhang die Kritik an der Vorstellung
von einem Kausalbezug zwischen diesen beiden Faktoren, als
könne die Leistung des Menschen den himmlischen Lohn bewirken.
Gott ist von keiner äußeren Ursache abhängig. So sagt Laborans:
"Mir wird von allen Seiten eine Ursache vorgesetzt, aber nicht
Gott, den keine äußeren Ursachen veranlaßt haben, irgendetwas
zu tun oder zu erkennen."[39] An einer anderen Stelle heißt es:
"Die allmächtige Güte, die aus ihrem eigenen Wesen besteht ohne
Bedürfnis nach einem äußeren Gute, wird nicht durch äußere Ur-
sachen verpflichtet (obstringitur), so daß sie kraft bürgerli-
chen Rechtes durch das Verdienst der Arbeit gezwungen wäre, dem
Taglöhner am Abend einen Denar auszubezahlen (Weinberggleichnis
Mt.20,1-16!); die einzige Ursache und der einzige Grund, den es
für sie geben kann, ist ihr Wille."[40] Halten wir fest, mit wel-
cher Intensität hier auf den Willen als den einzigen Grund für
Gottes Handeln verwiesen wird.
Dieselbe Stelle zeigt auch sehr deutlich, in welchem Sinne
Laborans eine Verpflichtung oder Schuldnerschaft Gottes ablehnt.
Wie wir sehen werden, wendet er sich nicht grundsätzlich gegen
den Gedanken einer Schuldnerschaft Gottes. Was er negiert, ist
jede Bindung Gottes, die nicht aus seinem eigenen Wesen und
Willen erwächst, sondern durch äußere Ursachen an ihn herange-

---

37 s.o.Anm.16.
38 s.o.S.45.
39 "Mihi enim utrobique causa proponitur, sed non deo, quem
non externae pepulerunt quidpiam agere vel intelligere causae."
Landgraf, Laborantis Cardinalis Opuscula, 36,11-13.

40 "Non enim cunctipotens bonitas, quae ex suis ipsa subsistit extrinseci boni non indiga, forinsecis causis obstringitur, ut merito laboris diurni de iure civili cogatur operario
reddere sero denarium, sed sola illi est pro causis et ratione
voluntas." Landgraf, aaO 30,39-31,4.

tragen wird - eine Bindung, wie sie nach dem ius civile für den
Nutznießer einer Leistung besteht, die nun von ihm gerecht belohnt werden muß. Darum betont Laborans: "Die Erstattung des
göttlichen Lohnes ist nicht die Angelegenheit eines drängenden
Rechts ..."[41] Laborans weist damit jeden Rechtsanspruch des
Menschen vor Gott zurück. Gott schuldet den Lohn nicht vor dem
Forum menschlicher Ansprüche, sondern vor dem, was er selbst
ist und will. Diesen Gedanken werden wir noch genauer untersuchen müssen.

Hat Laborans das Verpflichtungsmoment im bürgerlichen Recht
durch den Gedanken einer pactio zwischen Verdienendem und Belohnendem erklärt, so meidet er diesen Begriff bei der Beschreibung der Schuldnerschaft Gottes und ihrer Gründe. Zwar kennzeichnet er das personale Verhältnis zwischen Gott und Mensch
durch die Begriffe foedus und pactum[42], doch verwendet er den
Bundes- und Vertragsgedanken nicht zur Begründung der freien
Selbstbindung Gottes[43]. Während er die Notwendigkeit der Belohnung im ius civile aus der pactio ableitet, beschreibt er die
Selbstbindung Gottes als Akt der Verheißung. Diesem terminologischen Unterschied entspricht die Differenzierung zwischen ius
promissi und ius civile[44]. Offensichtlich gehört der Begriff
der pactio zu sehr zum Bereich des ius civile, um von Laborans
auf das Verhältnis Gott-Mensch angewandt werden zu können. So
wie Laborans eine Schuldnerschaft Gottes kennt, aber Gott nie
Schuldner des Menschen nennt, so kennzeichnet er auch die
Selbstbindung Gottes auf eine Weise, die den Blick zunächst nur
auf den allein handelnden Gott lenkt, d.h. auf den Gott, der
ein Versprechen gibt und sich damit bindet. Der Vertragsgedanke
dagegen würde den Menschen sofort als ebenfalls handelndes Sub-
jekt mit ins Spiel bringen, so wie im ius civile miles und

---

41   "Mercedis itaque divinae redditio non iuris urgentis est,
sed ordinis non fallentis." Landgraf, aaO 34,31-35.
42   Laborans sagt von den Gottlosen: "Plerumque bona faciunt,
ut ita de illius (sc. largitoris) credantur esse collegio, et
tandem, pro nefas, evacuando pactum irritant fidem. Quo fit, ut
eis omnia cooperentur in malum, sicut electis omnia cooperantur
in bonum." Landgraf, aaO 33,4-7. "Arguetur impius, quod ignavus
et hebes ultime captivitati non obstitit fueritve post omne
foederis iterati memoriale foedifragus." Landgraf, aaO 33,10f.
Vgl. auch u.Anm.65.
43   s.u.S. 57f.
44   s.u.Anm.57.

princeps als gemeinsam handelnde Subjekte den Bund konstituieren: "Paciscuntur miles et princeps."[45] Man muß wohl diese
Ausrichtung des Blicks auf den handelnden Gott im Zusammenhang
mit der Auffassung sehen, die Laborans von der dominierenden
Rolle der potestas und auctoritas Gottes im Vergleich zur qua-
si-instrumentalen Rolle des Menschen hat[46]. Dort, wo die Selbstbindung Gottes durch ein pactum begründet wird, d.h. im Paulinenkommentar Cod.Salzburg St.Peter a XI 7, bei Odo Rigaldi,
Bonaventura und anderen Autoren der Franziskanerschule, spielt
auch die personale Eigenständigkeit des Menschen vor Gott eine
ungleich größere Rolle[47].

Aus der Art und Weise, wie sich Laborans bei der Beschreibung des Verhältnisses zwischen Gott und Mensch zu den Gesichtspunkten auctoritas operandi, condignitas, efficientia oder causalitas, debitum und pactio äußert, ergibt sich, daß er dem
Verdienstbegriff äußerst kritisch gegenübersteht. So sagt er:
"Der Lohn wird von Gott gegeben, weil er versprochen, nicht
weil er verdient worden ist. Er wird auf Grund der Verheißung
geschuldet, nicht durch das Gesetz eines Verdienstes."[48]

Andererseits kann Laborans den Begriff des meritum auch im
positiven Sinn verwenden[49] und so die Frage stellen, was bei
unserem Verdienst der Natur, was der Gnade zukommt[50]. Dem entspricht es, daß er auch positiv vom himmlischen Lohn, von einer
dignitas des Menschen, einer Kausalität der menschlichen Werke
in Hinblick auf das Heil und einer Schuldnerschaft Gottes sprechen kann. Nach der beschriebenen Kritik Laborans' an dem Vor-
stellungsmaterial des ius civile ist näher zu untersuchen, wie
diese positiven Äußerungen möglich sind. Hier ist zunächst auf
eine grundlegende hermeneutische Überlegung des Kardinals Laborans zur Funktion der zivilrechtlichen Terminologie innerhalb
der Theologie, sodann auf seine Konzeption der freien Selbstbindung Gottes zu verweisen.

---

45   s.o.S.46 (bei Anm.20).
46   s.o.S.31 Anm.23 und 24.
47   s.u.S.404, 407-410 und 468f.
48   "Datur a deo praemium, quia pollicitum quam promeritum.
Debetur ratione promissi quam lege meriti." Landgraf, Laborantis Cardinalis Opuscula, 30,32f.
49   s.o.S.31 Anm.24 und S.37 Anm.44.
50   "Quaeritur a quibusdam, quid in nostro merito sit naturae, quid gratiae." Landgraf, aaO 37,10f.

c) Eine hermeneutische Überlegung des Kardinals Laborans zum
Standort der zivilrechtlichen Terminologie innerhalb der
Theologie

Der positiven Verwendung von Begriffen, die der Sprache des ius
civile angehören, bereitet Kardinal Laborans den Boden durch
eine hermeneutische Überlegung. Er will damit das traditionelle,
auch von ihm übernommene Vokabular der Theologie rechtfertigen,
die von Gott als Schuldner spricht, da er zu einer Belohnung
der guten Werke des Menschen verpflichtet sei. Für die Entwicklung dieses Vokabulars war von großer Bedeutung die Terminologie der Vulgata in 2.Tim.4,8: "In reliquo reposita est mihi
corona iustitiae, quam reddet mihi dominus in illa die, iustus
iudex." Bereits Augustinus hatte den Begriff reddere in Beziehung zu den Begriffen debere, debitor, debitum und merces gesetzt[51]. Der Verpflichtung Gottes zur Erstattung der corona
iustitiae entspreche von seiten des Menschen legitimerweise
eine Lohnforderung[52]. Das Problem besteht für Laborans also darin, daß ihm die theologische Tradition Begriffe anbietet, die
er in der lingua civilis beheimatet findet, einer Sprache somit,
deren gängige juristische Bedeutung er in theologicis strikt
ablehnt.

Er versucht, die Schwierigkeit zunächst von der hermeneutischen Seite her zu lösen, indem er sich die Frage stellt, welche Funktion die zivilrechtliche Terminologie in der Theologie
sinnvollerweise besitzen kann. Diese methodisch-hermeneutischen
Gedanken des Kardinals sind für das Verständnis der theologischen Sprache im 12. und 13. Jahrhundert von fundamentaler Bedeutung. Nirgends mehr in diesem Zeitraum finden wir einen der-
artigen Versuch, die Übertragung privatrechtlicher Begriffe wie
Schuld, Verdienst und Lohn auf das Verhältnis Gott-Mensch me-
thodisch zu durchdenken. Für alle folgenden Konzeptionen einer
Selbstbindung Gottes sind die hier vorgetragenen hermeneutischen
Überlegungen somit gleichsam als Prolegomena anzusehen, denn
sie machen deutlich, in welchem Sinne die theologische Sprache
den Begriff der Bindung auf Gott anwenden kann.

Laborans geht von der Beobachtung aus, daß sich im ius civi-

---

51 s. z.B. Sermo 315,4f,6f (PL 38,1428f).
52 AaO.

le die Begriffe merces und donum bzw. reddere und donare widersprechen[53], während vom göttlichen Lohn gesagt werden kann, daß
er zugleich donum ist und das reddere (erstatten) einem donare
(schenken) gleichkommt[54]. Die theologische Gleichsetzung juri-
stisch sich widersprechender Begriffe will nun Laborans durch
einen Vergleich der beiden Sprachebenen begründen. Er setzt die
These an den Anfang, daß sich in menschlichen Wörtern ein göttlicher Sinn finden kann. Diese Diskrepanz zwischen Sinnfälli-
gem und Gemeintem, zwischen signum und res, verdeutlicht er
durch zwei analoge Fälle: "Denn manchmal war in einem Pilger
die Gottheit und in einer figürlichen Darstellung die Wahrheit
verborgen." Als Beispiel für den ersten Fall nennt Laborans in
Anspielung auf Phil.2,7 Christus, der in G e s t a l t eines Knechtes, aber nicht als Knecht gekommen sei, während er
den zweiten Fall am Beispiel der ehernen Schlange aus Num.21,8f
verdeutlicht, die ein Abbild in G e s t a l t einer Schlange, aber keine Schlange selbst gewesen sei. Er zieht daraus
folgende Konsequenz für die Interpretation juristischer Begriffe innerhalb eines theologischen Kontextes: "Deshalb ist die
zivilrechtliche Sprache nicht überall einer zivilrechtlichen
Beurteilung zu unterwerfen, sondern wenn sie zu göttlichen Inhalten emporgerissen wird, ist sie der Prüfung einer weiter ge-
steckten Untersuchung anzuvertrauen. Denn auf gigantische Weise
beugt sich die Theologie herab, damit das Menschliche aufgerich-
tet werden kann. Sie neigt die Himmel herab und steigt herunter,
damit wir zu den Verborgenheiten der himmlischen Geheimnisse
emporsteigen können. Sie bedient sich unserer Sprache, damit
wir durch diese Gemeinsamkeit zu ihrem Bereich gelockt werden."[55] Auf den konkreten Ausgangspunkt dieser hermeneutischen

---

53 "Quod si gratia, tunc donum. Si vero donum, quomodo merces? Et si merces, quomodo donum? Adversari sibimet civiliter
ista videntur. Debetur equidem merito merces et redditur; donum
vero merito non respondet. Nam, si quid donatur, non redditur,
et quod redditur, non donatur." Landgraf, Laborantis Cardinalis
Opuscula, 34,5-9.
54 "Mercedis itaque divinae redditio non iuris urgentis est
sed ordinis non fallentis. Talis redditio donari non impedit
neque donatio reddi, quin sit, quod redditur, donum et redditur
quod donatur, et merces." Landgraf, aaO 34,31-33.
55 "Tamen in verbis humanis sensus habeatur divinus. Nam et
quandoque latuit in peregrino divinitas et veritas in figura.
Et, quemadmodum, nisi me deludit opinio, fuit a regia maiestate
quam divinitas adaugendo per tempora longaeva conservet, nobis

Erörterung angewandt heißt das nach Laborans: Donum und merces, Geschenk und Lohn, sind identisch, wobei mit merces nicht der zivilrechtliche Lohngedanke, sondern nur das der zivilrechtlichen Sprache entlehnte Wort 'Lohn' gemeint ist, das nun in seinem theologischen Kontext einen neuen, vom Geschenkgedanken bestimmten Sinn erhält. Die Theologie spricht deshalb von merces, weil sie damit sagen will, daß die Gabe des ewigen Lebens ebenso sicher garantiert ist wie im Privatrecht der ordo von Leistung und Lohn[56]. Zwischen dem zivilrechtlichen und dem theologischen Verständnis des Wortes merces besteht somit bei aller Verschiedenheit auch ein Tertium comparationis, das die theologische Verwendung des Wortes rechtfertigt. Die Theologie kann durch die lingua civilis einen Sachverhalt zum Ausdruck bringen, den sie auf andere Weise nicht so deutlich machen könnte. Auch auf die Begriffe debere, debitor, debitum wendet Laborans diese Überlegung an. Sie sprengen zwar innerhalb des theologischen Rahmens ihre zivilrechtliche Bedeutung, da in der Theologie nicht die juristische Antinomie zwischen Schuldnerschaft und Freiheit besteht. Trotzdem ist ihre theologische Verwendung sinnvoll, weil so die Lehre, daß Gott ein zuverlässiger Geber ist, verdeutlicht werden kann. Tertium comparationis zwischen den zwei Bedeutungsebenen ist also auch hier das Moment der sicheren, zuverlässigen Garantie: "Et est ... hoc debitum certitudo, quoniam incunctanter et pro certo reddetur."[57]

Zusammenfassend können wir sagen: Einerseits verbergen sich nach Laborans hinter gemeinsamen Begriffen der privatrechtli-

---

coram positis elegantissime recensitum, Christus fuit in forma servi, non servus. Sic typicus aeneus serpens fuerat pridem in serpentis forma, non serpens. Quare lingua civilis non ubilibet est civili subdenda iudicio, sed, cum ad divina rapitur, maioris est inquisitionis examini committenda. Giganteo siquidem modo theologia curvatur, ut erigi possit humanitas. Caelos inclinat et descendit, ut ad caelestium secretorum conscendamus arcana. Coutitur (Co-utitur!) nostris, ut quasi convictu provocemur ad sua." Landgraf, aaO 34,34-35,5.

56 "Sit itaque donum merces, sed dicta civiliter, non civilis, quoniam sicut in ethicis, quamquam sub ratione disparili, mercedis et locum servat et ordinem." Landgraf, aaO 35,5-7.

57 "Debet iterum iure promissi, dico autem non civili, quod suos laqueos ad mortales solos extendit, sed suo, cuius, immo, quod est liberaliter polliceri pro velle et in solidum pollicita, sed liberalitate sola, persolvere. Et est, ut succincte dicatur, hoc debitum certitudo, quoniam incunctanter et pro certo reddetur, quidquid decrevit reddere veritas aut spopondit." Landgraf, aaO 35,12-17.

chen und theologischen Sprache völlig verschiedene Inhalte; es
handelt sich um äquivoke Begriffe. Andererseits beurteilt er
den Brückenschlag von der Theologie zum Ufer des ius civile als
notwendig, weil sich die Theologie, deren Ursprungsort in den
Gefilden himmlischer Geheimnisse lokalisiert wird, vor dem beschränkten Horizont menschlichen Begreifens verständlich machen
muß. Es bestehen inhaltliche Analogien zwischen dem Bereich der
Theologie und dem des römischen Rechts, die diese Inkarnation
der Theologie in der lingua civilis sinnvoll erscheinen lassen.
Wichtig ist, daß Laborans ein starkes Bewußtsein vom Abstand
zwischen den Kategorien der Theologie und denen des römischen
Rechts hat. Deutlich empfindet er das Ungenügen der juristischen
Terminologie, wenn sie als Ausdrucksmittel für theologische Inhalte dienen soll. So ist für ihn die lingua civilis innerhalb
der Theologie nur ein vorläufiges Reden, gleichsam eine Konzes-
sion oder ein Demutsakt der Theologie, die damit auf die Ebene
der humanitas hinabsteigt. Die theologische Sprache erfährt
zwar auf diesem Wege eine Wandlung, aber sie wandelt ihrerseits
die juristischen Begriffe, indem sie diese ihrem eigentlichen
Anwendungsbereich entfremdet und ihnen eine völlig neue Bedeutung unterschiebt, sie somit zu uneigentlichen Begriffen macht.
Merces, praemium, reddere, debere (debitor, debitum) und meritum werden also nur im uneigentlichen Sinn positiv verwendet,
ebenso die für Laborans zum juristischen Verdienstgedanken gehörigen Begriffe causa, efficientia und dignitas. Auf diesem
hermeneutischen Hintergrund wird nun verständlich, weshalb Laborans, ohne sich in einen Widerspruch zu verwickeln, gleichzeitig den Verdienstgedanken des römischen Rechts für das Verhältnis Gott-Mensch ablehnt und trotzdem die betreffende Terminologie übernimmt.

d) Die Konzeption der freien Selbstbindung Gottes

Sollte die hermeneutische Überlegung des Kardinals Laborans
grundsätzlich zeigen, inwiefern die zivilrechtliche Terminologie einen Ort innerhalb der Theologie haben kann, so fällt seiner Konzeption der freien Selbstbindung Gottes die Aufgabe zu,
Begriffe wie merces, debere, meritum und causa inhaltlich in

der Theologie zu verankern. Es soll deutlich werden, warum man
im uneigentlichen Sinne sagen kann, daß Gott dem Menschen, der
gute Werke vollbringt, den Lohn des ewigen Lebens schuldet und
der Mensch somit Verdienste vor Gott erwirbt, die eine gewisse
Würde besitzen und als Ursachen des Lohnes gelten können. Der
methodisch-hermeneutischen Standortbestimmung der juristischen
Begriffe innerhalb der theologischen Gnadenlehre entspricht also eine inhaltliche Standortbestimmung.

Aus dem bisher Gesagten wurde bereits deutlich, daß Laborans
die Bindung Gottes aus dem Akt einer Verheißung oder eines Versprechens ableitet und dem ius civile geradezu das ius promissi
gegenüberstellt. Gott hat den Menschen durch seine Verheißung
das Versprechen gegeben, daß er ihnen das Himmelreich schenken
wird[58]. Da er ein wahrhaftiger und allmächtiger Gott ist[59], wird
er das, was er beschlossen oder gelobt hat, mit Sicherheit ver-
wirklichen[60]. Insofern kann man sagen, daß er sich durch seine
Verheißung einem verpflichtenden Recht unterworfen und damit gebunden hat. Seine unwandelbare geschichtsmächtige Treue macht
ihn zum Schuldner der verheißenen Güter[61]. So liefert die biblische Verheißung den Grund dafür, daß man das Schuldmotiv aus dem
römischen Privatrecht in die Theologie übertragen kann.

Welchen Zweck erfüllt diese absolut gültige Verheißung in
der Beziehung zwischen Gott und Mensch? Warum will Gott nach
Laborans' Darstellung Schuldner genannt werden? Gott will damit
erreichen, daß der Mensch in beständigem Glauben an der gegebenen Verheißung festhält, daß er mit seinen Bemühungen nicht
auf halbem Wege steckenbleibt: "ut laborare non haesitet agricultor"[62]. Der verbindlichen Treue des verheißenden Gottes hat
der beharrliche Glaube des Menschen zu entsprechen[63]. So wie
Gott dem Menschen ein Treueversprechen gegeben hat, so muß sich
auch der Mensch durch ein solches Versprechen Gott anvertrauen.

---

58 s.o.Anm.48 und 57.
59 Zur Wahrhaftigkeit und Allmacht Gottes s.o.Anm.57 bzw.
Anm.40.
60 s.o.Anm.57.
61 "Vult, ut sit (sc. der Mensch) fidelis credendo sibi pol-
licenti sicut ipse fidelis est pollicita reddendo credenti."
Landgraf, Laborantis Cardinalis Opuscula, 30,36f.
62 "Vult tamen ex sua clementia deus nuncupari debitor, ut
laborare non haesitet agricultor." Landgraf, aaO 30,34f.
63 s.o.Anm.61.

Die Verheißung Gottes eröffnet somit eine enge personale Beziehung zwischen Gott und Mensch, die Laborans als Bund beschreibt. Wie wir bereits andeuteten[64], ist es für Laborans und seine Sicht bezeichnend, daß er nicht den Bund oder Vertrag, also das Wechselspiel zweier personal selbständiger Akteure, an den Anfang der Geschichte Gottes mit dem Menschen setzt, sondern die von Gott allein konstituierte Verheißung, die dann erst das Bundesverhältnis ermöglicht.

Den Bund charakterisiert Laborans durch das Beispiel eines Treuegelöbnisses zwischen Fürst und Soldat. Der Gottlose ist dem Soldaten zu vergleichen, der sich mit seinem Fürsten verbündet und zum Zeichen des Bundes Werke und Tugenden vorgewiesen hat, am Tage des Kampfes jedoch abfällt[65]. Der himmlische Vater aber will nach den Worten Laborans' deshalb Schuldner genannt werden, damit er seinen Soldaten durch kein wankelmütiges Mißtrauen ins Straucheln geraten läßt, sondern dazu bringt, daß er seinem Vorhaben getreu in endgültiger Ausdauer zu seinen Verheißungen läuft[66]. Die Selbstbindung Gottes durch seine Verheißung soll also eine zielstrebige Bewegung des Menschen in Gang setzen. Dabei ist wichtig, wie Laborans vom currere oder laborare des Menschen spricht. Gottes Verheißung hat nicht den Charakter, daß sie das Himmelreich denen verspricht, die eine gewisse Leistung erbringen, sondern ohne jeden konditionalen Sinn wird das Versprechen gegeben und Gott zum Schuldner erklärt. Die guten Werke des Gerechtfertigten kommen erst als beabsichtigte Folge der göttlichen Selbstbindung in den Blick, wobei sich natürlich faktisch die Situation ergibt, daß niemand ohne gute Werke, ohne ein bestimmtes Lauf- oder Arbeitspensum zum Ziel der Verheißung gelangt. Was aber Laborans am Herzen liegt und von ihm immer wieder betont wird, ist die nur zeichenhafte Bedeutung

---

64 s.o.S. 51.
65 "Quotiens autem per virtutes aut opera stare visus est impius, veritatem fidei conditori suo rerum lingua spopondit seque illi quasi principi miles quodammodo confoederavit et in signum foederis opera constituit et virtutes. Quia vero conversus est in die belli ..." Landgraf, Laborantis Cardinalis Opuscula, 33,14-18.
66 "Cuius et in hunc modum se ipsum, licet in omnibus gratum, coelestis pater dici voluit debitorem, ut videlicet militem suum redderet nulla titubanti diffidentia vacillantem nec ab incepto remissum finali perseverantia faceret ad sua promissa currentem." Landgraf, aaO 35,8-11.

der menschlichen Werke: Wenn Gott den guten Werken des Menschen
das ewige Heil folgen läßt, dann liegt das nicht an der Wirksamkeit der Werke, sondern an der Gültigkeit seiner Verheißung.
Die Werke sind nicht Ursachen des Heils, sondern Zeichen der
Erwählung: "Sunt itaque non impulsus merita conditori, sed nobis in signum."[67]

Wir müssen hier auf einen Punkt zu sprechen kommen, der schon
angeklungen ist, aber jetzt ausführlicher dargestellt werden
kann, nämlich auf den exklusiven Charakter der Selbstbindung
Gottes bei Kardinal Laborans. Wie wir sahen, lehnt Laborans die
Verdienstvorstellung des ius civile strikt ab. Wir kennzeichneten die abgelehnten Momente durch die Stichworte auctoritas,
condignitas, causa oder efficientia, debitum und pactio. Die
Funktion der göttlichen promissio nach Laborans hat nun gezeigt,
in welchem Sinn er bei aller Kritik am juristischen Verdienstgedanken und dessen Schuldbegriff von einer Schuldnerschaft
Gottes reden kann. Dies geschieht natürlich auf eine Weise, die
den Abstand zum ius civile nur noch deutlicher macht. Wir sprechen darum von einem Verständnis der Bindung Gottes im exklusiven Sinn. Während nämlich die zivilrechtliche Verdienstvorstellung, wie sie von Laborans referiert wird, eine Gleichwertigkeit von Leistung und Lohn und deshalb eine kausale Rolle der
Leistung hinsichtlich des Lohnes impliziert, wendet sich die
Konzeption der Selbstbindung Gottes bei Laborans gerade gegen
eine Dignität und Kausalität und in diesem Sinne auch gegen
eine Verdienstlichkeit der guten Werke. Gott schuldet das Heil
nicht auf Grund menschlicher Werke, sondern auf Grund seiner
Verheißung und des damit gegebenen Versprechens[68]. Darum sind
die Tugenden und Werke des Menschen nicht "causae regnandi",
sondern allenfalls "ad regnum"[69].

Laborans bringt die Souveränität des verheißenden Gottes
und damit die Exklusivität der göttlichen Selbstbindung durch

67 Landgraf, aaO 36,17. Zur Zeichenhaftigkeit der Werke
vgl. auch o.Anm.65 und u.Anm.81. Vgl. ferner Thomas Bradwardine
(gest. 1349), der im guten Werk keine causa materialis, formalis,
finalis oder efficiens, sondern lediglich eine causa cognoscendi
oder innotescendi der künftigen himmlischen Belohnung sieht; s.
Oberman, Archbishop Thomas Bradwardine, 156.
68 Vgl. bes.o.Anm.48.
69 "Unde virtutes et opera viae potius sunt ad regnum quam
forsitan causae regnandi." Landgraf, Laborantis Cardinalis
Opuscula, 30,38f.

die Gesichtspunkte der göttlichen misericordia und clementia, der sich durchhaltenden liberalitas und der alles verursachenden voluntas dei zum Ausdruck. Aus Barmherzigkeit und Güte hat sich Gott gebunden, nicht aus Rücksicht auf die opera iustitiae[70]. In souveräner Freigebigkeit also hat er sein Versprechen gegeben und mit derselben Freigebigkeit wird er es erfüllen: "Sicut de liberalitate sponsio, sic est de liberalitate solutio."[71] Verheißung und Erfüllung sind verbunden durch das geschichtlich weiterwirkende Freiheitsmoment, neben dem keine Effizienz menschlicher Werke Platz finden kann. Den Prinzipien des ius civile stellt Laborans die sola liberalitas des ius promissi gegenüber[72]. Dieses Freiheitsmoment zeigt sich auch sehr deutlich in der Art und Weise, wie Laborans die Rolle der voluntas dei in dem Verheißungs-Erfüllungs-Geschehen kennzeichnet. Der sola liberalitas entspricht die sola voluntas: Gott läßt sich nicht durch von außen kommende Ursachen verpflichten, vielmehr ist für ihn der eigene Wille allein Ursache und Grund; d.h. seine Verpflichtung kann nur als freie Selbstverpflichtung verstanden werden[73]. Diese Verbindung der Begriffe promittere, polliceri und spondere mit einem ausgeprägten Voluntarismus wird uns in der Folgezeit immer wieder begegnen. Auch der von Laborans einmal verwendete Begriff decernere[74] ist hier zu nennen, ist er doch charakteristisch für den Gedanken einer freien Anordnung des göttlichen Willens.

Ist somit die Konzeption der freien Selbstbindung Gottes bei Laborans eindeutig exklusiv und insofern gegen Würdigkeit und Wirksamkeit der menschlichen Werke gerichtet, so will doch Laborans gerade durch diese Konzeption auch zeigen, wie man in einem uneigentlichen Sinn, nämlich immer mit dem Blick auf Gottes absolut freie promissio, trotzdem die Begriffe dignitas, causa und meritum beibehalten kann. Zwar lehnt er eine condignitas der Werke im Vergleich zum Wert des himmlischen Lohnes ab, doch kann er von einem "dignus videri" des Christen sprechen: Der zum Besitz des Himmelreichs Adoptierte werde von Gott zu

---

70 s.o.Anm.16 und 62.
71 Landgraf, aaO 30,33f.
72 s.o.Anm.57.
73 s.o.Anm.40. Zur Wendung "sola voluntas" vgl. auch u.Anm. 75.
74 s.o.Anm.57.

guten Werken verpflichtet, damit er des himmlischen Thrones
würdig erscheine, den ihm gleichwohl Gottes Wille allein konzediert. Ähnlich verhalte es sich mit einem irdischen König,
der will, daß sein Sohn reitet, spielt, sich in Waffen übt und
mit Friedens- und Kriegsangelegenheiten beschäftigt, damit er,
obwohl ihn allein der Wille des Vaters krönt, des Diadems und
der königlichen Majestät würdig erscheine[75]. Gott fordert also
tätige Gerechtigkeit des Gerechtfertigten, von Laborans auch
mit der Arbeit des Bauern[76] oder dem Lauf des Soldaten[77] verglichen, doch liegt nicht in ihrer Qualität die Erklärung für
das Heil der Seligen, sondern allein im frei verfügenden Willen
Gottes.

Dieser Problematik, daß dem ewigen Leben zwar gute Werke
vorauszugehen haben, jedoch ohne dieses kraft eigener Würdigkeit
verleihen zu können, widmet Laborans einen größeren Abschnitt,
der speziell vom causa-Begriff handelt. Nachdem er im vorausgehenden Abschnitt die "virtutes et opera viae" kategorisch als
"causae regnandi" abgelehnt hat[78], bietet er nun doch eine Möglichkeit an, zwischen menschlichen Werken und Heil einen Kausalzusammenhang anzunehmen. Er unterscheidet zunächst zwischen
zwei Arten von causa efficiens, zwischen einer, die entweder
aus eigener Vollmacht (auctoritate) oder in dienender Funktion
(ministerio) wirkt, und einer anderen, die causa adminiculans
genannt werden kann. Nach Landgrafs Urteil ist das Wort admini-
culari oder adminiculans typisch für die Terminologie der Schule Gilberts de la Porrée[79]. Da damit ein Stützen oder Helfen
gemeint ist, übersetzen wir causa adminiculans mit 'Hilfsur-
sache'. Bei Laborans wird sie als causa sine qua non charakterisiert, die im Unterschied zur "causa efficiens auctoritate
aut ministerio" keinen unmittelbaren Einfluß auf die Wirkung
nimmt, obwohl sie deren notwendige Voraussetzung ist. Streng

---

75 "Cum igitur accepto feratur, utquid opus iniungitur? Et
quidem, ut adoptatus in regnum dignus regni solio videatur,
quod tamen voluntas ei sola concedit. Similiter est terreni
quoque regis voluntas, ut filius suus equitet, ludat, campestri-
bus intendat armis, res pacis et belli procuret, ut, quem sola
voluntas coronat, utpote dignus non indigno videatur diademate
redimiri atque superextolli regiae maiestatis apicibus." Landgraf, Laborantis Cardinalis Opuscula, 32,1-7.
76 s.o.Anm.62 und 30.
77 s.o.Anm.66.
78 s.o.Anm.69.
79 Landgraf, Laborantis Cardinalis Opuscula, 31 Anm.1.

genommen kann die causa adminiculans also nicht als causa efficiens gelten. Laborans unterscheidet nun wiederum zwischen verschiedenen Arten der causa adminiculans: Entweder bezieht sie
sich auf ein Sein, so z.B. als Lehre auf den Glauben - "fides
enim ex auditu" -, oder auf ein Tun, z.B. als Werkzeug, oder
auf eine Deutung, wie etwa der Name, oder auf ein Erkennen,
z.B. als Sakrament, Glaube oder Werk.

Laborans verweilt bei diesem letzten Beispiel für eine causa
adminiculans, dem sein eigentliches Interesse gilt, und zeigt,
inwiefern die Sakramente und das Leben des Gerechtfertigten in
Glauben und guten Werken als Hilfsmittel zum Erkennen verstanden werden können. Durch diese Zeichen werde dem Menschen das
Heil zum Bedenken vorgelegt. Im Geiste Augustins[80] trennt Laborans bei den Sakramenten scharf das äußere Wirken der Zeichen
von der inneren Wirkung im Herzen des Menschen. Dem Exterius-
Aspekt der dictio flatilis stellt er den Interius-Aspekt der
dictio cordis gegenüber. Zwar erlange ich ohne die Sakramente
der Kirche überhaupt nichts, doch besteht zwischen ihnen und
dem inneren Seufzen und Bekennen meines Herzens kein direkter
Kausalbezug. Dieses Auseinanderfallen zwischen dem Handeln der
Kirche und dem verborgenen Wirken Gottes verdeutlicht Laborans
durch das Beispiel eines Menschen, der zwar von der Kirche,
nicht aber vom Herrn verdammt wird.

Nachdem er seine Auffassung von der causa adminiculans auf
die Sakramentenlehre angewandt hat, zieht er die Konsequenzen
für die Rolle von fides, virtutes und opera in ihrem Verhältnis
zur Gabe des ewigen Lebens. Anknüpfend bei den vier anfangs erwähnten Arten von causa adminiculans sagt er: "So wie also weder Glaube noch Schwert, weder Deutung noch Erkenntnis ohne ihre
Hilfsmittel (adminicula) entstehen, von denen sie dennoch in
keiner Weise, auch wenn man das so sagt, bewirkt werden (efficiuntur), so wird auch nicht das Heil mitgeteilt, wenn nicht
Glaube, Tugenden und Werke vorausgehen. Und daher kommt es, daß
sie wirksame Spender (collativa effectiva) des Lohnes und Heils
genannt werden, nicht weil sie durch ihre Ebenbürtigkeit (condignitas) das Heil mitteilen, sondern weil es nicht mitgeteilt
würde, wenn sie nicht vorausgingen. Der Urheber des Heils hat
nämlich beschlossen (placuit), die Gnadengaben so anzuordnen

---

80   s.u.S. 494.

(ordinare), daß er demjenigen, dem er nicht das erste einräumt,
auch das zweite verweigert und entsprechend demjenigen, dem er
das erste schenkt, auch das zweite - als "gratia pro gratia"
(Io.1,16) - schenkt. Teilen etwa nicht das Fahrzeug, der Weg,
die Mühe des Laufens dem Kranken, den sie zum Arzt bringen, die
Gesundheit mit? Der Arzt ist in Wahrheit die Ursache. Ohne diese Hilfsmittel aber würde dem Kranken niemals die Gesundheit
vom Arzt verliehen. So sind auch die Werke Ursachen, ohne die
der, welcher Werke tun kann, nicht mit der Gabe des Lebens be-
schenkt wird."[81]

Diese Stelle zeigt deutlich, in welcher Weise Laborans seine
Lehre von der causa adminiculans oder causa sine qua non mit
der Konzeption einer freien Selbstbindung Gottes verbindet. Die
kausale Rolle im eigentlichen Sinne kommt nicht den menschlichen Werken selbst, sondern dem göttlichen Willen zu, der einen
bestimmten Ablauf von Vorausgehendem und Nachfolgendem anordnet

---

81 "In praesentiarum itaque ceteris causarum differentiis
supersedendo non otiosum existimo contueri, quia causarum alia
efficiens et bipartito, quoniam aut auctoritate aut ministerio.
Alia, quae etiam efficiens, nuncupatur adminiculans, sed pluri-
fariam, quia vel ad essendum, ut doctrina, - fides enim ex auditu (Rom.10,17) - vel ad faciendum, ut suppellex, vel ad in-
terpretandum, ut nomen, vel ad cognoscendum, ut sacramentum,
fides et opus. A fructibus, inquit, agnitio (Mt.7,16). His
nimirum intersignis velut attributis personae salus excogitanda
suggeritur. Neque nos illud fugiat, expedit, quia signorum
coniectiva salutis meae praesumptio alia quidem et alii, alia
mihi soli. Alii opus et dictio flatilis, mihi vero dictio cordis. Alius de sacramentis ecclesiae, sine quibus mihi prorsus
est nihil, causam meam praesumit exterius; ego vero de ingemis-
centis cordis et iniustitiam suam adversum se domino confitentis
coniecto interius. Quocirca damnari potest aliquis in sepultu-
ram, qui tamen a domino non damnabitur in gehennam. Quemadmodum
ergo neque fides neque gladius neque interpretatio neque agnitio
absque suis adminiculis fiunt, a quibus tamen nequaquam, etsi
dicitur, efficiuntur, ita neque salus confertur, nisi praeeant
fides et virtutes et opera. Et inde est, ut collativa praemii
et salutis effectiva dicantur, non quia conferant sui condigni-
tate salutem, sed quia minime conferretur, si ista non antece-
derent. Ita enim salutis auctori placuit ordinare dona charis-
matum, ut, cui non concederet primum, negaret eidem quoque secundum. Item, cui primum largiretur, eidem quoque secundum,
gratiam scilicet pro gratia (Io.1,16). Numquidne vehiculum,
via, labor eundi languido, quem ad medicum provehunt, imperti-
unt sanitatem? Id causa, quam veritas fateatur. Sine his tamen
aegro nequaquam sanitas a medico praestaretur. Sic et opera
causae sunt, sine quibus operari valens vitae munere non donatur." Landgraf, Laborantis Cardinalis Opuscula, 31,8-35.

und insofern die Werke mit einer quasi-kausalen Funktion aus-
stattet. Der Begriff ordinare tritt damit in Konkurrenz zu der
Vorstellung von einer immanenten condignitas operum. Daß die
Werke auf Grund der freien Selbstbindung Gottes causae genannt
werden können, wenn auch nur causae sine quibus non, dies erklärt auch die positive Verwendung von Begriffen wie meritum
und merces, die ohne die Spur eines kausalen Bezugs ihren Sinn
verlören.

e) Zusammenfassung

Wir haben die Verdienstlehre des Kardinals Laborans deshalb so
ausführlich behandelt, weil wir bei ihm zum ersten Mal die Lehre von der freien Selbstbindung Gottes im exklusiven Sinne gefunden haben. Wir mußten diese Position zunächst einmal breit
darstellen, um so bei anderen Theologen mit kürzeren Andeutun-
gen auskommen zu können. Halten wir fest, welche Rolle die
Selbstbindung Gottes bei Laborans spielt. Sie wird verbunden
mit einem Angriff auf jede immanent begründete Würdigkeit, Kausalität und Verdienstlichkeit der guten Werke hinsichtlich des
ewigen Lebens. Allerdings hat die Vorstellung von einer freien
Selbstbindung Gottes bei aller Kritik am zivilrechtlichen Verdienstgedanken gerade die Funktion, trotzdem das Reden von einem Verdienst im uneigentlichen Sinne zu begründen und so die
traditionelle Terminologie der theologischen Verdienstlehre zu
retten. Streng genommen gibt es für Laborans kein Verdienst,
aber da sich Gott durch das in der Verheißung gegebene Versprechen gebunden hat, darf man von einem meritum sprechen. Im
Vollsinn des Verdienstbegriffs hat allerdings allein Christus
verdient.

2. Der Paulinenkommentar Cod.Paris.Nat.lat.686

Der von einem anonymen Verfasser[82] stammende Paulinenkommentar
Cod.Paris.Nat.lat.686, der in die zweite Hälfte des 12. Jahrhunderts zu datieren ist[83], muß nach Landgrafs Urteil der engeren Porretanerschule zugerechnet werden[84]. Tatsächlich zeigt
seine Verdienstlehre[85] eine enge Verwandtschaft mit der des
Porretaners Laborans. Wir wollen ihn daher in Anschluß an Laborans besprechen und erst dann zu Petrus Cantor kommen, da dessen Lehre nicht dieses Maß an gedanklicher Gemeinsamkeit mit
Laborans aufweist.

Wie Kardinal Laborans baut der Verfasser des Paulinenkommentars seinen Lohngedanken auf der Vorstellung von einer freien
Selbstbindung Gottes auf, die er im exklusiven Sinn versteht
und gegen den Verdienstgedanken ausspielt. Aufschlußreich ist
seine Unterscheidung zwischen einem debitum meriti und einem
debitum promissi[86]. Eine Schuldnerschaft Gottes auf der Basis
von Verdiensten läge vor, wenn der Mensch kraft seines freien
Entscheidungsvermögens (arbitrii libertas) Urheber seiner guten
Werke wäre und so Gott zu einer gleichwertigen Belohnung (condigna remuneratio) verpflichtete[87]. Diese Auffassung, die er
als typisch pelagianisch tituliert, weist er schroff zurück, da

---

82 Denifle (Die abendländischen Schriftausleger, 344-346)
hält den Gilbertschüler Nikolaus von Amiens für den Verfasser
des Paulinenkommentars. Landgraf (Einführung, 81) hingegen hält
Denifles Beweisführung für "zu unzureichend, als daß man die
Verfasserfrage damit als gelöst ansprechen könnte".
83 s. Denifle, Die abendländischen Schriftausleger, 40.
84 Landgraf, Einführung, 81f; ders., Die Bestimmung des
Verdienstgrades, 99.
85 Texte zitiert bei Landgraf, Der Porretanismus der Homilien des Radulphus Ardens, 143 (fol.39v) und 144f (fol.34v);
ders., Die Bestimmung des Verdienstgrades, 99 (fol.34v).
86 "Est autem debitum aut meriti aut promissi. Unde, si quis
promeruit aliquid a nobis, hoc ei debemus et ad reddendum
iustitia cogimur. Qualiter deus non astringitur, quippe cum
nihil ab eo promereri potuimus." fol.34v; zit. bei Landgraf,
Der Porretanismus der Homilien des Radulphus Ardens, 144.
"Debiti autem ratio in promissione consistit et merito. Solus
enim ille debito astringitur, qui aut promisit aut a quo alius
promeruit." fol.39v; zit. bei Landgraf, aaO 143.
87 "Est autem meritum, quod dicimus Pelagianum, ad quod, ut
sit, haec duo maxime concurrunt, ut scilicet quis sit auctor sui
operis, per quod opus mereatur, quippe de alieno opere nullus
fructus tamquam debitus iure debet ei succedere; et etiam, ut
habeat prae se maiorem, a quo condignam facto exspectet remunerationem ... Huiusmodi meritum volebat Pelagius constituere

sie mit der unbedingten Freiheit des göttlichen Willens unvereinbar sei. Immer wieder stellt er den Gedanken in den Mittelpunkt, daß die voluntas dei durch keinen äußeren Impuls und damit auch durch kein Verdienst des Menschen verpflichtet werden könne. Zwei markante Aussagen mögen dies zeigen: "'Gnade' wird der freie Wille des Gebenden genannt. Frei ist er, weil er nicht durch den Antrieb irgendeiner Notwendigkeit (nullius necessitatis impulsu) zum Geben bewegt noch durch die aus einem Verdienst entstehende Schuld verpflichtet wird (astringitur)."[88] "Es gilt, daß Gottes Wille frei im Geben ist, da er durch keine Gewalt gezwungen noch durch die aus einem Verdienst entstehende Schuld verpflichtet wird (teneatur). Wer nämlich hat ihm, da er doch allmächtig ist, Gewalt angetan? Er hat auch keinen Höherstehenden über sich, durch dessen Antrieb (impulsus) er gezwungen würde. So wird auch die Freiheit seines Willens durch keine Schuld gehindert."[89] Der an anderer Stelle programmatisch formulierte Satz: "Deus nullius meriti debito astringitur"[90] entspricht inhaltlich genau dem Axiom des Kardinals Laborans: "Non enim cunctipotens bonitas ... forinsecis causis obstringitur."[9] Mit Laborans verbindet den Verfasser das Interesse an der souveränen Freiheit des göttlichen Willens[92], den er wie jener zum Ausgangspunkt der freien Selbstbindung Gottes, des debitum pro-

---

in qualibet creatura, cuius est arbitrii libertas. Voluit enim, ut homo sicut se auctore peccat,et se auctore bonum ageret,et sicut peccando iuste promeretur mortem, ita bene agendo ex sui merito vitam ... Dicebat enim (sc. Pelagius), quod hominis arbitrium erat liberum per se ad bonum faciendum, sicut et ad malum. Unde dicebat: Possum peccare, si volo, et non peccare, si nolo, et sic mortem consequi vel salutem. Penes enim arbitri libertatem nimis praesumens constituebat utriusque, boni et mal auctoritatem." fol.34v; zit. bei Landgraf, Der Porretanismus der Homilien des Radulphus Ardens, 144f.

88 "Dicitur autem gratia libera dantis voluntas. Libera est quae nullius necessitatis impulsu ad dandum trahitur nec alicuius meriti debito astringitur." fol.34v; zit. bei Landgraf, aaO 144.

89 "Probatur enim dei voluntas in dando esse libera, cum per violentiam non cogatur nec meriti debito teneatur. Quis enim violentiam ei, cum sit omnipotens, intulit? Nullum etiam habet prae se maiorem, cuius impulsu cogatur. Sic nec eius voluntatis libertas debito impeditur." aaO.

90 fol.34v; zit. bei Landgraf, aaO 145.

91 s.o.Anm.40.

missi, promissionis oder repromissionis[93], macht. Diese Art von
Schuldnerschaft beeinträchtige Gottes Freiheit nicht, denn so
frei, wie Gott bei der Verheißung sei, sei er auch bei der Erfüllung[94]. In jedem Punkt der Heilsgeschichte also garantiert
die beherrschende Rolle des göttlichen Willens die Freiheit
Gottes gegenüber einer Kausalität von außen, so daß man von einer Geschichte der sich durchhaltenden Freiheit Gottes sprechen
muß. Auch die Erfüllung ist Zeichen dieser Freiheit, weil sie
nur aus der in Freiwilligkeit gegebenen Verheißung verständlich
ist.

Cod.Paris.Nat.lat.686 läßt besonders deutlich werden, inwiefern man bei den Porretanern des 12. Jahrhunderts von einer
Selbstbindung Gottes im exklusiven Sinne sprechen muß. Exklusiv
verhält sich der Aspekt der promissio und des debitum promissionis gegenüber jedem Anspruch und Einfluß der gnadenhaften Leistungen des Gerechtfertigten vor dem Forum des göttlichen Willens. Darum sagt der Verfasser pointiert: "Bonis quippe debet
(sc. deus) s o l a repromissione."[95] Dem "sola repromissione"
entspricht der Totalaspekt der Gnade: "Et sic est t o t u m
gratia, quicquid boni habet et mala et bona creatura, cum nihil
sit ex ea promerente, sed ex libera dei voluntate."[96]

Verurteilt der Verfasser in diesem Zusammenhang den Verdienstgedanken äußerst scharf, so kann er trotzdem wie Laborans
auf der Grundlage von Gottes freier Willenskundgabe durch die
promissio auch positiv vom Verdienst sprechen. Ausdrücklich

---

93 Zum Begriff der repromissio s. folgende Stelle: "Cum ergo deus reddere dicatur praemia bonis, supplicia malis, patet,
quod debeat haec his et illa illis, diversa tamen ratione. Bonis quippe debet praemia sola repromissione. Unde Apostolus:
'Reddet coronam iustitiae, quam repromisit' (=Kombination von
2.Tim.4,8 und Iac.1,12). Ex merito autem praemia non debet
bonis ... Malis autem ex merito poena debetur, quia cum gratia
fit vita aeterna, stipendium peccati mors (Rom.6,23). Bonis ergo ex gratia repromissionis redditur, malis vero ex merito."
fol.39v; zit. bei Landgraf, Der Porretanismus der Homilien des
Radulphus Ardens, 143.
94 "Debito autem promissionis eius voluntatis libertas non
impeditur, quia, ut liber in promittendo, sic et in exhibendo.
Concluditur itaque, quod libera dei voluntate, non nostris meritis nobis tribuitur, quod habemus. Et sic est totum gratia,
quicquid boni habet et mala et bona creatura, cum nihil sit ex
ea promerente, sed ex libera dei voluntate." fol.34v; zit. bei
Landgraf, aaO 145.
95 s.o.Anm.93.
96 s.o.Anm.94.

beugt er dem Mißverständnis vor, er wolle den Verdiensten den
Garaus machen: "Non enim exsufflamus sanctorum merita." Wogegen
er sich wende, sei der Verdienstbegriff des Pelagius, der vom
Gesichtspunkt der auctoritas des frei handelnden Menschen be-
herrscht sei[97]. Nicht aber sei damit ein Verdienstbegriff ausgeschlossen, der auf der rechtfertigenden Gnade und der freien
Selbstbindung Gottes aufbaut und damit den pelagianischen Kausalzusammenhang zwischen Urheberschaft des Menschen und Verdienstlichkeit gerade zurückweist. Der Zusammenhang zwischen
rechtfertigender Gnade und Selbstbindung Gottes ist dabei so
zu sehen: Da alle guten Werke des Gerechtfertigten durch Gottes
Gnade gewirkt und daher nicht dem Menschen als auctor zu eigen
sind, kann man sie nicht auf Grund ihrer ontischen Beschaffenheit, sondern nur vom Außenaspekt der promissio her Verdienste
nennen. Allerdings kann der Verfasser auf diesem Hintergrund
den Begriff des Verdienstes nicht mehr im eigentlichen, sondern
nur noch im gleichnishaften Sinne verwenden, wie ja auch Laborans dem Menschen nur die Möglichkeit eines uneigentlichen Verdienstes eingeräumt hatte[98].

Wichtig wird hier für ihn vor allem der ordo-Begriff. Gott
hat durch seine Verheißung einen bestimmten ordo festgelegt, der
das Verhältnis zwischen der durch die Gnade geschenkten iustitia
des Menschen und dem ewigen Leben oder - wie es auch heißen
kann - zwischen den bona viae und den bona patriae regelt. Diese Ordnung besagt, daß man nur auf dem Wege der Gerechtigkeit,
d.h. der theologischen Tugenden und guten Werke, zum Heil der
himmlischen Heimat gelangt, daß notwendigerweise das eine dem
anderen vorausgeht und somit das Künftige nicht ohne das Gegenwärtige besessen werden kann. Durch die Verheißung ist die erste
Gnade der Gerechtigkeit auf die zweite Gnade des ewigen Lebens
gleichsam als condicio sine qua non[99] angelegt: "Hanc ergo du-

---

97 "Vide tamen, cuiusmodi meritum excludimus. Non enim exsufflamus sanctorum merita, sed Pelagiana, contra quae removend
haec epistula (sc. ad Romanos) scribitur." fol.34v; zit. bei
Landgraf, Der Porretanismus der Homilien des Radulphus Ardens,
144. "Nec tamen in hoc merita exsufflamus, sed hunc modum
merendi, quem astruebat Pelagius, ab homine circumscribimus,
qualiter supra diligenter ostendimus." fol.39v; zit. bei Landgraf, aaO 143.
98 s.o.S.36f und 56.
99 Vgl. bes. den Satz: "Sed est et aliud meritum ...,
s i n e q u o n o n est vita." s. die folgende Anm.100.

plicem gratiam ita o r d i n a v i t , ut, cui non daret praevenientem, non conferret ad sequentem. Ubi enim non erit fides
et spes etc, nec erit vita." Weil nun diese Anordnung Gottes
eine geregelte Beziehung zwischen Vorausgehendem und Nachfolgendem konstituiert, die der Folge von Verdienst und Lohn vom äußeren Anschein her vergleichbar ist, kann man nach den Worten des
Kommentars das Vorausgehende 'Verdienst' und das Nachfolgende
'Lohn' nennen. Denn fides, spes und caritas gehen wie ein Verdienst voran, die vita folgt nach Art eines Lohnes. Freilich
sei hier nicht ein wirkliches Verdienst und ein wirklicher Lohn
gemeint, vielmehr liege eine übertragene Terminologie vor, die
dem theologischen Sprachgebrauch durch die Analogie eines festgelegten ordo nahegelegt wird: "Iustitia dicitur meritum quadam
similitudinis proportione, quae est ex ordinis consecutione."[100]

Auffallend bei diesen Gedankengängen im Paulinenkommentar
Cod.Paris.Nat.lat.686 ist die inhaltliche Nähe zur Verdienstlehre des Kardinals Laborans. Auch Laborans begründet seine positiven Aussagen über Verdienst und Lohn und deren kausale Beziehung durch den ordo-Gedanken[101]. Auch er betont die Notwen-

---

100 "Sed est et aliud meritum (sc. im Gegensatz zum pelagianischen Verdienstbegriff), unde scriptura tota die replicat
sanctorum merita, sine quo non est vita. Illud enim est ad salutem via, quia per bona viae pervenitur ad bona patriae. Hoc
autem meritum est iustitia praesens. Et concludo sub nomine
iustitiae quicquid sit illud, unde homo iustificatur, quod
propheta expressit, cum ait: Declina a malo etc. Haec ergo
iustitia dicitur meritum quadam similitudinis proportione, quae
est ex ordinis consecutione. Deus enim ab aeterno, quos salvaret,
praevidit et illis se daturum iustitiam in praesenti et in futuro coronam promisit. - Hanc ergo duplicem gratiam ita ordinavit, ut, cui non daret praevenientem, non conferret ad (!)
sequentem. Ubi enim non erit fides et spes etc, nec erit vita.
Unde, quia ad modum meriti et mercedis sese praeveniunt et se-
quuntur, praecedens meriti nomen sortitur, sequens nomine mercedis censetur eo, quod illa praevenit ut meritum, haec vero
sequitur ut praemium. Unde et iustitia est gratia ad gratiam,
beatitudo gratia pro gratia. Sic enim Ioannes appellat, ne
vere dici meritum et mercedem intelliges." fol.34v; zit. bei
Landgraf, Der Porretanismus der Homilien des Radulphus Ardens,
145; ders., Die Bestimmung des Verdienstgrades, 99. Vgl. Denifle, Die abendländischen Schriftausleger, 48: "Sed sciendum
est gratiam dici liberam dei voluntatem; item et gratia quodlibet gratis datum, et antonomastice ea tantum, quae ad gratiam
sunt salutem scilicet aeternam, sunt, dico, via, non causa.
Unde et gratiae ad gratiam dicuntur iustitiae opera, gratia
autem pro gratia salus aeterna."
101 s.o.Anm.54 (ordo) und 81 (ordinare).

digkeit der Aufeinanderfolge von guten Werken und Heil und verankert sie ebenfalls nicht im immanenten Wertelement der Werke,
sondern in der unumstößlichen Gültigkeit der durch Gottes Verheißung einmal festgelegten Ordnung[102]. In diesem Sinn wird
dann bei beiden Theologen der himmlische Lohn nach Io.1,16
"gratia pro gratia" genannt[103].

Fragen wir abschließend nach der Funktion der freien Selbstbindung Gottes im Gedankengang des Kommentars, dann ergibt sich
folgende Antwort: Der Verfasser geht von der traditionellen
Terminologie aus, die im Anschluß an das biblische reddere
(2.Tim.4,8) von den merita sanctorum spricht, ohne die es kein
ewiges Leben für den Gerechtfertigten gebe. Er versucht diesen
Sprachgebrauch beizubehalten, obwohl er streng genommen den Verdienstgedanken für das Verhältnis zwischen Gott und Mensch ablehnt. Die Konzeption der freien Selbstbindung Gottes gibt ihm
nun die Möglichkeit, dem biblischen reddere gerecht zu werden,
ein Verdienst des Menschen terminologisch gelten zu lassen und
trotzdem vorbehaltlos Gottes Souveränität gegenüber dem Menschen im verdienstkritischen Sinne zum Ausdruck zu bringen. Wie
bei Laborans hat der Gedanke der freien Selbstbindung Gottes
also die Funktion, den Begriff des meritum für die theologische
Terminologie zu retten, ohne seine eigentliche Bedeutung mit
zu übernehmen.

3. Petrus Cantor

Den Theologen, die in ihrer Verdienstlehre die Konzeption einer
freien Selbstbindung Gottes vertreten und damit eine Kritik am
Verdienstgedanken verbinden, ist auch Petrus Cantor zuzurechnen,
der um 1170 von Reims an die Domschule Notre-Dame nach Paris
ging und erst hier bis zu seinem Tod im Jahre 1197 seine literarische Tätigkeit entfaltete[104]. Zur Frage seiner Schulzuge-
hörigkeit bemerkt Gründel: "Petrus Cantor ... wird gewöhnlich
einer eigenen Schule zugeteilt, die in Andreas von St.Viktor
ihren Gründer sieht und sich durch eine starke Benutzung und
Exegese der Heiligen Schriften auszeichnete. Mit gleichem Recht

---

102   s.o.S. 61-64.
103   Zu Laborans s.o.Anm.81.
104   s. Gutjahr, Petrus Cantor Parisiensis, 1899.

kann man ihn aber auch zum Porretanerkreis zählen; denn seine
Werke ... sind abhängig vom Lehrgut des Hauptvertreters dieser
Schule: Alanus von Lille."[105] Die wichtigste Quelle für seine
Auffassung vom Verdienst ist ein Abschnitt aus der von Dugau-
quier edierten Summa de sacramentis et animae consiliis[106],

---

105 Gründel, Die Lehre von den Umständen, 192f.
106 Die Stelle lautet: "Hic autem occurrit locus distin-
guendi varias acceptiones huius verbi 'mereri'. Dicitur primo
modo m e r i t u m e x c o n d i g n o , sed secundum hoc
nullo opere bono potest quis mereri vitam aeternam; quia 'non
sunt condignae passiones huius temporis' etc (Rom.8,18). -
Dicitur m e r i t u m e x p r o m i s s o , ut si ob aliquod obsequium mihi promissa sit aliqua remuneratio. Ita posset
dici nos mereri vitam aeternam, quia propter bona opera promissa
est nobis a deo vita aeterna. Et huic consonat auctoritas illa:
'Si corde rogamus pio vel mundo, certe debes ex promisso.' -
Tertio modo dicitur m e r i t u m e x a d m i n i c u l o .
Sed est adminiculum remotum et propinquum; ut verbi gratia dicitur iustus orando pro iniusto mereri ei primam gratiam, et ille
per visitationem primae gratiae consequitur vitam aeternam. Ex
adminiculo propinquo dicitur hoc, ut vel gratiam primam vel vitam
aeternam alii mereatur. Pone enim duos, quorum unus neminem sibi
obligavit ad orandum pro eo, alter vero aliquem. Et illi, qui
neminem, deus infundit gratiam suam, alteri non, cum tamen pro
illo aliquis multum oraverit. Numquid potest iste iuste conqueri
aut numquid iactare potest, quod ei debetur visitatio primae
gratiae? Quandoque aliter dicitur iniustus mereri, ut iustus
oret pro illo et orando impetret illi primam gratiam. Et hoc
est mereri ex adminiculo, sed magis remoto quam ante. Improprie
tamen ponitur in his verbum merendi. - Quarto modo dicitur
m e r i t u m c o m p a r a t i o n e i n b o n o , sicut
cum dicitur: Beata virgo meruit portare Christum. Certe totius
humani generis merita non possent ad hoc pertingere, ut pro
illis deus carnem assumeret. Sed sensus est praedictae locutio-
nis: Tanta et talis fuit praeeminentia in beata virgine, ut cum
in aliqua concipiendus esset Christus, potius hoc fieret in
illa quam in alia. Et est quasi in comparatione meritum assignatum. - Quinto adhuc modo et valde improprie adhuc assignatur, ut cum dicit Gregorius (= Gregor VII.), quod 'constitutus
in officio, quod sine peccato exerceri non potest, sicuti miles
et negotiator, piis operibus et eleemosynis insistat, ut deus
cor illius illustret ad poenitentiam', ut quasi per hoc mereatur illustrari. Ita hoc dicitur, acsi, dum est in mortali peccato, mereri possit divinae gratiae illustrationem, cum tamen, si
recte dicitur, nullum bonum sive temporale sive aeternum possit
talis manens a deo mereri. Sed sic exponitur: ut mereatur illud,
id est non in tantum demereatur, quantum demereretur, si nihil
boni faceret. Ita exponitur illud Apostoli (1.Tim.1,13): 'Quia
ignorans feci, veniam sum consecutus', id est minus me elongavi
a consecutione veniae, quam si scienter fecissem. Et assignatur
hoc m e r i t u m c o m p a r a t i o n e i n m a l o ,
sicut praecedens comparatione in bono. - Invenio adhuc poni
m e r i t u m quasi p r o e x i g e n t i a , sicut ubi
dicitur: 'Felix culpa Evae, quae tantum ac talem meruit habere
redemptorem', ut in ipsum committamus figuram, quae est in

seinem zwischen 1192 und 1197 verfaßten Hauptwerk [107]. Hinzu
kommt eine Stelle aus der Schrift De tropis loquendi[108]. Eine
Interpretation dieser Texte zeigt, daß Petrus Cantor auch in
seiner Verdienstlehre vom Gedankengut der Porretanerschule beeinflußt ist.

In der Summa unterscheidet Petrus zwischen sieben Verdienstarten, von denen nur die ersten beiden ein Verdienst im eigentlichen Sinne, die übrigen fünf ein uneigentliches Verdienst bezeichnen. Unter diesen uneigentlichen Verdienstarten nennt er
an erster Stelle das meritum ex adminiculo, d.h. ein Verdienst
auf Grund eines Beistandes, worunter er die Fürbitte eines Gerechten versteht, der durch sie dem Sünder die prima gratia und
damit indirekt auch die vita aeterna im uneigentlichen Sinne
verdienen kann. Wie wir bereits zu dem von Laborans verwendeten
Begriff der causa adminiculans bemerkten, sind das Wort admini-
culari und seine Derivate charakteristisch für die Schule Gilberts de la Porrée[109]. Als nächste Verdienstart folgt das meritum comparatione in bono, durch das Maria die Empfängnis Christi
verdient habe und dessen uneigentliche Bedeutung Petrus Cantor
durch den Satz ausdrückt: "Et est quasi in comparatione meritum
assignatum." Dieser Verdienstart entspricht bei anderen Porretanern das meritum de congruo, das bei ihnen ebenfalls das un-

---

coniunctione istorum nominum 'felix' et 'culpa'; quia ei, quod
fuit consequens culpae, potius attribuitur felicitas quam ipsi
culpae, scilicet redemptioni. Verbum merendi valde improprie
ponitur. Et sic exponitur: Talis et tanta fuit culpa, quod tantum ac talem exegit liberatorem. - Septimo quoque modo ponitur verbum merendi improprie, ut cum dicitur: Nullus post hanc
vitam apud deum exspectet, nisi quod vivens meruit. Iste enim,
qui est in purgatorio et iuvatur per suffragia ecclesiae, ut
habeat acceleratiorem absolutionem, quomodo hoc vivens meruit?
Ita videtur intelligendum: Vivens hoc meruit, id est dum vivere
talem se exhibuit, ut, si huiusmodi suffragia pro eo fierent,
ei ad celeriorem absolutionem prodessent." Summa de sacramentis
et animae consiliis II §81 (II 50,1-53,60).
   107 Zur Datierung der Summa de sacramentis et animae consiliis s. die Prolegomena des Herausgebers: III 1, 179-186; van
den Eynde, Précisions chronologiques, 237-239.
   108 Die Stelle lautet: "Sed mereri est de indebito debitum
facere. Sic nil Christus meruit. Item mereri est aliquid dignum
remuneratione facere. Ita meruit." De tropis loquendi (Cod.Vat.
Reg.lat.1283 fol.38r); zit. bei Landgraf, Die Vorbereitung auf
die Rechtfertigung, 270 Anm.5.
   109 s.o.S.61 (bei Anm.79).

eigentliche Verdienst Mariens bezeichnen soll[110]. Das Verdienst
des Todsünders, durch das er sich den Gnadenempfang verdient,
nennt Petrus meritum comparatione in malo und betont, daß man
hier nur valde improprie von einem meritum sprechen könne. Nur
ein quasi mereri oder acsi mereri sei dem Sünder möglich. Immerhin ist es bemerkenswert, daß er hier im Unterschied zu den anderen Porretanern ein Vorbereitungsverdienst lehrt. Es folgt das
meritum quasi pro exigentia, das sich auf die Schuld Evas bezieht: Diese Schuld sei so groß gewesen, daß sie einen so bedeutenden Erlöser erfordert (exegit) oder verdient habe. Und
auch hier hebt Petrus eigens hervor: "Verbum merendi valde improprie ponitur." Die letzte Verdienstart in dieser Reihe betrifft die künftige Aufenthaltsdauer im Purgatorium, die der
Lebende durch ein uneigentliches Verdienst - "ponitur verbum
merendi improprie" - verkürzen kann.

Petrus Cantor unterscheidet also fünf Arten eines improprie
mereri. Vorher nennt er zwei Verdienstarten, die er zwar nicht
ausdrücklich als proprie mereri kennzeichnet, die aber schon
deshalb als Verdienste im eigentlichen Sinne zu verstehen sind,
weil der Begriff des meritum weder durch ein improprie noch
durch ein quasi oder acsi eingeschränkt wird. An erster Stelle
steht das meritum ex condigno, das uns hier, zwischen 1192 und
1197, zum ersten Mal in der mittelalterlichen Theologiegeschichte begegnet. Petrus Cantor definiert dieses Verdienst in
De tropis loquendi als "aliquid dignum remuneratione facere".
Wie bei Kardinal Laborans und dem Verfasser von Cod.Paris.Nat.
lat.686, die bereits die Begriffe condignus und condignitas
verwenden[111], wird hier an eine Gleichwertigkeit von Leistung
und Belohnung gedacht. Und wie Laborans[112] lehnt auch Petrus
Cantor ein auf der Basis solcher Gleichwertigkeit beruhendes
Verdienst des ewigen Lebens unter Hinweis auf Rom.8,18 strikt
ab: "Sed secundum hoc nullo opere bono potest quis mereri vitam aeternam, quia 'non sunt condignae passiones huius temporis' etc." Ergänzend dazu sagt Petrus in De tropis loquendi,
daß Christus auf diese Weise, d.h. ex condigno, verdient habe.
Wir stoßen hier also auf die typisch porretanische Lehre, daß

---

110 s.u.S.448f.
111 s.o.S.44 (Laborans) und Anm.87 (Cod.Paris.Nat.lat.686).
112 s.o.S.48-50.

ein Verdienst im strengen Sinne allein Christus zuzusprechen
sei, wobei für dieses Verdienst bei Petrus Cantor der Begriff
meritum ex condigno steht, während die Porretaner vor ihm meist
von einem proprie oder vero nomine mereri sprechen.

Petrus unterscheidet sich von ihnen darin, daß er neben dem
Verdienst, das Christus allein konzediert wird, noch ein weiteres Verdienst im eigentlichen Sinne kennt, das allen Menschen
möglich ist: Neben das meritum ex condigno tritt an zweiter Stelle das meritum ex promisso. Während Laborans und Cod.Paris.Nat.
lat.686 durch den Gedanken einer freien Selbstbindung Gottes in
Verbindung mit dem promissio-Begriff nur ein uneigentliches Verdienst begründeten, wertet Petrus das durch die göttliche Verheißung ermöglichte Verdienst als Verdienst im eigentlichen
Sinne. So unterscheidet er bei der Besprechung des Verdienstbegriffs in De tropis loquendi zwischen zwei Arten von mereri, die
dem meritum ex promisso und meritum ex condigno entsprechen und
offensichtlich zwei Möglichkeiten eines w i r k l i c h e n
Verdienstes bezeichnen: "Sed mereri est de indebito debitum facere. Sic nihil Christus meruit. Item mereri est aliquid dignum remuneratione facere. Ita meruit." Wie aus einem indebitum
ein debitum wird, beschreibt Petrus Cantor bei der Erklärung
des meritum ex promisso: "Man spricht von einem meritum ex promisso, wenn mir um eines Dienstes willen irgendeine Belohnung
versprochen worden ist. So kann man sagen, daß wir das ewige Leben verdienen, weil uns von Gott um guter Werke willen das ewige
Leben verheißen ist. Damit stimmt jene Autorität überein, die
sagt: 'Wenn wir mit frommem oder reinem Herzen bitten, dann bist
du in zuverlässiger Weise Schuldner auf Grund des Versprechens.'"[113] Gottes Verheißung ist also der Grund dafür, daß nach
entsprechenden Leistungen des Christen der ungeschuldete Lohn
des ewigen Lebens ein geschuldeter geworden ist. Die promissio
eröffnet die Möglichkeit eines "de indebito debitum facere".
Dieser Verdienstmodus wird natürlich für Christus abgelehnt,
weil der Inkarnierte als sündloser Mensch immer das Anrecht auf
die vita aeterna besaß und somit für ihn kein indebitum bestand,

---

113 Der Satz "Si corde rogamus pio vel mundo, certe debes
ex promisso" stammt aus dem Hymnus Summi largitor praemii; s.
Chevalier, Repertorium Hymnologicum IV n.19716.

das er erst zu einem debitum hätte machen sollen[114].

Wie Laborans und Cod.Paris.Nat.lat.686 gibt Petrus Cantor
der Selbstbindung Gottes eine exklusive Bedeutung. Der Außenaspekt der geschichtlich weiterwirkenden Verheißung schließt
eine auf dem inneren Wert der guten Werke basierende Ebenbürtigkeit von obsequium und remuneratio und damit ein meritum ex condigno aus. Er allein stiftet den kausalen Konnex zwischen der
Tat des Menschen und der ihr so inadäquaten himmlischen Glorie.
Dabei ist freilich eine interessante Veränderung gegenüber Laborans und Cod.Paris.Nat.lat.686 zu bemerken. Während diese der
Verheißung Gottes keinen konditionalen Sinn geben, sondern es
bei der Feststellung belassen, daß Gott die Verheißung des ewigen Lebens gegeben und sich so gebunden habe, sagt Petrus Cantor, daß uns das ewige Leben um der guten Werke willen (propter
bona opera) verheißen sei, gleichwie um eines Dienstes willen
eine Belohnung versprochen wird. Die Verheißung schließt damit
bereits eine bestimmte Leistung des Menschen als Bedingung für
ihre Erfüllung ein. Die guten Werke bekommen so einen ganz anderen Stellenwert als bei Laborans und in Cod.Paris.Nat.lat.686,
wo sie nur als faktische Vorläufer des himmlischen Lohnes gesehen werden, da Gott die gloria nicht schenke, ohne seine gratia
vorausgehen zu lassen. Der veränderte Stellenwert kommt auch in
der Formel "de indebito debitum facere" zum Ausdruck: Die Verheißung spielt den Werken des Menschen die entscheidende Rolle
zu, Gottes Schuldnerschaft zu realisieren.

Beachtet man diese Nuancen sowie die Tatsache, daß Petrus
Cantor das meritum ex promisso nicht nur als uneigentliches Verdienst einstuft und außerdem ein auf die rechtfertigende Gnade
vorbereitendes Verdienst kennt, dann wird die Distanz zu den
älteren Porretanern deutlich. Trotzdem behandeln wir ihn im
Zusammenhang mit dieser verdienstkritischen Richtung, da er mit
dem Gedanken der freien Selbstbindung Gottes die Ablehnung des
Kondignitätsverdienstes verbindet.

Zum Schluß wollen wir noch einmal den Verdienstbegriff des
Cantors beleuchten. Wie wir sahen, enthält der des Kardinals

---

114 Vgl. Alanus von Lille, Theologicae regulae, reg.106
(PL 210,677f): "Cum mereri est de non debito facere debitum,
Christo autem a tempore incarnationis deberetur, quidquid postea
est consecutus, ipse de indebito debitum non fecit et ita sibi
non meruit."

Laborans - dasselbe gilt auch für Cod.Paris.Nat.lat.686 - sowohl das Moment der Ebenbürtigkeit (condignitas) von Leistung und Lohn als auch das Moment der Verpflichtung (debitum). Die Verpflichtung allein, d.h. die Schuldnerschaft Gottes, begründet in seinen Augen nur ein Verdienst im uneigentlichen Sinne. Bei Petrus Cantor fallen diese beiden Momente auseinander und konstituieren für sich jeweils einen eigenen Verdienstbegriff. So unterscheidet er zwischen einem meritum ex condigno, das im Prinzip der Ebenbürtigkeit begründet ist, und einem meritum ex promisso, das durch die Selbstverpflichtung Gottes ermöglicht wird. Wichtig im Vergleich mit Laborans ist, daß das Moment der Verpflichtung allein ausreicht, um ein eigentliches Verdienst zu begründen. "Mereri est de indebito debitum facere": Diese im 13. Jahrhundert sehr gebräuchliche Formel finden wir zum ersten Mal in den Regulae de sacra theologia des Alanus von Lille (gest.1202) und in De tropis loquendi des Petrus Cantor. Sie eröffnet die Möglichkeit, beim theologischen Verdienstbegriff den Gesichtspunkt der inneren Würdigkeit der guten Werke auszuschließen und das meritum nur auf der Basis der freien Selbstbindung Gottes aufzubauen.

Wir werden im Laufe unserer weiteren Untersuchung sehen, ob diese Möglichkeit auch von anderen Theologen des ausgehenden 12. oder beginnenden 13. Jahrhunderts realisiert wird oder ob man die Schuldnerschaft Gottes in Beziehung zur immanenten Qualität der guten Werke setzt. Gegen Ende des 12. Jahrhunderts ist das Moment der Schuldnerschaft bei allen Theologen ein integrierender Bestandteil des Verdienstbegriffs, ja es wird zu d e m   entscheidenden Verdienstgrund überhaupt. Die Formel "mereri est de indebito debitum facere" erhält allgemeine Gültigkeit. Die Frage, an der sich die Geister scheiden, ist nur, w i e   das debitum zustande kommt, ob von der Würdigkeit der Werke oder von der Selbstbindung Gottes her.

4. Der Paulinenkommentar Cod.Paris.Nat.lat.3572

Im Anschluß an Petrus Cantor ist der Paulinenkommentar Cod. Paris.Nat.lat.3572 zu befragen, dessen Abfassung wahrscheinlich in die erste Hälfte des 13. Jahrhunderts fällt[115]. Hier

---

115   Zur Datierung des Paulinenkommentars Cod.Paris.Nat.lat. 3572 s. Landgraf, Die Vorbereitung auf die Rechtfertigung, 260. 270 Anm.6.

begegnen wir einer Aufzählung von sechs Verdienstarten[116], die
mit der Verdienstlehre des Cantors so viel gemeinsam hat, daß
ein Traditionszusammenhang oder sogar eine direkte Abhängigkeit zu vermuten ist, die aber andererseits auch deutlich eine
Entwicklung seit Petrus Cantor verrät[117]. Vergleichen wir diese
Aufzählung mit den sieben Verdienstarten bei Petrus, dann kommen wir zu folgendem Schema, das die sich jeweils entsprechenden Verdienstarten nebeneinanderstellt, wobei wir uns an der
Reihenfolge des Cantors orientieren:

Petrus Cantor	Cod.Paris.Nat.lat.3572
meritum ex condigno	meritum ex condigno
meritum ex promisso	meritum ex congruo
meritum ex adminiculo	-
meritum comparatione in bono	meritum ex comparatione
meritum comparatione in malo	meritum ex promisso
meritum pro exigentia	meritum ex exactione
meritum (sc. für die Zeit im Purgatorium)	meritum condicione

Der Verfasser des Kommentars beginnt wie Petrus Cantor mit dem
meritum ex condigno und erklärt es aus der Gleichwertigkeit
von Arbeitsleistung und Lohn: "Ex condigno: quando labori commensuratur merces." Er referiert dann die Meinung einiger Theologen (quidam), die sagen, man könne auf diese Weise das ewige
Leben verdienen, da beschlossen sei (statutum est enim), daß
man für eine solche Münze, d.h. für ein in Liebe verrichtetes

---

116 "Sex modis dicitur mereri: E x   c o n d i g n o :
quando labori commensuratur merces. Secundum hoc dicitur mereri
vitam aeternam secundum quosdam. Statutum est enim, ut tali
moneta, scilicet opere facto in caritate, habeatur vita aeterna,
id est illud praemium creatum, quod datur.   E x   c o n g r u o:
Secundum hoc dicimus: Caritas semel habita meretur augeri, aucta
meretur perfici.   E x   p r o m i s s o .   E x   c o m p a r a -
t i o n e : Unde beata es Maria, quae dominum omnium meruisti
portare.   E x   (e x) a c t i o n e : Unde felix culpa Evae,
quae talem habere meruit redemptorem, id est exegit.   C o n d i -
c i o n e : Unde dicitur de mortuis, quod, dum viveret, meruit
suffragia ecclesiae sibi prodesse, si pro eis fierent." fol.
267v; zit. bei Landgraf, Die Vorbereitung auf die Rechtfertigung, 270 Anm.6. Zur Interpretation dieser Stelle ist vor allem
auf das "dicitur ... secundum quosdam" beim meritum ex condigno
zu achten, dem das "dicimus" beim meritum ex congruo gegenüber-
tritt.
   117 Die Weiterentwicklung der Terminologie seit Petrus Cantor zeigt sich vor allem in der Aufnahme des meritum ex congruo

78

Werk, das ewige Leben habe. Diese Theologen - man hat etwa an
Stephan Langton[118] oder den ihm nahestehenden Paulinenkommentar
Cod.Salzburg St.Peter a XI 7[119] zu denken - verstehen die Kondignität offensichtlich nicht als ontische Gleichwertigkeit von
Leistung und Lohn, sondern als ein durch das göttliche Statut
geregeltes Entsprechungsverhältnis. Nicht schon das immanente
Wertelement des guten Werks, sondern erst die Selbstbindung
Gottes, die dem Werk eine durch seine Qualität nicht zu erklä-
rende Wirksamkeit hinsichtlich des ewigen Lebens zuspricht,
begründet die Möglichkeit eines meritum ex condigno. Interessant ist der Vergleich des guten Werks mit einer Münze (moneta)
die - so darf man voraussetzen - ihren nominellen Wert, der
den Materialwert übertrifft, auch durch ein Statut, des entsprechenden Landesherrn nämlich, erhält. Dieses Exempel spielt
in der Sakramentenlehre einiger Theologen des 13. Jahrhunderts
eine wichtige Rolle, da es verdeutlichen soll, inwiefern die
Wirksamkeit der Sakramente nicht von einer in ihnen enthaltenen
übernatürlichen Kraft herrührt, sondern ihnen durch einen Vertrag (pactio) Gottes zugesprochen ist[120].

Der Verfasser des Paulinenkommentars schließt sich der Auffassung der 'quidam' nicht an, insofern er aus dem göttlichen
Statut kein meritum ex condigno, sondern nur ein meritum ex
congruo ableitet[121]. Offensichtlich will er wie Laborans, Cod.
Paris.Nat.lat.686 und Petrus Cantor von einer Kondignität nur
dann sprechen, wenn Werk und Lohn durch eine ontisch-qualitati-
ve Gleichwertigkeit miteinander verbunden sind. Die Rolle des
meritum ex congruo erfüllte bei Petrus Cantor das meritum ex
promisso; an die Stelle des promissum tritt nun das statutum,
die Bezeichnung des hinter der heilsgeschichtlich-konkreten
Verheißung stehenden göttlichen Entscheidungsaktes. Auch in
unserem Paulinenkommentar wird freilich ein meritum ex promisso
genannt, doch bezeichnet es hier wohl das auf die Gnadenverleihung vorbereitende Verdienst, das Petrus Cantor meritum com-

und in der Streichung des typisch porretanischen meritum ex
adminiculo.
   118   s.u.S.112-116.
   119   s.u.S.118-120.
   120   s.u.S.487 und dort Anm.563.
   121   Unter der Vollendung der Liebe ("aucta meretur perfici"
ist die Beseligung des Menschen verstanden, so schon bei Augustin,bei dem sich der Satz "Ipsa gratia meretur augeri, ut auc
mereatur perfici" findet; s. Epist.186,3,10 (PL 33,819).

paratione in malo nannte. Diese Interpretation ergibt sich aus
einem Vergleich mit einer anderen Stelle des Paulinenkommentars, wo der Verfasser die Möglichkeit erwägt, daß Gott dazu
verpflichtet ist, die Gnade dem einzugießen, der sich dafür geeignet macht, da er dies versprochen habe (cum hoc promiserit).
Doch weist er diesen Gedanken mit dem Hinweis darauf zurück,
daß dies Papst Innozenz III. nicht gebilligt habe[122]. Es wird
also ein meritum ex promisso in der Reihe der verschiedenen
Verdienstarten erwähnt, aber eine Verpflichtung Gottes durch
seine Verheißung der rechtfertigenden Gnade abgelehnt. Interessant ist immerhin, daß die Möglichkeit einer Selbstbindung
Gottes, die nicht erst auf die Beseligung des Gerechten, sondern bereits auf die Rechtfertigung des Sünders zielt, in Be-
tracht gezogen wird. Es bleibt zu untersuchen, ob einige Theologen des beginnenden 13. Jahrhunderts tatsächlich eine solche
Selbstbindung Gottes gelehrt haben.

Festzuhalten ist, daß die Verdienstlehre des Cod.Paris.Nat.
lat.3572 mit ihrer Bejahung eines im exklusiven Sinne verstandenen statutum Gottes in der Traditionslinie steht, die
von Laborans über Cod.Paris.Nat.lat.686 zu Petrus Cantor führt.
Eine ontologisch verstandene commensuratio zwischen Leistung
und Lohn wird abgelehnt und darum kein meritum ex condigno,
sondern nur ein meritum ex congruo akzeptiert.

---

122 "... quod tenetur infundere gratiam habilitanti se, cum
hoc promiserit. Quod tamen Innocentius papa non concessit." 99v;
zit. bei Landgraf, Die Vorbereitung auf die Rechtfertigung, 260.
Vgl. dazu Innocentius III, Dialogus inter deum et peccatorem,
wo Gott folgende Worte an den Sünder richtet: "Noli errare vel
te ipsum decipere! Non enim requiro a te, ut facias bonum, qua-
lem te scio facere non posse, cum hoc sit in me, sed ut appli-
cando liberum arbitrium tuum ad me divina super beneficia medi-
tando reddas te mihi habilem. Quod si feceris, cum hoc sit in
te, indubitanter gratiae meae recipies influxionem, quam semper
de bonitate mea paratus sum dare cuilibet efficaciter volenti
recipere, quamvis habilitas illa non de merito, sed de congruo
infusionem gratiae meae praecedat in peccatore." (PL 217,695C/D).
Wie diese Stelle zeigt, kennt Innozenz zwar eine notwendige Folge von Vorbereitung auf die Gnade und Eingießung der Gnade, doch
begründet er sie nicht in einer inchoativen Selbstbindung Gottes
durch die promissio, sondern im sich stets gleich bleibenden gütigen Wesen Gottes. Hiermit ist aber keine Verpflichtung Gottes
vor dem Forum der Menschen und somit auch kein meritum des Menschen gegeben. Es ist also deutlich, in welchem Sinne unser
Paulinenkommentar Cod.Paris.Nat.lat.3572 sagt: "Innocentius papa
non concessit."

5. Abgelehnte opiniones bei späteren Theologen

Bei zwei Theologen des beginnenden 13. Jahrhunderts, Stephan
Langton und Wilhelm von Auxerre, finden wir den Standpunkt
anderer, nicht namentlich genannter Theologen mitgeteilt und
abgelehnt, der uns sofort an die Beurteilung des Verdienstes
bei Laborans, im Paulinenkommentar Cod.Paris.Nat.lat.686 und
bei Petrus Cantor erinnert. Stephan und Wilhelm, die selbst
positiv zur Frage einer Verdienstmöglichkeit des Menschen stehen, referieren eine gegenteilige opinio, die die Diskrepanz
zwischen dem Wert menschlicher Leistungen und dem des ewigen
Lebens hervorhebt und damit eine Verdienstmöglichkeit des Menschen - zumindest ein meritum de condigno - ausschließt. Für
diese verdienstkritische opinio finden wir im 12. und 13. Jahrhundert keinen anderen Beleg als die porretanische Lehre, wie
wir sie bei den besprochenen Theologen kennengelernt haben.
Wir halten es deshalb für sinnvoll, an die Untersuchung der
porretanischen Lehre unmittelbar eine Behandlung der betreffenden Textabschnitte bei Stephan Langton und Wilhelm von Auxerre
anzuschließen, zumal man so erfährt, in welcher Gestalt diese
Lehre im 13. Jahrhundert weiterlebte. Umgekehrt wird deutlich,
wen man sich unter den anonymen 'quidam' vorzustellen hat.

a) Stephan Langton

In seinen zu Beginn des 13. Jahrhunderts verfaßten Quästionen[123]
diskutiert Stephan Langton die Frage, warum zwei Werke, die aus
einer gleich bleibenden caritas hervorgehen, denselben Lohn erhalten wie - so muß man ergänzen - eines der beiden Werke allein. Er referiert die Antwort gewisser Theologen (quidam), die
sich von seiner eigenen Antwort unterscheidet, mit folgenden
Worten: "Es gibt einige, die einfach antworten: Kein Werk ist
des ewigen Lebens würdig. Im Gegenteil, so sagen sie, aus Barmherzigkeit allein und nicht aus Gerechtigkeit wird das ewige
Leben dem Menschen gegeben. Sie sagen nämlich, daß das gute Werk
kein Verdienst des ewigen Lebens ist, sondern nur ein Zeichen;
das schlechte Werk aber sei sowohl Verdienst als auch Zeichen
der Hölle. Diese Leute klammern sich an das Wort des Apostels:

---

123 Zur Datierung der Quästionen s.u.S.107 Anm.6.

"Non sunt condignae passiones huius temporis ad futuram gloriam, quae revelabitur in nobis" (Rom.8,18)[124].

Vergleicht man diese Stelle mit Laborans, Cod.Paris.Nat.lat. 686 und Petrus Cantor, dann fällt als Tertium comparationis zunächst ins Auge die gemeinsame Ablehnung einer Beziehung zwischen opus bonum und vita aeterna, die aus der immanenten Qualität des Gnadenwerkes ableitbar und in diesem Sinne als Verdienst-Lohn-Verhältnis zu verstehen wäre. Im einzelnen sind folgende drei Punkte auffallend: 1.) der Satz "nullum opus esse dignum vita aeterna" und seine Begründung durch Rom.8,18, die uns bereits von Laborans und Petrus Cantor her bekannt ist. 2.) die Gegenüberstellung von meritum und signum. Auch Laborans nannte die Werke des Menschen Zeichen, und zwar des Bundes oder der Erwählung, und leugnete damit ebenfalls einen direkten Kausalzusammenhang zwischen Werk und ewigem Leben, verstand aber meritum und signum nicht generell als Gegensatz, sondern konnte den theologischen Verdienstbegriff durch die Zeichenvorstellung interpretieren: "Sunt itaque non impulsus merita conditori, sed nobis in signum."[125] 3.) die strikte Ablehnung des iustitita-Begriffs: Gott gibt "sola misericorida" und nicht "de iustitia". Diese kritische Einstellung zur iustitia dei war uns bei Laborans, Petrus Cantor und in Cod.Paris.Nat.lat.686 nicht begegnet. Denn sie operierten mit dem Gedanken einer Selbstbindung Gottes, die - aus der misericordia dei erwachsend - ein Gerechtigkeitsverhältnis konstituiert, konnten somit auch die Begriffe merces und meritum positiv, wenn auch nur in einem weiteren Sinne, verwenden. Die von Langton referierte opinio kennt keine Selbstbindung Gottes, spielt deshalb die sola misericordia gegen die iustitia dei aus und weist folgerichtig den Begriff des Verdienstes rundweg zurück. Unbeschadet dieses bemerkenswerten

---

124 "Ad hoc, quod quaesitum est supra, scilicet qualiter duo opera ex eadem caritate non crescente procedentia remunerentur tantum eodem praemio, de facili respondent quidam dicentes nullum opus esse dignum vita aeterna. Immo, sicut dicunt, de sola misericordia et non de iustitia datur vita aeterna homini. Dicunt enim, quod bonum opus non est meritum vitae aeternae, sed tantum signum; sed malum opus est et meritum et signum gehennae. Isti adhaerent ei, quod dicit Apostolus: 'Non sunt condignae passiones huius temporis ad futuram gloriam, quae revelabitur in nobis.'" Quaestiones Cod.Vat.lat.4297 fol.16r; zit. bei Landgraf, Die Bestimmung des Verdienstgrades, 99f Anm. 7.

125 s.o.S.59(bei Anm.67) und Anm.65.

Unterschiedes ist festzuhalten, daß hier auf sehr klare Weise
das exklusive Interesse der porretanischen Gnadenlehre zum Ausdruck kommt, wie wir es in Verbindung mit der Konzeption der
freien Selbstbindung Gottes kennengelernt haben[126].

b) Wilhelm von Auxerre

Wie die Vorstellung von einer freien Selbstbindung Gottes den
Begriff der iustitia positiv aufnehmen, sich aber dabei im
porretanischen Sinne gerade gegen eine Ebenbürtigkeit von
Leistung und Lohn wenden kann, zeigt eine von Wilhelm von Auxerre in seiner Summa aurea (wahrscheinlich 1222-1225)[127] referierte und abgelehnte opinio. Zunächst sei ein Blick auf den
Kontext geworfen. Wilhelm stellt die Frage: "Utrum ex condigno mereamur vitam aeternam"[128] und führt zuerst eine Reihe von
Argumenten an, die gegen die Möglichkeit eines meritum ex condigno sprechen, darunter Rom.8,18: "Non sunt condignae passiones ..." Dann läßt er mehrere Argumente für ein meritum de condigno folgen, die seinem eigenen Standpunkt entsprechen. Im
Anschluß daran referiert Wilhelm die widersprechende Meinung
einiger Theologen, die das meritum de condigno ablehnen: "Hierzu sagen diese, daß Gott auf zweierlei Weise gerecht genannt
wird: einmal auf Grund der Gerechtigkeit, die bewirkt, daß jedem nach seiner Leistung vergolten wird (redditur unicuique
quod suum est); zum andern auf Grund der Verheißung (ex promisso). Und auf diese Weise ist Gott gerecht, d.h. treu, in
seinen Verheißungen, und in diesem Sinn ist er gerecht beim
Belohnen; und dementsprechend ergibt sich nicht die Folge, daß
der Mensch ex condigno das ewige Leben verdient, denn das condignum betrifft die Gerechtigkeit im ersten Sinne."[129]

---

126 Am nächsten kommt dieser von Langton referierten opinio
die Lehre des Porretaners Radulfus Ardens, der unter Hinweis
auf Gottes Freiheit nicht einmal eine freie Selbstbindung Gottes gelten läßt. s.o.S.42.
127 Zur Datierung s.u.S.254 Anm.13.
128 1.III tr.16 q.2 (fol.220d-222c).
129 "Opinio aliquorum: Ad hoc dicunt ipsi, quod deus dicitur iustus duobus modis: Uno modo a iustitia virtute, qua redditur unicuique quod suum est. Alio modo ex promisso; et secundum hoc deus est iustus, id est fidelis, in promissis, et sic
est iustus in remunerando; et secundum hoc non sequitur, quod
homo mereatur ex condigno vitam aeternam. Quoniam condignum
respicit iustitiam primo modo." Summa aurea III tr.16 q.2
(fol.221c).

Man stößt hier ziemlich genau auf die Position des Petrus
Cantor und des mit ihm verwandten Paulinenkommentars Cod.Paris.
Nat.lat.3572: Die Möglichkeit eines meritum ex condigno wird
dem Menschen abgesprochen, weil eine ontologisch verstandene
Gleichwertigkeit von Leistung und Lohn, die man bei dem Begriff
condignum assoziiert, im Verhältnis zwischen Gott und Mensch
nicht vorhanden sei. Dagegen bejaht man ein Gerechtigkeitsverhältnis auf der Grundlage eines promissum bzw. statutum, wodurch nun dem Menschen doch - so zumindest nach Petrus Cantor
und Cod.Paris.Nat.lat.3572 - eine Art von Verdienstmöglichkeit
eröffnet ist, wenn auch nicht die Möglichkeit eines Würdigkeitsverdienstes. Es wird also eine iustitia im exklusiven Sinne
propagiert, eine iustitia, die nicht auf dem Quidproquo, sondern auf der souveränen geschichtsmächtigen Treue Gottes begründet ist. In der Konfrontation zweier iustitia-Vorstellungen
spiegelt sich das Zusammenprallen zweier tiefgreifend verschiedener Konzeptionen der Beziehung zwischen dem operator Mensch
und dem remunerator Gott.

6. Zusammenfassung

Die theologische Richtung oder Konzeption, die wir von Kardinal
Laborans bis in die erste Hälfte des 13. Jahrhunderts hinein
verfolgt haben und die sich im Einflußbereich Gilberts de la
Porrée entwickelt hat, ist dadurch gekennzeichnet, daß sie kein
Verdienst im eigentlichen Sinne, zumindest aber - man denke an
Petrus Cantor - kein meritum ex condigno gelten läßt. Das ist
ihre Schlußfolgerung aus der durch Rom.8,18 begründeten Überzeugung, daß der Wert der himmlischen Herrlichkeit mit dem der
guten Werke nicht vergleichbar sei. Bei den drei Autoren des
12. Jahrhunderts stellten wir fest, daß die Vorstellung von
einer freien Selbstbindung Gottes durch seine Verheißung die
Funktion erfüllt, trotz des unendlichen Abstandes zwischen dem
gegenwärtigen Vermögen und dem künftigen Besitz des Christen
einem abgeschwächten Lohn- und Verdienstgedanken in der Theologie ein Heimatrecht zu sichern. An die Stelle eines durch das
immanente Wertelement der Leistung begründeten Anrechts des
Menschen tritt eine durch das freie Lohnversprechen Gottes in
Kraft gesetzte und gehaltene Gerechtigkeitsordnung, die von
außen her die Wirkung der Gnade mit der Glorie verknüpft und so

der Hoffnung des Christen eine Garantie gibt.

II. Das exklusive Verständnis der freien Selbstbindung Gottes in Verbindung mit einer Bejahung des strengen Verdienstbegriffs

Nicht alle Theologen, die unter dem Eindruck einer völligen Diskrepanz zwischen der Qualität der christlichen Werke und dem Wert der himmlischen Herrlichkeit stehen, setzen deshalb der Anwendung des Verdienstbegriffs Grenzen, indem sie nur ein Verdienst im uneigentlichen Sinne oder kein meritum ex condigno gelten lassen. Wir fanden drei anonyme Autoren des ausgehenden 12. und der ersten Hälfte des 13. Jahrhunderts, in deren Verdienstlehre der Gedanke der freien Selbstbindung Gottes folgende Funktion hat: Er begründet ein wirkliches Verdienst, das in einem Fall meritum de condigno genannt wird, schließt aber damit zugleich - hier liegt der exklusive Sinn - eine Begründung der Verdienstlichkeit durch die den Werken immanente Qualität, sei sie auch durch die Gnade gewirkt, aus. Nicht die Werke an sich (in se), sondern die institutio oder conventio Gottes soll den meritorischen Charakter des menschlichen Handelns erklären. Die drei Verfasser teilen mit Porretanern wie Laborans und Radulfus Ardens das Interesse an der frei schenkenden Souveränität Gottes, die einen unmittelbaren Kausalzusammenhang zwischen Werken des Gerechtfertigten und der himmlischen Belohnung als unmöglich erscheinen läßt, knüpfen aber andererseits an der Bejahung eines wirklichen Verdienstes durch Theologen wie Petrus Lombardus[130] und Robert von Melun[131] an.

1. Der Paulinenkommentar Cod.Bamberg.Bibl.132

Nach Landgraf handelt es sich bei Cod.Bamberg.Bibl.132 um einen "mit fremden Bestandteilen durchsetzten lombardischen Paulinenkommentar"[132]. Tatsächlich finden sich in dem kurzen Abschnitt zu Rom.8,18, der hier zu behandeln ist[133], Gedanken und Formu-

---

130 s.o.S.49.
131 s.u.S.251 Anm.2.
132 Landgraf, Die Vorbereitung auf die Rechtfertigung, 269 Anm.4.
133 Der Vers Rom.8,18 ("Non sunt condignae passiones huius temporis ad futuram gloriam, quae revelabitur in nobis") wird in dem Kommentar folgendermaßen ausgelegt: "Caritas, qua quis

lierungen, die den Einfluß des Petrus Lombardus verraten, daneben aber auch "fremde" Elemente, die auf die Lehre der Porretaner weisen, wie wir sie etwa bei Kardinal Laborans kennengelernt haben.

Der anonyme Verfasser beginnt seine Auslegung von Rom.8,18
mit der Feststellung, daß die Liebe (caritas), mit der jemand
Leiden erduldet, der künftigen Herrlichkeit würdig sei, somit
aber auch die Leiden selbst, da sie dasselbe verdient hätten.
Es ist für den Verfasser eine ausgemachte Sache, daß die Liebe
den Handlungen des Gerechtfertigten eine dignitas hinsichtlich
der himmlischen Herrlichkeit schenkt und damit ein meritum ermöglicht. Darin stimmt er mit Petrus Lombardus überein. Es erhebt sich dann nur die Frage, welchen Sinn der Satz in Rom.8,
18: "Non sunt condignae passiones ad futuram gloriam" hat. Der
Verfasser bietet zwei mögliche Antworten an. Die erste erweist
ihn als Schüler des Lombarden, denn sie findet sich mit z.T.
wörtlichen Übereinstimmungen im Paulinenkommentar des Lombarden zur gleichen Stelle. Wir haben die dort vertretene Verdienstlehre bereits ausführlich dargestellt[134]. Sie wird in
Cod.Bamberg.Bibl.132 so wiedergegeben: Die Ablehnung der condignitas in Rom.8,18 sei gleichbedeutend mit der Ablehnung einer Gleichwertigkeit von Verdienst und Lohn. Man könne nicht
die ganze Quantität der Glorie durch ein Verdienst ausschöpfen
- promereri -, sondern nur ein mereri erbringen, das immer hinter dem Lohn zurückbleibt. Streng genommen (si districte ageretur) seien also die passiones nicht vergleichbar mit der gloria. Die Begründung wird durch einen Satz gegeben, der wort-

---

sustinet passiones, digna est futura gloria; ergo et ipsae
passiones, cum eiusdem sint meriti. Unde Apostolus in epistula
Ad Corinthios: 'Id quod in praesenti est momentaneum et leve
tribulationis nostrae, supra modum in sublimitatem gloriae
aeternum pondus operatur in nobis' (2.Cor.4,17). Sic ergo acci-
pe: 'Non sunt condignae passiones ad futuram gloriam', scilicet
ad tantam gloriam promerendam, quanta nobis dabitur. Semper
enim plus dat de corona et minus de poena, quam homo mereatur.
  - Vel potest dici, quod 'non sunt condignae' quantum ad se,
nisi ex dei institutione, sicut si imperator statueret, ut qui
citius campum percurreret, decem marcas acciperet, et vere
posset dici, quod cursus ille non esset dignus ad promerendas
decem marcas, utique ex se, tamen ex institutione imperatoris.
  - Vel 'non sunt condignae', id est: Si districte ageretur,
nullo modo ei comparari possent. Tribulatio namque est cum fine,
merces erit sine fine, et multo maior erit ibi gloria quam hic
labor." fol.2v ; zit. bei Landgraf, aaO.
  134   s.o.S.49.

wörtlich vom Lombarden übernommen ist: "Tribulatio namque est
cum fine, merces erit sine fine, et multo maior erit ibi (PL
191,1442A: tibi) gloria quam hic labor."[135] Interessant ist das
Wechselspiel zwischen mereri und promereri, das einerseits dem
"non sunt condignae" in Rom.8,18 gerecht werden und andererseits den Begriff des Verdienstes vorbehaltlos gelten lassen
soll[136].

Die zweite Antwort spricht im Sinne der Porretanerschule
von einer Anordnung Gottes. Wörtlich heißt es: "Man kann sagen,
daß die Leiden selbst (quantum ad se) nicht ebenbürtig (condignae) sind, es sei denn auf Grund einer Anordnung (institutio) Gottes, wie wenn ein Feldherr anordnete (statueret), daß
derjenige, der das Feld am schnellsten durchlaufe, zehn Mark
empfangen soll, und man dann wahrheitsgemäß sagen könnte, daß
jener Lauf nicht würdig sei, die zehn Mark erschöpfend zu verdienen (promereri), jedenfalls nicht aus sich selbst heraus,
dagegen auf Grund der Anordnung des Feldherrn." Während die
erste Antwort in Anlehnung an Petrus Lombardus eine condignitas und damit ein promereri der Leiden ablehnte, bejaht diese
Antwort beides, freilich nicht in Hinblick auf einen immanenten
Wert der Leiden, sondern in Anbetracht einer Verfügung Gottes,
die von außen in Verbindung setzt, was vom qualitativen Sein
her unüberbrückbar scheint. Zwei Aspekte werden einander im exklusiven Sinne konfrontiert: der Wert "ex se" und der Wert "ex
institutione". Hinsichtlich des ersten kann Paulus sagen: "Non
sunt condignae ..."; hinsichtlich des zweiten läßt sich das
Gegenteil behaupten.

An den porretanischen Standpunkt eines Kardinals Laborans erinnert nicht nur diese grundsätzliche, von der Extra-Dimension
der Selbstbindung Gottes bestimmte Sicht des Verhältnisses zwischen Leistung des Menschen und himmlischem Lohn, sondern speziell auch das Beispiel vom Feldherrn und Soldaten. Auch Laborans vergleicht die Situation des Menschen vor Gott mit der
eines Soldaten, der ein Laufpensum absolviert, wobei ebenfalls
die freie Selbstbindung des Heerführers Wert und Sinn des Lau-
fes begründet[137]. Neu gegenüber Laborans und den anderen berei-

---

135 Zum Text des Lombarden s.o.S.49 (bei Anm.33).
136 Vgl. Oberman, Das tridentinische Rechtfertigungsdekret
256.
137 s.o.Anm.66.

besprochenen Autoren ist der als Bezeichnung für den Akt der
Selbstbindung oder verbindlichen Zusage Gottes gewählte Begriff
der institutio. Das Verbum statuere freilich ist uns bereits im
Paulinenkommentar Cod.Paris.Nat.lat.3572 begegnet[138], der aber
wohl später als der vermutlich noch im 12. Jahrhundert verfaßte
Cod.Bamberg.Bibl.132 zu datieren ist[139].

2. Der Paulinenkommentar Cod.Paris.Arsenal.lat.534

Der von Robert von Melun abhängige[140] Paulinenkommentar Cod.
Paris.Arsenal.lat.534 dürfte wie Cod.Bamberg.Bibl.132 gegen Ende des 12. Jahrhunderts oder um die Jahrhundertwende geschrieben worden sein[141]. Wie man aus den drei von Landgraf wiedergegebenen Sätzen schließen darf, vertritt der Verfasser in seiner Verdienstlehre die Konzeption einer freien Selbstbindung
Gottes im exklusiven Sinne. So ist auch Landgraf der Ansicht,
daß sich nach der Lehre dieses Kommentars "die Forderung eines
Lohnes ... nicht auf die Natur des Werkes, sondern lediglich
auf ein Versprechen Gottes stützt"[142].
   Der Verfasser vergleicht die Verdienstsituation des Christen
mit einer Lohnabsprache zwischen zwei Menschen und denkt dabei
offensichtlich an das Gleichnis von den Arbeitern im Weinberg
(Mt.20,1-16), wo von einer Übereinkunft (conventio) um den Lohn
eines Denars die Rede ist. Das Gleichnis hatte in diesem Zusammenhang schon bei Laborans[143] und Radulfus Ardens[144] eine
Rolle gespielt. Wörtlich sagt er: "Hier besteht eine Vergleichbarkeit (sc. zwischen Werk und Lohn) auf Grund einer Verabre-
dung (condicio) oder Übereinkunft (conventio), wie wenn ich dir
für ein Werk von minimalem Arbeitsaufwand eine Silbermark verspreche (promittam). Wenn es ausgeführt ist, kannst du von mir
gerechterweise die Silbermark verlangen und sagen, daß du sie

138 s.o.Anm.116.
139 s.o.Anm.115.
140 s. Landgraf, Die Bestimmung des Verdienstgrades, 95.
141 Diese Datierung des Paulinenkommentars ergibt sich,
wenn man ihn mit Landgraf (aaO) nach Robert von Melun (gest.
1167) und vor Stephan Langton (literarische Wirksamkeit konzentriert auf die Jahre 1200-1206) einordnet.
142 Landgraf, Die Bestimmung des Verdienstgrades, 95.
143 s.o.Anm.30 und 40.
144 Homiliae in epistolas et evangelia dominicalia, p.1 hom.
27 (PL 155,1764AB).

verdient hast, indem du freilich nicht jenes minimale Werk
mit der Mark vergleichst, sondern auf die Übereinkunft achtest.
Und diese Art von Vergleichbarkeit ist auch in nicht unpassen-
der Weise auf die Strafe der Bösen und die Belohnung der Guten
anwendbar."[145]

Bestimmend für den Verdienstbegriff in diesem Abschnitt ist
allein der Rechtsanspruch des Verdienenden oder die Schuldnerschaft des Belohnenden, unabhängig von der Qualität der Leistung in ihrem Verhältnis zum Lohn. Darum reicht der Hinweis
auf die rechtskräftige Übereinkunft aus, um die Verdienstsituation gerade da zu begründen, wo die Divergenz zwischen Leistung und Lohn frappierend ist. Wie in Cod.Bamberg.Bibl.132
wird diese Divergenz innerhalb des Gleichnisses durch das Verhältnis zwischen der Größe eines bestimmten Geldwertes und
einem unverhältnismäßig geringen Arbeitsaufwand zum Ausdruck
gebracht. Und was dort die institutio auszurichten hatte, fällt
nun der condicio oder conventio als Aufgabe zu.

Angemerkt sei, daß uns der Außenaspekt der göttlichen conventio im Gegensatz zum immanenten Aspekt der Werkqualität -
allerdings nicht als Bezeichnung einer Selbstverpflichtung Gottes - schon in den Homilien des Radulfus Ardens (2.Hälfte des
12.Jh.) begegnet ist[146]. Da er hier mit dem Verweis auf Mt.20,
1-16 gekoppelt ist, darf man annehmen, daß der bei mehreren
Theologen des 13. Jahrhunderts vorkommende Begriff der conventio über das Gleichnis von den Arbeitern im Weinberg Eingang in
die Terminologie der Verdienstlehre gefunden hat. Dasselbe
Gleichnis mag auch den Anstoß dazu gegeben haben, daß man die
Diskrepanz zwischen menschlichem Werk und himmlischer Herrlichkeit seit dem Ende des 12. Jahrhunderts immer wieder mit dem
Wertunterschied zwischen einer bestimmen Geldsumme und einer
unverhältnismäßig geringen Arbeitsleistung vergleicht[147]. Cha-

---

145 "Comparatio secundum condicionem sive conventionem est,
ut si pro minimi laboris opere tibi marcam argenti promittam.
Quo peracto iuste quidem a me exigere potes marcam argenti et
dicere, quia eam meruisti, non tamen opus illud minimum marcae
comparando, sed conventionem attendendo. Et haec etiam comparatio in poena malorum et remuneratione bonorum non inconveniente:
adaptatur." fol.162v; zit. bei Landgraf, Die Bestimmung des Verdienstgrades, 95 Anm.58.
146 Homiliae in epistolas et evangelia dominicalia, p.1 hom
27 (PL 155,1764AB).
147 Vgl. z.B. Paulinenkommentar Cod.Bamberg.Bibl.132 (s.o.
Anm.133), Stephan Langton (s.u.S.110 Anm.16), Wilhelm von

rakteristisch für das Bild der conventio ist, daß dadurch das
personale Gegenüber von Gott und Mensch und damit die Rolle des
Menschen stärker profiliert wird als etwa durch Begriffe wie
promissio, sponsio, pollicitatio, decretum, statutum und institutio. Wird doch der Mensch nicht nur als Objekt göttlicher
Verfügung und hörender Adressat göttlicher Ankündigung, sondern als Bundespartner gesehen[148]. Damit hängt es wohl auch zusammen, daß der Begriff der conventio als Bezeichnung der
Selbstbindung Gottes nur von Theologen angewandt wird, für die
das vollgültige Verdienst des Christen eine ausgemachte Sache
ist. Die conventio hat dann - wie in Cod.Paris.Arsenal.lat.
534 - die Funktion, einem ganz bestimmten Verständnis des Verdienstgedankens Vorschub zu leisten: Ein Verdienst ist möglich,
aber nicht von der Qualität der Gnadenwerke her, sondern n u r
als Folge eines souveränen göttlichen Willensentscheids, der
sich als Verheißung im Rahmen der conventio manifestiert.

3. Die Quästionen Cod.Vat.lat.782 fol.105d-106a

Im Anschluß an Cod.Paris.Arsenal.lat.534 ist ein weiterer Text
zu untersuchen, in dem ebenfalls der Begriff der conventio eine
entscheidende Rolle für den Verdienstgedanken spielt. Es handelt sich um die Fragen über die Vermehrung der Gnade im Cod.
Vat.lat.782, die mit derselben Schrift wie der Gnadentraktat
des Johannes von Rupella (Cod.Vat.lat.782 fol.139a-147d) geschrieben und deshalb wahrscheinlich vor 1245 zu datieren
sind[149].

Der anonyme Verfasser unterscheidet zwischen drei Verdienstarten[150]. Das erste Verdienst, das er Billigkeitsverdienst

---

Auvergne (Magisterium divinale, tr. De meritis et retributionibus sanctorum/II 312 bH: "centum milia marcarum argenti") und
Aegidius Romanus (s.u.S.443 Anm.16).
148 Mit dieser Charakterisierung des conventio-Begriffs ist
zu vergleichen, was o.S.51f zum pactio-Begriff gesagt worden
ist.
149 s. Auer, Gnadenlehre II, 79 und ders., Textkritische
Studien, 63-75. Da Cod.Vat.lat.782 fol.139a-147d nach Auer die
erste Niederschrift des Gnadentraktats Rupellas sein dürfte,
dieser aber den in den Jahren 1243-45 verfaßten Sentenzenkommentar Odo Rigaldis beeinflußt hat (s. Hödl, Die neuen Quästionen,
29), müssen auch die mit derselben Schrift geschriebenen Quästionen Cod.Vat.lat.782 fol.105d-106a vor 1243-45 verfaßt sein.
150 "Dicimus, quod est triplex meritum: Unum de congruo,
quod proprie dei misericordiam respicit. Et sic meremur primam
gratiam faciendo quod in nobis est. Non enim est ibi aliqua
exigentia operum, sed pura dei misericordia. - Est etiam meritum de condigno, quod iustitiam respicit sive exigentiam operum

(meritum de congruo) nennt, ist nicht in einem Rechtsanspruch
der Werke auf Lohn, sondern allein in der Barmherzigkeit Gottes begründet. So verdient der Mensch die erste Gnade, indem
er tut, was in seinen Kräften steht. Davon ist das Würdigkeitsverdienst (meritum de condigno) zu unterscheiden. Es beruht
nicht wie das meritum de congruo auf dem Boden der misericordia, sondern auf dem der iustitia, d.h. es wird ein Rechtsanspruch der Werke vorausgesetzt, der eine Belohnung notwendig
macht. Diese gerechte Lohnforderung wird freilich nicht durch
die Werke "in se" konstituiert, sondern durch die getroffene
Übereinkunft (conventio). So verdienen wir nach Meinung des
Verfassers die vita aeterna[151]. Die dritte Verdienstart betrifft die Vermehrung der Gnade und ist zwischen meritum de
congruo und meritum de condigno einzuordnen, ohne daß sie einen
eigenen Namen erhielte. Sie ist kein meritum de condigno, weil
sich die conventio zwischen Gott und Mensch nur auf die Gabe
des ewigen Lebens und nicht außerdem noch auf die Vermehrung
der rechtfertigenden Gnade bezieht; sie ist aber andererseits
auch mehr als ein meritum de congruo, weil die Werke, die eine
Gnadenvermehrung verdienen, den Rechtsanspruch auf das ewige
Leben mitenthalten[152].

non in se, sed ratione conventionis factae. Et sic meremur vitam
aeternam. - Tertio modo respicit meritum et exigentiam operum
et dei misericordiam, sicut si est conventum cum aliquo pro tribus et laborat (Auer: laboramus) fideliter magis quam ille alius
cum quo similiter est conventum pro tribus. Meretur primus plus
quam iste, non de condigno, quod tantum iustitiam respicit vel
operum exigentiam; quoniam non est facta conventio de ampliori.
Similiter non est ibi tantum congruum, quod pure misericordiam
respicit, cum etiam ibi sit operum exigentia. Sed potius est
tertio modo meritum, quod respicit utrumque et est supra congruum
quoad respectum ad exigentiam, citra condignum quoad conventionem de pauciori. Et sic meremur secundam gratiam; sed primam
tantum de congruo, unde eius meritum pure dei misericordiam respicit." fol.106a; zit. bei Auer, Gnadenlehre II, 79 Anm.71.
    151 Nach Auer (Gnadenlehre II, 79) unterscheiden die Quä-
stionen Cod.Vat.lat.782 vom meritum de congruo das meritum de
condigno, "das nur den Wert des guten Werkes und die objektive
Gerechtigkeit berücksichtigt". Diese Darstellung ist zumindest
mißverständlich, denn es geht nicht um den inneren Wert, sonder
um den Rechtsanspruch des guten Werkes. Die entscheidende Bedeutung der conventio als Ermöglichung des Rechtsanspruches
und damit des meritum de condigno wird von Auer nicht erwähnt.
    152 Auch diese dritte Verdienstart bestimmt Auer (Gnaden-
lehre II, 79) nicht exakt. Er schreibt: "Dazwischen liegt eine
Verdienstart, mit der die Vermehrung der Gnade verdient wird,
die sich teils auf den Wert des verdienstlichen Werkes (der
aber für den Lohn nicht groß genug war), teils auf das göttli-

Fragt man nach der Funktion, die der Begriff der conventio
in diesem Gedankengang besitzt, dann ist auf Cod.Paris.Arsenal.
lat.534 zu verweisen. Daß der Gerechtfertigte das ewige Leben
durch ein meritum de condigno verdienen kann, ist um die Mitte
des 13. Jahrhunderts die vorherrschende Meinung. Die Besonderheit liegt darin, daß hier die Tradition von Cod.Paris.Arse-
nal.lat.534 fortgeführt wird und von einer conventio die Rede
ist, die dem Verdienstbegriff einen ganz bestimmten exklusiven
Sinn gibt. Entscheidend ist, w i e der das meritum de condigno bei allen Theologen kennzeichnende Lohnanspruch (exigentia
operum) verstanden ist, nämlich als "exigentia operum non in
se, sed ratione conventionis factae".

4. Abgelehnte opiniones und Argumente bei Theologen des 13.
Jahrhunderts

Die Interpretation des Verdienstgedankens durch die Vorstellung
von einer freien Selbstbindung Gottes im exklusiven Sinn findet sich auch in Meinungen und Argumenten, die von Theologen
des 13. Jahrhunderts referiert und abgelehnt werden. Diese Texte legen Zeugnis davon ab, daß man sich mit der Lehre auseinandersetzt, die wir in den Paulinenkommentaren Cod.Bamberg.
Bibl.132 und Cod.Paris.Arsenal.lat.534 sowie in den Quästionen
Cod.Vat.lat.782 kennengelernt haben.

---

che Lohnversprechen stützt." Die dritte Verdienstart ist aber
nicht deshalb kein meritum de condigno, weil der Wert des verdienstlichen Werkes - Auer versteht darunter wohl die Güte des
Werkes - für den Lohn nicht groß genug war, sondern weil die
conventio sich nicht auf diesen Lohn (der Gnadenvermehrung)
bezieht. Und sie ist nicht deshalb kein meritum de congruo,
weil sie sich auf das göttliche Lohnversprechen stützt, sondern
weil dieselben Werke, die die Vermehrung der Gnade verdienen,
auch das ewige Leben de condigno (ratione conventionis) verdienen. Das "teils ... teils" erweckt das Mißverständnis, als
ob der Verdienstgrund sowohl in der Qualität der Werke als auch
im Lohnversprechen liege, das die nicht ausreichende Qualität
gleichsam ergänze. Der Verfasser der Quästionen sieht aber den
Verdienstgrund nie - auch nicht beim meritum de condigno - in
der Qualität der Werke, sondern entweder allein im göttlichen
Lohnversprechen (beim meritum de condigno) oder allein in der
göttlichen Barmherzigkeit (beim meritum de congruo) oder sowohl
im Lohnversprechen als auch in der Barmherzigkeit. Der exklusive Charakter der die exigentia operum begründenden conventio
kommt bei Auer überhaupt nicht zur Sprache.

a) Die Quästionen Cod.British Museum Harley.658

Noch in die erste Hälfte des 13. Jahrhunderts sind die Quästionen Cod.British Museum Harley.658, die zum Einflußbereich Stephan Langtons gehören[153], zu datieren. Der Verfasser äußert sich beim Thema "De operibus bonis in genere extra caritatem factis" ablehnend zur Frage einer Verdienstmöglichkeit vor Empfang der Gnade und konzediert allenfalls ein improprie mereri. Offensichtlich setzt er stillschweigend den bei anderen Theologen[154] explizierten Einwand voraus, daß der Mensch das ewige Leben nicht mit Rücksicht auf die Qualität seiner Werke, sondern auf Grund von Gottes Verheißung verdient und daß darum ein Verdienst vor dem Empfang der Gnade durch die fehlende Qualität der Werke nicht ausgeschlossen, sondern ebenfalls durch die promissio ermöglicht wird. Darauf antwortet der Verfasser, indem er den Obersatz zurückweist: "Man muß wissen, daß nicht der Vertrag (contractio) oder die Verheißung (promissio) Gottes bewirken, daß der Mensch so viel (sc. das ewige Leben) verdient, sondern die Gnade, die die Grundlage des Verdienstes ist. Obwohl nach Gottes Anordnung keine gute Tat unbelohnt bleibt, so ist doch ein gutes Werk außerhalb der Liebe nicht verdienstlich, weil es das Fundament der Gnade entbehrt."[155]

Es ist ganz offensichtlich, daß sich der Verfasser der Quästionen hier gegen eine Verdienstlehre wendet, wie sie in Cod. Bamberg.Bibl.132, Cod.Paris.Arsenal.lat.534 und Cod.Vat.lat. 782 vorgetragen wird, d.h. gegen die Lehre, daß das Verdienst

---

153   s. Landgraf, Die Vorbereitung auf die Rechtfertigung, 276.
154   Vgl. z.B. Hugo von St.Cher (s.u.S.94), Roland von Cremona (s.u.S. 96f) und die Summa Halensis (s.u.S. 98).
155   "De operibus in genere extra caritatem factis. - Nullus in mortali peccato exsistens meretur aliquod bonum aeternum et temporale. Dicitur tamen improprie mereri, sicut homo improprie dicitur mereri primam gratiam, eo quod facit opera bona, quae sunt occasio gratiae suscipiendae. Non tamen dicetur ideo quis mereri bonum per peccata, cum peccata plerumque sint occasio gratiae vel alterius boni; non enim facit hoc propter bonum finem. Sed non facit, quicquid in eo statu facere potest, ut mereatur. Praeterea sciendum, quod contractio vel promissio dei non facit tantum hominem mereri, sed gratia, quae est fundamentum meriti. Unde, quamvis deo statuente sic sit, ut nullum bonum sit irremuneratum, tamen opus bonum extra caritatem non est meritorium, quia caret fundamento gratiae ... Genus mali sufficit ad demerendum, sed genus boni non sufficit ad merendum sine fundamento gratiae." fol.81v.

nicht aus der Qualität der Werke, sondern lediglich aus dem
Versprechen Gottes ableitbar ist. Wir konnten freilich nicht
feststellen, daß aus dieser Auffassung jemals eine wirkliche
Verdienstmöglichkeit vor dem Gnadenempfang gefolgert worden
ist. Neu ist, daß der Rahmen für die göttliche Verheißung contractio - hier in der Bedeutung von contractus - genannt wird;
doch deckt sich dieser Begriff inhaltlich mit dem der conventio, wie er in Cod.Paris.Arsenal.lat.534 und Cod.Vat.lat.782
angewandt worden ist.

Noch ein Wort zur Position des Verfassers der Quästionen
Cod.British Museum Harley.658: Er kennt zwar auch eine contractio oder promissio Gottes, spielt diese aber nicht gegen
den immanenten Wert der gnadengewirkten Werke aus, versteht sie
also nicht im exklusiven Sinne. Entscheidend für die Verdienstlichkeit ist darum nicht die Selbstbindung Gottes, sondern das
Wertelement der gratia, obwohl dieses - so darf man annehmen -
nur im Rahmen von Vertrag und Versprechen ein vollgültiges Verdienst begründen kann. Gegenüber der Konzeption einer freien
Selbstbindung Gottes im exklusiven Sinn nimmt der Verfasser damit eine Position ein, die wir noch bei mehreren Theologen des
13. Jahrhunderts finden und als restriktives Verständnis der
Selbstbindung bezeichnen werden[156]. Bemerkenswert erscheint uns,
daß die Selbstbindung Gottes, d.h. das Moment freien göttlichen
Verfügens (statuere), auch auf den Zusammenhang zwischen Vorbereitung auf die Gnade durch die bona opera extra caritatem
und Gnadenempfang bezogen wird, um die regelhafte Gültigkeit
dieses Zusammenhangs zu erklären: "nullum bonum sit irremuneratum". In diesem Fall begründet sie dann kein wirkliches Verdienst, das ja die gratia als fundamentum meriti voraussetzt,
sondern nur ein uneigentliches Verdienst.

b) Hugo von St.Cher

Zu berücksichtigen ist in diesem Zusammenhang auch der zwischen
1230 und 1235 verfaßte Sentenzenkommentar des Pariser Domini-
kanermagisters Hugo von St.Cher[157] sowie sein im gleichen Zeitraum entstandener Paulinenkommentar[158]. In beiden Werken setzt

---

156   s.u.S.104-249 und 340-345.
157   Zur Datierung des Sentenzenkommentars s.u.S.281 Anm.111.
158   Zur Datierung der Postilla in universa biblia iuxta
quadruplicem sensum s. Filthaut, Hugo v. St-Cher, 517.

sich Hugo mit einer Argumentation auseinander, die auch der
Verfasser der Quästionen Cod.British Museum Harley.658 im Auge
hatte; sie soll die Möglichkeit eines auf den Empfang der
rechtfertigenden Gnade vorbereitenden Verdienstes begründen:
Der Gerechtfertigte könne angesichts der unendlichen Distanz
zwischen dem Wert der gnadengewirkten Werke und der Qualität
des ewigen Lebens dieses nur deshalb verdienen, weil der Herr
mit ihm darüber eine Übereinkunft getroffen habe, die im Gleichnis von den Arbeitern im Weinberg Mt.20,1-16 angesprochen sei:
"quia dominus super hoc fecit conventionem cum homine, ut scilicet tali motu daretur gloria, ut significatum est Matthaei 20
de denario diurno". Auf dieselbe Weise aber habe Gott mit uns
die Übereinkunft getroffen, daß die aus dem freien Entscheidungsvermögen des Menschen kommenden natürlichen Regungen, sein
facere quod in se est, mit der Gnade belohnt werden. Verwiesen
wird auf die Schriftstellen Zach.1,3: "Convertimini ad me, et
ego convertar ad vos", Ez.2,8: "Aperi os tuum et comede, quaecumque ego do tibi" und Apoc.3,20: "Ego sto ad ostium et pulso.
Si quis aperuerit mihi, intrabo et coenabo." Auf Grund der conventio Gottes könne der Mensch also auch die rechtfertigende
Gnade verdienen[159].

---

159 "Circa primum ergo quaeritur: Unde est, quod aliquis
non potest sibi mereri primam gratiam? Si dicas: ideo, quia
prima gratia in infinitum melior est omni motu naturali, ergo
similiter: Cum gloria sit in infinitum melior omni motu gratuito, nemo meretur motu gratuito gloriam seu vitam aeternam. -
Forte dicas, quod ideo motu gratuito meretur quis gloriam, quia
dominus super hoc fecit conventionem cum homine, ut scilicet
tali motu daretur gloria, ut significatum est Matthaei 20 de
denario diurno. Sed eodem modo fecit dominus conventionem cum
homine, ut motui naturali, qui subest libero arbitrio hominis,
daretur gratia, ut videtur. Dicit enim dominus per Zachariae 1:
'Convertimini ad me, et ego convertar ad vos' et per Psalmum:
'Aperi os tuum' etc. Quid hoc est nisi: Fac quod potes, scilicet movearis motu naturali, et ego conferam tibi gratiam."
Sent.II d.28 q.1 (Cod.Vat.lat.1098 fol.70b).   "'Non quasi debitum': S e d   c o n t r a   Ioannis 1: Dabit 'gratiam pro
gratia', id est vitam aeternam, et hanc contingit mereri; ergo
gratia meretur. Item infra 6 (sc. Rom.6): 'Gratia dei vita
aeterna'. Et sumitur nominative ly gratia. Item: Qua ratione
dicis, quod potest aliquis mereri vitam aeternam? Non videtur
nisi quia conventionem nobiscum dominus fecit Matthaei 20 de
denario diurno, id est vita aeterna, si laboremus in vinea sua.
Sed dominus fecit nobiscum conventionem de gratia danda similiter, si faciamus, quod in nobis est. Unde dicit Apocalypsis 3:
'Ego sto ad ostium et pulso. Si quis aperuerit mihi', quod est
facere quod in se est, 'intrabo et coenabo', quod est gratiam
dare. Ergo eadem ratione meretur quis gratiam qua glo-

Dieser von Hugo abgelehnte Beweisgang stützt sich auf eine
Begründung der Verdienbarkeit des ewigen Lebens, die uns von
Cod.Paris.Arsenal.lat.534 und Cod.Vat.lat.782 her bekannt ist.
Sie geht aus von der unendlichen Qualitätsdifferenz zwischen
Glorie und Gnadenwerken, folgert aber daraus nicht die Unmög-
lichkeit eines Verdienstes, sondern räumt ein, daß die conventio
Gottes mit dem Gerechtfertigten ein Verdienst der himmlischen
Herrlichkeit ermöglicht. Die conventio überbrückt den Graben,
der das Minimum an Leistung von dem Maximum an Belohnung trennt.
Daß man diesen Gedanken einer exklusiven Selbstbindung Gottes
auch auf das Verhältnis zwischen facere quod in se est des Todsünders und Gnadenempfang anwendet, ist naheliegend, zumal sich
entsprechende Schriftstellen anbieten. In Cod.British Museum
Harley.658 wurde ja, wie wir sahen, diese Konsequenz tatsächlich
gezogen, doch begründete sie dort nur ein uneigentliches Verdienst.

c) Roland von Cremona

Der Vorgänger Hugos von St.Cher auf dem Dominikanerlehrstuhl
zu Paris, Roland von Cremona, referiert im Rahmen der Tugendlehre des dritten Buches seiner Summe, die wohl bald nach 1234
entstanden und von Hugos Sentenzenkommentar abhängig ist[160],
eine von ihm selbst abgelehnte Magistermeinung, die mit großer Klarheit die Auffassung von einer Selbstbindung Gottes im
exklusiven Sinne vertritt. Wir wollen sie wörtlich zitieren:
"Den Tugendwerken werden die himmlischen Güter geschuldet, und
zwar, wie die magistri sagen, nicht auf Grund der Güte der Werke selbst, denn jene Werke stehen in keinem Verhältnis (impro-
portionaliter se habent) zu den himmlischen Freuden oder haben
kein Entsprechungsverhältnis (proportio) zu Gott, der der Lohn
der Werke ist, die in Liebe geschehen, wie der Apostel in
Hebr.13(16) sagt: 'Durch solche Opfer nämlich wird Gott ver-

---

riam. S o l u t i o : Hoc nomen 'gratia' quandoque large sumitur, quandoque stricte: stricte, secundum quod dicitur gratis
data, et secundum hoc privat meritum praecedens; large sumitur,
quando dicitur gratia gratum faciens vel gratis faciens operari
vel quia id, ex quo est, gratis fuit datum; sic autem dicitur
vita aeterna. Solutio ad illud: 'Ego sto ad ostium et pulso'
etc: Dicendum, quod hoc non est conventio, sed praedictio."
Postilla, Prolog zu den Paulinen (VII fol.5r).
160 Zur Datierung der Summe Rolands von Cremona s.u.S.280f.

dient.' Der Mensch verdient also durch die Tugendwerke nicht so
das ewige Leben, daß er es auf Grund ihrer Güte verdiente ...
Also stimmt es nicht, daß der Mensch durch sie das ewige Leben
verdient, außer deshalb, weil Gott jenen Werken das ewige Leben
versprochen hat (promisit)."[161]

Mit diesem Abschnitt ist eine andere Stelle des dritten Buches zu vergleichen, an der Roland in ähnlicher Weise wie Hugo
von St.Cher ein Argument referiert, das für die Möglichkeit
eines auf den Gnadenempfang vorbereitenden Verdienstes - nicht
nur eines meritum congrui - plädiert. Es vergleicht die Situation der natürlich guten Werke, der opera facta ex solo libero
arbitrio, mit der Situation der guten Werke des Gerechtfertigten, der opera facta ex caritate: Durch die aus Liebe verrichteten Werke könne einer das ewige Leben verdienen, also könne
man erst recht durch die natürlich guten Werke des liberum arbitrium die erste Gnade verdienen. Denn das ewige Leben oder
Gott als Gegenstand des Verdienstes überträfen die Liebeswerke
mehr als die Gnade die natürlichen Werke, sei doch Gott unendlich (in infinitum) erhaben über jede kreatürliche Regung, die
immer begrenzt ist - auch als Liebeswerk. Nun folgt ein Passus,
der sich inhaltlich mit der oben zitierten Magistermeinung
deckt: "Oder anders: Daß wir das ewige Leben durch die in Liebe
geschehenen Werke verdienen, liegt nicht an der Güte der Werke.
Heißt es doch Rom.8,18, daß die Leiden dieser Zeit der künftigen Herrlichkeit, die an uns offenbar werden wird, nicht ebenbürtig sind. Vielmehr folgt dies aus der Freigebigkeit des
verheißenden Gottes (ex largitate dei promittentis)."[162] Zu-

---

161 "Item: Operibus virtutum debentur bona aeterna, non ex
bonitate ipsorum operum, ut dicunt magistri, quia improportiona-
liter se habent illa opera ad gaudia coelestia vel non habent
proportionem ad deum, qui est praemium operum, quae fiunt in
caritate, sicut dicit Apostolus Ad Hebraeos 13: 'Talibus enim
hostiis promeretur deus.' Ergo homo ex operibus virtutum non
meretur vitam aeternam, ita quod ratione bonitatis illorum meretur. Ergo istud non est, quod homo meretur illis vitam aeternam, ita quod ratione bonitatis illorum mereatur. Ergo istud
non est, quod homo meretur illis vitam aeternam, nisi quia deus
promisit illis operibus vitam aeternam. Ergo aliquis meretur
bona temporalia extra caritatem ex operibus de genere bonorum.
Et visum est supra, quod istud non potest esse, quoniam si mereretur, oporteret, quod haberet in se principium merendi, quod
est caritas." Summa III c.60,8 (178f).
162 "Item: Operibus factis ex fide formata vel ex caritate
potest aliquis mereri sibi vitam aeternam; ergo multo fortius
ex operibus factis ex solo libero arbitrio, quae sunt de gener

nächst wird also damit argumentiert, daß der qualitative Unterschied zwischen ewigem Leben und Liebeswerken größer sei als
der zwischen Gnade und natürlichen Werken. Dann rückt der Gesichtspunkt der Magistermeinung in den Mittelpunkt, daß die
Qualität der Werke überhaupt keine Rolle für das Verdienst
spielt, sondern allein das Moment der göttlichen Verheißung,
das - so darf man den Argumentationsgang ergänzen - auch für
die natürlichen Werke Geltung besitzt (Zach.1,3!), also auch
sie verdienstlich macht.

Das Verhältnis zwischen Liebeswerken und himmlischem Lohn
wird also in beiden Argumenten als Verhältnis völliger Disproportion gesehen, wobei allerdings die Begriffe improportionalis
und proportio auf das Konto Rolands und nicht der zitierten
magistri gehen dürften[163]. Wie schon so oft dient Rom.8,18
(Non sunt condignae ...) als Schriftbeleg. Der unendliche Abstand zwischen dem zum Bereich der Schöpfung gehörigen Liebeswerk und seinem ungeschaffenen Lohn macht eine Begründung des
Verdienstes durch die Qualität der Werke unmöglich und läßt nur
noch den Ausblick auf die Freigebigkeit des sich durch die
promissio bindenden Gottes. Der Begriff der largitas drückt
das aus, was Kardinal Laborans durch die Begriffe misericordia,
clementia und liberalitas sagte, die auch bei ihm auf Gottes
promissio zielten[164]. Äußerst prägnant kommt in der von Roland
referierten opinio der exklusive Charakter der promissio zur
Geltung: Sie tritt in Konkurrenz zur bonitas operum, die als
Verdienstgrund ausgeschlossen wird. "Ex bonitate operum" - "ex
largitate dei promittentis": Deutlicher kann der Gegensatz zweier verschiedener Verdienstkonzeptionen kaum formuliert werden.

d) Summa Halensis

Im Gnadentraktat des dritten Buches der Summa Halensis, der

---

bonorum, potest aliquis sibi mereri primam gratiam. Quoniam
plus superat vita aeterna et maxime deus, quem meremur, quam
gratia superat opus de genere bonorum; quoniam deus superat in
infinitum gratiam et motum gratiae, sed gratia non superat in
infinitum naturam vel motum naturae, quoniam utrumque est finitum et creatura. Vel aliter: Quod meremur vitam aeternam ex
operibus factis in caritate, non est istud ex bonitate operum;
Rom.8 dicitur, quia 'non sunt condignae passiones huius temporis ad futuram gloriam, quae revelabitur in nobis'. Sed hoc
est ex largitate dei promittentis." Summe III c.63,3f (193).
    163 Zur dominierenden Rolle der Begriffe proportio, pro-
portionalis, improportionalis bei Roland von Cremona s.u.S.287.
    164 s.o.S.59f.

seine endgültige Gestalt erst durch die redaktionelle Bearbeitung der Gnadenquästionen und des Gnadentraktats des Franziskaners Johannes von Rupella in den späten vierziger Jahren erhielt[165], begegnet uns die Frage, ob der Todsünder sich die erste Gnade durch ein vorausgehendes Verdienst verdienen kann[166]. Unter den Argumenten, die diese Frage bejahen, wird zunächst die Verheißung Zach.1,3 (Convertimini ad me ...) erwähnt. Dann folgt der Einwand: Im Verdienenden werde eine Würdigkeit (dignitas) verlangt. Der Todsünder aber sei nicht würdig, ebensowenig seine Werke. Darum könne er nicht verdienen. In der Entgegnung wird mit der von Hugo und Roland her bekannten Argumentation darauf verwiesen, daß ja auch das Verdienst des ewigen Lebens nicht auf der dignitas der Werke, sondern auf der Verheißung Gottes beruhe: "Wie der Apostel in Rom.8(18) sagt, sind die Leiden dieser Zeit der künftigen Herrlichkeit nicht ebenbürtig. Daß uns Gott also die Herrlichkeit gibt, geschieht nicht wegen der Leiden, die wir ertragen, sondern auf Grund seiner Freigebigkeit, mit der er uns das ewige Leben verheißt."[167]

Bemerkenswert an dieser Stelle ist wiederum die Verknüpfung von Rom.8,18 mit dem Moment der Verheißung Gottes. Deren exklusiver Charakter wird wie bei Laborans durch den Begriff der liberalitas dei herausgestellt[168], die als Quelle der promissio die Leistungen des Menschen als Verdienstgrund ausschließt. An die Stelle der immanenten Würdigkeit der actiones oder passiones tritt die Gültigkeit der heilsgeschichtlichen Ordnung.

III. Zusammenfassung

Innerhalb der Konzeption der freien Selbstbindung Gottes im exklusiven Sinne wurde zwischen zwei Richtungen oder Theologen-

---

165 s. Hödl, Die neuen Quästionen, 23-28, bes. 26.
166 Summa Halensis III p.3 inq.1 tr.1 q.5 m.2 c.1 a.1 n.62 (IV 989f).
167 "Si dicatur, quod non sequitur, quia dignitas requiritur in merente, peccator autem, qui est in mortali, nec est dignus nec digna sunt opera eius, et propter hoc non potest mereri - contra: sicut dicit Apostolus Ad Romanos 8,18: 'Non sunt condignae passiones huius temporis ad futuram gloriam.' Quod ergo deus det nobis gloriam, hoc non est propter passione quas sustinemus, sed ratione suae liberalitatis, qua promittit vitam aeternam." aaO arg.2 (IV 990).
168 s.o.S.60 (bei Anm.71).

gruppen unterschieden: Die eine lehnte den strengen Verdienstbegriff ab, die andere bejahte ihn. Dabei war zu beobachten,
daß der zeitliche Schwerpunkt der ersten Gruppe vor dem der
zweiten liegt. Während für die verdienstkritische Richtung bereits Kardinal Laborans' Schrift De iustitia et iusto (1154-
1160) und in der zweiten Hälfte des 12. Jahrhunderts ferner
Cod.Paris.Nat.lat.686 und Petrus Cantor - auch Radulfus Ardens
könnte man anführen[169] - Zeugnis ablegen, sind die Anfänge der
verdienstbejahenden Richtung erst auf das Ende des 12. Jahrhunderts zu datieren. Wir ziehen daraus den Schluß, daß sich
die zweite aus der ersten Richtung entwickelt hat, daß somit
die Konzeption der freien Selbstbindung Gottes im exklusiven
Sinn aus der das eigentliche Verdienst ablehnenden Verdienstlehre der Porretanerschule hervorgegangen ist. Dies ist der
Grund, weshalb zunächst die porretanische Kritik am Verdienstgedanken allgemein und dann mit besonderer Ausführlichkeit der
Standpunkt des Porretaners Laborans besprochen wurden. In ihm
sehen wir den Beginn einer Traditionslinie, die - zunächst im
exklusiven, dann im restriktiven und seit Duns Scotus wieder im
exklusiven Sinne - die freie Selbstbindung Gottes bis ins 16.
Jahrhundert hinein zu einem fundamentalen Aspekt der theologischen Verdienstlehre macht.

Was verbindet die beiden Richtungen, die verdienstkritische
und die verdienstbejahende, miteinander? Die Unterschiedlich-
keit in der Beurteilung der Verdienstmöglichkeit des Gerechtfertigten wird durch das gemeinsame exklusive Verständnis der
Selbstbindung Gottes überbrückt. Beide Gruppen bringen den Gesichtspunkt der promissio, sponsio, pollicitatio, institutio,
condicio, conventio, contractio, des decretum oder statutum so
ins Spiel, daß sie damit das immanente Wertelement der guten
Werke für den Verdienstgedanken, genauer gesagt für die Begründung des Kausalzusammenhangs zwischen Werken und ewigem Leben,
bedeutungslos machen. Wichtig ist die Beobachtung, daß dabei
nicht die Relevanz der gratia-caritas für die Werkqualität,
sondern der Bezug zwischen Werkqualität und Verdienstlichkeit
oder Schuldnerschaft Gottes zur Diskussion steht. Ausgehend von

---

169   s.o.S.42.

der unendlichen Diskrepanz zwischen der Qualität der Liebeswerke und dem Wert der himmlischen Glorie (Rom.8,18!) sehen
diese Theologen keine andere Möglichkeit, als die Schuldnerschaft Gottes und damit die iustitia-Struktur seines Gebens
a l l e i n durch das Moment der freien göttlichen Verfügung
zu begründen. Nicht die Werke machen Gott zum Schuldner - auch
nicht die opera ex caritate facta -, sondern Gott hat sich
selbst zum Schuldner gemacht. Zweifellos ist dieses Operieren
mit dem Motiv der freien Selbstbindung Gottes durch Augustins
promissio-Verständnis, wie wir es auch bei Bernhard von Clairvaux und Petrus Lombardus fanden, beeinflußt worden. Allerdings
ist auch die Veränderung gegenüber Augustin klar erkennbar:
Während in Augustins integrativer Sicht der Selbstbindung promissio und donum gratiae zusammengehören, da sich die Selbstverpflichtung Gottes durch die Verheißung in der Selbstverpflichtung durch das Gnadengeschenk konkretisiert, isoliert das
exklusive Verständnis der Selbstbindung Gottes den promissio-
Aspekt. Er allein hat gegen die augustinische Rolle des Gnadengeschenkes die Begründung für Schuldnerschaft Gottes und Lohnforderung des Christen zu leisten.

Diese Konzeption ist von dem Bemühen getragen, Gottes souveräne Freiheit gegenüber der Kreatur adäquat zum Ausdruck zu
bringen. Dabei ist zu berücksichtigen, daß die besprochenen
Theologen noch nichts von einem übernatürlichen Charakter der
gnadenhaften Tugenden, der sie in eine seinshafte Proportion zu
vita aeterna setzt, wissen, wie man das bei den Theologen der
Hochscholastik voraussetzen kann. Gnadenhaft und deshalb übernatürlich sind fides, spes und caritas nach der Gnadenlehre
des 12. Jahrhunderts nicht, weil sie sich von den natürlichen
Tugenden wesenhaft unterscheiden, sondern weil sie unverdien-
terweise ein anderes Ziel als diese haben, nämlich das frui
deo, das den natürlichen Kräften unerreichbar ist[170]. Geht man

---

170 Vgl. Landgraf, Die Erkenntnis des Übernatürlichen, 141-
219, bes. 172f; s. ferner: ders., Die Vorbereitung auf die Rechtfertigung, 241: "Man war vor allem in jener (sc. der frühscholastischen - d.Verf.) Zeit noch nicht zu einer klaren Erkenntnis des Übernatürlichen ... vorgedrungen. Einen Pelagianismus
unter Hinweis auf die seinshafte Improportion zwischen natürlichem Akt und übernatürlicher Gnade zurückzuweisen, war bis zum
13. Jahrhundert ein Ding der Unmöglichkeit. Entzog man die Gnade den natürlichen Verdiensten des Menschen, dann geschah dies
deshalb, weil sie ihrer Definition nach als das auftrat, was
gratis gegeben wird."

davon aus, daß in dieser Zeit unter Gnade das verstanden wird,
"was den Verdiensten des Menschen nicht geschuldet, sondern was
einzig dem freien Belieben Gottes zu danken ist"[171], daß man in
ihr keine übernatürliche Qualität im Menschen sieht und daß
darum die gnadenhaften Tugenden tief im natürlichen Seelenleben
des Menschen verwurzelt bleiben, dann versteht man, weshalb die
Verfechter einer exklusiven Selbstbindung Gottes die souveräne
Freiheit und Gnadenhaftigkeit des göttlichen Handelns auf doppelte Weise sichern wollen:

1.) indem sie eine Verdienbarkeit von fides, spes und caritas ablehnen. Die Rechtfertigung des Sünders wird nicht seinen
natürlich guten Werken geschuldet, sondern steht allein im frei-
en Belieben der göttlichen misericordia.

2.) indem sie sich gegen eine Verdienbarkeit der vita aeterna wenden, die aus der Qualität der gnadenhaften Tugenden und
ihrer Werke ableitbar wäre. Ist Gott Schuldner der himmlischen
Herrlichkeit, was allgemein angenommen wird, dann ist er das
nicht gegenüber dem Vermögen und den Leistungen des Christen,
sondern allein vor dem Forum seiner freien Verfügung. Die Begriffe misericordia, clementia, liberalitas und largitas, die
sich in der Rechtfertigungslehre gegen die Rolle der natürlichen Werke wenden, haben hier eine analoge exklusive Funktion
hinsichtlich der Liebeswerke.

So bekämpft man auf zwei Ebenen die pelagianische Lehre,
deren Merkmal man darin sieht, daß sie das Heil von der Wirksamkeit der Werke abhängig sein läßt[172]. Auch Augustin äußert
sich im antipelagianischen Sinne, wenn er sagt: "Debitor enim
factus est (sc. deus), non aliquid a nobis accipiendo, sed
quod ei placuit promittendo."[173] Neu bei Laborans und seinen
Nachfolgern ist, daß sie im Zuge ihres antipelagianischen Interesses an Gottes frei verfügender und schenkender Souveränität nicht nur den Gegensatz zwischen der natürlichen Selbst-

---

171 Landgraf, Die Erkenntnis des Übernatürlichen, 149.
172 So etwa Laborans: "Absit enim, ut Pelagio coaptemur, qui
... efficientiam salutis in meritis operum collocavit, quasi
'condignae sint passiones huius temporis ad futuram gloriam'
(Rom.8,18) et non ex misericordia, sed ex operibus iustitiae
salvi simus." Landgraf, Laborantis Cardinalis Opuscula, 30,28-
32. Vgl. auch Paulinenkommentar Cod.Paris.Nat.lat.686 fol.34v;
s.o.Anm.87.
173 Sermo 158,2,2 (PL 38,863); zur Datierung von Sermo 158
in die antipelagianische Phase Augustins s.o.S.9 Anm.9.

behauptung des Menschen und der gratia/gloria als Gabe Gottes
betonen, sondern auch die unendliche Diskrepanz zwischen dem
Gnadenleben des Christen und der gloria hervorheben - eine Diskrepanz, die a l l e i n in der freien Selbstbindung Gottes
ein Gegengewicht findet.

Diese Selbstbindung Gottes bringt nun die eine Gruppe so
zur Geltung, daß sie ein Verdienst im strengen Sinne ablehnt,
während die andere Gruppe ein solches anerkennt. Daraus ergibt
sich auch ein gewisser Unterschied in der Funktion des Selbstbindungsgedankens. Laborans, Cod.Paris.Nat.lat.686 und Cod.Pa-
ris.Nat.lat.3572, die wir der ersten Gruppe zurechneten, gehen
von der Unverdienbarkeit des ewigen Lebens aus und geben daher
der Verfügung Gottes die Funktion, wenigstens ein Verdienst im
uneigentlichen Sinne zu begründen. Die zweite Gruppe, d.h. Cod.
Bamberg.Bibl.132, Cod.Paris.Arsenal.lat.534 und Cod.Vat.lat.782,
setzt die Verdienbarkeit des ewigen Lebens voraus und führt daher den Gedanken einer Selbstbindung Gottes deshalb ins Feld
um den Verdienstgedanken im exklusiven Sinne zu interpretieren
und so für den theologischen Gebrauch zu entschärfen. Petrus
Cantor nimmt eine Zwischenposition ein. Zwar bejaht er ein eigentliches Verdienst des ewigen Lebens, da er auch das meritum
ex promisso als eigentliches Verdienst wertet, doch zählten wir
ihn trotzdem zur ersten Gruppe, weil er ausdrücklich ein meritum ex condigno ablehnt.

Gegenüber der gemeinsamen Intention dieser Theologen, wie
sie oben beschrieben wurde, sollte die Differenz in ihrer
Stellungnahme zum Verdienst nicht überbetont werden. Hier spiel
ein verschiedener Verdienstbegriff die entscheidende Rolle und
nicht eine verschiedene Auffassung von der Beziehung zwischen
Gott und Gerechtfertigtem. Für die Kritiker des Verdienstgedankens gehört zum Begriff eines eigentlichen Verdienstes das
Moment der ontischen Gleichwertigkeit (condignitas) von Leistun
und Lohn. Die Befürworter des eigentlichen Verdienstes haben
einen Verdienstbegriff, der allein durch das Moment der Schuldnerschaft bestimmt ist. So wenden sich beide Gruppen gegen eine
qualitative Gleichwertigkeit zwischen den Werken des Christen
und dem himmlischen Lohn, wobei aber die erste konsequenterweise ein eigentliches Verdienst ablehnen muß, während die zweite
es - auf der Basis ihres Verdienstbegriffs - bejahen kann.
Diese Wandlungen im Verdienstbegriff des 12. und 13. Jahrhun-

derts werden wir im großen zusammenfassenden Kapitel am Ende
unserer Arbeit noch ausführlicher darstellen[174].

---

174   s.u.S. 439-442.

5. Kapitel

DIE KONZEPTION DER FREIEN SELBSTBINDUNG
GOTTES IM RESTRIKTIVEN SINNE

I. Was heißt 'restriktiv'?

Vom exklusiven Verständnis der freien Selbstbindung Gottes,
wie es im vorausgehenden Kapitel dargestellt worden ist, läßt
sich ein Verständnis der Selbstbindung im restriktiven oder
einschränkenden Sinne unterscheiden. Wir finden es bei so bedeutenden Theologen wie Stephan Langton, Gaufrid von Poitiers,
Wilhelm von Auvergne und den beiden Franziskanern Odo Rigaldi
und Bonaventura. Damit ist etwa der Zeitraum eines halben Jahrhunderts bezeichnet, verfaßte doch Stephan Langton wahrscheinlich seinen Paulinenkommentar zwischen 1200 und 1203 und seine
Quästionen zwischen 1200 und 1206[1], während die Entstehung von
Bonaventuras Sentenzenkommentar in die Jahre 1250-1252 fällt[2].
   Die Selbstbindung Gottes im exklusiven Sinn schloß ausdrücklich eine Begründung der Verdienbarkeit des himmlischen Lohnes
durch das immanente Wertelement der bonitas operum aus, um die
Hoffnung auf das ewige Leben allein vom Gesichtspunkt der frei-
en Verfügung Gottes abhängig sein zu lassen. Typisch ist etwa
die Formulierung in den Quästionen Cod.Vat.lat.782, wo die
Lohnforderung der Werke als "exigentia operum non in se, sed
ratione conventionis factae" beurteilt wird[3]. In Hinblick auf
das "non in se" ist hier von einem exklusiven Verständnis der
göttlichen Übereinkunft zu sprechen. Gibt man der Selbstbindung Gottes dagegen eine restriktive Bedeutung, dann ist vorausgesetzt, daß zwischen immanentem Wertelement und Erlangen
des himmlischen Lohnes ein Kausalbezug besteht. Die Verdienbarkeit des ewigen Lebens wird auf jeden Fall in unmittelbarer Abhängigkeit von der den Werken durch die rechtfertigende Gnade
geschenkten Qualität gesehen. Wichtig ist aber, daß diese übernatürliche Qualität die Schuldnerschaft Gottes, seine Verpflichtung, die guten Werke mit der vita aeterna zu belohnen,
nicht hinreichend begründen kann. So muß die freie Selbstbindung Gottes in Gestalt von promissio, conventio, decretum und

---

1   s.u.Anm.6 und 7.
2   s.u.Anm.327.
3   s.o. S.89f Anm.150.

pactum das leisten, was die Werke des Gerechtfertigten von
sich aus nicht mehr bewirken können. Sie weist somit auf eine
Insuffizienz der Werke, die als Gegengewicht eine extern verfügte Suffizienz verlangt. Die Suffizienz ab extra setzt der
Suffizienz ab intra eine deutliche Grenze. Diese einschränkende, den Spielraum des inneren Wertmoments begrenzende Bedeutung der Selbstbindung Gottes haben wir im Auge, wenn wir von
einem Verständnis der freien Selbstbindung Gottes im restriktiven Sinne sprechen.

Die Unterscheidung zwischen einer exklusiven und einer nur
restriktiven Bedeutung der Selbstbindung Gottes ist mit Rücksicht auf das Quellenmaterial zur Verdienstlehre des 12. und
13. Jahrhunderts auf jeden Fall berechtigt und hilfreich, wenn
es auch Einzelfälle geben dürfte, die sich einer klaren Einordnung widersetzen[4]. Eine gewisse Unschärfe in der Grenz-
ziehung zwischen den beiden Bedeutungen der Selbstbindung Gottes ist aber von vornherein zu erwarten. Sind doch beide von
dem gleichen Interesse an der Freiheit Gottes gegenüber dem
Menschen und seinen Leistungen getragen, und äußert sich doch
hier wie da dieses Interesse in der Konfrontation einer kontingenten heilsgeschichtlichen Verfügung Gottes mit dem Qualitätsmoment der guten Werke. Auf dem Hintergrund solcher Gemeinsamkeit ist das restriktive Verständnis als Weiterentwicklung des exklusiven zu erklären. Darüber soll noch ausführlicher in der Zusammenfassung dieses Kapitels die Rede sein. Hier
mag dieser Hinweis genügen, um deutlich zu machen, wie eng die
inhaltliche und historisch-genetische Verknüpfung von exklusiver und restriktiver Sicht der Verfügung Gottes ist. Es handelt
sich um beachtenswerte Nuancen innerhalb der Verdienstlehre,
deren Unterschied aber weniger ins Gewicht fällt als der zwischen der exklusiv-restriktiven Auffassung von der Selbstbindung Gottes und einer anderen Position, die überhaupt nicht
mit dem Moment einer Selbstbindung Gottes arbeitet, sondern das
meritum/debitum allein durch das immanente Wertelement der
Werke und das ewige Wesen Gottes begründet. Thomas von Aquin
ist der wichtigste Vertreter dieser Richtung, zu der wir vor
ihm Wilhelm von Auxerre, Philipp den Kanzler und besonders die

---

4 Die Schwierigkeit einer Einordnung nach den Stichwörtern
'exklusiv' oder 'restriktiv' wird uns gleich bei Stephan Langton begegnen; s.u.S.116-118.

Vertreter der älteren Dominikanerschule rechnen. Man muß die
Verdienstlehre dieser Theologen als Kontrast vor Augen haben,
um die restriktive Funktion des Selbstbindungsgedankens ermes-
sen und als Ausdruck eines eigenständigen theologischen Pro-
gramms würdigen zu können. Eingeschränkt wird nämlich das Wirkungsfeld der sachlichen Notwendigkeiten, wie sie bei Thomas
und seinen Vorläufern aus dem Wesen der gratia/caritas als Wurzel des Verdienstes und dem ewigen Wesen Gottes als letzter
Voraussetzung aller Verdienstlichkeit abgeleitet werden. Die
Einschränkung geschieht durch den Rückgriff auf einen kontingenten Willensentscheid Gottes, der zwar auch Notwendigkeit bewirkt, aber souveräne Wahlfreiheit voraussetzt und so die Kette
essentieller, anfangsloser Notwendigkeiten sprengt. So erhält
die Verdienstlehre durch den Gesichtspunkt der freien Selbstbindung Gottes ein charakteristisches Profil gegenüber dem
Standpunkt der anderen Richtung, die diesen Aspekt aufgeben zu
können meint.

Deutlich hebt sich die restriktive Interpretation der göttlichen Verfügung auch von dem integrativen promissio-Verständnis Augustins ab, wie es im 12. Jahrhundert bei Bernhard von
Clairvaux und Petrus Lombardus weiterlebte. Wird doch dort
durch die promissio als Akt der Selbstbindung Gottes gerade
nicht das Leistungsvermögen der guten Werke eingeschränkt, sondern nur in einem heilsgeschichtlichen Zusammenhang verankert,
der dann freilich bei Thomas ebenfalls in den Hintergrund treten wird.

Haben wir somit die restriktive Auffassung von der Selbstbindung Gottes nach drei Seiten abgegrenzt, gegenüber dem exklusiven Verständnis, gegenüber Thomas und seinen Vorläufern
und gegenüber der integrativen augustinischen Richtung, so
wollen wir uns nun den einzelnen Theologen zuwenden, die der
freien Selbstbindung Gottes diese restriktive Bedeutung geben.

II. Stephan Langton

Zu den einflußreichsten Theologen des ausgehenden 12. und beginnenden 13. Jahrhunderts gehört der Pariser Magister und spätere Erzbischof von Canterbury Stephan Langton (gest.1228)[5].

---

5 Zu den biographischen Daten s. Powicke, Stephen Langton.

Seine Verdienstlehre stellt uns vor nicht geringe Interpreta-
tionsprobleme. Denn einerseits findet sich in seinen wohl zwischen 1200 und 1206 geschriebenen Quästionen[6] eine Passage, in
der er die Vorstellung von einer freien Selbstbindung Gottes in
eindeutig exklusivem Sinne vertritt. Die Nähe zu einigen im
vorausgehenden Kapitel zitierten Texten ist auffallend. Andererseits läßt Stephan in den Quästionen und in seinem Paulinenkommentar (1200-1203)[7] wiederholt die Würdigkeit und Verdienstlichkeit der guten Werke von dem Maß der in ihnen wirkenden
caritas abhängig sein. Ist also doch nicht Gottes freie Selbstbindung, sondern das immanente Wertelement ausschlaggebend für
das Zustandekommen eines meritum de condigno? Wir wollen zunächst untersuchen, welche Rolle die caritas in der Verdienstlehre Stephan Langtons spielt, um auf dieser Grundlage die Frage nach der Funktion der promissio beantworten zu können.

1. Der caritas-Aspekt in der Verdienstlehre Stephan Langtons

Eine Untersuchung der Verdienstlehre Stephan Langtons zeigt,
welche eminente Bedeutung für die Verdienstlichkeit der Werke
hier der caritas zukommt. Dabei ist festzustellen, daß die Begriffe meritum und dignitas austauschbar sind, d.h. das Verdienst des ewigen Lebens wird von Langton darin gesehen, daß
der Mensch des ewigen Lebens würdig wird[8]. Die Quantität der
Verdienstlichkeit oder Würdigkeit menschlicher Werke ist nun
nach Langton unmittelbar auf den Intensitätsgrad der caritas,
aus der die Werke kommen, bezogen. So heißt es in seinen Quästionen: "Die Größe des Verdienstes und der Würdigkeit läßt
sich an der Liebe feststellen. Deshalb sind alle Werke, die aus
der gleichen, nicht zunehmenden Liebe kommen, gleich verdienstlich und machen den Menschen des ewigen Lebens gleich würdig.
Und mehr Werke machen ihn nicht würdiger als eines und auch
nicht ein größeres Werk mehr als ein kleineres, solange die
Liebe nicht zunimmt."[9] Aus dieser Stelle wird auch deutlich,

---

6 Zur Datierung der Quästionen s. Antl, An Introduction,
168-172; vgl. Glorieux, Répertoire I, n.104p. Glorieux tritt
für die Jahre 1203-1206 ein.
7 Zur Datierung des Paulinenkommentars s. Lacombe/Smalley/
Gregory, Studies on the Commentaries, 61-63.
8 s. Landgraf, Die Bestimmung des Verdienstgrades, 94 Anm.
53-55.
9 "Item: Potest attendi quantitas meriti et dignitatis pe-

daß Stephan die Stärke der caritas und damit die Größe des Verdienstes betont gegen die Dimension der Werke ausspielt. Weder
Zahl noch Intensität der verdienstlichen Akte seien maßgebend
für den Grad der Verdienstlichkeit oder Würdigkeit dieser Akte,
sondern allein die in ihnen wirkende caritas. Ebenso sei auch
das Maß der caritas unabhängig vom Werk und seinen Umständen
- des Ortes, der Zeit, der Person etc. -[10], vielmehr verdanke
die caritas ihr fundamentum und ihre quantitas allein der Gnade
Gottes[11].

Gratia, caritas, meritum und dignitas werden somit parallel
gesetzt, während die gesamte Werkebene, d.h. die äußerlich gewirkten Akte wie auch die innerlichen Willenshandlungen, auf
die Quantität dieses tiefer liegenden und seinshaft vorgegebenen Wertbereichs keinen Einfluß nimmt. Eine Vermehrung der verdienstlichen Akte etwa bewirkt lediglich, daß man den
g l e i c h e n Lohn des ewigen Lebens wirksamer verdient[12].
Erst eine Intensivierung der caritas ermöglicht eine Vergröße-
rung von Verdienst und Lohn. Insofern Stephan Langton das Maß
des Verdienstes so ausschließlich dem der caritas proportioniert
sein läßt, kann er sagen: "Penes caritatem est meritum."[13] So
wie das Fundament der Liebe durch die Gnade Gottes, so wird das
Fundament des Verdienstes durch die Liebe gelegt.

Mehrmals schneidet Langton in den Quästionen und im Paulinen-

---

nes caritatem. Et secundum hoc omnia opera ex eadem caritate
non crescente sunt aeque meritoria et aeque faciunt hominem
dignum vita aeterna, nec magis faciunt dignum plura quam unum
nec maius opus quam minus, dummodo caritas non crescat."
Quaestiones Cod.Paris.Nat.lat.16385 fol.4r; zit. bei Landgraf,
aaO 94 Anm.53.
    10 Zur Lehre von den Umständen bei Stephan Langton vgl.
Gründel, Die Lehre von den Umständen, 287-308.
    11 "Sed fundamentum vel quantitas caritatis non attenditur
respectu alicuius operis vel circumstantiae, sed est ex sola
gratia dei, et ideo non oportet, quod continue crescat, quia
reatus non crescit nisi ratione operis vel circumstantiae,
quorum neutrum facit augmentum caritatis vel ipsam caritatem."
Quaestiones Cod.Paris.Nat.lat.16385 fol.4r; zit. bei Landgraf,
aaO 94 Anm.53.
    12 "Ad aliud dicimus, quod re vera modo est magis dignus
vita aeterna quam ante, sed non maiori, ex quo caritas non cre-
vit. Efficacius enim debetur vita propter duo opera quam propter alterum tantum." Paulinenkommentar, zu Rom.14: Salzburg
Stiftsbibliothek von St.Peter Cod.a X 19 S.53; zit. bei Landgraf, Die Bestimmung des Verdienstgrades, 94 Anm.54.
    13 "Tam dignum te fecit opus tuum, quantum credis vel dili-
gis, quia penes caritatem est meritum." Quaestiones Cod.Paris.
Nat.lat.14556 fol.260r; zit. bei Landgraf, aaO 94 Anm.55.

kommentar diese Frage nach der Bestimmung des Verdienstgrades
an und macht in seinen Antworten die caritas zum bestimmenden
Faktor des Verdienstquantums[14]. Die Verquickung von meritum,
dignitas und caritas zeigt, daß er bei diesen Gedankengängen vom
immanenten Wertfaktor der guten Werke ausgeht. Verdienstlichkeit
bedeutet Würdigkeit, Würdigkeit aber entsteht durch das Proportionsverhältnis zwischen dem Wertfaktor caritas und dem Lohn des
ewigen Lebens. Wird aber die Verdienstlichkeit der menschlichen
Handlungen so offensichtlich durch das innere Wertprinzip in Gestalt der Liebe begründet und an ihm gemessen, dann erhebt sich
die Frage, inwiefern dem Aspekt der freien Selbstbindung Gottes
überhaupt noch eine exklusive Tendenz zukommen kann.

2. Der promissio-Aspekt in der Verdienstlehre Stephan Langtons

Daß Stephan Langton unbeschadet jener Verbindung von meritum
und caritas dem Gedanken der freien Selbstbindung Gottes in gewissem Sinne eine exklusive Funktion gibt, zeigt die bereits
erwähnte Stelle seiner Quästionen. Die hier diskutierte Frage
lautet, warum zwei Werken, die aus derselben, nicht zunehmenden
Liebe hervorgehen, nur mit demselben Lohn vergolten wird wie -
so muß man ergänzen - einem der beiden Werke. Stephan referiert
zunächst die Meinung gewisser Theologen, die offensichtlich der
Porretanerschule nahestehen und auf der Grundlage von Rom.8,18
("Non sunt condignae passiones huius temporis ...") eine Würdigkeit und Verdienstlichkeit der Werke hinsichtlich der vita
aeterna grundsätzlich ablehnen. Allein aus Barmherzigkeit und
nicht aus Gerechtigkeit werde dem Menschen das ewige Leben gegeben. Wir haben diese Meinung oben ausführlich besprochen[15].
Stephan stellt ihr folgenden eigenen Standpunkt entgegen: "Wir
aber sagen, daß das gute Werk des ewigen Lebens würdig ist und
ihm ein Lohn de condigno (= ebenbürtigerweise) geschuldet und
gerechtigkeitshalber erstattet wird. Was aber über das condignum hinaus gegeben wird, kommt aus Barmherzigkeit. Achte aber
darauf, daß der ewige Lohn diesem Werk nicht auf Grund der Natur des Werkes, sondern infolge der Güte des Verheißenden geschuldet wird, der den Arbeitern im Weinberg das ewige Leben verheißen hat. Und deshalb, weil das ewige Leben nicht auf Grund der
Natur des Werkes gegeben wird, werden sehr wohl zwei oder drei,
ja unendlich viele Werke, die aus derselben, nicht zunehmenden

---

14   s. Landgraf, aaO 94 Anm.53-57.
15   s.o.S. 80-82.

Liebe hervorgehen, de condigno lediglich mit demselben Lohn
belohnt. Das ist so, wie wenn irgendein Hausherr einem eine
Goldmark verspräche, damit er einen Tag lang in seinem Weinberg
arbeitet. Wenn die Arbeit dieses einen Tages geleistet ist,
wird dem Arbeiter die Mark nicht auf Grund der Natur des Werkes, sondern infolge der Freigebigkeit des Versprechenden geschuldet. Und wenn er danach noch an anderen Tagen im Weinberg
arbeitete, so würde ihm dennoch deshalb kein größerer Lohn geschuldet, denn die Arbeiten von zwanzig und mehr Tagen würden
de condigno sehr wohl mit einer Mark belohnt werden."[16]

Die Fragestellung, von der Stephan Langton ausgeht, zeigt,
daß es sich hier um den gleichen Zusammenhang handelt, der auch
für den caritas-Aspekt entscheidend war, um das Problem nämlich, wie sich Werkdimension und Lohndimension zueinander verhalten. Fiel dort der caritas die Rolle zu, alleiniger Maßstab
für die Quantität von Verdienst und Lohn zu sein und insofern
den Einfluß der opera auszuschließen, so liegt die exklusive
Rolle hier bei der promissio. Ausdrücklich entzieht sie den
ewigen Lohn dem Einflußbereich der natura operis. Was ist mit
diesem Begriff gemeint? Langton versteht unter 'natura operis'
nicht etwa das innere Wertelement der guten Werke in Gestalt
der caritas, denn caritas und natura operis werden auch in unserem Abschnitt als zwei verschiedene Faktoren nebeneinanderge-
stellt. Der Begriff natura operis bezeichnet vielmehr den Außenaspekt des Werkes, das, was wir oben im Gegensatz zum seinshaft
vorgegebenen Wertbereich als Werkebene bezeichnet haben, d.h.
das Werk als "Verleiblichung dieses schon vorhandenen tugend-

---

16 "Nos vero dicimus, quod bonum opus est dignum vita aeterna et ei debetur aliquod praemium de condigno et illud redditur
ei de iustitia. Sed quod supra condignum datur, est de misericordia. Sed nota, quod praemium aeternum non debetur ei operi e
natura operis, sed ex benignitate promittentis, qui promisit laborantibus in vinea vitam aeternam. Et ideo, quia non de natura
operis datur vita aeterna, bene duo opera vel tria, immo infinita ex eadem caritate non crescente procedentia de condigno tantum eodem praemio remunerabuntur. Sicut si aliquis pater familias promitteret alicui marcam auri, ut laboret per unam diem
in vinea sua, peracto labore unius diei debetur laboranti marca
non ex natura operis, sed ex largitate promittentis. Et tamen,
si deinceps per alios dies laboraret in vinea, non ideo maius
praemium ei debetur, quia labores viginti vel plurium dierum de
condigno bene remunerantur in marca." Quaestiones Cod.Vat.lat.
4297 fol.16r; zit. bei Landgraf, Die Bestimmung des Verdienstgrades, 95 Anm.57.

haften Besitzes und Reichtums des Menschen"[17]. Da nun von Langton sowohl der caritas als auch der promissio ein exklusiver
Sinn gegenüber der Natur des Werkes beigelegt wird, erhebt sich
die Frage, wie denn diese exklusiven Bedeutungen in Einklang
gebracht werden können. Welche Wirkung, die nicht bereits das
innere Gnadengeschenk der caritas ausüben kann, kommt dem äußeren Rahmen der promissio zu? Warum stellt Langton nicht auch
hier der natura operis einfach die caritas, sondern die Selbstbindung Gottes durch seine Verheißung gegenüber?

Um diese Fragen beantworten zu können, ist zunächst auf die
Begriffe zu achten, die mit den Aspekten der caritas und promissio in Verbindung gebracht werden. Zur caritas gesellen sich
die Begriffe dignitas (dignus) und meritum (mereri), während
neben das promittere die Begriffe condignus, debere, reddere
und iustitia treten. Dabei ist vor allem die feine Unterscheidung zwischen dignus und condignus interessant. Dieser terminologische Befund ist so zu interpretieren: Die caritas macht
den inneren Wert der Werke aus, der sie in Beziehung zu einem
bestimmten Lohnquantum setzt. Diese durch die Begriffe dignitas und mereri ausgedrückte seinsmäßige Proportion zwischen
den Liebeswerken und dem himmlischen Lohn besteht unabhängig
von dem Gesichtspunkt der Verheißung Gottes. Das Moment der
inneren Proportion reicht aber nicht aus, um das Obligationsverhältnis zu begründen, das zwischen dem belohnenden Gott und
dem verdienenden Menschen besteht und durch die Begriffe condignus, debere, reddere und iustitia zum Ausdruck gebracht wird.
Die caritas kann, da sie der Gradmesser der Verdienstlichkeit
ist, erklären, warum mehrere Werke einen bestimmten Lohn verdienen. Sie vermag aber nicht zu erklären, warum dieses ihrer
Intensität entsprechende Lohnquantum von Gott geschuldet wird.
Ist doch die durch die caritas verliehene dignitas nicht
gleichbedeutend mit dem 'de condigno' unseres Textes.

Es ist hier auf eine Stelle aus dem Paulinenkommentar Stephan Langtons zu verweisen, wo er zwischen zwei Verdienstarten unterscheidet, einem large mereri und einem recta ratione
merendi mereri. Das Verdienst im weiteren Sinne beschreibt er
folgendermaßen: "Dicitur enim homo large mereri, cum praeparat
se dignum ad aliquid habendum, licet non condignum." Demgegen-

---

17   Gründel, Die Lehre von den Umständen, 298.

über bestehe das Verdienst im strengen Sinne darin, daß der
Mensch durch sein Werk aus einem indebitum ein debitum macht,
was einem mereri ex condigno gleichkommt[18]. Durch das condignum wird also im Gegensatz zum einfachen dignum die Schuldnerschaft des Belohnenden angezeigt. Das Verdienst, das Langton
mit der durch die caritas gegebenen dignitas der Werke gleichsetzt, entspricht hingegen dem large mereri dieser Stelle. Damit bleibt aber die Frage offen, wie denn das eigentliche Verdienst oder meritum ex condigno zustandekommt, wie also die
guten Werke über das large mereri hinaus den ungeschuldeten zu
einem geschuldeten Lohn machen können. Diese Frage ist deshalb
an die opera und nicht etwa an die in ihnen wirkende caritas
adressiert, weil sich der Lohngedanke primär - auch bei den
Theologen vor und nach Langton - auf das Arbeitspensum der Werke bezieht. Das dem Lohnniveau entsprechende Leistungsniveau
liegt auf der Ebene der Akte. Woher aber empfangen die Akte
ihren verdienstlichen und verpflichtenden Wert?

Die Frage nach Dignität und Verdienstlichkeit der Werke be-
antwortete Stephan Langton durch den Hinweis auf das innere
Werteelement der caritas, die Frage nach Kondignität und ver-
pflichtendem Charakter der Werke findet ihre Antwort in dem Gesichtspunkt der promissio Gottes. So heißt es in den Quästionen:
"Vitam aeternam ergo sic promisit (s. deus), ut condigno meritis redderetur." Dabei setzt Stephan die Verheißung Gottes ausdrücklich in Beziehung zur vergeltenden Gerechtigkeit Gottes[19].

---

18 "Hic praeliba duas opiniones, quarum una dicit, quod
nullus ex condigno meretur vitam aeternam, quia scilicet illam
mereri est facere de indebito debitum. Secundum hoc Christus
non meruit sibi sed nobis ... Sed nota, quod verbum merendi
dupliciter accipitur: Dicitur enim homo large mereri, cum praeparat se dignum ad aliquid habendum, licet non condignum, secundum quod dicitur, quod beata virgo meruit portare Iesum,
quia digna fuit ... Item dicitur homo recta ratione merendi
mereri, quia opere suo de indebito, id est non debito, facit
debitum, et secundum hoc nihil Christus meruit sibi sed nobis."
Paulinenkommentar, zu Rom.6: Cod.Salzburg St.Peter a X 19 S.25;
zit. bei Landgraf, Eigenlehren, 201f Anm.7.   Maria, die im
Besitz der caritas ist, verhält sich zu ihrer Mutterschaft nur
als digna, nicht als condigna und 'verdient' deshalb nur im
weiteren Sinne des Wortes. Und zwar ist sie darum keine condigna, weil Gott sich nicht durch eine promissio zu dieser Belohnung ihres Verdienstes verpflichtet hat.
19 "Unde notandum, quod deus noster iustus duobus modis:
Dicitur enim iustus, quia solvit, quod promisit ... Unde quia
promiserat, dicitur iustus in incarnatione, et quia de sola

Noch deutlicher ist die Verknüpfung von promittere und iustitia in dem so wichtigen Text der Quästionen, den wir oben aus-

gratia hoc fecit, dicitur misericors ... Sic etiam conferendo
temporalia facienti bona opera dicitur iustus, id est fidelis.
Item dicitur iustus, id est retribuens meritis ex efficacia
ipsorum, et sic est iustus dando bene operanti vitam aeternam
et male operanti infligendo gehennam. Vitam aeternam ergo sic
promisit, ut condigno meritis redderetur. Temporalia vero et
incarnationem sic promisit, ut de sola gratia darentur. Et
quare non de iustitia sive de condigno? Quia adeo digna res
fuit incarnatio, quod ad eam nulla merita attingere potuerunt
... Temporalia vero adeo vilia sunt, quod ad ipsa nulla debent
merita inclinari, ne finis meritorum ponatur in eis." Quaestiones Cod.Chartres lat.430 fol.25v; zit. bei Landgraf, Die Vorbereitung auf die Rechtfertigung, 276 Anm.32. Mit dem Beginn dieses Textabschnitts ist die o.S.82f besprochene opinio, die in
Wilhelm von Auxerres Summa aurea referiert wird, zu vergleichen.
Diese Stelle (zit. oben S.82 Anm.129) beginnt ganz ähnlich:
"Ad hoc dicunt ipsi, quod deus dicitur iustus duobus modis."
Hier wie dort begegnen wir also einem doppelten Gerechtigkeitsbegriff, der freilich auf ganz verschiedene Weise entfaltet
wird. Bei Wilhelm wird der iustitia, die auf Leistung und ent-
sprechender Gegenleistung beruht und ein meritum ex condigno
begründet, die iustitia "ex promisso" gegenübergestellt, die
mit der Bundestreue ("deus est iustus, id est f i d e l i s
in promissis") gleichbedeutend ist und sich auf die Belohnung
des Menschen mit dem ewigen Leben erstreckt. Dagegen setzt
Stephan Langton beide Gestalten der iustitia in Beziehung zur
Verheißung Gottes, so daß dem doppelten iustitia-Begriff ein
doppelter promissio-Begriff entspricht. Einmal, z.B. hinsichtlich der Inkarnation und der zeitlichen Güter, gründet sich die
göttliche Gerechtigkeit auf eine Verheißung, die keine Selbstverpflichtung Gottes gegenüber menschlichen Leistungen bedeutet
und somit auch keinen Rechtsanspruch der guten Werke begründet.
Seine Garantie und damit seinen Gerechtigkeitscharakter erhält
Gottes Handeln allein durch seine Treue. Insofern ist die Manifestation der Gerechtigkeit durch die Erfüllung der Verheißungen
zugleich eine Manifestation der sola gratia und misericordia
Gottes. Wichtig ist, daß hier misericordia und iustitia nicht
auf die Stadien von promissio und solutio auseinanderfallen,
sondern daß auch über der Erfüllung das "de sola gratia" steht.
Das andere Mal, d.h. hinsichtlich der vita aeterna, wird der
iustitia-Begriff auf der Grundlage einer Verheißung entwickelt,
durch die sich Gott zur Belohnung der guten Werke verpflichtet,
so daß diese auf Grund der promissio als Verdienste einen
Rechtsanspruch auf das ewige Leben haben - einen Anspruch, den
Langton als ihre efficacia bezeichnet. Diese streng vergeltende Gerechtigkeit steht im Gegensatz zum Gnadenbegriff, was eine Einengung der misericordia dei auf das Moment der Verheißung
bedeutet, während die Erfüllung das Feld der iustitia dei ist.
Freilich steht der Gerechtigkeitscharakter der Erfüllung auch
immer unter dem Zeichen der souveränen Gnade Gottes, da die
verpflichtende Wirksamkeit der Verdienste nur auf dem Hintergrund von Gottes freier Selbstbindung durch seine promissio
verständlich ist. Auf die Stellung des meritum de condigno im
Koordinatensystem von misericordia und iustitia werden wir in
unseren weiteren Ausführungen zu Stephan Langton noch genauer
eingehen, während uns das Problem eines doppelten Verheißungs-
begriffs in ganz ähnlicher Weise wie hier noch einmal bei Gaufrid von Poitiers beschäftigen wird; s.u.S. 128-132.

führlich zitiert haben[20]. Langton versteht hier unter iustitia
das durch die Verheißung in Kraft gesetzte Obligationsverhältnis zwischen dem verdienenden Menschen und dem zur Belohnung
verpflichteten Gott. Die misericordia dei hat für diesen Wegabschnitt von der Verheißung bis zur geschuldeten Erfüllung
keine Bedeutung. Nur was über das verheißene und dem Menschen
darum gerechtigkeitshalber zustehende Lohnquantum hinaus gegeben wird, ist der misericordia zuzuschreiben: "Sed quod supra
condignum datur, est de misericordia." Langton widmet aber
seine Aufmerksamkeit nicht diesem Ausnahmefall, sondern der
Klärung des iustitia-Bereichs durch den Gedanken einer freien
Selbstbindung Gottes.

Die göttliche Verheißung wird dabei auf eine Weise charakterisiert, die in den folgenden drei Punkten auf das vorausgehende Kapitel über das Verständnis der freien Selbstbindung Gottes
im exklusiven Sinne zurückweist:

1.) Stephan Langton gibt - wie schon beschrieben - der Verheißung eine exklusive Wendung, indem er durch sie eine Abhängigkeit der Lohnverpflichtung Gottes von der natura operis
ausschließt und so plausibel macht, weshalb bei gleichbleiben-
der caritas zwei Werken ebensoviel Lohn wie unendlich vielen
Werken geschuldet wird. Entspricht doch die Quantität des Lohns
allein dem Grad der caritas, während die Schuldnerschaft Gottes
allein durch seine eigene promissio, die den Liebeswerken ihren
Lohn verheißt, begründet wird. Für die Wendung "praemium aeternum non debetur ei operi e x   n a t u r a   o p e r i s"
lassen sich die folgenden verwandten Formulierungen bei anderen Autoren feststellen: "Non sunt condignae (sc. passiones)
q u a n t u m   a d   s e" in Cod.Bamberg.Bibl.132[21]; "meritum
de condigno, quod iustitiam respicit sive exigentiam operum
n o n   i n   s e" in Cod.Vat.lat.782[22]; "operibus virtutum de
bentur bona aeterna   n o n   e x   b o n i t a t e   ipsorum
operum" bei Roland von Cremona[23]. Auch diese drei exklusiven
Formulierungen zielen darauf hin, daß Gottes Selbstbindung das
leistet, was die Werke aus sich nicht leisten können.

2.) Beim caritas-Aspekt bringt Stephan den Gedanken der frei
schenkenden Souveränität Gottes so zur Geltung, daß er das

---

20 s.o.Anm.16.
21 s.o.S.84f Anm.133.
22 s.o.S.89f Anm.150.
23 s.o.S.96 Anm.161.

fundamentum caritatis nicht in die Werkebene, sondern in die göttliche Gnade allein verlegt[24]. Analog gibt er diesem Interesse auch beim promissio-Aspekt deutlichen Ausdruck, indem er die Verheißung Gottes aus der göttlichen Güte und Freigebigkeit ableitet. Die natura operis wird mit der benignitas und largitas promittentis konfrontiert. Auch wo Gott Schuldner ist und nach dem Prinzip strenger Gerechtigkeit vergilt, ist er somit nicht einer Fremdbestimmung von seiten der menschlichen Werke unterworfen, sondern nur seinem eigenen Wesen verpflichtet, das ihn freilich über die Willenskundgabe durch die promissio in ein gleichsam kommerzielles Verhältnis zum Menschen und seiner Leistung hineinführt. Für Stephan Langton hat der Gedanke der Selbstbindung Gottes also eindeutig die Funktion, Gottes Schuldnerschaft gerade als Zeichen seiner Freiheit verständlich zu machen. Zu erinnern ist dabei an Kardinal Laborans, der den Souveränitätscharakter der Verheißung durch den Hinweis auf Gottes misericordia, clementia und liberalitas zum Ausdruck bringt[25]. Wir begegneten ferner einer opinio bei Roland von Cremona, in der die largitas dei promittentis im Gegensatz zur bonitas operum als Grund für die Verdienbarkeit des ewigen Lebens herausgestellt wurde[26]. Alexander von Hales schließlich leitete in einem Gegenargument die promissio Gottes aus seiner liberalitas ab[27]. Alle diese Begriffe - misericordia, clementia, liberalitas, largitas und benignitas - bezeichnen dieselbe Sache: Gottes freie Gnadenzuwendung, die auf eine Bindung hindrängt.

3.) Diese Gnadenzuwendung und das aus ihr folgende heilsgeschichtliche Datum der promissio stehen am Anfang einer Beziehung Gottes zu den Menschen, die die Züge einer unumstößlichen Gerechtigkeitsordnung trägt. Hier besteht eine feste Relation zwischen der Leistung des Menschen und einem bestimmten Lohn, wobei sich die Neigung zum kommerziellen Denken immer wieder in den Geldvergleichen zeigt. So wird in Cod.Bamberg.Bibl.132 die Leistung des Gerechtfertigten mit einem Lauf verglichen, der auf Anordnung des Feldherrn einen Lohn von zehn Mark erhält[28]. In Cod.Paris.Arsenal.lat.534 ist dagegen von einer Silbermark

---

24 s.o.Anm.11.
25 s.o.S. 59f.
26 s.o. S.96f Anm.162.
27 s.o. S.98 Anm.167.
28 s.o. S.84f Anm.133.

die Rede, die einem Werk von minimalem Arbeitsaufwand versprochen wird[29], während Stephan Langton seinen Geldvergleich mit
einer Goldmark durchführt. In deutlicher Anspielung auf das
Gleichnis von den Arbeitern im Weinberg Mt.20,1-16 spricht er
von einem pater familias, der für einen Tag Arbeit in seinem
Weinberg eine marca auri als Lohn in Aussicht stellt. Ausdrück-
lich erwähnt wird der denarius der Matthäusstelle im gleichen
Zusammenhang der Frage nach dem Verdienst des ewigen Lebens bei
Kardinal Laborans[30] und Hugo von St.Cher[31]. In all diesen Fällen liegt die Pointe des Geldvergleichs darin, daß der Wert des
Geldes den der notwendigen Leistung bei weitem übertrifft und
somit nur die Verheißung oder Übereinkunft die trotz dieser
Disproportion bestehende Verdienstmöglichkeit erklären kann.
Deutlich kommt das bei Stephan Langton in dem Wertunterschied
zwischen Goldmark und einem Tag Arbeit im Weinberg zum Ausdruck, der so groß ist, daß auch zwanzig und mehr Tage gerechterweise mit einer Goldmark belohnt werden könnten. Auf das Verhältnis zwischen Gott und Mensch angewandt heißt das: Der Mensch
lebt unter dem Zeichen der iustitia dei, d.h. Gott schuldet
seinen guten Werken das ewige Leben. Doch die unendliche Diskrepanz zwischen der Qualität seiner Werke und dem Wert des
himmlischen Lohnes begleitet den Christen als ständiger Hinweis
darauf, daß hinter dieser Gerechtigkeitsordnung der Heilsgeschichte die unendliche Dimension göttlicher Freiheit liegt,
aus der sich Gott aus Barmherzigkeit allein in die Bindung be-
geben hat. Misericordia und iustitia dei werden so einerseits
auseinanderdividiert, andererseits durch das Moment der freien
Selbstbindung Gottes eng aufeinander bezogen.

3. Exklusives oder restriktives Verständnis der Selbstbindung
Gottes?

Die Untersuchung des promissio-Verständnisses Stephan Langtons
hat uns gezeigt, daß seine Sicht der freien Selbstbindung Gottes von Gedanken, Begriffen und Vergleichen lebt, die vor ihm
im exklusiven Sinn verstanden wurden. Mit Recht kann man daher
seine Verdienstlehre auf der Traditionslinie sehen, die in der

---

29 s.o.S.88 Anm.145.
30 s.o.S.48 Anm.30 und S.50 Anm.40.
31 s.o.S.94f Anm.159.

Porretanerschule ihren Ursprung hat und den Gesichtspunkt der
Selbstbindung Gottes gegen das immanente Wertelement der guten
Werke ausspielt. Dann erhebt sich freilich die Frage, inwiefern
Langton als Vertreter einer restriktiven Beurteilung der Ver-
heißung Gottes bezeichnet werden kann.

Fassen wir noch einmal kurz zusammen, was mit den Begriffen
'exklusiv' und 'restriktiv' gemeint ist. 'Exklusiv' heißt: Die
Verdienstlichkeit der Werke wird - sofern sie überhaupt bejaht
wird - allein durch die Selbstbindung Gottes begründet. Ein
Einfluß des inneren Wertmoments auf die Verdienstlichkeit der
Werke wird ausgeschlossen. 'Restriktiv' heißt: Die Selbstbin-
dung Gottes schließt einen Einfluß der bonitas operum auf die
Verdienstlichkeit der Werke nicht aus, schränkt ihn aber ein.
Sie verhilft so den Werken zu einer Wirkung, die sie auf Grund
ihrer Qualität allein nicht besitzen.

Wie ist die Verdienstlehre Stephan Langtons einzuordnen?
Langton begründet Dignität und Verdienstlichkeit der Werke
durch den caritas-Aspekt, während er ihre Kondignität und die
Schuldnerschaft Gottes aus dem promissio-Aspekt herleitet. Das
innere Wertmoment erklärt die einfache verdienstliche Wirkung
der Werke, d.h. die Proportion zwischen ihrem Wert und dem des
ewigen Lebens; das Moment der Selbstbindung Gottes erklärt darüber hinaus, warum dieser verdienstlichen Wirkung obligatorische
Kraft zukommt, warum es sich also speziell um merita ex condigno handelt. Durch den promissio-Aspekt schließt Langton somit
einen direkten Kausalbezug zwischen caritas und Verdienstlichkeit nicht aus, sondern schränkt ihn lediglich insofern ein,
als er den obligatorischen Charakter der Verdienst-Lohn-Bezie-
hung dem Einfluß der caritas entzieht und allein durch die benignitas und largitas promittentis begründet. Daraus ergibt
sich, daß Stephan Langton die freie Selbstbindung Gottes im restriktiven Sinn versteht.

Die gedankliche und begriffliche Nähe des zentralen Abschnitts der Quästionen zur exklusiven Sicht der Selbstbindung
Gottes ist so zu erklären: Langton hat ja in gewissem Sinne
auch ein exklusives Interesse, da er einen Kausalbezug zwischen
dem inneren Wertelement in Gestalt der caritas und der Bindung
Gottes ausschließen will. In dieser Hinsicht steht er in der
Tradition des Kardinals Laborans. Andererseits ist sein Verdienstbegriff so klar von der caritas und der durch sie ge-

schenkten dignitas geprägt, daß man aufs Ganze der Verdienstlehre gesehen doch mit Recht von einem restriktiven Verständnis
der Selbstbindung Gottes sprechen kann.

III. Der Paulinenkommentar Cod.Salzburg St.Peter a XI 7

In unmittelbarer gedanklicher und begrifflicher Nähe zu Stephan
Langton und seinen Ausführungen über die freie Selbstbindung
Gottes steht ein Passus aus der Glosse zum Paulinenkommentar
des Petrus Lombardus Cod.Salzburg St.Peter a XI 7. Wir wollen
diesen Abschnitt darum an dieser Stelle besprechen, zumal dies
auch chronologisch naheliegend ist. Nach Denifle wurde die
Salzburger Glosse zum Lombarden zwischen 1200 und 1222 verfaßt[32].

In der Auslegung des lombardischen Prologs zu den Paulinen
kommt der anonyme Verfasser auch auf die Frage nach der Möglichkeit eines Würdigkeitsverdienstes (meritum ex condigno) zu sprechen. Er referiert zunächst die Meinung gewisser Theologen, die
der Ansicht sind, daß niemandem das ewige Leben de condigno geschuldet wird, und sich dabei auf Rom.6,23 ("gratia autem dei
vita aeterna") und Io.1,16 ("gratiam pro gratia") berufen. Dem
stellt der Verfasser seine eigene Position gegenüber: "Nos tamen dicimus, quod alicui ex condigno debetur vita aeterna."
Den beiden Schriftstellen versucht er durch eine Distinktion
innerhalb des Gnadenbegriffs gerecht zu werden: Schließt man
durch den Hinweis auf die gratia ein vorhergehendes Verdienst
aus, dann kann allein die mit der Rechtfertigung gegebene prima
gratia Gnade genannt werden. Will man aber durch den Gnadenbegriff zum Ausdruck bringen, daß die Verdienste selbst, denen
der Lohn geschuldet wird, aus der Gnade hervorgehen, dann kann
man auch die Gnadenvermehrung und das ewige Leben Gnade nennen
und damit Verdienstgedanken und Gnadenvorstellung miteinander
versöhnen[33].

Nach diesen Darlegungen erklärt der Verfasser, inwiefern
man von einem Würdigkeitsverdienst des ewigen Lebens sprechen

---

32 Denifle, Die abendländischen Schriftausleger, 95 und 1(
Anm.3. Landgraf (Einführung, 125) schreibt den Kommentar Steph
Langton selbst zu. Ich möchte die Frage der Autorschaft vor-
sichtshalber offenlassen und lediglich die große inhaltliche
Nähe zu Stephan konstatieren.
33 fol.1b; Text bei Denifle, aaO 95f.

könne: "Daß aber jemandem das ewige Leben ex condigno geschuldet wird, beweisen wir so: Jemandem wird eine Münze oder dergleichen deshalb geschuldet, weil er den Tag über im Weinberg eines anderen gearbeitet hat; und zwar wird sie ihm ex condigno geschuldet, doch nicht auf Grund der Natur (sc. des Werkes), sondern auf Grund der Anordnung (institutio) oder Übereinkunft (compromissio) der Beteiligten, d.h. deshalb, weil der Herr des Weinbergs ihm für diese Arbeit die Münze versprochen hat. Gottvater aber, dessen Vertrag (pactum) in stärkerem Maße eingehalten werden muß als der eines Menschen, hat das ewige Leben denen versprochen, die in seinem Weinberg arbeiten. So wird entweder niemandem ein Lohn ex condigno geschuldet oder aber das ewige Leben wird ex condigno geschuldet. Letzteres bejahen wir. Man kann aber darüber in Zweifel sein, wie groß der himmlische Lohn ist, denn darüber hat Gott kein Versprechen gegeben. Die Qualität des Lohnes nämlich ist von Gott in den Schriften festgelegt worden, nicht aber die Quantität."[34]

An den entsprechenden Abschnitt in den Quästionen Stephan Langtons erinnert uns die Gegenüberstellung des debere ex natura (operis), das zurückgewiesen wird, und der freien Selbstbindung Gottes durch seine Verheißung, die das meritum ex condigno begründet, ferner die Verwendung des Weinberggleichnisses Mt.20,1-16 und die entsprechende Bedeutung des Geldbeispieles. Interessant sind die Bezeichnungen für den Akt der freien Selbstbindung Gottes. Während von einer institutio schon im Paulinenkommentar Cod.Bamberg.Bibl.132 die Rede war[35], sind die Begriffe compromissio und pactum, die an die Stelle der in Mt. 20,2 genannten conventio treten, neu. Den Begriff der compromissio haben wir sonst nirgends mehr angetroffen. Eine wichtige Rolle in der weiteren Geschichte der Selbstbindungstradition

---

34 "Quod autem vita aeterna ex condigno alicui debeatur, sic probamus: Alicui debetur nummus vel aliquid tale ex eo, quod per diem laboravit in vinea alterius, et debetur ei ex condigno, sed non debetur ei ex natura, immo de hominum institutione sive compromissione, scilicet quod dominus vineae promisit ei sic laboranti nummum. Sed deus pater, cuius pactum magis debet teneri quam hominis, promisit vitam aeternam laborantibus in vinea sua. Ergo aut nulli debetur merces ex condigno aut vita aeterna debetur ex condigno. Quod concedimus. Sed de hoc dubitari potest, an tanta vel tanta, quia super hoc nulla facta est a deo promissio. Qualitas enim pretii est determinata a deo in scripturis, sed non quantitas." fol.1b; zit. bei Denifle, aaO 96.
35 s.o.S.84f Anm.133.

wird hingegen das pactum dei spielen. Kurz darauf wird es uns
als Bezeichnung der Selbstbindung Gottes auch bei Wilhelm von
Auxerre und einige Jahre später bei Wilhelm von Auvergne begegnen, um dann bei den Franziskanern Odo Rigaldi und Bonaventura
zu einem zentralen Begriff der Selbstbindungsterminologie zu
werden[36]. Zwar sind wir schon bei Kardinal Laborans auf das
Moment der pactio zwischen Verdienendem und Belohnendem gestoßen, doch kennzeichnete es dort den von Laborans abgelehnten
privatrechtlichen Verdienstbegriff[37]. Erst zu Beginn des 13.
Jahrhunderts vollzieht sich der Durchbruch zur positiven Verwendung der Begriffe pactum und pactio.

IV. Gaufrid von Poitiers

Gaufrid von Poitiers, der in den ersten Jahrzehnten des 13.
Jahrhunderts als Lehrer der Theologie an der Universität von
Paris lehrte, war Schüler Stephan Langtons. Dies zeigt sich besonders darin, daß seine zwischen 1213 und 1215 entstandene
Summe[38] in sehr weitem Umfang von den Quästionen Langtons abhängig ist[39]. So ist es auch nicht verwunderlich, daß Gaufrids
Verdienstlehre, wie sie in dieser Summe zu Tage tritt, in ihren Grundzügen mit Langtons Auffassung vom Verdienst übereinstimmt. Dabei hat sie aber doch einen so eigenständigen Charakter, daß eine gesonderte Behandlung lohnend ist. Wie bei Stephan Langton kann man auch bei Gaufrid von Poitiers zwischen
zwei Aspekten seiner Verdienstlehre unterscheiden, zwischen
dem caritas-Aspekt und dem promissio-Aspekt. Beide zusammen
eröffnen den Blick auf das meritum condigni.

1. Der caritas-Aspekt in der Verdienstlehre Gaufrids von
Poitiers

Was die Rolle der caritas und die Begrenzung ihrer Funktion

---

36 Vgl.Überblick u.S.407-410.
37 s.o.S.46.
38 Zur Datierung der noch nicht edierten Summe in die Jahre
1213-1215 vgl. Anciaux, La date de composition, 165f. Diese
Datierung wird von Lottin (Quatre 'Quaestiones', 150) und Landgraf (Dogmengeschichte I2, 55) übernommen, während Ott (Gottfried v. Poitiers, 1139) annimmt, daß das Werk frühestens 1219
abgeschlossen wurde.
39 s.·Landgraf, Einführung, 128.

durch die promissio betrifft, so muß das zu Langton Gesagte
nicht in extenso wiederholt werden. Einige wenige Bemerkungen
zum Verhältnis zwischen caritas und Verdienstbegriff mögen genügen. Als Gnadengaben Gottes machen die theologischen Tugenden fides, spes und caritas den Menschen Gott angenehm und so
des ewigen Lebens würdig. Facere gratum deo und facere dignum
vita aeterna sind für Gaufrid gleichbedeutend und unmittelbare
Wirkung des immanenten Wertelements in Gestalt der virtus theologica[40]. Wichtig ist nun, daß zwischen den Begriffen caritas,
gratus und dignus und dem Verdienstbegriff ein enger Zusammenhang besteht. So bemerkt Landgraf speziell zur Beziehung zwischen gratus und meritorius: "Die Gleichsetzung von gratum
faciens und verdienstlich nahm Langton vor, und wir finden dabei Gaufrid von Poitiers und Roland von Cremona an seiner Seite."[41] Wie Langton betont auch Gaufrid, daß für das Zustandekommen eines Verdienstes   n i c h t   die Werkebene, sondern
die in den Werken wirkende caritas entscheidend ist: "Ad hoc
enim, quod peccatum sit, sufficit genus operis solum. Sed ad
hoc, ut meritum sit, non sufficit solum genus, immo caritas
exigitur principaliter."[42] Entsprechend läßt Gaufrid den Grad
der Verdienstlichkeit allein von der caritas, unter deren Einfluß die Akte geschehen, nicht aber von Zahl und Intensität
dieser Akte abhängig sein[43].

So bedeutsam also der caritas-Aspekt für die Verdienstlehre
Gaufrids ist - wie übrigens für die Verdienstlehre der meisten
Theologen jener Epoche[44] -, so bemerkenswert ist doch anderer-
seits die Einschränkung, die der Wirkungsradius der caritas er-

---

40 "Dicimus, quod sunt quaedam dona gratuita, sine quibus
salus non potest esse, ut virtutes; quaedam gratuita, id est
gratis collata, non dico gratum facientia, ut donum faciendi
miracula et prophetia. Et tam ista quam illa dicuntur gratiae."
Summa Cod.Paris.Nat.lat.15747 fol.91v. "Bonum gratiae appello,
quod facit gratum; et quandoque bonum gratiae facit gratum
(statt 'gratum' muß hier 'dignum' stehen). Quandoque scilicet
est virtus theologica, quia tunc facit dignum vita aeterna.
Sed quandoque virtus politica non facit dignum vita aeterna,
sed facit gratum, etsi non facit gratum deo." aaO fol.47r; beide Zitate nach Landgraf, Die Erkenntnis des Übernatürlichen,
160 Anm.66.
41 Landgraf, aaO 181.
42 Summa Cod.Brügge Bibliothèque de la ville lat.220 fol.
83r; zit. bei Landgraf, Die Erkennbarkeit des eigenen Gnadenstandes, 69 Anm.50.
43 s. Landgraf, Die Bestimmung des Verdienstgrades, 94
Anm.53 und 97.
44 s. Landgraf, aaO 75-98.

fährt. Begründet doch die mit der caritas gegebene dignitas des
Menschen und seiner Akte für sich genommen noch kein Verdienst
im strengen Sinne oder Würdigkeitsverdienst (meritum condigni),
sondern nur ein Billigkeitsverdienst (meritum congrui). Wenn
Gaufrid dagegen von einem meritum condigni des Christen spricht,
hat er immer auch Gottes freie Selbstbindung durch die promissio im Blick. Diese Begrenzung des der caritas und ihrer dignitas eigenen Spielraums auf das uneigentliche Verdienst entspricht ganz der Auffassung Langtons, der hier freilich nicht
von einem mereri de congruo, sondern von einem large mereri
spricht, was gleichbedeutend ist[45]. Meist werden aber von Langton und Gaufrid in Verbindung mit dem caritas-Aspekt einfach
die Begriffe meritum und mereri verwendet; dann geht es nicht
um eine Präzisierung des Verdienstbegriffs oder um die Frage
nach dem debitum Gottes, sondern einfach um die Relevanz der
caritas als Wurzel und Maß des Verdienstes, das ja faktisch -
unter der unausgesprochenen Voraussetzung der gegebenen promissio - immer ein meritum condigni hinsichtlich des ewigen Lebens ist.

Daß nach Auffassung Gaufrids die durch die caritas geschenkte dignitas ohne den Rahmen der promissio tatsächlich nur ein
meritum congrui begründet, zeigt das Beispiel Mariens. In seiner Summe erwähnt er bei der Aufzählung verschiedener Verdienstarten unmittelbar im Anschluß an das meritum condigni auch das
mertium congrui. So habe die Jungfrau verdient, Christus zu
tragen[46]. Wenig später bringt er eine nähere Bestimmung: "Virgo meruit portare Christum, id est digna fuit portare Christum."[47] Die Würdigkeit Mariens setzt Gaufrid wohl deshalb nur
in Beziehung zu einem meritum congrui, weil Gott sich nicht
durch eine Verheißung verpflichtet hat, die Würdigkeit so zu belohnen. Wie sehr Gaufrid aber gerade das mereri de congruo in
Abhängigkeit vom Stand des Christen in der caritas sieht, zeigt

---

45 s.o.Anm.18 und S.111f.
46 Die Aufzählung der verschiedenen Verdienstarten lautet:
"Nota, quod est meritum exigentiae. Unde felix culpa Evae, quae
tantum meruisti habere redemptorem. Et est meritum condigni,
cum de indebito fit debitum vel de debito magis debitum, sicut
nos meremur bonis operibus vitam aeternam. Et est meritum congrui, ut virgo meruit portare Christum. Et est meritum, quo
meremur interpretative, sicut Nabuchodonosor meruit remunerari
in Aegypto." Summa Cod.Paris.Nat.lat.15747 fol.42v; zit. bei
Landgraf, Die Vorbereitung auf die Rechtfertigung, 276f Anm.37.
47 Summa Cod.Paris.Nat.lat.15747 fol.42v.

sich darin, daß er es dem Todsünder kategorisch abspricht und
ihm lediglich ein meritum interpretativum konzediert[48]. Dazu
bemerkt Landgraf, daß man "den Ausdruck des meritum interpretativum für den Fall gewählt hätte, wo man in demjenigen, der
seinen Quasilohn erhält, nicht von einer dignitas dafür sprechen konnte."[49]

Fassen wir zusammen: Ohne die Beziehung zur promissio erklärt die caritas lediglich, warum ein Christ Gott angenehm und
des ewigen Lebens würdig ist, aber nicht, warum er sein Heil
durch merita condigni verdient.

2. Der promissio-Aspekt in der Verdienstlehre Gaufrids von Poitiers

Was versteht Gaufrid unter einem meritum condigni? Bei der
oben genannten Aufzählung der Verdienstarten schreibt er: "Ein
meritum condigni liegt dann vor, wenn aus etwas Ungeschuldetem
ein Geschuldetes oder aus etwas Geschuldetem ein noch mehr Geschuldetes wird, so wie wir durch gute Werke das ewige Leben
verdienen."[50] Diese Stelle macht deutlich, daß Gaufrid in der
condignitas ein Obligationsverhältnis zwischen Gott und Mensch
ausgedrückt findet. Konstitutiv für dieses Verhältnis ist bei
Gaufrid wie bei Langton nicht eine ontologisch verstandene
Gleichwertigkeit von Werk und Lohn, sondern die freie Selbstbindung Gottes durch seine promissio.

In der Summa Gaufrids findet sich ein längerer Abschnitt, in
dem er sich geradezu grundsätzlich zur Beziehung zwischen promissio und obligatio äußert. Der Abschnitt hat für unsere Thematik eine so zentrale Bedeutung, daß wir ihn genau analysieren
müssen, zumal er nicht leicht zu verstehen ist. Achten wir zunächst auf den Kontext. Es geht um die iustificatio impii,
speziell um die Frage, ob der Sünder sich die erste Gnade verdienen könne. Gaufrid führt verschiedene Argumente an, die eine
Verdienstmöglichkeit beweisen sollen, unter ihnen das Argument:
"Es steht fest, daß man auf Grund eines Werkes und eines Versprechens verdient. Wenn du mir also so viel für eine bestimmte
Arbeit versprochen hast, verdiene ich durch diese Arbeit, was

48 s.u.S.450f (bei Anm.378).
49 Landgraf, Die Vorbereitung auf die Rechtfertigung, 278.
50 s.o.Anm.46.

du versprochen hast. Der Herr hat aber denen, die in seinem
Weinberg arbeiten, die Gnade versprochen; somit verdienen diejenigen, die arbeiten, die Gnade."[51] An diesem Argument ist
zweierlei bemerkenswert: 1.) das selbstverständliche Operieren
mit einem Verdienstbegriff, in dem das Lohnversprechen (promissum) eine entscheidende Rolle spielt. Eine vergleichbare
Funktion hatte der vertragliche Rahmen der pactio in Kardinal
Laborans' zivilrechtlichem Verdienstbegriff[52]. 2.) die Anspielung auf das Gleichnis von den Arbeitern im Weinberg Mt.
20,1-16. Dies zeigt - was auch schon bei Stephan Langton ersichtlich war[53] -, daß man nicht nur beim Begriff der conventio, sondern auch bei der promissio an die in Mt.20 genannte
Übereinkunft denkt. - In einem weiteren Argument für die Verdienbarkeit der prima gratia heißt es unter Berufung auf Ier.
15,19: "'S i converteris, convertam te' dicit dominus ad quem-
libet praedicantem. Ergo ille, qui praedicat et convertit quod
in se est, meretur converti a domino. Ergo meretur primam gratiam."[54]

Gaufrid beschäftigt sich in seiner Entgegnung auf dieses
Argument mit dem Problem, wie das Wörtchen 'si' zu verstehen
sei. Dabei wendet er sich gegen die Meinung der "magistri nostri": "Unsere Lehrer pflegen zu sagen, daß in solchen Rede-
wendungen der Begriff 'si' adjunktiv, nicht konditional gebraucht werde und daß somit derjenige, der andere bekehrt,
nicht verdiene - in der zweiten Bedeutung des Verdienstbegriffs -, daß er vom Herrn bekehrt wird, da der Herr hier nicht
im konditionalen, sondern im adjunktiven Sinne spreche. Wo aber
ein Verdienst sei, müsse ein Werk mit einer Bedingung (cum condicione) vorliegen. Auf diese Weise antworten sie auf das oben
angeführte Argument. Doch ist hier zu widersprechen: So wie jener Konditionalsatz nicht notwendig ist, durch den der Herr
sagt: 'Wenn du bekehrst, bekehre ich dich', so ist auch dieser
nicht notwendig, wenn ein Mensch sagt: Wenn du mir dienst, gebe ich dir ein Pferd. So wie also dort ein adjunktiver Sinn

---

51 "Constat, quod ex opere et promisso meretur quis. Ergo
si promisisti mihi tantum pro labore, mereor laborando quod
promisisti. Sed dominus promisit gratiam laborantibus in vineam
suam (!). Ergo qui laborant, merentur gratiam." Summa Cod.
Paris.Nat.lat.15747 fol.90r.
52 s.o.S.46 (bei Anm.20).
53 s.o.S.116.
54 Summa Cod.Paris.Nat.lat.15747 fol.90r.

vorliegt, so auch hier. Das ist wahr. - Unbeschadet des Frie-
dens der Lehrer antworte ich deshalb folgendermaßen: Ich sage,
daß ein Mensch sich einem Menschen gegenüber verpflichtet (se
obligat), wenn er ihm ein solches Versprechen gibt (sic promittendo illi). Und wenn das Werk folgt, hinsichtlich dessen er
ihm das Versprechen gibt, so kann ich wahrheitsgemäß sagen,
daß jener bei ihm verdient hat. Wenn der Herr aber einem Menschen eine solche Verheißung gibt (sic promittendo), verpflichtet er sich ihm gegenüber nicht. Da er nämlich der Urheber der
Gesetze ist, kann er durch kein Gesetz verpflichtet werden; und
zwar kann er deshalb nicht verpflichtet werden, weil seine Verheißung bedeutet: etwas in der Vorsehung als unabänderlich
festhalten, was er zu angemessener Zeit tun wird. Das Versprechen des Menschen bedeutet aber: sich durch Worte zu einer
Gegenleistung verpflichten. Ebenso wie also der Mensch nicht
gebunden wäre (non teneretur), der vorhätte, dir Wohltaten zu
erweisen, so ist auch Gott nicht gebunden. Diese Lösung stammt
aus der Glosse zum Anfang des Titusbriefes[55]. Da also Gott dem
Menschen gegenüber durch eine solche Verheißung nicht verpflichtet ist, verdient der Mensch bei ihm auch nicht im richtigen
Sinne (recta ratione merendi). - Demnach scheint es aber, daß
der Herr sich niemandem gegenüber durch eine Verheißung verpflichtet. Doch ganz im Gegenteil: Der Herr verpflichtet sich
den Gerechten gegenüber zur Erstattung des Lohnes für die Liebeswerke. Und das geschieht allein aus seiner Gnade (ex sola sua
gratia). Und aus gutem Grund (merito) verpflichtet er sich ihnen gegenüber, denn wenn sie seine Gnade haben, sind sie jedes
Gutes würdig. Den Sündern gegenüber jedoch kann er sich nicht
verpflichten und muß es nicht. Augustinus sagt nämlich: 'Wer
sich in der Todsünde befindet, ist des Brotes unwürdig, das er
ißt.' Noch viel weniger (ist er dessen würdig), daß der Herr

---

55 Gaufrid hat bei diesem Verweis speziell seine Definition
"promittere est in providentia fixum habere, quod habet congruo
tempore facere" im Auge, für die sich in der Glossa ordinaria
zu Tit.1,2f Anklänge (fixus, congruus) finden: "'Promisit': Sed
quomodo promisit, dum nondum homines essent, quibus promitteret,
quae in eius aeternitate et in ipso verbo eidem coaeterno iam
praedestinatione fixum erat, quod suo tempore futurum erat?
Promisit ergo ante tempora, quae in se aeterno fixerat, antequam tempus esset, quod cum creaturis coepit. Non enim possumus
dicere fuisse aliquod tempus, quando deus nondum fecerat aliquid. 'Ante tempora': non recens promissio, sed ante tempora
omnium saeculorum; et ut certius sit, 'manifestavit' congruis
'temporibus suis verbum', id est filium. Haec est vita aeterna."

126

ihm gegenüber verpflichtet wird."[56]

Man kann diesen Text in drei Abschnitte einteilen: Der erste
handelt von der adjunktiven und konditionalen Interpretation
des 'si'. Der zweite betrifft die Verheißung Gottes, sofern sie
keine Selbstverpflichtung Gottes enthält. Im dritten ist von
der Verheißung Gottes als Selbstverpflichtung die Rede. Wenden
wir uns nun zunächst einer Analyse des ersten Abschnitts zu.
Um die von Gaufrid abgelehnte Meinung der zeitgenössischen magistri zu verstehen, muß man fragen, was mit den Begriffen
adiunctive und condicionaliter gemeint ist. Nützlich ist hier
eine Äußerung Odo Rigaldis in seinen Quästionen zu dem von ihm
als wahr bezeichneten Satz: "Omni facienti quod in se est deus
facit similiter quod in se est." Nicht aus jedem wahren Satz
könne man ein notwendiges Argument machen, sondern allein aus
Bedingungssätzen (ex solis condicionibus); und das deshalb,
weil das Vorausgehende auch die Ursache (causa) für das Nachfolgende sein müsse, was hier, d.h. bei dem Satz über das facere quod in se est, nicht der Fall sei.[57] Unter einer condicio

---

56 "Solent dicere magistri nostri, quod in talibus locu-
tionibus haec dictio 'si' tenetur adiunctive, non condicionaliter, et ita iste, qui alios convertit, non meretur, ut a domino convertatur in secunda sumptione verbi merendi, quia non
dicit dominus hic condicionaliter sed adiunctive. Et ubi est
meritum, oportet, quod sit opus cum condicione. Eo modo respondent ad rationem prius inductam. Sed contra: Sicut illa condi-
cionalis non est necessaria, qua dicit dominus: 'Si converteris, convertam te' (Ier.15,19), ita nec est ista necessaria,
quando homo dicit: Si servieris mihi, dabo tibi equum. Ergo
sicut ibi ponitur adiunctive, ita et ibi. Quod verum est. -
Ideo salva pace magistrorum sic respondeo: Dico, quod homo se
obligat homini sic promittendo illi. Et consequente opere, pro
quo promittit ei, vere possum dicere, quod apud ipsum meruit.
Sed dominus sic promittendo homini non se obligat illi. Cum
enim auctor sit legum, nulla lege potest obligari. Vel ideo
non potest obligari, quia suum promittere est in providentia
fixum habere, quod habet congruo tempore facere. Promittere
autem hominis est verbis ad reddendum se obligare. Sicut ergo
homo non teneretur, si haberet in proposito tibi benefacere,
sic nec deus teneretur (richtig: tenetur). Et haec solutio eli-
citur de Glossa, quae est in principio epistulae Ad Titum.
Cum igitur deus non sit homini obligatus tali promissione, nec
homo meretur apud ipsum recta ratione merendi. - Sed videtur
secundum hoc, quod dominus nulli se obligat promittendo ei.
Immo dominus se obligat iustis ad reddendum praemium pro operibus caritatis. Et hoc est ex sola sua gratia. Et merito se eis
obligat, quia, cum gratiam eius habeant, omni bono sunt digni.
Sed peccatoribus non potest se obligare nec debet. Sicut enim
dicit Augustinus: 'Quicumque est in mortali, indignus est pane
quo vescitur.' Multo minus, ut dominus ei obligetur." Summa
Cod.Paris.Nat.lat.15747 fol.90r; zit. bei Landgraf, Die Vorbereitung auf die Rechtfertigung, 262 Anm.67.
57 s.u.Anm.240.

versteht Odo Rigaldi also an dieser Stelle eine Bedingung, die zugleich Ursache der Folgeerscheinung und in diesem Sinne notwendig ist[58].

Der Sprachgebrauch der magistri ist von daher so zu interpretieren: Ein konditionales Verhältnis liegt dann vor, wenn das eine aus innerer Notwendigkeit heraus Ursache des anderen ist; ein adjunktives Verhältnis dagegen ist dann gegeben, wenn das eine zwar Voraussetzung des anderen ist, aber nicht auf Grund einer ontisch begründeten Ursache-Folge-Relation, sondern lediglich auf Grund einer äußeren Zuordnung. Damit verbindet sich nun das Verdienstproblem. Nach Auffassung der magistri besteht das meritum in einem "opus cum condicione", d.h. die Leistung muß durch ihre Qualität eine bestimmte Belohnung verursachen und so deren ontologisch notwendige Bedingung sein[59]. Aus diesem Verdienstbegriff ergibt sich für die magistri die Konsequenz, daß Ier.15,19 ("Si converteris, convertam te") nicht eine Verdienbarkeit der prima gratia belegt[60]. Sei doch das si hier nicht im konditionalen, sondern nur im adjunktiven Sinne zu verstehen, da die bekehrende Tätigkeit des Predigers seine eigene Bekehrung durch Gott nicht verursacht, sondern ihr nur faktisch vorausgeht. Offensichtlich wird, wie Landgraf bemerkt, in dieser Lösung ein Versprechen Gottes vorausgesetzt,

---

58 Zur Gleichsetzung von condicionaliter und causaliter und der Konfrontation mit einer nur adjunktiven Verbindung ist eine Äußerung von Petrus Cantor zu Lc.7,47 ("Remittuntur ei peccata multa, quoniam dilexit multum") zu vergleichen: "Unde dicit: 'Remittuntur ei peccata multa, quoniam dilexit multum', acsi diceret: Dilectio est causa remissionis. Sed ad hoc dicebat M(agister) G(ilbertus), quod haec dictio 'quoniam' adiunctiva coniunctio est, non causalis, acsi diceret: 'Dimissa sunt ei peccata multa', et quomodo hoc sciri potest? 'Ex quo dilexit multum'." Kommentar zur Evangelienharmonie Clm 7937 fol.162a; zit. bei Hödl, Die Geschichte, 314f Anm.8. Diese Stelle läßt vermuten, daß die Unterscheidung condicionaliter (causaliter) - adiunctive aus der Schule Gilberts de la Porrée stammt und daß Gaufrid hier bei den "magistri nostri" an Porretaner denkt. Dies würde auch gut zur kritischen Auseinandersetzung des Porretaners Laborans mit der Kausalitätsvorstellung im Rahmen des Verdienstgedankens (s.o.S.63) passen. Der "adiunctiva coniunctio" entspräche dann bei ihm der Aspekt der causa adminiculans und seine Begründung durch den ordo-Gedanken.
59 Dieses Kausalitätsverständnis verband auch Kardinal Laborans mit seinem dem ius civile entnommenen Verdienstbegriff. s.o.S.45.
60 Der Ausdruck "secunda sumptio verbi merendi" bezieht sich offensichtlich auf die vorausgegangene Unterscheidung zwischen adjunktiver und konditionaler Bedeutung des 'si' und bezeichnet somit das strenge Verdienst in Gestalt des condicionaliter mereri.

welches das adjunktive Verhältnis zwischen "si converteris" und "convertam te" erst konstituiert[61].

Gaufrid von Poitiers ist wie die magistri der Meinung, daß Ier.15,19 kein Beweis für die Verdienbarkeit der Rechtfertigung ist. Er akzeptiert aber nicht ihre auf der Unterscheidung zwischen adjunktivem und konditionalem si aufgebaute Argumentation. Wenn der Jeremiavers nur im adjunktiven Sinn zu verstehen ist, was auch er annimmt, dann ist das für ihn noch kein Argument gegen eine meritorische Bedeutung, da er auch im zwischenmenschlichen Bereich durch ein nur adjunktives Verhältnis zwischen Leistung und Gegenleistung ein meritum nicht ausgeschlossen findet. So besteht zwischen einer bestimmten Dienstleistung und ihrer Belohnung durch ein Pferd kein innerlich notwendiger Zusammenhang, da - so ist Gaufrids Argumentation gedanklich zu ergänzen - die Dienstleistung auch anders belohnt werden und das Pferd auch als Belohnung für eine andere Arbeit dienen könnte. Trotzdem ist hier von einem Verdienst zu sprechen: "Vere possum dicere, quod apud ipsum meruit." Gaufrid begrenzt also den Verdienstbegriff nicht wie die magistri auf eine streng konditionale Situation, sondern öffnet ihn auch grundsätzlich für adjunktive Beziehungen. Das bedeutet: Der konditionale oder adjunktive Charakter des si ist völlig unerheblich, wenn es um die Frage nach der Möglichkeit eines Verdienstes geht. Sowohl in Ier.15,19 als auch in dem Beispiel des Pferdes geschieht die Adjunktion durch eine promissio, doch eröffnet diese im zweiten Fall eine Verdienstmöglichkeit, während im ersten Fall ein meritum ausgeschlossen ist. Damit stellt sich für Gaufrid die Frage nach der Funktion der promissio. Eine Differenzierung innerhalb des promissio-Begriffs muß zeigen, warum nicht jedes Versprechen ein Verdienst ermöglicht, weshalb also Ier.15,19 nicht die Verdienbarkeit der ersten Gnade beweist.

Im zweiten und dritten Abschnitt unseres Textes entwickelt Gaufrid einen doppelten promissio-Begriff, der sich in ähnli-

---

61 Zur Frage, wen Gaufrid mit den "magistri nostri", denen er diese Lösung zuschreibt, im Auge hat, vgl. unsere Vermutung o.Anm.58. Die beiden Texte, die Landgraf (Die Vorbereitung auf die Rechtfertigung, 261f Anm.66) als Parallelen anführt, zeige: lediglich eine sehr entfernte gedankliche Berührung mit der Meinung der "magistri nostri". Weder ist in ihnen von Ier.15, 19 die Rede, noch verwenden sie die Unterscheidung zwischen adjunktivem und konditionalem si.

cher Weise bereits bei Stephan Langton findet[62]. Die eine Form
der Verheißung impliziert eine Selbstverpflichtung des Verheißenden und schafft somit die Möglichkeit eines Verdienstes
für den Adressaten der Verheißung. Die andere Form der Verheißung besteht in der Kundgabe eines unwandelbaren Vorhabens,
ohne eine Selbstverpflichtung des Verheißenden zu enthalten.
Dem Verheißungsempfänger ist darum auch keine Möglichkeit zum
Verdienen gegeben. Gaufrid entfaltet diese zwei Arten der promissio zunächst - d.h. im zweiten Textabschnitt - als Verheißung des Menschen und als Verheißung Gottes, wobei er speziell
an das Beispiel des versprochenen Pferdes und die Bekehrungs-
problematik des Jeremiaverses denkt. Während der Mensch durch
sein Versprechen eine Verpflichtung eingeht, ist Gottes Verheißung frei von einer Selbstbindung: "Sed dominus sic promittendo homini non se obligat illi." Die Begründung lautet:
Gott, der Urheber der Gesetze, kann selbst durch kein Gesetz
verpflichtet werden.

Dies ist eine grundsätzliche Aussage zum Thema Freiheit und
Bindung Gottes, die wir in anderer Form bereits bei Kardinal
Laborans[63] und in Cod.Paris.Nat.lat.686[64] kennengelernt haben.
Zurückgewiesen wird hier der Gedanke einer Fremdbestimmung Gottes, die seiner frei verfügenden Souveränität widerspräche.
Wird aber damit auch die Möglichkeit einer freien Selbstbindung
Gottes, die gerade in der promissio stattfinden könnte, ausgeschlossen? Wie der dritte Textabschnitt zeigt, gibt es für
Gaufrid durchaus den Fall einer Selbstverpflichtung Gottes. Beweist demnach dieser Satz "nulla lege potest obligari" in Gaufrids Augen keineswegs die generelle Unmöglichkeit einer obligatio Gottes, so kann er auch nicht als alleinige Erklärung
dafür dienen, weshalb Gott sich durch manche Verheißungen nicht
bindet. Gaufrid führt deshalb noch eine weitere Begründung an,
die den Charakter der göttlichen Verheißung näher beschreibt.
Dieses promittere, wie es Gaufrid etwa in Ier.15,19 findet, sei
nicht wie das menschliche gleichbedeutend mit einem "verbis ad
reddendum se obligare", sondern sei zu beschreiben als "in
providentia fixum habere, quod habet congruo tempore facere".

---

62 s.o.Anm.19.
63 "Non enim cunctipotens bonitas ... forinsecis causis
obstringitur." Vgl.o.S.50 Anm.40.
64 "Deus nullius meriti debito astringitur." s.o.S. 66 (bei
Anm.90).

Es handelt sich um den unabänderlichen Plan Gottes, der seine
fest programmierten geschichtlichen Konsequenzen haben wird,
wobei die Unfehlbarkeit der göttlichen Providenz nicht einer
Verpflichtung gegenüber den Menschen gleichkommt und somit keine Ansprüche von seiten des Menschen begründet. Entscheidend
für Gaufrid ist folgender Gesichtspunkt: Nicht jedes unwandelbare Vorhaben Gottes bedeutet e o i p s o eine Verpflichtung Gottes, auch dann nicht, wenn es eine heilsgeschichtliche
"Regel", d.h. ein gleichsam gesetzmäßiges Handeln Gottes für
die Zukunft, begründet. Die obligatio Gottes setzt einen ganz
speziellen Modus jenes Vorhabens oder jener heilsgeschichtlichen Fixierung voraus, den wir gleich näher beschreiben werden.

Es wird nun klarer, wie Gaufrid seine Äußerung, daß Gott als
Urheber der Gesetze durch kein Gesetz verpflichtet werden kann,
verstanden haben will. Kein Gesetz oder Vorhaben Gottes, wie
es in den göttlichen Verheißungen promulgiert wird, kann Gott
von sich aus - als notwendig wirksame lex - zu einem bestimmten
Handeln verpflichten. Erst wenn Gott sich in der promissio
ausdrücklich verpflichtet und sie damit zum Akt der freien
Selbstbindung macht, ist sein gültiger Wille Ausgangspunkt einer obligatio und nicht nur Garant einer geschichtlichen Notwendigkeit. So kommt es, daß Gott durch eine Verheißung wie
Ier.15,19, die lediglich auf die bleibende Relevanz seiner
Providenz verweist, nicht verpflichtet ist, was, wie Gaufrid
bemerkt, den falschen Eindruck erwecken könnte, als ob sich der
Herr niemandem gegenüber durch eine Verheißung verpflichtete.
Der promissio-Begriff ist eben offen nach zwei Seiten: Er kann,
aber er muß nicht eine Verpflichtung Gottes enthalten[65]. Die
Antwort Gaufrids auf das Argument, das Ier.15,19 als Beleg für
die Verdienbarkeit der ersten Gnade werten wollte, ist somit
klar. Hat sich Gott durch diese Verheißung nicht verpflichtet,
dann eröffnet sie dem Menschen auch nicht die Möglichkeit eines wirklichen Verdienstes, eines "mereri recta ratione merendi".

Im dritten Teil unseres Textes zeigt Gaufrid, daß es auch
für Gott eine Verheißung gibt, durch die er sich verpflichtet:
"Immo dominus se obligat iustis ad reddendum praemium pro operibus caritatis." In diesem besonderen Fall ist Gottes Verhei-

---

65 Zu dieser Offenheit des promissio-Begriffs vgl. Langton
promissio-Verständnis (s.o.Anm.19).

ßung durchaus vergleichbar mit dem Versprechen eines Menschen,
das Gaufrid ja ebenfalls als "ad reddendum se obligare" beschrieben hat. Den Souveränitätscharakter der göttlichen
Selbstbindung bringt er zum Ausdruck, indem er sie auf die
"sola gratia" Gottes zurückführt, die freilich gerade durch
die Selbstbindung in ein System der vergeltenden Gerechtigkeit
einmündet. Daß die Gerechten das ewige Leben im strengen Sinne
des Wortes oder de condigno verdienen können, daß es für sie
also aus einer ungeschuldeten Gabe ein geschuldeter Lohn werden kann[66], verdanken sie Gottes freier Selbstverpflichtung
durch seine Verheißung. Erst die promissio konstituiert jenes
Obligationsverhältnis zwischen Gott und Mensch, ohne welches
nach Gaufrids Vorstellung eine strikte Verdienstsituation nicht
möglich ist.

So entscheidend also die Rolle ist, die der Selbstbindung
Gottes in der Verdienstlehre Gaufrids zukommt, so deutlich ist
andererseits, daß er sie nicht im exklusiven Sinne gegen das
innere Wertmoment der guten Werke ausspielt. Wir haben bereits
gesehen, welche Bedeutung der caritas-Aspekt für Gaufrids Verdienstbegriff besitzt. Die caritas macht den Christen Gott angenehm und des ewigen Lebens würdig, wobei die Begriffe deo
gratus, dignus und meritorius austauschbar sind. So ist es auch
nicht verwunderlich, daß Gaufrid in unserem Text den Bezug zwischen Selbstverpflichtung Gottes und der durch die caritas oder
gratia geschenkten Würdigkeit der Gerechten deutlich zur Sprache bringt. Gott verpflichtet sich deshalb zur Belohnung des
Gerechtfertigten, weil er bei der Verheißung dessen innere Dignität vor Augen hat. So interpretieren wir den Satz: "Et merito se eis obligat, quia, cum gratiam eius habeant, omni bono
sunt digni." Der Begriff 'merito' ist mit 'begründetermaßen'
oder 'mit gutem Grund' zu übersetzen, d.h. Gottes Selbstbindung
ist kein total kontingentes Geschehen, sondern hat einen ontischen Grund. Sie ist freie, aber darum nicht grundlose Entscheidung.

Interessant ist der Gedanke Gaufrids, daß Gott sich den
Sündern gegenüber nicht verpflichten kann und muß. Daß er es
nicht muß, ist selbstverständlich; daß er es aber auch nicht
können soll, ist auf den ersten Blick frappierend, wird aber

---

66   s.o.Anm.46.

aus dem Kontext verständlich. Bei den Sündern fehlt eben jene ontische Grundlage in Gestalt des immanenten Wertelements, die Gott zur Selbstverpflichtung gegenüber den Gerechtfertigten motiviert. Fassen wir zusammen: Der spezielle Modus der promissio, der zu einer Verpflichtung Gottes führt, besteht in einer freien S e l b s t verpflichtung Gottes, die die gnadengeschenkte Würdigkeit des Menschen voraussetzt. Eine Selbstverpflichtung Gottes gegenüber dem Todsünder ist undenkbar[67].

Das Gesagte wird noch verdeutlicht, wenn wir eine weitere Stelle aus Gaufrids Summe zu Rate ziehen, wo nun auch ausdrück-

---

67 Auch Landgraf (Die Vorbereitung auf die Rechtfertigung, 261f) kommt auf den hier behandelten Text aus Gaufrids Summe zu sprechen und bemerkt dazu: "Er (sc. Gaufrid - d.Verf.) untersucht dann noch das Schriftwort: Si converteris, convertam te. Die nach seiner Aussage zu seiner Zeit gebräuchliche Lösung war, daß hier das si adjunktiv und nicht konditional zu nehmen sei, und so derjenige, der andere bekehrt, nicht schon damit verdiene, auch selber bekehrt zu werden. In dieser Lösung wird ein Versprechen Gottes vorausgesetzt. Gaufrid ist nicht damit einverstanden. Er löst dahin, daß sich Gott im Gegensatz zum Menschen überhaupt durch kein Versprechen verpflichten könne." Diese Darstellung ist weniger erhellend als Mißverständnisse fördernd. So wird nicht klar, worin der eigentliche Differenzpunkt zwischen Gaufrid und den "magistri nostri" besteht, nämlich in der Frage, ob die Unterscheidung zwischen adjunktiv und konditional für eine richtige, gegen die Verdienbarkeit der prima gratia gerichtete Interpretation von Ier.15,19 tragfähig ist. Daß die magistri in ihrer Lösung ein Versprechen Gottes voraussetzen, ist für Gaufrid kein Stein des Anstoßes, da auch er Ier.15,19 als göttliche promissio wertet. Wichtig ist aber folgende Beobachtung: Die magistri unterscheiden offensichtlich zwischen einer adjunktiven und einer konditionalen Form der Verheißung. Gaufrid hingegen kennt nur eine adjunktive Verheißung, die aber im einen Fall ohne, im anderen Fall mit einer Selbstverpflichtung des Verheißenden einhergeht:

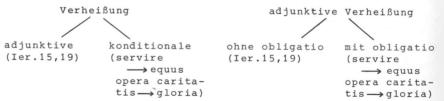

Magistri: Gaufrid:

Verheißung   adjunktive Verheißung

adjunktive   konditionale   ohne obligatio   mit obligatio
(Ier.15,19)   (servire   (Ier.15,19)   (servire
           →equus   →equus
           opera carita-   opera carita-
           tis→gloria)   tis→gloria)

Die Lösung Gaufrids besteht also nicht, wie Landgraf meint, darin, "daß sich Gott im Gegensatz zum Menschen überhaupt durc kein Versprechen verpflichten könne". Sagt er doch nicht: "Dominus promittendo homini non se obligat illi", sondern: "Dominus s i c promittendo homini non se obligat illi", wobei sich das sic speziell auf Ier.15,19 bezieht. Gaufrid wendet sich ja gerade ausdrücklich gegen das Mißverständnis, daß sich Gott dem Menschen gegenüber durch seine Verheißungen grundsätzlich nicht verpflichte. Die Lösung Gaufrids besteht vielmehr in der Differenzierung der adjunktiven promissio.

lich von einem mereri de condigno die Rede ist. Gaufrid bemerkt hier zur Situation des Todsünders: "Ich sage: Wenn du dich dessen unwürdig machst, von mir zu empfangen, was ich versprochen habe, so wäre ich nicht verpflichtet (non tenerer), mein Versprechen zu erfüllen. Da sich nun jeder, der in der Todsünde ist, unwürdig macht, etwas von ihm (sc. Gott) zu erhalten, so ist dieser nicht verpflichtet, ihm etwas zu geben. Aus diesem Grund sage ich: Niemand, der im Zustand der Todsünde ist, kann etwas de condigno verdienen."[68] Der Gesichtspunkt der Selbstbindung Gottes kommt hier ebenso zur Geltung wie die Bedeutung der inneren Würdigkeit des Menschen. Gott verpflichtet sich durch seine Verheißung, den Würdigen zu belohnen, eröffnet ihm somit die Möglichkeit eines meritum de condigno. Der Todsünder erweist sich als unwürdig und stellt sich somit außerhalb des Obligationsverhältnisses zwischen Gott und Mensch.

3. Das restriktive Verständnis der Selbstbindung Gottes

Die Untersuchung der Verdienstlehre Gaufrids von Poitiers führt uns zu dem Schluß, daß Gaufrid dem Aspekt der freien Selbstbindung Gottes wie Stephan Langton keine exklusive, sondern eine restriktive Funktion gegenüber der Rolle des inneren Wertelements gibt. Zeigte sich bei Stephan Langton noch eine gewisse Affinität zur exklusiven Tradition, vor allem in der Gegenüberstellung des "debere ex natura operis" und des "debere ex benignitate promittentis", so fehlen bei Gaufrid solche exklusiven Wendungen, die eine andere Quelle der Bindung Gottes als seine eigene freie Selbstverpflichtung betont zurückweisen[69]. Um so weitreichender ist in seinen Augen der Einfluß,

---

68 "Dico, quod si te indignum faceres recipiendi a me quod promiseram, non tenerer dare. Cum ergo quilibet exsistens in mortali indignum faciat se accipiendi aliquid ab eo, non tenetur ei dare. Hac ratione dico, quod nullus exsistens in mortali meretur aliquid de condigno." Summa Cod.Brügge Bibliothèque de la ville lat.220 fol.82r; zit. bei Landgraf, Die Vorbereitung auf die Rechtfertigung, 277 Anm.38.

69 Nach Landgrafs Darstellung (Die Bestimmung des Verdienstgrades, 95 Anm.59) findet sich auch bei Gaufrid von Poitiers die Lehre Langtons, "daß die Forderung eines Lohnes sich nicht auf die Natur des Werkes, sondern lediglich auf ein Versprechen Gottes stützt". Doch konnten wir diese Lehre an der von Landgraf angegebenen Stelle von Gaufrids Summe (Cod.Paris. Nat.lat.15747 fol.42v) nicht finden, was bei den fast immer exakten Folioangaben Landgrafs wohl weniger durch einen

134

den die durch Gottes eingegossene Gnade verliehene Würdigkeit
des Menschen auf die Verdienstlichkeit der opera caritatis hat.
Langton erklärte den verpflichtenden Charakter dieser Werke,
der ihre Kondignität ausmacht, allein aus der Selbstbindung
Gottes durch die promissio. Auch für seinen Schüler Gaufrid ist
dies der entscheidende Gesichtspunkt, wenn er die Möglichkeit
eines Verdienstes im strengen Sinne, des meritum de condigno,
begründen will. Über der Bindung Gottes steht das ex sola gratia seiner Selbstverpflichtung. Neu gegenüber Langton ist aber,
daß Gaufrid Selbstverpflichtung Gottes und immanente Dignität
des Gerechtfertigten so eng aufeinander bezieht, daß eine
Selbstverpflichtung gegenüber dem Todsünder als unmöglich erscheint. Der Entscheidungsspielraum Gottes wird somit a priori
durch eine ontische Notwendigkeit eingegrenzt. So hebt Gaufrid
hervor, daß Gottes "se obligare" ein "m e r i t o se obligare" ist, dem ein bestimmtes "non posse se obligare" entspricht
Insofern kann man sagen, daß Gaufrid den obligatorischen Charakter der Verdienst-Lohn-Relation nicht wie Langton allein aus
der Selbstbindung Gottes herleitet, sondern auch aus dem caritas-Aspekt. Man sollte freilich, was das Verständnis der
Selbstbindung Gottes betrifft, den Unterschied zwischen Langton und Gaufrid nicht überbetonen, da der verschiedene Kontext
ihrer Äußerungen auch zu verschieden pointierten Standpunkten
führen kann, ohne daß in der Sache irgendein Dissens bestünde[70]. Schließlich liegt ja auch nach Gaufrids Sicht der zentrale
Ausgangspunkt für das Obligationsverhältnis zwischen Gott und
Mensch in der Selbstverpflichtung Gottes durch die promissio.

Schreib- oder Druck- als durch einen Interpretationsfehler zu
erklären ist.
    70 Bei Langton kommt die Selbstbindung Gottes im Rahmen der
Frage nach dem quantitativen Verhältnis von Liebe, Werken und
himmlischem Lohn zur Sprache, wobei er - so Landgraf (Die Bestimmung des Verdienstgrades, 95) - "glaubt ... Gott gegen den
Vorwurf der Ungerechtigkeit in Schutz nehmen zu müssen, die
man darin erblicken könnte, daß der gleiche Lohn für jegliche
Zahl verdienstlicher Handlungen gewährt werde". So ergibt es
sich, daß er die "benignitas promittentis" gegen die "natura
operis" ausspielt. Gaufrid dagegen stößt bei der Frage nach der
Verdienbarkeit der ersten Gnade auf das Problem der Selbstverpflichtung Gottes und so auch auf den Aspekt der Selbstverpflichtung Gottes durch die Verheißung des himmlischen Lohnes.
Dabei betont er natürlich, um die Situation des Gerechten von
der des Sünders abzuheben, die Rolle des immanenten Wertmoments
der gratia, während eine Frontstellung gegen die natura operis
durch die Fragestellung nicht provoziert ist.

Damit wird die Funktion der gratia-caritas für die Begründung
der Verdienbarkeit des ewigen Lebens deutlich zugunsten der
Extra-Dimension der promissio eingeschränkt, so daß wir hier
von einem restriktiven Verständnis der Selbstbindung Gottes
sprechen dürfen.

V. Wilhelm von Auvergne

Zu den Theologen, die in ihrer Verdienstlehre den Gedanken einer freien Selbstbindung Gottes im restriktiven Sinne anwenden,
gehört auch Wilhelm von Auvergne (gest.1249), ein Zeitgenosse
Gaufrids von Poitiers und wie dieser Professor der Theologie
an der Universität Paris, bevor er 1228 Bischof von Paris wurde, der freilich Gaufrid an Bedeutung und Einfluß bei weitem
überragt. Während Gaufrid noch ganz in der theologischen Land-
schaft der Frühscholastik beheimatet ist, steht Wilhelm von
Auvergne geistig am Übergang von der Früh- zur Hochscholastik.
  Dieser Umbruch in Theologie und Philosophie, der sich in
den ersten Jahrzehnten des 13. Jahrhunderts vollzog, wurde vor
allem durch das Bekanntwerden neuer aristotelischer Tradition
- der Metaphysik, der ethischen und der naturphilosophischen
Schriften - neben den bereits im 12. Jahrhundert bekannten logischen Schriften des Aristoteles ausgelöst[71]. Die zahlreichen
Aristotelesverbote des 13. Jahrhunderts, die von 1210 bis 1263
reichen[72], konnten nicht verhindern, daß auch die verbotenen
Werke des Aristoteles in den lateinischen Übersetzungen schnell
Eingang in den Wissenschaftsbetrieb der Universität fanden. Die
entscheidende Wende zugunsten einer umfassenden Aristotelesrezeption vollzog sich 1231. Das in diesem Jahr durch Papst Gregor IX. ausgesprochene Verbot besagte nämlich, daß die aristotelischen libri naturales nur so lange in Paris nicht verwendet
werden sollten, bis sie geprüft und von allen Irrtümern ge-
reinigt worden seien[73]. Kurz darauf betraute der Papst ein
Dreierkollegium unter der Führung Wilhelms von Auxerre mit
der Aufgabe, einen "bereinigten" Aristoteles herauszugeben[74].

---

  71 s. van Steenberghen, Aristotle in the West, 59-88; Geyer,
Die patristische und scholastische Philosophie, 342-349.
  72 s. Geyer, aaO 350f.
  73 s. Denifle/Chatelain, Chartularium Universitatis Parisiensis I, 136-139 n.79.
  74 s. Denifle/Chatelain, aaO 143f n.87.

Mit dieser Einsetzung einer Aristoteleskommission ergriff - so
Breuning[75] - die kirchliche Autorität nach den rein defensiven
Versuchen von 1210 und 1215 "zum erstenmal die Initiative" und
gestand "dem Aristoteles ein - wenn auch noch eingeschränktes -
Heimrecht in der kirchlichen Wissenschaft" zu. Als Folge ergibt sich nach Geyers Urteil[76] die Tatsache, "daß seit 1231
durch die angesehensten kirchlichen Lehrer die sämtlichen
Schriften des Aristoteles mit Einschluß der Physik kommentiert
zu werden begannen, und daß 1255 an der Pariser Universität
alle bekannten Schriften des Aristoteles nebst der Metaphysik
und Physik offiziell in den Kreis der Unterrichtsgegenstände
der Facultas artium aufgenommen wurden".

Wir erwähnen dies deshalb, weil die Konsequenzen der Ari-
stotelesrenaissance auch in der theologischen Verdienstlehre
jener Zeit deutlich werden und weil wir den Beginn dieses Einflusses, der die traditionelle Verdienstlehre verändert, genau
feststellen wollen. In der Summe Gaufrids von Poitiers (1213-
1215) konnten wir noch keine aristotelische Färbung des Verdienstgedankens finden, während wir in der Summe des Dominikaners Roland von Cremona (entstanden kurz nach 1234)[77], der wir
uns unten eingehend widmen wollen, deutlich den Einfluß des
"neuen" Aristoteles auf die Verdienstlehre erkennen[78]. Das
Hauptwerk Wilhelms von Auvergne, das Magisterium divinale, wurde nach Kramp zwischen 1223 und 1240, der darin enthaltene
Traktat De meritis et retributionibus zwischen April 1228 und
1231 verfaßt[79]. Glorieux hingegen datiert den gesamten Komplex
De virtutibus et vitiis, ein Teilstück des Magisterium divinale, an dessen Ende der Verdiensttraktat steht, in den Zeitraum
vor 1228[80]. Auf jeden Fall dürfte dieser nach der Summe Gaufrids und vor der Summe Rolands entstanden sein.

Wilhelm von Auvergne war ein Mann des Übergangs. Einerseits
ist sein Magisterium divinale als apologetisches Werk zu verstehen, mit dem Wilhelm das neuplatonisch-augustinische Erbe
gegen das Eindringen des Aristotelismus zu verteidigen sucht[81].

---

75 Breuning, Die Hypostatische Union, 2f.
76 Geyer, Die patristische und scholastische Philosophie,
351.
77 Zur Datierung von Rolands Summe s.u.S.280f.
78 s.u.S. 288f.
79 Kramp, "Magisterium Divinale", 1921, 78.
80 Glorieux, Répertoire I, n.141j/o.
81 Vgl. Heinzmann, Zur Anthropologie, 27.

Andererseits sind auch bei ihm die Einflüsse der aristotelischen, arabischen und jüdischen Philosophie unverkennbar[82]. In
seiner Lehre vom Verdienst konnten wir allerdings keine Spuren
einer Aristotelesrezeption entdecken, was durchaus mit dem Urteil Landgrafs übereinstimmt, daß Wilhelm in der Gnadenlehre
"einer der letzten Ritter der Frühscholastik" sei[83]. Doch obwohl sich die Verdienstlehre des Wilhelm von Auvergne in traditionellen Bahnen bewegt, sollte man in ihr weniger einen Aus-
klang der frühscholastischen Entwicklung als vielmehr ein wichtiges Bindeglied zwischen frühscholastischer und franziskanischer Theologie sehen. Was Wilhelm über das Verdienst zu sagen
hat, ist nicht das Werk eines Epigonen, sondern die originelle
Leistung eines Mannes, der sich mit den Positionen der Vergangenheit und Gegenwart kritisch auseinandersetzt und neue Lösungen anbietet oder alte neu begründet. Dies erklärt seine
Nachwirkung in der Franziskanerschule[84], die sich ja ebenfalls
als Hüterin der augustinischen Tradition gegenüber der aristotelischen Überfremdung der Theologie versteht, ohne daß auch
sie sich dem Einfluß des Aristoteles entziehen kann.

Unsere Aufgabe besteht nun in der Interpretation jenes Kapitels aus dem Magisterium divinale, das in der Ausgabe von
Orléans 1674 als eigener Traktat De meritis aufgeführt wird[85]
und nach Kramps Einteilung der erste Teil des Traktats De meritis et retributionibus sanctorum ist[86]. In diesem Kapitel legt
Wilhelm zunächst den Begriff des Verdienstes und die verschiedenen Verdienstarten dar, wobei er auch die Frage nach der Verdienbarkeit der Gnade durch den Sünder berührt. Er wendet sich
dann der Frage zu, ob sich der Mensch "ex solis naturalibus"
Verdienste erwerben kann, und zeigt hier vor allem die Verbin-

---

82 s. Geyer, Die patristische und scholastische Philosophie, 364; Heinzmann, Wilhelm von Auvergne, 1127; Vernet,
Guillaume d'Auvergne, 1971.
83 Landgraf, Der Traktat De errore Pelagii, 180. Ob freilich das Fehlen eines aristotelischen Einflusses auf die Verdienstlehre zu diesem Urteil berechtigt, werden wir unten in
Frage stellen; s.u.S. 158f.
84 Auf die Bedeutung Wilhelms für die Franziskanerschule
weisen schon die seitenlangen wörtlichen Übereinstimmungen
zwischen der Summe Alexanders von Hales und Wilhelms Magisterium divinale; s. Kramp, "Magisterium Divinale", 1920, 538.
Vgl. auch Longprê, Guillaume d'Auvergne et l'Ecole Franciscaine de Paris, 426-429.
85 Wilhelm von Auvergne, Opera omnia I 310-315.
86 Kramp, "Magisterium Divinale", 1920, 569.573.

dung zwischen amor naturalis und bona naturalia. Anschließend
behandelt er die Frage, ob der Mensch die himmlische Glorie
verdienen kann und welchen Wert die guten Werke neben dem Besitz der Gnade haben, widmet sich dann dem Problem des Verdienstes für andere und berührt schließlich kurz folgende Themen:
die Gemeinschaft zwischen Gott und Mensch beim Zustandekommen
der Gnadenwerke, das 'ex caritate' als Bedingung des Verdienstes, der Tugendschmuck und die drei Vollkommenheiten - recti-
tudo, bonitas, veritas - der guten Werke. Bei der Darstellung
der Verdienstlehre Wilhelms von Auvergne wollen wir uns an
diesen Aufbau des Traktats halten und daher folgende Aspekte
in der vorgegebenen Reihenfolge bearbeiten: 1. Wesen und Arten
des Verdienstes. 2. Die prima gratia als Gegenstand des Verdienstes. 3. Die bona naturalia als Gegenstand des Verdienstes.
4. Die gloria als Gegenstand des Verdienstes. Die restlichen
von Wilhelm angeschnittenen Themen können wir teils völlig
übergehen, teils unter diesen vier Gesichtspunkten berücksichtigen.

1. Verdienstbegriff

a) Das Wesen des Verdienstes. Die Hervorhebung des gratis-
Moments
Wilhelm von Auvergne eröffnet seine Darstellung der Verdienstlehre mit einer Definition des Verdienstbegriffs: "Meritum ergo
proprie et rectissima diffinitione obsequium est retributionis
obligatorium, hoc est quod recipientem sive illum, cui impen-
ditur, retributionis efficit debitorem."[87] Der entscheidende
Gesichtspunkt in dieser Definition ist die Erklärung des Verdienstes durch den verpflichtenden Charakter der Leistung bzw.
durch die entstandene Schuldnerschaft des Empfängers. Das ist
durchaus traditionell, darf man doch annehmen, daß die Gleichsetzung von 'mereri' und 'facere de indebito debitum' zu Beginn
des 13. Jahrhunderts allgemein gebräuchlich war[88]. Wir fanden
sie z.B. auch bei Stephan Langton[89] und Gaufrid von Poitiers[90].
    Interessant ist freilich, daß das Verpflichtungsmoment in
den Augen Wilhelms nicht ausreicht, um die Entstehung eines ei-

---

87 I 310 aF.
88 s.u.S.440f.
89 s.o.Anm.18.
90 s.o.Anm.46.

gentlichen Verdienstes hinreichend zu begründen. Hinzukommen
muß für ihn, daß die Leistung umsonst, nicht um des Lohnes,
sondern um des Belohnenden willen dargebracht wird. Wörtlich
sagt er: "Unentgeltlichkeit (gratia) und Verdienst laufen miteinander, so daß man ein eigentliches Verdienst nur dem zuschreiben kann, der es unentgeltlich (per gratiam) verrichtet,
d.h. seinen Dienst umsonst (gratis) erweist, aber nicht dem,
der seine Dienstleistung verpachtet oder für sie einen bestimmten Preis festsetzt."[91] Zwischen Käufer und Verkäufer hat darum, wie Wilhelm eigens hervorhebt, das Verdienst keinen Platz,
obgleich der Käufer dem Verkäufer die Bezahlung schuldig ist,
ebensowenig wie der Tagelöhner streng genommen verdient, wenn
er seine Leistungen nur um des eigenen Vorteils willen erbringt
und so seinem Herrn nur äußerlich, aber nicht proprie, intus
oder ad interius dient[92]. So ist auch vor Gott dem Menschen
nur dann ein Verdienst möglich, wenn er ihn durch selbstloses
Dienen zur Belohnung verpflichtet; allein durch Werke, die
propter deum geschehen, wird Gott Schuldner des Menschen[93].

Diese Interpretation des Verdienstes als "obsequium gratis
impensum" geht offensichtlich auf Wilhelm von Auxerre zurück,
der in seiner Summa aurea (wahrscheinlich 1222-1225) das Verdienst als "servitium deo gratis exhibitum" oder "servitium
gratis et cum dilectione impensum" bezeichnet, daneben aber auch

---

91 Gratia igitur et meritum simul currunt, ita ut mereri
proprie non dicatur, nisi qui per gratiam praestat, hoc est
qui gratis impendit obsequium, non qui elocatum aut certo pre-
tio praetaxatum." I 310 aF.
92 "Inter emptorem et venditorem meritum locum non habet."
I 310 aF. "Apparet igitur evidenter, quia mercennarius proprie
nihil meretur, sicut neque venditor in eo quod venditor, et
quod dicitur: 'Meretur mercedem suam', non alio intellectu dicitur, nisi quia facit opere suo vel servitio illam sibi deberi." I 310 aG. "Mercennarius cum propter semetipsum solummodo
operas suas impendit domino, id est propter mercedem solam,
quam sibi soli amat et quaerit, manifestum est, quoniam non
domino servit proprie, id est intus et ad interius, sed foris
tantum, sibi autem soli intentione et principali voluntate."
I 310 bF.
93 "Nisi enim gratis impensum fuerit obsequium, recipientem
retributionis non faciet debitorem, quoniam nec locum habebit
ibi retributio ... Qui ergo deo serviunt ex timore solo, hoc
est propter hoc solum, ut aeterna effugiant supplicia, nullam
deo praestant gratiam, nulla ex hoc debetur retributio." I 310
aH/bE. "Cum igitur nec propter deum vel haec dimittant vel
illa faciant, in nullo sibi ad retribuendum deum obligant; illi
enim servit unusquisque, propter quem servit, et illi fit unum-
quodque, propter quod fit." I 310 bF.

wie Wilhelm von Auvergne die Definition "facere de indebito
debitum" verwendet[94]. Beide Theologen konstatieren nicht einfach die obligatorische Wirkung der verdienstlichen Leistung,
sondern nennen mit dem gratis-Moment zugleich den speziellen
Ausgangspunkt dieser Wirkung, der das Wesen jedes Verdienstes
ausmacht. Das Proprium des Verdienstes liegt also weniger in
dem Verpflichtungsmoment als vielmehr in dem präzisierenden
gratis-Moment. Es ist daher nicht verwunderlich, daß Hugo von
St.Cher in Buch II dist.28 seines Sentenzenkommentars, der
wohl erst nach Wilhelms von Auvergne Traktat De meritis et retributionibus sanctorum entstanden sein dürfte[95], bei der Definition und näheren Beschreibung des Verdienstes das Verpflichtungsmoment ganz außer Acht läßt, hingegen das gratis-
Moment breit entfaltet. So schreibt er beispielsweise: "Das
Verdienst ist eine unentgeltlich erwiesene Dienstleistung (obsequium gratis impensum). 'Unentgeltlich erwiesen' wird diese
aber genannt, wenn sie nicht geschuldetermaßen oder als Ware
oder um des eigenen Vorteils willen geschieht. Daher verdient
derjenige, welcher seinem Gläubiger die Schuld zurückerstattet,
nichts bei ihm noch verdient der Verkäufer etwas beim Käufer,
ebensowenig wie der Winzer im Weinberg wirklich etwas verdient
im obengenannten Sinn des Begriffes 'Verdienen'; dient er doch
nicht unentgeltlich dem Herrn des Weinbergs, sondern vielmehr
sich selbst, weil er um seines eigenen Nutzens willen so handelt." Hugo stellt dann die Regel auf: "Omnis enim motus animae
rationalis quanto magis gratuitus, tanto magis meritorius."[96]
Die Ähnlichkeit dieser Sätze Hugos mit der breiteren Darlegung
Wilhelms von Auvergne ist auffallend, vor allem die gemeinsame
Verwendung des Begriffs "obsequium gratis impensum" und die
übereinstimmende Zurückweisung des Verdienstbegriffs für das
Verhältnis zwischen venditor und emptor.

---

94 s.u.S. 255f.
95 Wahrscheinliche Entstehungszeit des Sentenzenkommentars
Hugos von St.Cher: 1230-1232; s.u.S.281 Anm.111.
96 "Meritum vero est obsequium gratis impensum. Gratis vero impensum dicitur, si non ex debito vel mercimonia vel ob
sui propriam commoditatem sit. Unde ille, qui creditori suo
reddit debitum, nihil meretur in hoc apud eum nec venditor apuc
emptorem nec vinitor in vinea proprie supradicto vocabulo merendi, quia non servit gratis domino vineae sed potius sibi,
quia propter suam utilitatem facit sic ... Omnis enim motus
animae rationalis quanto magis gratuitus, tanto magis meritorius." Sent.II d.28 q.1 (Cod.Vat.lat.1098 fol.70b/c).

Was bedeutet nun diese Hervorhebung des gratis-Moments, die
wir im allgemeinen Verdienstbegriff Wilhelms von Auxerre, Wilhelms von Auvergne und Hugos zwischen 1222 und 1235 finden, im
Vergleich mit der Verdienstlehre ihrer Vorgänger und Nachfolger? Gegenüber dem um die Jahrhundertwende üblichen Verdienstbegriff, wie er etwa bei Stephan Langton und Gaufrid von
Poitiers zu erheben ist, findet hier eine Einengung statt, die
man als Entkommerzialisierung des Verdienstbegriffs beschreiben
kann. Menschliche Geschäftsbeziehungen und Arbeitsverhältnisse,
die im Profitdenken begründet sind, werden aus dem Anwendungsbereich des Verdienstbegriffs ausgeschlossen - durchaus im
Gegensatz zum bisherigen Usus der Magister, die das Wesen des
theologischen Verdienstes immer wieder durch Beispiele aus der
Arbeitswelt der damaligen Zeit und das biblische Gleichnis von
den Arbeitern im Weinberg verdeutlichen[97]. Besonders augenfällig ist die veränderte Perspektive bei einem Vergleich mit Kardinal Laborans. Während für Laborans das durch das ius civile
beschriebene meritum, beispielsweise des Soldaten, das eigentliche Verdienst ist, wogegen in der Theologie nur im uneigentlichen Sinne von einem Verdienst die Rede sein könne[98], sieht
Wilhelm von Auvergne im Dienst um des anderen willen, besonders
im christlichen Werk propter deum, das wirkliche Verdienst,
während er die profitorientierten Leistungen eines Tagelöhners
oder Kaufmanns nicht als eigentliche Verdienste wertet[99].

Der Entkommerzialisierung entspricht eine Theologisierung
des Verdienstgedankens, erkennbar schon bei Wilhelm von Auxerre
und Wilhelm von Auvergne, noch deutlicher sichtbar aber dann
bei Hugo von St.Cher, wenn er sagt: "Ich behaupte, daß der
Mensch allein aus natürlicher Regung nichts verdient." Diese
Aussage bezieht sich nicht nur auf das Verhältnis Gott-Mensch,
sondern grundsätzlich auch auf alle zwischenmenschlichen Beziehungen. Ist das Verdienst gleichbedeutend mit einem "obse-

---

97 Vgl. z.B. Cod.Bamberg.Bibl.132 (s.o.S.84f Anm.133), Cod.
Paris.Arsenal.lat.534 (s.o.S.88 Anm.145), Stephan Langton (s.
o.S.115f) und Cod.Salzburg St.Peter a XI 7 (s.o.Anm.34).
98 s.o.S.46 und 56.
99 s.o.Anm.92. Vgl. aber Simon von Tournai, der im Sinne
Laborans' den Taglöhner als exemplarischen Fall eines Verdienenden nennt: "Merito autem dignus est, qui verbo vel facto
meruit sibi aliquid dari vel fieri, quomodo mercennarius dignus est mercede sua." Simon von Tournai, Disputationes, disp.
100 q.3 sol.(289,31-290,2).

quium gratis impensum", dann kann nach Hugos Meinung kein
Mensch kraft seines natürlichen Vermögens verdienen. Ist doch
die menschliche Natur in sich gekrümmt ("in se reflectitur").
Was auch immer der Mensch "solis naturalibus" tut, tue er darum um seines eigenen Nutzens willen und darum nicht unentgeltlich. Erst die gnadengewirkte Liebe macht den Menschen
selbstlos und damit verdienstmächtig[100]. Wilhelm von Auvergne
läßt zwar nicht wie Hugo die Möglichkeit eines "obsequium gratis impensum" grundsätzlich vom Besitz der caritas abhängig
sein[101], vollzieht aber im Gefolge Wilhelms von Auxerre mit
der Betonung des gratis-Moments einen ersten Schritt zur
Theologisierung des Verdienstbegriffs.

In Hinblick auf die Verdienstlehre bei den Theologen nach
Wilhelm von Auvergne und Hugo von St.Cher kann man sagen, daß
die Einengung des Verdienstbegriffs durch das gratis-Moment
den Weg für einen Verzicht auf das traditionelle Verpflichtungsmoment eröffnet. Für Wilhelm von Auvergne wie für Wilhelm von
Auxerre ist die Verpflichtung des Belohnenden immer noch die
notwendige und wiederholt genannte Voraussetzung jeglichen
Verdienstes, gleichsam der Rahmen des gratis-Moments; Hugo erwähnt bei der Darlegung des Verdienstbegriffs in Sent.II d.28
diesen Gesichtspunkt überhaupt nicht mehr, und in der Folgezeit
wird uns wiederholt der Fall begegnen, daß ein Theologe ausdrücklich den Verdienstgedanken vom Verpflichtungsmoment löst.
Wir denken dabei an Roland von Cremona, der von Hugo literarisch beeinflußt ist[102], Bonaventura[103] und Thomas von Aquin[104]

---

100 "Dico, quod homo nihil meretur solo motu naturali. Natura enim circularis est, in se reflectitur, quod patet in
grano, ex quo fit panis, ex pane cibus, ex cibo stercus, ex
stercore gramen, ex gramine granum. Unde quicquid facit homo,
videlicet natura solis naturalibus, propter suam utilitatem
facit et ideo non gratis; quare nec meretur. Licet ergo homo
naturali dilectione diligat deum et plus quam per se, quod bene
potest esse, non tamen illa dilectione meretur, quia non est
gratuita. Omnis enim motus animae rationalis quanto magis gratuitus, tanto magis meritorius. Unde dilectio, qua diligimus
deum propter se tantum, melior est quam ea, qua diligimus eum
propter se et propter vitam aeternam habendam. Et quia haec in
se aliquantulum reflectitur. Caritas vero recta est, quia rect
diligunt te, domine. Et haec est ratio, quare homo non potest
sibi mereri gratiam, quia motus naturalis, quia est ante gratiam, non potest esse meritorius, quia curvus est." Sent.II d.
28 q.1 (Cod.Vat.lat.1098 fol.70c).
101 s.u.S.147.
102 s.u.S.283-289.
103 s.u.S.236.
104 s.u.S.329.

b) Verdienstarten: meritum condigni, meritum debiti, meritum congrui

Was die verschiedenen Verdienstarten betrifft, so referiert Wilhelm von Auvergne den Sprachgebrauch der magistri, die zwischen einem Verdienst im strikten Sinne, dem Würdigkeitsverdienst (meritum condigni), und einem Verdienst im uneigentlichen Sinne, dem Billigkeitsverdienst (meritum congrui), unterscheiden[105]. Den Begriff des meritum congrui übernimmt Wilhelm widerspruchslos zur Bezeichnung der Vorbereitung des Sünders auf die Rechtfertigung[106] und der Fürbitte des Gerechten zugunsten eines Sünders[107]. Dagegen lehnt Wilhelm den Begriff des meritum condigni in seiner üblichen Anwendung auf die guten Werke des Gerechtfertigten ab. Würde doch die Möglichkeit eines meritum condigni nach Wilhelms Verständnis des Sprachgebrauchs der magistri besagen, daß dem Werk an sich, ohne Bezug zu einer promissio oder conventio Gottes, das ewige Leben geschuldet wird[108]. Wir werden darauf noch ausführlicher zu sprechen kommen. Es sei nur noch erwähnt, daß Wilhelm den Begriff des meritum condigni durch den des meritum debiti ersetzt[109],

---

105 "Dixerunt autem magistri et dicunt adhuc, quia meritum, quod diffinivimus (vgl. I 310 aF; zit. o.S.138/bei Anm.87), est proprie et recte atque stricta ratione meritum, et vocant huiusmodi meritum condigni. Alia vero intentione dicitur meritum congrui." "Est ergo secundum primam intentionem, quae utique recta et propria est, meritum debiti, quod ipsi vocant condigni, ista vero secunda meriti, quod ipsi vocant congrui." I 310 bF/G.
106 s. den folgenden Abschnitt: 2. Die prima gratia als Gegenstand des Verdienstes. Vgl. auch Wilhelm von Auvergne, De virtutibus, c.12 (I 161 aA).
107 "Nihil etiam magis decet bonitatem eius quam piis electorum suorum precibus inclinari, et non immerito possunt de congruo mereri viri sancti iustificationem peccatorum. Alia est congruentia, qua nihil magis decet deum facere quam preces, quas ipsemet inspirat et fieri sibi praecipit, exaudire. Hoc ergo modo expedivimus nos de merito congrui ex parte ista. De merito vero condigni nullo modo videtur nobis ... Propter hoc ergo dicimus, quia nullatenus ex merito condigni possit deberi alicui, quantumcumque sancto, iustificatio alicuius peccatoris; alioquin videretur auferri peccatoribus libertas liberi arbitrii." I 314 aH/bE.
108 s.u.S. 457f und dort bes. das Zitat in Anm.421. Die Fortsetzung dieses Zitats lautet: "Et tunc verum est: Ex condigno cuiuscumque operis nullus meretur vitam aeternam, quia ex stricto merito et debito operis (zu dieser Lesart vgl. u. Anm.158) nullus meretur vitam aeternam, quoniam nulli operi per se, absque dei promissione vel conventione, debetur vita aeterna." I 313 bB/C.
109 s.o.Anm.105.

so daß er das eigentliche und das uneigentliche Verdienst durch
die Begriffe meritum debiti und meritum congrui bezeichnet. Daß
Wilhelm bei den erwähnten magistri vor allem an die Pariser
Theologieprofessoren Wilhelm von Auxerre, Gaufrid von Poitiers
und Stephan Langton denkt, darf als wahrscheinlich gelten.

2. Die prima gratia als Gegenstand des Verdienstes

Im Zusammenhang der Unterscheidung zwischen den zwei Verdienst-
möglichkeiten kommt Wilhelm auch auf das Thema der Vorbereitung
des Sünders auf die prima gratia zu sprechen, da er hier den
Fall eines meritum congrui gegeben findet. Er definiert es
folgendermaßen: "Alia vero intentione dicitur meritum congrui
et hoc non est nisi dignitas vel idoneitas, qua aliquis dignus vel idoneus est, ut aliquid ei fiat."[110] So könne man sagen, daß jemand das Bischofsamt verdient, weil er die Würdigkeit und Eignung für dieses Amt besitzt. Ähnlich verhalte es
sich mit dem, der unter Trauer, Schmerz, Reue und Tränen Gott
bittet, daß er ihm die Sünden vergibt. Er verdient die Vergebung der Sünden oder die Gnade, die ihn Gott angenehm und akzeptabel macht, durch ein meritum congrui. Worin aber besteht
in diesem Fall das Moment der Billigkeit oder Angemessenheit?
Die Antwort Wilhelms lautet: "Es ist der göttlichen Güte angemessen (congruit divinae bonitati), daß sie sich seiner er-
barmt; es ist aber auch einem so vorbereiteten Herz angemessen,
daß es von Gott beachtet wird und daß er ihm seine Gnade ein-
gießt."[111]

    Traditionell ist hier die Gleichsetzung der Begriffe con-
gruus, dignus und idoneus[112]. Auch die Erklärung dieser Be-

---

110 I 310 bG.
111 "Sicut aliquis dicitur episcopatum meruisse, id est
dignus vel idoneus est episcopatu. Similiter et qui orat deum,
ut remittat sibi peccata, quod suum est vel potest lugendo,
dolendo, poenitendo, lacrimando. Congruit divinae bonitati, ut
misereatur ipsius; congruit etiam cordi sic parato, ut respi-
ciatur a deo eique gratiam suam infundat. Merito ergo congrui
dicitur mereri remissionem peccatorum vel gratiam, qua deo
gratus et acceptabilis fiat. Sic re vera dignus est et idoneus,
ut hoc ei praestetur." I 310 bG.
112 s.u.S.448f. Besonders instruktiv ist eine Stelle bei
Stephan Langton: "... meritum congrui, sicut dicitur, quod
beata virgo meruit portare Christum, id est digna, congrua vel
idonea fuit gratia." Paulinenkommentar, zu Rom.11: Cod.Salz-
burg St.Peter a X 19 S.45; zit. bei Landgraf, Die Vorbereitung
auf die Rechtfertigung, 273 Anm.19.

griffe durch den Vergleich des Sünders mit dem Anwärter auf ein
Episkopat ist nicht neu. So bemerkt bereits Simon von Tournai
zur Frage, ob die erste Gnade einem Würdigen eingegossen wird:
"...et honestus clericus dignus episcopatu, id est congruus
et habilis ad episcopatum."[113] Neu dagegen ist, daß Wilhelm
den Begriff des meritum congrui mit der Vorbereitung des Sünders auf die Gnade in Zusammenhang bringt. Stephan Langton und
Gaufrid von Poitiers beispielsweise wollten für die erste Gnade nur ein meritum interpretativum gelten lassen, während sie
das spezielle Verdienst Mariens, Christus zu "tragen", als meritum congrui werteten[114]. Die neue Anwendung des Billigkeitsverdienstes bei Wilhelm von Auvergne ist nicht nur terminologisch interessant, sondern verrät auch eine veränderte Auffassung von der Stellung des Sünders vor Gott, eine Aufwertung
seiner natürlichen Möglichkeiten und eine positivere Sicht
seiner Zuwendung zu Gott. Man muß das, wie wir an anderer Stelle zeigen werden[115], im Zusammenhang der personalen Betrachtungsweise Wilhelms beurteilen.

Von einer freien Selbstbindung Gottes ist in Verbindung mit
dem meritum congrui nicht die Rede. Die Angemessenheit der Begnadigung wird aus der Güte Gottes und aus der Beschaffenheit
des menschlichen Herzens abgeleitet, nicht aber aus einer kontingenten Verfügung des göttlichen Willens.

3. Die bona naturalia als Gegenstand des Verdienstes. Selbstbindung Gottes im exklusiven Sinne

Nachdem sich Wilhelm zum Wesen und zu den Arten des Verdienstes
geäußert hat, behandelt er die Frage: "Utrum ex solis naturali-
libus possibile sit quemquam vel gloriam mereri."[116] Es geht
genauer gesagt um das Problem, was der Mensch mit Hilfe seiner
natürlichen Ausstattung verdienen kann, und zwar durch ein Verdienst im eigentlichen Sinne. Zum wirklichen Verdienst von
Gnade und Glorie ist die natürliche Liebe des Menschen, der
amor naturalis oder die dilectio naturalis, nach Wilhelms Mei-

---

113 Simon von Tournai, Disputationes, disp.100 q.3 sol.
(289,30f).
114 s.u.S.450f.
115 s.u.S.156-158 und 168-170.
116 I 311 aA. Die Behandlung dieser Frage reicht bis 311
bC (Ende).

nung nicht fähig. Dazu ist ihre Güte im Vergleich zur gnadenhaften Liebe zu gering. Wörtlich sagt er: "Zu wenig reißt sie
zu Gott, zu wenig läßt sie an ihm festhangen, und zu wenig auch
reißt sie ihren Besitzer von sich selbst und dem, was ihm gehört, los. Die gnadenhafte Liebe aber verhält sich gerade umgekehrt: Sie versetzt ihren Besitzer als Ganzen in den unei-
gennützigen und freiwilligen Besitz Gottes."[117] So reicht die
natürliche Liebe nach den Worten Wilhelms nicht aus, um die
Menschen Gott angenehm und akzeptabel zu machen; vielmehr bleiben sie Feinde Gottes, die ihm verhaßt sind[118]. Die personale
Sicht der Beziehung zwischen Gott und Mensch, die sich in dieser bilderreichen Sprache zeigt, kommt besonders deutlich in
der unmittelbar angeschlossenen Schlußfolgerung zum Ausdruck:
"Weil also Gott nicht die Menschen wegen ihrer Leistungen, sondern die Leistungen wegen der Menschen akzeptiert ..., ist
offenkundig, daß unter den verschiedenen Arten von Liebe allei
die gnadenhafte Liebe, 'caritas' genannt, verdienstliche Werke
oder Dienstleistungen, die aus ihr kommen, vollbringt."[119]

---

117 Die Stelle lautet im Kontext: "Si vero quaeratur, prop
ter quid naturalis dilectio vel obsequium, quod ex ipsa est,
non sufficit ad proprie merendum gratiam vel gloriam, responde
mus, quia hoc efficit paucitas bonitatis eius et parvitas ipsius, quod est dicere, quia et parum bona est ad hoc et parva,
id est parum intensa. Sicut enim declaravimus in capitulo de
ipsa, incomparabiliter minor est dilectione, quae est gratiae
gratum facientis. Similiter dicimus, quia parum bona est, hoc
est parum rapiens in deum et parum faciens adhaerere illi, parum etiam abstrahens possessorem suum a se ipso et eis, quae
sua sunt. Dilectio vero gratiae econtrario se habet; totum
enim possessorem suum in dei gratuitam ac spontaneam possessio
nem transfert." I 311 bC.
118 "Huiusmodi amor (sc. naturalis) sicut non sufficit pec
cata tollere, immo ea secum patitur, sic non sufficit deo gra-
tos efficere vel acceptos, et ideo cum huiusmodi amore remanet
quis inimicus dei et eidem odiosus." I 311 aD.
119 "Quia igitur deus non homines propter munera, sed mune
ra propter homines acceptat, sicut ostenditur Genesis 4(4), ut
legitur: 'Respexit ad Abel deus et munera eius', quasi imprimi
ad Abel et postea ad munera propter eum, manifestum est, quia
inter amores solus amor gratuitus, qui caritas dicitur, meritoria facit opera vel servitia, quae ex ipso fiunt." I 311 aD-
bA. Die gleiche Genesisstelle wird später Duns Scotus im Rahmen der Akzeptationslehre seines Quodlibets zitieren: "Non
enim actus alicuius acceptatur ut dignus praemio, nisi p e r
s o n a operans sit accepta, secundum illud Genesis 4: 'Respexit deus ad Abel et ad munera eius', prius ad Abel quam ad
munera, quia non placet oblatio non dilecti. Unde sequitur
ibi: 'Ad Cain vero et ad munera eius non respexit.'" Quodl.
XXVI 206a n.4; zit. bei Dettloff, Acceptatio divina, 110 Anm.
311.

Ist also der Mensch nach Meinung Wilhelms von Auvergne überhaupt unfähig, ein Verdienst ex solis naturalibus zu erwerben?
Wilhelm urteilt nicht so kategorisch über die Situation des
natürlichen Menschen, sondern räumt seiner Liebe die Möglichkeit ein, zeitliche Güter zu verdienen. Dabei geht er in seiner Argumentation von der These aus, daß der amor naturalis
nicht immer seinen eigenen Vorteil sucht, nicht immer amor
concupiscentiae ist, sondern ein Stück Uneigennützigkeit -
"aliquid gratuitatis" - hat, weil durch diese Liebe bisweilen
etwas unentgeltlich geliebt wird und viele Wohltaten uneigennützig erwiesen werden. Diese Erfahrung könne man täglich an
vielen Sündern und Bösewichtern machen. Kann der Sünder aber
selbstlos lieben, dann gibt es für ihn auch die Möglichkeit
eines Verdienstes, das Wilhelm ja als "obsequium g r a t i s
impensum" definiert hat, d.h. der Sünder verpflichtet durch
die natürliche Liebe seinen Mitmenschen zur Belohnung, wenn er
ihn wirklich um seiner selbst willen liebt[120].

Für Wilhelm stellt sich nun die Frage, ob der Sünder dementsprechend auch bei Gott etwas verdient, wenn er ihn propter
deum liebt. Seine Antwort lautet: "Er macht sich Gott in der
Tat zum Schuldner, freilich nicht auf Grund der Kraft oder Güte dieser Liebe oder Dienstleistung, sondern auf Grund der
göttlichen Verheißung (ex divina promissione), durch die sich
Gott in Mt.25 und Lc.19 denen gegenüber verpflichtet hat (se
obligavit), die mit den ihnen anvertrauten Talenten gute Ge-
schäfte treiben."[121] Wir stoßen hier auf den klar formulierten
Gedanken einer freien Selbstbindung Gottes im exklusiven Sinne.
Nicht die Qualität der Liebe, sondern allein die promissio Gottes konstituiert das Obligationsverhältnis zwischen Gott und
Mensch, nicht das immanente Wertmoment macht die Liebe verdienstlich, sondern allein der äußere Rahmen der göttlichen

---

120 "Nos autem iam declaravimus in prima parte totius tractatus istius, quoniam amor naturalis non est usquequaque talis,
immo habet aliquid gratuitatis, ut ita loquamur, quia per eum
interdum gratis aliquid diligitur et beneficia multa gratuito
praestantur. Hoc enim in multis peccatoribus valdeque perversis
cotidie experimur. Et ille modus dilectionis vel beneficentiae
posset quidem obligare recipientem ad antidota." I 311 aC.
121 "Si vero quaeratur, an sic diligens deum et sic ser-
viens eidem aliquid mereatur apud ipsum, respondemus, quia deum
sibi facit re vera debitorem, non quidem ex virtute vel bonitate huius amoris vel servitii, sed magis ex promissione divina, qua se obligavit Matthaei 25 et 19 Lucae bene negotianti-
bus in talentis sibi commissis." I 311 aD.

Verfügung. Auf der Grundlage der Selbstverpflichtung Gottes
kann man dann auch sagen, daß der Mensch Gott zu seinem Schuldner macht, sofern er nämlich durch die selbstlose Liebe die
notwendige Voraussetzung erfüllt, die ihn in das bereits vorgegebene Obligationsverhältnis hineinstellt. Die Wendung "deum
sibi facit debitorem" bringt somit nur einen anderen Aspekt
des Ausdrucks "deus se facit debitorem" zur Geltung, ist aber
nicht wie dieser traditionell, sondern tritt hier zum ersten
Mal in unser Blickfeld.

Wir haben bereits gesehen, wie man im 12. und 13. Jahrhundert die Möglichkeit, das ewige Leben zu verdienen, durch die
Vorstellung von einer exklusiv verstandenen Selbstbindung Gottes begründen konnte. Bei Wilhelm begegnet uns nun derselbe gedankliche Ansatz, d.h. die Gegenüberstellung der bonitas des
Menschen und der promissio Gottes, wobei die promissio gegen
die bonitas ausgespielt wird, nur daß Wilhelm an dieser Stelle
vom Verdienst natürlicher Güter spricht, wie aus dem Kontext
ersichtlich ist[122]. Bediente sich Stephan Langton zur Erklärung der Verheißung des ewigen Lebens des Gleichnisses von den
Arbeitern im Weinberg (Mt.20), so lokalisiert er die Verheißung
der zeitlichen Güter konkret in dem Gleichnis von den anvertrauten Talenten (Mt.25/Lc.19).

Wilhelm von Auvergne behandelt die Frage nach der meritorischen Tragfähigkeit der natürlichen Kräfte des Menschen unter
zwei verschiedenen Aspekten: Nachdem er, wie beschrieben, die
naturalia des Todsünders als Ausgangspunkt gewählt hat, stellt
sich für ihn die Frage nochmals hinsichtlich der naturalia der
unschuldigen Kreatur, d.h. der Engel sowie Adams und Evas vor
dem Fall, die - wie er sagt - kraft ihrer natürlichen Tugenden
Gott allein dienten. Hier antwortet Wilhelm folgendermaßen:
"Es ist offenkundig, daß sie sich Gott zum Schuldner machten,
und zwar auf Grund jener Verheißung, die wahrscheinlich auf natürliche Weise in ihre Herzen geschrieben worden ist. Der
menschliche Verstand zweifelt nämlich von Natur aus nicht
daran, daß die Güte Gottes von so verschwenderischer Wohltätigkeit ist, daß er (sc.Gott), der den ihm noch nicht Dienenden
natürliche Güter im voraus zukommen ließ, seinen Dienern noch
mehr hinzugibt. Die Diener Gottes müssen doch notwendigerweise

---

122   s. die folgende Anm.123 ("bona naturalia").

(ex necessitate) in besseren Verhältnissen leben als diejenigen, welche ihm nicht dienen. Sonst aber (sc. außer den bona
naturalia) gibt es nichts zu verdienen."[123] Diese Antwort ist
der vorausgehenden, die den Sünder betraf, im Aufbau sehr ähnlich. Zunächst ist davon die Rede, daß man Gott zum Schuldner
macht, dann wird die promissio als Grund der Schuldnerschaft
Gottes genannt. Der exklusive Sinn der Verheißung wird nicht
wie in der ersten Antwort ausdrücklich erwähnt, doch ist anzunehmen, daß Wilhelm auch hier den Gegensatz zwischen dem Faktor der promissio und dem der "virtus vel bonitas amoris vel
servitii"[124] im Auge hat. Auch hier löst er also die Frage
nach der Verdienstlichkeit natürlicher Akte durch den Gedanken
einer Selbstbindung Gottes, die einen unmittelbaren Kausalbezug zwischen der Qualität der kreatürlichen Leistung und der
göttlichen Belohnung ausschließt.

Dabei ist bemerkenswert, wo Wilhelm die Verheißung Gottes
an die unschuldige Kreatur fixiert, nämlich nicht in dem externen Wort durch das Medium der Schrift, sondern in dem inter-
nen Wort durch das Medium des Herzens. In ihm ist das Wissen
um die Wohltätigkeit Gottes, die den verschiedenen Einstellun-
gen der Kreatur durch unterschiedliche Belohnungen Rechnung
trägt, als natürliche Überzeugung verankert. Punkt der Selbstbindung Gottes ist in diesem Fall die Erschaffung der vernünf-
tigen Kreatur, durch die er ihrem Herzen jenes feste Wissen
einpflanzt, das sich ihr künftig als sprachliches Gegenüber und
so als Verheißung kundgibt. Die Natur des Menschen wird in sich
als sprachliche Existenz gesehen, woraus sich eine dynamische
Auffassung von der Schöpfung als Eröffnung der Heilsgeschichte
ergibt. Man kann sagen, daß Wilhelm die Schöpfungsontologie
durch die Kategorien des heilsgeschichtlichen Denkens in Bewegung bringt, sofern er bereits in der Schöpfung durch das Mo-

---

123 "Si quis autem quaerat de angelis sanctis aut Adam et
Eva in statu innocentiae, utrum cum ex virtutibus suis naturalibus soli deo servirent, aliquid apud ipsum deum mererentur
ex merito vel condigno, respondemus manifestum esse, quia deum
sibi facerent debitorem, et hoc ex illa promissione, quam veri-
simile est scriptam fuisse in cordibus eorum naturaliter. Non
enim dubitat naturaliter mens humana, quin dei bonitas adeo
profusae beneficentiae sit, ut qui praerogavit nondum servientibus sibi bona naturalia, addat servientibus ampliora. Melio-
ris autem condicionis ex necessitate oportet esse deo servientes quam non servientes. Alias autem nihil videtur mereri."
I 311 bA.
124 s.o.Anm.121.

ment der Verheißung die geschichtliche Bewegung auf die notwendige Erfüllung hin angelegt findet. Nicht nur an diesem Punkt
der Verdienstlehre zeigt sich der heilsgeschichtliche Charakter
der Theologie Wilhelms von Auvergne. Wir werden sehen können,
daß er als Vorläufer franziskanischer Geschichtstheologie gelten kann.

4. Die gloria als Gegenstand des Verdienstes

Dem Komplex über die natürlichen Kräfte und ihre Verdienstmög-
lichkeiten schließt sich der große Abschnitt über die Frage
nach der Verdienbarkeit der himmlischen Herrlichkeit an[125]. Die
Argumente, die Wilhelm zunächst gegen die Verdienstlichkeit
der gnadengewirkten Liebeswerke des Gerechtfertigten anführt[126]
verweisen in ihrer Mehrzahl auf die unendliche Wertdifferenz
zwischen menschlicher Leistung und göttlicher Belohnung - eine
durchaus traditionelle Argumentation, wenn man etwa an die Aus-
legungsgeschichte von Rom.8,18 ("Non sunt condignae passiones
...") denkt. Man darf voraussetzen, daß Wilhelm mit seiner Meinung insofern hinter diesen Argumenten steht, als er durch sie
die Möglichkeit eines meritum condigni, eines Würdigkeitsverdienstes auf der Grundlage ontologischer Gleichwertigkeit,
widerlegen will[127]. So gibt er auch deutlich durch die Wir-Form
- "intendimus", "diximus"[128] - zu erkennen, daß es sich um seine eigenen Gründe handelt, die dann in der responsio nicht widerlegt, sondern positiv aufgenommen und weitergeführt werden.
Worum es ihm hier letztlich geht, ist die immer neue Betonung
der frei schenkenden Souveränität Gottes, die bei der Belohnung
der Gnadenwerke nicht weniger als bei der Verleihung der rechtfertigenden Gnade am Werke sei. Auf beiden Ebenen erweist die
göttliche Barmherzigkeit ihren unendlichen Vorsprung gegenüber
dem, was der Mensch an Möglichkeiten und Akten vorweisen kann:
"Sicut enim in infinitum plus addit misericordia sua quam habet virtus liberi arbitrii, sic et praemio in infinitum plus
quam habeat iustitia meritorum. Non enim minus operatur dei

---

125   Dieser Abschnitt umfaßt die Seiten I 311 bD-314 aF.
126   I 311 bD-313 aA.
127   Zur Ablehnung eines meritum condigni hinsichtlich der
Glorie bei Wilhelm von Auvergne s.u.S. 457f und bes. das Zitat
o.Anm.108.
128   s. I 312 bG/H.

misericordia in remunerando super merita quam gratia eius insuper apponendo viribus naturae vel libero arbitrio, unde pro-
veniant merita."[129] Ist am Ende der Argumentationskette deutlich, weshalb Wilhelm ein meritum condigni ablehnt, so bleibt
doch die Frage offen, ob nicht trotzdem dem Menschen auf der
Basis einer freien Selbstbindung Gottes ein meritum debiti
möglich ist. In seiner responsio zitiert er zunächst die zu-
stimmende Meinung "gewisser" Theologen, um sich dann selbst in
ähnlichem Sinne zu äußern.

a) Der Standpunkt "gewisser" Theologen: Selbstbindung Gottes
im restriktiven Sinne

Wilhelm referiert den Standpunkt der "quidam" zur anstehenden
Frage mit folgenden Worten: "Gewisse Theologen haben geant-
wortet: Unseren Verdiensten allein wird nichts geschuldet,
noch können wir uns durch unsere Verdienste allein Gott in irgendeinem Punkt zum Schuldner machen, sondern nur durch unsere
Verdienste und durch seine Verheißung zugleich. Denn durch
keinerlei Güte oder Erhabenheit der Verdienste können wir ihn
uns verpflichten; vielmehr hat er selbst sich uns gegenüber
durch seine Verheißungen, Verträge und Eide verpflichtet (se
nobis obligavit promissionibus suis, pactis et iuramentis), wie
Jacobus in Kap.1 sagt: 'Selig der Mann, der die Versuchung er-
trägt; denn nachdem er sich bewährt hat, wird er die Krone des
Lebens empfangen, die Gott denen verheißen hat, die ihn lieben'
(Iac.1,12). Und der Apostel in Kap.4 des 1.Timotheusbriefes:
'Die Frömmigkeit hat die Verheißung des jetzigen und künftigen
Lebens' (1.Tim.4,8)."[130]

   In dieser Antwort wird nicht dargelegt, wie es zum Verdienst des ewigen Lebens kommt. Die Verdienste sind als be-

---

129 I 312 bF.
130 "Responderunt quidam dicentes, quia meritis nostris solis nihil debetur nec nostris meritis solis deum nobis in aliquo facere possumus debitorem, sed meritis nostris et promissione sua simul. Nulla enim bonitate vel eminentia meritorum eum
nobis obligare possumus, sed ipsemet se nobis obligavit promissionibus suis, pactis et iuramentis, sicut dicit Iacobus in
primo: 'Beatus vir, qui suffert temptationem; quia cum probatus fuerit, accipiet coronam vitae, quam repromisit deus diligentibus se.' Et Apostolus in quarto primae Ad Timotheum:
'Pietas habet promissionem vitae quae nunc est et futurae.'"
I 313 aA.

stimmte qualitative Größen, als gute Werke des Gerechtfertigten, vorausgesetzt. Begründet wird vielmehr, weshalb Gott angesichts dieser guten Werke oder Verdienste zum Schuldner des
Menschen wird, wie also das Obligationsverhältnis zwischen Gott
und Mensch entsteht. Das ist genau der Frageansatz, von dem bereits Stephan Langton und Gaufrid von Poitiers zur Behauptung
einer Selbstbindung Gottes durch seine Verheißung gelangt waren[131]. Dieselbe Antwort geben nun auch die anonymen Theologen
Wilhelms von Auvergne, wobei allerdings der restriktive, nicht-
exklusive Charakter der Selbstbindung Gottes noch klarer in Erscheinung tritt. Die ganze Tendenz der "quidam" richtet sich
gegen eine Verdienstlehre, welche die Schuldnerschaft Gottes
allein aus dem inneren Wertmoment der "bonitas vel eminentia
meritorum" herzuleiten versucht, ohne ein Extra-Moment freien
göttlichen Verfügens zwischenzuschalten. Dagegen wird betont,
daß die Verdienste allein die Schuldnerschaft Gottes nicht erklären, sondern daß diese aus den Verdiensten und der Verheißung Gottes resultiert. Nicht wir verpflichten Gott durch die
Qualität der Verdienste, sondern Gott verpflichtet sich selbst
in einer Kette von promissiones, pacta und iuramenta. Der Gedanke der Selbstbindung Gottes hat also deutlich die Funktion,
den Wirkungsbereich der guten Werke einzuschränken, um so die
souveräne Freiheit des sich selbst verpflichtenden Gottes zur
Geltung bringen zu können.

Andererseits liegt aber kein exklusives Verständnis der
Selbstbindung Gottes vor, da die Bedeutung des immanenten Wertmoments für die Schuldnerschaft Gottes zwar eingeschränkt, jedoch nicht ausgeschlossen wird. Das zeigt sich in der Formulierung, daß wir durch unsere Verdienste   a l l e i n   (meritis
solis) Gott nicht zu unserem Schuldner machen können. Qualität
des Verdienstes und Verpflichtung Gottes stehen wohl in direktem Zusammenhang, aber eben nur in Verbindung mit der Selbstbindung Gottes durch promissio, pactum oder iuramentum. Die
Zwischenposition zwischen den beiden Extremen eines exklusiven
Verständnisses der Selbstbindung Gottes und einer nur vom
inneren Wertmoment des guten Werks ausgehenden Betrachtungsweise tritt dann am klarsten in dem "simul" in Erscheinung: Wir
machen Gott zum Schuldner "meritis nostris et promissione sua

---

131 Zum Frageansatz Langtons s.o.S.111, zu dem Gaufrids
s.o.S.130f.

simul".

Wie man sich freilich die Beziehung zwischen dem inneren
Wertmoment des meritum und dem äußeren Verpflichtungsmoment
der promissio vorstellen soll, ist aus der Darstellung Wilhelms
von Auvergne nicht eindeutig ersichtlich. Begründet erst die
Selbstbindung Gottes die Dignität der guten Werke und damit
ihren faktischen Stellenwert auf dem Weg zur himmlischen Glorie, oder wird die Selbstbindung Gottes ihrerseits durch die
Dignität der Werke begründet, so daß sich Gott nur den Gerechten und nicht den Sündern gegenüber verpflichten kann, wie
Gaufrid von Poitiers es ausdrückte?[132] Es ist anzunehmen, daß
die von Wilhelm referierte opinio auf der Linie Gaufrids liegt,
dessen entscheidender Satz lautet: "Et merito (sc. deus) se
eis (sc. iustis) obligat, q u i a , cum gratiam eius habeant,
omni bono sunt digni."[133] Die ontologische Grundlage für die
freie Selbstbindung Gottes liegt also in der Qualität der Gnadenwerke, doch würden die Werke Gott zu nichts verpflichten,
wenn sie nicht in diesen Rahmen der freien Selbstbindung Gottes gestellt wären.

Wer sind die "quidam", von denen Wilhelm spricht? Inhaltliche Übereinstimmungen zeigen sich im Vergleich mit Stephan
Langton und Gaufrid von Poitiers, doch fehlen wörtliche Bezüge,
die eine Identifizierung der "quidam" erlauben. Zum ersten Mal
stoßen wir hier auf die Formulierungen "meritis nostris s o -
l i s nihil debetur" und "meritis nostris et promissione sua
s i m u l" sowie auf die Verwendung der Schriftzitate Iac.1,12
und 1.Tim.4,8 im Rahmen des Selbstbindungsgedankens. Dagegen
kommt die Dreiheit der biblischen Begriffe promissiones, pacta,
iuramenta bereits in der Summa aurea Wilhelms von Auxerre vor,
und zwar ebenfalls als Bezeichnung für den Punkt der Selbstbindung Gottes[134]; doch lehnt Wilhelm diese Begründung der
Schuldnerschaft Gottes ab[135]. Wilhelm von Auvergne hingegen
läßt den Standpunkt der anonymen Theologen gelten, da er ihn
in seiner eigenen Antwort nur leicht modifiziert.

---

132 s.o.Anm.56/letzter Abschnitt ("Sed peccatoribus non
potest se obligare").
133 s.o.Anm.56/letzter Abschnitt und S.131-133.
134 s.u.S.274 Anm.83.
135 s.u.S.274f.

b) Die Antwort Wilhelms von Auvergne: gratia-Aspekt und opus-
Aspekt

Das Charakteristikum der Antwort Wilhelms von Auvergne auf die
Frage nach der Möglichkeit eines meritum debiti liegt in der
scharfen Unterscheidung zwischen zwei Gesichtspunkten, dem
Aspekt der Gnade und dem Aspekt der guten Werke. Je nach Gesichtspunkt wird die Schuldnerschaft Gottes anders begründet[136].
Wir werden - dem Gedankengang Wilhelms folgend - zunächst den
gratia-Aspekt und dann den opus-Aspekt beschreiben, um anschließend zu fragen, wie beide für Wilhelm zusammenhängen.

§ 1 Das Obligationsverhältnis zwischen gratia und gloria. Gnade
als personaler Begriff

Wilhelm von Auvergne eröffnet die Darlegung seiner Position mit
dem Satz: "Gratiae debetur gloria." Diese These begründet er
durch vier Argumente: 1. Die gratia gratum faciens ist die
Gnade, durch die Gott den Menschen an Kindes Statt annimmt,
durch die der Mensch somit ein Anrecht auf das himmlische Erbe
gewinnt. 2. Die Glorie wird der Gnade ferner auf Grund des
Rechtes und Gesetzes der Freundschaft geschuldet, wonach die
Güter der Freunde notwendigerweise Gemeinbesitz sind. Gott aber
ist der Freund derer, die ihn lieben. 3. Auch aus der Verheißung ergibt sich ein notwendiger Bezug der Gnade zur Glorie,
da Gott die Treue und Wahrhaftigkeit der Freundschaft nicht
bewahren würde, wenn er seinen Freunden die verheißenen Güter
der Glorie vorenthielte. Wilhelm beruft sich hier übrigens auf
Iac.1,12 und 1.Tim.4,8 - jene zwei Bibelstellen, die bereits

---

136 Es handelt sich hier um eine völlig andere Unterscheidung als bei Stephan Langton und Gaufrid von Poitiers, wo wir
jeweils caritas- und promissio-Aspekt nebeneinander stellten.
Dort ging es immer um das, was wir bei Wilhelm von Auvergne
"opus-Aspekt" nennen, nur daß das Werk des Menschen einmal von
der caritas, das andere Mal von der promissio her bewertet wurde. Dabei fand die Frage nach der Qualität des Werkes ihre Antwort im caritas-Aspekt, während die Frage nach dem Obligationscharakter der Werke speziell durch den promissio-Aspekt gelöst
wurde. In Wilhelms Verdienstlehre tritt nun zum opus-Aspekt
mit seiner caritas- und promissio-Seite der gratià-Aspekt hinzu, wobei sowohl hinsichtlich des opus als auch hinsichtlich
der gratia die Schuldnerschaft Gottes begründet werden soll.
Die Frage lautet also: Wo liegt die obligatorische Kraft des
Werkes und wo liegt die der Gnade?

in der Antwort der "quidam" zitiert wurden. 4. Schließlich
nennt er das Moment der conventio, wobei er traditionellerwei-
se auf das Gleichnis von den Arbeitern im Weinberg (Mt.20,1-
16) Bezug nimmt[137].

Welche Bedeutung kommt diesen vier Elementen adoptio/filia-
tio, amicitia, promissio und conventio für die Konstituierung
des Verpflichtungscharakters der Gnade zu? Vor allem ist nach
der Rolle der Begriffe promissio und conventio zu fragen, die
in den weiteren Darlegungen Wilhelms oft als Hendiadyoin behandelt werden. Diese Darlegungen zeigen, daß promissio und
conventio für die obligatorische Wirkung der Gnade nicht von
ausschlaggebender Bedeutung sind, sondern nur den Rahmen für
eine schon durch das Wesen der Gnade begründete Schuldnerschaft
Gottes abgeben. So kann Wilhelm sagen, daß das ewige Leben der
Gnade aus ihrem eigenen Vermögen heraus - per se - geschuldet
wird[138]. Wenig später wiederholt er diesen Gedanken und nimmt
dabei Bezug auf die promissio: "Es ist offenkundig, daß der
ewige Lohn vor allem der Gnade geschuldet wird, und zwar 'per
se', auch ohne jede Verheißung."[139] Das 'vor allem' (imprimis)
ist dabei in Hinblick auf die guten Werke gesagt, die Gott
nicht aus eigener Kraft zum Schuldner machen können, sondern
auf die promissio oder conventio angewiesen sind[140]. Im Fall
der Gnade also sind Verheißung und Übereinkunft Gottes nicht
Anfangspunkte einer kontingenten Bindung Gottes, sondern Be-
kräftigungen der ontisch vorgegebenen Bindung coram publico;

---

137 "Quod ergo convenientius videtur in omnibus his, hoc
est, ut dicatur, quod gratiae debetur gloria et hoc multis de
causis. Primum, quia huiusmodi gratia scilicet gratum faciens
gratia est adoptionis et filiatio; filiationi enim iure debetur hereditas ... Secundo iure et lege amicitiae, qua bona amicorum ex necessitate sunt communia; quia scilicet deus amicus
est amicorum suorum, diligit enim diligentes se ... Tertio ex
promissione seu ex repromissione necesse est, ut bona sua, bona inquam gloriae, communicet eisdem. Alioquin nec fidem nec
caritatem amicitiae teneret, sicut apparet ex antepositis Iaco-
bi apostoli et Pauli testimoniis. Quarto ex conventione, sicut
legitur Matthaei 20: 'Conventione autem facta cum operariis ex
denario diurno.' - Operantibus ergo debetur ex conventione,
habentibus autem gratiam adoptionis et filiis nuptiarum Christi
et ecclesiae debetur iure hereditario, diligentibus autem iure
et lege amicitiae et etiam promissionis." I 313 aC/D.
138 "... gratiae debeatur vita aeterna, ut ostendimus, et
hoc per se." I 313 bA.
139 "Manifestum est, quod gratiae debetur merces aeterna
imprimis et per se, etiam absque omni promissione." I 313 bA.
140 s.u.Anm.163.

sie sind nicht konstitutiv für den Verpflichtungscharakter der
Gnade, sondern sind Verkündigung der im Rechtfertigungsakt
schon realisierten und immer neu zu realisierenden Verpflichtung Gottes durch die Kraft der Gnade.

Das Wesen dieser Verpflichtung wird deutlicher, wenn man
weiß, was Wilhelm unter 'Gnade', genau gesagt unter gratia gratum faciens, versteht. Gnade definiert er als eine bestimmte
psychische Verfassung des Menschen, als Liebe[141] oder als ge-
horsame Unterordnung unter Gottes Leitung[142], als Ausrichtung
des ganzen Menschen auf Gott hin, die das eingegossene Geschenk
der göttlichen Güte ist und den Menschen Gott angenehm und akzeptabel macht[143]. Die gratia ist sowohl das gratis datum[144]
als auch das gratum faciens[145], so daß man ihr Wesen als Gottwohlgefälligkeit des Gottgeschenkten bezeichnen kann. Die durch
die Gnade verliehene Gottwohlgefälligkeit des Menschen bringt
Wilhelm vor allem durch die Begriffe acceptare, acceptabilis
und acceptus zum Ausdruck[146], wobei er, wie wir bereits sahen,
hervorhebt, daß es sich primär um die Annahme der Person und
erst sekundär um die der Werke handelt[147]. So zeigt die Vorliebe für diese Terminologie neben anderen Indizien, daß Gnade für
Wilhelm ein personaler Begriff ist - ein sehr interessanter Zusammenhang, wenn man bedenkt, welche Bedeutung der Begriff der
acceptatio divina als Exponent personalen Denkens in der Franziskanerschule besitzt.

Sprechen wir hier von einem personalen Gnadenbegriff, dann
haben wir Auers Unterscheidung zwischen einer personalen und
einer naturhaften Metaphysik vor Augen. Auers These ist, daß
man die Differenzen und Nuancen innerhalb der Gnadenlehre des
13. Jahrhunderts nur richtig interpretieren kann, wenn man die

---

141 s.u.Anm.156.
142 "Manifestum igitur et divina condicione indigere intel-
lectum humanum et divina gubernatione affectum et insuper sub-
iectione ad utrumque. Hanc autem subiectionem sive oboedien-
tiam vocamus gratiam." Tractatus De errore Pelagii; zit. bei
Landgraf, Der Traktat De errore Pelagii, 180.
143 s.o.Anm.111.
144 "Prima gratia ex necessitate gratis et non ex debito
meritorum confertur." I 310 b G/H.
145 s.o.Anm.111 ("gratiam, qua deo gratus ... fiat").
146 s.o.Anm.111 (acceptabilis), 118 (acceptus), 119 (acceptare); vgl. auch den folgenden Satz: "Nec propter hoc, quoniam
gratia est opus bonum vel donum dei, minus meritorium est,
immo amplius, quoniam propter hoc et melius est et deo magis
acceptum." I 314 bH.
147 s.o.Anm.119.

entscheidende Rolle und ständige Präsenz dieser verschiedenen philosophischen Grundansätze erkennt. Eine mehr personale Betrachtungsweise findet er beispielsweise bei den Franziskanern Odo Rigaldi, Bonaventura, Petrus Johannes Olivi und Duns Scotus, während er den Dominikaner Thomas von Aquin und seine Schüler unter dem Einfluß einer mehr naturhaften Metaphysik sieht[148]. Wenn auch an der Darstellung Auers im Detail zahlreiche Korrekturen anzubringen sind[149], so sehen wir doch in seiner grundlegenden These eine wichtige Hilfe bei dem Versuch, die sich in den verzweigten Einzellösungen der Gnadenlehre durchhaltenden Interessen zu erkennen und die Funktion der freien Selbstbindung Gottes in diesem Interessenfeld zu bestimmen[150].

Das personale Verständnis der Gnade, das in den Begriffen acceptare, acceptabilis und acceptus aufleuchtet, wird von Wilhelm entfaltet, indem er die Gottwohlgefälligkeit der menschlichen Person als Kindschaft und Freundschaft beschreibt. Gnade, d.h. die Befreiung der Person von ihrer Ichbezogenheit und ihre Orientierung auf Gott hin, bewirkt eine totale Veränderung der personalen Relation zwischen Gott und Mensch: Übergang aus der Feindschaft in die Freundschaft und in ein Vater-Kind-Verhältnis. Wichtig ist dabei, daß die Kinschaft des Menschen nicht als naturhafte Beziehung zu Gott, sondern lediglich als Bild für die Intensität der Liebesgemeinschaft verstanden wird. Die Deutung der Kindschaft erweist sich hier und bei späteren Theologen geradezu als Testfall dafür, ob ein Theologe in der Gnadenlehre stärker personal oder ontologisch-naturhaft denkt. Thomas von Aquin, für den die durch die Gnade geschenkte Kindschaft trotz Verwendung des Adoptionsgedankens eine naturhafte Kategorie ist[151], begründet Schuldnerschaft Gottes und Rechtsanspruch des Menschen auf das ewige Leben letztlich durch die ontologische Brücke zwischen der Übernatur des begnadeten Menschen und der Natur Gottes[152]; Wilhelm dagegen erklärt den Schuldgedanken nicht aus der neuen Natur, sondern aus der neuen

---

148 Auer, Gnadenlehre I und II, passim.
149 s.o.S. 4 und S. 90f Anm.151 und 152; s.u.S. 209(bei Anm. 318), S. 329 (bei Anm.297) und S. 449 (bei Anm.372).
150 Zum Zusammenhang zwischen personalem Denken und Selbstbindungsgedanken s. vor allem u.S. 467-472.
151 s.u.S. 335 (bei Anm.314).
152 s.u.S. 326-338.

personalen Stellung des Menschen vor Gott, die durch ihre
rechtlichen Implikationen "per se" das ewige Leben als geschul-
dete Gabe auslegt. Es ist somit deutlich, daß Wilhelm durch die
Aspekte der Kindschaft und Freundschaft als Umschreibungen der
personalen Situation des von Gott angenommenen Menschen das
Obligationsverhältnis zwischen gratia und gloria hinreichend
begründet sieht. Der Sprung vom non-debitum zum debitum entspricht der Wandlung des Menschen vom non-acceptus zum acceptus.
Promissio und conventio sind zwar faktische, aber nicht notwendige Elemente des Obligationsverhältnisses, das für Wilhelm
darum auch denkbar ist "absque omni promissione"[153].

Hinsichtlich der Gnadenlehre wird Wilhelm von Landgraf "als
ein kenntnisreicher, aber auch spekulativ tief schürfender Verfechter der psychologischen Betrachtungsweise des Übernatürlichen" und darum, was das 'psychologische' Moment betrifft,
als "einer der letzten Ritter der Frühscholastik" beurteilt,
während er in Philipp dem Kanzler als dem Vorläufer des Thomas
von Aquin denjenigen sieht, "der mit mächtigen Axtschlägen der
Hochscholastik die Tür öffnete"[154]. Diese Wertung ist deshalb
einseitig, weil sie 'Hochscholastik' mit Thomas von Aquin
identifiziert und darum in der Gnadenlehre nur die Route als
Anmarschweg zur Hochscholastik gelten läßt, die zu Thomas und
seinem Verständnis der Gnade als einer von der psychischen Basis der Tugenden real verschiedenen übernatürlichen Form führt.
Mit Recht spricht Landgraf bei Wilhelm im Unterschied zu Philipp dem Kanzler von einer psychologischen Bestimmung der Gnade, die ja, wie wir sahen, von Wilhelm als caritas oder "sub-
iectio sive oboedientia" definiert wird; doch eine psychologische Sicht der Gnade ist ebenso charakteristisch für Bonaventura, einen der bedeutendsten Vertreter der Hochscholastik.
Immerhin ließe sich sagen, daß Bonaventuras Denken speziell
an diesem Punkt dem frühscholastischen Stadium verhaftet
bleibt und deshalb nicht weiterführend ist. In die Zukunft
weist jedoch die personale Zuspitzung des psychologischen Gnadenverständnisses, wie sie sich bei Wilhelm anbahnt und von
Bonaventura entfaltet wird. Es gibt eine durch die personale
Sicht der Gnade bestimmte Traditionslinie, deren wichtigste
Stationen seit 1200 Wilhelm von Auvergne, Odo Rigaldi, Bonaven

---

153 s.o.Anm.139.
154 Landgraf, Der Traktat De errore Pelagii, 180.

tura, Petrus Johannes Olivi, Duns Scotus, Wilhelm von Ockham
und Martin Luther sind. Wir kommen so zu einer völlig anderen
Beurteilung Wilhelms von Auvergne als Landgraf. Philipp der
Kanzler und Wilhelm von Auvergne sind beide Eröffner der Hochscholastik, nur daß - schematisierend gesagt - der eine die
Tür zur aristotelisch-naturhaften Gnadenlehre des Thomismus,
der andere die zur augustinisch-personalen der Franziskanerschule öffnet.

§ 2 Das Obligationsverhältnis zwischen opus und gloria. Die
konstitutive Rolle der Selbstbindung Gottes durch promissio
und conventio

Während Wilhelm der Verheißung und Übereinkunft Gottes für die
obligatorische Wirkung der Gnade nur eine entbehrliche Rahmen-
funktion einräumt, gewinnen beide eine fundamentale Relevanz,
wenn das Obligationsverhältnis zwischen Werkebene und himmlischer Herrlichkeit erörtert wird. Wilhelm geht in dem Abschnitt
über dieses Thema von einer, wie er sagt, allgemein vertretenen
Auffassung aus, die besagt: Durch jedes aus Liebe getane Werk
verdient man das ewige Leben "ex debito"[155]. Gegen diesen Satz
hat Wilhelm nichts einzuwenden, nur dringt er auf eine genaue
Klärung des "ex debito", um das Mißverständnis fernzuhalten,
jemand könne das ewige Leben ex condigno verdienen. Wir wollen
seine erklärenden Bemerkungen, die das Problem immer neu behandeln, wörtlich zitieren, um die für den Obligationscharakter
des Werkes wichtige Relation zwischen opus, gratia/caritas und
promissio/conventio bestimmen zu können. Im ersten Abschnitt
sieht Wilhelm nur auf die Beziehung zwischen opus und gratia/
caritas, im zweiten nur auf die zwischen opus und promissio/
conventio, im dritten berücksichtigt er beide Aspekte des Werkes, gratia/caritas und promissio/conventio:
    1.) "Dem Werk aber wird nichts geschuldet, es sei denn um
der Gnade willen, aus der es kommt, denn ... der Zweig des guten Werks besitzt kein Grün, wenn er nicht aus der Wurzel der

---

155 "De hoc vero, quod communiter dicitur, quia quaedam
opera meritoria sunt vitae aeternae et quia omni opere facto
ex caritate meretur quis vitam aeternam ..." I 313 aD-bA.
"Quod ergo communiter dicitur, quia omni opere facto ex caritate meretur quis vitam aeternam, et hoc ex debito ..." I 313
bA.

Liebe hervorgegangen ist."[156]

2.) "Den Werken scheint der ewige Lohn nur auf Grund der
Verheißung oder Übereinkunft geschuldet zu werden. Was also
allgemein gesagt wird, durch jedes aus Liebe getane Werk könne
jemand das ewige Leben verdienen, und zwar geschuldetermaßen,
das scheint so verstanden werden zu müssen, daß er sich Gott
zum Schuldner des ewigen Lebens macht, freilich nicht allein
um des Werkes selbst willen, sondern wegen Gottes Verheißung
in Verbindung mit seinem Werk. Und im höchsten Grade wahr ist
dies: Wenn jemandem, der so handelt und von jenem Verdienst
nicht abfällt, das ewige Leben nicht erstattet würde, dann geschähe ihm Unrecht wegen der Verheißung und Übereinkunft, durch
die sich die göttliche Güte allen solchen Betätigungen gegenüber gebunden hat (se astrinxit)."[157]

3.) "Auf Grund der Ebenbürtigkeit irgendeines Werkes (ex
condigno cuiuscumque operis) verdient niemand das ewige Leben;
denn auf Grund des strikten Verdienstes und der strikten Verpflichtung eines Werkes verdient niemand das ewige Leben. Keinem Werk nämlich wird aus eigenem Vermögen heraus (per se) ohne
Verheißung oder Übereinkunft das ewige Leben geschuldet, und
zwar deshalb, weil dem Werk kein Lohn geschuldet wird außer auf
Grund der Gnade, aus der es kommt, bzw. auf Grund der göttlichen Verheißung oder Übereinkunft."[158]

---

156 "... operi autem nihil debeatur nisi propter gratiam,
ex qua est; quoniam sicut dicit Gregorius: 'Nihil habet vi-
riditatis ramus boni operis, nisi a radice processerit caritatis.'" I 313 bA.

157 "Operibus vero non deberi videtur nisi ratione promissionis aut conventionis. Quod ergo communiter dicitur, quia
omni opere facto ex caritate meretur quis vitam aeternam, et
hoc ex debito, ita intelligendum videtur, quia debitorem facit
sibi deum vitae aeternae, non quidem propter ipsum opus solum,
sed propter promissionem dei cum opere eius. Et verissimum est,
quia nisi sic operanti et a merito illo non cadenti reddetur
vita aeterna, iniuria ei fieret propter promissionem et conventionem, quibus omnibus huiusmodi operationibus divina bonitas
se astrinxit." I 313 bA/B.   An einer Stelle des Traktats De
anima, der nach Kramp ("Magisterium Divinale", 1921, 78) erst
zwischen 1231 und 1236 verfaßt worden ist, gebraucht Wilhelm
als Bezeichnung für die freie Selbstbindung Gottes wie in der
oben zitierten Theologenmeinung (s.Anm.130) die Begriffsreihe
promissio, pactum (oder pactio) und iuramentum, hier aber zur
Kennzeichnung seiner eigenen Position: "Verum si promissionibus aut iuramentis aut pactis obligavit se creator ad remunerationem servitorum suorum, ... indubitanter ex huiusmodi promissionibus, iuramentis, pactis fecit se suis servitoribus debitorem. Haec autem in utraque lege, Hebraeorum scilicet et

Die Zitate zeigen, daß Wilhelm die Gott verpflichtende Wirkung der guten Werke aus der Gnade oder Liebe als ihrer Wurzel und aus dem Begriffspaar Verheißung und Übereinkunft erklärt. Er unterscheidet dabei streng genommen zwischen drei Größen, deren obligatorische Potenz zur Debatte steht: "opus per se", "opus ratione gratiae" und "opus ratione gratiae et ratione promissionis sive conventionis". Unter opus per se, meist einfach opus genannt, versteht Wilhelm das, was Stephan Langton natura operis genannt hat, d.h. die oberflächliche Werkebene im Gegensatz zum tiefer liegenden und seinshaft vorgegebenen Wertbereich in Gestalt der eingegossenen Gnade oder Liebe[159]. Der Werkebene, die in ihrer Dimension durch Zahl und Intensität der Akte bestimmt ist, wird - sofern man sie isoliert betrachtet - nichts von Gott geschuldet. Aber auch das opus ratione gratiae, das Werk, sofern es nicht nach seinem äußeren Erscheinungsbild, sondern nach der Beteiligung der caritas und seinem Wert coram deo beurteilt wird, kann Gott nicht zur himmlischen Belohnung verpflichten, d.h. das Werk kann es nicht allein (non ipsum opus solum), sondern nur im Rahmen der göttlichen Verheißung oder Übereinkunft. So besitzt erst das opus ratione gratiae et ratione promissionis sive conventionis obligatorische Valenz, während dem opus ratione gratiae die ausreichende und dem opus per se überhaupt jede Kraft zur Verpflichtung Gottes abgesprochen wird.

Der Selbstbindung Gottes kommt also in den Augen Wilhelms eine konstitutive Bedeutung für das Entstehen der Schuldnerschaft Gottes gegenüber den Werken des Menschen zu. Deutlich ist auch, daß er der Selbstbindung keine exklusive, sondern eine restriktive Funktion gibt. Hier zeigen sich Gemeinsamkeiten mit den Lösungen Stephan Langtons, Gaufrids von Poitiers und der von Wilhelm zitierten "quidam", deren Meinung wir be-

---

Christianorum, notissima sunt, videlicet promissiones pactionum et iuramenta creatoris, quibus se servitoribus suis obligat ad remunerationes." De anima, c.6 p.23 (II 180b).

158 "Ex condigno cuiuscumque operis nullus meretur vitam aeternam, quia ex stricto merito et debito (Konjektur statt: "stricto et merito debito"; vgl. u.S.457 Anm.421: "strictum debitum vel meritum") operis nullus meretur vitam aeternam, quoniam nulli operi per se absque dei promissione vel conventione debetur vita aeterna; et hoc est, quoniam operi nihil debetur ut praemium nisi ratione gratiae ex qua est aut ratione divinae promissionis sive conventionis." I 313 bC.

159 s.o.S.110f.

reits analysiert haben. Wie Stephan Langton und Gaufrid von
Poitiers unterscheidet Wilhelm am guten Werk den promissio- von
caritas-Aspekt und wie Gaufrid beschreibt er die Verpflichtung
Gottes nicht als einseitige Wirkung der promissio oder conventio, sondern als Resultat des Zusammenwirkens von innerem Wertmoment und freier Verpflichtung Gottes. Darauf weist besonders
der Satz: "Debitorem facit (sc. der Mensch) sibi deum vitae
aeternae, non quidem propter opus   s o l u m , sed propter
promissionem dei   c u m   opere eius."[160] Wir werden hier sofort an die Antwort der "quidam" erinnert, die sagten, daß wir
durch unsere Verdienste allein (meritis   s o l i s) Gott nich
zu unserem Schuldner machen können, sondern nur durch unsere
Verdienste und seine Verheißung zugleich[161]. Was die 'Simul-
Lösung' anbelangt, so besteht also keine Differenz zwischen
Wilhelm und den "quidam". Daß Wilhelm promissio und conventio
nicht exklusiv gegen die obligatorische Bedeutung der gratia/
caritas wendet, zeigt auch sehr klar die Formulierung: "...
operi autem nihil debeatur nisi propter gratiam, ex qua est."[1]
Andererseits tritt doch bei aller Bedeutung des inneren
Wertmoments auch die einschränkende Funktion der freien Selbst
bindung Gottes deutlich in Erscheinung, so etwa, wenn Wilhelm
zwischen dem verpflichtenden Charakter der Gnade und dem der
Liebeswerke folgenden Unterschied macht: Der Gnade werde der
ewige Lohn auch ohne Verheißung geschuldet, den Werken dagegen
nur auf Grund der Verheißung oder Übereinkunft Gottes[163]. Die
restriktive Funktion der promissio oder conventio richtet sich
somit nicht gegen die obligatorische Wirkung der Gnade an sich
sondern gegen die Relevanz der Gnade für die obligatorische
Wirkung der Gnaden w e r k e . Durch den Aspekt der Selbstbindung Gottes weist Wilhelm wie Langton, Gaufrid und die "quidam" darauf hin, daß auch die Herkunft der guten Werke aus der
Gnade oder Liebe das Obligationsverhältnis zwischen Werken und
himmlischem Lohn nicht erklären kann. Erst auf dem Hintergrund
des göttlichen Versprechens erhalten die Werke ihren faktischen Stellenwert auf dem Wege des Christen von der Rechtfertigung zur Erlösung. Dem restriktiven Gehalt der Selbstbindun

160   s.o.Anm.157.
161   s.o.Anm.130.
162   s.o.Anm.156.
163   "Gratiae debetur merces aeterna imprimis et per se,
etiam absque omni promissione, operibus vero non deberi videt
nisi ratione promissionis aut conventionis." I 313 bA.

entspricht übrigens haargenau die Ablehnung eines meritum condigni bei Wilhelm[164]. Denn abgelehnt wird ja damit gerade eine
'strikte' Verpflichtung Gottes, d.h. eine selbständige obligatorische Kraft der Gnadenwerke, die auf einer Wertproportion
zwischen Werken und Glorie basieren würde.

Wie hat man sich also den Akt der Selbstbindung Gottes nach
Wilhelms Meinung vorzustellen? Gottes Selbstbindung durch die
promissio im Rahmen der conventio ist eine freie Selbstbindung,
sofern sie nicht aus der Güte der Kreatur, sondern aus der Güte Gottes zu erklären ist, die diesen Erlösungsmodus gewählt
hat[165]. Gott verpflichtet sich freilich nicht gegenüber x-be-
liebigen Werken, sondern nur gegenüber den Liebeswerken. Man
kann daher sagen: Daß sich Gott überhaupt verpflichtet, ist
durch seinen freien Willen und nicht durch die Liebeswerke zu
begründen; ob aber im Gefolge der Selbstbindung Gottes ein bestimmtes Werk Gott faktisch verpflichtet oder nicht, ist davon
abhängig, ob es aus Liebe geschieht oder nicht. Insofern resultiert die konkrete obligatorische Wirkung eines Werks zugleich aus dem geschichtlichen Rahmen der vertraglichen Verheißung und aus der Präsenz des inneren Wertmoments der gnadenhaften Liebe. Natürlich stellt sich auch hier wieder wie
bei der Meinung der "quidam"[166] die Frage, ob nicht doch auch
der gratia/caritas-Aspekt den Akt der Selbstbindung selbst beeinflußt, und zwar dahingehend, daß sich Gott a priori nur den
Liebeswerken gegenüber verpflichten k a n n , während die
Werke der Sünder - so Gaufrid[167] - von vornherein aus dem Möglichkeitsraum der Selbstbindung ausgeschlossen sind. Man kann
vermuten, daß Wilhelm so denkt, doch erlauben seine Äußerungen
keine definitive Antwort auf diese Frage.

§ 3 Die Beziehung zwischen gratia-Aspekt und opus-Aspekt

Bislang haben wir gratia-Aspekt und opus-Aspekt der Verdienstlehre Wilhelms von Auvergne auseinandergehalten. Während wir
bei der Gnade einen direkten seinshaften Zusammenhang zur

---

164 "Nullo modo videtur, quod ex condigno cuiuscumque operis mereri possit quis vitam aeternam." I 313 bA. s. auch u.
S. 457 Anm.421 und o.Anm.108.
     165 s.o.Anm.157 ("divina bonitas se astrinxit").
     166 s.o.S. 153.
     167 s.o.S. 131f.

Schuldnerschaft Gottes feststellen konnten, zeigte sich beim
Werk die konstitutive Rolle von promissio und conventio für
das Entstehen des Obligationsverhältnisses zwischen Werk und
Glorie. Da aber der Verheißung oder Übereinkunft auch hinsichtlich des Gnadenaspekts eine gewisse Bedeutung - als geschichtliche Bekräftigung der schon bestehenden Schuldnerschaft Gottes - zukam, können wir bei Wilhelm von einem doppelten promissio-Verständnis oder von einer zweifachen Funktion der
promissio sprechen. Durch dieselbe Verheißung, etwa die in
Mt.20 (Gleichnis von den Arbeitern im Weinberg), weist Gott
auf die verpflichtende Wirkung der Gnade und begründet er die
obligatorische Kraft des Gnadenwerks[168].

Nun bleibt noch die Frage zu beantworten, warum Wilhelm
überhaupt zwischen gratia- und opus-Aspekt unterscheidet und
wie die beiden Aspekte für ihn zusammenhängen. Bei dieser Frage sind wir zugleich dem Spezifikum seiner Verdienstlehre auf
der Spur, denn bei keinem Theologen vor und nach Wilhelm werden die verdienstliche Rolle der Gnade und die des Gnadenwerks
so scharf voneinander abgehoben wie bei Wilhelm. Wichtig ist
hier ein kurzer Abschnitt, in dem er sich mit einem möglichen
Einwand gegen seine These "operi (per se) nihil debetur"[169]
auseinandersetzt: "Es könnte nun jemand sagen: Dieses Werk enthält in sich die Gnade (in se continet gratiam), der das ewige
Leben geschuldet wird, oder zumindest die Wirkung der Gnade;
was der Wurzel, nämlich der Gnade, geschuldet wird, wird deshalb auch dem Zweig, d.h. dem Werk, geschuldet, und darüber
hinaus scheint die Betätigung etwas hinzuzufügen. Wir antworten darauf, daß das Werk nicht in dieser Weise die Gnade als
Teil enthält, sondern eher nach der Gnade schmeckt oder nach

---

168   Wie wir gesehen haben, findet sich auch bei Stephan
Langton und Gaufrid von Poitiers ein doppelter promissio-Begriff (s.o.Anm.19 und 67 sowie S.128f). Auch sie unterscheide
wie Wilhelm von Auvergne zwischen einem Verheißungsmodus, dur
den sich Gott verpflichtet, und einem Verheißungsmodus, der
nicht mit einer Selbstbindung Gottes verbunden ist. Freilich
geben Langton und Gaufrid dieser Unterscheidung eine andere
Funktion als Wilhelm. Während sich nämlich bei jenen die verschiedenen Verheißungsmodi auf unterschiedliche Verheißungsin
halte beziehen - bei Langton auf vita aeterna bzw. incarnatic
und temporalia, bei Gaufrid auf vita aeterna bzw. conversio
peccatoris -, betreffen bei ihm beide Verheißungsmodi die hir
lische Glorie, aber einmal das Verhältnis opus-gloria, das ar
dere Mal das Verhältnis gratia-gloria.
169   s.o.Anm.158.

ihr duftet, wie die Frucht nach der Wurzel."[170] Man darf diese
Stelle so interpretieren: Gnade ist für Wilhelm, wie wir schon
ausführten, ein personaler Begriff, d.h. sie betrifft nicht
primär den Wert einzelner menschlicher Leistungen, sondern die
Stellung des Menschen als Person vor Gott. Weil Wilhelm diesen
ganzheitlichen Bezug der Gnade im Auge hat, wendet er sich gegen die Annahme eines unmittelbaren Obligationsverhältnisses
zwischen Werk und Glorie, das nach seiner Auffassung ein Ent-
haltensein der Gnade im Werk und damit eine Zerteilung der
Gnade voraussetzt. Durch den Vergleich der Gnade mit einer
Wurzel, die ihren Geschmack und Duft in die Früchte überträgt,
will er einerseits der Entpersonalisierung der Gnade in Richtung auf eine Werk- oder Leistungsgnade begegnen und andererseits doch die Qualität des guten Werks als gnadenhafte Qualität beschreiben. In dem Interesse Wilhelms an dem personal-ganz-
heitlichen Charakter der Gnade gegenüber dem partikularen
Charakter der den einzelnen Werken innewohnenden Qualität sehen wir den tieferen Grund für die Unterscheidung zwischen
gratia- und opus-Aspekt. Von hier aus wird verständlich, weshalb die Gnade für ihn hinsichtlich ihrer obligatorischen Potenz einen Vorsprung vor den Werken besitzt, die Gott nur auf
dem Umweg über promissio und conventio zum Schuldner machen
können. Dieser Vorsprung entspricht dem Vorrang, den nach Wilhelms Darstellung die Annahme des Menschen als Person vor der
Annahme seiner Werke besitzt: "'Respexit ad Abel deus et munera eius' (Gen.4,4), quasi imprimis ad Abel et   p o s t e a
ad munera propter eum."[171]

Wie aber verhalten sich die Verpflichtung Gottes durch das

---

170 "Quod si dixerit quis, quia huiusmodi opus in se continet gratiam, cui debetur vita aeterna, vel saltem effectum
gratiae et ideo quicquid debetur radici gratiae, debetur ramo
operis et insuper per aliquid videtur addere operatio, respondemus, quia non sic continet gratiam ut partem, sed magis
sapit vel redolet gratiam ut fructus radicem." I 313 bC. Mit
dem Gedanken "non ... continet gratiam", dem die Vorstellung
der Selbstbindung Gottes entspricht, ist die Sakramentenlehre
Wilhelms und vor allem zahlreicher Franziskanertheologen zu
vergleichen, welche die Gnadenkausalität der Sakramente nicht
durch den Innenaspekt des "continere gratiam", sondern durch
den Außenaspekt des göttlichen Vertrages (pactum) begründen,
s.u.S.479ff. Opus und sacramentum nehmen also in den Augen dieser Theologen als geschöpfliche Größen denselben Platz angesichts der freien Selbstbindung Gottes ein.
171 I 311 aD-bA.

166

Gnadengeschenk und seine Verpflichtung durch die guten Werke
zueinander? Gegenstand der Verpflichtung ist doch hier wie da
das ewige Leben. Was hat der Mensch davon, daß er Gott auch
noch durch die Werke zum bereits geschuldeten Lohn der Glorie
verpflichtet? Genau diesem Problem stellt sich Wilhelm, wenn er
fragt: "Was wirken die guten Werke zur Erlangung des ewigen
Lebens, da es bereits der Gnade allein geschuldet wird, und
zwar de iure?" Ablehnend äußert er sich zur Meinung anderer
Theologen, die aus den Werken gegenüber dem puren Besitz der
Gnade eine Steigerung der menschlichen Würdigkeit und damit
auch des Schuldcharakters der Glorie herleiten. Nicht daß er
dies grundsätzlich in Abrede stellte, wenn er es auch nicht
für jedes gute Werk gelten lassen will, doch sieht er die maß-
gebliche Funktion der Werke an einem anderen Punkt[172]. In der
Antwort Wilhelms kommt folgendem Satz eine Schlüsselstellung
zu: "Auch wenn die Gnade nicht durch all die guten Werke fest-
gebunden wird (alligetur), so wird sie - und deshalb auch die
Glorie - doch durch sie verwurzelt und gestärkt (radicatur atque firmatur)."[173] Die guten Werke sichern den Besitz der Gnade und insofern auch den der Glorie. Wird doch jede Tugend und
jede Kraft durch Übung gestärkt und gekräftigt, während sie
durch Müßiggang geschwächt wird[174].

Unter Berücksichtigung dieser Äußerung Wilhelms kann man
seinen Standpunkt zur Frage nach dem Verhältnis der obligatorischen Rolle von Gnade und Werken so beschreiben: Wilhelm ist

---

172 "Si vero quis quaerat: Quid operantur bona opera ad
obtinendum vitam aeternam, cum soli gratiae debeatur et hoc de
iure? dixere quidam, quia cum per gratiam sit dignus vita aeterna, per opera ipsa facit se magis dignum ... magis et debetur propter hoc hereditas, etsi non maior. Sed qualiter hoc es
verum, cum ius hereditatis illius non sit nisi filiatio nec
alia sit dignitas filiis, qua hereditate paterna digni sunt,
nisi ipsa eadem filiatio seu gratia adoptionis, de qua non est
necesse, quod crescat ex omni opere bono, etsi forte aliquo?
... In quo enim prodest ei, quod magis dignus est eadem gloria
vel magis debeatur?" I 313 bC/D.
173 "Gratia etsi non alligetur ex omnibus operibus bonis,
tamen inde radicatur atque firmatur et propter hoc etiam gloria." I 314 aE.
174 "Omnis enim virtus et omnis potentia sicut moderato et
debito in usu et exercitio invalescit et confortatur, ita otio
sitate sua debilitatur et tandem deficit ... Propter quod multum curandum est ei, qui habet gratiam adoptionis, ut operetur
et negotietur in illa, licet negotiatio et operatio sua non ob
ligant deum ad retributionem, nisi quemadmodum diximus." I 314
aE/F. Wilhelm weist hier auf seine Lösung zurück, daß das gute
Werk Gott nur "ratione gratiae ... aut divinae promissionis
sive conventionis" verpflichte (s.o.Anm.158).

der Auffassung, daß der himmlische Lohn sowohl der Gnade als
auch den Werken geschuldet wird. Traditionell im Rahmen der
Verdienstlehre ist dabei die Annahme eines Obligationsverhältnisses zwischen opera und gloria. Spricht man in der Zeit vor
Wilhelm vom himmlischen Lohn als praemium debitum, dann hat
man immer die verdienstlichen Akte im Auge, denen der Lohn von
Gott geschuldet wird. Zwischen Werkebene und Lohnebene besteht
ein Korrelationsverhältnis. Das gilt ebenso für die Verdienstlehre Wilhelms und der folgenden Theologen des 13. Jahrhunderts.
Auffallend dagegen ist, daß Wilhelm nicht nur eine Schuldnerschaft Gottes gegenüber den Werken kennt, sondern davon eine
gegenüber der Gnade unterscheidet. Die Addition des Gesichtspunkts "gratiae debetur vita aeterna" zum Gesichtspunkt "operi
debetur vita aeterna" ist uns zum ersten Mal in seiner Verdienstlehre begegnet. Den Grund für diese Ausweitung der obligatorischen Basis nannten wir bereits, indem wir auf die Bedeutung des personalen Denkens bei Wilhelm aufmerksam machten.
Es führt ihn zur Annahme des verpflichtenden Charakters einer
ganzheitlichen Größe im Menschen neben und vor aller obligatorischen Potenz der einzelnen Werke. Man kann daraus den Schluß
ziehen: Wenn Wilhelm zwischen gratia-Aspekt und opus-Aspekt
unterscheidet, dann geht es ihm nicht um verschiedene Inten-
sitätsstufen der Verpflichtung oder um verschiedene Größen der
geschuldeten Glorie, so daß die Verpflichtung durch Gnade und
Werke mehr leiste als nur die Verpflichtung durch die Gnade,
wie sie etwa im Moment der Rechtfertigung oder bei den getauften Kindern besteht, wenn die guten Werke noch fehlen. Vielmehr
geht es ihm einfach um eine Verklammerung der partiellen Ver-
pflichtungen durch die Werke in der personbezogenen und darum
fundamentalen Verpflichtung durch die Gnade. In den Werken
sieht er dann die den Menschen durch die Gebote Gottes aufge-
tragene Möglichkeit, das grundlegende Obligationsverhältnis
immer neu zu aktualisieren und so zu bekräftigen. Das meint er,
wenn er sagt: "Gratia ... inde radicatur atque firmatur, et
propter hoc etiam gloria."[175] Denn, so bemerkt er an anderer
Stelle, nur derjenige Besitz - gemeint ist die Gnade - gibt
uns einen Rechtsanspruch, mit dem wir Gott dienen[176].

---

175 s.o.Anm.173.
176 "Illud quippe solum iusto titulo possidemus, quod totaliter deus possidet in nobis, hoc est, quo totaliter eidem
servimus." I 314 bH.

Die Werke fügen diesem Anspruch, den der Mensch durch die
Rechtfertigung gewonnen hat, nichts hinzu, sondern signalisie-
ren, daß er auf dem Wege von der iustificatio zur glorificatio
ersterer treu bleibt und so letzterer näher kommt.

5. Zusammenfassung

Die Untersuchung des Traktats De meritis et retributionibus
sanctorum in Wilhelms von Auvergne Magisterium divinale hat
gezeigt, daß Wilhelm an zwei Punkten seiner Verdienstlehre den
Gedanken einer freien Selbstbindung Gottes vertritt: im exklusiven Sinn bei der Frage nach der Verdienbarkeit der bona
naturalia, im restriktiven Sinn bei der Frage nach der Verdien
barkeit der vita aeterna. So steht er einerseits der Tradition
der Theologen nahe, die seit Kardinal Laborans die Konzeption
einer freien Selbstbindung Gottes im exklusiven Sinn entwickel
haben, nur daß Wilhelm diese Konzeption nicht auf das Verhältnis zwischen Gnadenwerken und himmlischem Lohn, sondern auf da
zwischen natürlichen Werken und zeitlichen Gütern bezieht; was
das Verdienst des ewigen Lebens betrifft, so verbindet ihn andererseits mit Theologen wie Stephan Langton und Gaufrid von
Poitiers die Konzeption einer freien Selbstbindung Gottes im
restriktiven Sinn. Bei der restriktiven Lösung referiert er
auch die mit seiner eigenen Antwort verwandte Meinung anderer
Theologen ("quidam"). Der Unterschied zwischen ihrer und seine
Position besteht darin, daß sie - wie Langton und Gaufrid - be
der Frage nach dem Schuldcharakter des ewigen Lebens nur das
Obligationsverhältnis zwischen den Werken oder Verdiensten und
dem himmlischen Lohn im Auge haben, während Wilhelm zwischen
gratia-Aspekt und opus-Aspekt differenziert. Während die Glori
der Gnade direkt (per se) geschuldet wird, auch ohne Rücksicht
auf promissio und conventio Gottes, so können die Werke Gott
nur indirekt, d.h. auf dem Umweg über die Selbstbindung Gottes
durch promissio und conventio, verpflichten. Den Grund für die
Erweiterung der traditionellen Lehre vom praemium debitum durc
den gratia-Aspekt sahen wir im personalen Denkansatz Wilhelms.
Da Gnade für ihn eine personale Größe ist, wie vor allem die
häufige Verwendung der Begriffe acceptare, acceptabilis und
acceptus und die Beschreibung des Gnadenstandes als Adoptivkindschaft und Freundschaft verraten, ist die Priorität des

gratia-Aspekts vor dem opus-Aspekt gleichbedeutend mit der
Priorität der personalen Verpflichtung Gottes durch eine ganz-
heitliche Größe im Menschen vor der leistungsorientierten Verpflichtung durch die einzelnen guten Werke. Das personale Interesse Wilhelms zeigt sich aber nicht nur am Gnadenbegriff,
sondern auch in den folgenden drei anderen Punkten seiner Verdienstlehre:

1.) in der Betonung dessen, daß die gnadenhaften Werke des
Menschen nicht nur Wirkungen des göttlichen Handelns in ihm,
sondern auch seine eigenen freien Taten sind, mit denen er als
verantwortliche Person vor Gott treten kann, so daß sie ihm
als Verdienste angerechnet (imputare) werden können. In diesem
Zusammenhang sagt Wilhelm, daß Gott zwar in uns und durch uns
wirkt, aber nicht wie durch Werkzeuge und Instrumente (per organa aut instrumenta)[177]. Die Gemeinschaft (societas) zwischen
uns und Gott erweise sich gerade darin, daß alles, was sein
Teil ist, auch unser Teil ist; das sei die Gemeinschaft zwischen solchen, die sich einander wahrhaft und vollkommen lieben[178]. So kommt Wilhelm zu dem Schluß: "Non solum igitur
cooperatores sumus, sed etiam operatores."[179]

2.) in der positiven Beurteilung der meritorischen Möglichkeiten des natürlichen Menschen. Wilhelm ist unseres Wissens
der erste, der die Vorbereitung des Menschen auf die Gnade als
meritum congrui wertet, und er ist der Meinung, daß der Mensch
auch durch seine natürliche Liebe Gott um seiner selbst willen
lieben und so zeitliche Güter durch ein eigentliches Verdienst
erwerben kann. Man muß diese Sicht des natürlichen Menschen in
Verbindung zur hohen Auffassung Wilhelms von der Freiheit und
personalen Selbständigkeit des Menschen setzen. Hier besteht

---

177 "Illud autem non est praetereundum, quod supra tetigi-
mus, quia bona opera nostra et dei dona sunt. Opera nostra opera etiam dei, quae ipse operatur in nobis et etiam per nos,
non quidem tamquam per organa tantum aut instrumenta. Tunc enim
nec ad laudem nec ad vituperium nec ad culpam nec ad meritum
imputanda essent nobis opera bona, sicut citharae vel tibiae
nihil imputatur ad culpam vel ad meritum de tibicinantibus et
citharizantibus." I 314 bF/G. Wilhelm vertritt hier genau die
entgegengesetzte Position zu der des Kardinals Laborans, der
die Rolle des Menschen bei den guten Werken mit der Wirkweise
von Instrumenten verglichen hat; s.o.S.31 Anm.23.
178 "Et haec est societas inter nos et ipsum deum, ut totum sit eius et totum nostrum, quicquid habere videmur. Et
haec lex atque iustitia servatur semper inter veraciter ac
perfecte sese invicem diligentes." I 314 bH-315 aA.
179 I 314 bH.

für ihn ein anthropologisches Kontinuum zwischen der Zeit vor
und nach dem Fall und zwischen der Zeit vor und nach der Rechtfertigung. Sittlich freies Wesen mit der Möglichkeit zum Guten
ist der Mensch auch vor Empfang der Gnade. Eingießung der Gnade
bedeutet daher in den Augen Wilhelms nicht in erster Linie die
Eröffnung neuer moralischer Möglichkeiten - übernatürlicher
Akte im thomistischen Sinne beispielsweise -, sondern das Angenommenwerden der menschlichen Person durch Gott.

3.) in dem Operieren mit geschichtlichen Begriffen wie Verheißung und Übereinkunft Gottes. Da Wilhelm das Verhältnis
Gott-Mensch nicht als Verhältnis zwischen verschiedenen Natu-
ren sieht, die durch das Medium der Übernatur verkoppelt werden müssen, sondern als Gemeinschaft frei handelnder Personen[180], gewinnt das Moment der freien Selbstbindung Gottes eine entscheidende Funktion in seiner Verdienstlehre. Die Schuldnerschaft Gottes leitet er darum nicht aus der sich ewig gleich
bleibenden göttlichen Natur, aus dem essentiellen Gehaltensein
Gottes also, ab, sondern aus den spontanen, kontingenten Anordnungen der göttlichen Person in Gestalt von Verheißung und
Übereinkunft. Man sieht hier, wie personales und geschichtliches Denken eng zusammenhängen. Nirgends glaubt Wilhelm die
Souveränität des frei handelnden Gottes, dessen Güte und Barmherzigkeit Motivationen zu immer neuen Entscheidungen, nicht
statische Wesenseigenschaften darstellen, deutlicher zum Ausdruck bringen zu können als auf dem Felde geschichtlicher Kontingenz. Was die Intensität personalen und geschichtlichen
Denkens betrifft, so ist Wilhelm von Auvergne einerseits Erbe
Augustins, andererseits Wegbereiter franziskanischer Theologie[181].

---

180 Vgl. die Bedeutung des societas-Begriffs bei Wilhelm
(s.o.Anm.178).
181 Der personale Charakter der Theologie Wilhelms, der sie
mit der franziskanischen Theologie verbindet, zeigt sich auch
in dem starken Voluntarismus, wie er etwa in Wilhelms Traktat
De anima (II 65ff) zum Ausdruck kommt. Verweyen (Das Problem
der Willensfreiheit, 90) bemerkt dazu: "... in der Stellung,
die er dem Willen im Seelenreiche zuweist, tritt zum erstenmal
ein ausgesprochener Voluntarismus entgegen: der Wille, die
'vornehmste' seelische Potenz, die allen übrigen gebietet,
selbst aber nur herrscht."

VI. Odo Rigaldi

Die vier bedeutendsten Magister der älteren Franziskanerschule
sind Alexander von Hales und seine Schüler Johannes von Rupella,
Odo Rigaldi und Bonaventura, die alle an der Pariser Universität lehrten. Literarisch ist Odo Rigaldi wahrscheinlich nicht
von der Summa Halensis[182], sondern von Johannes von Rupella[183]
abhängig, während er selbst Bonaventura beeinflußt hat. Sein
Sentenzenkommentar darf auf jeden Fall als eine der wichtigsten
Quellen für Bonaventuras Sentenzenkommentar gelten[184].

Weder Alexander von Hales - bzw. die Summa Halensis - noch
Johannes von Rupella äußern im Zusammenhang der Gnadenlehre den
Gedanken einer freien Selbstbindung Gottes. Von ihnen wird daher erst im nächsten Kapitel, wo wir das Gegenprogramm zur Konzeption der Selbstbindung darlegen, die Rede sein. Odo Rigaldi
hingegen werden wir schon jetzt behandeln, da er als erster
Franziskaner den Verdienstgedanken in Beziehung zur Vorstellung
von einer Selbstbindung Gottes im restriktiven Sinne setzt, worin ihm dann Bonaventura folgen wird. Odo las zwischen 1240 und
1245, wahrscheinlich von 1243 bis 1245, die Sentenzen und hin-
terließ als Frucht dieser Lehrtätigkeit einen noch nicht edierten Sentenzenkommentar, von dem nur die ersten drei Bücher in
ihrer Echtheit unumstritten sind[185]. Als Nachfolger des Johannes von Rupella übernahm Odo 1245 den theologischen Lehrstuhl
der Franziskaner an der Universität Paris und verfaßte in den
folgenden Jahren mehrere ebenfalls noch unedierte Quästionen,

---

182 Odos Sentenzenkommentar liegt später als die Summa fratris Alexandri, kann sie also nicht beeinflußt haben, wie noch
Henquinet (Les manuscrits et l'influence, 349) vermutet. Doch
auch umgekehrt ist Odo wahrscheinlich nicht von der Summa Halensis abhängig, da die wörtlichen Übereinstimmungen durch gemeinsame Quellen erklärt werden können; s. Prolegomena zur
Summa Halensis, CCXXIXb.
183 s.u.Anm.191.
184 s. Henquinet, Les manuscrits et l'influence, 349.
185 Zur Datierung des Sentenzenkommentars s. Pelster, Beiträge, 528f; Prolegomena zur Summa Halensis, CCXXVIIIb-CCXXIXa.
Auer datiert das Werk bereits in das Jahr 1242 (s. Gnadenlehre
II, 231). Zur Unechtheit des Odo zugeschriebenen vierten Sentenzenbuches s. Lynch, The alleged fourth book, 144; Lynch
vermutet, daß Odo nie ein viertes Buch zu den Sentenzen geschrieben hat (143). Anders Gründel (Die Lehre von den Umständen, 540f), der die Fassung des vierten Buches in Troyes Bibl.
mun.Cod.824 für authentisch hält. Vgl. auch Prolegomena zur
Summa Halensis, CCXXVIIIb.

ehe er Anfang 1248 nach Rouen ging, wo er als Erzbischof bis
zu seinem Tod 1275 wirkte[186].

Unserer Untersuchung von Odos Verdienstlehre legen wir zwei
Texte zugrunde: 1.) die Distinktionen 26 bis 29 des zweiten
Sentenzenbuches, die bereits von Bouvy ediert worden sind[187].
Sie handeln von der Notwendigkeit, dem Wesen und den verschiedenen Einteilungsmöglichkeiten der Gnade, von dem Verhältnis
zwischen Gnade und Tugend, vom Irrtum des Pelagius, d.h. dem
Leistungsvermögen des freien Willens, insbesondere der Verdienbarkeit der prima gratia, und von dem Gnadenstand Adams vor dem
Fall. Interessant sind hier für uns vor allem die Bemerkungen
zum Verhältnis zwischen natürlichem Vermögen und Gnade sowie
zwischen Gnade und Glorie. 2.) die einige Jahre später verfaßten Quaestiones disputatae de gratia, speziell die Quästionen 25 bis 35, die ausführlich vom Verdienst handeln, d.h. von
der ratio meriti und von den verschiedenen Gegenständen des
Verdienstes. Abgeschlossen wird der Komplex durch die Frage
nach der Verdienbarkeit des ewigen Lebens, die im Sentenzenkommentar nicht ausdrücklich gestellt war. Die Quaestiones de
gratia sind nur in einem Manuskript erhalten, in Cod.Toulouse
Ville 737 fol.208a-220d.[188]

Kurz noch eine allgemeine Bemerkung zum theologiegeschichtlichen Standort Odo Rigaldis. Odo knüpft wie Wilhelm von Auvergne und die anderen Franziskanermagister seiner Zeit bewußt an
dem personal-heilsgeschichtlichen Denkansatz der augustinischen
Tradition an, ja dieser Zug ist bei ihm in einer Schärfe ausge-
prägt, die erst wieder bei Petrus Johannes Olivi und Duns Scotus auftritt[189]. Andererseits kommt Odo unter dem Einfluß neuplatonischer Philosophie, der ihm durch Philipp den Kanzler[190]

---

186 In den Prolegomena zur Summa Halensis (CCXXVIIIa) werden Odos Quästionen daher in den Zeitraum zwischen 1245 und
1248 datiert, während Auer (Gnadenlehre II, 73) unverständ-
licherweise 1248 als Jahr der Abfassung angibt.
187 J.Bouvy, Les questions sur la grâce dans le Commentaire
des Sentences d'Odon Rigaud, 1960, 290-343: zit. als 'Bouvy I';
ders., La nécessité de la grâce dans le Commentaire des Sentences d'Odon Rigaud, 1961, 59-96: zit. als 'Bouvy II'.
188 Eine Edition der Quästionen Odos wird von den Franzis-
kanerpatres des Collegio S. Bonaventura in Grottaferrata (Rom)
vorbereitet. Pater Jacques Guy Bougerol stellte mir freundli-
cherweise eine Transskription der Gnadenquästionen zur Verfügung, wofür ich ihm an dieser Stelle nochmals herzlich danke.
189 s. Auer, Gnadenlehre II, 66.109.119f.124f.137.157-161.
183f.

und den von Philipp abhängigen Franziskanermagister Johannes
von Rupella[191] vermittelt wird, zu einer Betrachtung von Gnade
und Verdienst unter einem spezifisch ontologischen Gesichtspunkt und in den Kategorien Natur/Übernatur, die ihn zu einem
Vorläufer Thomas' von Aquin macht. In diese Richtung weist besonders seine Auffassung vom Übernatürlichen als neuem
L e i s t u n g s prinzip. Dazu bemerkt Auer: "Mag Odo selbst
in dieser Lehre von Philipp des Kanzlers neuer Formulierung
(elevans) für das Übernatürliche beeinflußt sein, so verbreitet er gewiß gerade durch seine Gnadenfragen diese Auffassung,
die dann unter dem Einfluß des Aristotelismus bei Thomas, vor
allem seit den Quaestiones disputatae (1257/8), zu jener selb-
ständigen Behandlung des Übernatürlichen (supernaturale) führen
..."[192] Bouvy spricht sogar von einer tief thomistischen Konzeption ("une conception profondément thomiste") des verdienstlichen Handelns bei Odo[193]. Wir werden zu sehen haben, wie diese beiden Momente der Gnadenlehre Odos, der personale und der
ontologische Aspekt, von Bouvy mit den Themen acceptatio und
elevatio in Verbindung gebracht[194], zusammengehören und welchen
Standort der Gesichtspunkt der freien Selbstbindung Gottes in
diesem Spannungsfeld von Konzeptionen und Begriffen ganz verschiedener Provenienz hat.

1. Verdienstbegriff

a) Das Wesen des Verdienstes. Die dominierende Rolle des Frei-
heitsgedankens

---

190 Von Philipps Summa de bono (1232-35) ist Odo literarisch abhängig; s. Lottin, L'influence littéraire du Chancelier
Philippe sur les théologiens préthomistes, 311-329; Bouvy I
290; vgl. auch Auer, Gnadenlehre II, 146.148.230. Zum neuplatonischen Charakter der Gnadentheologie Philipps s. Hödl, Die
neuen Quästionen, 39.
191 Zur Abhängigkeit des Johannes von Rupella von Philipp
dem Kanzler s. Hödl, Die neuen Quästionen, 7.51. Zur Abhängigkeit der Quaestiones de gratia und der entsprechenden Fragen
des Sentenzenkommentars Odo Rigaldis vom Gnadentraktat des
Johannes von Rupella (Cod.Vat.lat.782) s. Prolegomena zur Summa
Halensis, LXXVIIb-LXXVIIIa. CCXVIIa/b.
192 Auer, Gnadenlehre II, 73; s. auch 72 und 231f.
193 Bouvy II 60; s. auch Bouvy I 292.302f ("augustinisme
aristotélisant").
194 Bouvy II 61: "Ces deux aspects ontologique et personna-
liste de la grâce, ces deux thèmes de l'elevatio et de l'acceptatio voisinent cependant plus qu'ils ne sont clairement uni-
fiés."

Ganz traditionell definiert Odo den verdienstlichen Akt als
"facere de non debito debitum"[195]. Dies ist der äußere Rahmen
des Verdienstbegriffs, wie wir ihn auch bei Wilhelm von Auverg
ne gefunden haben[196]. Entscheidend ist nun aber, was in diesen
Rahmen gestellt wird, d.h. wie man sich das Zustandekommen des
Obligationsverhältnisses zwischen Verdienendem und Belohnendem
vorstellt. Bei Wilhelm von Auvergne spielte die Vorstellung
von dem unentgeltlichen Charakter der verdienstlichen Tat eine
entscheidende Rolle. In der Verdienstlehre Odos dagegen fällt
dieser Gesichtspunkt völlig weg, während dafür, besonders in
den Gnadenquästionen, der Freiheitscharakter des Verdienstes
umso stärker hervorgehoben wird. Der Gedanke, daß dem liberum
arbitrium ein wesentlicher Anteil am Verdienst des Menschen vor
Gott zukommt, ist nicht neu, sondern wurde durch die Sentenzen
des Lombarden Allgemeinbesitz der mittelalterlichen Verdienstlehre[197]. Ungewohnt ist vielmehr die dominierende Stellung, die
bei Odo das freie Entscheidungsvermögen des Menschen im Vergleich mit der Gnade einnimmt, wenn es gilt, die Verdienstlichkeit des guten Werkes auf ihre Wurzel hin zu untersuchen. Ein
direkter Vergleich zwischen dem Lombarden und Odo mag hier
nützlich sein.

Petrus Lombardus kommt zwar auf das liberum arbitrium zu
sprechen - "non excluditur liberum arbitrium" - und betont
auch, daß es im Menschen kein Verdienst gibt, das nicht durch
das liberum arbitrium geschieht, weist aber dann die Hauptur-
sächlichkeit für das Zustandekommen der Verdienste der Gnade
zu: "Sed in bonis merendis causae principalitas gratiae attribuitur; quia principalis causa bonorum meritorum est ipsa gratia."[198] Bei Odo ist die Tendenz gerade umgekehrt. Zwar hebt
er die Notwendigkeit der Gnade als causa formalis für jede
verdienstliche Handlung hervor[199], doch gebührt in seinen Augen bei der Frage nach der ratio meriti oder ratio debiti dem
Aspekt des freien Entscheidungsvermögens der Vorrang vor der
Gnade, die für sich genommen wohl die Gottwohlgefälligkeit oder
Würdigkeit des Menschen, nicht aber seine Rolle als Verdienende

---

195 Sent.II d.28 q.4 a.1 arg.1 (Bouvy II 82,10).
196 s.o.S. 138.
197 s.o.S. 31f.
198 s.o.S.24 Anm.14.
199 s. Quaestiones de gratia, q.26 resp./ad 2/ad 5 (fol.
218d-219a).

erklärt. So schreibt Odo in seinen Quaestiones de gratia: "Es
besteht ein Unterschied, ob man etwas Würdiges oder ob man ein
Verdienst tut. Die Gnade nämlich macht aus sich heraus (per se)
jeden, der sie besitzt, würdig, sie läßt ihn jedoch nicht verdienen, wie es bei den Kleinkindern der Fall ist (sc. sie sind
des ewigen Lebens würdig, verdienen es aber nicht). Denn beim
Verdienst muß das freie Entscheidungsvermögen (liberum arbitrium) mitwirken, woraus dann der Grund für die Schuld (ratio
debiti) resultiert. Denn wo nur die Gnade ist, da ist nichts
von uns und daher auch kein Verdienst, so wie die disponierte
Materie der Form würdig ist, ohne sie jedoch zu verdienen. Daher können die Kleinkinder auf Grund der Gnade des ewigen Lebens würdig genannt werden, aber nicht auf Grund eines Verdienstes."[200] Die Unterscheidung zwischen Würdigkeit und Verdienst, die man nach Meinung Auers hier zum ersten Mal ausgesprochen findet[201], hat offensichtlich die Funktion, die konstitutive Bedeutung des freien Willens für das verdienstliche
Wirken des Menschen deutlicher als bisher herauszustreichen.
Man darf dieses Interesse als einen wichtigen Hinweis auf den
personalen Grundzug der Verdienstlehre Odos werten, der uns
noch deutlicher wird, wenn wir unten sehen, wie der Freiheit
des verdienenden Menschen die Freiheit des annehmenden und sich
bindenden Gottes entspricht, wie also das Verhältnis zwischen
Verdiendendem und Belohnendem als personale Relation gesehen
wird.

So deutlich Odo durch seine Hervorhebung des liberum arbitrium den personalen Aspekt des Verdienstgedankens aufleuchten
läßt, so unübersehbar ist doch bei ihm auch der ontologische

---

200 "Aliud est enim facere dignum, aliud facere meritum;
gratia enim per se facit dignum omnem habentem gratiam, non
tamen facit mereri, sicut est in parvulis. In merito enim oportet, quod cooperetur liberum arbitrium, unde venit ratio debiti, quia ubi est pure gratia, nihil de nostro est, unde nec
meritum; sicut materia disposita est digna forma, formam tamen
non meretur. Unde parvuli ex gratia possunt dici digni vita
aeterna, non tamen ex merito." Quaestiones de gratia, q.26
resp.(fol.218d).
201 Auer, Gnadenlehre II, 150. Was Hoffmann (Iohannes Lutterell, 208) als Neuerung des Duns Scotus herausstellt, daß "die
Bedeutung des menschlichen Tuns für das verdienstliche Werk als
solches ('in seiner eigenen Kausalität') untersucht" wird, findet sich im Ansatz bereits bei Odo Rigaldi, in der Betonung des
freien Willensaktes als des konstitutiven Elementes der verdienstlichen Tat.

Aspekt, d.h. die Frage nach dem Wertverhältnis zwischen Leistung und Lohn. Bemerkenswert ist hier eine Stelle der Gnadenquästionen, in der eine Wertproportion gefordert wird: "Alles, was einer verdient, muß ihm auf irgendeine Weise entsprechen (proportionari), denn sonst würde er nicht verdienen. Kann doch ein Denar nicht das französische Königreich verdienen, da sie sich nicht entsprechen (non sunt proportionalia)."[202] Diesem Gedanken der Wertentsprechung kann man seit Kardinal Laborans wiederholt in der Verdienstlehre begegnen, so auch bei Wilhelm von Auvergne, der eine Vorliebe für die Begriffe comparatio und comparabilis zeigt[203], in seinem Traktat De anima aber auch schon die Begriffe proportio und proportionalis verwendet[204], die etwa zur gleichen Zeit, in den dreißiger Jahren des 13. Jahrhunderts, in den Mittelpunkt der Verdienstdefinition Rolands von Cremona rücken. Davon wird unten ausführlicher die Rede sein[205]. Die Verbindung des Verdienstbegriffs mit den Begriffen proportionari und proportionalis ist Odo jedenfalls durch die Schultheologie seiner Zeit vorgegeben. Er beschreibt mit den zitierten Sätzen also eine gängige Verdienstvorstellung und zwar im Rahmen eines Arguments, das gegen die Verdienbarkeit des ewigen Lebens gerichtet ist. Denn wenn das Verdienst dem Lohn proportional sein muß, dann kann der Mensch das ewige Leben nicht verdienen, da - so das Argument - die zeitliche und vergängliche Gnade in keiner Weise der ewigen und unwandelbaren Glorie proportional ist. Odo akzeptiert diese Argumentation und lehnt insofern hinsichtlich der Glorie ein meritum ex condigno absolute ab[206]. Wir werden aber noch zu sehen haben, wie er dann durch die Unterscheidung zwischen proportio

---

202 "Sed omne quod aliquis meretur, debet illi aliquo modo proportionari, quia aliter non mereretur; non enim unus denarius posset mereri regnum Franciae, quia non sunt proportionalia. Ergo cum gratia, quae temporalis est et corruptibilis, nullo modo proportionetur gloriae, quae est aeterna et immutabilis, ergo etc." Quaestiones de gratia, q.35 arg.1 (fol. 220d).

203 s. Traktat De meritis/II 312 (Grundgedanke: Die Güte der Werke und die Qualität der himmlischen Belohnung sind auf Grund ihrer Wertdifferenz nicht miteinander zu vergleichen).

204 De anima, c.7 p.17 (II 224a). Wilhelm selbst aber lehnt eine Proportion zwischen Verdienst und Glorie ab: "... nulla secundum hoc proportio sit meriti ad praemium sive gratiae ad gloriam utpote finiti ad infinitum."

205 s.u.S. 287f.

206 s.u.S. 202f.

und proportionalitas doch die Möglichkeit findet, ein meritum
de condigno im weiteren Sinne zu bejahen[207].

Obwohl Odo, wenn er vom Verdienst spricht, immer das theologische Verdienst im Auge hat, so spiegelt sich doch in seinem
theologischen Verdienstbegriff wie in dem der anderen Theologen
seiner Epoche und der Frühscholastik ein bestimmter privatrechtlicher Verdienstbegriff oder eine bestimmte Interpretation
des privatrechtlichen Verdienstbegriffs. Odos Interpretation
ist durch die drei Elemente debitum, Wertproportion und Freiheit bestimmt, wobei die ersten beiden Elemente traditionell
sind, während die scharfe Profilierung des Freiheitsmoments
charakteristisch für Odo und sein besonderes Interesse ist[208].

b) Verdienstarten: meritum condigni, meritum congrui, meritum
ex pacto

Wie Wilhelm von Auvergne unterscheidet Odo zwischen einem meritum condigni, auch meritum ex condigno, meritum de condigno
- diese Form haben wir bei Odo zum ersten Mal gefunden[209] -
oder meritum condignitatis genannt, und einem meritum congrui
oder congruitatis, nur daß er die Möglichkeit eines meritum
condigni nicht wie Wilhelm bestreitet, sondern mit Stephan
Langton und Gaufrid von Poitiers bejaht. Freilich findet sich
diese Unterscheidung als Meinung Odos erst in den Gnadenquästionen, hier allerdings auf Schritt und Tritt, während er sie
im Sentenzenkommentar nur einmal als Meinung anderer Theologen
referiert[210].

Worin besteht nun nach Odo der entscheidende Unterschied
zwischen meritum condigni und meritum congrui? Beim Würdigkeitsverdienst ist der Besitz der Gnade und eine strenge Gerechtigkeitsordnung vorausgesetzt, die eine notwendige Folge von Verdienst und Lohn garantiert. Odo nennt dieses Verdienst darum
auch mehrmals meritum necessitatis oder meritum condigni

---

207 s.u.S. 202-205.
208 Auf den Neuansatz bei Odo, der mit der Durchdringung
des Verdienstbegriffs durch den Freiheitsgedanken gegeben ist,
hat besonders Auer (Gnadenlehre II, 150) aufmerksam gemacht.
209 Quaestiones de gratia, q.33 ad 4 (fol.220c).
210 "Ad illud quod obicitur, quod alter potest alteri mereri gratiam, dicunt quidam, quod hoc est verum de congruo; sed
tamen non est verum de condigno..." Sent.II d.28 m.1 q.4 a.2
ad 3 (Bouvy II 86,49-51).

necessitatis[211]. Gegenstand des meritum condigni ist das ewige
Leben und als praemium accidentale die "aureola virginum et
martyrum"[212]. Beim Billigkeitsverdienst im eigentlichen Sinn
dagegen ist der Verdienende nicht im Besitz der Gnade, so beim
Verdienst zeitlicher Güter und beim Verdienst der ersten Gnade.
In seinen Gnadenfragen lehnt Odo noch jede Verdienstmöglichkeit
des Menschen hinsichtlich der ersten Gnade ab, doch lehrt er
dann in den etwas späteren Quaestiones de libero arbitrio, daß
der Mensch mit Hilfe der gratia gratis data sich de congruo auf
die Rechtfertigung vorbereiten kann[213]. Odo kennt jedoch, wie
schon andere Theologen vor ihm[214], auch ein Billigkeitsverdienst für den Fall, daß der Verdienende im Stand der Gnade
ist. De congruo kann der Gerechtfertigte für sich die Aureole
des Predigers, der andere bekehrt[215], die Wiedererlangung der
Gnade nach einem möglichen Rückfall in die Todsünde[216] und die
Vermehrung der Gnade[217], für einen anderen hingegen die prima
gratia[218] verdienen. In all den verschiedenen Fällen eines
Billigkeitsverdienstes handelt es sich nicht um eine Ordnung
vergeltender Gerechtigkeit, sondern um ein Handeln Gottes aus
purer Freigebigkeit und Barmherzigkeit, so daß hier der Begrif
der Notwendigkeit fehl am Platze wäre[219], auch wenn sich Gott

---

211 Quaestiones de gratia, q.30 resp.(fol.219d-220a), q.31
resp.(fol.220a), q.32 resp.(fol.220b), q.33 ad 1 und ad 2
(fol.220b).
212 s.u.Anm.215. Zur scholastischen Lehre von den aureolae
der besonderen Belohnung für Märtyrer,. Jungfrauen und Lehrer,
s. Wicki, Die Lehre von der himmlischen Seligkeit, 298-318.
213 s. Auer, Gnadenlehre I, 259 Anm.116.
214 Zu denken ist beispielsweise an Wilhelm von Auxerre,
Wilhelm von Auvergne und Johannes von Rupella.
215 "Ad haec dicendum, quod est mereri de condigno [et]
est etiam mereri de congruo. Meritum condigni proprie est habentis gratiam, meritum autem congrui non habentis. Meritum
autem condignitatis et necessitatis est proprie respectu praemii substantialis et etiam respectu accidentalis absoluti non
dependentis ab alio, sicut est aureola virginum et martyrum;
non necessitatis est praemium accidentale, quod ab alio dependet, sicut est praedicatorum, quia forte sine praeiudicio nis
effectum habeat praedicatio, aureolam quae ex conversis est,
non habebit praedicator; non tamen sine remuneratione erit
praedicatio, ex quo fit in caritate. Et sic meritum congrui a
quando est in habente gratiam et semper proprie in non habente." Quaestiones de gratia, q.30 resp.(fol.219d).
216 Quaestiones de gratia, q.30 resp.(fol.219d-220a).
217 Quaestiones de gratia, q.33 ad 1 und ad 2 (fol.220b).
218 Quaestiones de gratia, q.32 resp.(fol.220b).

auf Grund seiner gleichbleibenden Güte dem menschlichen Bitten und Bemühen nicht verschließen kann und damit sozusagen essentiell gebunden ist[220]. Ordnen wir den Begriffen meritum condigni und meritum congrui jeweils die für ihren Sinn charakteristischen Begriffe zu, die wir in Odos Gnadenquästionen finden, dann ergibt sich folgendes Bild: m e r i t u m   c o n - d i g n i : iustitia, necessitas, debitum, obligatio - m e - r i t u m   c o n g r u i :misericordia, liberalitas, bonitas.

Neben meritum condigni und meritum congrui kennt Odo noch eine dritte Verdienstart, die unsere besondere Aufmerksamkeit verdient, das meritum de pacto oder meritum ex pacto. Wie sich der Verdienstgedanke in Odos Gnadenfragen mit dem Vertragsgedanken verbinden kann, zeigt bereits ein Einwand, den Odo gegen die These vorträgt, der Mensch könne im Stand der Gnade verdienen, daß Gott ihm nach einem folgenden Fall wieder die erste Gnade schenkt. Der Einwand lautet: "Die Rechtsbestimmungen legen fest, daß niemand über einen künftigen Betrug einen Vertrag schließen (pacisci) kann, obwohl über einen vergangenen ein Vertrag oder eine Übereinkunft (pactum sive conventio) möglich ist. Bei jeder Ausführung eines Verbrechens aber geschieht ein Betrug. Folglich kann niemand darüber einen Vertrag (pactum) mit dem Herrn schließen, und somit kann niemand verdienen, daß er sich wieder erheben kann, wenn er gefallen ist."[221] Interessant ist hier die stillschweigende juristische Voraussetzung, daß der Abschluß eines Vertrages ein Verdienst begründet[222]. Die gleiche Voraussetzung wird von Odo gemacht, wenn er die Möglichkeit eines Verdienstes zeitlicher Güter und des ewigen Lebens auf ein pactum zwischen Gott und Mensch zurückführt und darum von einem meritum de (bzw. ex) pacto

---

219 "Petere respicit misericordiam et liberalitatem, debitum autem iustitiam." Dem petere entspricht nach Odo ein meritum congrui, dem debitum aber ein meritum condigni. Quaestiones de gratia, q.32 arg.2 und resp.(fol.220b).

220 s.u.S. 187f.

221 "Ita dicunt iura, quod de dolo futuro nullus potest pacisci, licet de praeterito possit fieri pactum sive conventio; sed in omni commissione criminis cadit dolus; ergo nullus potest de hoc facere pactum cum domino et sic nullus potest mereri, quod resurgat si ceciderit." Quaestiones de gratia, q.30 arg.2 (fol.219d).

222 Dieser juristischen Voraussetzung sind wir bereits bei Kardinal Laborans (s.o.S.46) und Gaufrid von Poitiers (s.o. S.124: "ex opere et promisso meretur quis") begegnet.

spricht[223]. Dieses Verdienst versteht er, wie wir unten ausführlicher zeigen werden[224], als eine besondere Art des meritum condigni, die er vom meritum de condigno absoluto oder meritum ex condigno absolute unterscheidet.

Blicken wir in die Tradition zurück, dann läßt sich das meritum ex pacto am ehesten mit dem meritum ex promisso des Petrus Cantor vergleichen[225]. Zwar wertet Petrus das meritum ex
promisso, obgleich er es als wirkliches Verdienst ansieht,
nicht als meritum ex condigno, sondern stellt es ihm als gesonderte Verdienstart gegenüber, doch ist dabei zu bedenken,
daß bei ihm das meritum ex condigno die gleiche Bedeutung hat
wie das meritum ex condigno absolute bei Odo. In den fünfzig
Jahren, die zwischen der Summa Petrus Cantors und den Gnadenquästionen Odos liegen, hat der Kondignitätsbegriff eine Erweiterung erfahren, so daß er nun nicht mehr an die strenge,
ontologisch verstandene Ebenbürtigkeit oder Wertproportion zwischen Leistung und Lohn gebunden ist[226]. Darum kann Odo das
meritum ex pacto in das meritum ex condigno integrieren.

Der Begriff des pactum dei ist innerhalb der Verdienstlehre
bereits kurz nach der Jahrhundertwende im Paulinenkommentar
Cod.Salzburg St.Peter a XI 7[227] und dann bei Wilhelm von Auxerre[228] und Wilhelm von Auvergne[229], allerdings nur in Verbindung
mit anderen, parallel gesetzten Begriffen (institutio, conventio, compromissio, promissio, iuramentum), zu finden. Durch
seine pointierte Verwendung in Odos Gnadenquästionen, die ihm
eine tragende Funktion zur Begründung des theologischen Verdienstes verleiht, findet das pactum Eingang in die Verdienstlehre der Franziskanerschule und ihres Einflußbereichs. Interessant ist, daß es zur gleichen Zeit, in singulärer verbaler
Verwendung (pangere) schon kurz nach 1240 bei Richard Fishacre[230], aber erst zu Beginn der fünfziger Jahre bei Robert Kilwardby[231] und Bonaventura[232] in mehrfacher substantivischer

---

223 Quaestiones de gratia, q.31 ad 1 (fol.220a): tempora-
lia/meritum de pacto; q.35 ad 1 (fol.220d): vita aeterna/meri-
tum ex pacto.
224 s.u.S.193f.
225 s.o.S.74.
226 s.u.S.455f.
227 s.o.Anm.34.
228 s.u.S.274 Anm.83.
229 s.o.Anm.130 und 157.
230 s.u.S. 483 Anm.535.

Verwendung (pactio), eine entsprechende Funktion in der Sakramentenlehre erhält. So wie es in der Verdienstlehre die meritorische Kausalität der Werke begründet, so erklärt es hier
die Kausalität der Sakramente hinsichtlich des unmittelbaren
göttlichen Gnadenwirkens[233].

Soweit der Überblick über die Auffassung vom Wesen des Verdienstes und die verschiedenen Verdienstarten bei Odo Rigaldi.
An drei Punkten gehen wir nun ins Detail, um Odos Standpunkt
zur Frage der freien Selbstbindung Gottes kennenzulernen.

2. Die Vorbereitung des Sünders auf die Gnade

Sowohl im Sentenzenkommentar als auch in den Gnadenquästionen
spricht Odo dem Sünder kategorisch die Möglichkeit ab, die
prima gratia zu verdienen[234]. Obwohl sich Odo in seinen Gnadenquästionen häufig der Unterscheidung zwischen meritum condigni
und meritum congrui bedient, findet sie, wie gesagt, bei der
Vorbereitungsfrage keine Anwendung. Trotzdem wollen wir die
Behandlung dieser Frage bei Odo an einigen Punkten genauer untersuchen, da in seinen Entgegnungen auf Einwände, die von einer Bindung, Verpflichtung oder Schuld Gottes sprechen, Begriffe wie promissio, iustitia, debere, obligatio und necessitas interessante Klärungen erfahren. Handelt es sich dabei doch
gerade um Begriffe, die bei dem Gedanken einer freien Selbstbindung Gottes immer wieder eine zentrale Rolle spielen.

a) Sentenzenkommentar

Bei der Frage nach der Verdienbarkeit der prima gratia in
distinctio 28 seines Sentenzenkommentars befaßt sich Odo auch
mit der Bibelstelle Zach.1,3: "Convertimini ad me et ego convertar ad vos." Dies ist die klassische Stelle, die man in fast
allen Sentenzenkommentaren und Summen jener Epoche unter den
Argumenten für ein Vorbereitungsverdienst findet. Typisch ist
auch, daß Odo das Zitat durch die Gesichtspunkte promissio,

---

231   s.u.S.483 Anm.537.
232   s.u.S.479 Anm.514.
233   s.u.S. 485-489.
234   Sent.II d.28 q.4 a.1 resp.(Bouvy II 83,43-53); Quaestiones de gratia, q.27 resp.(fol.219b).

veritas (dei), facere quod in se est und debitum entfaltet.
Zach.1,3 erscheint so im Argument als Verheißung, die auf dem
Hintergrund von Gottes Treue und Wahrhaftigkeit als Akt der
freien Selbstbindung Gottes zu verstehen ist und damit das Bemühen des Menschen als facere de non debito debitum gleich mereri qualifiziert[235].

In seiner Entgegnung auf dieses Argument kommt Odo zu einem
anderen Verständnis der Verheißung in Zach.1,3. Sie bedeute
keine Verpflichtung (obligatio) Gottes, sondern eine Kundgabe
seiner reinen Freigebigkeit (merae liberalitatis ostensio),
die darin bestehe, daß er bereit ist, jedem, der aus ganzem
Herzen seine Barmherzigkeit erfleht, die Schuld zu erlassen und
die Gnade zu verleihen. Darum, so wiederholt Odo, werde Gott
durch seine Verheißung keineswegs uns gegenüber verpflichtet
(obligatur) noch werde uns durch sie irgendein Recht erworben,
sondern die göttliche Güte werde in ihr offenbart[236]. Die promissio wird hier in Beziehung zu den Begriffen liberalitas,
misericordia und benignitas gesetzt, wobei diese Begriffe die
Wirkung der promissio bezeichnen und damit ein Verständnis der
Verheißung als Selbstbindung Gottes ausschließen. Es sei vor-
weggenommen, daß Odo noch eine andere Art der promissio kennt,
die zwar ihren Ursprung auch in der liberalitas Gottes hat,
aber einer Verpflichtung Gottes gleichkommt und darum iustitia
necessitas und debitum bewirkt. Wie bei Stephan Langton[237] und
Gaufrid von Poitiers[238] finden wir also auch bei Odo einen
doppelten promissio-Begriff, d.h. die Unterscheidung zwischen
einer Verheißung mit und einer Verheißung ohne Verpflichtung
Gottes.

---

235 "Zach. dicitur: 'Convertimini ad me, et ego convertar
ad vos.' Constat, quod intelligit de conversione per gratiam:
ista est promissio domini. Ergo si ipse non potest esse mendax
ergo facit de non debito debitum. Sed hoc est mereri; ergo meretur primam gratiam." Sent.II d.28 q.4 a.1 arg.1 (Bouvy II 82
6-11).
236 "Ad illud, quod primo obicitur, dicendum, quod in illa
promissione non est obligatio sed merae liberalitatis ostensio, quia ipse paratus est culpam dimittere et reddere gratiam
dummodo imploret ex toto corde eius misericordiam. Et ideo in
ista promissione in nullo obligatur nobis deus nec aliquod ius
acquiritur nobis praedicta promissione, sed divina benignitas
manifestatur." Sent.II d.28 q.4 ad 1 (Bouvy II 83,54-59).
237 s.o.Anm.19.
238 s.o.S. 128f.

b) Gnadenquästionen

Auch in seinen Gnadenquästionen verbannt Odo ausdrücklich den
Gedanken einer Verpflichtung Gottes oder einer notwendigen Folge von menschlicher Aktion und göttlicher Reaktion aus dem
Komplex der Vorbereitung auf die Gnade. In diesem Zusammenhang
behandelt er bei der Widerlegung der Argumente, die für eine
Verdienbarkeit der prima gratia plädieren, die Themen necessi-
tas/causa, iustitia, obligatio/debere und promissio.

§ 1 necessitas/causa

Ein Argument geht aus von dem Satz der magistri: "Iste facit
quod in se est, ergo deus facit quod in se est."[239] Odo bemerkt
dazu, daß viele diesen Satz für gut befunden hätten, daß er
aber nicht einsehen könne, wo hier der locus, d.h. der Beweis
für die Verdienbarkeit der Gnade, liege. "Denn", so fährt er
fort, "ich gestehe durchaus zu, daß dieser Satz wahr ist: 'Jedem, der tut, was er kann, tut Gott in ähnlicher Weise, was er
kann.' Doch nicht aus jedem wahren Satz kann man ein notwendiges Argument machen, sondern allein aus Bedingungssätzen (ex
solis condicionibus), und das deshalb, weil das Vorausgehende
auch die Ursache für das Nachfolgende sein muß, was hier nicht
der Fall ist. Kann es doch für die Barmherzigkeit keine Ursache
in uns geben; denn was auch immer der Mensch tun kann, ist
weniger als Gnade. Außerdem: Wenn dies geschähe, weil es (sc.
von Gott) geschuldet ist, handelte es sich nicht um Barmherzigkeit."[240]

---

239 "Hoc argumentum conceditur a magistris: Iste facit quod
in se est, ergo deus facit quod in se est; et ex hoc sequitur
quod prius." Quaestiones de gratia, q.27 arg.3 (fol.219a).
240 "Quod obicitur: Si valet hoc argumentum: Facit quod in
se est etc., dicendum, quod multi concesserunt bonum esse; non
tamen video unde locus. Bene enim concedo, quod haec est vera:
Omni facienti quod in se est, deus facit similiter quod in se
est; sed non ex omni propositione vera contingit transformare
argumentum necessarium, sed ex solis condicionibus et hoc, quia
vel antecedens debet esse causa consequentis, quod non est hic.
Misericordiae enim nulla in nobis causa potest esse. Quidquid
enim homo potest facere, minus est quam gratia. Praeterea, si
fieret quia debitum, iam non esset misericordia; sicut elee-
mosyna cum fit quia praeceptum, non est opus misericordiae sed
iustitiae." Quaestiones de gratia, q.27 ad 3 (fol.219b). Zur
Interpretation dieser Stelle vgl. o.S. 126f.

Bemerkenswert ist, daß Odo das Axiom "Omni facienti quod in
se est deus facit similiter quod in se est" anerkennt, ohne es
als Beschreibung eines notwendigen Zusammenhangs, als "argumentum necessarium", zu akzeptieren. Dies ist nur verständlich,
wenn man sieht, wie Odo den Begriff des Notwendigen mit den Begriffen condicio, causa und debere verbindet, die er in einen
schroffen Gegensatz zur grundlosen Barmherzigkeit Gottes stellt.
Andere Theologen, wie etwa Wilhelm von Auxerre, Roland von
Cremona, Johannes von Rupella, Alexander von Hales (Summa
Halensis) und Thomas von Aquin, die die Eingießung der rechtfertigenden Gnade als notwendige Folge des facere quod in se
est bezeichnen, haben offensichtlich einen weiteren Notwendig-
keitsbegriff im Auge. Denn auch sie sehen in der prima gratia
eine völlig ungeschuldete Gabe Gottes[241].

§2 iustitia

Ein weiteres Argument, mit dem sich Odo auseinanderzusetzen
hat, stützt sich auf das Hieronymuszitat: "Nulla maior iustitia quam ignoscere poenitenti et ad misericordiam recurrenti
misericordiae sinum aperire." Geht es aber bei der Begnadigung
des Bußfertigen um Gerechtigkeit und m u ß Gott gerechtigkeitshalber den Busen seiner Barmherzigkeit auftun, dann ist
die erste Gnade verdienbar[242]. Odo antwortet auf diese Argumentation mit der Unterscheidung zwischen einer doppelten Gerechtigkeit: Die eine, die dem Anspruch der Verdienste entspricht,
sei in dem Hieronymuswort nicht gemeint, da der Sünder keines
Gutes würdig ist. Bei Hieronymus sei dagegen von dem anderen
Modus der Gerechtigkeit die Rede, der das zum Inhalt hat, was
sich für die göttliche Güte geziemt (iustitia, quae est condecentia divinae bonitatis). Als Zeugen für diesen Gerechtigkeitsbegriff nennt Odo Anselm von Canterbury[243], auf den die Unter-

---

241 Zur Verbindung des necessitas-Gedankens mit dem Problem der Gnadenverleihung s.u.S.394 und 426f.
242 "Hieronymus, De filio prodigo: Nulla maior iustitia
quam ignoscere poenitenti et ad misericordiam recurrenti misericordiae sinum aperire. Si ergo est iustitia et quilibet peccator potest recurrere ad misericordiam, ergo de iustitia deus
debet sinum misericordiae aperire et sic etc." Quaestiones de
gratia, q.27 arg.2 (fol.219a).
243 "Distinguitur duplex iustitia: quaedam quae est secundum exigentiam meritorum, et de hac non est illud verbum (sc.

scheidung zwischen einer streng vergeltenden Gerechtigkeit Gottes, die dem Menschen den geschuldeten Lohn oder die geschulde-
te Strafe erstattet, und einer weiter gespannten Wesensgerechtigkeit Gottes, die auch die ungeschuldete Barmherzigkeit umgreift, tatsächlich zurückgeht[244]. Indem Odo Anselms Lehre von
der duplex iustitia aufgreift, kann er zugleich ein vorbereitendes Verdienst des Menschen rundweg negieren und doch das
rechtfertigende Handeln Gottes als Ausdruck seiner Gerechtigkeit verstehen.

§3 obligatio/debere

Wie in Odos Sentenzenkommentar begegnet uns auch in seinen
Gnadenfragen das Bibelzitat Zach.1,3 unter den Argumenten für
die Verdienbarkeit der prima gratia. Die Argumentation hat
folgenden Wortlaut: "Bisweilen ist es so, daß sich einer, der
zu nichts verpflichtet (obligatus) ist, auf Grund eines Versprechens (ex promissione) verpflichten und so aus etwas nicht
Geschuldetem etwas Geschuldetes machen kann, wie es bei den
Gelübden offenkundig ist. Nun verspricht uns Gott aber, daß er
sich uns zuwenden wird, wenn wir uns ihm zuwenden, denn es
heißt in Zach.1: 'Wendet euch mir zu, so will ich mich euch
zuwenden.' Also ist er dazu verpflichtet (tenetur). Wenn aber
einer in Sünde lebt, kann er sich bekehren, denn er kann tun,
was in seinem Vermögen liegt (facere quod in se est). Folglich
etc."[245] Die in Zach.1,3 gegebene Verheißung wird hier also
wie in dem entsprechenden Argument des Sentenzenkommentars als
freie Selbstbindung Gottes interpretiert, die dem an sich Un-

---

Hieronymi) intelligendum, quia nullo bono dignus est peccator
in quantum huiusmodi. Est et alia iustitia, quae est condecentia divinae bonitatis secundum quod dicit Anselmus: Domine,
si punis, si parcis, iuste parcis, quia tuam condecet bonitatem; et sic est intelligendum illud verbum pro Hieronymo."
Quaestiones de gratia, q.27 ad 2 (fol.219b).
    244 s. Holl, Die iustitia dei, 179f; Bornkamm, Iustitia dei
in der Scholastik und bei Luther, 13f.
    245 "Aliquando ita est, quod aliquis non obligatus ad ali-
quid ex promissione potest se obligare et de non debito facere
debitum, sicut patet in votis; sed deus promittit nobis, quod
si convertimur ad eum, quod ipse convertetur ad vos. Unde Zach.
1: 'Convertimini ad me, et ego convertar ad vos'; ergo ad hoc
tenetur. Sed aliquis exsistens in peccato potest se convertere,
quia potest facere quod in se (est); ergo etc." Quaestiones de
gratia, q.27 arg.11 (fol.219a).

würdigen ein Verdienst ermöglicht.

Odos Entgegnung besteht aus zwei Teilen. Zunächst widmet er
sich der Frage, ob Gott überhaupt vor dem Forum der Menschen
verpflichtet oder Schuldner sein kann; dann untersucht er das
Wesen der göttlichen promissio. Zum Problem der Verpflichtung
oder Schuldnerschaft Gottes bietet er folgende grundsätzliche
Lösung an: "Was den Einwand betrifft, daß Gott auf Grund seines Versprechens verpflichtet ist, so ist zu sagen, daß der auf
Gott bezogene Begriff der Verpflichtung (obligatio) verkehrt
ist. Denn Gott kann uns gegenüber in keiner Weise verpflichtet
sein. Auch der Begriff des Schuldens (debere) bewirkt den Menschen gegenüber, in denen die Ursache des Verdienstes fehlt,
keine Verpflichtung (sc. Gottes). Darum ist er nicht zur Gnade
verpflichtet. Denn Gott schuldet sie nicht auf Grund der Gerechtigkeit, die gegenüber dem Anspruch der Verdienste besteht;
er schuldet sie aber auf Grund der Gerechtigkeit, die das zum
Inhalt hat, was sich für die göttliche Güte geziemt. Diese
Gerechtigkeit aber verursacht keine Verpflichtung."[246]

Auffallend an diesem Abschnitt ist zunächst, daß die Möglichkeit einer Verpflichtung Gottes grundsätzlich in Abrede gestellt wird: "Verbum obligationis de deo dictum nullum est;
ipse enim in nullo nobis potest obligari." Auffallend ist dies,
nachdem wir nun schon bei mehreren Theologen des 12. und beginnenden 13. Jahrhunderts, zuletzt bei Wilhelm von Auvergne,
auf den Gedanken einer Selbstverpflichtung Gottes gestoßen
sind. Es ist freilich wahrscheinlich, daß Odo diesen Satz nicht
so grundsätzlich verstanden hat, daß er damit jede Möglichkeit
eines Verpflichtungsverhältnisses zwischen Gott und Mensch leug
nen will. Wir erinnern uns daran, daß auch Gaufrid von Poitiers
in ähnlich genereller Weise den Gedanken einer Verpflichtung
Gottes abgelehnt hatte, indem er zur Verheißung Ier.15,19
("Si converteris, convertam te") bemerkte: "Dominus sic pro-

---

246 "Quod obicitur, quod deus tenetur ex promissione, dicendum, quod verbum obligationis de deo dictum nullum est; ipse
enim in nullo nobis potest obligari. Verbum etiam debendi in
iis, in quibus non cadit ratio meriti, nullam facit obligationem; ideo nec obligatur ad gratiam; unde deus eam non debet ex
iustitia, quae est respectu exigentiae meritorum. De iustitia
tamen, quae est condecentia divinae bonitatis, debet eam; sed
haec iustitia obligationem non importat." Quaestiones de gratia, q.27 ad 13 (fol.219c).

mittendo homini non se obligat illi. Cum enim auctor sit legum,
nulla lege potest obligari." Trotz dieser Äußerung weist er
wenig später das Mißverständnis zurück, daß Gott sich niemandem gegenüber durch eine Verheißung verpflichten könne, und
vertritt die Ansicht: "Immo dominus se obligat iustis ad reddendum praemium pro operibus caritatis."[247] Wir haben oben gezeigt,
daß zwischen diesen Sätzen Gaufrids kein Widerspruch besteht,
da er durch das negative Urteil nur den Gedanken einer Fremdbestimmung Gottes, die zu seiner frei verfügenden Souveränität in Gegensatz stünde, ausschließen will, nicht aber die Möglichkeit einer freien Selbstbindung Gottes, die gerade Ausdruck
dieser Souveränität ist[248].

Es ist naheliegend, die Äußerungen Odo Rigaldis im gleichen
Sinn zu interpretieren. Das bedeutet: Odo hält das Reden von
einer obligatio Gottes nicht überhaupt für unangebracht, sondern wendet sich nur gegen die Vorstellung, daß Gott u n s
gegenüber verpflichtet sein könne. Eine Art der Verpflichtung
ist damit gemeint, die Gott so von menschlichen Leistungen abhängig sein läßt, daß seine Souveränität gegenüber der Schöpfung auf dem Spiel steht. Nun entfaltet doch aber gerade das
von Zach.1,3 ausgehende Argument, auf das Odo antwortet, den
Gedanken einer freien Selbstverpflichtung Gottes und nicht etwa
die These von einer inneren Dignität der Werke, die Gott verpflichtete. Der Stein des Anstoßes besteht hier für Odo darin,
daß die Selbstverpflichtung Gottes auf das natürliche Leistungsvermögen, das facere quod in se est, bezogen wird, dem so im
Rahmen der promissio eine Rolle zugeschrieben wird, die ihm
nicht zukommen darf, wenn Gott souveräner Herr der Kreatur sein
soll. Das bedeutet aber, daß Gott seine Gnade dem natürlichen
Menschen immer aus grundloser Barmherzigkeit und nicht als
Schuldner gibt. Durch die natürlichen Werke können wir somit
Gott zu nichts verpflichten, auch nicht über den Umweg seiner
Verheißung; eine Verpflichtung Gottes ist nur möglich auf der
Grundlage des Gnadengeschenkes, so daß er nicht genuin mensch-
lichen Werken, sondern den Früchten seines eigenen übernatürlichen Wirkens im Menschen verpflichtet ist, und auch dies
nicht allein infolge der neuen Qualität der Gnadenwerke, son-

---

247   s.o.Anm.56.
248   s.o.S.128-130.

dern, wie wir sehen werden, nur im Wirkungsbereich der freien
Selbstbindung Gottes[249]. So wird der fatalen Vorstellung eines
nobis obligari Gottes ein Riegel vorgeschoben.

Die Abwehr des obligatio-Begriffes für die Beziehung zwischen facere quod in se est und prima gratia hindert Odo freilich nicht daran, hier von einem debere Gottes zu sprechen,
wobei er die oben beschriebene Unterscheidung zwischen einer
"iustitia quae est respectu exigentiae meritorum" und einer
"iustitia quae est condecentia divinae bonitatis" aufgreift.
Dem weiteren Gerechtigkeitsbegriff entspricht wie schon bei
Anselm ein weiterer Schuldbegriff, der das zum Inhalt hat, was
Gott tun "muß", wenn er seine Güte und Barmherzigkeit nicht
verleugnen will[250]. Insofern "muß" Gott dem Sünder, der tut,
was in seinen Kräften steht, die Gnade schenken. In seiner
engeren Bedeutung jedoch bezieht sich das debere Gottes nur auf
den Bereich der vergeltenden Gerechtigkeit, d.h. auf die Beziehung zwischen den gnadenhaften Werken und der himmlischen
Herrlichkeit, wo dann auch das Reden von Verdiensten und von
einer Verpflichtung Gottes am Platz ist. Odo erwähnt diese
Möglichkeit einer obligatio dei nicht ausdrücklich; sie wird
von ihm aber stillschweigend vorausgesetzt, wenn er sagt, daß
der Begriff des Schuldens bei den Menschen, in denen die Ursache des Verdienstes - gemeint ist die Gnade - fehlt, keine
Verpflichtung Gottes bewirke, weshalb die Verleihung der Gnade
auch nicht auf die vergeltende Gerechtigkeit zurückzuführen
sei. Diese Sätze sind nur sinnvoll, wenn Odo die Schuldnerschaft Gottes gegenüber den Menschen im Stand der Gnade als
obligatio dei und die obligatio als Prinzip der vergeltenden
Gerechtigkeit Gottes versteht[251]. Während die Begriffe iustitia
und debere von Odo in äquivoker Bedeutung gebraucht werden und

---

249   s.u.S.202-211.
250   s. Anselm von Canterbury, Cur deus homo 2,18 (II 128,
13-129,13).
251   Vgl. auch das folgende Argument gegen die Verdienbarkeit des augmentum gratiae, in dem eine obligatio Gottes hinsichtlich der Glorie vorausgesetzt ist: "Secundum iura dans
aliquid liberaliter non obligatur ad aliquid dato, l i c e t
o b l i g a t u r   a d   e a   q u a e   c o n s e q u u n-
t u r   ne sit datio infructuosa. Sicut qui dat alii usum fon-
tis qui est in horto suo, tenetur et viam praestare, sed ad
maius non obligatur; ergo cum deus dat gratiam gratis, non tenetur augmentare illam et sic etc." Quaestiones de gratia, q.
33 contra 3 (fol.220b).

so auch auf die Situation des Sünders Anwendung finden, bezieht sich der Begriff der obligatio nur auf die Verdienste des
Menschen, der bereits die Gnade besitzt.

§4 promissio

Wir wenden uns nun dem Abschnitt zu, in dem Odo das Wesen der
göttlichen promissio beschreibt, um der in Verbindung mit
Zach.1,3 geäußerten These "Si (deus) promisit, ex promisso
tenetur" entgegenzutreten. Nachdem er das Problem zunächst von
dem Aspekt der Verpflichtung her angegangen ist, nimmt er es
jetzt vom Aspekt der Verheißung oder des Versprechens her in
Angriff. Dabei vergleicht er das menschliche mit dem göttlichen
Wort. Ein Wort, von uns im jetzigen Moment ausgesprochen, wird,
wie er ausführt, ein vergangenes Wort, da es vorübergeht. Odo
erklärt so die Funktion des menschlichen Versprechens. Es soll
als Akt der Selbstbindung die bleibende Gültigkeit des vorüber-
gehenden Wortes sichern und fügt somit zur normalen Aussage den
Verpflichtungscharakter hinzu. Anders bei Gott: Sein Versprechen sei nichts anderes als die von Ewigkeit her existierende
Verheißung, etwas Bestimmtes zu geben. Gleichwohl bringe der
Prophet, d.h. Sacharja, dies durch den Modus des Versprechens
zum Ausdruck, weil ihm keine andere Möglichkeit der Bezeichnung gegeben war. Odo will damit sagen: Was der Prophet als
promissio beschreibt, ist nicht wie die menschliche promissio
ein von der normalen Sprechweise verschiedener Akt der Selbstbindung, sondern schlicht ein Wort Gottes, das eine Gabe in
Aussicht stellt, das aber als unvergängliches göttliches Wort
schon immer existiert und auch weiterhin Gültigkeit behalten
wird. Um dieses Moment der bleibenden Gültigkeit zur Geltung
zu bringen, verwendet der Prophet den Begriff des Versprechens,
ohne aber damit behaupten zu wollen, daß Gott sich in besonderer Weise zu einem bestimmten Handeln verpflichtet habe. Falsch
ist also die Argumentation, die bereits aus der puren Tatsache
einer göttlichen promissio eine Bindung Gottes und damit eine
Verdienstmöglichkeit für den Menschen herleitet.

Odo geht nun auf einen möglichen Einwand ein, der lautet:
Da Gott in solcher Weise das Künftige voraussieht, ereignet
es sich mit Notwendigkeit; und so ergibt sich die gleiche
Schlußfolgerung wie oben, daß Gott nämlich auf Grund seiner

Verheißung gebunden sei. Die Antwort Odos zeigt eine enge Berührung mit Anselms Unterscheidung zwischen einer necessitas
cogens aut prohibens und einer necessitas als immutabilitas[252]
- eine Unterscheidung, die von Johannes von Rupella und in der
Summa Halensis durch die Begriffe necessitas coactionis bzw.
prohibitionis und necessitas immutabilitatis aufgenommen
wird[253]. Odo meint, die Schlußfolgerung wäre wahr, wenn es sich
um eine necessitas coactionis vel obligationis handelte, d.h.
wenn Gott zur Ausführung des Vorhergesehenen gezwungen oder
zumindest verpflichtet wäre. Doch sei das nicht der Fall, da
die Verheißung oder Voraussicht Gottes nur ein immutabiliter
fieri bewirke: "Multa enim immutabiliter fiunt." Und um durch
diesen Satz keinen Widerspruch zur frei verfügenden Souveränität Gottes, an der er ein so großes Interesse hat, zu schaffen,
fügt Odo sofort hinzu, daß das "unabänderlich" Geschehende auch
ganz anders geschehen könnte, wenn Gott wollte[254]. Damit wird
gesagt, daß hinter der Verheißung Gottes, die ein unabänderliches Geschehen aus sich entläßt, ein bestimmter göttlicher
Wille steht, der auch anders aussehen könnte und dann ein anderes, wiederum in sich unabänderliches Geschehen bewirken würde. Diesen Unabänderlichkeit setzenden Willensakt versteht Odo
aber nicht als Selbstverpflichtung Gottes. Der Grund ist folgender: Odo sieht keinen legitimen Anlaß, die bloße Tatsache
einer - für Gott selbstverständlichen - bleibenden Gültigkeit
seines Willens, seiner Voraussicht oder seiner Verheißung bereits als Selbstverpflichtung hinzustellen, als ob Gottes Wort
nicht schon an sich immer gültig wäre, ohne eines Verpflich-
tungsaktes zu bedürfen. Würde man hier von einer Verpflichtung

---

252 s. Anselm von Canterbury, Cur deus homo 2,5 (II 100,
20-28); 2,10 (II 108,3-7); 2,17 (II 123,23-124,2 und Kontext).
253 s. Johannes von Rupella, Quaestiones disputatae de
gratia (Cod.Paris.Nat.lat.14726), q.6 contra 1 resp. und contra 2 resp.(Hödl, Die neuen Quästionen, 55.57); Tractatus de
gratia (Cod.Vat.lat.782)', q.3 m.2 a.2 sol.(Hödl, Die neuen
Quästionen, 60). Summa Halensis III p.1 tr.1 q.1 c.3 resp.(IV
14a); s. auch u.S. 259f.
254 "Et quod dicitur, quod si promisit, ex promisso tenetur, dicendum, quod verbum in nobis dictum de praesenti, cum
transit, fit praeteritum; in deo autem non sic, quia suum promittere nihil est aliud quam ab aeterno se promisisse daturum,
quod propheta tamen per modum promissionis exprimit, quia aliter significare non potuit. Et si dicas: Ex quo ita praevidit
deus, necessario eveniet; et sic quod prius. Dicendum, quod
verum est de necessitate coactionis vel obligationis; multa
enim immutabiliter fiunt, quae tamen aliter possent fieri, si
deus vellet." Quaestiones de gratia, q.27 ad 13 (fol.219c).

Gottes sprechen, dann käme der besondere Unterschied zwischen
Gotteswort und Menschenwort, für das die bleibende Gültigkeit
eben nicht selbstverständlich ist, nicht zur Geltung. Einer
Verheißung Gottes, die für ihn keine Verpflichtung bedeutet,
kann aber von seiten des Menschen kein Rechtsanspruch und somit auch keine Verdienstmöglichkeit entsprechen.

Ein ähnliches promissio-Verständnis ist uns bereits in der
Summe Gaufrids von Poitiers begegnet, wo dieser den Grund nennt,
weshalb sich Gott durch die Verheißung Ier.15,19 dem Menschen
gegenüber nicht verpflichtet: "Ideo non potest obligari, quia
suum promittere est in providentia fixum habere, quod habet
congruo tempore facere."[255] Odos Begriff des immutabiliter
fieri hat hier sein Gegenstück in dem Begriff des fixum habere,
während sich die Kopplung von promittere und praevidere in der
Verbindung von promittere und providentia wiederfinden läßt.
Auch Gaufrid sieht in dem Verheißungsgeschehen an sich noch
keine Selbstverpflichtung Gottes, sondern das Zeichen dafür,
daß ein bestimmter Plan in den Bereich der göttlichen Vorsehung
eingetreten ist und darum seine unwandelbaren geschichtlichen
Konsequenzen haben wird. Bemerkenswert ist aber, daß Gaufrid
auch eine Verheißung kennt, durch die sich Gott den Menschen
gegenüber verpflichtet. Dies ist nicht so zu verstehen, als ob
nun Gaufrid plötzlich eine andere Vorstellung vom Wesen der
göttlichen Verheißung hätte, sondern so, daß die Verheißung als
Verheißung des ewigen Lebens auf die durch die Gnade geschenkte
Würdigkeit des Adressaten bezogen ist und nur deshalb, nicht
aber als Verheißung an sich, verpflichtenden Charakter hat[256].
In Odos Gnadenquästionen können wir die gleiche Beobachtung
machen. Auch hier findet sich neben der beschriebenen Charakterisierung der promissio die Wertung der Verheißung als eines
Aktes der freien Selbstbindung Gottes. Davon wird noch ausführlich die Rede sein[257].

Halten wir fest, daß Odo die von Zach.1,3 ausgehende Argu-
mentation für die Verdienbarkeit der prima gratia sowohl im
Sentenzenkommentar als auch in den Gnadenquästionen durch eine
Erläuterung des Verheißungsgeschehens zu entkräften versucht.
Während er aber im Sentenzenkommentar den besonderen Charakter

---

255 s.o.Anm.56.
256 s.o.S.129-135.
257 s.u.S.192-194 und 202-205.

der Verheißung Zach.1,3 als merae liberalitatis ostensio erklärt[258], fragt er in den Gnadenquästionen allgemein nach dem Wesen der göttlichen Verheißung im Gegensatz zum menschlichen Versprechen und kommt hier zu der Definition: "Promittere nihil aliud est quam ab aeterno se promisisse daturum." Dort geht es um die Eigenschaft Gottes, die sich in der Verheißung äußert, hier um die Qualität des Gotteswortes in Zeit und Ewigkeit.

Zusammenfassend können wir sagen, daß Odo bei der Frage der Vorbereitung des Sünders auf die Gnade nicht den Gedanken einer freien Selbstbindung oder Selbstverpflichtung Gottes vertritt, sondern ihn zurückweist. Dies schließt nicht aus, daß er trotzdem die Verleihung der Gnade auf dem Hintergrund der in einem weiteren Sinn verstandenen Gerechtigkeit und Schuldnerschaft Gottes sieht.

3. Die temporalia als Gegenstand des Verdienstes

In seinen Gnadenquästionen stellt Odo auch die Frage, ob ein Mensch mit Hilfe der gratia gratis data vom Herrn zeitliches Wohlergehen (salus temporalis) verdienen kann. In der Lösung kommt er auf die von ihm schon dargelegte Unterscheidung zwischen meritum condigni necessitatis und meritum congruitatis zurück und stellt fest, daß der Sünder de condigno necessitatis zwar nur Strafe, de congruo aber etwas Zeitliches verdienen könne. Denn, so lautet die Begründung, wenn einer durch eine Regung der natürlichen Tugenden bewegt wird und die Gnadengaben, die ihm von Gott gegeben werden, gut gebraucht, dann kann das billigerweise (de congruo) nicht nutzlos geschehen[259]. In diesem Sinn äußert sich Odo auch in der solutio obiectorum.

An einem interessanten Punkt weicht er allerdings von dem Lösungsschema de condigno-de congruo ab. Das erste Argument für die Verdienbarkeit der salus temporalis war auf Is.1,19 gegründet: "Si volueritis et audieritis me, bona terrae comedi-

---

258 s.o.Anm.236.
259 "Dicendum, quod, sicut praehabitum est, est meritum condigni necessitatis et congruitatis. Bene concedo, quod de condigno necessitatis nihil potest peccator mereri nisi poenam; de congruo tamen potest aliquid temporale mereri a domino. Cum enim quis movetur motu virtutum naturalium et gratuitis a domino sibi datis bene utitur, inutiliter non potest fieri hoc de congruo." Quaestiones de gratia, q.31 resp.(fol. 220a).

tis." Dabei geht man, wie ausdrücklich erwähnt wird, von der
Voraussetzung aus, daß der Mensch auch ohne gratia gratum faciens wollen und hören kann[260]. Odos Entgegnung auf dieses Argument verdient eine wörtliche Wiedergabe: "Man muß hier unterscheiden, denn es gibt ein Würdigkeitsverdienst im absoluten
Sinn (meritum de condigno absoluto) und so darf man jenes Jesa-
jawort nicht verstehen; es gibt aber auch ein Vertragsverdienst
(meritum de pacto), wenn nämlich beispielsweise gesagt wird:
Tust du dies, dann tue ich dir das. Und so stand es zwischen
dem Herrn und den Juden, was ja durchaus möglich war. Er wollte
sie nämlich von den Götzenbildern abhalten; darum versprach er
ihnen zeitliche Güter, die sie verdienten, indem sie auf ihn
hörten, obwohl auch viele nur sklavischen Gehorsam zeigten."[261]

Wie ist diese Gegenüberstellung von meritum de condigno absoluto und meritum de pacto zu verstehen? Odos Ausführungen zur
Frage der Verdienbarkeit des ewigen Lebens in Quaestio 35 zeigen, daß er ein Würdigkeitsverdienst im absoluten Sinn dann gegeben sieht, wenn zwischen Leistung und Lohn eine ontologisch
begründete Wertproportion besteht[262]. Ist dies nicht der Fall,
dann besteht immerhin die Möglichkeit eines Würdigkeitsverdienstes im relativen Sinn, sofern durch einen Vertrag eine
verpflichtende Relation zwischen Leistung und Lohn geschaffen
und so die Möglichkeit eines facere de non debito debitum eröffnet wird. Auf die Frage der temporalia angewandt heißt das:
Die guten Werke der Juden sind streng genommen der zeitlichen
Güter nicht wert, können sie also nicht durch ein meritum de
condigno absoluto verdienen. Gott hat aber den Juden im Rahmen
eines Vertrages für solche Werke zeitliche Güter versprochen,
hat sich damit zur Erstattung dieser Gegenleistung verpflichtet
und den Juden so die Möglichkeit gegeben, die zeitlichen Güter
zu verdienen. Wenn Odo hier im Gegensatz zum meritum de condigno absoluto von einem meritum de pacto spricht, dann ist

---

260 Quaestiones de gratia, q.31 arg.1 (fol.220a).
261 "Quod obicitur de auctoritate Isaiae 3, distinguendum
est, quia est meritum de condigno absoluto et sic non est intelligendum illud verbum Isaiae; sed est meritum ex pacto, sicut cum dicitur: Si feceris hoc, faciam tibi hoc; et sic erat
inter dominum, sicut esse poterat, et Iudaeos. Volebat enim eos
retrahere ab idolis, ideo promittebat sibi temporalia quae merebantur ipsum audiendo, quamvis etiam multi serviliter oboe-
dirent." Quaestiones de gratia, q.31 ad 1 (fol.220a).
262 Quaestiones de gratia, q.35 arg.1 (s.o.Anm.202) und
ad 1 (s.u.Anm.297).

deutlich, daß er das meritum de pacto als spezielle Form des
meritum de condigno versteht, als – wie wir sagten – Würdigkeitsverdienst im relativen Sinn. Ist doch das meritum de condigno durch das Obligationsverhältnis zwischen Belohnendem und
Verdienendem und die notwendige Folge von Lohn und Verdienst
gekennzeichnet, was auch für das meritum de pacto zutrifft.
Auch ein Blick auf Quaestio 35 bestätigt nur, daß Odo den Begriff des meritum ex pacto unter den Oberbegriff des meritum de
condigno subsumiert[263]. Wie läßt sich aber damit die beschriebene Lösung Odos vereinbaren, daß der Mensch ein zeitliches Gut
nur de congruo verdienen könne? Haben wir außerdem nicht fest-
gestellt, daß Odo die Möglichkeit eines meritum de condigno und
einer Verpflichtung Gottes vom Besitz der rechtfertigenden Gnade abhängig sein läßt? Hier ist aber von Menschen die Rede, die
nicht im Besitz der gratia gratum faciens sind.

Der offensichtliche Widerspruch löst sich auf, wenn wir die
Verdienstsituation der Juden als historischen Ausnahmefall von
der Regel verstehen[264]. Der Sünder im Zeitalter der Kirche kann
sich irdische Güter tatsächlich nur durch ein meritum de congruo erwerben, da die Voraussetzung eines meritum de condigno
für ihn immer das Eintreten in den Gnadenstand ist. Diese Situation des Menschen post Christum hat Odo als Regelfall im
Auge, wenn er von den verschiedenen Verdienstarten und der obligatio Gottes spricht. Den Juden dagegen, die in der Zeit vor
der Ankunft Christi lebten, stand die Möglichkeit offen, die
irdischen Güter de condigno zu verdienen, weil Gott mit ihnen
einen entsprechenden Vertrag geschlossen hat. Für diesen historischen Sonderfall vertritt Odo somit den Gedanken einer
freien Selbstbindung Gottes.

4. Die gloria als Gegenstand des Verdienstes

Wir haben bereits gesehen, daß für Odo die durch die rechtfertigende Gnade geschenkte Würdigkeit der Person nicht gleichbedeutend ist mit der Verdienstlichkeit der Gnade. So kann ein
Kleinkind, das noch nicht im Besitz des freien Entscheidungs-

---

263 s.u.S.202-204.
264 Für diese Interpretation spricht auch die Tatsache,
daß bereits Wilhelm von Auxerre bei der Frage der zeitlichen
Güter eine ähnliche Unterscheidung zwischen der Situation der
Juden und der Situation der Menschen des Neuen Bundes vornimmt; s.u.S.265.

vermögens ist, zwar des ewigen Lebens würdig sein, kann es aber
nicht verdienen. Stirbt es, so wird es das ewige Leben kraft
seiner Würdigkeit erhalten, nicht aber als geschuldeten Lohn[265].
Nach Odo kann man die Gnade somit unter zwei Aspekten betrachten: einmal unter dem Aspekt der Gabe, die den Menschen in eine
neue Beziehung zu Gott setzt; ein andermal unter dem Aspekt der
Tugend, die sich mit dem freien Willen des Menschen verbindet,
um verdienstliche Werke hervorzubringen. Der eine Aspekt betrifft die Qualifizierung des menschlichen Seins vor Gott, der
andere die des menschlichen Handelns. Beide Aspekte, die man
mit Wilhelms von Auvergne gratia- und opus-Aspekt vergleichen
kann, gehören natürlich unlösbar zusammen, da das neue Sein
zum neuen Handeln drängt und das neue Handeln ohne die Wandlung der ganzen Person unverständlich wäre. So unterscheidet
Odo Gnade und gnadenhafte Tugend auch nicht secundum essentiam,
sondern nur secundum rationem, da dieselbe Gnade, die das Wesen
oder die Substanz der Seele betrifft, auch die Seelenkräfte
durch die Verleihung der Tugenden prägt[266]. Während aber die
Gnade als gratia ihren Effekt, die Vergebung der Schuld und
die Annahme des Menschen durch Gott, schon durch die pure Tatsache der infusio erreicht, liegt der Effekt der Gnade als virtus erst im verdienstlichen Akt[267].

Soll von der Glorie als Gegenstand des Verdienstes die Rede
sein, dann geht es selbstverständlich in erster Linie um den
Tugend- oder Leistungsaspekt der Gnade. Er wird im Rahmen einer
sehr eingehenden Darstellung der Verdienstlehre in Odos Gnaden-

---

265   s.o.Anm.200. Vgl. auch Sent.II d.28 m.1 q.1 ad 7 (Bouvy
II 73,136f): "Gratia per se non elicit opus meritorium, quia
non est per se, sed gratia cum libero arbitrio."
266   Sent.II d.26 m.3 q.1 resp. und ad b (Bouvy I 335,38-41.
45-47; 336,84-86). Vgl. auch Sent.II d.26 m.1 q.2 a.3 resp.
(Bouvy I 316,50-54).
267   Sent.II d.26 m.3 q.1 ad b (Bouvy I 336,87-89). Die Unterscheidung zwischen Gnaden- oder Seinsaspekt und Tugend- oder
Leistungsaspekt übernimmt Odo von Philipp dem Kanzler, der in
seiner Summa de bono (Cod.Vat.lat.7669 fol.75c) beispielsweise
schreibt: "Principalis enim effectus gratiae est tribuere vitam et gratificare; sed virtutis est a potentia habilitata elicere actum bonum, quo fit meritum vitae aeternae." Philipp
kennt ein duplex vivere: "vivere in se et vivere in opere. Vivere in se habet per esse gratiae; vivere in opere habet per
esse gratiae in virtute et ita per virtutem." fol.75d; Zitate
bei Bouvy I 300 Anm.25. Die Differenz zwischen Odo und Philipp
besteht darin, daß Philipp gratia und virtus nicht nur secundum
rationem, sondern auch secundum essentiam unterscheidet.

quästionen entfaltet[268], während der Sentenzenkommentar weniger
den Leistungscharakter der Tugend als den Seinscharakter der
Gnade berücksichtigt[269]. Auer sieht hier eine entscheidende
Entwicklung in Odos Gnadenlehre, wenn er schreibt: "In seinem
Sentenzenkommentar kommt noch das augustinische Moment von der
Gottgefälligkeit des Gottgeschenkten stark zum Ausdruck. Doch
schon hier und besonders dann in seinen Gnadenfragen, die einen großen Fortschritt bedeuten, vergleichbar der Entwicklung
bei Thomas, tritt uns eine ganz neue Auffassung vom verdienstlichen Akt entgegen."[270] Das Neue in den Gnadenfragen beschreibt Auer als "Leistungsgedanke", der in die Gnadenbetrachtung dadurch hineinkomme, "daß Gnade mehr vom Menschen her,
ihre Bedeutung für die Freiheit des Menschen näher ins Auge
gefaßt wird"[271]. Da aber das Freiheitsmoment gerade im Verdienstgedanken zur Geltung kommt, bedeutet die Entwicklung der
Gnadenlehre Odos, wenn man mit Auer von einer Entwicklung sprechen will, eine stärkere Konzentration auf den Verdienst-,
Tugend- oder Leistungsaspekt der Gnade. Gilt daher unser Hauptinteresse den Gnadenquästionen Odos, so werden wir doch auch
den Sentenzenkommentar in unsere Untersuchung mit einbeziehen,
da Odo hier eine Durchdringung von ontologisch-naturhafter und
personaler Betrachtungsweise praktiziert, die auch für die Verdienstlehre seiner Quästionen charakteristisch ist.

a) Sentenzenkommentar: Die Gnade als Grundlage eines neuen
Seins im ontologisch-naturhaften und personalen Sinn

Wenden wir uns Odos Sentenzenkommentar zu, dann haben wir es,
wie gesagt, vor allem mit Aussagen zu tun, die die Konsequenz
der Rechtfertigung als neues Sein des Menschen vor Gott beschreiben. Unser Augenmerk richtet sich auf die Frage, wie
sich bei Odo ontologische Aussagen im engeren Sinn über das
der menschlichen Natur inhärierende Sein der Gnade mit personalen Aussagen über die durch die Gnade gewirkte neue Relation

---

268 Quaestiones de gratia, q.25-35 (fol.218b-220d).
269 Dies schließt nicht aus, daß auch hier von Tugend und
Verdienst die Rede ist; s. Sent.II d.26 m.3 (De gratia per comparationem ad virtutes), d.27 (De virtute) und d.28 m.1 q.1
und 4 (Verdienst vor dem Gnadenempfang?).
270 Auer, Gnadenlehre II, 150.
271 Auer, Gnadenlehre II, 72.

zwischen Gott und Mensch verbinden.

Der Einfluß neuplatonischer Metaphysik areopagitischer Prägung - vermittelt vor allem durch Johannes Scottus Eriugena und Hugo von St.Viktor -[272], der in der literarischen Abhängigkeit Odos von Philipp dem Kanzler konkret faßbar ist, zeigt sich darin, daß Odo dem übernatürlichen Ziel der Glorie eine übernatürliche Qualität im Menschen entsprechen läßt, die auch seine Akte übernatürlich macht und so eine Verähnlichung von menschlicher und göttlicher Sphäre schafft. Bei der Frage nach der Notwendigkeit der Gnade geht Odo von der unendlichen Distanz aus, die das liberum arbitrium als kreatürlich-natürliches Vermögen des Menschen von dem bonum gloriae, das ganz gnadenhaft und "supra omnem naturam creatam" sei, trennt[273]. Das Medium, das diese beiden Extreme eine, indem es die menschliche Seele über ihren natürlichen Zustand emporhebe, sei die gratia creata, von der Odo wörtlich sagt: "Sie disponiert die Seele, hebt sie empor (elevat), eint sie mit Gott und richtet sie in ihrem Handeln aus ... Niemals nämlich würde die Seele zur Herrlichkeit, die übernatürlich ist, gelangen, wenn es nicht etwas gäbe, was sie emporhebt."[274]

Bedeutsam ist vor allem der immer wiederkehrende Begriff der gratia elevans[275], den Auer hier zum ersten Mal verwendet findet[276]. Er kommt aber bereits in den Gnadenquästionen des Johannes von Rupella Cod.Paris.Nat.lat.14726 vor[277], die Odos Sentenzenkommentar beeinflußt haben und ihrerseits von der Summa de bono Philipps des Kanzlers abhängig sind[278]. Bouvy

272 Zur Unterscheidung zwischen dem christlichen Neuplatonismus des Pseudo-Dionysius Areopagita, der durch Johannes Scottus Eriugena Eingang in die abendländische Philosophie und Theologie fand, und dem christlichen Neuplatonismus Augustins s.u.S. 322f.

273 Sent.II d.26 m.1 q.1 arg.3.4.6.7 (Bouvy I 306,16-25.30-40).

274 "... gratiam creatam, quae disponit ipsam animam et elevat et unit deo et dirigit in sua operatione, sicut praeostensum est. Numquam enim anima perveniret ad gloriam, quae est supra naturam, nisi per aliquid elevans ipsam." Sent.II d.26 m.1 q.1 resp.(Bouvy I 308,91-94).

275 s. Bouvy I 306,17.19; 308,91.94; 309,114; 312,35; Bouvy II 70,25-27; 71,81f; 72,103f.107; 95,34.

276 Auer, Gnadenlehre II, 231. Doch sagt schon Philipp der Kanzler von Gott, daß er durch die Gnade den Menschen erhebt ("elevans per gratiam"); vgl. Auer, aaO 230.

277 "Sed gratia est superior, quia elevat mentem humanam supra se. Responsio: elevat disponendo non efficiendo." "Licet anima sit quantum ad naturalia capax dei et beatificabilis,

meint, daß diese Priorität des emporhebenden Charakters vor
dem nur heilenden Charakter der Gnade, wie er in der Tradition
vertreten wurde, einen Fortschritt in der Erklärung des strengen Begriffs des Übernatürlichen markiere, der dann bei Thomas
voll zur Entfaltung kommen werde[279]. Aber nicht nur der Ausdruck gratia elevans verrät Odos Interesse an der ontologisch-
naturhaften Seite der Gnadenwirkung, sondern auch neuplatonische Begriffe wie medium uniens, similitudo, assimilatio oder
assimilare und conformare[280], durch die er wie vor ihm im Bereich der älteren Franziskanerschule bereits Johannes von Rupella und die Summa fratris Alexandri[281] den überbrückenden
Charakter des Gnadengeschenkes zum Ausdruck bringt. Da es aus
dem Nichts geschaffen ist, kann es sich mit der menschlichen
Kreatur verbinden; da es andererseits von übernatürlicher
Qualität[282] ist, kann es dem Menschen über die Grenzen seiner
Natur hinweghelfen und ihn so Gott und seine Werke der Glorie
ähnlich machen[283]. Dem Wesen der gratia als similitudo Gottes

id est in naturalibus, non tamen per sola naturalia sed per
gratiam, qua naturalia elevantur et ad beatitudinem sufficienter disponuntur, beatificatur." Quaestiones disputatae de gratia, q.7 arg.9 und 27 (Hödl, Die neuen Quästionen, 66.69).
    278 s.o.Anm.191.
    279 Bouvy I 292; vgl. II 60: "Ces vues, qui annoncent déjà
une conception profondément thomiste de l'agir méritoire au
sens strict, étayées par une solide métaphysique ..."
    280 medium uniens: Bouvy I 310,1; 311,8 ("gratia ... est
tamquam medium uniens infimum supremo").   unio: Bouvy I 306,
24.31; 309,129; 310,4.   unire: Bouvy I 306,23; 308,91; 310,2f;
311,7 ("gratia unit animam deo").   similitudo: Bouvy I 309,131
("gratia est similitudo dei sive ad deum").   assimilatio:
Bouvy II 82,13.15.   assimilare: Bouvy I 309,114; 310,163.
Zur Herkunft dieser Begriffe aus dem vor allem durch die Kommen
tare des Johannes Scottus Eriugena und Hugo von St.Viktor vermittelten Neuplatonismus des Pseudo-Dionysius Areopagita s.
Weisweiler, Die Ps.-Dionysiuskommentare, 29f.37; ders., Sakrament als Symbol und Teilhabe, 338 Anm.75 und 76; Auer, Gnadenlehre II, 204-206; vgl. auch Baron, Etudes sur Hugues de Saint-
Victor, 149-184.
    281 s. Auer, Gnadenlehre II, 204-206. Zu Johannes von Ru-
pella vgl. die edierten Texte bei Hödl, Die neuen Quästionen,
65-69 (Quaestiones disputatae de gratia, q.7) und 72-74 (Tractatus de gratia, q.2 m.1 a.2). Zur Summa Halensis vgl. Pergamo
La dottrina della gratia unionis, 129-163; Remec, De sanctitat
et gratia, 29-34 (assimilatio); Gössmann, Metaphysik und Heils
geschichte, 293ff.
    282 supra naturam: Bouvy I 306,35-307,36; 308,93; 310,155
("gratia est supra naturam"); II 84,70; 95,31f.34. Sehr oft
kommt auch 'supra' allein vor (z.B.: elevare supra; supra libe
rum arbitrium").
    283 Sent.II d.26 m.1 q.1 ad 4 (Bouvy I 309,129-310,137).

entspricht die assimilatio der Werke ad gloriam.

Charakteristisch für Odos Gnadenlehre ist nun, daß er diese ontologisch-naturhafte Sicht der Gnade als gratia elevans in den Rahmen einer personalen Betrachtungsweise stellt. Dadurch erfahren die Elemente der neuplatonisch-vorthomistischen Seinsphilosophie eine Zuspitzung, die dem Geiste Augustins entspricht, das Gnadenverständnis Wilhelms von Auvergne entscheidend prägt und das Spezifikum der Franziskanerschule ausmacht[284]. Die personale Auffassung von der Gnade verrät sich in den Begriffen gratus, gratificare, acceptatio, acceptus, acceptare und accipere[285]. Das Wesen der Gnade wird dann darin gesehen, daß der Mensch Gott angenehm und wohlgefällig ist und daß Gott den Menschen annimmt. Dabei ist, wie Odo betont, die Annahme der Person der Annahme der Werke sachlich vorgeordnet: "So gut auch unser Werk ist, so ist es dennoch nicht Gott angenehm, wenn w i r ihm nicht angenehm sind; denn unserer guten Taten bedarf er nicht. Wir können aber Gott nur durch die gratia gratum faciens angenehm sein. Also können wir kein Gott wohlgefälliges Werk ohne die gratia gratum faciens vollbringen."[286]

Schon diese Stelle zeigt, wie sich in Odos Sicht der personale Aspekt der acceptatio mit dem ontologischen der elevatio verbindet. Die Gottwohlgefälligkeit der menschlichen Person ist für ihn nur als Wirkung der ontisch-naturhaften Veränderung des Menschen durch die geschaffene Gnade denkbar[287]. Deutlicher

---

284 s. Auer, Gnadenlehre II, 71f, bes.Anm.53. Für die augustinische Denkweise mit ihrer mehr personalistischen Metaphysik ist es nach Auer charakteristisch, daß an der Gnade das Gefallensmoment (gratus, acceptus, complacentia) hervorgehoben wird.

285 gratus: Bouvy I 307,45-47; 313,8 (esse gratum = esse acceptum); 313,83; 314,30.35.38.40; II 70,30-35; 83,52f u.ö. Gratia gratum faciens ist bei Odo schon ständig gebrauchter Terminus technicus. gratificare: Bouvy I 313,82; 313,3-315, 65 (passim); 325,30; II 71,84. acceptatio: Bouvy I 313,4; 314,41. acceptus: Bouvy I 313,4-6.8; 325,30; II 70,32; 83, 61f. acceptare: Bouvy I 314,36f.42; 326,2-4. accipere: Bouvy I 313,5; 325,30; 326,2.4.

286 "Quantumcumque opus nostrum sit bonum, tamen non est deo gratum, nisi nos simus ei grati. Bonorum enim nostrorum non indiget. Sed nos non possumus esse grati deo, nisi per gratiam gratum facientem. Ergo non possumus facere aliquod opus deo acceptum sine gratia gratum faciente." Bouvy II 70,29-33.

287 Dieser Zusammenhang wird von Auer (Gnadenlehre II, 71 Anm.53) deutlich gesehen, wenn er die vorthomistisch-augustinische Argumentation so beschreibt: "Verdienen heißt Gottgefälliges tun: Gott kann nur gefallen, was ihm ähnlich ist, darum muß er in der Gnade zuerst diese Ähnlichkeit schenken."

spricht Odo noch, wenn er auf den Einwand eingeht, eine acceptatio setze nichts im Akzeptierten, sondern nur etwas im Akzeptierenden, weshalb auch die Gnade nichts, d.h. keine neue
Beschaffenheit, im begnadeten Menschen setze[288]. Odo hebt
demgegenüber hervor, daß niemand ex puris naturalibus Gott angenehm sein könne und daß deshalb eine Gabe hinzugefügt werden
müsse. Ist diese vorhanden, dann akzeptiere Gott den Menschen
und seine Werke; geht sie verloren, dann akzeptiere Gott den
Menschen nicht mehr. Die Folgerung lautet: "Oportet ergo donum
aliquod esse in homine ad hoc quod sit deo gratus."[289] Die
Wandlung in der personalen Beziehung zwischen Gott und Mensch
ist in den Augen Odos somit eine unmittelbare Wirkung der durch
die Gnade hervorgerufenen Wandlung im Menschen. Umgekehrt ist
das Emporgehobenwerden der menschlichen Seele auf eine neue
Seinsebene nur relevant als Eröffnung des neuen personalen Verhältnisses zwischen dem annehmenden Gott und dem angenommenen
Menschen.

Wie wir gesehen haben, leitet Wilhelm von Auvergne aus dem
Besitz der Gnade unmittelbar den Schuldcharakter der Glorie
ab: "Gratiae debetur gloria." Der Wandlung des Menschen vom
non-acceptus zum acceptus entspricht der Sprung vom non-debitum
zum debitum, ohne daß Werke des Menschen notwendig sind[290].
Auch für Roland von Cremona läßt sich diese Beobachtung machen[291]. Dies hängt damit zusammen, daß nach Wilhelm und Rolan
für das Zustandekommen eines Obligationsverhältnisses zwischen
Gott und Mensch auf Seiten des Menschen nicht das Freiheitsmoment, sondern das gratis-Moment von ausschlaggebender Bedeu-

---

288 "Acceptatio non ponit aliquid in accepto sed in acci-
piente ... Si ergo hunc esse gratum illi idem est quod esse
acceptum, ergo videtur, quod gratia non ponat aliquid in gra-
tificato." Sent.II d.26 m.1 q.2 a.2 arg.1 (Bouvy I 313,4f.8f).
289 "Respondeo: Dicendum, quod gratia ponit aliquid in gra-
tificato, secundum quod gratia dicitur gratum faciens ipsi deo
Et causa huius est, quia, sicut supra ostensum est, ex puris
naturalibus non est aliquis deo gratus. Ergo oportet aliquod
donum superaddi. Hoc autem exsistente deus acceptat hominem
et opera eius; isto recedente deus, qui iudicat secundum veritatem, iam hominem non acceptat. Oportet ergo donum aliquod
esse in homine ad hoc, quod sit deo gratus; et illud donum,
quia excellens est, oportet esse a deo. Et quamdiu est in homine, non potest non esse ei gratus." Sent.II d.26 m.1 q.2 a.2
resp.(Bouvy I 314,32-40). Vgl. Alexander von Hales, Glossa in
Sent.II d.26 n.9c (II 245,1-3).
290 s.o.S.155f.
291 s.u.S.284 Anm.124.

tung ist[292]. Bei Odo dagegen steht der Anteil des liberum arbitrium so im Mittelpunkt des Schuld- wie des Verdienstgedankens, daß für ihn ein Schuldcharakter der Glorie ohne frei gesetzte Akte des Menschen undenkbar ist. Die Verpflichtung Gottes ist darum kein Thema, wenn die Wirkung der Gnade für das neue Sein des Menschen zur Diskussion steht, sondern sie wird erst auf der Werkebene thematisiert. So ist es verständlich, daß Odo den Gedanken einer freien Selbstbindung Gottes nicht im Sentenzenkommentar zur Sprache bringt, sondern erst in den Gnadenquästionen, widmet er sich doch dort dem Tugend-, Leistungs- oder Verdienstaspekt der Gnade weit intensiver als im Sentenzenkommentar. Doch wird auch in diesem Werk eine wichtige gedankliche Brücke zur Konzeption der freien Selbstbindung Gottes sichtbar in der personalen Zuspitzung des Seinsaspekts der Gnade.

b) Gnadenquästionen: Die Gnade als Grundlage eines neuen Handelns. Die freie Tat des Menschen angesichts der freien Selbstbindung Gottes

Hat Odo den Seinsaspekt der Gnade im Auge, ihre Bedeutung für die Natur der Seele und die Stellung des Menschen vor Gott, und betrachtet er auch die Werke nur unter dem Gesichtspunkt, daß sich in ihrer neuen Qualität die durch die Gnade emporgehobene Natur des Menschen äußert, dann bereitet ihm die Frage nach der Verbindung von Göttlichem und Menschlichem, nach der Beziehung zwischen Gnadenleben und ewigem Leben kein Problem. Die Gnade ist das medium uniens, das die Kreatur dem göttlichen Bereich assimiliert und so der Glorie würdig macht. Von einer bleibenden Distanz zwischen Kreatur und Gott ist unter diesem Gesichtspunkt nicht die Rede, da das Hauptaugenmerk hier ja gerade auf der Überbrückung der Distanz durch das Gnadengeschenk liegt.

Anders ist die Situation, wenn der Leistungsaspekt des Gnadenstandes im Vordergrund steht. Dann wird die Entfernung zwischen Gott und Mensch wieder zur brennenden Frage. Wir haben bereits gesehen, wie Odo dieses Problem darstellt. Er geht aus von einer bestimmten Vorstellung vom Wesen des Verdienstes, daß

---

292 s.o.S.138f (Wilhelm von Auvergne) und u.S.284f (Roland von Cremona).

nämlich der Gegenstand des Verdienstes der verdienenden Leistung proportional sein müsse. Nun sei aber die Gnade zeitlich
und zerstörbar und somit der Glorie, die ewig und unwandelbar
ist, keineswegs proportional. Spricht dies nicht gegen die Möglichkeit, das ewige Leben durch ein meritum de condigno zu verdienen?[293] Diese Argumentation zeigt deutlich, warum sich für
Odo die Diskussion des Verhältnisses von gratia und gloria gerade mit dem Leistungs- oder Verdienstaspekt der Gnade verbindet. Hat er doch einen Verdienstbegriff im Auge, der vom Pro-
portionsgedanken geprägt ist. Damit der Mensch des ewigen Lebens   w ü r d i g   ist, wie bereits das getaufte Kind, bedarf es keiner Seinsproportion zwischen Seele und Glorie, sondern nur einer Annäherung oder Verähnlichung[294]; damit er es
außerdem aber auch de condigno   v e r d i e n t , also Gott
zum Schuldner macht und so ein striktes Gerechtigkeitsverhältnis konstituiert, ist offensichtlich eine Wertproportion zwischen Leistung bzw. zwischen Gnade als ratio meriti und Glorie
notwendig. Über das assimilari hinaus muß ein proportionari
gegeben sein.

§1 meritum ex pacto

Sehen wir nun, wie Odo trotz des Distanzproblems seinen Standpunkt, das ewige Leben könne durch ein meritum de condigno verdient werden, durchhält. Bei der Frage: "Si contingit mereri
vitam aeternam" vertritt er ja die grundsätzliche Lösung: "Dicendum, quod gratia de condigno meretur vitam aeternam."[295]
Diese Lösung verteidigt er mit folgenden Worten: "Was den Einwand betrifft, daß Gnade und Glorie nicht proportional seien,
so ist zu sagen, daß es, wie bereits erwähnt[296], ein Vertragsverdienst (meritum ex pacto) gibt, wenn beispielsweise einer

---

293   s.o.Anm.202.
294   Vgl. Alexander von Hales, Summa III p.3 inq.1 tr.1 q.2
c.1 a.1 sol.(IV 957a): "Gratia ponit similitudinem gratificati
ad deum et ponit aliquid in ipso, quo dicitur assimilatus deo:
per quam assimilationem dignus est vita aeterna, quae est in
plena assimilatione rationalis creaturae ad deum." Im Gegensatz
zu Odo unterscheidet Alexander nicht zwischen den Aspekten Würdigkeit und Verdienstlichkeit.
295   Quaestiones de gratia, q.35 resp.(fol.220d).
296   Vgl. q.31 ad 1 (fol.220a): meritum de pacto (s.o.Anm.
261).

verspricht (promittit), für soundsoviel soundsoviel zu geben.
In diesem Sinn kann man sagen, daß durch die Gnade die Glorie
verdient wird...Es gibt aber auch ein Würdigkeitsverdienst im
absoluten Sinn (meritum ex condigno absolute), und insofern sind
sie nicht proportional. - Oder anders ausgedrückt: Es gibt
eine Proportions- und eine Proportionalitätsgleichheit (aequalitas proportionis et proportionalitatis). Zwischen Lohn und
Verdienst muß nun aber nicht immer eine Proportionsgleichheit
bestehen; es genügt vielmehr eine Proportionalität, die vorliegt, wenn vielem viel und wenigerem weniger entspricht. Wahr
ist aber immer, daß der Lohn größer als das Verdienst sein muß,
da jedes Verdienst zur Erlangung irgendeines Gewinnes geschieht.
So ist das Brot der Sache nach (secundum rem) mehr wert als ein
Denar usw. Deshalb sind solche Dinge gleich auf Grund der
Gleichheit des Preises (aequalitate pretii), denn das eine wird
für das andere gegeben. Der Sache nach aber übertrifft der Lohn
das Verdienst. - Außerdem: Mag auch etwas Geringeres nicht
auf effektive Weise etwas Größeres hervorbringen, so ist das
dennoch auf verdienstliche Weise möglich. Diese Beobachtung machen wir auch bei den Strafen. Obwohl sie hinter dem (der
Schuld) ebenbürtigen Maß zurückbleiben, ist trotzdem die Pein
in einer Strafe unvergleichlich größer als die Lust, die bei
der Schuld vorhanden war. So kann es auch bei der Glorie und
Gnade sein."[297]

Dieser Text läßt sich in drei Teile gliedern: Der erste wen-

---

297 "Quod obicitur, quod non sunt proportionalia gratia et
gloria, dicendum, quod sicut praedictum est, est meritum ex
pacto, sicut quando quis promittit pro tanto dare tantum, et
sic posset dici gratia mereri gloriam. Unde Psalmus: Pro nihi-
lo habuerunt, dedit terram desiderabilem. Est etiam meritum ex
condigno absolute, et sic non proportionantur. Vel aliter, quod
est aequalitas proportionis et proportionalitatis. Non oportet
autem, quod semper praemium et meritum aequalia sint proportione, sed sufficit proportionalitas, ut si multo multum et
minori minus. Et hoc semper verum est, quod maius debet esse
praemium merito, quia omne meritum propter aliquod lucrum re-
portandum fit; sicut secundum rem plus valet panis quam denarius, et sic de aliis. Ideo talia aequalia sunt aequalitate pretii, quia hoc pro hoc; praemium tamen secundum rem superat meritum. Praeterea, licet minus effective non possit in maius,
meritorie tamen potest; sicut etiam videmus in poenis, quae
etsi sunt citra condignum, tamen plus incomparabiliter est an-
gustiae in una poena quam fuit delectationis in culpa. Sic potest esse in gloria et gratia." Quaestiones de gratia, q.35 ad
1 (fol.220d).

204

det auf das Verdienst des ewigen Lebens die Unterscheidung
zwischen meritum ex condigno absolute und meritum ex pacto an;
der zweite integriert den Gedanken der Wertdifferenz zwischen
Leistung und Lohn in den Verdienstbegriff; der dritte entfaltet dieses Thema durch einen Vergleich des Verhältnisses Gna-
de-Glorie mit dem Verhältnis Schuld-Strafe. Wir wollen diese
drei Abschnitte, insbesondere die ersten beiden, kurz interpretieren und ihre gedankliche Verknüpfung zeigen.

Der Begriff des meritum ex pacto im Gegensatz zum meritum
ex condigno absolute ist uns schon von der Frage nach der Verdienbarkeit der temporalia her vertraut[298], auf die ja Odo ausdrücklich zurückweist. Indem er auch hinsichtlich der vita
aeterna nur ein meritum de condigno in Gestalt eines meritum
ex pacto einräumt, kann er den Satz "Non sunt proportionalia
gratia et gloria" akzeptieren. Zwar ist das meritum ex pacto
wie das meritum ex condigno absolute durch die Schuldnerschaft
des Belohnenden gekennzeichnet, durch eine Schuldnerschaft
aber, die nicht aus dem Wert der Leistung resultiert, sondern
in der freien Willensverfügung des Vertragspartners verankert
ist. Da das im Vertrag gegebene Versprechen aber ein "pro tanto
dare tantum" in Aussicht stellt, Gott also einem bestimmten
Gnaden- oder Liebesquantum ein bestimmtes Lohnquantum verspricht, sind Gnade und Glorie doch in gewissem Sinne proportional. Vertritt doch Odo die Auffassung: "Maiori operi maioritate
radicis (sc. caritatis) debetur maius praemium."[299] So entspricht dem meritum ex condigno absolute eine Wertproportion im
strengen, dem meritum ex pacto eine Wertproportion im weiteren
Sinne.

Odo verdeutlicht dies, indem er zwischen einer Proportions-
und einer Proportionalitätsgleichheit unterscheidet. Der Gedanke einer Proportionsgleichheit, der mit dem einer absoluten
Kondignität identisch ist, besagt, daß Leistung und Lohn gleichwertig sind. Dagegen liegt bei der Proportionalitätsgleichheit,
wie sie durch das pactum konstituiert wird, nur ein geregeltes
Entsprechungsverhältnis zwischen einem bestimmten Maß an Leistung und einem bestimmten Maß an Lohn vor, ohne daß Leistung
und Lohn wertmäßig auf einer Ebene liegen.

---

298 s.o.S. 193f.
299 Quaestiones de gratia, q.26 ad 2 (fol.218d).

Untermauert Odo bereits auf diese Weise seine These von der
Möglichkeit, das ewige Leben durch ein meritum ex pacto zu verdienen, so fügt er nun noch ein weiteres Argument durch die
allgemeine philosophische Überlegung an, daß Lohn immer höher
ist als Verdienst. Wichtig ist hier die Gegenüberstellung der
Begriffe effective und meritorie: Beim personalen Verdienstverhältnis geht es anders zu als beim Kausalverhältnis in der
unpersönlichen Natur, wo Ursache und Wirkung einander adäquat
sein müssen. Zwischen Verdienst und Lohn besteht keine aequalitas secundum rem, sondern nur eine aequalitas pretii. Das
verdienstliche Werk hat also wie der von Odo erwähnte Denar
einen nominellen Wert oder Preis, der seinem inneren Wert nicht
entspricht[300]. Die enge Beziehung zwischen dieser Sicht der
Verdienstsituation und dem Gedanken eines meritum ex pacto des
Christen liegt auf der Hand. Ebenso wie Odo die aequalitas
pretii als faktisches hoc pro hoc bestimmt, so beschreibt er
auch die Wirkung des pactum als pro tanto dare tantum. Das
Tertium comparationis liegt darin, daß Verdienst und Lohn bzw.
Geld und Ware nicht durch eine naturhaft-sachliche Notwendigkeit, sondern durch eine kontingente Zuordnung verbindlich
miteinander verknüpft sind. Das meritum ex pacto ist dann eine
spezielle Verdienstart, in der diese Zuordnung durch einen Vertrag geregelt wird.

§2 ordinare

In diesem Zusammenhang ist darauf zu achten, daß Odo in seinen
Gnadenquästionen wiederholt die Verdienbarkeit der Glorie durch
den Gedanken begründet, daß die Gnade auf die Glorie hingeordnet ist: "Ordinatur enim gratia ad gloriam merendam." An dem
Fehlen einer solchen ordinatio liege es, daß der Mensch durch
die Gnade nicht die Vermehrung der Gnade verdienen kann: "Ad
gratiam autem merendam non ordinatur (sc. gratia)."[301] Weder

---

300 Zum Vorkommen von Münzen im 13. Jahrhundert, bei denen
der Materialwert hinter dem Nennwert zurückbleibt, und zur Bedeutung dieser Währungen als Beispiele innerhalb des theologischen Selbstbindungsgedankens s. Courtenay, The King and the
Leaden Coin, 185-209; ders., Token Coinage, 275-284. Courtenay
berücksichtigt allerdings nur den Selbstbindungsgedanken (pactum dei) innerhalb der Sakramentenlehre.
301 "Dicendum, quod de merito condigni nullus potest sibi

zum Verdienst der Gnade noch zum Verdienst der Glorie sei der
Mensch von sich aus befähigt - "quoad neutrum per se sufficiens
est" -[302], doch schaffe im Fall der Glorie die ordinatio trotzdem eine Verdienstsituation[303].

Wie aber ist diese Hinordnung zu verstehen, als immanente
Zielgerichtetheit der Gnade in Richtung auf die Glorie, wie
etwa bei Thomas von Aquin[304], oder wie bei Duns Scotus[305] als
Anordnung Gottes, die das ontisch Getrennte durch den wirksa-
men Willen zu einer notwendigen Abfolge zusammenfügt? Der pac-
tum/promissio-Gedanke, der den Charakter des ordinare gleichsam interpretiert, dient uns als Anhaltspunkt dafür, daß Auer
im Recht ist, wenn er das ordinare in Odos Gnadenquästionen
als göttliches Versprechen deutet[306]. Allerdings dürfte der
Gesichtspunkt der seinshaften Hinordnung nicht ausgeschlossen,
sondern in die heilsgeschichtliche Anordnung integriert sein[307].
Erst die äußere kontingente Verfügung Gottes qualifiziert das
innere Angelegtsein der Gnadenwerke auf die Glorie hin als Tendenz von Verdiensten auf ihren Lohn zu. So steht Odo - wie dann
auch Bonaventura[308] - mit seinem ordinatio-Verständnis zwischen
Thomas und Duns Scotus. Wir werden auf dieses schwierige Prob-

---

mereri augmentum gratiae; de congruo tamen potest. Cuius ratio
est, quia ad hoc ordinatur gratia; solum enim meritum gratiae
proprie est vita aeterna et illud potest mereri. Ad gratiam
autem merendam non ordinatur; ideo illam non meretur ... Ordinatur enim gratia ad gloriam merendam, non ad gratiam." Quaestiones de gratia, q.33 resp.(fol.220b/220c); vgl. auch q.30
resp.(fol.219d): "Nec merito condigni proprie debetur nisi
gloria, quoniam non ad aliud ordinatur et si aliud non redditur, non fit iniustitia."

  302 Quaestiones de gratia, q.35 arg.2 (fol.220d).
  303 "Quod obicitur, quod non potest in id quod minus est
(d.h. der Mensch könne nicht die Gnade als das Geringere, also
auch nicht die Glorie als das Größere verdienen), dicendum,
quod illud tenet, quando unum ad alterum non ordinatur; sed in
proposito gratia ad gloriam ordinatur, ut omnis qui habet eam
mereri possit ex ea gloriam." Quaestiones de gratia, q.35 ad
(fol.220d).
  304 s.u.S. 333f.
  305 s.u.S. 349-351.
  306 Auer, Gnadenlehre II, 97 und Anm.127.
  307 Dafür spricht die Tatsache, daß Odo die Hinordnung der
Gnade auf die Glorie mit der Hinordnung von medicinae corpo-
rales auf einen bestimmten Heileffekt vergleicht: "Aliquae
enim medicinae faciunt quod maius est, quae non faciunt quod
minus est, quia sunt ad maius, non ad minus ordinatae." Quaestiones de gratia, q.33 resp.(fol.220c).
  308 s.u.S. 239-241.

lem bei der zusammenfassenden Darstellung der Begriffe ordinare und ordinatio zurückkommen[309].

§3 Ontologisch-naturhafte und personale Betrachtungsweise

Wie beim Seinsaspekt der Gnadenlehre Odos kann man auch beim
Leistungsaspekt, der sich in der Verdienstlehre äußert, zwischen einer ontologisch-naturhaften und einer personalen Betrachtungsweise unterscheiden. Daß sich die spezifisch ontologischen Elemente des Seinsaspekts unmittelbar im Leistungsaspekt widerspiegeln müssen, ist selbstverständlich. Ist doch
die enge Verknüpfung zwischen der Theorie des Seins und der
des Handelns gerade für den Franziskaner Odo charakteristisch,
der ja Gnade und Tugend in ihrem Wesen gleichsetzt. So entspricht der Bestimmung der Gnade als elevans animam die Beschreibung des Verdienstes als elevans liberum arbitrium[310],
ebenso wie die Sicht der Gnade als similitudo dei oder als medium uniens zwischen Mensch und Gott in der Vorstellung von
einer assimilatio zwischen Werken und Glorie ihren Widerhall
findet[311]. Das übernatürliche Wesen der Gnade hebt nicht nur
die Seelensubstanz, sondern auch die Werke auf eine neue Ebene
supra naturam. Deutlich kommt das in folgendem Satz über das
Verhältnis zwischen Gnadenwerk und Glorie zum Ausdruck: "Magis
convenit et assimilatur (opus) cum gloria quam opus liberi arbitrii cum gratia, quia utrumque est supra naturam."[312] Ja Odo
kann sogar die Auffassung vertreten, daß das Gnadenwerk den
Menschen mehr der Glorie assimiliert als die gratia in se. Er
gibt dafür eine im Vergleich mit Luther interessante Begründung[313]: Die Philosophen sagen, daß man durch wiederholtes

---

309 s.u.S.405-407.
310 Bouvy II 71,81f.
311 Bouvy II 82,13.15.
312 Bouvy II 84,68-70.
313 Als Grundsatz lutherischer Ethik formuliert Pesch
(Theologie der Rechtfertigung, 295): "Die Werke machen nicht
die Person gut, sondern die Person muß zuerst gut sein, damit
von Gnaden ihrer Gutheit die Werke gut sein können." Stellen-
belege bei Pesch, aaO Anm.48. Die Kritik, die Luther in diesem Zusammenhang an Aristoteles und seinem Gedanken, daß man
durch wiederholtes Rechthandeln ein Gerechter wird (Eth.Nicom.
2,1; Bekker 1103b,1f), übt - Stellenangaben s. bei Rokita,
Aristoteles, Nr.123-134 -, hat, wie das Beispiel Odo Rigaldis
und seiner Kritik an den philosophi zeigt, schon Vorläufer im
13. Jahrhundert. Diese Kritik entspricht der personalen Be-

Gut-Handeln gut wird; der Akt werde im Habitus vollendet. Im
Gegensatz dazu aber ist zu sagen, daß wir gut handeln, weil wir
gut sind; der Habitus wird im Akt vollendet. Darum wird die
caritas im Himmel ständig ihren Akt haben. Die Konsequenz lautet: "Et propter hoc similius est gloriae opus informatum gratia quam ipsa gratia per se."[314] Es dürfte also deutlich sein,
daß auch in Odos Verdienstlehre die naturhafte Komponente eine
Rolle spielt, durch die der Zusammenhang zwischen dem Gnadenleben und dem ewigen Leben als Ähnlichkeit des Übernatürlichen
dargestellt wird.

Ihren spezifischen Charakter freilich erhält die Verdienstlehre Odos nicht durch die ontologisch-naturhaften Elemente,
die dann von Thomas aufgenommen werden, sondern durch die Integration dieser Elemente in eine personale Betrachtungsweise,
die kennzeichnend für die Franziskanerschule bis ins Spätmittelalter hinein werden wird. Wir wiederholen hier, was wir bereits
zum Seinsaspekt von Odos Gnadenlehre notiert haben, wo wir die
Aufnahme der neuplatonischen Verähnlichungstheorie in den Rahmen des personalen Akzeptationsgedankens beschreiben konnten.
Der personalen Darstellung des Rechtfertigungsgeschehens als
acceptare oder gratificare, dem Interesse an der Freiheit des
annehmenden Gottes also, entspricht nun in der Verdienstlehre
die Gegenüberstellung der Freiheit des tätigen Menschen und
der Freiheit des sich verpflichtenden Gottes[315].

Die dominierende Stellung, die dem liberum arbitrium in Odo
Verdienstbegriff zukommt, haben wir bereits kennengelernt und

---

trachtungsweise der Franziskanerschule, die primär den ganzen
Menschen und seine Stellung vor Gott und erst sekundär die
Rolle seiner Werke im Blick hat. Vgl. auch schon Wilhelm von
Auvergne (s.o.S.146). Wie Landgraf (Die Erkenntnis der helfenden Gnade, 120) zeigt, wurde das Axiom "Quia boni sumus, bonum facimus" schon in der Frühscholastik vertreten.
  314 "Immediate tamen opus informatum praemii causa est et
magis assimilativum est gloriae opus tale quam gratia in se.
Cuius ratio est, quia philosophi dicunt, quod ex frequenti bene
agere fimus boni; unde dicunt actum perfici in habitu. Nos autem dicimus e contrario: quia scilicet sumus boni, bene agimus
unde dicimus habitum perfici in actu. Unde in patria erit caritas in potissimo statu, ubi semper et continue et ferventis-
sime habebit actum suum. Et propter hoc similius est gloriae
opus informatum gratia quam ipsa gratia per se." Quaestiones
de gratia, q.26 ad 5 (fol.218d-219a).
  315 Zum Entsprechungsverhältnis zwischen personalem Denkansatz und Hervorhebung der Freiheit des Menschen vgl. B.
Stoeckle, "Gratia supponit naturam", 114f.204f.

sie als Hinweis auf den personalen Grundzug seiner Verdienstlehre verstanden[316]. Man muß aber zweifellos zu einer Fehlbe-
wertung dieser exponierten Rolle der menschlichen Freiheit
kommen, wenn man nicht sieht, wie Odo die Entscheidungsfreiheit
des verdienenden Menschen mit der unbedingten Freiheit Gottes
konfrontiert. Es ist die Freiheit des Gottes, der, wie Odo ausdrücklich betont, seine Macht an keine Sache gebunden hat
("nulli rei alligavit"), auch nicht an das Gnadengeschenk[317],
sondern der sich selbst gegenüber der Person des Menschen durch
die promissio seines Vertrages dazu verpflichtet hat, die Gnadenwerke mit dem ewigen Leben zu belohnen. Sehr schön beschreibt Auer diese Zusammenschau der menschlichen und göttlichen Freiheit: "Die Gnade ist jene Disposition oder jener
Habitus der Seele, der es ermöglicht, daß der freie Wille frei
und doch gottgefällig, d.h. zusammen mit dem Heiligen Geiste
in ihr wirkt. Die Freiheit des am verdienstlichen Werk beteiligten freien Menschen wie des Heiligen Geistes in der Seele
soll gewahrt werden und Gott selbst, der belohnende und an-
nehmende (acceptare) Gott, soll frei sein: Er belohnt nicht
auf Grund der Gnade und des Werkes, sondern weil er sich selbst
durch sein freies Versprechen gebunden hat, das gute Werk zu
belohnen. Dies finde ich hier zum erstenmal: die Sicherung
des Lohnes für das Verdienst durch das göttliche Versprechen.
Nicht mehr das Sachliche, sondern das Personale im Menschen,
das verdienstliche Werk aus dem durch die Gnade erhobenen frei-
en Willen und in Gott das freie Versprechen des Lohnes für das
gute Werk, das sind die Träger des Verdienstes, das seinen
Lohn in der acceptatio divina findet."[318]

Zu korrigieren ist diese Darstellung allerdings dahingehend,
daß Odo nicht der erste ist, der den Lohn durch das Versprechen sichert - man denke nur an Kardinal Laborans, Petrus Cantor, Stephan Langton, Gaufrid von Poitiers und Wilhelm von
Auvergne -, und daß sich der Begriff der acceptatio nach Odo
streng genommen nicht auf den Verdienst-Lohn-Gedanken, sondern auf das Rechtfertigungsgeschehen, das für ihn zugleich

---

316 s.o.S.175.
317 "Deus nulli rei alligavit potentiam suam et cum nullo
iniuste agit, si non dat augmentum gratiae." Quaestiones de
gratia, q.33 contra 2 (fol.220b).
318 Auer, Gnadenlehre II, 150.

Beschenkt- und Angenommenwerden des Menschen bedeutet, bezieht[319]. Daß der von Gott akzeptierte und damit des ewigen
Lebens würdige Mensch dieses auch verdienen kann, bewirkt der
Vertrag Gottes. Accepatio und pactum liegen also auf zwei verschiedenen Ebenen: Das pactum setzt die acceptatio voraus, und
die acceptatio bedarf der Ergänzung durch das pactum.

Festzuhalten ist, daß die Freiheit Gottes, die sich in diesem kontingenten Vertrag äußert, der Freiheit des Menschen,
aber auch dem Einflußbereich des Gnadengeschenkes eine scharfe
Grenze setzt. Das durch die Gnade auf eine neue Seinsstufe
emporgehobene liberum arbitrium hätte keine verdienstliche Beziehung zur Glorie, wenn nicht der Vertrag Gottes diese Beziehung geschaffen hätte. Gerade die Selbstbindung Gottes durc
die Vertragsverheißung ist daher Zeichen seiner Souveränität
gegenüber der Kreatur. Die Hervorhebung des liberum arbitrium
sollte man also nicht vorschnell einer verborgenen pelagianischen Tendenz zuschreiben, wie sie mit der Franziskanerschule
oft in Verbindung gebracht worden ist[320]; vielmehr darf man
in ihr einen Hinweis auf das philosophisch-theologische Interesse Odos an der scharfen Profilierung von Gott und Mensch
als einander gegenüberstehender Personen und das dadurch forcierte Interesse an der Souveränität Gottes sehen. Wird doch
von ihm gerade durch die personale Prägung der Gnaden- und
Verdienstlehre die Freiheit Gottes von naturhaft-sachlichen
Bindungen zum Ausdruck gebracht. In einer mehr naturhaften Be
trachtungsweise, wie sie bei Thomas zu finden ist, verschwindet auch das Souveränitätsmoment der freien Selbstbindung Got
tes durch pactum und promissio.

---

319 Natürlich bezieht sich der acceptatio-Begriff insofer
auch auf die Belohnung mit dem ewigen Leben, als das gratifi-
cari und acceptari des Menschen Grund seiner Verdienstmächtig
keit ist. Auch Odos Vorgänger Philipp der Kanzler verknüpft d
Akzeptation mit der Begnadigung oder Rechtfertigung des Menschen, so daß er die Begriffe vivificare, acceptare, illumina
re, conformare, unire, rectificare und rectum facere parallel
setzt: "Primus actus universalis gratiae est vivificare sive
deo acceptare, secundus illuminare, tertius conformare vel
unire, quartus rectificare sive rectum facere." Summa de bonc
Cod.Vat.7669 fol.76a; zit. bei Bouvy I 300 Anm.25.
320 Zu verweisen ist auf die älteren protestantischen Dog
menhistoriker, insbesondere auf Harnack (Dogmengeschichte III
636,650ff) und Loofs (Dogmengeschichte II, 447-450: "Neo-Semi
pelagianismus"), während Seeberg (Dogmengeschichte III, 469)
wesentlich vorsichtiger urteilt.

§4 Das restriktive Verständnis der Selbstbindung Gottes

Die ontologisch-naturhafte Komponente in Odos Verdienstlehre
zeigt an, daß Odo die freie Selbstbindung Gottes nicht im exklusiven, sondern im restriktiven Sinn versteht. Auer beschreibt daher die Auffassung Odos nicht ganz korrekt, wenn er
sagt, daß Gott "nicht auf Grund der Gnade und des Werkes" be-
lohne, "sondern weil er sich selbst durch sein freies Versprechen gebunden" habe[321]. So drückt sich Odo selbst nicht aus -
im Gegensatz zu anderen Theologen des 12. und 13. Jahrhunderts.
Wenn Odo die Möglichkeit eines Verdienstes durch ein pactum als
Rahmen der promissio begründet, dann schließt er die Relevanz
der Gnade und der Gnadenwerke für das Zustandekommen des Obligationsverhältnisses zwischen Gott und Mensch nicht aus. Setzt
doch die obligatio Gottes die assimilatio operum ad gloriam voraus. Ausdrücklich betont Odo auch in seinen Gnadenquästionen,
daß der Begriff debere bei den Menschen, in denen die ratio
meriti - gemeint ist die Gnade - fehlt, keine Verpflichtung
Gottes bewirkt[322]. Die Gnade liefert also, wie wir schon bei
Gaufrid von Poitiers sahen[323], die ontologische Grundlage dafür, daß Gott sich überhaupt verpflichtet und damit ein meritum
de condigno ermöglicht.

Andererseits wird aber auch deutlich, daß der Selbstbindungsgedanke den Einflußbereich der Gnade und ihrer Leistungen
einschränkt. Er ist Ausdruck dafür, daß zwischen dem inneren
Qualitätsmoment der Werke und dem Wert der Glorie eine Differenz bleibt, die durch eine freie Verfügung Gottes überbrückt
werden muß, ehe man die Begriffe necessitas, obligatio und
meritum de condigno auf die Beziehung zwischen Gott und dem
Gerechtfertigten anwenden kann. Diese restriktive Funktion der
Selbstbindung wird besonders darin sichtbar, daß das meritum ex
pacto dem meritum ex condigno absolute gegenübergestellt wird.

5. Zusammenfassung

Wo Odo die Verheißung Gottes in den Rahmen eines Vertrages
(pactum) zwischen Gott und Mensch stellt, hat er eine freie

---

321 Auer, Gnadenlehre II, 150; s. Zitat zu Anm.318.
322 s.o.Anm.246.
323 s.o.S.131f.

Selbstbindung Gottes im restriktiven Sinn im Blick, die ein
meritum de condigno begründen soll. Einen solchen Vertrag hat
Gott nach Meinung Odos mit den Juden hinsichtlich der zeitlichen Güter und mit den Christen hinsichtlich des ewigen Lebens
geschlossen. Restriktiv verstanden ist die Selbstbindung durch
den Vertrag deshalb, weil damit aus Interesse an der Souveränität Gottes gegenüber der Kreatur ein direktes Kausalverhältnis zwischen der Leistung der natürlich guten Werke bzw. Gnadenwerke und ihrem Lohn bestritten, dafür aber der kontingente
Wille Gottes als Garant eines gleichsam indirekten Kausal- und
Obligationsverhältnisses angesehen wird. Wo dagegen Odo auf
eine Verheißung ohne vertraglichen Rahmen zu sprechen kommt,
etwa hinsichtlich der prima gratia (Zach.1,3), qualifiziert er
das promittere nicht als Akt der Selbstbindung Gottes, sondern
nur als gültige Zusage, der auf seiten des Menschen kein
Rechtsanspruch entspricht. Das pactum erst macht die promissio
zum Akt der Selbstverpflichtung Gottes.

Wie der acceptatio-Gedanke, mit dem Odo wiederholt das Wesen
der Rechtfertigung beschreibt, so ist auch das pactum-Motiv
Ausdruck eines starken personalen Interesses, das wir vor Odo
besonders deutlich bei Wilhelm von Auvergne gefunden haben und
das uns dann wieder bei seinem Schüler Bonaventura begegnen
wird. Die personale Betrachtungsweise Odos, die ihren Hintergrund in der augustinischen Tradition hat, schließt nicht aus,
daß er mit dem Rechtfertigungsvorgang Vorstellungen verbindet,
die man ontologisch, angesichts der Betonung des übernatürlichen Charakters der Gnade sogar naturhaft nennen kann und die
neuplatonischer Provenienz sind, beispielsweise die Vorstellung
von der gratia elevans. Beide Betrachtungsweisen laufen nicht
unverbunden nebeneinander her[324], sondern ergänzen sich gegenseitig, indem die personale Verbundenheit von Gott und Mensch
durch acceptatio und pactum eine Verähnlichung der menschlichen
mit der göttlichen Natur durch das Medium des Gnadengeschenkes
voraussetzt und indem umgekehrt die ontisch-naturhafte Veränderung eine Wandlung in der personalen Beziehung zwischen Gott
und Mensch bezweckt. Diese Integration der ontologisch-naturhaften Kategorien in den Zusammenhang personalen Denkens ist
so bedeutsam für die weitere theologische Entwicklung, daß wir

---

324 Gegen Bouvy; s.o.Anm.194.

uns Auers Urteil anschließen wollen, der bei Odo "alles wenigstens erwähnt" findet, "was in der folgenden Hochscholastik
nun weiter entfaltet und vertieft wird"[325]. Der unverwechsel-
bare Standpunkt Odos wird noch klarer hervortreten, wenn wir
uns nun der Gnadenlehre Bonaventuras zuwenden und dabei gerade
die bei aller Gemeinsamkeit bestehenden Unterschiede zu Odo
herausarbeiten werden.

VII. Bonaventura

Nur wenige Jahre nach der Entstehung von Odo Rigaldis Gnadenquästionen verfaßte dessen Ordensbruder und Schüler Bonaventura[326] 1250-1252 als Baccalaureus Sententiarum seinen ein-
flußreichen Sentenzenkommentar[327]. Mit der Untersuchung der in
diesem Werk entfalteten Verdienstlehre wollen wir die ausführliche Darstellung des restriktiven Verständnisses der Selbstbindung Gottes und damit der Selbstbindungstradition überhaupt
zu ihrem Abschluß bringen, um dann lediglich einen gedrängten
Ausblick auf die weitere Geschichte dieser Tradition bis zum
Beginn des 16. Jahrhunderts folgen zu lassen. Diese Zäsur nach
Bonaventura dürfte deshalb sinnvoll sein, weil die Franziskanertheologen der zweiten Hälfte des 13. Jahrhunderts da, wo
sie in ihrer Gnadenlehre den Gedanken einer freien Selbstbindung Gottes vortragen, deutlich von Bonaventura abhängig
sind[328].

Vergleicht man den theologischen Standort Bonaventuras mit
dem seiner franziskanischen Mitbrüder Johannes von Rupella,
Alexander von Hales und Odo Rigaldi, so kann man zumindest für
den Bereich der Gnadenlehre sagen, daß Bonaventura konsequen-
ter in augustinischen Bahnen wandelt als die drei anderen
Franziskaner[329]. Zwar fanden wir auch bei Odo Rigaldi den per-

---

325 Auer, Gnadenlehre II, 150.
326 Daß Bonaventura Schüler Odos war, darf angesichts ihrer
gemeinsamen Zeit am Ordensstudium in Paris - Studium Bonaventuras: 1243-1248 - als sicher gelten; vgl. Auer, Gnadenlehre I,
25 Anm.9; Bougerol, Introduction, 53f.
327 s. Bougerol, Introduction, 241; Gründel, Die Lehre von
den Umständen, 552.
328 s.u.S.340f.
329 Zum Vergleich zwischen Bonaventura und Alexander von
Hales s. Mitzka, Die Lehre des hl. Bonaventura, 68: "Wenn man
Bonaventura mit Alexander von Hales vergleicht, so kann man im
allgemeinen sagen, daß der Schüler mehr als der Lehrer in den
Bahnen des hl. Augustinus wandelt."

sonalen Denkansatz der augustinischen Tradition und als deutlichsten Ausdruck dessen die Begründung des Würdigkeitsverdienstes durch das pactum dei, doch gibt Bonaventura den neuplatonischen Seinsbegriffen eine noch stärkere personale Zuspitzung, während Odo mit ihnen die vorthomistische Auffassung
vom Übernatürlichen als neuem Leistungsprinzip verbindet[330].
Ehe wir tiefer in diese Problematik eindringen, wollen wir erst
den Verdienstbegriff Bonaventuras kennenlernen.

1. Verdienstbegriff[331]

a) Das Wesen des Verdienstes

Bonaventura nimmt in seinen Verdienstbegriff drei traditionelle
Bestimmungen auf: 1.) Durch das Verdienst wird die
S c h u l d n e r s c h a f t des Belohnenden konstituiert[332]
Es wird freilich unten ausführlich davon die Rede sein, daß
Bonaventura im Rahmen der Verdienstproblematik die Begriffe de-
bere/debitum und obligare/obligatio nicht ohne Differenzierung
und Einschränkung auf das Verhältnis zwischen Gott und Mensch
anwenden kann[333]. 2.) Jedes Verdienst ist in einem gewissen
Sinn U r s a c h e des Lohnes[334]. 3.) Verdienst und Lohn
müssen einander p r o p o r t i o n a l sein. Schon Odo
Rigaldi und vor ihm Roland von Cremona und Wilhelm von Auvergne
setzen diesen Satz als allgemeingültiges Axiom voraus[335].
Charakteristisch für Bonaventuras Terminologie ist, daß er die
Wertentsprechung von Verdienst und Lohn als "quaedam commensuratio et adaequatio meriti ad praemium" beschreibt[336]. Es
bleibt zu sehen, wie er im konkreten Fall diesen Brückenschlag
von der Qualität des Verdienstes zur Qualität des Lohnes vollzieht.

---

330 s.o.S.196.
331 Zur Verdienstlehre Bonaventuras s. Ferraro, Doctrina d
merito; Rodrigues de Grajaû, A natureza do mérito.
332 Dies gilt für das Verdienst im eigentlichen Sinne, das
meritum condigni. s. Sent.II d.27 a.2 q.1 resp.(II 662b); III
d.18 a.1 q.2 resp.(III 384a). In Sent.II d.27 a.2 q.3 ad 3 (II
668a) äußert Bonaventura allerdings den Gedanken, daß das meri
tum condigni nicht mit Notwendigkeit eine obligatio in retribuente voraussetze; s.u.S.236f.
333 s.u.S.235f.
334 Sent.I d.41 a.1 q.1 contra 2 (I 729a).
335 s.o.S.176.
336 Sent.II d.27 a.2 q.2 resp.(II 664b); vgl. Sent.II d.2
a.2 q.3 ad 4.5: commensuratio als proportionabilitas (II 668b

Daß der Leistungsgedanke in Bonaventuras Gnadenlehre keine
Rolle spielt, hängt unmittelbar damit zusammen, daß er das
Hauptaugenmerk beim Verdienst in durchaus traditioneller Weise
auf die Notwendigkeit der Gnade richtet, während Odo Rigaldi,
Thomas in der Summa und dann besonders Duns Scotus von ihrem
Interesse an dem Leistungsvermögen des verdienstlichen Aktes
her betonen: "Effektive Ursache für den verdienstlichen Akt als
Akt ist der freie Wille, mag auch die caritas oder Gnade der
sekundäre, objektive Grund für die göttliche Annahme und das
Verdienst sein."[337]

b) Verdienstarten

In seinem Sentenzenkommentar unterscheidet Bonaventura zwischen
einem meritum interpretativum, einem meritum congrui, einem
meritum condigni und einem meritum digni, das die dem meritum
condigni am nächsten kommende Art des meritum congrui ist[338].
Eine genauere Charakterisierung jeder dieser vier Verdienstarten würde zu weit von unserem Thema abführen. Wichtig ist
aber, daß Bonaventura nur beim meritum condigni, dem eigentlichen Verdienst, auf das die Definition "ex indebito facere
debitum" zutrifft[339], den Gedanken einer freien Selbstbindung
Gottes zur Sprache bringt. Da die Möglichkeit eines meritum
condigni nach Bonaventura aber allein gegenüber dem Lohn der
himmlischen Glorie besteht, beschränken wir unsere weiteren
Darlegungen auf diesen Verdienstgegenstand, zumal in anderen
Zusammenhängen, z.B. bei der Frage der Vorbereitung auf die
Gnade, das Problem einer Schuldnerschaft oder Verpflichtung
Gottes nicht einmal diskutiert wird.

---

337 Auer, Gnadenlehre II, 75.
338 Zur Unterscheidung zwischen diesen Verdienstarten vgl.
Ferraro, Doctrina de merito, 7-10 (dort auch Stellenangaben)
und Auer, Gnadenlehre II, 79.
339 Sent.III d.18 a.1 q.2 resp.(III 384a). Statt eines ex
indebito facere debitum (beim ersten Würdigkeitsverdienst nach
Eingießung der Gnade) kann es sich beim meritum condigni auch
um ein de debito facere magis debitum (bei weiteren Verdiensten)
und um ein de debito uno modo facere debitum alio modo (bei der
perseverantia) handeln.

2. Das Gnadenverständnis - ontologisch-naturhafte und personale
Sicht

Die zentrale Bedeutung, die nach Bonaventuras Auffassung das
Moment der heiligmachenden Gnade für die Begründung des meritum
condigni besitzt[340], läßt es uns geraten erscheinen, in wenigen
Zügen Bonaventuras Gnadenverständnis zu skizzieren, ehe wir
dann speziell auf die Frage des Zusammenwirkens von Gnadenfaktor und Faktor der freien Selbstbindung Gottes zur Entstehung
des Würdigkeitsverdienstes eingehen.

a) Gemeinsamkeit und Unterschied zwischen Bonaventura und Odo
Rigaldi

Die Grundzüge der Gnadenlehre Bonaventuras lassen sich am besten im Vergleich mit der Odo Rigaldis darstellen. Wie Odo legt
Bonaventura großen Wert auf den Gesichtspunkt des engen ontisch-
naturhaften Zusammenhangs, der durch das geschaffene Gnadengeschenk zwischen dem natürlichen Bereich der menschlichen Seele
und dem übernatürlichen Bereich des ewigen göttlichen Wesens
und seiner Herrlichkeit hergestellt wird. Dies werden wir noch
näher ausführen. Während aber Odo die Gnade sehr stark im natürlichen Seelenleben des Menschen verankert, so daß es für ihn
neben dem Seinsaspekt auch einen Tugend- oder Leistungsaspekt
der Gnade gibt, hat Bonaventura vor allem den bleibend externen
Charakter der Gnade im Auge, ihre unmittelbare Beziehung zu
Gott, die er durch das Bild der Gnade als immer strömenden
Lichtes, das den Menschen Gott angenehm macht, zum Ausdruck
bringt[341]. Er unterscheidet daher in Abhängigkeit von Johannes
de Rupella[342] Gnade und Tugend nicht nur wie Odo secundum
rationem, sondern auch secundum essentiam[343].
  Auer kommt genau auf diese Differenz zwischen dem mehr
immanenten, leistungsorientierten Gnadenverständnis Odos und

---

340 s. z.B. Sent.II d.27 a.2 q.3 (II 667): die dignitas
gratiae als Grund des meritum condigni.
341 Vgl. Auer, Gnadenlehre II, 151f.209.212.
342 Tractatus de gratia, q.2 m.1 a.4 sol.: "Dicendum, quod
gratia et virtus sunt idem secundum substantiam, differunt tamen secundum essentiam et rationem sive definitionem." Hödl,
Die neuen Quästionen, 79.
343 Sent.II d.27 a.1 q.2 resp.(II 657b-658a).

dem mehr externen, nicht an dem Wandel der Natur des Menschen
in sich, sondern ausschließlich an dem neuen Verhältnis zwischen Gott und Mensch interessierten Gnadenverständnis Bonaventuras zu sprechen, wenn er sagt: "Johannes von Rupella, die
Summe Alexanders, Albert der Große wie dann besonders Bonaventura und seine Schule verstehen das gratificatum ... noch im
Sinne der göttlichen Akzeptation auf Grund des Wohlgefallens
an dem den Menschen Gott ähnlichmachenden Wesen der Gnade: es
war die Gnade mehr in ihrer Wirkung betrachtet worden. Der
Leistungsgedanke kommt in diese Gnadenbetrachtung dadurch hinein, daß Gnade mehr vom Menschen her, ihre Bedeutung für die
Freiheit des Menschen näher ins Auge gefaßt wird. Wenn ich
recht sehe, bringt hier Odo in seinen Gnadenfragen die Wendung."[344] Wird hier das 'noch' auf seiten Bonaventuras lokalisiert und damit das Entwicklungsgefälle als von Bonaventura
zu Odo verlaufend gesehen, so kann sich Auer auch auf geradezu
umgekehrte Weise äußern: "Hatte Odo noch mehr die Wirkung der
Gnade in der Erhöhung der Potenz gesehen, so läßt sich bei
Bonaventura schon mehr die Betonung der göttlichen Akzeptation
auf Grund der Gnade gemäß göttlicher Verheißung feststellen."[345] Mit diesem Satz trägt Auer der Tatsache Rechnung, daß
Bonaventura das typisch augustinisch-franziskanische Interesse
an der personalen Relation zwischen Gott und Mensch stärker
noch als Odo Rigaldi zur Geltung bringt, was sich vor allem in
der noch häufigeren Verwendung des Akzeptationsgedankens
zeigt[346]. Bei keinem Theologen vor Bonaventura dient er so konsequent der Beschreibung dessen, was Gnade ist.

Wir wollen nun die beiden Aspekte der Gnadenlehre Bonaventuras, die auch Odos Gnadenauffassung kennzeichneten, den ontologischen und den personalen[347], genauer darstellen.

---

344 Auer, Gnadenlehre II, 72f.
345 Auer, Gnadenlehre I, 190.
346 Zur Häufung der Begriffe acceptatio, acceptare und acceptus bei Bonaventura s. vor allem Sent.II d.26 a.1 q.1.2.5;
d.27 a.1 q.1; d.29 a.1 q.1.2.
347 Mit unserer Unterscheidung zwischen einem ontologischen
und einem personalen Aspekt der Gnadenlehre Bonaventuras ist
Guardinis Unterscheidung zwischen dem physisch-mystischen und
dem moralisch-rechtlichen Erlösungsbegriff Bonaventuras vergleichbar. s. Guardini, Die Lehre des heil. Bonaventura von der
Erlösung.

b) Der ontologisch-naturhafte Aspekt der Gnadenlehre

Wie bei Odo Rigaldi stoßen wir auch bei Bonaventura auf mehrere
Begriffe und Bilder, die unter dem Einfluß neuplatonischer
Ontologie die Wirkung der Gnade als Überbrückung der Distanz
zwischen menschlicher und göttlicher Natur beschreiben. So
steht Bonaventura offensichtlich in der von Pseudo-Dionysius
Areopagita ausgehenden und insbesondere durch Johannes Scottus
Eriugena im ontologischen Sinne interpretierten Tradition des
christlichen Neuplatonismus, wenn er im Gefolge Johannes' von
Rupella, der Summa Halensis und Odo Rigaldis auf die durch
die Gnade geschenkte Verähnlichung und Gleichförmigkeit (assimilatio, similitudo, conformitas) der Seele mit Gott zu sprechen kommt[348]. Wichtig ist ihm dabei der Vergleich der spiritualis influentia des Gnadenlichtes mit der Wirkweise des
körperlichen Lichtes. Wörtlich sagt er: "Die geschaffene Gnade
ist mit dem Einfluß (influentia) des Lichtes und ihr Ursprung
mit der Sonne zu vergleichen. Daher nennt die Schrift Gott oder
Christus Sonne der Gerechtigkeit; denn wie von der materiellen
Sonne das körperliche Licht in die Lüfte einfließt, durch das
die Luft der Form nach erleuchtet wird, so fließt von der
geistigen Sonne, die Gott ist, das geistige Licht in die Seele,
durch das diese der Form nach erleuchtet, umgestaltet, gefällig
und lebendig gemacht wird. Daher kommt unter allen körperlichen
Dingen der Einfluß des Lichtes der Gnade Gottes am nächsten.
Wie nämlich der Einfluß des Lichtes ein Einfluß ist, der die
Körper, die es aufnehmen, der Lichtquelle ihrer Eigentümlich-
keit nach (quantum ad proprietatem) ähnlich macht, so ist die
Gnade ein geistiger Einfluß, der die vernunftbegabten Sinne
der Lichtquelle ähnlich und gleichförmig macht (assimilat et
conformat)."[349] Die Formulierung "assimilare ... quantum ad

---

348 Zum ontologisch-naturhaften Zug des dionysischen Neuplatonismus, vor allem in seiner für das Abendland wichtigen
Interpretation durch Johannes Scottus, s.u.S. 322f. Zum neuplatonischen Charakter der Begriffe assimilatio, similitudo
und conformitas s.o.Anm.280.
349 "Comparatur ipsa gratia creata influentiae luminis et
principium eius comparatur soli. Unde et scriptura vocat deum
sive Christum solem iustitiae, quia sicut ab isto sole materia-
li influit lumen corporale in aera, per quod aes formaliter
illuminatur, sic a sole spirituali, qui deus est, influit lumen spirituale in animam, a quo anima formaliter illuminatur e

proprietatem" zeigt, daß es Bonaventura um eine wirkliche, naturhafte Wandlung der Seele durch das in sie einfließende Gna-
denlicht geht. In die gleiche Richtung weist seine Bestimmung
der Gnade als gratia elevans[350] und der gnadenhaften Tugend als
virtus supra naturam[351]. Die Gnade ist eine übernatürliche Gabe, ein habitus deiformis[352], welcher die menschliche Seele
über die Grenzen ihrer Natur hinaushebt und als medium unien-
di[353] mit Gott, der "über aller Natur" ist[354], vereint - Gedanken, die wir so auch bei Odo Rigaldi gefunden haben.

Diese naturhafte Betrachtungsweise der Gnade zeigt ihren
unmittelbaren Niederschlag natürlich in der Verdienstlehre, so
etwa, wenn Bonaventura sagt: "Die Gnade erhebt (elevat) die
Potenz des freien Willens zu verdienstlichen Werken, die über
deren Bereich (sc. dem Bereich der Willenspotenz) liegen."[355]
Die ontische Wandlung, die von der Gnade ausgeht und in einem
elevare supra naturam und deo assimilare, conformare oder
iungere besteht[356], wirkt sich also gleichermaßen auf das Sein

---

reformatur et gratificatur et vivificatur. Unde inter omnia
corporalia maxime assimilatur gratiae dei luminis influentia.
Sicut enim haec est quaedam influentia, quae assimilat corpora
ipsum suscipientia ipsi fonti luminis quantum ad proprietatem,
sic gratia est spiritualis influentia, quae mentes rationales
fonti lucis assimilat et conformat." Sent.II d.26 a.un.q.2
resp.(II 636a). Zum Begriff der influentia, der Gnadeneinflös-
sung, und seiner Verbindung mit dem Gedanken der übernatürlichen Gottähnlichkeit und Gottförmigkeit (assimilatio, similitudo, conformitas, deiformitas) s. Guardini, Die Lehre des
heil. Bonaventura von der Erlösung, 124-126; Guardini zitiert
vor allem die wichtige Stelle Breviloquium 5,1 (V 252a-253a).
  350 Sent.II d.26 a.un.q.2 resp.(II 635a): sursum levare;
Sent.II d.26 a.un.q.6 arg.3 und resp.(II 645a/b); Sent.II d.27
a.2 q.3 resp.(II 667b); Sent.II d.29 a.3 q.2 ad 1 (II 708b);
Breviloquium 5,1 (V 252a): "elevat, assimilat et deo iungit".
  351 Sent.II d.28 a.1 q.1 ad 1 und 2 (II 676b).
  352 Breviloquium 5,1 (V 252b).
  353 Sent.II d.26 a.un.q.2 ad 7 (II 636b).
  354 Sent.II d.29 a.2 q.2 resp.(II 698b): "Beatitudo autem
aeterna consistit in habendo eum, qui est omne et summum bonum
et qui est super omnem naturam exaltatus et lucem habitat inac-
cessibilem; et ideo impossibile est, quod homo merendo ad illum
summum bonum ascendat et perveniat, nisi per aliquod adiutorium,
quod sit ultra naturam." Vgl. ibid. ad 4 und Breviloquium 5,1
(V 252b).
  355 "Gratia elevat potentiam liberi arbitrii ad opera meritoria, quae sunt supra ipsam." Sent.II d.26 a.un.q.6 arg.3
(II 645a).
  356 Zum Begriff deo iungere s. Breviloquium 5,1 (V 252a.
253a).

der Seelensubstanz oder der Seelenpotenzen und auf die Beschaffenheit der Werke aus. Die Frage, die sich hier stellt
und uns noch beschäftigen wird, lautet, ob nicht diese ontologisch-naturhafte Dimension des Gnadengeschenkes ausreicht,
um die Kondignität der verdienstlichen Werke im Verhältnis zum
Lohn der himmlischen Glorie zu begründen. Wird nicht durch die
Annäherung von Mensch und Gott auf dem Niveau des Übernatürlichen jene "commensuratio et adaequatio meriti ad praemium"
konstituiert, die für das Zustandekommen eines meritum condigni
erforderlich ist?

c) Der personale Aspekt der Gnadenlehre

§1 Der Zusammenhang zwischen ontologisch-naturhafter und personaler Betrachtungsweise

Wenn Bonaventura die ontologisch-naturhafte Seite des Gnadengeschehens behandelt, dann richtet sich sein Interesse nicht
eigentlich auf die qualitative Veränderung an sich, wie das bei
Thomas von Aquin zu beobachten ist, sondern immer nur auf die
qualitative Veränderung in ihrer unmittelbaren Konsequenz für
das personale Verhältnis zwischen Gott und Mensch[357]. So gibt
er im Anschluß an die oben zitierte Stelle über den Lichtcha-
rakter der Gnade[358] dem assimilare und conformare eine personale Zuspitzung, wenn er zum Effekt der Gnade bemerkt: "Dum
enim (gratia) hominem deo conformat et assimilat, reddit ipsum
deo amicum et facit deo esse placitum et acceptum."[359] Neben
das wiederholt gebrauchte Bild der Freundschaft[360] treten als
weitere Charakterisierungen der neuen personalen Relation die
Bilder der Kind- und Brautschaft, die zusammen mit dem Bild
des Tempels in Sent.II d.29 a.1 q.1 die Wirkung der göttlichen

357 Vgl. Stoeckle, "Gratia supponit naturam", 114f. Stoeck
erklärt Bonaventuras Lehre von der Vorbereitung auf den Gnadenempfang aus seinem Interesse an der Dimension des Personale:
358 s.o.Anm.349.
359 Sent.II d.26 a.un.q.2 resp.(II 636a). Vgl. auch Breviloquium 5,1 (V 252a): "(Gratia) elevat, assimilat et deo iungit, ac p e r h o c acceptabilem facit."
360 s. z.B. Sent.II d.28 a.1 q.2 resp.(II 678b); ibid. q.3
contra 3 (II 679b); Sent.II d.29 a.2 q.1 ad 5 (II 701b): "illa
amicitia, quae facit hominem deo privatum et familiarem".

Akzeptation beschreiben[361]. Bonaventura begründet hier die
Notwendigkeit des Gnadengeschenkes für die Akzeptation durch
die Gleichsetzung der in der Akzeptation geschehenden Herablassung (condescensio) Gottes und Erhöhung (exaltatio, sublimatio) der Kreatur mit dem consecrare in templum, adoptare in
filium und assumere in coniugium. Dieser neue personale Bezug
der Seele zu Gott erfolge aber nicht durch eine Eigenschaft
der Natur, sondern durch das donum superadditum der Gnade, das
die Seele zum Tempel Gottes weiht, zur Tochter Gottes ähnlich
macht und zur Braut Gottes schmückt. Den personalen Bestimmungen templum, filia und sponsa entspricht so die ontologisch-
naturhafte Kennzeichnung der Seelenqualität als sanctitas, dei
conformitas und spiritualis venustas[362]. Diese Stelle zeigt
besonders eindrucksvoll das Ineinandergreifen der ontologischen
und personalen Betrachtungsweise. Das elevare der Seele supra
naturam ist gleichbedeutend mit der exaltatio und sublimatio
der Kreatur zum Tempel, zur Tochter und Braut Gottes. Daß das
Bild vom göttlichen Wohnen im Tempel der Seele für Bonaventura
eine eminent personale Bedeutung hat, wird aus der an anderer
Stelle vorgenommenen Gleichsetzung von "habitare in homine"
mit "hominem acceptare et sibi confoederare" deutlich[363].

Fassen wir zusammen: Für Bonaventura herrscht ein enges
Wechselverhältnis zwischen der personalen und der ontisch-
naturhaften Dimension der Gnadenwirkung. Wie Odo Rigaldi sieht
er den qualitativen Wandel im Menschen als Eröffnung einer
neuen personalen Beziehung zwischen Gott und Mensch, die ihrerseits ohne qualitative Grundlage unmöglich wäre. Freilich,
das personale Moment hat bei Bonaventura ein noch größeres Gewicht als bei Odo. Als Indiz dafür nannten wir die häufigere
Verwendung des Akzeptationsgedankens. Da ihm eine so zentrale
Stellung in Bonaventuras Gnadenlehre zukommt[364] und zwischen

---

361 Der Gebrauch dieser drei Bilder der Weihe zum Tempel,
der Adoption zum Sohn und der Annahme zur Braut bei Bonaventura
geht auf die Summe Alexanders von Hales (II p.1 inq.4 tr.3 q.3
a.1 resp.; II 742b-743a) zurück. Auer (Gnadenlehre II, 207)
spricht hier von einer "ganz personalistischen und mystischen
Denkweise", mit der die Wirkung der Gnade beschrieben wird.
Vgl. als Paralleltext Breviloquium 5,1 (V 253a).
362 Sent.II d.29 a.1 q.1 resp.(II 695b-696a).
363 Sent.II d.27 a.1 q.3 resp.(II 660a).
364 Nicht erst bei Duns Scotus, wie Pesch (Die Theologie
der Rechtfertigung, 632 Anm.69) behauptet, sondern bereits bei

ihm und der Begründung des Verdienstes ein direkter Zusammenhang besteht, wollen wir ihn im folgenden genauer analysieren[365].

§2 Die Funktion der acceptatio divina - der Gedanke eines
göttlichen Dekrets

Wir werden die Rolle der acceptatio divina in Bonaventuras Gnadenlehre unter drei Gesichtspunkten darstellen müssen: die
acceptatio als Ausdruck personalen Denkens; acceptatio und
Gnade; acceptatio und Verdienstlichkeit.

aa) Die acceptatio als Ausdruck personalen Denkens

Daß der Begriff acceptare, für den auch die Begriffe reputare[366] und aestimare[367] stehen können, ein personales Geschehen
zum Ausdruck bringt, ist an den Bildern der Freundschaft, Kindschaft und Brautschaft, die ihn auslegen, unmittelbar abzulesen. Davon war bereits die Rede. Aufschlußreich ist auch der
Gedanke Bonaventuras, daß Gott die Person des Menschen vor
seinen Werken annimmt: "Deus autem opera non acceptat, nisi
prius acceptet personam, sicut innuitur Gen.4(4): 'Respexit
dominus ad Abel et ad munera eius.' Prius dicit 'ad Abel' et
postea dicit 'ad munera'."[368] Der Verweis auf Gen.4,4 ist uns
in diesem Zusammenhang schon bei Wilhelm von Auvergne begegnet[369]. Bonaventura kann an die Stelle des Personbegriffs auch
den Begriff des Willens einsetzen: "Gott akzeptiert das Werk
des Menschen nicht, ehe ihm nicht der Wille des Menschen akzep
tabel ist, durch den jene Werke geschehen."[370] Das Zentrum der

---

Bonaventura wird die acceptatio divina zu einem Zentralbegriff
der Rechtfertigungslehre.

365 Eine solche Analyse ist auch zur Klärung der Vorgeschichte des skotischen Akzeptationsgedankens lohnend, zumal
Dettloff in seiner Arbeit "Die Lehre von der acceptatio divina
bei Johannes Duns Scotus mit besonderer Berücksichtigung der
Rechtfertigungslehre" auf die Zeit vor Duns Scotus nicht eingegangen ist.

366 Meist interpretiert der Begriff der reputatio den der
acceptatio, so an folgender Stelle: "Non enim quaecumque acceptatio gratificatio dicitur, sed illa sola, qua deus sic ac
ceptat animam, ut reputet eam remuneratione dignam." Sent.II
d.26 a.1 q.5 resp.(II 643b). Vgl. auch bes. Sent.II d.29 a.1
q.1 resp.(II 695a).

367 Sent.I d.17 p.1 a.un.q.1 ad 2 (I 294b).

368 Sent.II d.29 a.1 q.2 resp.(II 698b-699a).

369 s.o.Anm.119.

Person, ihrer Unverwechselbarkeit, Spontaneität, Ausdrucks-
fähigkeit und Ansprechbarkeit, ist nach Bonaventuras Sicht der
Wille[371]. Als personaler Begriff wird die acceptatio damit
einerseits aus dem Willen des Akzeptierenden hergeleitet, andererseits an den Willen des Gegenübers adressiert. Daß der
menschliche Wille, den Gottes Wille akzeptiert, kein isolierter
Teil der Seele ist, sondern die Gesamtheit der menschlichen
Person repräsentiert, zeigt die Bemerkung Bonaventuras, daß
Gott den Menschen nicht secundum quid, sondern als totum akzeptiere[372]. Die gnadenhafte Annahme einzelner Werke durch Gott
setzt also immer schon die Rechtfertigung des Sünders voraus,
in der die Annahme des ganzen Menschen stattfindet. Mit diesem
Gedanken will Bonaventura die Souveränität Gottes unterstreichen, der unsere guten Werke nicht etwa akzeptiert, weil er auf
sie angewiesen wäre, sondern weil er vorher bereits aus purer
Freigebigkeit und Güte - ex mera liberalitate, sua mera benignitate - den Täter als Person akzeptiert hat[373]. Darin unterscheidet sich Gott vom Menschen, der seine Mitmenschen um der Werke
willen akzeptiert: "Homo non reputat opus dignum retributione
propter bonitatem operantis, sed potius operantem propter bonitatem operis. Homo enim indiget alieno servitio. Deus autem,
qui bonorum nostrorum non indiget, non operantem propter opera,
sed opera propter operantem acceptat et remunerat."[374]

bb) Acceptatio und Gnade

Wie schon erwähnt, besteht ein Zusammenhang zwischen der Recht-

---

370 "Deus autem, qui bonorum nostrorum non indiget et magis intuetur corda quam facies, opus hominis non acceptat, nisi prius acceptabilis sit ei hominis voluntas, per quam fiunt
illa opera." Sent.II d.28 a.1 q.3 ad 3 (II 680b).
371 Zu Bonaventuras Personbegriff vgl. Hufnagel, Bonaventuras Person-Verständnis.
372 Sent.II d.27 a.1 q.1 resp.(II 654b). Der Gedanke, daß
der freie Wille die Gesamtheit der Person repräsentiert, ist
gut augustinisch; so heißt es ganz im Sinne Augustins in der
pseudoaugustinischen Schrift Hypomnesticon 3,5,7 (PL 45,1624):
"Igitur cum de libero arbitrio agimus, non de parte hominis
agimus, sed de toto." Zit. bei Odo Rigaldi Sent.II d.26 m.1 q.2
a.3 (Bouvy I 317,86f).
373 Sent.II d.29 a.1 q.1 contra 5 (II 695b): acceptare als
ex mera liberalitate condescendere; Sent.II d.29 a.1 q.1 resp.
(II 695b-696a): acceptatio als condescensio liberalissima; Sent.
II d.29 a.1 q.2 contra 2 (II 698a): acceptare per meram benig-
nitatem.
374 Sent.II d.40 a.2 q.3 ad 5 (II 933b).

fertigung des Sünders, d.h. der Gnadenverleihung, und der Annahme des Menschen als Person durch Gott, während die Annahme
der Werke eine Konsequenz dieses grundlegenden Geschehens ist.
Wie eng für Bonaventura gratia und acceptatio zusammengehören,
wird daraus deutlich, daß er die Besonderheit des Gnadenbegriff.
gegenüber dem Tugendbegriff durch den Bezug der Gnade zum akzeptierenden Gott erklärt: "Virtus enim dicit perfectionem respectu operis, gratia vero dicit perfectionem respectu dei
acceptantis."[375] Ja, Bonaventura kann die gratia gratum faciens
sogar ausdrücklich mit der acceptatio gleichsetzen[376], so wie
für ihn die Begriffe gratificare und acceptare[377], gratificatio und acceptatio[378], gratus und acceptus[379] synonym sind.
Andererseits bezeichnet er die gratia als "ratio acceptandi"[380]
unterscheidet dann also Gnade und Akzeptation als Ursache und
Wirkung. Diese Unschärfe in der Verhältnisbestimmung der beiden
Begriffe ist bedingt durch die Weite seines Gnadenbegriffs.
Versteht er doch unter 'Gnade' nicht nur und auch nicht in
erster Linie die geschaffene Gnade, sondern zunächst allgemein
die barmherzige Zuwendung Gottes, seine - um einen Lieblings-
ausdruck Bonaventuras zu gebrauchen - condescensio liberalissima[381], deren Konsequenz natürlich auch die reale Veränderung
des Menschen durch das geschaffene Gnadengeschenk ist. Gnade i
diesem allgemeinen Sinn, der übrigens auch bei Odo Rigaldi im
Vordergrund steht, kann Bonaventura mit der göttlichen Akzeptation gleichsetzen; die Gnade im engeren Sinn dagegen, d.h.
die gratia creata, betrachtet er als Voraussetzung und Ursache
der Akzeptation, als ratio acceptandi. Gott akzeptiert den Men
schen zur ewigen Seligkeit, weil er Gefallen an der durch die
Gnade geschenkten sanctitas, dei conformitas und spiritualis
venustas der Seele findet[382].

---

375 Sent.II d.26 a.un. q.5 resp.(II 643a).
376 Sent.II d.27 a.1 q.1 contra 3 (II 654a): "Gratia gratum faciens non est aliud quam ipsa acceptatio sive ratio acceptandi, qua anima acceptatur a deo."
377 Sent.II d.26 a.un. q.1 arg.1 (II 630a).
378 Sent.II d.26 a.un. q.5 resp.(II 643b).
379 Sent.II d.26 a.un. q.5 arg.1 (II 641b).
380 s.o.Anm.376 und Sent.II d.29 a.1 q.1 resp.(II 696a).
381 s.o.Anm.373. Zur Verwendung der Begriffe condescendere
condescensio und condescensiva dignatio vgl. vor allem Breviloquium 5,1 (V 252a-253a). Nach Auer (Gnadenlehre I, 110) verstehen Odo Rigaldi und Bonaventura unter Gnade mehr den dem
Menschen gegenüberstehenden, akzeptierenden Gott, während Al-

In der Bezeichnung der heiligmachenden Gnade als ratio
acceptandi kommt also bereits eine deutliche Unterscheidung
zwischen Gnade und Akzeptation zum Ausdruck, ein für die weitere Entwicklung der Gnadenlehre sehr bemerkenswertes Faktum.
So betrachten beispielsweise auch der Franziskaner Simon von
Lens und der Dominikaner Johannes Quidort von Paris gegen Ende
des 13. Jahrhunderts die Gnade als Bedingung für die göttliche
Akzeptation, was für sie der Hauptgrund ist, von Gnade nur noch
als geschaffener Gnade zu reden[383]. Auch bei Duns Scotus ist
die Gnade, die von ihm mit der Liebestugend identifiziert wird,
auf die Rolle als ratio acceptationis, genauer gesagt als ratio formalis obiectiva secundaria, festgelegt, während der göttliche Wille die ratio formalis elicitiva acceptationis ist[384].
Es soll hier nicht unsere Aufgabe sein, auf die feinen begriff-
lichen Verästelungen der skotischen Akzeptationslehre einzugehen. Doch diese Distinktion zwischen den beiden rationes der
Akzeptation zeigt sehr deutlich, wie groß für Duns Scotus die
Distanz zwischen Gnade und Akzeptation ist. Mit der Benennung
der Gnade als ratio formalis obiectiva secundaria acceptationis
wird nämlich gesagt, daß die geschaffene Gnade keine absolut,
sondern nur eine kontingent notwendige Bedingung der göttlichen
Akzeptation ist[385]. De potentia absoluta könnte Gott auch Menschen akzeptieren, die nicht im Besitz der caritas sind; denn
was Gott durch eine causa secunda, in diesem Fall die caritas,
wirkt, das vermag er auch unmittelbar durch sich selbst, d.h.
durch seinen akzeptierenden Willen[386]. De potentia ordinata jedoch, d.h. unter dem Vorzeichen seiner freien Selbstbindung,
durch die sich Gott in seinem Verhalten den Menschen gegenüber
an bestimmte principia practica gebunden hat, akzeptiert er nur
den Menschen, dem er die caritas eingegossen hat[387]. Wenn wir
von einer Distanz zwischen Gnade und Akzeptation bei Scotus
sprechen, dann haben wir diese Unverbundenheit von Gnade und
Akzeptation de potentia absoluta bzw. ihre nur faktische Ver-

bert d. Gr. und Thomas (seit den Quästionen) nur noch die geschaffene Gnade hervorheben.
    382 Sent.II d.29 a.1 q.1 resp.(II 696a).
    383 s. Auer, Gnadenlehre I, 111.
    384 s. Dettloff, Acceptatio divina, 87.
    385 s. Dettloff, aaO 119 (keine necessitas ordinis essen-
tialis causarum, sondern nur eine necessitas dispositionis).
    386 s. Dettloff, aaO 73.
    387 s. Dettloff, aaO 73-75.88f.

bundenheit de potentia ordinata im Auge.

Bonaventura nun bereitet den Standpunkt des Duns Scotus nic.
nur durch die Beurteilung der Gnade als ratio acceptandi vor,
sondern auch durch die Bewertung dieser ratio als einer nur
kontingenten, heilsgeschichtlich gesetzten, nicht ex natura
rei[388] notwendigen Bedingung der Akzeptation. Während aber Sco
tus diesen Sachverhalt durch die Unterscheidung zwischen der
potentia dei absoluta und der potentia dei ordinata zur Geltun
bringt, erwähnt Bonaventura an zwei Stellen von Sent.II d.29
a.1 q.1 ein göttliches Dekret, das die Notwendigkeit der geschaffenen Gnade für die Akzeptation letztlich begründet.

Die erste Stelle lautet: "Gott, der alles zu seiner Herrlichkeit geschaffen hat und keiner Sache bedarf, fordert von
der vernunftbegabten Kreatur in erster Linie Ehrerbietung. Da
wir aber Gott Ehre erweisen, wenn wir alles ihm als dem Urheber und dem Ziel aller Dinge zuschreiben, hat Gott beschlosser
(decrevit), den Menschen nicht durch etwas, das seinen Ursprur
aus den Prinzipien der Natur hat, zur Vollendung der Herrlichkeit zu führen, sondern durch eine der natürlichen Ausstattung
hinzugefügte Gabe, damit der Mensch deshalb Gott dankbarer is
und das ganze Werk seiner Rettung Gott zuschreibt. Und so ist
klar, daß niemand von Gott ohne die Gabe der gratia superaddi
naturae akzeptiert werden kann."[389] Für Bonaventuras Denken
ist der Rekurs auf das kontingente Moment eines göttlichen Dekrets ebenso kennzeichnend wie die Tatsache, daß er die Konvenienz des Dekrets eingehend begründet. In dieser Begründung
geht es vor allem um den Gesichtspunkt der gloria und des hon
dei, denen der Mensch dann den nötigen Tribut zollt, wenn er
unter dem Eindruck des übernatürlichen Gnadengeschenkes nicht
seiner eigenen Natur, sondern alles Gott zuschreibt.

---

388 Den Ausdruck ex natura rei gebrauchen wir im Anschluß
an Petrus Aureoli, Sent.I d.17 q.1; zit. bei Dettloff, Die En
wicklung, 29 Anm.109.
    389 "Deus enim, qui omnia fecit in gloriam suam et nulliu
indiget, potissime requirit a creatura rationali honorem. Et
quia honorem deo exhibemus, quando in ipsum omnia referimus
tamquam in omnium auctorem et finem, non decrevit deus homine
perducere ad perfectionem gloriae per aliquid, quod ortum haberet ex principiis naturae, sed per munus additum naturalibus, ut ex hoc homo deo magis gratus exsisteret et totius salutis suae opus deo attribueret. Et sic patet, quod nemo pote
acceptari a deo absque munere gratiae superadditae naturae."
Sent.II d.29 a.1 q.1 resp.(II 696a).

An der zweiten Stelle wird nicht nur das decernere Gottes, sondern auch der Gegenbegriff des göttlichen posse genannt. Es steht hier die Frage zur Diskussion, ob Gott eine solche Natur schaffen könnte, die ihm ohne Gnadengeschenk (munus gratiae) akzeptabel wäre. Bonaventuras Antwort lautet, daß er das als Allmächtiger wohl könnte, daß aber die Natur dazu nicht fähig (capax) sei: "Impossibilitas venit ex parte creaturae." Denn dieser konstruierte Fall würde besagen, daß das donum gratiae – als mit dem Begriff des acceptum esse offensichtlich unlösbar verbundene Größe – mit dem donum naturae zusammenfiele, was unmöglich sei, da die Gnadengabe über dem Bereich der Natur (ultra terminos naturae; super omnem naturam) liege. Bonaventura bleibt freilich bei diesem Aspekt der impossibilitas nicht stehen, sondern kommt wieder auf das göttliche posse zurück: "Außerdem: Auch wenn Gott das tun könnte, so hat er es dennoch nicht so beschlossen (decrevit), weil es sich nicht geziemte. Der Grund dafür wurde schon genannt: Auf diese Weise soll die göttliche Herrlichkeit gewahrt bleiben, zu deren Nachteil Gott niemanden akzeptiert."[390] Bonaventura nimmt hier Bezug auf die oben zitierte Stelle, nur daß er hier noch stärker von einem decere spricht, das Gott zu seinem Dekret motiviert. Obwohl er also weitgehend von der Natur der Sache her argumentiert, indem er die Angemessenheit der Verleihung eines geschaffenen Gnadengeschenkes aus dem Geltungsanspruch der göttlichen Herrlichkeit und Ehre und dem Wesen der Gnade begründet, ist doch die letztliche Verankerung der Notwendigkeit des munus gratiae in dem göttlichen Dekret von entscheidender Bedeutung. Darauf weist auch die Tatsache, daß der Gesichtspunkt des göttlichen decernere nicht nur in dieser Quästion eine Rolle spielt, sondern sich wie ein roter Faden durch den ganzen Sentenzenkommentar Bonaventuras zieht[391]. Erwähnt sei nur der wiederholt vorkommende Gedanke, daß Gott die Schuld des Men-

---

390 "Praeterea, esto quod posset facere, non tamen decrevit, quia non decuit. Et ratio huius dicta est, videlicet, ut ex hoc divina servetur gloria, in cuius praeiudicium deus neminem acceptat." Sent.II d.29 a.1 q.1 ad 6 (II 696b).
391 s. z.B. Sent.II d.7 p.1 a.1 q.1 ad 1 (II 177a): hier decernere in Verbindung mit der Unterscheidung zwischen potentia absoluta und potentia ordinata; Sent.III d.18 a.2 q.3 resp.(III 392b); Sent.III d.20 a.un.q.5 resp.(III 428a); ibid. q.6 ad 1.2 (III 431b); Sent.IV d.6 p.2 a.1 q.1 resp.(IV 150a/b).

schen auch ohne Gnade tilgen könnte, daß er es aber anders beschlossen hat: "Etsi deus posset delere culpam sine gratia, non
tamen decrevit nisi per gratiam."[392]

Bonaventuras Unterscheidung zwischen posse und decernere im
Kontext der Akzeptationslehre entspricht ohne Zweifel der von
Duns Scotus im gleichen Zusammenhang vorgenommenen Unterscheidung zwischen potentia dei absoluta und potentia dei ordinata.
Decretum wie ordinatio Gottes sind als Punkte der freien Selbstbindung Gottes zu verstehen, die von einem posse zu einem non
posse führt. Daß man überhaupt zu dieser Erklärung der Notwendigkeit des Gnadengeschenkes für die Akzeptation kommt, ist bei
Bonaventura wie bei Duns Scotus im personalen Verständnis der
göttlichen acceptatio begründet, in dem sich die personale
Sicht der Gnade verdichtet und das zur Hervorhebung des souveränen Spielraumes der Allmacht Gottes führt[393]. Wird die acceptatio als frei gewollte Annahme der menschlichen Person durch
die Person Gottes verstanden, als Begegnung des Menschen mit
Gott, dann ist die Möglichkeit gegeben, das ontisch-naturhafte
Medium der geschaffenen Gnade als entbehrlich zu denken. Denn
warum soll Gott nicht diesen personalen Konnex ohne innere
Wandlung des Menschen herstellen können? Doch auch auf eine
wesentliche Differenz zwischen Bonaventura und Scotus sei kurz
hingewiesen: Bonaventura stellt dem posse Gottes im Gegensatz
zu Scotus wiederholt die impossibilitas ex parte creaturae
gegenüber[394], so daß das posse geradezu den Charakter einer unmöglichen, nur fiktiven Möglichkeit gewinnt und das Dekret zu
einem Gebot des geziemenden Verhaltens wird, an das Gott essentiell gebunden ist: "Non decrevit, quia non decuit."[395] Wei-
stärker als Duns Scotus betont Bonaventura also die Gottes
Weisheit entsprechende Konvenienz der gegebenen Ordnung[396].

---

392 So in Sent.II d.29 a.1 q.1 ad 6 (II 696b) und beispielsweise auch Sent.II d.28 a.1 q.1 ad 6 (II 677b); Sent.IV
d.1 p.2 a.2 q.3 resp.(IV 43b); Sent.IV d.17 p.1 a.1 q.1 resp.
und ad 3 (IV 419b); Sent.IV d.21 p.1 a.1 q.1 resp.(IV 547b).
393 Zum Zusammenhang von personalem Denken und Interesse
am souveränen Spielraum der göttlichen Allmacht s.u.S. 467-472
394 s. z.B. Sent.II d.29 a.1 q.1 ad 6 (II 696b); Sent.III
d.20 a.un.q.6 resp.(III 431a).
395 Sent.II d.29 a.1 q.1 ad 6 (II 696b).
396 Damit wird nicht ausgeschlossen, daß auch Duns Scotus
die Weisheit der göttlichen Verordnung hervorheben kann (s.
Dettloff, Acceptatio divina, 74 Anm.217), doch kennt er nicht
den Gesichtspunkt einer impossibilitas ex parte creaturae, di-
dem posse Gottes entgegenstünde.

Angemerkt sei noch, daß Bonaventura der erste Theologe ist,
bei dem wir dieses für die skotistische und nominalistische
Theologie des 14. und 15. Jahrhunderts so charakteristische
Hinterfragen der Notwendigkeit des Gnadengeschenkes und die Erklärung der Notwendigkeit durch ein göttliches Dekret gefunden
haben.

cc) Acceptatio und Verdienstlichkeit

Nachdem wir den Zusammenhang zwischen Akzeptation und Gnade -
die Gnade als Ursache der Akzeptation - geklärt haben, müssen
wir noch etwas über die Beziehung zwischen der acceptatio divina und der Verdienstlichkeit menschlicher Werke nach Meinung
Bonaventuras sagen. Es geht dabei natürlich nicht um die Akzeptation der Person, sondern um die ihrer Werke, denn die Akzeptation der Person geschieht unabhängig von Verdiensten[397].
Daß auch hier - zwischen acceptatio operum und Verdienstgedanke - ein direkter Zusammenhang besteht, zeigt die Erläuterung des acceptarc durch Formulierungen wie "reputare (animam)
remuneratione dignam"[398], "opus caritatis aestimare dignum vita
aeterna sive tanta remuneratione"[399], "operationem hominis reputare meritoriam"[400] und "acceptare (iustitiam) ad retributionem aeternam"[401].

Präziser noch kann man sagen, daß für Bonaventura im Unterschied zu Odo Rigaldi das Akzeptiertsein der menschlichen Werke
gleichbedeutend ist mit ihrer Verdienstlichkeit. Dadurch, daß
Gott die Werke akzeptiert, gewinnen sie ihren verdienstlichen
Charakter; oder, in Hinblick auf die Gnade formuliert: Dadurch,
daß die Gnade die Akzeptation der Person und ihrer Werke begründet, begründet sie zugleich auch die Verdienstlichkeit der
Werke. Diese Verhältnisbestimmung zwischen acceptatio und meritum kann man beispielsweise an folgendem Satz Bonaventuras ab-
lesen: "Wenn einer nicht die Gnade Gottes hat, kann er bei Gott
nicht durch ein meritum condigni verdienen; denn ohne die Gnade
akzeptiert Gott nichts an unseren Werken."[402] So nimmt Bonaven-

---

397 Man kann sich dies an dem von Odo Rigaldi genannten
Beispiel des getauften Kindes verdeutlichen, das als Person
akzeptiert und daher des ewigen Lebens würdig ist, ohne daß es
akzeptable und das heißt verdienstliche Werke aufzuweisen hat.
s.o.Anm.200.
   398 Sent.II d.26 a.un.q.5 resp.(II 643b).
   399 Sent.I d.17 p.1 a.un.q.1 ad 2 (I 294b).
   400 Sent.II d.29 a.1 q.2 contra 4 (II 698a).
   401 Sent.II d.5 a.3 q.1 resp.(II 155a).

tura auch den Akzeptationsgedanken in die Definition des Verdienstes auf: "Meritum dicit ordinationem ad aliquod maius per
aliquod, quod reddit deo acceptum."[403] Entsprechend verbindet
er mit dem Begriff der acceptatio wie mit dem des meritum die
Vorstellung von einer Verpflichtung Gottes zum belohnenden
Handeln[404].

dd) Weiterführende Fragestellung: Die Fragerichtung von unten
nach oben

Wie wir gesehen haben, besteht nach Meinung Bonaventuras zwischen der Akzeptation und der geschaffenen Gnade insofern eine
nur kontingente Verbindung, als Gott den Menschen auch ohne
die Gnade akzeptieren könnte, es aber anders beschlossen hat.
Nach unseren Bemerkungen zur Parallelität von Akzeptiertsein
und Verdienstlichkeit der Werke muß natürlich auch die Begründung der Verdienstlichkeit durch die Gnade von dem göttlichen
Dekret abhängen. Dieses Dekret besagt also, daß die Werke nur
auf Grund der eingegossenen Gnade akzeptabel und damit auch
verdienstlich sind.

Man kann aber das Problem auch anders sehen: Hat die eingegossene Gnade notwendigerweise die göttliche Akzeptation und
damit die Verdienstlichkeit der Werke zur Folge? Hier wählt man
den Ausgangspunkt des Problems nicht bei der Akzeptation und
beim Verdienst, von denen aus nach der Notwendigkeit des Gnadengeschenkes gefragt wird, sondern man setzt den Besitz der
Gnade voraus und fragt nach der Art und Weise, wie sie Akzeptation und Verdienst begründet. Verläuft dort die Fragestellung
von oben nach unten, so verläuft sie hier von unten nach oben,
von der geschaffenen Gnade im Menschen zur Akzeptation Gottes.

Duns Scotus greift auch bei dieser Fragerichtung von unten
nach oben auf seine Unterscheidung zwischen potentia dei absoluta und potentia dei ordinata zurück, wobei er das Axiom voraussetzt: "Nihil creatum formaliter est a deo acceptandum."[405]

---

402 "Nisi enim quis habeat gratiam dei, nihil apud deum
mereri potest merito condigni, quia sine illa nihil acceptat
deus in operibus nostris." Sent.II d.28 dub.2 resp.(II 691a).
403 Sent.III d.13 a.1 q.1 arg.3 (III 276a).
404 Sent.II d.29 a.1 q.1 ad 4 (II 696b): "... de illa ac-
ceptatione, qua aliquis sic acceptat aliquid, ut reputet se
illi obligatum ad retribuendum aliquid magnum."
405 s. Dettloff, Acceptatio divina, 84-89.92.100.160f;
ders., Zur Beurteilung der skotischen Akzeptationslehre, 145.

Die Notwendigkeit des Folgeverhältnisses gratia-acceptatio/me-
ritum besteht also nur auf dem Hintergrund von Gottes freier
Selbstbindung. Wenn wir Klarheit darüber gewinnen wollen, wie
Bonaventura über dieses Folgeverhältnis, genauer gesagt über
das Zusammenwirken von Gnadenfaktor und Faktor der freien
Selbstbindung Gottes zur Entstehung des Verdienstes denkt,
müssen wir seine Lösung zu Sent.II dist.27 a.2 q.3 analysieren, wo er die Frage beantwortet, ob der Mensch den Lohn der
himmlischen Glorie durch ein meritum condigni verdienen kann.
Es gibt noch mehrere andere Stellen in Bonaventuras Sentenzenkommentar, an denen er ebenfalls von den merita condigni des
Christen spricht[406], doch nur in diesem Text erklärt er das
Würdigkeitsverdienst durch den Gedanken einer freien Selbstbindung Gottes, da er nur hier die Möglichkeit eines solchen
Verdienstes ausführlich begründet. Wir wollen zunächst den Gedankengang Bonaventuras in seiner conclusio und solutio oppositorum referieren, um uns dann drei ausgewählten Themen des
Textes interpretierend zuzuwenden.

3. Die gloria als Gegenstand des Verdienstes

a) Der Gedankengang Bonaventuras in Sent.II d.27 a.2 q.3[407]

In der conclusio zur Frage der Verdienbarkeit der Glorie beginnt Bonaventura mit einer Darstellung zweier verschiedener
Standpunkte der doctores. Die einen lehnen ein meritum condigni als Möglichkeit des Menschen ab, wobei sie voraussetzen, daß
bei einem meritum condigni eine gewisse Verpflichtung (obligatio) im Belohnenden und eine gewisse Gleichwertigkeit zwischen
Dienst und Belohnung (quaedam commensuratio in servitio et retributione) gegeben sei. Gott könne aber niemandem gegenüber
verpflichtet sein, und mit dem Lohn der Glorie sei nichts zu
vergleichen. Darum stehe dem Menschen nur die Möglichkeit eines
meritum congrui offen. Diese opinio erinnert uns an den Standpunkt von Porretanertheologen wie Kardinal Laborans[408], den
Verfasser des Paulinenkommentars Cod.Paris.Nat.lat.686[409] und

---

406   Stellenangaben s. bei Ferraro, Doctrina de merito,
7f Anm.26-29.
407   II 667a-668b.
408   s.o.S. 48-52.

Radulfus Ardens[410], die ihre Ablehnung des eigentlichen Verdienstes mit dem Hinweis auf die fehlende Wertentsprechung
(condignitas) zwischen menschlichen Werken und himmlischer Belohnung und die Unmöglichkeit einer auf der Werkqualität beruhenden Verpflichtung Gottes begründeten. Radulfus Ardens ging
sogar soweit, daß er auch eine Bindung Gottes durch sein eigenes Versprechen als unmöglich, da seiner Freiheit widerspre-
chend, bezeichnete.

Andere Theologen dagegen sind auf der Grundlage desselben
Verdienstbegriffs, der obligatio und commensuratio impliziert,
der Meinung, daß man die Glorie auch durch ein meritum condigni
verdienen könne. Ihre Begründung lautet: "Zwischen Gnade und
Glorie besteht eine gewisse Gleichwertigkeit (commensuratio)
und in Gott ist eine gewisse Verpflichtung (obligatio) vorhanden, nicht aus Notwendigkeit, sondern auf Grund seiner reinen Güte (ex sua mera benignitate), aus der er denen, die ihn
liebten, die Verheißung geben und mit ihnen den Vertrag (pactum) schließen wollte, daß er sich selbst ihnen als Lohn geben werde, wie es bei Abraham offenkundig ist."[411] Angespielt
ist hier auf die Lohnverheißung Gottes an Abraham in Gen.15,1:
"Merces tua magna nimis" und auf den Bundesschluß zwischen Gott
und Abraham, von dem am Ende des gleichen Genesiskapitels die
Rede ist: "In illo die pepigit dominus foedus cum Abram." In
Gen.17 tritt dann neben den Begriff des foedus auch wiederholt
der des pactum, das Gott mit Abraham schließt.

Bonaventura vermittelt nun bei der Darstellung seiner eigenen Lösung des Problems zwischen diesen beiden entgegengesetz-
ten Standpunkten, indem er sie auf zwei mögliche Betrachtungsweisen des opus meritorium zurückführt, die beide ihr Recht
haben. Grundsätzlich kann man, so sagt er, am verdienstlichen
Werk drei Aspekte unterscheiden: den Ursprung, aus dem es hervorgeht, das Ziel, auf das es sich bezieht, und die Situation,
in der es geschieht - principium, finis und status. Sieht man
den Ursprung im freien Willen des Menschen, das Ziel in Gottes

---

409 s.o.S.65-67.
410 s.o.S.42.
411 "Gratiae et gloriae quaedam est commensuratio et in de
quaedam cadit obligatio, non ex necessitate, sed ex sua mera
benignitate, qua voluit promittere et pactum firmare cum his
qui eum diligerent, quod se ipsum mercedem eis retribueret, si
ut in Abraham apparet." Sent.II d.27 a.2 q.3 resp.(II 667a).

Freigebigkeit (largitas dispensantis, liberalitas dispensatoris), die geziemenderweise eine kleine Leistung mit einem großen Lohn vergilt, und die Situation in der Günstigkeit der Zeit (temporis opportunitas), da jetzt die Zeit der Aussaat ist und dem Samen der guten Werke die hundertfältige Frucht des Lohnes entspricht, dann stellt sich das Verdienst als meritum congrui dar. Sieht man dagegen den Ursprung des verdienstlichen Werkes in der Gnade, das Ziel in der Wahrhaftigkeit des versprechenden Gottes (veritas pollicentis) und die Situation in der Schwierigkeit des Werkes (operis difficultas), das die natürlichen Kräfte des Menschen übersteigt, dann ist von einem meritum condigni zu sprechen. Uns interessiert hier vor allem die Begründung des meritum condigni durch die Momente der Gnade und des göttlichen Versprechens. Zur Gnade bemerkt Bonaventura: "Da sie den Menschen Gott angenehm (acceptus) macht und etwas Göttliches ist und darauf hingeordnet ist (ad hoc sit ordinata), daß sie zu Gott führt, ist jenes Werk verdienstlich durch ein meritum condigni."[412] Die Wahrhaftigkeit des Versprechenden erläutert Bonaventura durch den Hinweis auf die Verheißung Gottes, durch die er sich gewissermaßen freiwillig dazu verpflichtet habe - "quodam modo se voluntarie obligavit" -, daß er dem Gnadenwerk den Lohn der Glorie folgen läßt[413].

Bonaventura vertritt also den Standpunkt, daß der Mensch das ewige Leben durch ein meritum condigni verdient. Vor seiner Entgegnung auf die Argumente, die sich gegen die Möglichkeit eines meritum condigni wenden und nur ein meritum congrui gelten lassen wollen, kommt er aber nochmals auf die Momente zu sprechen, welche die meritum congrui-Seite des Verdienstes ausmachen, auf die voluntas nostra und die liberalitas divina. Das Moment der temporis opportunitas fällt hier weg, hat offensichtlich für Bonaventura nur eine zweitrangige Bedeutung. In Hinblick auf den menschlichen Willen und die göttliche Freigebigkeit ziehen diese Argumente, wie Bonaventura bemerkt, mit Recht

---

412 "In quantum autem ortum habet a gratia, sic, cum gratia reddat hominem acceptum deo et sit quid divinum et ad hoc sit ordinata, ut ducat ad deum, opus illud est meritorium merito condigni." Sent.II d.27 a.2 q.3 resp.(II 667a).
413 "Si vero comparetur ad veritatem pollicentis, ex qua promisit et quodam modo se voluntarie obligavit, quod tanto operi tantum redderet praemium, sic opus illud meritorium est merito condigni." Sent.II d.27 a.2 q.3 resp.(II 667b).

den Schluß, daß ein meritum condigni unmöglich ist. Denn unser
Wille ist von sich aus unzureichend zum Verdienen, da das Wort
gilt: "Omnes iustitiae nostrae sicut pannus menstruatae" (Is.
64,6); und die göttliche Freigebigkeit kann niemandem gegenüber
verpflichtet sein (nulli potest obligari), sondern was sie tut,
tut sie aus reiner Freigebigkeit (ex mera liberalitate). Achten
wir darauf, daß sich Bonaventura hier gegen den Gedanken einer
Verpflichtung Gottes wendet, während er oben im Akt der Verheißung ein se obligare Gottes gesehen hat.

Neben der meritum congrui-Seite gibt es jedoch wie gesagt
für Bonaventura auch die meritum condigni-Seite, und in diesem
Sinn rückt er dann doch die Argumente, die ein meritum condigni ablehnen, zurecht. So korrigiert er die Ansicht, daß das
Werk Gott nicht verpflichten könne, äußert sich also nochmals
zum Problem der obligatio dei: Zwar könne Gott uns gegenüber
nicht auf Grund einer empfangenen Leistung (in ratione dati et
accepti) verpflichtet sein, doch könne man sagen, daß er gewissermaßen auf Grund seiner reinen Güte (ex sua mera benignitate) verpflichtet ist, aus der er sich selbst denen, die ihn
lieben, verheißen wollte. Außerdem setze das meritum condigni
nicht notwendigerweise eine Verpflichtung im Belohnenden voraus, sondern eine hinreichende Hinordnung (ordinatio) dessen,
der belohnt wird, auf die Belohnung selbst durch das Medium einer lobenswerten Handlung. Das meritum condigni des Christen
ist dann so zu erklären: "Gratia autem sufficientem ordinationem ponit in viatore ad obtinendam gloriam, tum ratione suae
dignitatis, ex qua totum hominem reddit deo et acceptum et carum, tum etiam ratione divinae pactionis, tum ratione arduae
operationis." Bonaventura führt hier wieder jene drei Momente
auf, mit denen er schon in seiner Hauptantwort das meritum condigni begründet hat, nur daß er nun die Begriffe polliceri und
promittere durch den Begriff der divina pactio ersetzt. Seine
solutio oppositorum schließt Bonaventura mit der Entgegnung
auf den Einwand, daß deshalb kein Würdigkeitsverdienst möglich
sei, weil die Gleichwertigkeit (commensuratio) fehle. Er antwortet: Auch wenn keine Gleichwertigkeit im Sinne einer all-
seitigen Gleichheit (per omnimodam aequalitatem) vorhanden sei,
gebe es dennoch eine Gleichwertigkeit im Sinne eines angemesse-
nen Entsprechungsverhältnisses (per quandam convenientem pro-
portionabilitatem), so wie man von der Frucht mit Recht sage,

daß sie dem Samen gleichwertig ist, wenn sie ihn um so viel
übertrifft, wie es der Fruchtbarkeit des Samens und der her-
vorbringenden Erde angemessen ist. Und wie jemand nicht zufrieden wäre, wenn er von einem Samen nicht das Zehnfache erhielte, so könnte niemand zufrieden sein, der für seine verdienstlichen Werke nicht den vollkommenen Lohn empfinge, der
sein ganzes Verlangen erfüllt.

In dem beschriebenen Gedankengang Bonaventuras sind zahlreiche Probleme angesprochen, von denen einige genauer zu untersuchen sind. Wir wenden uns zunächst dem zentralen Problem
der freien Selbstverpflichtung Gottes durch promissio und pactio zu.

b) Die obligatio dei auf dem Hintergrund von polliceri, promittere und pactio - Selbstbindung Gottes im restriktiven Sinn

Wie uns der Gedankengang Bonaventuras in Sent.II d.27 a.2 q.3
gezeigt hat, lehnt er den Gedanken einer Verpflichtung Gottes
durch die menschlichen Gnadenwerke ab, d.h. er leugnet einen
unmittelbaren Kausalbezug zwischen den Werken und der göttlichen Verpflichtung. Denn Gott ist uns gegenüber nicht verpflichtet, weil er etwas von uns empfangen hätte: "Nec acceptat
hominem propter opera nec aliquod meritum obligare potest ipsum secundum rationem dati et accepti."[414] Nicht die obligatio
dei an sich wird in Abrede gestellt, sondern die "ratio dati
et accepti" oder, wie Bonaventura in Sent.I d.43 dub.3 formuliert, das "debitum ex commisso", das mit dem "debitum proprie"
gleichzusetzen ist. Wie der Lombarde stellt er dann dem "debitum ex commisso" das "debitum ex promisso" gegenüber, das
Ausdruck der mera liberalitas sei und der largitas promittentis
entspringe, während das debitum ex commisso dem Willen voraus-
gehe, da der Empfänger einer Wohltat nolens volens verpflichtet
sei. Gott könne nur im Sinne eines debitum ex promisso Schuldner sein: "Ex sua enim liberalitate promittit, ut alliciat, sed
nihil recipit."[415] Auf ähnliche Weise äußert sich Bonaventura
auch in Sent.II d.27 a.2 q.3 positiv zum Thema der Verpflichtung Gottes. Ausgangspunkt seiner obligatio ist das freiwillige

---

414 Sent.II d.29 a.1 q.2 resp.(II 698b).
415 Sent.I d.43 dub.3 resp.(I 777a).

polliceri und promittere im Rahmen eines Vertrages (pactio),
so daß sie als Ausdruck seiner mera benignitas zu gelten hat.
Der Güte und Freigebigkeit, mit der Gott sein Versprechen
gibt, korrespondiert die Wahrhaftigkeit, mit der er es hält.

Die konkrete Verpflichtung Gottes zur Belohnung der Liebeswerke resultiert also einerseits aus den göttlichen Wesenseigenschaften der benignitas, liberalitas, largitas und veritas,
andererseits aus dem kontingenten, voluntativen Moment der
promissio im Rahmen der pactio. Damit ist deutlich: Gottes
Selbstbindung widerspricht nicht seiner Freiheit. Vielmehr ist
sie immer der unmittelbare Erweis seiner Freiheit, da sie nur
ex mera liberalitate möglich ist. Bonaventura scheut darum
auch davor zurück, ohne Einschränkung von der Verpflichtung
Gottes zu reden; er spricht statt dessen von einer q u a e -
d a m obligatio, von einem q u o d a m m o d o se obligare[416] und von einem Gebrauch des Begriffes debere im uneigentlichen Sinn[417]. Aber er hält doch an den Begriffen obligatio und debere fest, um die unbedingte Gültigkeit der göttlichen Verheißung adäquat zum Ausdruck bringen zu können.

Interessant ist allerdings, daß er mit dem meritum condigni
nicht unbedingt den Gedanken der Verpflichtung Gottes verbunden wissen will. Eine sufficiens ordinatio genüge zur Begründung eines Würdigkeitsverdienstes. Wir finden hier eine Parallele zu Roland von Cremona, der, wie noch zu zeigen sein wird,
im Geiste einer schon vor ihm einsetzenden Theologisierung des
Verdienstgedankens[418] aus seinem Verdienstbegriff das Verpflichtungsmoment eliminiert und beim übernatürlichen Verdienst
der vita aeterna entsprechend verfährt[419]. Doch bei Bonaventura ergibt sich ein anderes Bild: Zwar ist er der Meinung, daß
das meritum condigni nicht notwendigerweise eine Verpflichtung
des Belohnenden voraussetzt, doch hindert ihn dies nicht daran,
eine faktische Verbindung zwischen übernatürlichem Würdigkeitsverdienst der Liebeswerke und Gottes Verpflichtung anzunehmen.
Will er doch nur sagen, daß die - von ihm selbst nicht geteil-
te - Ablehnung einer Verpflichtung Gottes nicht automatisch die
Leugnung des Würdigkeitsverdienstes zur Folge hat.

---

416 Sent.II d.27 a.2 q.3 resp.(II 667a/b.668a).
417 Sent.I d.43 dub.3 (I 177a).
418 s.o.S.141f.
419 s.u.S.283f und 301-306.

Geht man der Frage nach, wie sich der Faktor der geschaffenen Gnade und der Faktor der freien Selbstbindung Gottes bei der
Begründung des meritum condigni zueinander verhalten, so kommt
man zu dem Ergebnis, daß Bonaventura die Konzeption einer frei-
en Selbstbindung Gottes im restriktiven Sinn vertritt. Daß er
die Selbstbindung Gottes durch pactio und promissio nicht im
exklusiven Sinn versteht, zeigt unmißverständlich die entscheidende Rolle, die er dem Moment der dignitas gratiae bei
der Begründung des Würdigkeitsverdienstes zuschreibt. Dabei hat
er sowohl den ontologischen Aspekt der geschaffenen Gnade, d.h.
ihre Übernatürlichkeit und Göttlichkeit, im Auge als auch ihre
personale Relevanz, die darin besteht, daß sie den Menschen
und seine Werke Gott akzeptabel macht: "Cum gratia reddat hominem acceptum deo et sit quid divinum ..., opus illud est meritorium merito condigni."[420] Bonaventura spielt die veritas pollicentis nicht gegen die dignitas gratiae aus, sondern koordi-
niert diese beiden Faktoren und den Faktor der difficultas
operis, wenn es ihm um die meritum condigni-Seite des Verdienstes geht.

Schließt also der Gesichtspunkt der freien Selbstbindung
Gottes die meritorische Wirksamkeit des Gnadengeschenkes nicht
aus, so schränkt er sie doch andererseits ein, sofern die obligatorische Wirkung der Gnadenwerke nach Bonaventura nur durch
die Vermittlung des göttlichen Versprechens existiert. Wie wir
sahen, ist die Verbindung zwischen Verdienstbegriff und Obli-
gationsgedanken für ihn nicht selbstverständlich; er kann bei
der Widerlegung eines Einwandes auch ein meritum condigni ohne
obligatio in retribuente annehmen[421]. Doch wertet er in der
Regel, so auch in seiner Hauptantwort zu Sent.II d.27 a.2 q.3,
das Obligationsverhältnis zwischen Belohnendem und Verdienendem
als konstitutiv für die Verdienstlichkeit der Werke[422]. Gerade
das Obligationsverhältnis aber kann die geschaffene Gnade im
Menschen nicht kraft eigener Dignität begründen, sondern nur
deshalb, weil Gott sich durch seine vertraglich garantierte
Verheißung selbst verpflichtet und ihr damit ab extra eine
Wirksamkeit zugesprochen hat, die sie als geschaffene Form per

---

420 s.o.Anm.412.
421 s.o.S.236.
422 Vgl. auch o.Anm.332 (die Schuldnerschaft des Belohnenden).

se nicht haben könnte. Die meritorische Kausalbeziehung zwischen Gnadenwerk und himmlischer Glorie ist somit keine unmittelbare, sondern eine kontingent vermittelte.

Hinter dieser Auffassung Bonaventuras steht, wie die wiederholte Hervorhebung der mera liberalitas, benignitas oder largitas des belohnenden Gottes zeigt, das Interesse an der souveränen Freiheit Gottes[423], der auch den von ihm selbst gewirkten Gnadenwerken des Menschen nicht automatisch, sondern erst kraft eines freien Willensentschlusses verpflichtet ist. Duns Scotus bringt dann dieses Interesse durch sein Axiom zum Ausdruck: "Nihil creatum formaliter est a deo acceptandum."[424] Und wie Bonaventura hier auf die Begriffe polliceri, promittere und pactio zurückgreift, so spricht Duns Scotus von der potentia dei ordinata, kraft der die Liebeswerke von Gott notwendigerweise akzeptiert und damit als verdienstlich angesehen werden, während sie de potentia dei absoluta ebensogut nicht akzeptiert werden könnten. Auch bei der Fragerichtung von unten nach oben bereitet Bonaventura also die Antwort des Duns Scotus vor. Er teilt mit dem Haupt der jüngeren Franziskanerschule die typisch augustinische Verflochtenheit zweier theologischer Interessenrichtungen, des Interesses an der Souveränität Gottes, d.h. seinem Entscheidungsspielraum und seiner Freiheit gegenüber dem kreatürlichen Bereich, und des umgreifenden Interesses an der Personalität Gottes, der durch die heilsgeschichtlichen Medien von Bund und Verheißung ein personales Verhältnis zum Menschen stiftet[425]. Das personale Denken intensiviert einerseits die Sensibilität für die frei wählende und schenkende Souveränität Gottes und schlägt andererseits durch den Gesichtspunkt der Selbstbindung Gottes eine Brücke zwische Schöpfer und Geschöpf[426]. Wichtig ist uns dabei die Beobachtung daß das personale Moment der freien Selbstbindung Gottes auf

---

423 Dieses Interesse kommt im Rahmen der Gnadenlehre sehr klar etwa in Sent.II d.26 a.un.q.2 resp.(II 635b) zum Ausdruck wenn Bonaventura sagt, daß er der Gnade Gottes grundsätzlich lieber zu viel als zu wenig zuschreiben will, oder in Sent.II d.29 a.1 q.1 resp.(II 696a) und ad 6 (696b), wo er den Gesichtspunkt der gloria und des honor dei zur Geltung bringt.
424 s.o.Anm.405.
425 Zum Interesse des Johannes Duns Scotus an der souveränen Freiheit und Personalität Gottes s. Auer, Gnadenlehre II, 158-166; Dettloff, Acceptatio divina, 2f.204.210-213; Vignaux Justification et prédestination, 31-41.
426 s.u.S.471f.

dem breiteren Boden einer personal-relationalen Sicht der göttlichen Gnade ruht, wie wir sie oben dargestellt haben. Dem Verständnis der Gnade als personaler Zuwendung Gottes zum Menschen
entspricht es, daß Bonaventura das Verdienst der Glorie durch
eine spezielle Vertragsbeziehung zwischen Gott und Mensch ermöglicht sein läßt.

Die Abhängigkeit dieser Konzeption einer freien Selbstbindung Gottes, wie wir sie bei Bonaventura finden, von der theologischen Tradition ist offenkundig. Er weist selbst darauf
hin, indem er die Meinung gewisser Theologen referiert, die
sagen: "In deo quaedam cadit obligatio, non ex necessitate, sed
ex sua mera benignitate, qua voluit promittere et pactum firmare cum his, qui eum diligerent."[427] Das ist genau der Standpunkt Bonaventuras selbst. Eine sehr ähnliche Lösung fanden
wir bei Odo Rigaldi, der das meritum condigni ebenfalls durch
die im Rahmen eines pactum stehende göttliche promissio begründet[428]. Seiner Unterscheidung zwischen einem meritum ex
condigno absolute und einem meritum ex pacto begegnen wir
allerdings bei Bonaventura nicht mehr. Dafür kommt Bonaventura
zu der neuen Unterscheidung zwischen der meritum congrui- und
der meritum condigni-Seite des Verdienstes, die sein spezifischer Beitrag zur Lehre vom übernatürlichen Verdienst ist[429].
Doch nicht nur das Begriffspaar pactum/promissio zeigt die
Beziehung zwischen Odo und Bonaventura, sondern auch der ordinatio-Begriff[430] und die Beschäftigung mit dem Problem der
Proportionsgleichheit zwischen Verdienst und Lohn[431]. Von diesen beiden Punkten soll nun noch ausführlicher die Rede sein.

c) Das Wesen der ordinatio

An mehreren Stellen seines Sentenzenkommentars, so auch in
Sent.II d.27 a.2 q.3, spricht Bonaventura davon, daß die Gnade,
die gnadenhaften Werke oder das Verdienst auf die himmlische
Glorie bzw. den Lohn hingeordnet seien. Einige Formulierungen

---

427   Sent.II d.27 a.2 q.3 resp.(II 667a).
428   s.o.S.192-194 und 202-205.
429   Thomas von Aquin wird diese doppelte Betrachtungsweise
des Gnadenwerkes im Sentenzenkommentar und in der Summa theologiae übernehmen; s.u.S.326f und 336.
430   s.o.S. 205-207.
431   s.o.S. 204f.

seien genannt: "Gratia ordinatur ad gloriam."[432] "Gratia ad
hoc (est) ordinata, ut ducat ad deum."[433] "Gratia ordinatur ad
merendum deum ut glorificantem."[434] "Usus gratiae ordinatur ad
merendum gloriam, non ad merendum gratiam."[435] "Meritum autem
omne ordinatur ad praemium tamquam quaedam via et dispositio
praeambula."[436] "Meritum dicit ordinationem ad aliquod maius
per aliquod, quod reddit deo acceptum."[437]

Wie bei Odo Rigaldi[438] stellt sich auch bei Bonaventura die
Frage, wie die ordinatio und das ordinari ad zu verstehen ist:
als Hinordnung im Sinne einer eingeschaffenen ontischen Ausrichtung auf die Glorie hin, so daß Gnade und Gnadenwerk kraft
ontologisch-naturhafter Notwendigkeit die Glorie zur Folge haben, oder als kontingente Anordnung Gottes, die eine Beziehung
konstituiert, wo der ontologische Zusammenhang fehlt. Die Antwort ist für Bonaventura wie für Odo nicht einfach nach der
einen oder anderen Richtung zu geben; vielmehr ist genau zu
unterscheiden, ob Bonaventura das Verhältnis zwischen Gnade und
Glorie beschreibt, ohne die Verdienstfrage zu berücksichtigen,
oder ob er die verdienstliche Relevanz der Gnade im Auge hat,
also streng genommen vom Gnadenwerk und nicht von der Gnade
spricht[439].

Handelt es sich um die Beziehung zwischen Gnade und Glorie
ohne Berücksichtigung der Verdienstfrage, dann scheint Bonaventura eine ontische Ausrichtung der Gnade auf die Glorie hin
zu meinen. Denn das Gnadengeschenk macht als göttlich-überna-
türliche Gabe seinen Besitzer auf direktem Wege Gott akzeptabel und damit der himmlischen Glorie würdig. Geht es dagegen um
die verdienstliche Wirkung der Gnade durch das Werk, dann
kommen die beiden Faktoren - ontische Ausrichtung und kontingente Anordnung - im ordinatio-Begriff zusammen. Das zeigt besonders schön die schon zitierte Stelle, an der Bonaventura da
meritum condigni durch eine zureichende Hinordnung (ordinatio)
des Verdienenden auf die Belohnung durch seine Tat begründet

---

432 Sent.III d.18 a.2 q.1 ad 1 (III 388b).
433 s.o.Anm.412.
434 Sent.I d.41 a.1 q.1 ad 6 (I 730b).
435 Sent.II d.27 a.2 q.1 ad 2 (II 662b).
436 Sent.II d.27 a.2 q.1 resp.(II 662b).
437 Sent.III d.13 a.1 q.1 arg.3 (III 276a).
438 s.o.S. 205-207.
439 Zu dieser Unterscheidung vgl.o.S. 229 (bei Anm.397).

sein läßt und dazu die Erklärung gibt: "Gratia autem sufficientem ordinationem ponit in viatore ad obtinendam gloriam, t u m
ratione suae dignitatis, ex qua totum hominem reddit deo acceptum ét carum, t u m etiam ratione divinae pactionis, t u m
ratione arduae operationis."[440] Im ordinatio-Begriff wird also
von Bonaventura das gebündelt, was er als Grund des meritum
condigni ansieht: 1.) der ontologisch-personale Grund der dignitas gratiae, 2.) der kontingent-heilsgeschichtliche Grund der
divina pactio und 3.) der ethische Grund der ardua operatio.
Damit ist deutlich, daß die Hinordnung des Werkes auf den Lohn,
die es verdienstlich macht, sowohl als innere Ausrichtung wie
auch als äußere Zuordnung verstanden ist. Erst die divina pactio gibt der von der dignitas gratiae und ardua operatio ausgehenden Tendenz auf Lohn hin ihre Stringenz, macht sie zu
einer   s u f f i c i e n s   ordinatio.

Diese zureichende Hinordnung würde, wie Bonaventura betont,
ausreichen, um ein meritum condigni zu begründen, auch wenn,
was faktisch freilich nicht der Fall ist, eine obligatio dei
fehlte[441]. Daraus ergibt sich eine wichtige Konsequenz für die
Rolle der pactio: Sie dient nicht nur wie die Begriffe polliceri und promittere dazu, die Verpflichtung Gottes gegenüber
den gnadenhaften Werken des Menschen zu erklären, sondern hat
als notwendiger Faktor der ordinatio darüber hinaus die Funktion, den Kausalzusammenhang zwischen Verdienst und Lohn auch
dann zu begründen, wenn man auf den Gedanken einer obligatio
dei verzichtete. Dann dürfte man freilich den Vertrag nicht
als Akt der Selbstverpflichtung, sondern nur noch in einem
weiteren Sinne als Akt der freien Selbstbindung Gottes interpretieren, sofern durch die pactio eine unbedingt   g ü l t i -
g e   Ordnung in Gang gesetzt wird.

d) Die proportionabilitas zwischen Verdienst und Lohn

Bonaventuras Verdienstbegriff ist geprägt durch die zwei Elemente obligatio und commensuratio. Nachdem wir gesehen haben,
wie er die Verpflichtung Gottes aus der freien Selbstbindung
Gottes durch promissio und pactio hergeleitet hat, bedarf nun
noch der Gedanke der Wertgleichheit oder Wertebenmäßigkeit

---

440 Sent.II d.27 a.2 q.3 ad 3 (II 668b).
441 s.o.S.236f.

242

zwischen Verdienst und Lohn einer Klärung. Wie wir gesehen
haben, unterscheidet Odo Rigaldi zwischen einer aequalitas proportionis und einer aequalitas proportionalitatis. Zwischen dem
Verdienst des Christen und dem Lohn der himmlischen Glorie bestehe nur eine aequalitas proportionalitatis, d.h. keine strikte Wertgleichheit, sondern ein durch das pactum garantiertes
Entsprechungsverhältnis zwischen einem bestimmten Leistungs-
und einem bestimmten Lohnquantum[442]. Bonaventura übernimmt diese Unterscheidung, wenn er feststellt, daß zwischen der Schuld
des Menschen und der göttlichen Bestrafung keine aequalitas
proportionis, sondern nur eine comparatio proportionalitatis
vorliege: "... ut magna poena respondeat magnae culpae, non
quod praecise sit tanta poena quanta culpa."[443] In Sent.II
d.27 a.2 q.3 tritt nun hinsichtlich des Verhältnisses von Gnadenwerken und Glorie an die Stelle der Unterscheidung zwischen
proportio und proportionalitas die zwischen einer omnimoda
aequalitas und einer conveniens proportionabilitas[444]. Damit
ist freilich dasselbe gemeint wie bei Odo Rigaldi, nur daß
Bonaventura mit dem Begriff der proportionabilitas die Wert-
distanz zwischen Verdienst und Lohn noch stärker zum Ausdruck
bringt als Odo mit dem der proportionalitas. Das terminologische Gefälle läuft also von Roland von Cremona (proportio)[445]
über Odo (proportionalitas) zu Bonaventura (proportionabilitas).

Alle drei Autoren wollen durch diesen Entsprechungsgedanken
auf einen trotz aller Wertdifferenz bestehenden seinsmäßigen
Zusammenhang zwischen Gnadenwerk und Glorie weisen. Bei Bonaventura zeigt sich das darin, daß er das Proportionabilitäts-
verhältnis durch das Bild von Same und Frucht verdeutlicht.
Obwohl die Frucht den Samen hinsichtlich ihrer Quantität bei
weitem übertrifft, besteht doch eine commensuratio, eine Wertebenmäßigkeit, da die Quantität der Frucht der Ergiebigkeit
des Samens und der Beschaffenheit des Bodens entspricht. Die

---

442 s.o.S.204.
443 Sent.IV d.44 p.2 a.1 q.1 ad 3 (IV 922b); vgl. Sent.IV
d.46 a.1 q.2 ad 1-3 (IV 960a/b).
444 Zur Lesart proportionabilitas ist in der Quaracchi-Aus-
gabe angemerkt, daß es in vielen Handschriften auch proportionalitas heißen könnte, da die Abkürzung für proportionabilitas
und proportionalitas dieselbe ist.
445 s.u.S.287 und 301-306.

fecunditas seminis ist ein Bild für das auf der dignitas gratiae beruhende innere Angelegtsein des verdienstlichen Werkes auf Lohn hin. Dazu tritt nun freilich, wie uns der Begriff der ordinatio gezeigt hat, bei Bonaventura wie bei Odo Rigaldi das Moment des göttlichen Vertrags, der diese ontologische Beziehung zu einem geregelten Entsprechungsverhältnis macht[446].

4. Zusammenfassung

Bonaventura kommt in seiner Gnadenlehre nur im Rahmen der Frage nach der Beziehung zwischen Gnadenleben und ewigem Leben auf eine freie Selbstbindung Gottes zu sprechen, hier allerdings an zwei Punkten. Zum Verhältnis zwischen Gnade und acceptatio divina bemerkt er, daß Gott den Menschen und seine Werke auch ohne geschaffenes Gnadengeschenk akzeptieren könnte, daß er es aber anders beschlossen hat (decrevit), so daß nun niemand ohne munus gratiae superadditae naturae akzeptiert werden kann. Da für Bonaventura das Akzeptiertsein der Werke mit ihrer Verdienstlichkeit gleichbedeutend ist, läßt er damit auch das Verdienst nur auf Grund des Dekrets von der Gnade als notwendiger Voraussetzung abhängig sein. Freilich betont er so stark die Konvenienz der faktischen Ordnung, ihr decere, daß das posse Gottes geradezu den Charakter einer unmöglichen Möglichkeit gewinnt, die nur zur Sprache gebracht wird, um die souveräne Freiheit Gottes bewußt zu machen, ehe man sich der Weisheit und Notwendigkeit der göttlichen Heilsordnung zuwendet.

Der andere Punkt betrifft das Problem, weshalb die Gnadenwerke des Menschen den überragenden Lohn der himmlischen Glorie verdienen können. Eine wesentliche Rolle bei der Begründung des meritum condigni spielt zweifellos die dignitas gratiae, die zwei Aspekte hat: 1.) einen ontologisch-naturhaften, sofern die Gnade göttlich-übernatürlichen Wesens ist und deshalb die Seele samt ihren Werken über die Grenzen der Natur hinaushebt (elevat); 2.) einen personalen, sofern die Gnade auf Grund dieser

---

446 Ferraro (Doctrina de merito, 24) sieht das Wesen der commensuratio nicht richtig, wenn er sagt: "Obligatio et ius faciunt debitum in promittente atque quandam stabiliunt commensurationem dationis et retributionis." Nach Bonaventura besteht zwischen commensuratio und obligatio kein notwendiger Zusammenhang, vielmehr ist für ihn auch eine commensuratio ohne obligatio denkbar.

Eigenschaft die menschliche Person Gott akzeptabel macht. Bonaventura ist aber der Auffassung, daß diese von der immanenten Qualität des Gnadengeschenkes ausgehende Dynamik nicht ausreicht, um das meritum condigni zu begründen, daß vielmehr das externe Moment des göttlichen polliceri und promittere im Rahmen einer pactio hinzukommen muß. Allein die freie Selbstbindung Gottes durch seine Vertragsverheißung vermag das Obligationsverhältnis zwischen Belohnendem und Verdienendem zu konstituieren, nicht etwa eine unmittelbar von den Werken ausgehende verpflichtende Wirkung. Bonaventura äußert freilich den Gedanken, daß das meritum condigni nicht mit Notwendigkeit eine Verpflichtung im Belohnenden voraussetzt, sondern lediglich eine sufficiens ordinatio. Doch auch diese gültige Zuordnung von Verdienst und Lohn ist für ihn nicht ohne die regelnde Kraft der pactio divina denkbar, in der man dann zwar nicht eine Selbstverpflichtung, aber immerhin eine Selbstbindung Gottes in dem weiteren Sinne einer gültigen Selbstbeschränkung auf eine bestimmte Heilsordnung sehen darf.

Beide Punkte, das Dekret Gottes, das die Notwendigkeit der geschaffenen Gnade festlegt, und der Vertrag Gottes, der die verdienstliche Wirkung der Gnadenwerke sichert, stehen bei Bonaventura völlig unverbunden nebeneinander. Tatsächlich handel es sich ja um zwei verschiedene Fragestellungen, um eine mit der Richtung von oben nach unten, von der vorausgesetzten Akzeptation Gottes zur fraglichen Notwendigkeit der geschaffenen Gnade im Menschen, und um eine mit der Richtung von unten nach oben, von der vorausgesetzten Gnadengabe zu ihrer fraglichen verdienstlichen Relevanz hinsichtlich der himmlischen Glorie. Geht es bei der ersten Frage mehr um das Problem der Allmacht Gottes und der Gültigkeit des Faktischen, so ist die zweite an das Problem eines Kausalzusammenhangs zwischen geschaffenen Größen und transzendenten Wirkungen adressiert. Der gemeinsame Nenner zwischen den beiden Antworten Bonaventuras, zwischen decretum und pactio, liegt einerseits in dem Interesse am souveränen Freiheitsspielraum Gottes und andererseits im Gedanker einer Selbstbindung Gottes, die sowohl die Beschränkung des göttlichen posse wie auch die Heilsrelevanz weltimmanenter Größen erklärt. Hier, an den Punkten der Freiheit und Selbstbindung, stoßen wir auch auf den für Bonaventura so charakteristischen personalen Grundzug seines Denkens, der sich uns zunächst allgemein in seinem Gnadenverständnis und dann speziell im Umkreis der Begriffe decernere, polliceri, promittere und pactio zeigte. Bereits bei Bonaventura wie auch schon bei Odo Rigaldi findet man also jene "mehr personal-theozentrische Betrachtungsweise der Franziskanertheologen, die bei aller Spekulation doch mehr konkret-heilsgeschichtlich ausgerichtet blieb" und "das persönliche Heilswirken Gottes in den Vordergrund" rückte[447].

VIII. Zusammenfassung

Die Untersuchung des restriktiven Verständnisses der Selbstbindung Gottes führte uns vom Ausgang der Frühscholastik, als deren Vertreter wir Stephan Langton und Gaufrid von Poitiers kennenlernten, über Wilhelm von Auvergne, den wir als Mann des Übergangs zur Hochscholastik und als Wegbereiter der franziskanischen Theologie charakterisierten, hinein in das Zeitalter der Hochscholastik, wie sie uns in den Gestalten der Franziskaner Odo Rigaldi und Bonaventura entgegentritt[448]. Gemeinsam ist diesen Theologen, daß sie das Verdienst der himmlischen Glorie durch den Gedanken einer souveränen Selbstverpflichtung Gottes begründen, und zwar nicht so, daß sie damit eine meritorische Funktion des inneren Wertmoments der Liebeswerke ausschlössen, sondern auf dem Wege, daß seine Wirksamkeit durch die des kontingenten göttlichen Willensentscheides ergänzt und damit eingeschränkt wird.

Wie wir schon angedeutet haben, sehen wir in dieser restriktiven Konzeption der Selbstbindung Gottes die historisch-genetische Fortsetzung der exklusiven Konzeption, die im vorausgegangenen Kapitel dargestellt worden ist[449]. Deren Besonderheit bestand darin, daß mit dem Selbstbindungsgedanken eine

---

447 Dettloff, Acceptatio divina, 2f.
448 Den Übergang von der Früh- zur Hochscholastik setzen wir um 1230 an. Kennzeichen der Hochscholastik ist die Rezeption des "neuen" Aristoteles, die zwar schon vor 1230 einsetzt, aber erst danach die theologische Lehre nachhaltig prägt (s.o. S. 135f). Roland von Cremona und Philipp der Kanzler, die beide ihre Summen in den dreißiger Jahren verfaßten, sind die ersten Repräsentanten dieser neuen Epoche. Keineswegs verbinden wir mit den Begriffen Früh- und Hochscholastik (ebensowenig wie mit dem der Spätscholastik) eine Wertung.
449 s.o.S. 105.

Bedeutung der Liebeswerke an sich für das Zustandekommen des
Kausalverhältnisses zwischen Verdienst und Lohn geleugnet wurde, zuerst von Kardinal Laborans in den fünfziger Jahren des
12. Jahrhunderts, dann von Petrus Cantor und einigen anonymen
Paulinenkommentaren, während die bedeutenden Theologen des 13.
Jahrhunderts seit Stephan Langton diese Auffassung allenfalls
als abweichende opinio oder Gegenargument zu ihrer eigenen Position referieren. Verschwindet somit die exklusive Lösung all-
mählich von der Bildfläche, so lebt doch ihr Interesse an der
Souveränität Gottes in der restriktiven Lösung weiter. Daß es
sich nun nicht mehr im exklusiven, sondern im restriktiven Ge-
wande zeigt und damit dem inneren Wertmoment einen verdienstbegründenden Charakter einräumt, ist auf dem Hintergrund eines
veränderten Gnadenverständnisses zu sehen.

Im 12. Jahrhundert versteht man unter Gnade das, was dem
Menschen umsonst (gratis) gegeben wird, was seinen Werken nicht
geschuldet, sondern einzig dem freien Belieben Gottes entsprun-
gen ist[450]. Grundlage der Gnaden-Definition ist eine Stelle au
Augustins De natura et gratia: "Haec igitur Christi gratia,
sine qua nec infantes nec aetate grandes salvi fieri possunt,
non meritis redditur, sed g r a t i s d a t u r , propter
quod et gratia nominatur."[451] Dieses Gnadenverständnis ließ
die Möglichkeit offen, daß man auch die natürlichen Gaben als
Gnade wertete[452].

Bereits im Laufe des 12. Jahrhunderts setzte sich aber ein
Verengung des Gnadenbegriffs durch, insofern man nun Gnade im
eigentlichen Sinn nur das zu nennen pflegt, was - als gratis

---

450 s. Landgraf, Die Erkenntnis des Übernatürlichen, 148f.
451 De natura et gratia 4,4 (CSEL 60,235). Auf die fundamentale Rolle dieser Stelle für die Gnadendefinitionen bis zur
Hochscholastik macht Auer (Gnadenlehre II, 71 Anm.50) aufmerksam. Vgl. Pesch, Die Lehre vom "Verdienst", 1880: "Von August:
her und, durch ihn vermittelt, im Anschluß an Röm.3,24 und 11
wird 'Unverdienbarkeit' die erste, allgemeinste Definition des
sich langsam klärenden formalen Gnadenbegriffs, eine Definiti
die sich über Petrus Lombardus in der Hochscholastik durchset
452 s. Landgraf, Die Erkenntnis des Übernatürlichen, 150-
152. Wir finden diese Gnadendefinition z.B. bei Laborans: "Gr
tia dici s o l e t , quidquid gratis datur, quod est libera
voluntate liberaliter dantis et absque merito accipientis." I
Anschluß daran stellt Laborans folgerichtig fest, daß auch di
natürlichen Gaben des Menschen "veri nominis gratiae" sind. s
Landgraf, Laborantis Cardinalis Opuscula, 32,23-30. Laborans
kommt freilich auch schon auf einen speziellen Gnadenbegriff
sprechen, der sich nur auf die electi bezieht, s.u.Anm.454.

datum - zum ewigen Leben führt[453]. Der entscheidende Schritt,
den wir im Auge haben, wurde aber erst um die Wende zum 13.
Jahrhundert getan: Zur Erklärung der Gnade als donum gratis
datum tritt die Bestimmung als donum gratum faciens[454], so daß
wir dann in dem zwischen 1223 und 1227 verfaßten Sentenzenkommentar Alexanders von Hales die klassische Definition finden
können: "Gratia est forma a deo data gratis sine merito, gratum
faciens habentem et opus eius deo reddens gratum."[455] Die Sicht
der Gnade als gratum faciens bahnt sich bereits in der Porretanerschule der zweiten Hälfte des 12. Jahrhunderts an[456] - bezeichnenderweise, da gerade die Porretaner auf Grund ihres besonders scharf ausgeprägten Interesses an der frei schenkenden
Souveränität Gottes gegenüber dem kreatürlichen Bereich auf
eine unmißverständliche Profilierung des Gnadenbegriffs dräng-
ten; doch wird die neue Definition erst von Stephan Langton[457]
und Gaufrid von Poitiers[458] eingehend entfaltet. Dabei identi-
fizieren sie wie auch die folgenden Magistri die Termini gratum faciens und dignum faciens[459]. Die Gnade macht den Menschen
Gott angenehm und so des ewigen Lebens würdig.

---

453 s. Landgraf, Die Erkenntnis des Übernatürlichen, 152-
16o.
454 Eine Vorstufe dieser Bestimmung ist bei Laborans im Zusammenhang seiner Charakterisierung des speziellen, nur für die
electi gültigen Gnadenbegriffs zu finden: "Quo pacto congrue
satis et perapte dicitur gratia, quoniam utrimque grata: Nam
gratus accipienti deus et gratus deo qui accipit. Liberalis deus
est dando, liberalis est et homo reddendo." Landgraf, Laborantis Cardinalis Opuscula, 33,40-34,3. Durch den Begriff gratia
gratum faciens wird in der Folgezeit durchweg der Gesichtspunkt
"gratus deo qui accipit" aufgenommen. Interessant aber ist vor
allem, daß Laborans auch den Aspekt "gratus accipienti deus"
kennt, der uns - als Deutung der rechtfertigenden Gnade - in
den folgenden Jahrhunderten nicht mehr begegnet ist und erst
wieder bei dem Augustinereremiten und Lehrer Luthers Johann von
Staupitz in den Mittelpunkt der Interpretation des "gratum
faciens" rückt; s. Staupitz, De executione aeternae praedestinationis (1517), c.6 und 7.
455 Alexander von Hales, Glossa in Sent.II d.26 n.6 (II
243,1-3). Die gleiche Definition findet sich auch bei Philipp
dem Kanzler (Summa de bono: Cod.Vat.lat.7669 fol.49b) mit dem
Zusatz "... propter beatitudinem" und im Sentenzenkommentar Odo
Rigaldis (Sent.II d.26 m.1 q.3 resp.; Bouvy I 32o,32f).
456 Ich verweise nur auf die drei Angehörigen der Porretanerschule Kardinal Laborans (s.o.Anm.454), Radulfus Ardens
(s. Landgraf, Die Erkenntnis des Übernatürlichen, 152f.158f)
und Petrus Cantor (s. Landgraf, aaO 160 Anm.67), der bereits
die wichtige Unterscheidung zwischen einer Gnade, die nur gratis data, und einer Gnade, die zudem auch gratum faciens ist,
kennt.

Zweifellos wird durch das Begriffspaar gratus/dignus ein
gewisses Kausalitätsverhältnis zwischen Gnade bzw. Gnadenwerken
und ewigem Leben behauptet. Das kommt besonders deutlich darin
zum Ausdruck, daß man das gratum faciens als dasjenige bestimmt
was Verdienstwert besitzt. Nach Landgraf war es Stephan Langton
der die Gleichsetzung von gratum faciens und verdienstlich vor-
genommen hat[460] - was ihn freilich ebensowenig wie dann Gaufrid
von Poitiers, Wilhelm von Auvergne, Odo Rigaldi und Bonaventura daran hinderte, die verpflichtende Eigenschaft des Verdienstlichen von der freien Selbstbindung Gottes her zu erklären. Beides ergänzt sich, wo man die Selbstbindung nicht im
exklusiven, sondern im restriktiven Sinn deutet. Hat man aber
das spezifisch Gnadenhafte erst einmal als gratum und dignum
faciens erkannt und unmittelbar mit dem Moment des Meritorischen, das die Betätigung des freien Willens voraussetzt, verkoppelt, dann verbietet sich die exklusive Lösung von vornherein, da durch sie die anerkannte Relevanz der Gottwohlgefälligkeit und Würdigkeit für die Erlangung des ewigen Lebens überspielt würde. Zwischen der Ausbreitung des Verständnisses der
rechtfertigenden Gnade als gratia gratum faciens und dem Verschwinden der exklusiven Konzeption der Selbstbindung Gottes
besteht somit ein direkter Zusammenhang. Erst mit Duns Scotus,
der die ontologische Verknüpfung von gnadenhafter Werkqualität
und Verdienstlichkeit des Aktes aufhebt[461], findet das exklusi
Verständnis der freien Selbstbindung Gottes wieder Eingang in
die mittelalterliche Gnadenlehre.

Ein weiterer Faktor, der die Gewichte zwischen innerem Wert
moment und äußerem Selbstbindungsmoment noch mehr zugunsten

---

457   s. Landgraf, Die Erkenntnis des Übernatürlichen, 160
Anm.69. Vgl. auch Landgrafs Urteil: "Seit Langton einigte man
sich dann auch mehr und mehr darauf, daß man in unserer Frage
das gratuitum mit dem gratum faciens gleichzusetzen habe."
AaO 181.
458   s.o.Anm.40 und folgende Definition: "Gratia enim apel-
latur, quicquid nobis dat deus, in larga significatione; in
stricta appellatur gratia solum illud, quod facit gratum deo."
Summe Cod.Paris.Nat.lat.15747 fol.22v; zit. bei Landgraf, aaO
160 Anm.66.
459   s.o.Anm.8 und 40. Vgl. beispielsweise Wilhelm von Auxerre, Summa aurea III tr.15 Vorbemerkung (fol.207r): "Gratui
tum vero dicitur, quod gratis datur et gratum facit, id est
dignum vita aeterna, sine qua non est salus."
460   Landgraf, Die Erkenntnis des Übernatürlichen, 181.
461   s.u.S.347.

der verdienstlichen Kausalität des ersteren verlagert, ist die
in den dreißiger Jahren aufkommende Vorstellung von dem seinshaft übernatürlichen Charakter der Gnade. Zwischen Gnade und
Glorie wird damit eine ontologisch-naturhafte Brücke geschla-
gen, die zum Hauptargument für ein meritum de condigno hinsichtlich des ewigen Lebens wird. Odo Rigaldis und Bonaventuras Gnadenlehre steht bereits unter dem Einfluß dieses neuen Faktors,
doch macht bei ihnen der Gedanke der freien Selbstbindung Gottes die bleibende Differenz zwischen Gnade und Glorie bewußt.

Uns kommt es bei diesen Wandlungen des Gnadenverständnisses
auf die Kontinuität des theologischen Interesses an, welche
die exklusive Konzeption der Selbstbindung Gottes mit den verschiedenen Spielarten der restriktiven verbindet. Das gleiche
Interesse an der Dimension kontingenter Verfügungen im Gegensatz zum Wirkungsbereich sachlicher Notwendigkeiten, an der
souveränen Verbindlichkeit göttlicher Entscheidungen angesichts
der Unverbindlichkeit kreatürlicher Gegebenheiten äußert sich
im 13. Jahrhundert unter dem Zeichen eines veränderten Gnadenbegriffs nun nicht mehr in einem exklusiven, sondern zurückhaltender in einem restriktiven Verständnis der promissio, conventio oder pactio Gottes: Die geschaffene Qualität der Werke
muß im Rahmen des göttlichen Versprechens gesehen werden, wenn
sie die Verdienbarkeit des ewigen Lebens hinreichend begründen
soll.

6. Kapitel

DIE GEGENKONZEPTION: DER VERZICHT AUF DEN
GEDANKEN EINER FREIEN SELBSTBINDUNG GOTTES

I. Historischer Standort der Gegenposition und ihre Vertreter

Im Verlauf unserer bisherigen Untersuchung konnten wir zwei
verschiedene Konzeptionen zur Frage des Verdienstes kennenlernen: Die eine lehnte eine Verdienstmöglichkeit grundsätzlich
ab, die andere ließ sie von einer freien Selbstbindung Gottes
abhängig sein. Zwischen den beiden Konzeptionen besteht ein
enger gedanklicher Zusammenhang, da jede von dem Interesse an
der Freiheit Gottes gegenüber seiner Schöpfung geleitet ist.
Der historische Zusammenhang ist so zu beschreiben: Mit der
Negation des Verdienstes in der Porretanerschule konnte sich
die Vorstellung von einer Selbstbindung Gottes im exklusiven
Sinn verbinden, die dann immerhin ein Verdienst im uneigentlichen Sinne begründet. Aus dem gleichen porretanischen Selbstbindungsgedanken leitete man dann gegen Ende des 12. Jahrhunderts eine wirkliche Verdienstmöglichkeit ab.
    Zu Beginn des 13. Jahrhunderts hat schließlich der Wandel
im Gnadenverständnis zur Folge, daß sich die exklusive Auffassung von der Selbstbindung Gottes in eine restriktive wandelt. Zwei Punkte werden seit diesem Zeitpunkt bis zum Ende des
13. Jahrhunderts von keinem namhaften Theologen mehr angezwei-
felt: 1.) Der Mensch kann durch die Werke der gnadenhaften
Liebe das ewige Leben verdienen, und zwar "recta ratione merendi". Für die allgemeine Anerkennung dieses Satzes war es
sicher von großer Bedeutung, daß Petrus Lombardus in seinen
Sentenzen den Verdienstgedanken bejaht[1]. 2.) Zwischen der
Qualität der guten Werke und ihrer Verdienstlichkeit besteht
eine unmittelbare kausale Beziehung. Das bedeutet, daß bei der
Begründung des Verdienstes zunächst von der gratia oder caritas als radix meriti die Rede ist, während der Gesichtspunkt
der Selbstbindung den Verdienstgedanken absichert und von einem
bestimmten Verständnis der Souveränität Gottes her interpretiert.
    Dieselbe Gnadenauffassung, die von der exklusiven zur re-

---

1   s.o.S.39.

striktiven Konzeption der freien Selbstbindung Gottes führt,
bewirkt nun auch, daß mehrere Theologen schon vor Thomas von
Aquin den Aspekt der Selbstbindung Gottes aus ihrer Lehre vom
Verdienst des ewigen Lebens streichen. Macht die Gnade den
Menschen Gott angenehm und des ewigen Lebens würdig, dann ist
das - natürlich unter dem Vorzeichen göttlicher Wesenseigenschaften wie misericordia, largitas, magnificentia, bonitas
etc. - in den Augen jener Theologen Grund genug, von einem Verdienst des ewigen Lebens zu sprechen. Der Dignität des Begnadeten entspricht die Kondignität von gnadenhafter Leistung und
himmlischem Lohn.

Wir fanden diese dritte Konzeption[2] bei Wilhelm von Auxerre,
Philipp dem Kanzler, bei den Dominikanern Hugo von St.Cher, Ro-
land von Cremona, Richard Fishacre, Robert Kilwardby, Albertus
Magnus, Hugo Ripelin von Straßburg[3], Thomas von Aquin sowie im
Bereich der älteren Franziskanerschule bei Johannes von Rupella[4] und in der Summa fratris Alexandri, die von den Gnadenquästionen (Cod.Paris.Nat.lat.14726) und dem Gnadentraktat (Cod.
Vat.lat.782) des Johannes von Rupella wörtlich abhängig ist[5].
Auffallend ist, daß kein Vertreter der älteren, vorthomistischen Dominikanerschule die traditionelle, auf Augustin zurückgehende Verbindung von promissio, Schuldnerschaft Gottes und
Verdienstlehre aufgreift, weder in ihrer integrativ-augustini-
schen noch in ihrer exklusiven oder restriktiven Spielart. Dies

---

2 Als ihr Wegbereiter im 12. Jahrhundert darf der Abaelard-
Schüler Robert von Melun (1110-1167), ein Zeitgenosse und Ge-
genspieler des Lombarden, gelten. In seinen zwischen 1152 und
1160 verfaßten Sententiae (Brügge Bibl.de la ville Cod.lat.191
fol.234v; zit. bei Landgraf, Die Vorbereitung auf die Rechtfertigung, 268f) spricht er von dem Verdienst der caritas und der
"opera virtutum ex caritate facta", das den Verdienenden auf
Grund der ihm eigenen Qualität ("ex qualitate sui") der Belohnung mit dem ewigen Leben "plene et perfecte" würdig macht. Davon sei ein "genus meritorum" zu unterscheiden, "quod nullatenus ad id promerendum sufficiens est, quod pro eo reddi dici
solet". Das gnadenhafte Verdienst besitzt also eine auf seiner
immanenten Qualität beruhende Suffizienz, die den Gedanken einer
freien Selbstbindung Gottes als Verdienstgrund überflüssig
macht.
3 Hugo ist der Verfasser des um 1265 entstandenen Compendium theologicae veritatis.
4 Zum Zusammenhang zwischen Ablehnung des Selbstbindungsgedankens und Gnadenverständnis bei Johannes von Rupella s.u.
Anm.10.
5 s. Hödl, Die neuen Quästionen, 23-28.

252

mag damit zusammenhängen, daß Wilhelm von Auxerre mit seiner
Summa aurea gerade die ältere Dominikanerschule besonders stark
beeinflußt hat. So erklärt Filthaut die weitgehende wörtliche
Benutzung der Summa durch Roland von Cremona, die man vorher
bereits bei Hugo von St.Cher und nachher vor allem in der Summe
des Johannes von Treviso O.P. antrifft[6], aus den "besonderen
Verhältnissen der älteren Dominikanerschule". Wie er zeigt,
sind die älteren Dominikaner weit mehr von Wilhelm von Auxerre
beeinflußt als die Franziskaner, so daß sich ihm der Gedanke
aufdrängt, "daß in älteren dominikanischen Studien die Summa
aurea als Handbuch zugrunde lag"[7].

Nach unseren Bemerkungen zu Wilhelm von Auvergne[8] können wir
also den Schluß ziehen, daß offensichtlich die Dominikaner in
ihrer Lehre besonders auf Wilhelm von Auxerre zurückgehen,
während Franziskaner wie Odo Rigaldi und Bonaventura stärker
von Wilhelm von Auvergne beeinflußt sind. Dieser begründet das
Verdienst durch promissio und conventio oder pactio, jener
durch die bonitas operum. Hier liegt der historische Ausgangspunkt für einen der wichtigsten Differenzpunkte zwischen Franziskanern und Dominikanern bis in das Spätmittelalter hinein.
Daß Johannes von Rupella und die Summa Halensis[9] aus diesem
Schema herausfallen, ist wiederum aus der Tatsache zu erklären,
daß sie der Summe Wilhelms von Auxerre in besonderem Maße verpflichtet und darum nicht ohne weiteres auf der Linie Odo Ri-

---

6   Zur Benutzung der Summa aurea durch Hugo von St.Cher und
Johannes von Treviso s. Filthaut, Roland von Cremona, 91. Vgl.
auch Lynch, Some 'Fontes'; Gründel, Hugo von St.Cher O.P., 401
Anm.22. Zu Johannes von Treviso bemerkt Landgraf (Einführung,
129): "Eine ... Bearbeitung und Zusammenarbeitung der Materia-
lien der Summa aurea mit Teilen aus der Summe des Praepositinus
ist die Summa in theologia des Dominikaners Johannes von Treviso ..."
7   Filthaut, aaO. s. auch Gründel, Die Lehre von den Umständen, 357f: "Gerade die frühe Dominikanerschule hat sich in vor-
züglicher Weise an der Summa aurea orientiert, ja man wird ohne
Übertreibung Wilhelm von Auxerre als d e n theologischen
Lehrer und Vater dieser Schule bezeichnen dürfen." Vgl. Landgraf, Einführung, 130; Hödl, Die neuen Quästionen, 15 Anm.1.
8   s.o.S. 158f.
9   Der Gnadentraktat der Summa Halensis darf als redigierter
Text der Gnadenquästionen und des Gnadentraktats des Johannes
von Rupella angesehen werden. Hödl (Die neuen Quästionen, 23-28
zeigt, daß Johannes von Rupella selbst als Redaktor des Gnadentraktats der Summa Halensis ausscheidet und die redaktionelle
Arbeit erst in den späten vierziger Jahren angesetzt werden
kann.

galdi-Bonaventura zu sehen sind[10]. Eine analoge Situation zeigt
sich übrigens in der Sakramentenlehre, wo Bonaventura das Problem der Wirksamkeit der Sakramente ebenfalls im Anschluß an
Wilhelm von Auvergne durch den Gedanken einer freien Selbstbindung Gottes löst[11], während sich Wilhelm von Melitona, Schü-

---

10 Zur weitgehenden Verwendung der Summa aurea Wilhelms
durch die Summa fratris Alexandri s. Prolegomena zur Summa Halensis, CXXXIIb: "Ubique eius Summa vere aurea prae oculis habetur et non pauca modo ad litteram et modo ad sensum inde mu-
tuata fuerunt." Vgl. auch Minges, Die theologischen Summen. Zur
Abhängigkeit des Johannes von Rupella von Wilhelm von Auxerre s.
Hödl, Die neuen Quästionen, 7 und Gründel, Die Lehre von den Umständen, 539. Über die Summa de vitiis et peccatis des Johannes
sagt Gründel: "In den verschiedenen Einwänden und Antworten
hierzu lehnt sich der Franziskaner Rupella fast ausschließlich
an die Summa aurea Wilhelms von Auxerre an, was umso erstaun-
licher ist, als Wilhelm im allgemeinen nicht so sehr auf die
Franziskaner, als vielmehr auf die Dominikanerschule einen
großen Einfluß ausgeübt hat." Auch dieses Urteil zeigt klar, daß
Johannes von Rupella und die Summa Halensis in gewissem Sinne
eine Ausnahmeerscheinung innerhalb der Franziskanertheologie
des 13. Jahrhunderts darstellen, was sich gerade am Beispiel
des Selbstbindungsgedankens gut beobachten läßt. - Wie bei
Johannes von Rupella Verzicht auf den Selbstbindungsgedanken
und Gnadenverständnis zusammenhängen, wird aus seiner Ansicht
von der unendlichen Kraft der geschaffenen Gnade im Menschen
deutlich. Diese virtus infinita der Gnade zeigt sich darin, daß
sie den Menschen mit dem bonum infinitum eint und ihn des bonum infinitum würdig macht. So begründet die Gnadenqualität
der Werke und nicht Gottes externe Selbstbindung die Überwin-
dung der Distanz zwischen der menschlichen Leistung und der unendlichen Dimension des himmlischen Lohnes. Eine Stelle aus Rupellas Quaestiones disputatae de gratia, q.7 (Utrum gratia sit
creator vel creatura) möge dies belegen: "Responsio: Gratia
quantum ad subiectum, in quo est, finita et similiter virtus
eius, sed secundum comparationem ad id, a quo est, quia est a
gratia increata quae est infinita bonitas, bonitas infinita
est. Vel aliter: Quod gratia secundum suam essentiam finita est,
tamen secundum suam virtutem, quae comparata est ad actus infinitos in quos potest ratione influentiae divinae bonitatis,
infinita est. Vel potest dici, quod quidem gratia nullo modo
infinita est, quantum est de se, tamen quia virtutem unit bono
infinito, facit dignum bono infinito. Qui enim unitur bono infinito, dignus est omni bono sive infinito." Hödl, Die neuen
Quästionen, 65 Nr.6; vgl. auch 66 Nr.8. An einer Stelle ist
in den Gnadenquästionen Rupellas auch von einer freien Selbstbindung Gottes die Rede: "Apostolus (Rom.4,4) loquitur de operatione meritoria, cui debetur gloria secundum exigentiam meriti, non quia possit homo de condigno mereri gloriam aeternam,
sed quia deus promisit sic merenti dare gratiam." Hödl, Die
neuen Quästionen, 54 Nr.12. Doch darf man in diesem Satz nicht
unbedingt die Meinung Rupellas, sondern möglicherweise nur das
Gegenargument eines Disputanten sehen.
    11 s.u.S. 479-485.

ler Alexanders von Hales und Verfasser des vierten Buches der
Summa Halensis, gleich Wilhelm von Auxerre nicht dieses Gedankens bedient[12].

Aus der Gruppe der elf genannten Theologen, die in ihrer
Lehre vom Verdienst der Glorie den Gesichtspunkt der Selbstbindung Gottes übergehen, wählen wir drei Vertreter aus, deren
Standpunkt wir genauer beschreiben wollen: Wilhelm von Auxerre,
Roland von Cremona und Thomas von Aquin. Dabei geht es uns
nicht nur um eine Profilierung der Gegenposition zur Position
der Selbstbindung Gottes, sondern auch um ein noch besseres
Kennenlernen des Selbstbindungsgedankens. Lehrt doch auch der
eine oder andere dieser Theologen eine freie Selbstbindung
Gottes, zwar, wie gesagt, nicht hinsichtlich des ewigen Lebens, sondern hinsichtlich anderer Verdienstziele, beispielsweise der zeitlichen Güter. Außerdem setzen sie sich mit Argumenten auseinander, in denen die Vorstellung von einer Selbstbindung Gottes im Mittelpunkt steht und die als Spiegel tatsächlich vertretener Meinungen wichtiges Quellenmaterial darstellen, besonders dann, wenn uns diese opiniones nur noch über
solche Argumente zugänglich sind. Ferner wird uns erst durch
die Untersuchung der dominikanischen Konzeption der spezifische
Charakter und Standort der franziskanischen Konzeption einer
freien Selbstbindung Gottes in aller Schärfe vor Augen geführt.

II. Wilhelm von Auxerre

Den großen Einfluß, den der Magister der Theologie an der Universität Paris Wilhelm von Auxerre (gest. 1231 oder 1237) insbesondere auf die Dominikanerschule ausgeübt hat, haben wir
bereits erwähnt. Sein Hauptwerk, die Summa aurea, verfaßte er
zwischen 1220 und 1227, wahrscheinlich in den Jahren 1222-
1225[13], also nach der Entstehung der Summe Gaufrids von Poitie
(1213-1215)[14] und vor Beginn von Wilhelms von Auvergne Traktat

---

12 s.u.S.480 (bei Anm.519 und 522).
13 So D. und O.van den Eynde, Guidonis de Orchellis, XLf;
Landgraf, Beobachtungen zur Einflußsphäre Wilhelms von Auxerre
53-64; Martineau, Le plan de la 'Summa aurea'; Ottaviano,
Guglielmo d'Auxerre, 31-33; Prolegomena zur Summa Halensis,
CXXXIIb; Prolegomena zur Glossa Alexanders von Hales I 116*.
14 Die Prolegomena zur Summa Halensis (CXXXb) halten eine
Abängigkeit der Summe Gaufrids von der Summa aurea für wahrscheinlich; s. aber o.S.120 Anm.38.

De meritis et retributionibus (1228-1231). - Unserer Darstellung der Verdienstlehre Wilhelms legen wir zwei Abschnitte aus .dem sich an die Soteriologie anschließenden Komplex De virtutibus im dritten Buch der Summa aurea zugrunde: Der erste (III tr.2 q.1-9)[15] handelt von der Verdienstmöglichkeit des Menschen vor Empfang der Gnade, der zweite (III tr.16 q.1-7)[16] von dem Verdienst des Gerechtfertigten.

1. Verdienstbegriff

Wir hatten bereits Gelegenheit festzustellen, daß der Verdienstbegriff Wilhelms von Auxerre wie nach ihm der Wilhelms von Auvergne und Hugos von St.Cher durch die Verbindung des Verpflichtungsgedankens mit dem gratis-Moment gekennzeichnet ist[17]. Auf die Bedeutung dieses bei Wilhelm von Auxerre womöglich zum ersten Mal auftretenden Verdienstverständnisses brauchen wir nicht mehr einzugehen. Es sei nur kurz darauf hingewiesen, wie Wilhelm die traditionelle Definition des Verdienstes als "de indebito facere debitum"[18] mit der neuen Bestimmung als "servitium gratis exhibitum"[19] oder "servitium gratis et cum dilectione impensum"[20] gedanklich verknüpft.

Aufschlußreich ist folgende Bemerkung: "Ein umsonst erwiesener Dienst verpflichtet (obligat) den Empfänger. Dies ist eine allgemeine Auffassung des Herzens; denn das Gegenteil davon verträgt sich nicht mit der menschlichen Freigebigkeit. Sich anders verhalten wäre nämlich Undankbarkeit."[21] Warum also bewirkt das "servitium gratis impensum" eine Verpflichtung des Empfängers? Nicht etwa auf Grund eines vorher geschlossenen Lohnvertrages, sondern auf Grund einer dem menschlichen Wesen - seiner liberalitas und gratitudo - gemäßen Verhaltensregel.

---

15 Druck Paris 1500 (bei Regnault) fol.134d-139a.
16 fol.220a-225a.
17 s.o.S. 139f.
18 III tr.2 q.6 arg.1 (fol.136d); tr.2 q.8 arg.2 (fol.138c) tr.16 q.2 arg.10 (fol.221a): "Mereri ex condigno est facere de indebito debitum vel de debito magis debitum."
19 III tr.2 q.6 ad 2 (fol.136d).
20 III tr.2 q.6 sol.(fol.137c).
21 "Servitium gratis impensum obligat recipientem. Hoc est communis animi conceptio; quoniam contrarium eius non recepit humana liberalitas; aliter enim facere est ingratitudo." III tr.16 q.2 arg.4 (fol.221 b/c).

Die raison du coeur wirkt sich als essentielles Gehaltensein
des Menschen aus. Wir werden sehen, wie Wilhelm diesen Gedanken auf die Begründung der Verpflichtung Gottes beim meritum
de condigno überträgt; wird es doch dort heißen: "Obligatio,
quae dicitur de deo, est ipsa divina essentia."[22]

2. Die Vorbereitung des Sünders auf die Gnade

a) Die Bejahung eines notwendigen Zusammenhangs zwischen facere quod in se est und Begnadigung des Menschen

Bevor Wilhelm auf das Problem der Verdienbarkeit der prima
gratia eingeht, stellt er die Frage: "Utrum haec argumentatio
sit necessaria: Iste facit quicquid in se est, ergo deus dat
ei gratiam."[23] Er bejaht sie mit dem Hinweis auf 2.Tim.2,13:
"Ille fidelis permanet; negare se ipsum non potest." Bleibt
Gott seinem eigenen Wesen treu, dann kann er seine wesenhafte
Barmherzigkeit ebensowenig verleugnen wie seine Gerechtigkeit.
Keiner aber steht der göttlichen Barmherzigkeit näher als derjenige, der tut, was in seinem Vermögen liegt. Darum erweist
ihm Gott aus Treue zu sich selbst notwendigerweise seine Barmherzigkeit in Gestalt des Gnadengeschenkes[24]. Auf den Einwand,
daß der Gedanke der necessitas den der misericordia, die doch
einen Handlungsspielraum voraussetze, ausschließe, entgegnet
Wilhelm: "Darin gerade besteht der Vorzug der Barmherzigkeit
und Freigebigkeit (largitas) Gottes, daß er nicht anders als
barmherzig handeln kann."[25] Zu dieser Vorstellung von einem

---

22 s.u.Anm.93.
23 III tr.2 q.5 (fol.136c/d).
24 "Item Apostolus: 'Fidelis est deus, qui non potest negare se ipsum.' Se ipsum autem negaret, si non faceret iustitiam, ubi facienda est, cum ipse sit summa iustitia ... Ergo
multo fortius negaret se ipsum, si non faceret misericordiam,
ubi facienda est, cum magis se habeat ad opera misericordiae
quam ad opera iustitiae. Sed misericordia non est facienda ali
cui potius quam ei qui facit quicquid in se est. Ergo si in ta
li casu non faceret opera misericordiae, negat se ipsum. Sed
impossibile est, quod neget se ipsum; ergo necessarium est,
quod faciat misericordiam facienti quicquid in se est." III
tr.2 q.5 arg.2 (fol.136c).
25 "Haec argumentatio non valet: Deus ex sola misericordia
dat isti gratiam; ergo potest dare et non dare gratiam. Haec
enim laus misericordiae et largitatis dei, quod non potest ni
si misericorditer agere." III tr.2 q.5 ad 1 (fol.136c).

essentiellen Gehaltensein Gottes setzt Wilhelm auch die in der
Vorbereitungsfrage immer wieder zitierte Bibelstelle Zach.1,3
("Convertimini ad me, et ego convertar ad vos") in Beziehung.
Wie wir unten zeigen werden, sieht er in ihr nicht den Akt einer Selbstbindung Gottes, wohl aber eine Deklaration der schon
von Ewigkeit her bestehenden Bindung Gottes an seine wesenhafte
Güte und Barmherzigkeit[26]. Insofern dient ihm Zach.1,3 als Argument für die Notwendigkeit der Begnadigung im Falle eines
facere quod in se est. Gott kann nicht lügen, also muß seine
Deklaration unbedingte Gültigkeit haben[27]. Nicht die kontingente Verkündigung aber begründet letztlich die Infallibilität
des göttlichen Handelns, sondern Gottes essentielles Gehaltensein, nicht eine geschichtlich verfügte, sondern eine ontologisch vorgegebene Notwendigkeit.

Wichtig ist die Beobachtung, daß Wilhelm aus der Treue Gottes zu sich selbst zwar die necessitas eines bestimmten Handelns ableitet und von einem non posse Gottes spricht, aber
das Wortfeld promissio, obligatio, debere, iustitia meidet. Von
der iustitia ist nur als einer Gegengröße zu der misericordia
die Rede, mit der Gott den Sünder behandelt[28].

b) Die Ablehnung einer Verdienbarkeit der prima gratia

Obwohl Wilhelm von Auxerre die Zuwendung Gottes durch die Verleihung der rechtfertigenden Gnade als notwendige Folge des
menschlichen facere quod in se est versteht, wendet er sich
gegen die Vorstellung von einer Verdienbarkeit der prima gratia,
und zwar mit dem üblichen Argument, daß dann die Gnade nicht
umsonst gegeben würde[29]. Nicht einmal die Möglichkeit eines
uneigentlichen Verdienstes, eines meritum interpretativum oder
meritum congrui, konzediert Wilhelm dem Sünder.

Interessant sind aber weniger die grundsätzliche Lösung der
Frage als vielmehr die Argumente für eine Verdienstmöglichkeit

---

26 s.u.Anm.32.
27 "Dicit dominus: 'Convertimini ad me et ego convertar ad
vos.' Et impossibile est deum mentiri; ergo necessarium est,
quod si aliquis convertitur ad dominum, quod dominus convertatur ad ipsum." III tr.2 q.5 arg.1 (fol.136c).
28 s. iustitia/misericordia o.Anm.24.
29 III tr.2 q.6 ("Utrum aliquis potest mereri sibi primam
gratiam") sol.(fol.136d).

und die Gegenargumente Wilhelms. Ein Argument knüpft in der
Art und Weise, die uns schon aus Odo Rigaldis Sentenzenkommentar bekannt ist[30], an Zach.1,3 an, entfaltet also den Gedanken
einer Selbstbindung Gottes: Gott, von dem gilt: "verax est in
promissis", hat diese Verheißung gegeben, schuldet somit de
veritate und de iustitia dem Menschen, der tut, was in seinem
Vermögen liegt, die Gnade, was bei der Definition des Verdienstes als "facere de indebito debitum" die Möglichkeit von
Verdiensten begründet[31]. Wilhelms Antwort lautet: "Durch jene
Worte: 'Convertimini ad me' etc. geschieht keine Verheißung
oder Verpflichtung, sondern nur eine Kundgabe der Güte und
Freigebigkeit Gottes."[32] Diese Deutung von Zach.1,3 als "bonitatis et largitatis dei declaratio" bereitet die Charakterisierung als "merae liberalitatis ostensio" durch Odo Rigaldi vor[33]
Wilhelm wie Odo klammern damit den Gedanken einer obligatio
Gottes aus, nur daß Wilhelm für Zach.1,3 auch den Begriff der
promissio ablehnt, während ihn Odo akzeptiert. Dies hängt dami
zusammen, daß bei Wilhelm hier ein engerer promissio-Begriff
zum Tragen kommt, der den Gesichtspunkt einer Schuldnerschaft
oder Verpflichtung impliziert.

Deutlich wird uns aus der Antwort Wilhelms der schon ange-
sprochene Gegensatz der Begriffe necessitas und obligatio/deb
re/iustitia. Gott zeigt zwar dem Menschen, der tut, was er ka
notwendigerweise seine bonitas, largitas und misericordia, do
bedeutet die Notwendigkeit oder das Nicht-Anders-Können Gotte
im Fall der Rechtfertigung keine Verpflichtung Gottes. Eine
Verpflichtung oder Schuldnerschaft Gottes besteht nach Meinun
Wilhelms nur gegenüber menschlichen Werken, die als Wirkungen
der Gnade gratis verrichtete Dienstleistungen zum Nutzen Gott
und damit verdienstlich sind. Diese Abhängigkeit des Obliga-

---

30 s.o.S.182 Anm.235.
31 "Dominus dicit: 'Convertimini ad me et ego convertar
etc.' Ita promisit dominus, qui verax est in promissis. Ergo
de veritate dei et ita de iustitia dei debetur gratia illi,
qui facit quod in se est, quod est converti; et sic potest h
mo facere bonis operibus, ut gratia sibi debeatur, quod est
mereri sibi gratiam. Mereri enim est facere de indebito debi
tum." III tr.2 q.6 arg.1 (fol.136d).
32 "Ad primum dicimus, quod illis verbis: 'Convertimini
me etc.' nulla fit promissio vel obligatio, sed fit bonitati
et largitatis dei tantum declaratio." III tr.2 q.6 ad 1 (fol
136d).
33 s.o.S.182 Anm.236.

tionsverhältnisses vom inneren Wertmoment der Liebeswerke werden
wir noch genauer zu untersuchen haben[34].

c) Die Lösung des Johannes von Rupella und der Summa Halensis
unter dem Einfluß Wilhelms von Auxerre

Im dritten Buch der Summa fratris Alexandri oder Summa Halensis
findet sich eine ausführliche Abhandlung zur Frage der Vorbereitung des Sünders auf die rechtfertigende Gnade[35], die auf
Schritt und Tritt die Abhängigkeit von Wilhelm von Auxerre verrät, weshalb wir eine kurze Darstellung ihrer Position an dieser Stelle für sinnvoll halten. Angesichts der Tatsache, daß
der Gnadentraktat im dritten Buch der Summa Halensis einen re-
digierten Text der Gnadenquästionen (Cod.Paris.Nat.lat.14726)
und des Gnadentraktats (Cod.Vat.lat.782) des Johannes von Rupella, der Schüler und Mitarbeiter Alexanders von Hales war,
darstellt[36], ist es nicht verwunderlich, daß sich auch bei der
Frage nach der Notwendigkeit der Gnadeneingießung in den Gnadenquästionen und im Gnadentraktat des Johannes dieselbe Lehre
wie in der Summa Halensis, ja weitgehende wörtliche Übereinstimmung findet[37]. Wir stellen darum den Standpunkt des Johannes
von Rupella nicht gesondert dar.

§1 Necessitas immutabilitatis, liberalitas und meritum interpretativum

Wie Wilhelm von Auxerre ist die Alexandersumme der Ansicht, daß
zwischen der Vorbereitung des Sünders durch ein facere quod in
se est und der göttlichen Gnadenverleihung ein notwendiger Zusammenhang besteht, der in der Treue Gottes zu seinem eigenen
Wesen begründet ist[38]. Eine begriffliche Weiterentwicklung
gegenüber Wilhelm zeigt sich in der Unterscheidung zwischen

---

34 s.u.S. 267-271.
35 Summa III p.3 inq.1 tr.1 q.5: De causa gratiae (IV 988-
996).
36 s. Hödl, Die neuen Quästionen, 23-28.
37 Johannes von Rupella, Quaestiones disputatae de gratia,
q.6 und Tractatus de gratia, q.3 m.2 a.2; ediert bei Hödl, Die
neuen Quästionen, 51-62.
38 Zur Lehre der Summa Halensis von der Vorbereitung des
Menschen auf die Gnade vgl. Gössmann, Metaphysik und Heilsgeschichte, 304f.

einer necessitas coactionis bzw. prohibitionis, der Gott nicht
unterworfen sein kann, und einer necessitas immutabilitatis,
die mit seiner spontanen Freigebigkeit (liberalitas) vereinbar ist. Da Gott unwandelbar an seiner wesenhaften liberalitas
und bonitas festhält, gibt er dem Sünder, der die Gnade empfangen will, indem er tut, was er kann, notwendigerweise die Gnade[39].

Hervorzuheben ist die dominierende Rolle, die der liberali-
tas-Begriff in diesem Zusammenhang bei Johannes von Rupella[40]
und in der Summa Halensis spielt. Wilhelm von Auxerre wendet
ihn nur wenige Male hinsichtlich des ewigen Lebens an[41], während er die ständige Bereitschaft Gottes zur Gnadenverleihung
aus der misericordia, largitas und bonitas, nicht aber aus der
liberalitas Gottes herleitet; dagegen spricht die Summa Halensis gerade beim Gnadengeschenk immer wieder von der liberalitas[42], weit weniger oft von der bonitas Gottes[43]. Diese Vorliebe für den Begriff der liberalitas, in der das Interesse
am souveränen Freiheitsraum Gottes gegenüber der Kreatur besonders deutlich zum Ausdruck kommt, teilt sie mit anderen
Franziskanertheologen wie Odo Rigaldi und Bonaventura, nur daß
sie ihn nicht wie diese auch auf die Belohnung mit dem ewigen
Leben bezieht.

Ein weiterer Unterschied zwischen Wilhelm und Alexandersumme besteht darin, daß Wilhelm die Frage nach der Verdienbar
keit der prima gratia rundweg verneint, während die Alexandersumme dem Sünder zwar nicht die Möglichkeit eines meritum condigni oder congrui, aber doch die eines meritum interpretativum oder Quasi-Verdienstes konzediert[44]. Hier zeigt sich das
typisch franziskanische Anliegen, die personale Eigenwertigkei
der Kreatur, die als "Person auch und gerade vor Gott ein spe-

---

39 Summa III p.3 inq.1 tr.1 q.5 m.3 resp. und ad 1-4 (IV
994a-995a).
40 s. Hödl, Die neuen Quästionen, 41 Anm.45: "Der Begriff
der liberalitas ist ein Schlüsselbegriff für Johannes von Rupella."
41 s. z.B. u.Anm.91.
42 So in Summa III p.3 inq.1 tr.1 q.5 m.2 c.1 a.1 resp.
und ad 1 (IV 990a/b) sowie m.3 ad 1-3 (IV 994b-995a).
43 So in Summa III p.3 inq.1 tr.1 q.5 m.3 resp. und ad 2
(IV 994a/b) sowie m.2 c.1 a.1 ad 1 (IV 990b).
44 Zur Bejahung eines meritum interpretativum in der Summ
Halensis und bei Johannes von Rupella vgl.u.S.452.

zifisches 'selbst' und 'eigen'" hat[45], zu sichern. Dieses Verdienst - den Begriff meritum interpretativum hatte bereits
Stephan Langton in die scholastische Terminologie eingeführt[46] -
setzt nach der Lehre der Summa Halensis keine condignitas in
recipiente, sondern nur die liberalitas in dante voraus, mit
der Gott den Menschen behandelt, als (acsi) habe er verdient
und als sei er würdig[47].

§2 Debere, teneri und promissio

Der Ablehnung eines wirklichen Verdienstes und einer wirklichen
Würdigkeit des Sünders hinsichtlich des Gnadenempfangs entspricht es, daß die Alexandersumme wie Wilhelm den Gedanken einer Schuldnerschaft Gottes gegenüber dem faciens quod in se est
zurückweist, obwohl sie dem Begriff der necessitas eine positive Seite abgewinnen konnte. Ein debere Gottes würde voraussetzen, daß Gott dem Menschen Unrecht täte, wenn er seinem Bemühen
die Gnadengabe vorenthielte. Deren Mitteilung ist aber keine
Sache der Gerechtigkeit Gottes und keine Frage von Recht und
Unrecht, sondern sie fällt in den Zuständigkeitsbereich der sola liberalitas dei: "Quod ergo deus in homine faciente quod in
se est imprimat formam nobilem, quae est gratia, hoc est ex
sola liberalitate sua et non ex aliquo, quod debeat homini facienti quod in se est, quia homo faciens quod in se est adhuc
est indignus ante susceptionem gratiae."[48] Die strikte Ablehnung einer Schuldnerschaft Gottes bestimmt auch die Interpretation von Zach.1,3: Dies Prophetenwort weise nicht auf eine
Schuld (debitum), als ob dem Menschen, der tut, was in seinen
Kräften steht, die Gnade geschuldet werde, sondern es sei lediglich die Kundgabe der göttlichen Güte und Freigebigkeit - "solum
est declaratio divinae bonitatis et liberalitatis"[49]. Der Einfluß
Wilhelms von Auxerre, der Zach.1,3 als "bonitatis et largitatis
dei declaratio" gedeutet hatte, liegt auf der Hand.
    Interessant ist hier ein Blick auf die in den Jahren 1223-
1227 entstandene Sentenzenglosse Alexanders von Hales, auf eine

---

45 Volk, Gnade und Person, 222.
46 s.u.S. 451.
47 Summa III p.3 inq.1 tr.1 q.5 m.2 c.1 a.1 resp.(IV 990a).
48 Summa III p.3 inq.1 tr.1 q.5 m.3 ad 3 (IV 994b-995a).
49 Summa III p.3 inq.1 tr.1 q.5 m.2 c.1 a.1 ad 1 (IV 990b).

Stelle, die nur im Codex Erfordiensis vorkommt und daher nicht
Alexander selbst zuzuschreiben ist[50], jedoch seiner Intention
entspricht. Der unbekannte Verfasser setzt sich mit der Deutung
von Zach.1,3 als einer freien Selbstverpflichtung Gottes auseinander; nach dieser Auffassung führt das ex liberalitate
promittere zu einem ex iustitia teneri. Seine Antwort hat folgenden Wortlaut: "Man denke sich zwei Menschen, der eine vor
der Verheißung, der andere danach, und beide bereiten sich in
gleicher Weise auf die Gnade vor. Die Güte Gottes ist unendlich
mehr Ursache dafür, daß er die Gnade gibt, als irgendeine Verheißung. Die Verheißung aber ändert am Verhältnis zu dem betreffenden Menschen nichts; also ist Gott jetzt auf Grund der
Verheißung nicht mehr verpflichtet (non magis tenetur) als vorher."[51] Diese Sätze sind gleichsam ein Kommentar zu dem Verständnis des Sacharjaverses als "declaratio divinae bonitatis
et liberalitatis". Gegenüber dem essentiellen Gehaltensein Gottes bringt die Verheißung nichts Neues, allenfalls eine Bekannt-
gabe der schon bestehenden Bindung Gottes.

Zu vergleichen ist ein kurzer Abschnitt aus der authenti-
schen Fassung der Sentenzenglosse. Alexander bezieht sich hier
auf die Frage Augustins, ob der Herr zur Verleihung der Gnade
verpflichtet sei (tenetur). Dies scheine so, da er zu allem
verpflichtet sei, was er verheißen hat. Alexander antwortet,
daß Gott durch die Verheißung nicht verpflichtet werde, da eine
Verpflichtung (tentio) nur gegenüber einem Höhergestellten bestehe. Da Gott aber keinen Höhergestellten habe, könne er auch
niemandem gegenüber verpflichtet sein[52].

Fassen wir zusammen: Wie Wilhelm von Auxerre sind Johannes
von Rupella und die Summa fratris Alexandri der Meinung, daß

---

50   Zum Charakter des Codex Erfordiensis s. Prolegomena zur
Glossa Alexanders von Hales II 7*.
51   "Sint hic duo, unus ante promissum dei et alter post,
et aequaliter praeparent se ad gratiam. Bonitas dei in infinitum est magis causa, quod dat gratiam, quam aliqua promissio.
Sed promissio nihil mutat circa istum; ergo ex promissione non
magis tenetur nunc quam prius." Alexander von Hales, Glossa in
Sent.II d.27 n.3 E (II 255,27-30).
52   "Augustinus quaerit, utrum dominus tenetur dare gratiam.
Quod videtur, quoniam tenetur ad omne quod promisit. - Dicendum, quod non tenetur, quoniam tentio est respectu superioris.
Unde, cum non habet superiorem, nec teneri debet alicui." Sent.
II d.27 n.14 AL (II 262,13-17). s. Augustinus, Sermo 158,2
(PL 38,863).

Gott dem Menschen, der tut, was er kann, die rechtfertigende
Gnade mit Notwendigkeit gibt, weil er sein gütiges Wesen nicht
verleugnen kann. Dagegen lehnen sie mit Wilhelm und der Sentenzenglosse Alexanders von Hales den Gedanken einer freien
Selbstbindung Gottes durch die Verheißung Zach.1,3 ab. Der positiven Verwendung der Begriffe necessitas und non posse steht
somit die negative der Begriffe debere und teneri gegenüber.

3. Die bona temporalia. Debere und necessitas

Eine Verdienbarkeit zeitlicher Güter durch gute Werke, die extra caritatem getan werden, wird von Wilhelm von Auxerre rundweg verneint. Darin unterscheidet er sich von Wilhelm von
Auvergne, der durch die promissio divina die Möglichkeit solcher Verdienste begründet[53], und von Odo Rigaldi, der bei den
Juden von einem meritum de pacto, bei den Menschen des Neuen
Bundes von einem meritum de congruo spricht[54]. Daß Wilhelms
Urteil negativ ausfällt, ist so zu erklären: Da er das Verdienst als "servitium gratis exhibitum" definiert, das gratis
exhibere gegenüber Gott aber - anders als Wilhlem von Auvergne - vom Besitz der gnadenhaften caritas abhängig sein läßt,
muß er den Leistungen des natürlichen Menschen jeden Verdienstwert absprechen, nicht nur hinsichtlich der prima gratia, sondern auch hinsichtlich der bona temporalia. Dies hindert ihn
freilich nicht daran, sie als Gaben zu sehen, die Gott den Juden schuldet und den Menschen post Christum immerhin mit Notwendigkeit gibt.

Was das Verhältnis zwischen Gott und Juden betrifft, so entfaltet Wilhelm seine Meinung in der Antwort auf ein Argument,
das sich mit folgenden Worten für ein Verdienst der zeitlichen
Güter ausspricht: "Jesaja (1,19) sagt: 'Wenn ihr wollt und auf
mich hört, werdet ihr die Güter des Landes essen.' Und in
Exodus (13,5) heißt es: 'Wenn ihr dies und das tut, werde ich
euch ein Land geben, das von Milch und Honig fließt.' So verheißt der Herr denen zeitliche Güter, die gute Werke tun, auch
wenn diese ohne Liebe geschehen. Denn wer die Liebe hat, wird
eher durch die Verheißung ewiger als durch die zeitlicher Güter
bewegt. Der Herr schuldet also auf Grund seiner Verheißung den

---

53 s.o.S. 147-150.
54 s.o.S. 192-194.

guten Werken, die außerhalb der Liebe getan wurden, zeitliche
Güter. Geschuldet wird aber etwas nur um der Gerechtigkeit
willen, denn was aus Barmherzigkeit geschieht, wird nicht geschuldet. Also werden den guten Werken, die außerhalb der Liebe
verrichtet wurden, um der Gerechtigkeit Gottes willen zeitliche
Güter geschuldet. Aus Gerechtigkeit wird aber guten Werken nur
etwas durch den Verdienstmodus geschuldet. Also verdient einer
durch gute Werke, die außerhalb der Liebe getan wurden, zeitliche Güter."[55] Die Beweisführung geht somit von dem Gedanken
einer freien Selbstbindung Gottes durch seine promissio aus und
stellt die Begriffe debere, iustitia und mereri auf eine Ebene.

Wilhelm setzt diesem Argument folgende Lösung entgegen: "Der
Herr hat den Juden als gleichsam kleinen Kindern und fleisch-
lichen Menschen zeitliche Güter verheißen, um sie so allmäh-
lich zum Guten zu locken, und er schuldete ihnen ein zeitliches Gut, wenn sie seine Gebote hielten. Er schuldete ihnen
nämlich zeitliche Güter aus Gerechtigkeit, nicht um der Gerechtigkeit der Werke willen, da sie nicht im Stand des Verdienens waren - durch jene Werke verdienten sie nämlich nicht
die zeitlichen Güter -, sondern er schuldete sie aus Gerechtigkeit, d.h. auf Grund seiner Wahrhaftigkeit und Treue; denn er
ist wahr in seinen Worten und treu in seinen Verheißungen."[56]

Wilhelm knüpft einerseits positiv an das proverdienstliche
Argument an, indem er den Gedanken einer Selbstbindung Gottes
und damit die Begriffskette promissio, debere, iustitia über-

---

55 "Dicit Isaias: 'Si volueritis et audieritis me, bona
terrae comeditis.' Et in Exodo: 'Si feceritis hoc et hoc, dabo vobis terram fluentem lacte et melle.' Sic dominus promittit
bona temporalia facientibus bono (lies: bona) opera, licet sint
sine caritate. Quoniam exsistens in caritate magis movetur per
promissionem bonorum aeternorum quam temporalium. Ergo dominus
ex promissione sua bona temporalia debet bonis operibus factis
extra caritatem. Sed nihil debetur nisi de iustitia; quoniam
quod de misericordia fit, non debetur. Ergo bonis operibus factis extra caritatem de iustitia dei debentur bona temporalia.
Sed nihil debetur de iustitia bonis operibus nisi per modum
merendi. Ergo bonis operibus factis extra caritatem meretur
aliquis bona temporalia." III tr.2 q.7 arg.1 (fol.137d-138a).
56 "Dominus promisit Iudaeis bona temporalia tamquam parvulis et carnalibus, ut eos sic alliceret paulatim ad bonum,
et debebat eis bonum temporale, si facerent eius mandata. Debe
bat enim eis temporalia de iustitia, non de iustitia operum,
cum non essent in statu merendi, quoniam illis operibus non me
rebantur bona temporalia; sed debebat de iustitia, id est de
veritate et fidelitate sua. Quoniam verax est in verbis suis
et fidelis in promissionibus." III tr.2 q.7 ad 1 (fol.138a).

nimmt. Andererseits korrigiert er das Argument an zwei Punkten:
1.) Er begrenzt den Personenkreis, dem Gott seine Verheißung
gibt, auf die Juden, die sich als parvuli und carnales in einer
historischen Ausnahmesituation befinden. Wir erinnern uns daran,
daß auch Odo den Vertrag hinsichtlich der zeitlichen Güter auf
das Verhältnis zwischen Gott und Juden beschränkt[57]. 2.) Er
interpretiert Gottes Selbstbindung im exklusiven Sinn und
schließt damit auch die Möglichkeit eines Verdienstes aus.
Wichtig ist die Unterscheidung zwischen einer iustitia operum
und einer iustitia, die mit Gottes Wahrhaftigkeit und Treue
identisch ist. In beiden Fällen handelt es sich um eine vergeltende Gerechtigkeit[58], nur daß einmal das Vergeltungsprinzip
von der Qualität der Werke, das andere Mal von der bleibenden
Gültigkeit der göttlichen Verheißung abhängig ist. Die entscheidende Differenz zwischen dem Argument und Wilhelms Antwort zeigt sich schon in einer Kleinigkeit der Formulierung:
Dort heißt es, daß Gott den bona opera facta extra caritatem
die zeitlichen Güter schuldet, hier sind die Adressaten nicht
die Werke, sondern die Personen: "Debebat eis (sc. Iudaeis)
bonum temporale." Eine Verpflichtung Gottes gegenüber den natürlichen Werken ist für Wilhelm undenkbar. Möglich, daß er
deshalb hier auch nicht von einer obligatio Gottes spricht,
diesen Begriff also nur dann verwendet, wenn sich die Schuldnerschaft Gottes auf die Qualität der Gnadenwerke bezieht.

Bezeichnend für Wilhelms Verdienstverständnis ist übrigens,
daß er mit der exklusiven Sicht der Selbstbindung Gottes die
Ablehnung einer Verdienstmöglichkeit verbindet und umgekehrt
dem status merendi die iustitia operum beigesellt. Wie beispielsweise Kardinal Laborans[59] findet er durch die pure Tatsache der Schuldnerschaft Gottes noch kein Verdienst begründet,
sondern sieht im meritum primär einen Qualitäts- und erst in
zweiter Linie einen Schuldbegriff. Dies ist auch der Grund,

---

57 s.o.S. 194.
58 Vgl. folgende Stelle: "Veritas sive fidelitas in promissis est species iustitiae ... Non potest (sc. deus) esse iustus
in agendo bonum nisi in remunerando bonos, et semper sumatur
iustitia, secundum quam est virtus remunerandi bonum." III tr.
16 q.2 contra 1.2 (fol.221c). Mit diesen Sätzen wendet sich
Wilhelm gegen eine opinio, die die iustitia ex promisso von
der vergeltenden Gerechtigkeit unterscheidet (zit. o.S. 82 Anm.
129).
59 s.o.S.56-64.

weshalb er bei der Frage nach der Verdienbarkeit des ewigen
Lebens die Diskussion der Werkqualität in den Mittelpunkt
stellt.

Wie gesagt, bezieht Wilhelm die Schuldnerschaft Gottes nur
in dem historischen Ausnahmefall der Juden auf gute Werke, die
außerhalb der caritas getan wurden. Der Regelfall, der für das
Neue Testament gilt, ist der, daß der Schuldnerschaft Gottes
die verpflichtende Wirkung des "servitium gratis impensum"
korrespondiert. Was wir oben zur Abhängigkeit des Obligationsverhältnisses vom inneren Wertmoment der Liebeswerke bemerkt
haben, behält somit seine Gültigkeit. Ausdrücklich sagt Wilhelm, daß Gott jetzt, in der Zeit des Neuen Bundes, keine
zeitlichen Güter verheißt und sie darum den Sündern nicht schuldet. Allenfalls in einem weiteren Sinn könne man von einem debere sprechen, sofern Gott sie ihnen wie den Tieren auf Grund
des Rechts der Schöpfung (de iure creationis) schulde[60]. So
wie Gott aber dem Menschen, der tut, was in seinen Kräften
steht, notwendigerweise die Gnade schenkt, so gibt er auch den
Sündern, die gute Werke tun, ex necessitate einige zeitliche
Güter. Die Notwendigkeit ist hier wie dort im sich gleich bleibenden Wesen Gottes beschlossen, dessen summa misericordia gerade darin offenbar wird, daß er nicht anders kann als barmherzig handeln: "Non potest facere quin faciat misericorditer,
quoniam aliter negaret se ipsum." Die Barmherzigkeit Gottes
aber ist nach den Worten Wilhelms seine überströmende Freigebigkeit (largitas), mit der er auch den Unwürdigen auf irgendeine Weise vergilt[61]. Dieses essentielle Gehaltensein Gottes,
das eine necessitas setzt, ist klar zu unterscheiden von der
freien Selbstbindung Gottes, die aus promissio und fidelitas
Gottes resultiert und iustitia und debere aus sich entläßt. Die

---

60 "Cum autem deus modo non promittat temporalia, non debet
in novo testamento bona temporalia peccatoribus, nisi dicatur,
quod debet eis de iure creationis sicut et brutis animalibus."
III tr.2 q.7 ad 3 (fol.138a).
61 "Dicimus, quod deus ex necessitate dat ei aliqua bona.
Sed non valet: ex necessitate dat, non ergo ex misericordia;
quoniam misericordia dei est eius largitas supereffluens, qua
etiam indignos aliquo modo remunerat. Unde sicut deus, quia est
summa iustitia, negaret se ipsum, nisi faceret iustitiam, ita
ipse, qui est summa misericordia, non potest facere quin faciat misericorditer, quoniam aliter negaret se ipsum, quod est
impossibile, sicut dictum est in quaestione de iustificatione
impii." III tr.2 q.8 sol.(fol.138c/d).

Behandlung der Frage der bona temporalia durch Wilhelm zeigt
sehr schön ein Nebeneinander dieser beiden Betrachtungsweisen,
·deren Gemeinsamkeit in der Aussicht auf die unbedingte Zuver-
lässigkeit des göttlichen Handelns besteht.

4. Die vita aeterna als Gegenstand des Verdienstes

Den weitaus größten Raum unter den dem Verdienstproblem gewid-
meten Fragen nimmt in der Summa aurea die quaestio ein: "Utrum
ex condigno mereamur vitam aeternam."[62] Wir wollen zunächst
Wilhelms Position skizzieren, um dann seine Auseinandersetzung
mit zwei Einwänden, die speziell das Problem der Selbstverpflichtung Gottes erörtern, zu untersuchen. Vorausgeschickt
sei, daß für ihn der Begriff des meritum ex condigno mit dem
einfachen meritum-Begriff gleichbedeutend ist, wie wir ihn oben
charakterisiert haben, nur daß durch das 'ex condigno' das
Problem des Wertverhältnisses zwischen Leistung und Lohn ausdrücklich in den Fragehorizont gerückt wird.

a) Wilhelms Position: Die Verpflichtung Gottes als Resultat der bonitas operum und der magnificentia dei.

Wilhelm gibt auf die anstehende Frage die grundlegende Antwort,
daß der Mensch durch die guten Werke das ewige Leben ex condigno verdienen kann. Dies schließe nicht aus, daß alles Gott zugeschrieben werden müsse, der dem Menschen die Gnade gegeben
hat und sein Handeln durch ein principaliter cooperari und movere begleitet[63]. Nimmt aber Wilhelm ein Verdienstverhältnis

---

62   III tr.16 q.2 (fol.220d-222c).
63   "Ad hoc dicimus sine praeiudicio. quod bonis operibus
meretur homo vitam aeternam ex condigno. Sic enim gratior erit
homini vita aeterna. Et tamen totum debet deo attribui; quia
dedit gratiam et quia sine ipso etiam cum gratia non potest homo facere bona opera, scilicet nisi ipsi principaliter cooperetur ad illa et moveat." III tr.16 q.2 sol.(fol.221d). Auer
(Gnadenlehre II, 148) hebt allerdings die Rolle des göttlichen
Bewegungsmoments in Wilhelms Verdienstlehre zu einseitig hervor, wenn er die zwei das Verdienst begründenden Elemente in
dem durch die Liebe weiter gewordenen Willen und dem als Be-
weger mitwirkenden Gott selbst sieht. Der Gesichtspunkt der
Großzügigkeit oder Freigebigkeit (magnificentia, largitas, liberalitas) Gottes spielt als verdienstbegründendes Element bei
Wilhelm eine weit bedeutendere Rolle als der Aspekt des principaliter cooperari und movere; vgl. u.Anm.65 und S. 271-273.

zwischen Gnadenwerken und ewigem Leben an, dann hat er bei
seiner Definition des Verdienstes als eines servitium gratis
impensum, das den Adressaten zur Belohnung verpflichtet, die
Frage zu klären, wie denn die servitia des Christen Gott zur
Gabe des ewigen Lebens verpflichten können. Doch wohl nicht,
so formuliert Wilhelm ein Bedenken, auf Grund ihrer Güte, da
der Lohn unendlich besser ist als das Verdienst[64]. In seiner
solutio antwortet Wilhelm: "Wir sagen, daß die guten Werke aus
einem zweifachen Grund das ewige Leben verdienen, nämlich auf
Grund ihrer Güte (bonitas), mit der sie Gott ergötzen und durch
die sie seine Speise sind, und auf Grund der Großzügigkeit
(magnificentia) Gottes, zu dessen Ehre sie geschehen. Analog
verdienen auch die schlechten Werke die ewige Strafe aus zwei
Gründen: wegen ihrer Schlechtigkeit und wegen der Beleidigung
des ewigen Gottes, des Richters aller Dinge."[65]

Wie setzt Wilhelm die beiden Gesichtspunkte der bonitas operum und der magnificentia dei zueinander in Beziehung? Um dies
zu klären, fragen wir zuerst nach der Wirkung des inneren Wertmoments. Dann ist die Funktion der göttlichen Wesenseigenschaft
zu bestimmen.

§1 Die Wirkung der bonitas operum

Die Gnade macht den Menschen dazu fähig, Gott um seiner selbst
willen zu lieben und ihm so uneigennützig zu dienen[66]. Die verdienstliche Wirkung dieser Liebeswerke hat Wilhelm im Auge,
wenn er feststellt, daß die Gnade den Menschen Gott angenehm
und des ewigen Lebens würdig macht, indem sie ihn zum Dienst
Gottes reinigt und bereit macht[67]. Bereits Stephan Langton und

---

64 "Sed sequitur: Unde habeant opera caritatis, quod ex
condigno sunt meritoria vitae aeternae. Non ex bonitate sua,
quoniam praemium est multo melius et in infinitum melius quam
meritum." III tr.16 q.2 subq.2 (fol.222a).
65 "Solutio: Dicimus, quod bona opera a duobus habent, quod
sunt meritoria vitae aeternae, scilicet a bonitate sua, qua
delectant deum et sunt cibus eius, et magnificentia dei, in
cuius honore (lies: honorem) fiunt; sicut mala opera sunt meri
toria poenae aeternae propter duo, scilicet propter sui pravi-
tatem et propter offensam dei aeterni omnium iudicis." III
tr.16 q.2 subq.2 sol. (fol.222b).
66 III tr.2 q.6 ad 2 (fol.136d).
67 "Gratia facit hominem gratum deo; sed gratus non est
homo deo, nisi exsistat mundus et paratus servire deo." III
tr.2 q.1 arg.4 (fol.135b). "Gratia facit dignum vita aeterna.

Gaufrid von Poitiers bestimmen ja den Gnadeneffekt als gratum
und dignum facere[68]. Für Wilhelms Formulierung ist charakteristisch, daß er die Gottwohlgefälligkeit des menschlichen
Dienstes wiederholt mit dem Wohlgeschmack einer Speise vergleicht, die Gott mit Ergötzen erfüllt. Delectare und delecta-
bilis sind die Begriffe, die, so etwa in der oben zitierten
solutio, diesen Sachverhalt bezeichnen[69].

Daß Wilhelm bei dem Bild der ergötzlichen Speise von der
Jakobsgeschichte in Gen. 27(7-10) ausgeht, zeigt die folgende
Stelle: "Rebekka sagt zu ihrem Sohn Jakob: 'Bereite zwei
Ziegenböcklein, die Isaak gerne ißt.' Mit Isaak ist Christus
gemeint, dem die Bußfertigen zwei 'Ziegenböcklein' bereiten,
nämlich die Verabscheuung der Sünde und die Genugtuung ... Der
Mensch bereitet also Gott zum Essen Speisen, die ihn ergötzen
(cibos sibi delectabiles). Daher heißt es in der Apokalypse
(3,20): 'Wenn mir jemand öffnet, trete ich ein und speise mit
ihm und er mit mir.' Der Koch des Königs verdient aber vom
König nicht nur, daß er von denselben Speisen essen darf, sondern auch andere große Geschenke. Erst recht also verdient der
Mensch, der eine ergötzliche Speise zubereitet, zwei Dinge
wirklich: nicht nur, daß er von derselben Speise, d.h. von den
guten Werken, essen darf, sondern auch etwas anderes Großes,
und zwar das ewige Leben."[70]

Der direkte Zusammenhang, der in den Augen Wilhelms zwischen
der Schmackhaftigkeit oder Gottwohlgefälligkeit der Werke und
ihrer Verdienstlichkeit besteht, wird aus diesen Sätzen klar
ersichtlich. Wilhelm veranschaulicht durch das cibus delecta-
bilis-Motiv die verdienstliche Kausalität, die die servitia

Sed non immediate hoc facit, immo per hoc, quod facit mundum
et promptum servire deo." III tr.2 q.1 ad 2 (fol.135c).
68 s.o.S.247.
69 III tr.2 q.6 ad 2 (fol.136d); tr.2 q.6 ad 1 (fol.137c);
tr.16 q.2 arg.5 (fol.221c/d, s. die folgende Anm.70); tr.16
q.2 subq.2 sol.(fol.222b, s.o.Anm.65).
70 "Dicit Rebecca filio suo Iacob: 'Praepara duos edos, quibus libenter vescitur Isaac.' Per Isaac Christus intelligitur,
cui poenitentes praeparant 'duos edos', scilicet peccati abo-
minationem et satisfactionem. 'Quibus libenter vescitur': Homo
ergo praeparat deo ad comedendum cibos sibi delectabiles. Unde
in Apocalypsi: 'Si quis aperuerit mihi, intrabo et coenabo cum
eo et ipse mecum.' Sed cocus regis meretur a rege non tantum,
quod comedit de eisdem cibis, sed etiam magna alia munera. Ergo
multo fortius homo, qui praeparat cibum delectabilem, duo meretur recta ratione: non tantum quod edat de eodem cibo, scilicet
de eisdem bonis operibus, sed etiam aliquid aliud magnum et ita
vitam aeternam." III tr.16 q.2 arg.5 (fol.221c/d).

gratis impensa des Gerechtfertigten hinsichtlich des ewigen Lebens besitzen, die also ihre Wurzel in der Gottgefälligkeit
des Gottgeschenkten hat. Deutlich ist, daß er von der Wirkung
der Werke her eine Brücke zum Lohn schlägt, die mit der spätere
Sicht des Übernatürlichen als gemeinsamer ontologischer Basis
von Leistung und Lohn[71] nichts zu tun hat. Nicht darin liegt
der Grund für die Kondignität der Werke, sondern in der Vergleichbarkeit des göttlichen Ergötzens an den menschlichen Werken mit dem Ergötzen des Menschen an der himmlischen Glorie.

Dieses Verhältnis der Vergleichbarkeit, für das die Begriffe
comparabilis und condignus stehen, ist nach Wilhelm nicht mit
einem Proportionsverhältnis, d.h. einer genauen Wertentsprechung von Leistung und Lohn, zu verwechseln[72]. Durch Rom.8,18
("Non sunt condignae passiones ...") werde deshalb ein promereri gleich proportionabiliter oder proportionaliter mereri,
nicht aber ein einfaches Verdienst, mereri oder simpliciter mereri genannt, als Möglichkeit des Christen ausgeschlossen[73].
Bereits bei Wilhelm stoßen wir also auf eine Differenzierung
innerhalb des meritum de condigno-Begriffs, die es ihm ermöglicht, Rom.8,18 gerecht zu werden und trotzdem ein meritum de
condigno zu bejahen. An die Stelle der Unterscheidung zwischen
promereri und mereri tritt dann bei Roland von Cremona die

---

71   s.o.S. 196-199.207f (Odo Rigaldis Theorie von der Übernatürlichkeit der Gnade und ihrer Werke); 218-220 (Bonaventura
72   III tr.16 q.2 subq.2 ad 4 (fol.222b). Da Wilhelm das
Verhältnis zwischen mala opera und poena aeterna mit dem zwischen bona opera und vita aeterna parallelisiert (vgl. o.Anm.
65), sind seine Aussagen über die Komparabilität des ersteren
auch auf das letztere anzuwenden.
73   "'Non sunt condignae passiones huius temporis ad futuram gloriam', scilicet ad promerendum, sicut dicit Glossa, id
est ad proportionaliter merendum. Sunt enim tamen condignae ad
simpliciter merendum." III tr.16 q.2 ad 1 (fol.221d). "Ad hoc
quod dicit Glossa, scilicet quod 'non sunt condignae passiones
huius temporis etc.', quia si tribulatio est cum fine, merces
sine fine, dicimus, quod passiones non sunt condignae ad promerendum, id est ad proportionabiliter merendum; sunt tamen
condignae ad merendum, quia sunt servitia et honor dei. Eodem
modo dicendum est de malis operibus; quia enim sunt offensa et
dedecus dei, sufficiunt ad merendum poenam aeternam, licet non
ad proportionabiliter merendum." III tr.16 q.2 ad 8 (fol.222a)
Die Stelle aus der Glossa Lombardi, auf die sich Wilhelm beruft und die bereits Rom.8,18 mit dem Begriff promereri verbindet, haben wir o. S.49 zitiert. Neu bei Wilhelm gegenüber
der Glossa ist die Gleichsetzung von promereri mit proportiona
(bi)liter mereri und die ausdrückliche Unterscheidung zwischen
promereri und (simpliciter) mereri.

zwischen mereri ex condigno absolute und mereri ex condigno
secundum modum particulatum[74] und bei Odo Rigaldi die zwischen
meritum de condigno absoluto und meritum de pacto[75].

§2 Die Funktion der magnificentia dei

Mit der Ablehnung eines Proportionsverhältnisses zwischen den
Werken des Christen und dem himmlischen Lohn durch Wilhelm hängt
zusammen, daß er die Verdienstlichkeit der Werke nicht nur von
ihrer Güte her begründet, sondern auch durch Gottes magnificentia, largitas, liberalitas und benevolentia[76]. Damit sieht
er die Wertdifferenz, die Leistung und Lohn trennt, auf dem
Hintergrund des Überschießens der göttlichen Güte über die Grenzen der bonitas operum hinaus. Wichtig ist, daß Wilhelm diese
Großzügigkeit und Freigebigkeit Gottes gegenüber den Liebeswerken des Gerechtfertigten als Aspekt der vergeltenden Gerechtigkeit Gottes wertet[77]. Dagegen ist für ihn die Freigebigkeit (largitas), mit der Gott den natürlich guten Werken des
Sünders zeitliche Güter und Rechtfertigung folgen läßt, ein
Aspekt der Barmherzigkeit Gottes[78]. Die largitas dei hat also
eine iustitia- und eine misericordia-Seite. Dieser Befund ist
so zu erklären: Wie im zwischenmenschlichen Bereich ein servitium gratis impensum den Empfänger zur Belohnung verpflichtet,
da die menschliche Dankbarkeit und Freigebigkeit eine andere
Reaktion nicht zuläßt, so verpflichten auch die Werke des Gerechtfertigten als Liebeswerke, die Gott durch ihre Güte ergötzen, Gott zum Erweis seiner Freigebigkeit[79]. Zwar kann sich

---

74   s.u.S. 303.
75   s.o.S.193 Anm.261 und S.203 Anm.297.
76   III tr.16 q.2 arg.4 (fol.221b/c): liberalitas; tr.16 q.2
arg.4 (fol.221c): liberalis, benevolentia, largitas, magnificentia; tr.16 q.2 ad 10 (fol.222a): liberalitas, liberalis;
tr.16 q.2 quaestio (fol.222a): largitas, magnificentia; tr.16
q.2 sol.(fol.222b): magnificentia.
77   "Non potest non remunerare propter suam magnificentiam;
sed illa est species iustitiae, ergo non potest non remunerare
de iustitia." III tr.16 q.2 arg.4 (fol.221c). Zum Charakter
der iustitia als vergeltender Gerechtigkeit vgl. o.Anm.58
("semper sumatur iustitia, secundum quam est virtus remunerandi
bonum").
78   s.o.Anm.25 und 61.
79   s.o.Anm.21. Dieses Zitat hat bei Wilhelm folgende Fortsetzung: "Sed servitium impensum deo ex caritate est gratis
impensum ei. Ergo obligat deum ad remunerationem. Ergo tenetur

Gott auch dem Sünder gegenüber nicht anders als freigebig verhalten, doch besteht ein gewichtiger Unterschied: Während der
Sünder durch sein gutes Werk als causa efficiens motiva das
göttliche Handeln nur veranlaßt, ist das Gnadenwerk des Gerechtfertigten hinsichtlich der göttlichen Belohnung eine causa
efficiens meritoria, die Gott verpflichtet[80]. Daß also Gottes
Freigebigkeit einmal für ihn selbst obligatorisch ist, das andere Mal nicht, sich einmal als iustitia, das andere Mal als
misericordia darstellt und daher dort die Möglichkeit eines
Verdienstes eröffnet, hier nicht, liegt am Charakter der Werke.
Die Konstante, die Gottes Beziehung zum Menschen bestimmt, ist
seine magnificentia, die Variable, die den Wechsel von der misericordia zur iustitia verursacht, ist die bonitas operum.
Dabei darf man trotz der Schlüsselfunktion, die der bonitas
operum hinsichtlich der Verpflichtung Gottes zukommt, die Bedeutung jener Konstante nicht unterschätzen: Die Werke könnten
Gott nicht zur Belohnung mit der ewigen Seligkeit verpflichten,
wenn er nicht an seiner wesenhaften Hochherzigkeit und Freigebigkeit festhielte. Streng genommen bewirken nicht die Werke,
sondern das göttliche Wesen die Verpflichtung Gottes, allerding
immer 'coram operibus'. Daher kann Wilhelm sagen, daß die Verpflichtung, von der man bei Gott spreche, das göttliche Wesen
selbst sei.

Erhellend ist ein Vergleich mit der Verdienstlehre Gaufrids
von Poitiers und Odo Rigaldis. Während auch für diese Theologen
die Variable in dem inneren Wertmoment der Werke liegt, sehen
sie die Konstante in der promissio, die, je nach der Beschaffenheit der Werke, bald eine nur deklaratorische, bald eine obligatorische ist[81]. Die Funktion der Wilhelmschen Wesensbegriffe
magnificentia, largitas, liberalitas und benevolentia trifft
sich mit der dieses promissio-Begriffs darin, daß hier wie dor
eine Extra-Dimension außerhalb der Werkqualität angesprochen
wird, die das Obligationsverhältnis zwischen Gott und Mensch
letztlich begründet. Nur daß es sich bei Wilhelm um ein ge-

---

reddere praemium; aliter esset ingratus, ergo iniuste faceret
cum tali, nisi redderet." (fol.221c).

80 "Haec igitur dictio quia notat causam efficientem non
activam, non meritoriam, sed motivam, motivam dico largitatis
dei. Cum enim deus sit summe largus et summe liberalis, cito
movetur ad dandum." III tr.2 q.8 sol.(fol.138d).

81 s.o.S.128-135 (Gaufrid) und 189-192.211f(Odo Rigaldi).

schlossenes System ontologischer Notwendigkeiten handelt, während bei Gaufrid und Odo durch die promissio ein Moment heilsgeschichtlicher Kontingenz Eingang in die Gnadenlehre findet und damit eine Extra-Dimension höherer Ordnung - außerhalb des Bereiches göttlicher Wesensnotwendigkeit - eröffnet wird.

b) Zwei Einwände zum Thema Selbstverpflichtung/Verpflichtung Gottes und Wilhelms Entgegnung - Freiheit und Anfänglichkeit der obligatio dei

Die zentrale Bedeutung, die der Gedanke der essentiellen Verpflichtung Gottes - im Gegensatz zu dem einer inchoativen Selbstverpflichtung Gottes - in Wilhelms Begründung der Verdienbarkeit des ewigen Lebens durch ein meritum ex condigno besitzt, wird uns noch deutlicher, wenn wir Wilhelms Auseinandersetzung mit zwei Einwänden, die sich gegen eine solche Verdienstmöglichkeit wenden, kennenlernen.

Wenden wir uns zunächst den Einwänden selbst zu. Der erste geht auf eine Argumentation ein, die sich für ein mereri ex condigno im indirekten Sinn einsetzt, d.h. für ein Verdienst, das nicht aus der Qualität des opus bonum, sondern allein aus dem debitum-Gedanken hergeleitet wird, wobei die Vorstellung von einer freien Selbstbindung Gottes im Hintergrund steht. Da Gott verheißen, geschworen und vertraglich festgelegt habe (promisit, iuravit, pepigit), daß er Abraham und seinem Samen, d.h. allen Gläubigen, das ewige Leben geben werde, sei er zum Geben angehalten und verpflichtet (tenetur et obligatus est). Kurz formuliert heißt das: "Deus est obligatus ad dandum aliquid." Gegen diesen Satz richtet sich der Einwand. Da Gott in höchstem Maße frei sei, so daß er freier nicht mehr gedacht werden könne, sei er zu nichts verpflichtet[82]. Also - so muß

---

[82] "... Sed constat, quod non est opus meritorium nisi in quantum ex gratia; ergo ab homine non est opus meritorium. Non ergo opere bono meretur homo vitam aeternam ex condigno. Item: Indirecte homo ex condigno meretur vitam aeternam. Sed mereri ex condigno est facere de indebito debitum vel de debito magis debitum, ita quod iniuste agitur cum eo, nisi reddatur ei quod meruit. Ergo deus ageret iniuste cum isto, nisi redderet ei vitam aeternam; ergo tenetur ei reddere; ergo obligatus est ad hoc. Quod etiam videtur per hoc, quod deus promisit, iuravit, pepigit se daturum illam in figura terrae promissionis, sicut legitur in Genesi et in multis aliis locis. Si ergo deus promisit eam et iuravit et pepigit se daturum Abrahae et semini

man die Beweisführung ergänzen - kann der Mensch vor Gott
nichts ex condigno verdienen. Bemerkenswert an diesem Einwand
ist, daß er eine Antinomie zwischen Freiheit und Bindung Gottes
sieht, auch wenn die Bindung aus einer exklusiven Selbstbindung
Gottes hervorgeht. Üblicherweise steht ja die Konzeption der
Selbstbindung Gottes gerade im Dienst des Interesses an der
Freiheit Gottes.

Der zweite Einwand führt die Kritik an dem Gedanken der
Selbstverpflichtung Gottes weiter. Wenn Gott durch Verheißungen, Verträge und Eide (promissiones, pacta, iuramenta) verpflichtet sei, dann habe die Verpflichtung (obligatio) Gottes
einen Anfang gehabt, da auch die Verheißungen, Verträge und
Eide einen Anfang gehabt hätten. Da sich aber eine solche Verpflichtung nur in Gott vollziehen könne, müsse irgendetwas in
Gott begonnen haben, was vorher nicht gewesen sei. Also sei
Gott wandelbar - ein unmöglicher Gedanke[83]. Diese Sätze wenden
sich gegen die Vorstellung von einer inchoativen Selbstbindung
Gottes, wie sie uns in der mittelalterlichen Theologie des
öfteren begegnet ist, ohne daß, bis hin zu Bonaventura, jemals
das Moment des Inchoativen Anlaß zum Nachdenken gegeben hätte.
Wie wir gesehen haben, wird die Begriffsreihe promissio, pactum und iuramentum auch von Wilhelm von Auvergne als Bezeichnung der Selbstbindung Gottes verwendet, allerdings im zu-
stimmenden Sinne[84].

Aus den zwei Einwänden ziehen, wie Wilhelm von Auxerre bemerkt, einige Theologen die Konsequenz, daß niemand ex condigno das ewige Leben verdient[85]. Diese Theologen begründen ihre
Ablehnung des meritum de condigno also damit, daß sie den
Gedanken einer Verpflichtung Gottes, ja auch den einer inchoativen Selbstverpflichtung, grundsätzlich zurückweisen. Welche

---

eius, id est omnibus fidelibus, ergo tenetur et obligatus est
ad dandum; et ita deus est obligatus ad dandum aliquid. Quod
videtur inconveniens. Quod potest etiam probari: Quia deus liberrimus est, ita quod liberior non potest excogitari, ergo nc
est obligatus ad aliquid." III tr.16 q.2 arg.9 und 10 (fol.22:

83 "Si deus per promissiones et pacta et iuramenta est obligatus, sed ista inceperunt esse, ergo obligatio dei incepit
esse. Sed constat, quod talis obligatio non est nisi in deo.
Ergo aliquid incepit esse in deo, quod prius non fuit; ergo
deus est mutabilis. - Propter has rationes dicunt quidam,
quod nullus meretur ex condigno vitam aeternam, et maxime pro
ter duas ultimas." III tr.16 q.2 arg.11 (fol.221a/b).

84 s.o.S.160 Anm.157.

85 s.o.Anm.83.

Theologen Wilhelm meint, ist schwer zu sagen. Immerhin fanden
wir in Radulfus Ardens einen Vertreter der Porretanerschule,
der mit der Negation des eigentlichen Verdienstes die Ablehnung
einer Verpflichtung Gottes auf Grund seiner Verheißung mit dem
Hinweis auf die absolute Freiheit Gottes - "qui liber penitus,
immo ipsa libertas est" - verband[86] und damit der im ersten
Einwand vorgetragenen Argumentation - "deus liberrimus est, ita
quod liberior non potest excogitari"[87] - sehr nahe steht. Für
zwei weitere opiniones, die Wilhelm ebenfalls referiert, konnten wir schon Vertreter nennen: Die erste wendet sich ebenfalls
gegen ein meritum ex condigno, begründet ihren Standpunkt aber
gerade durch den Gedanken einer Selbstverpflichtung Gottes (ex
promisso)[88]. Die zweite argumentiert genau umgekehrt, indem sie
aus der Selbstverpflichtung Gottes durch die Verheißung die
Möglichkeit eines meritum ex condigno ableitet[89] - so die im
ersten Einwand kritisierte Argumentation, die dann von einem
"indirecte ex condigno mereri" spricht[90].

Wilhelm selbst schließt sich keiner dieser drei Lösungen an:
Weder lehnt er eine obligatio dei oder ein meritum ex condigno
ab, noch argumentiert er zugunsten der Verpflichtung Gottes und
des Würdigkeitsverdienstes mit dem Gedanken der Selbstverpflichtung Gottes ex promisso. In seiner Antwort spricht er sich vielmehr für eine essentielle Bindung als Resultat des Zusammen-
treffens der Werkqualität mit der Freigebigkeit Gottes aus.
Zum ersten Einwand bemerkt er, daß Gott nur im übertragenen
Sinne (transsumptive) verpflichtet sein oder verpflichtet genannt werden könne, d.h. nur deshalb, weil er sich nicht verleugnen und darum nicht anders handeln könne, als die ihm Dienenden zu belohnen. Da Wilhelm die Verpflichtung Gottes auf
dem Hintergrund seiner wesenhaften Freigebigkeit sieht, ist
klar, wie er auf das Argument: "Liberrimus est, ergo non est
obligatus" antworten wird. Dies sei gerade die höchste liberalitas, daß er nicht anders als liberaliter handeln und die
Seinen nicht nicht belohnen kann, so wie die wahre Freiheit

---

86 s.o.S.42.
87 s.o.Anm.82.
88 s.o.S.82 Anm.129. Vertreter: Petrus Cantor, Paulinenkommentar Cod.Paris.Nat.lat.3572.
89 Vertreter: Stephan Langton, Gaufrid von Poitiers, Quästionen Cod.Vat.lat.782 fol.105d-106a.
90 s.o.Anm.82.

(libertas) der Seligen darin bestehe, daß sie nicht das nicht wollen können, was Gott will[91]. Der Freiheitsgedanke, mit dem Wilhelm hier den Verpflichtungsgedanken erläutert, ist nicht der Gedanke der souveränen Wahlfreiheit, der in der Konzeption der freien Selbstbindung Gottes enthalten ist: Gott habe sich in Freiheit (ex mera liberalitate) für eine Möglichkeit seines Handelns entschieden und damit verpflichtet; vielmehr knüpft Wilhelm an dem augustinischen, von Anselm entfalteten Gedanken der Freiheit zum Guten an, wo das non posse als Zeichen höchster potentia gilt[92]. Dem ersten Freiheitsbegriff entspricht eine inchoative Bindung angesichts des Spielraums der Möglichkeiten, dem zweiten entspricht eine anfangslose, wesensmäßige Bindung angesichts der Eindeutigkeit des Guten. So antwortet Wilhelm auf den zweiten Einwand, daß die obligatio, die von Gott behauptet werde, identisch sei mit der divina essentia. Wenn man aber sage, daß Gott angefangen habe, verpflichtet zu sein, dann werde die Anfänglichkeit nicht von Gott ausgesagt, sondern vom Verdienst des Menschen, durch das Gott, wie man sagt, verpflichtet ist. Darum ergebe sich aus dem Gedanken der Anfänglichkeit der Verpflichtung nicht die Konsequenz der Wandelbarkeit Gottes[93].

Diese Sätze Wilhelms zeigen uns, daß man sinnvollerweise zwischen einer zweifachen Anfänglichkeit unterscheiden sollte: zwischen dem Anfang der grundsätzlichen Bindung Gottes, seiner

---

91 "Ad 10 dicimus, quod deus non potest esse obligatus vel dici obligatus nisi transsumptive, scilicet quia non potest, quin ita faciat, nec potest negare se ipsum, quin remuneret servientes sibi. Et non valet haec argumentatio: Liberrimus est, ergo non est obligatus. Quoniam haec est summa liberalitas quod non potest facere nisi liberaliter et quod non potest non remunerare suos, sicut vera libertas eorum, qui sunt in patria, est, quod non possunt non velle quod deus vult." III tr.16 q.2 ad 10 (fol.222a).

92 Vgl. z.B. Augustinus, Opus imperfectum contra Iulianum 1,102f (PL 45,1117f); De civitate dei 5,10 (CC 47,140,16-24): Rezeption des neuplatonischen Gedankens der immutabilitas des höchsten Gutes (vgl. auch Sermo 182,3/PL 38,986); Anselm von Canterbury, Cur deus homo 2,10 (II 106,9-108,14) und 2,16 (II 120,15-122,13).

93 "Ad ultimo obiectum dicimus, quod obligatio, quae dicitur de deo, est ipsa divina essentia. Sed cum dicitur: deus incepit esse obligatus, inceptio non notatur in principali significato, sed in connotato, scilicet in merito hominis, per quod dicitur deus esse obligatus; et propter hoc non sequitur, quod deus sit mutabilis." III tr.16 q.2 ad 11 (fol.222a).

unumstößlichen Bereitschaft, so und nicht anders auf die Gnadenwerke des Menschen zu reagieren, und dem Anfang der konkreten Verpflichtung Gottes gegenüber einem bestimmten Menschen,
der im Stand der Gnade handelt. Während die Vertreter einer
inchoativen Selbstbindung Gottes, von Bernhard von Clairvaux
bis Bonaventura, diese doppelte Anfänglichkeit kennen, den Beginn der Obligation durch promissio, conventio oder pactum und
natürlich die konkrete Verpflichtungssituation zwischen Gott
und dem jeweiligen Verheißungsempfänger oder Vertragspartner,
versteht Wilhelm unter 'inceptio' nur eine Anfänglichkeit im
zweiten Sinn. Gott ist anfangslos zur Freigebigkeit gegenüber
allen Menschen, die ihm selbstlos dienen, verpflichtet. Einen
Anfang hat nur das Verpflichtungsverhältnis zwischen ihm und
dem einzelnen Menschen, da dessen Verdienst einen Anfang hat.
Wilhelm verlagert also das Problem der Anfänglichkeit, wie es
durch den Einwand hinsichtlich der promissiones, pacta und
iuramenta Gottes angesprochen worden ist, auf eine ganz andere
Ebene. Eine inchoative Selbstbindung Gottes durch promissiones,
pacta und iuramenta lehnt auch er ab.

Wir kommen also zu dem Ergebnis, daß Wilhelm bei der Begründung des meritum ex condigno an die Stelle des Gedankens einer
freien Selbstverpflichtung Gottes den einer essentiellen Verpflichtung Gottes setzt, die er in einem anderen Sinn frei
nennt, nämlich frei im Sinne einer freiwilligen Selbstbejahung.
Immer argumentiert Wilhelm von ontologisch-qualitativen Größen
her, d.h. der Qualität der Werke und der Qualität des göttlichen Wesens. Dies gilt auch für die zahlreichen Stellen, an
denen er davon spricht, daß der Mensch durch seine Liebeswerke
auf die himmlische Seligkeit und auf kein anderes Ziel hin
tendiere (tendere ad ...), weshalb er die prima gratia nicht
nachträglich verdienen könne, während das augmentum gratiae
als "directa via ad coronam" durch ein meritum ex condigno verdienbar sei[94]. Wie wir gesehen haben, sprechen Odo Rigaldi[95]
und Bonaventura[96] im gleichen Zusammenhang von einem ordinari
ad und einer ordinatio, von einer Hinordnung der Gnade und Gnadenwerke auf die Glorie. Obwohl die Begriffe tendere und ordi-

---

94 III tr.2 q.6 ad 1 (fol.137a); tr.16 q.1 sol.(fol.220d);
tr.16 q.2 arg.5 (fol.221c); tr.16 q.2 sol.(fol.222c, s.u.Anm.
100); tr.16 q.6 sol.(fol.223d).
95 s.o.S. 205-207.
96 s.o.S. 239-241.

nari in ihrer verdienstbegründenden Funktion vergleichbar sind,
besteht ein gewichtiger Unterschied: Hinter dem ordinari Odos
und Bonaventuras steht die Konzeption einer kontingenten heilsgeschichtlichen Anordnung, während durch das tendere Wilhelms
ausschließlich eine der gnadenhaften Tugend immanente Zielgerichtetheit zum Ausdruck gebracht wird. Die ontologisch-qualitative Größe besteht in diesem Fall in der Entelechie der geschaffenen Gnade. Thomas von Aquin wird seinem verdienstbegründenden ordinatio-Gedanken wohl auch unter dem Einfluß der gerade im Dominikanerorden so geschätzten Summa aurea, vor allem
aber auf Grund der Rezeption des aristotelischen Finaldenkens
eine ähnliche Interpretation geben[97].

5. Die Ablehnung einer Verdienbarkeit der incarnatio

Aus der Bejahung der Verdienbarkeit des ewigen Lebens ergibt
sich für Wilhelm die Frage, ob die Väter des Alten Bundes nicht
nur das ewige Leben, sondern auch die Inkarnation Christi als
das Geringere durch ein meritum ex condigno verdient haben[98].
Ein proverdienstliches Argument führt die Verheißung der Inkarnation ins Feld, durch die sich Gott als wahrhaftiger Gott
gebunden habe: "Necessarium erat, quod incarnaretur, non nisi
de veritate promissionis."[99]

Wilhelm wendet sich in seiner solutio gegen ein Verdienst
der Inkarnation, indem er, wie oben beschrieben, davon spricht
daß die gnadenhafte Tugend als Fundament des Verdienstes nur
auf die corona hin tendiere, so daß andere Gegenstände des
Verdienstes ausgeschlossen seien[100]. Zum promissio-Argument
bemerkt er, daß Gott zwar die Inkarnation verheißen habe, daß

---

97   s.u.S.333f.
98   "Cum dictum sit, quod antiqui patres merebantur ex co
digno vitam aeternam, videtur, quod multo fortius meruerunt e>
condigno, quod minus est, scilicet incarnationem." III tr.16
q.2 subq.3 arg.1 (fol.222b).
99   "Deus promiserat hoc et non potest negare se ipsum,
quoniam est veritas. Ergo necessarium erat, quod incarnaretur
non nisi de veritate promissionis; ergo antiquis patribus deb
batur incarnatio de iustitia et eam meruerunt ergo ex condigno." III tr.16 q.2 subq.3 arg.3 (fol.222b).
100   "Nec sequitur: Meruerunt maius ex condigno, ergo minu
quia illud tantum cadit sub merito, quod proponitur nobis ut
corona vel directa via ad coronam sive pars coronae ... Virtu
enim, quae est fundamentum merendi, non tendit nisi ad illam"
(sc. coronam). III tr.16 q.2 subq.3 sol.(fol.222c).

aber diese Verheißung nicht notwendig gewesen sei, ebensowenig
wie das Wort oder die Voraussicht eines Propheten. Über die Verheißung der Inkarnation sei daher ebenso zu urteilen wie über
die anderen Prophetien[101]. Mit dieser Antwort geht Wilhelm insofern am eigentlichen Problem vorbei, als die Verfechter einer
Selbstbindung Gottes durch die promissio gerade nicht die Notwendigkeit der promissio behaupten, sondern necessitas und debitum erst als Folge der promissio sehen. Da bei Wilhelm offensichtlich der Gesichtspunkt der seinsmäßig-sachlichen Notwendigkeit den der kontingent-geschichtlich gesetzten Notwendigkeit fast völlig verdrängt[102], ist für ihn die fehlende sachliche Notwendigkeit der Verheißung zugleich ein Argument gegen
die Notwendigkeit und den Schuldcharakter der Erfüllung.

6. Zusammenfassung

Wilhelm von Auxerre vertritt in seiner Verdienstlehre nur an
einer Stelle, bei der Frage nach dem Verdienst zeitlicher Güter, den Gedanken einer freien Selbstbindung Gottes, und auch
hier nur für den historischen Ausnahmefall der Juden des Alten
Bundes. Die Notwendigkeit der Gnadenmitteilung an den faciens
quod in se est und der im Neuen Bund erfolgenden Vergeltung natürlich guter Werke mit zeitlichen Gütern leitet er dagegen
aus der permanenten Freigebigkeit des göttlichen Wesens ab,
ebenso die Belohnung der Liebeswerke mit dem ewigen Leben, nur
daß in diesem Fall die gnadenhafte Qualität der Werke die Notwendigkeit des göttlichen Reagierens zu einem Obligationsverhältnis zwischen Gott und Mensch intensiviert und damit eine
Verdienstsituation begründet. Während bei Wilhelms Zeitgenossen
Gaufrid von Poitiers Gott dem Menschen gegenüber nur durch das
Medium der promissio verpflichtet ist, bewirken die Werke nach
Wilhelms Sicht auf direktem Wege die Verpflichtung Gottes. Entscheidend ist dabei das Axiom: "Servitium gratis impensum ob-

---

101 "Ad ultimum dicimus, quod dominus promisit illud; sed
non erat necessarium deum promisisse sicut nec prophetam dixis-
se nec etiam providisse. Eodem modo iudicandum est de promissione incarnationis sicut et de aliis prophetiis." III tr.16
q.2 subq.3 ad 3 (fol.222c).
102 Nur bei der Frage der temporalia wird die promissio
Gottes an die Juden zum Ausgangspunkt kontingent-geschichtli-
cher Notwendigkeit. s.o.S.363-365.

ligat recipientem."[103] So tritt an die Stelle einer durch Gottes kontingente Willensentscheidung vermittelten Kausalität
eine unmittelbare Kausalität der Werke auf der Grundlage der
seinsmäßigen Beziehung zwischen der bonitas operum und der
magnificentia, largitas, liberalitas und benevolentia dei.

III. Roland von Cremona

Zu den jüngeren Zeitgenossen Wilhelms von Auxerre in Paris
zählt der Dominikaner Roland von Cremona, über dessen Stellung
in der älteren, vorthomistischen Dominikanerschule Filthaut
das Urteil fällt: "Sein philosophisch-theologisches Können
überragt das eines Hugo von St.Cher, Johannes von Treviso,
Moneta von Cremona und stellt ihn neben den fähigsten Lehrer
unter den älteren Dominikanern, Richard Fishacre."[104] Roland
war bereits Magister artium in Bologna, ehe er dort 1219 in
den Dominikanerorden eintrat, um dann 1229 als erster Dominikaner Lizenz zu theologischen Vorlesungen in Paris und kurz
darauf - ebenfalls als erster Dominikanerlehrer - einen Lehrstuhl an der Pariser Universität zu erhalten. Bereits 1230 oder
1231 verließ er jedoch Paris wieder und folgte einem Ruf an die
neugegründete Universität Toulouse. Schließlich kehrte er 1233
oder 1234 wieder nach Italien zurück und starb dort wahrscheinlich 1259[105].

Von den zwei erhaltenen Werken Rolands, der theologischen
Summe (Summa fratris Rolandi) und dem Hiobkommentar (Postilla
super Iob)[106], werden wir für unsere Zwecke nur die Summe berücksichtigen. Filthaut war noch der Auffassung, daß sie während der Zeit von Rolands Pariser und Toulouser Wirken, also
vor 1234, entstanden sei[107], doch besteht nach neueren For-
schungsergebnissen kaum noch ein Zweifel, daß Roland sie erst
in Italien, vermutlich aber noch in den dreißiger Jahren, ver-

---

103   s.o.Anm.21.
104   Filthaut, Roland von Cremona, 195.
105   Zu diesen biographischen Angaben s. Glorieux, Répertoire I n.1; Filthaut, aaO 29; Lottin, Roland de Crémone, 136;
Käppeli, Kurze Mitteilungen, 282; Breuning, Die hypostatische
Union, 217; ders., Roland von Cremona.
106   Zum Hiobkommentar (Cod.Paris.Nat.lat.405) s. Dondaine,
Un commentaire scripturaire de Roland de Crémone.
107   Filthaut, Roland von Cremona, 50. So auch noch Landgraf, Einführung, 131.

faßt hat, und zwar, "wenn man ihm glauben darf, sozusagen zum
Zeitvertreib" (Breuning)[108]. Dieser Zweck und der Ort der Entstehung, fern von Paris, dem geistigen Zentrum der Zeit, erklären vielleicht die bei dem hohen Niveau des Werkes auffallende Tatsache, daß es keine literarische Nachwirkung gehabt zu
haben scheint[109]. Sehr wahrscheinlich ist es allerdings, daß
Roland als Pariser Magister die geistige Entwicklung seines
Schülers und Ordensbruders Hugo von St.Cher beeinflußt hat,
der auch sein Nachfolger auf dem Dominikanerlehrstuhl in Paris
wurde. Die literarische Abhängigkeit ist freilich umgekehrt:
Nicht Hugos Sentenzenkommentar setzt Rolands Summe voraus, wie
man angenommen hat[110], sondern Roland hat das zwischen 1230
und 1235, wahrscheinlich 1230-1232 entstandene Werk seines
Schülers als Quelle benützt[111].

Noch wichtiger ist für Roland als Vorlage die Summe Wilhelms
von Auxerre, die auch schon Hugo ausgiebig zitiert. Freilich
macht gerade die Art der Beziehung zwischen Roland und Wilhelm
den eigenständigen Charakter der Theologie Rolands deutlich.
So bemerkt Filthaut: "Rolands... Werk stellt eine einzige kritische Auseinandersetzung mit Wilhelms Summa aurea dar. Es
würde eine Arbeit für sich sein, wollten wir all die Stellen
einzeln anführen, wo Roland inhaltlich von Wilhelm abweicht und
sogar scharf gegen ihn vorgeht."[112] Dieses Urteil gilt auch
für die Verdienstlehre. Zwar sieht Roland wie Wilhelm die Verdienstlichkeit der Gnadenwerke durch ein unmittelbares Kausalitätsverhältnis zwischen Leistung und Lohn auf der Basis onto-
logisch-sachlicher Gegebenheiten begründet, doch argumentiert
er im einzelnen völlig anders und räumt dem Gesichtspunkt der
freien Selbstbindung Gottes hinsichtlich des ewigen Lebens da-

---

108 Breuning, Die hypostatische Union, 217. s. auch Lottin,
Roland de Crêmone, 143; Doucet, Commentaires sur les Sentences,
n.754.
109 Zur fehlenden Einflußsphäre Rolands vgl. Filthaut, Roland von Cremona, 195.
110 Vgl. Lottin (Roland de Crêmone, 136), der 1940 zur
Forschungssituation bemerkt: "Il est donc assez naturel de pla-
cer le Commentaire des Sentences d'Hugues après la Somme de
Roland. C'est ainsi, de fait, qu'ont procédé jusqu'ici tous
les médiévistes."
111 s. Lottin, aaO 136-143. Zur Datierung von Hugos Sentenzenkommentar s. Landgraf, Einführung, 130; Gründel, Die Lehre von den Umständen, 419.
112 Filthaut, Roland von Cremona, 88.

durch einen bedeutenden Platz ein, daß er ihn mehrmals als auch
mögliche Lösung zur Sprache bringt. Wie die kritische, ja bisweilen feindselige Rezeption Wilhelms von Auxerre durch Roland
zeigt, kommt diesem eine sehr eigenständige Position im Dominikanerorden zu, die eine ausführliche Untersuchung seiner Verdienstlehre besonders lohnend macht[113].

Mit seinen Ordensbrüdern Albertus Magnus und Thomas von
Aquin verbindet Roland die Intensität der Aristotelesrezeption.
Nach dem Urteil von Hess übertrifft Roland all seine Zeitgenossen in der Verwendung aristotelischer Schriften bei weitem.
Allein in der Summe zählt Hess 672 Aristoteleszitate, wobei
Roland der erste Theologe sei, der praktisch alle Werke Aristoteles' benützt habe[114]. Abschließend bemerkt er: "Roland
is the first of his time to make an abundant and enthusiastic
use of the non-theological works just becoming available."[115]
Dieser Durchbruch in der Aristotelesrezeption, den wir bei Roland beobachten können, ist auf dem Hintergrund des Umschwungs
der päpstlichen Haltung in der Aristotelesfrage zu sehen, wie
er in der Verordnung Gregors IX. vom 13. April 1231 zum Ausdruck kommt[116]. Speziell im Predigerorden wurde dem Aristoteles
studium freilich bereits durch die Konstitutionen des Jahres
1228 der Weg geebnet, die festlegten, daß der Ordensgeneral
oder das Generalkapitel die Dispens zur Lektüre der aristotelischen Schriften geben konnten[117]. Roland, der ja schon als
Magister artium mit Aristoteles vertraut gewesen sein muß, trat
somit in einen Orden ein, der sich der Begegnung zwischen
christlicher Theologie und aristotelischer Philosophie öffnete,
was offensichtlich - ebenso wie die päpstliche Politik - den
Charakter seiner Summe beeinflußte. Wir werden zu untersuchen
haben, ob sich das aristotelische Moment in Rolands Verdienstlehre nicht nur in der großen Zahl der Aristoteleszitate, sondern auch in einer bestimmten Prägung des Verdienstgedankens
zeigt.

---

113 Zur geistigen Unabhängigkeit und Originalität Rolands
s. Lottin, Rezension zu D.van den Eynde, Les définitions des
sacrements, 122 n.414; Hess, Roland of Cremona's place, 477.
114 Hess, aaO 432.
115 Hess, aaO 433.
116 Zur Bedeutung dieses Datums für die Aristotelesrezeption s.o.S. 135f.
117 Denifle, Die Constitutionen des Prediger-Ordens, 122;
Meersseman, In libris gentilium non studeant.

Roland entfaltet nach dem Vorbild der Summa aurea Wilhelms
von Auxerre die Lehre vom Verdienst im Rahmen der Tugendlehre
des dritten Buches seiner Summe, das als einziges der vier
Bücher in einer kritischen Edition vorliegt[118]. Den zwei Abschnitten der Summa aurea, die wir besprochen haben, entsprechen bei Roland die Kapitel 58-67[119] und 345-354[120]. In ersteren geht es also um das Leistungsvermögen des Menschen vor
Empfang der Gnade, d.h. um das Problem der Verdienbarkeit zeitlicher Güter und der Gnade; letztere sind der Frage gewidmet,
inwiefern der Mensch im Stand der Gnade durch seine Liebeswerke
das ewige Leben verdienen kann und die Inkarnation Christi verdienen konnte. Ehe wir uns aber diesen vier Themen - temporalia,
gratia, vita aeterna, incarnatio - im einzelnen zuwenden wollen,
ist zuerst zu klären, was Roland unter einem Verdienst versteht
und welche Verdienstarten er kennt.

1. Verdienstbegriff

a) Das Wesen des Verdienstes - der aristotelische Verdienst-
begriff Rolands

Roland von Cremona ist unseres Wissens der erste Theologe des
13. Jahrhunderts, der sich ausdrücklich von der traditionellen
Verdienstdefinition "mereri est de indebito facere debitum"
distanziert. Wie wir sahen, hat bereits sein Schüler und literarischer Vorgänger Hugo von St.Cher einen Verdienstbegriff
vertreten, der das Moment der verpflichtenden Wirkung völlig
außer acht läßt, dagegen das gratis-Moment in den Mittelpunkt
stellt[121]. Eine direkte Auseinandersetzung mit der seit Alanus
ab Insulis und Petrus Cantor gebräuchlichen Formel "mereri est
de indebito facere debitum" fanden wir allerdings bei ihm
nicht[122]. Roland lehnt nun diese Definition, die er als die

---

118 A.Cortesi, Summae magistri Rolandi Cremonensis O.P. liber tertius, Monumenta Bergomensia 7, Bergamo 1962. Bei genauen
Stellenangaben zitieren wir erst die Kapitelzahl, dann die
Nummer des Abschnitts und in Klammern die Seitenzahl nach Cortesi. Beispiel: 348,7 (1052).
119 Cortesi, S.173-205.
120 Cortesi, S.1027-1067.
121 s.o.S.140.
122 Wir haben allerdings nur einen kleinen Teil seines
noch ungedruckten Sentenzenkommentars eingesehen.

der magistri referiert[123], nicht rundweg ab, erwähnt sie vielmehr immer wieder als auch mögliche Definition, äußert aber
deutlich die Bedenken, die er gegen sie hat, und stellt ihr
eine eigene Definition gegenüber.

Seine Kritik an der Bestimmung des Verdienstes als ver-
pflichtender Tat lautet: Nicht nur daß Christus nach diesem
Verdienstbegriff nichts verdienen konnte, da ihm ja kraft seiner Würdigkeit von der Inkarnation an alles geschuldet wurde;
auch der Christ, der im Besitz der Liebe ist, kann in diesem
Sinn das ewige Leben nicht verdienen. Denn wenn er die Liebe
hat, wird ihm das ewige Leben bereits geschuldet. Er kann es
also nach Empfang der Gnade nicht mehr aus einem indebitum zu
einem debitum machen[124]. Wir müssen hier an Wilhelm von Auvergne denken, der auch der Ansicht war, daß der gratia oder
caritas direkt der himmlische Lohn geschuldet wird[125], was ihn
allerdings nicht daran hinderte, auch von einer obligatorischen
Wirkung der Werke zu sprechen[126]. Immerhin sah er deutlich das
Problem: "Quid operantur bona opera ad obtinendum vitam aeternam, cum soli gratiae debeatur?"[127] Er versucht es zu lösen,
indem er sich um einen Ausgleich zwischen der verpflichtenden
Rolle der Gnade und der der Werke bemüht[128]. Roland läßt sich
auf dieses reichlich komplizierte Unterfangen erst gar nicht
ein, sondern löst die Frage durch eine andere Verdienstdefinition, in der wie bei Hugo das Verpflichtungsmoment wegfällt.

Die neue Definition lautet: "Mereri est motum ex virtute
gratuita et libero arbitrio elicere in via militiae; et aliquem mereri sibi est motum virtutis pro se elicere."[129] Dies

---

123 348,7 (1052); vgl.35,1 (117): quidam; 349,6 (1053):
ipsi.
124 "Videndum ergo imprimis, quid sit mereri et quid sit
meritum. Quidam dixerunt, quod mereri est de indebito facere
debitum. Secundum hoc Christus numquam meruit sibi aliquid,
quia numquam potuit sibi facere de indebito debitum, quia, quam
cito fuit, dignus fuit omni bono quod habuit; ergo debitum
erat ei quicquid habiturus erat, quam cito fuit. Secundum hoc
nullus, qui habet caritatem, potest sibi mereri aliquid, scilicet vitam aeternam, quia ex quo habet caritatem, debetur sibi
vita aeterna; ergo non est sibi indebita; ergo illud non est
mereri." 35,1 (117).
125 s.o.S. 154-156.
126 s.o.S. 159-163.
127 s.o.S. 166 Anm.172.
128 s.o.S. 166-168.
129 35,2 (117).

ist ihre längste Fassung; kürzere definieren mereri als "motum virtutis per liberum arbitrium in via militiae elicere"[130], "motum gratiae in via militiae elicere"[131], "moveri motu virtutis gratuitae ad aliquid habendum"[132], "movere liberum arbitrium per gratiam ad aliquid"[133] oder einfach als "moveri"[134]. Roland gibt deutlich zu erkennen, daß es sich hier um eine Verdienstdefinition handelt, die er als Gegendefinition zu der allgemein vertretenen der magistri selbst gebildet hat[135]. Darum sichert er sich auch durch die Bemerkung ab, daß sie keine allseits präzise Definition, sondern nur eine gewisse Beschreibung sein soll. Wolle man Definitionen Zwang antun, dann könne man unter denen der Heiligen und Philosophen kaum eine richtige finden[136].

Der besondere Charakter der Definition Rolands zeigt sich in den Begriffen motus und movere. Verdienen bedeutet für ihn entweder das Hervorrufen einer Bewegung (motum elicere)[137], Bewegen (movere) oder Bewegtwerden (moveri). Dem Bild der Bewegung entspricht die Vorstellung von der via militiae als Ort des Verdienstes. Anfangspunkte dieses Weges sind gnadenhafte Tugend und freier Wille, wobei der Aspekt der virtus gratuita oder gratia als der spezifischen Wurzel der verdienstlichen Bewegung im Mittelpunkt steht; Endpunkt des Weges ist der Lohn für das Verdienst. In der Aufnahme des Gnadenbegriffs in die allgemeine Verdienstdefinition kommt genau das zum Ausdruck, was wir bei Wilhelm von Auxerre, Wilhelm von Auvergne und besonders bei Hugo von St.Cher "Theologisierung des Verdienstgedankens" genannt haben[138]. Roland knüpft deutlich an Hugo an,

---

130 63,8 (193).
131 64,5 (196).
132 348,7 (1052).
133 349,6 (1053).
134 349,5 (1053).
135 348,7 (1052): "sicut dicunt magistri ... sicut nos dicimus", "magistri dicunt ... secundum nos"; 349,6 (1053): "diffinimus ... ipsi diffiniunt".
136 "Nos non posuimus illam diffinitionem eius quod est mereri ideo, quod sit talis diffinitio, quod omnino sit praecisa; sed pro descriptione aliquali habeatur. Facilis enim est argumentatio contra diffinitiones, ut dicit Aristoteles. Si quis vellet facere vim in diffinitionibus, quas ponunt sancti in theologia et philosophi in philosophia, vix inveniretur umquam aliqua recta diffinitio." 64,18 (199).
137 'Motus' ist in diesem Fall mit 'Bewegung' und nicht mit 'Regung' zu übersetzen.
138 s.o.S.141f.

wenn er das Verdienst als unentgeltliche Tat zur Ehre oder zum
Vorteil eines anderen bestimmt und feststellt, daß eine solche
Tat nur mit Hilfe der gnadenhaften Tugend möglich sei[139]. Während die Verdienstdefinition "de indebito facere debitum" sowohl auf den privatrechtlichen als auch auf den theologischen
Bereich anwendbar ist, sind Hugos und Rolands Beschreibungen
des Verdienstes als "obsequium gratis impensum" bzw. als "moveri motu virtutis gratuitae" auf die Situation des Christen im
Stand der Gnade zugeschnitten. Die Bewegung, die nach Roland
jedes Verdienst kennzeichnet, ist darum für ihn konkret nur
vorstellbar als Bewegung von dem Ursprung der Gnade zum Ziel
des ewigen Lebens - von der Inkarnation als Ziel des Verdienste
der alttestamentlichen Heiligen einmal abgesehen, da diese Verdienstmöglichkeit ja im Neuen Bund nicht mehr gegeben ist. Das
ewige Leben ist, wie er sagt, das Ziel aller Ziele, auf das
sich der Mensch durch die meritorischen Akte zubewegt[140]. In
der beatitudo liegt - "sicut dicunt philosophi" - das Ziel der
Tugenden, während die guten Werke nicht Ziel, sondern nur Wirkungen der Tugenden sind. Ziel kann nur sein, was zugleich Ursache ist. Das ewige Leben ist somit die causa finalis der gnadenhaften Tugenden, die auf dieses Ziel angelegt sind, während
die verdienstlichen Akte die Distanz zwischen Gnade und Glorie
durch ihre Bewegung überbrücken[141].

Zum Verdienstbegriff Rolands konnten wir bislang zwei wichtige Feststellungen machen: 1.) Jeder verdienstliche Akt hat
seine Wurzel in der gnadenhaften   T u g e n d : "Non est meri
tum nisi a caritate."[142] Das konnte auch Hugo sagen.   2.) Das
Verdienst ist eine   B e w e g u n g   von der Tugend her auf
den Lohn zu. Diese Bestimmung begegnet uns zum ersten Mal bei
Roland.   Zu diesen zwei Gesichtspunkten treten nun noch zwei
weitere, die in den schon zitierten Verdienstdefinitionen Rolands nicht genannt werden, aber gleichwohl seinen Verdienst-

---

139 "Mereri est gratis facere aliquid bonum ad honorem vel
commodum alicuius. Sed solo opere virtutis fit hoc." 354,5
(1064).
140   346,10 (1032).
141 "Dicimus, quod opus virtutis non est finis virtutis,
quoniam si esset finis, esset causa; non est autem causa virtutis, sed potius est effectus eius, ita quod non est causa;
immo beatitudo est finis virtutum, sicut dicunt philosophi."
354,18 (1066).

gedanken entscheidend prägen: 3.) Die Verdienste stehen in einem K a u s a l i t ä t s v e r h ä l t n i s zum Lohn der vita aeterna, denn: "Omne meritum est causa."[143] Zwar ist auch das ewige Leben Ursache, nämlich causa finalis der Tugenden und Verdienste, andererseits aber ist es Folge und Endpunkt der meritorischen Bewegung. Die Verbindung von meritum und causa ist durchaus traditionell; man denke nur an den Verdienstbegriff des Kardinals Laborans[144]. 4.) Zwischen dem Verdienst und seinem Lohn muß eine W e r t p r o p o r t i o n bestehen. Zwar spricht schon Wilhelm von Auxerre von einem proportiona(bi)liter mereri, doch stellt er ihm ein simpliciter mereri gegenüber, das er ebenfalls als mereri ex condigno gelten läßt[145]. Auch Wilhelm von Auvergne erwähnt in Verbindung mit dem Verdienst den Proportionsbegriff (proportio, proportionalis), lehnt aber wie Wilhelm von Auxerre seine Anwendung auf das Verhältnis zwischen Gnadenwerken und ewigem Leben ab[146]. Erst Roland charakterisiert den Verdienstbegriff grundsätzlich, und zwar gerade hinsichtlich des ewigen Lebens, durch die Begriffe proportio und proportionalis - eine Neuerung, die sich offensichtlich durchsetzte, wie Odo Rigaldis Auseinandersetzung mit dem Proportionsproblem zeigt[147]. Gelegentlich kann Roland die Wertrelation zwischen Verdienst und Lohn auch durch die Begriffe associatio[148], comparabilis[149], accomodatus[150] und aequiparari[151] zum Ausdruck bringen, doch verwendet er proportio[152], proportionalis[153] bzw. improportionalis[154] mehr als dreimal so oft[155]. Die Betonung der Wertproportion steht in

---

142   346,8 (1031).
143   65,1 (199).
144   s.o.S.45.
145   s.o.S.270.
146   s.o.S. 176 und S.176 Anm.204.
147   s.o.S. 176f und 204.
148   347,66 (1050): "associatio meriti cum praemio".
149   347,50 (1048): "Cum ergo virtus sive opus sit causa vitae aeternae, quoniam est causa meritoria, est ei comparabilis et proportionalis."
150   347,47 (1047).
151   347,28 (1043).
152   347,18 (1042); 347,27f (1043); 347,50 (1048); 60,8 (178).
153   347,20 (1042); 347,30 (1044); 347,39f (1046); 347,50 (1048); 347,57 (1049).
154   347,27 (1043); 60,8 (178).
155   associatio, comparabilis, accomodatus, aequiparari: 4 mal; proportio, proportionalis, improportionalis: 15 mal.

unmittelbarem Zusammenhang mit der Beurteilung der Verdienste
als Ursachen des Lohnes. Denn für Roland gilt die Regel: "Causa
debet habere aliquam proportionem ad effectum."[156]

Wir gehen wohl nicht fehl, wenn wir Rolands Definition des
Verdienstes als einer Bewegung, die ihrem Ziel proportional
ist, aristotelisch nennen. Sieht doch Aristoteles das Entscheidende an dem Verhältnis zwischen Ursache und Wirkung in der Bewegung, die ihrem Wesen nach Verwirklichung des der Möglichkeit
nach Seienden ist, wobei das Bewegungs- oder Verwirklichungs-
prinzip in der Energeia bzw. Entelecheia der Bewegungsursache
besteht. Bedeutet dies aber, daß das Ziel der Bewegung bereits
in ihrem Anfangspunkt angelegt ist, dann muß eine Seinsproportion zwischen dem Anfang als dem zu Verwirklichenden und dem
Ende als der Wirklichkeit bestehen. Wichtig ist, daß Aristoteles Ursache und Wirkung nicht von außen her durch die verordnende Autorität einer Willensinstanz verknüpft sein läßt, sondern die Wirkung als Entfaltung einer der Ursache innewohnenden
Kraft versteht, von der Bewegung und Veränderung ausgehen. Dieser inneren Kontinuität des sich dynamisch Entfaltenden entspricht der Gedanke der Proportion zwischen Ursache und Wirkung[157].

Die Aufnahme der aristotelischen Kausalitäts-, Bewegungs-
und Verwirklichungstheorie zeigt nun in der Verdienstlehre Rolands folgende Konsequenzen: Die gnadenhafte Tugend als der Ursprung und das ewige Leben als der Lohn der menschlichen Verdienste dürfen, wenn es sich hier wirklich um Verdienste und
damit um ein Kausalitätsverhältnis handeln soll, nicht nur
äußerlich - durch eine freie Selbstbindung Gottes etwa - miteinander verknüpft sein. Vielmehr muß das Gnadengeschenk kraft
seiner inneren Ausrichtung auf das Ziel des ewigen Lebens hin
eine Bewegung aus sich entlassen, den motus meritorius[158], der
in jedem Punkt auf Grund seines Ursprungs dem Ziel seinshaft
proportional ist. So wie die Gnade ihre Entelechie in der Glor
hat, so sind auch die durch sie geformten Werke als Wegstatio-
nen unmittelbar auf diese letzte Wirklichkeit bezogen. Die Be-

---

156 347,27 (1043). Vgl. 347,50 (1048): "In creaturis videtur, quod omnis causa aliquo modo sit proportionalis suo effec
tui."
157 s. bes. Aristoteles, Physik 3-8 (Bekker 200b,12-267b,
26).
158 s.u.Anm.160.

griffe proportio und proportionalis zeigen an, daß hier, zwischen Gnade bzw. Verdiensten und Glorie, keine Gleichheit, aber auch keine völlige Verschiedenheit besteht, sondern ein Mittleres, das Roland auch Ähnlichkeit nennen kann[159]. Ist doch die Bewegung zugleich ontische Brücke zwischen ihrem Anfangs- und Endpunkt und unvollkommene Vorläufigkeit angesichts der kommenden Vollendung, eine perfectio imperfecta, wie Roland unter Berufung auf Aristoteles sagt[160].

Zum aristotelischen Charakter des Verdienstbegriffs Rolands von Cremona mögen diese Bemerkungen vorerst genügen. Wir werden aber noch genau zu untersuchen haben, wie Roland die Wertproportion zwischen Verdiensten und himmlischem Lohn begründet. Halten wir fest, daß Roland der erste Theologe ist, bei dem wir eine aristotelische Prägung des Verdienstbegriffs gefunden haben, worauf uns schon das äußere Indiz der zahlreichen Aristoteleszitate in den entsprechenden Kapiteln gewiesen hat.

b) Verdienstarten: meritum condigni, meritum congrui

Roland von Cremona unterscheidet zwischen dem meritum condigni und dem meritum congrui - in einer Zeit, in der sich diese Terminologie noch keineswegs durchgesetzt hat. Wilhelm von Auxerre vermeidet den Begriff meritum congrui, Wilhelm von Auvergne lehnt die Bezeichnung meritum condigni für das Verdienst des Gerechtfertigten ab[161], und mehrere Franziskanertheologen von Johannes von Rupella und Alexander von Hales (Summa Halensis) bis hin zu Petrus de Trabibus und Matthäus von Acquasparta nennen das auf die Gnade vorbereitende Verdienst des Menschen nicht bzw. nicht mit Vorliebe meritum congrui, sondern meritum interpretativum, womit sie den uneigentlichen Charakter des

---

159 63,13 (195).
160 "Ad illud, quod dicit - quod ex imperfecto non potest exire perfectum -, dicimus, quod motus, qui est meritorius, quilibet est imperfectus: et quoniam homo, dum est in vita praesenti, nihil perfecte potest facere, et iterum quoniam 'non sunt condignae passiones' etc, et iterum quoniam omnis motus, ut dicit Aristoteles, est perfectio imperfecta. Unde, si diligenter inspicias, fides est magis perfecta quam aliquis motus meritorius, quoniam motus est imperfectus, quoniam est in successione vel quasi in successione, fides autem non est in successione." 346,23 (1035).
161 Dafür spricht er von einem meritum debiti; s.o.S.143f.

Vorbereitungsverdienstes stärker hervorheben[162]. Für Roland ist jedes wirkliche Verdienst ("recta ratione merendi") ein meritum condigni[163], d.h. ein Würdigkeitsverdienst ist immer dort gegeben, wo eine Tat aus Liebe (caritas) geschieht. Umgekehrt handelt es sich bei dem Billigkeitsverdienst um ein gute Werk, das nicht der Liebe entspringt[164]. Von ihm ist daher be den Fragen nach der Verdienbarkeit zeitlicher Güter und nach der Vorbereitung des Sünders auf die Gnade die Rede.

Sehr ausführlich äußert sich Roland zum Sinn der Formulierung "mereri ex condigno", wobei zur Diskussion steht, was ma hinter 'condigno' ergänzen muß: 'dono' oder 'opere'. Er löst das Problem, indem er zwischen zwei Bedeutungen der Präposition 'ex' unterscheidet: Bezeichnet sie den Ursprung oder das Prinzip des Verdienstes, dann muß man 'dono' ergänzen, da das Verdienst aus dem donum fidei oder nach anderer Auffassung au dem donum caritatis hervorgeht; bezeichnet sie dagegen die In strumentalursache, dasjenige, "per quod meremur", dann ist 'opere' zu ergänzen[165]. Warum aber sagt man 'ex condigno' und nicht einfach 'ex digno'? Roland antwortet: Das 'cum' werde deshalb angefügt, um auf die Verbundenheit (associatio) des Verdienstes mit dem Lohn hinzuweisen[166]. In der Kondignität kommt also nach Rolands Meinung genau das zum Ausdruck, was e an anderer Stelle als Wertproportion zwischen Verdienst und Lohn beschreibt. - Nirgendwo sonst haben wir eine so intensi etymologische Beschäftigung mit dem Begriff des meritum ex condigno gefunden.

2. Die temporalia als Gegenstand des Verdienstes

a) Der Zusammenhang zwischen temporalia, gratia und vita aet

Bevor wir uns speziell dem Komplex der zeitlichen Güter zuwe

---

162 s. Auer, Gnadenlehre II, 81-87.
163 "... meretur ex condigno, quia istud est mereri rect ratione merendi." 60,26 (182f).
164 "Verumtamen solet distingui multiplex meritum, quia est meritum condigni et est meritum congrui. Merito condigni non meretur aliquid aliquis, qui est extra caritatem, quonia meritum condigni ex caritate exit. Merito autem congrui aliq meretur aliquid, qui est extra caritatem." 60,17 (180); vgl. auch 347,67 (1050f).
165 347,64f (1050).
166 "Ipsum autem c u m adiungitur ibi ad notandum as ciationem meriti cum praemio." 347,66 (1050).

den, sei das Augenmerk auf eine Stelle gerichtet, in der Roland
die drei Gaben temporalia, gratia/caritas und vita aeterna zu
einer Skala auf dem Weg des Menschen anordnet. Gott liebe den
Menschen, der ihn aus natürlicher Liebe liebt, ad habendum
temporalia, um durch die zeitlichen Güter jene natürliche Liebe
des Menschen zu erhalten. Da Gott aber den Menschen durch die
Förderung des amor naturalis zur gnadenhaften Liebe führen
will, liebt er ihn damit auch ad habendam caritatem und insofern auch ad habendam vitam aeternam. Hinter der Gabe der zeitlichen Güter verbirgt sich bereits die Absicht Gottes, dem
Menschen die Gnade und schließlich das ewige Leben zu schenken[167]. Diesem Gedanken einer dreistufigen Entfaltung der
Liebe Gottes soll der Aufbau unserer Darstellung der Verdienstlehre Rolands entsprechen, indem wir nacheinander die Komplexe
temporalia, gratia und vita aeterna behandeln.

b) Gottes Verheißung an die Juden - die äquivoke Bedeutung des
Begriffs debere

Für Roland erhebt sich die Frage, ob Gott auf Grund seiner Verheißung zeitlicher Güter den außerhalb der gnadenhaften Liebe
verrichteten guten Werken der Juden diese temporalia schuldete
und sie ihnen damit aus Gerechtigkeit, nicht aus Barmherzigkeit
gab[168]. Dem steht neben anderen Argumenten das damals oft zitierte Augustinwort entgegen: "Peccator non est dignus etiam
pane quo vescitur." Schuldet also Gott dem Sünder nur die
Strafe?[169]

Roland löst das Problem durch eine Unterscheidung innerhalb
des Schuldbegriffs: Einmal ist in dem Begriff debere der Bezug
zur Würdigkeit dessen, dem etwas geschuldet wird, mitenthalten.
In diesem Sinn sagt man, daß Gott den Gerechten das ewige Leben schuldet, weil sie würdig sind, während man nicht sagen
kann, daß er den Todsündern etwas schuldet. Ein andermal ist
zur Anwendung des Schuldbegriffs keine Würdigkeit des Gläubi-

---

167   61,20 (188); vgl. auch 60,3 (177f).
168   "Per ea quae probata sunt, videtur, quod dominus ex
promissione sua det bona temporalia bonis operibus factis extra caritatem. Ergo illa debet bonis operibus factis extra caritatem. Sed nihil debetur nisi quod debetur ex iustitia; quod
enim de misericordia fit, non debetur." 60,5 (178).
169   60,5 (178).

gers erforderlich, da in diesem Fall das debere nur eine gewisse Schicklichkeit (decentia) auf seiten des Schuldners voraussetzt, und zwar eine Schicklichkeit auf Grund einer Verheißung. So hat Gott den Juden, die das Gesetz nach außen hin
in knechtischer Furcht erfüllten, zeitliche Güter geschuldet,
geschuldet in dem Sinne, daß es sich für ihn geziemte (decebat)
sie ihnen zu geben, weil er sie ihnen durch die Propheten verheißen hatte. Wörtlich fährt Roland fort: "Es geziemte sich
also für den allergütigsten Gott, seine Verheißungen zu erfüllen, nicht weil er sich ihnen gegenüber verpflichtet hätte
(obligasset) oder weil sie würdig gewesen wären, sondern weil
es sich für ihn auf Grund seiner übergroßen Güte in Verbindung
mit der Verheißung ziemte."[170] Wenn man sagt, daß Gott dem Sünder nichts als Strafe schulde, dann sei hier ein Schuldbegriff
in Verwendung, der eine obligatio cum iustitia impliziere. Auf
Grund der Barmherzigkeit, Schicklichkeit und Verheißung aber
schulde Gott den Sündern auch zeitliche Güter[171].

Blicken wir zunächst auf die Begriffe, die Roland aus seiner
Beschreibung des Schuldverhältnisses zwischen Gott und Juden
ausklammert und dem debere im strengen Sinn zuweist. Es sind
die Begriffe dignitas/dignus, obligatio/se obligare, iustitia
und meritum condigni[172]. Hätte Gott sich verpflichtet, dann

---

170 "Ad ea, quae quaesita sunt, dicimus, quod hoc verbum
'debet' pluribus modis sumitur. Quandoque enim importat dignitatem quantum ad consignificationem. Secundum hoc dicitur, quod
deus debet iustis vitam aeternam, quoniam digni sunt. Isto modo non est intelligendum, quod deus debeat aliquid alicui, qui
est in mortali ... Quandoque autem hoc verbum 'debet' nullam
importat dignitatem quantum ad illum, cui debetur aliquid, sed
importat decentiam quandam ratione promissionis in eo, qui debet. Et secundum hoc dicimus nos, quod deus debebat temporalia
Iudaeis facientibus legem quantum ad opera exteriora, qui faciebant illa timore servili. Sensus ergo est: Deus debebat
illis, id est decebat deum, ut daret eis, quoniam promiserat
eis per prophetas, ut Isaias (1,19) dicens: 'Si haec feceritis, bona terrae comeditis.' Decet enim deum benignissimum
adimplere promissa, non quod se obligaverit eis vel quod fue-
rint digni, sed quia decebat eum ex nimia sua bonitate cum promissione." 60,11 (179f).
171 "Ad aliud, quod dicit - quod deus nihil debet peccatori
nisi poenam -, dicimus, quod vera est in tali sensu, ita quod
'debet' importet obligationem cum iustitia: non debet peccatori
nisi poenam de iustitia sua. Tamen de misericordia et decentia
et promissione debet ei aliud. Debet ergo bona temporalia pecc-
toribus et non debet." 60,14 (180).
172 Zum meritum condigni s.o.Anm.164. Vgl. auch 60,26
(182f).

hätte er nicht anders handeln können, ohne seiner Gerechtigkeit
zuwiderzuhandeln[173]; ein debitum iustitiae liegt aber nur dann
für Gott vor, wenn der Mensch verdient hat: "Deus enim non debet aliquid alicui de iustitia, nisi quia meruit."[174] Da es
sich aber bei einem solchen Verdienst nur um ein Würdigkeitsverdienst handeln kann, das aus Liebe geschieht, hat zwischen
Gott und den sündigen Juden kein Obligations- oder Gerechtigkeitsverhältnis bestanden. Ausdrücklich wendet sich Roland gegen die Ansicht, die man wortwörtlich bei Wilhelm von Auxerre
nachlesen kann, daß Gott den Juden die zeitlichen Güter de
iustitia geschuldet habe, zwar nicht de iustitia operum, da sie
nicht im Stand des Verdienens gewesen seien, aber auf Grund
seiner Wahrhaftigkeit und Treue, mit der er an seinen Verheißungen festhalte[175]. Die Differenz zwischen Wilhelm und Roland
besteht im Grunde nur in der Verschiedenheit ihres iustitia-Be-
griffs: Während Wilhelm von einer Gerechtigkeit Gottes auch im
exklusiven Sinn sprechen kann, von einer Gerechtigkeit also,
die nicht auf die Qualität der Werke reagiert, bedient sich Roland eines engeren Gerechtigkeitsbegriffs, der die seinsmäßige
Würdigkeit des Menschen voraussetzt und darum auf die Beziehung
zwischen Gott und Sündern nicht anwendbar ist. Nur wo der status merendi vorliegt, hat nach Roland die iustitia dei ihren
Platz.

Dagegen spricht er bei der Schuldnerschaft Gottes gegenüber
den Juden von der Barmherzigkeit und Güte Gottes, statt von
einer obligatio nur von der decentia Gottes und statt von einem
meritum condigni nur von einem meritum congrui. Diese Begriffe,
die das debere Gottes im weiteren Sinn erläutern, lassen sich
auf folgende Weise um das Geschehen der promissio gruppieren:
Weil Gott aus Barmherzigkeit dem Sünder - konkret: dem Juden -
für seine natürlich guten Werke zeitliche Güter zukommen lassen

---

173 "Non enim dicimus, quod deus se obligaverit ad dandum
bona temporalia Iudaeis, qui erant extra caritatem et faciebant
opera de genere bonorum, per illam promissionem: 'Si haec feceritis etc'; quia si se obligasset, non potuisset aliter fecisse
de iustitia." 60,11 (180).
174 60,16 (180).
175 "Quidam tamen dicunt, quod deus debebat Iudaeis, in
quibus erat timor servilis, bona temporalia de iustitia; non de
iustitia operum, quoniam non erant in statu merendi, sed debebat
eis illa bona temporalia de veritate et fidelitate sua, quia
verax est in verbis suis et fidelis in promissis." 60,12 (180).
Vgl. das Wilhelm von Auxerre-Zitat o. Anm.56.

will, verheißt er ihm diese. Sofern es sich aber für Gott in
seiner Güte ziemt, seine Verheißungen zu erfüllen, kann er dem
Sünder die zeitlichen Güter nicht vorenthalten, sondern schuldet sie ihm. Ein meritum congrui läßt sich dann so begründen:
"Congruum enim est, ut deus det illa (sc. bona temporalia), cum
promiserit."[176] Kann man hier im Sinne unseres Themas von einer
freien Selbstbindung Gottes sprechen, obwohl Roland hervorhebt:
"Non ... dicimus, quod deus se obligaverit ad dandum bona temporalia Iudaeis"[177]? Mit Verweis auf die positive Verwendung
des Schuldbegriffs darf man die Frage bejahen, denn die promissio eröffnet ein decere und debere Gottes und damit einen
unumstößlich gültigen Zusammenhang zwischen dem Handeln des
Menschen und dem reagierenden Handeln Gottes, der vor der promissio nicht bestanden hat. Daß die Bindung Gottes nur auf dem
Hintergrund der ewigen misericordia, benignitas und bonitas
Gottes verständlich ist, nimmt ihr nicht den inchoativen und
damit kontingenten Charakter.

c) Die Verleihung zeitlicher Güter als notwendige Folge der
misericordia dei - die äquivoke Bedeutung der Begriffe potentia, necessitas und misericordia

Roland von Cremona folgt Wilhelm von Auxerre darin, daß er das
Problem der temporalia nicht nur auf der Ebene der historischen
Beziehung zwischen Gott und Juden, sondern auch - getrennt davon - auf der des immer aktuellen Verhältnisses zwischen Gott
und Sünder behandelt[178]. Spielte dort der Gesichtspunkt der
promissio und damit der inchoativen Selbstbindung Gottes die
entscheidende Rolle zur Begründung des debere Gottes, so leitet
Roland hier die necessitas, das non posse Gottes aus dem essentiellen Gehaltensein Gottes angesichts der natürlichen Liebe
des Menschen ab[179]. Im Vordergrund steht der Gesichtspunkt der

---

176 60,17 (180). Vorausgegangen war der Satz: "Illi qui faciunt bona opera extra caritatem, merito congrui merentur illa
bona temporalia sibi promissa."
177 s.o.Anm.173.
178 Gott-Juden: 60,3-35 (177-184); Gott-diligentes naturali
dilectione: 61,15-24 (187-190).
179 "Nec potest deus non diligere eum ad dandum ista temporalia, dum ille diligit deum tantum naturali dilectione, propter hoc, quia dicit deus: 'Ego diligentes me diligo' (Prv.8,17)
Non enim potest deus mentiri. Et talem non potest diligere nisi
ad temporalia danda." 61,17 (188).

unwandelbaren misericordia und largitas dei. Gott könne nicht
anders als barmherzig handeln, weil er sich sonst selbst verleugnen würde[180]. Darum gebe er dem Sünder, der ihm seine dilectio naturalis entgegenbringt und somit tut, was in seinen
Kräften steht (facit quod suum est), notwendigerweise zeitliche Güter und darüber hinaus die Gnade und das ewige Leben,
wenn er in der Gnade beharrt[181]. Diese Verknüpfung von misericordia dei und non posse/necessitas hatten wir bereits bei Wilhelm von Auxerre gefunden[182]. Neu in Rolands Lösung sind die
Distinktionen, die er innerhalb der Begriffe potentia, necessitas und misericordia vornimmt.

Zunächst unterscheidet er zwischen der potentia absoluta
oder libera Gottes und seiner potentia oder potestas condicionata rebus. Kraft seiner potentia absoluta könnte Gott sehr
wohl jenem Sünder die Gabe zeitlicher Güter verweigern, nicht
aber kraft der Macht, die Gott auf die Schöpfung bezogen, auf
sie eingestellt hat: "... sed non de potestate, quam condicionavit rebus." Nur hinsichtlich dieses engeren potentia- oder
potestas-Gedankens sei das Reden von einem non posse Gottes
berechtigt, und dann bestünde auch kein Gegensatz zwischen non
posse und misericordia dei; wird doch das non posse umklammert
von der Dimension der potentia libera, die Gottes Festhalten
an seiner Barmherzigkeit als freiwillige Selbstbejahung interpretiert[183]. Auf dieselbe Schlußfolgerung zielt Rolands Unterscheidung zwischen einer necessitas absoluta und einer necessitas condicionata, die durch Präpositins von Cremona Unterschei-

---

180 "Et sicut deus non potest facere quin iuste faciat, ita
non potest facere quin misericorditer faciat, quia sicut non
potest negare se ipsum non exhibendo iustitiam, ita non potest
negare se ipsum non exhibendo misericordiam ... Ergo sicut valet istud argumentum: 'Dat de iustitia, ergo necesse est eum
dare', ita valet: 'Dat de misericordia, ergo necesse est eum
dare.'" 61,23 (189). Zum largitas-Begriff s.u.Anm.185.
181 "Dicimus, quod si talis facit quod suum est, quod deus
de necessitate dabit sibi non solum temporalia sed gratiam et
vitam aeternam, si perseverat in gratia." 61,21 (189).
182 s.o.Anm.61.
183 "Si ergo necessarium est deum sibi illa dare, ita quod
ista propositio: 'Necessarium est deum dare isti gratiam et
temporalia et vitam aeternam, qui facit quod suum est, ut recipiat illa', aequipolleat isti: 'Non potest non dare', et sic
hoc verbum 'potest' sumatur in illa, ita ut notet potentiam
sive potestatem condicionatam rebus et non potentiam liberam,
vera est. Alioquin utraque esset falsa, quoniam deus bene posset
facere de potentia absoluta, quod non daret illi aliquod illo-

dung zwischen der necessitas absoluta und determinata beeinflußt ist[184]. Nicht eine necessitas absoluta, die Gottes potentia absoluta und libera widerspräche, könne gemeint sein,
wenn man von einer notwendigen Gabe Gottes an den Menschen
spricht, sondern nur die durch den konkreten Bezug zur Schöpfun
bedingte Notwendigkeit[185].

Auf die Vorgeschichte und Bedeutung dieser äquivoken Verwendung der Begriffe potentia/potestas und necessitas werden wir
noch näher eingehen, wenn wir das in der Folgezeit so wichtige
Begriffspaar potentia absoluta-potentia ordinata untersuchen[186]
So viel sei schon jetzt vorausgeschickt, daß Rolands Distinktionen nichts mit dem Gedanken einer freien Selbstbindung
Gottes zu tun haben. Nicht erst der Willensakt einer geschichtlichen, weil nur geschichtlich verifizierbaren, Verfügung Gottes erklärt den Zusammenhang zwischen einem weiteren und engeren Machtbereich Gottes, sondern bereits der pure Außenbezug
der göttlichen Wesenseigenschaften zum Bereich der Schöpfung.

Wenn Roland das Festhalten Gottes an seiner misericordia
zu dem Gedanken einer potentia oder necessitas condicionata in
Beziehung setzt, dann hat er die misericordia generalis Gottes
im Auge, die sich in all seinen Werken zeige. Davon unterschei
det er die misericordia specialis, auch superabundans misericordia et cogens genannt, die Gott beispielsweise Paulus er-
wies, der sich nicht auf die Gnade vorbereitete und sie trotzdem gezwungenermaßen erhielt. Diese Barmherzigkeit, die nur
wenigen zuteil wird, kann Gott den Menschen auch de potentia
condicionata rebus vorenthalten, während der Erweis der miseri

---

rum, et tamen non iniuste ageret, sed non de potestate quam
condicionavit rebus. Et in sensu falsitatis procedebat, quando
dicebat: 'Si necesse est deum dare aut si non potest non dare,
non dat de misericordia sed de iustitia.' Haec condicio falsa
est. Si intelligatur ly potest, sicut diximus, ut notet potest
tem condicionatam, vera est; si aliam potentiam liberam, falsa
est, et tunc negabitur illa: 'Non potest non dare' vel illa:
'Necesse est eum dare.' Et ita est aequivocatio in argumento
illo, in hac dictione 'necesse' vel 'potest'." 61,21 (189).

184 Praepositinus, Summa, tr. De praedestinatione (Clm 698
fol.13); zit. bei Grzondziel, Die Entwicklung, 35 Anm.1.

185 "Ad aliud quod dicit - quod deus dat illi ex sola largitate, ergo non ex necessitate - dicimus, quod argumentum
illud est necessarium, si 'necessarium' sumatur, ut notet necessitatem absolutam; si autem condicionatam, argumentum non
valet. Et ideo distinguetur similiter ibi aequivocatio." 61,2
(189).

186 s.u.S.475-478.

cordia generalis eine notwendige Folge der Vorbereitung des
Menschen ist[187].

Die Stellung Rolands zur Frage der temporalia können wir so
zusammenfassen: Sowohl für die Situation der Juden als auch für
die des natürlichen Menschen im Neuen Bund bejaht Roland einen
notwendigen Zusammenhang zwischen den opera de genere bonorum
und der Gabe zeitlicher Güter. Während aber darüber hinaus bei
den Juden die göttliche Verheißung eine Schuldnerschaft Gottes
(debere gleich decere) und die Möglichkeit eines meritum congrui begründet, fallen beim Menschen des Neuen Bundes die Aspekte promissio, debere/decere und meritum congrui weg[188]. An
die Stelle der inchoativen Selbstbindung Gottes tritt die
dauerhafte Fixierung Gottes auf sein barmherziges Wesen und damit auf den Bereich einer potentia condicionata rebus, die von
dem fiktiven Bereich[189] einer potentia absoluta und libera umgeben wird.

3. Die prima gratia als Gegenstand des Verdienstes - necessitas und debere

Die essentielle Bindung Gottes an seine misericordia generalis
läßt dem facere quod suum est des Menschen nicht nur zeitliche
Güter, sondern auch die erste Gnade mit Notwendigkeit folgen.
Bezog doch Roland in seine Erörterung der potentia condicionata
und necessitas condicionata auch die Vorbereitung auf die Gnade

---

187 "Sed tamen dupliciter intelligitur misericordia dei.
Quia quaedam est misericordia generalis, quae est in omnibus
operibus domini ... Et est alia, specialis misericordia, quae
potest dici superabundans misericordia et cogens, sicut fecit
misericordiam Paulo, qui non se praeparabat ad gratiam; immo,
dum persequeretur ecclesiam dei, coactus est recipere misericordiam dei. Et cum paucis talem facit misericordiam. Et loquendo de tali misericordia bene sequitur: 'Deus facit istud misericorditer, ergo non est necesse vel potest non facere', quia
etiam posset illud non facere de potentia condicionata rebus."
61,24 (189f).
188 Dies ist zumindest der äußere textliche Befund. Mit
dem argumentum e silentio kann man freilich keinen zwingenden
Beweis dafür liefern, daß Roland die Elemente promissio, debere
und meritum congrui für das Verhältnis zwischen Gott und Nicht-
juden ausschließen will. Bei Wilhelm von Auxerre ist die Sach-
lage dagegen eindeutig; s.o.Anm.60.
189 Die potentia absoluta oder libera ist nach Rolands Vorstellung deshalb nur ein fiktiver Bereich, weil Gott mit seiner
Schöpfung nie anders hätte verfahren können als nach den Regeln

mit ein[190], so daß wir diese von der misericordia oder largitas
dei ausgehende Argumentation hier nicht mehr wiederholen müssen.
Anders als Wilhelm von Auxerre wertet Roland die Vorbereitung
des Menschen als meritum congrui[191]. Dem entspricht es, daß er
auch von einem debere Gottes spricht: Gott schulde der Bekehrung des Menschen die Gnade, und zwar nicht als Lohn für ein
Verdienst - gemeint ist ein meritum condigni -, sondern nur ex
pura largitate sua. Nicht daß der Mensch der Gnade würdig sei,
obwohl er tut, was er kann, vielmehr verspreche (promittit)
Gott aus seiner überfließenden Güte (benignitas) einer solchen
Anstrengung des Menschen die Gnade[192].

Mit diesen Worten antwortet Roland auf ein Argument, das
sich für die Verdienbarkeit der Gnade aussprach, indem es die
Verheißung Zach.1,3 ("Convertimini ad me, et ego convertar ad
vos") als Selbstverpflichtung Gottes interpretierte: "Deus enim,
qui verax est in promissis, ita promittit. Ergo de fidelitate
dei et ita de iustitia dei debetur illi gratia, qui facit quod
suum est."[193] An anderer Stelle setzt sich Roland nochmals mit
derselben Deutung von Zach.1,3 auseinander, nach der sich Gott
durch dieses Schriftwort zur Verleihung der Gnade verpflichte
(se obligat), wenn der Mensch tut, was er kann. Die Antwort Rolands lautet hier in deutlicher Abhängigkeit von Wilhelm von
Auxerre[194], daß es sich bei Zach.1,3 nicht um ein verbum obligatorium, sondern nur um ein verbum ostensivum largitatis dei
handle[195] - ein Zwischenstadium auf dem Weg zu Odo Rigaldis

---

der potentia condicionata rebus. Nicht fiktiv wäre die absolute
Macht, wenn Gott sich wirklich für einen anderen Weg des Umgangs mit der Schöpfung hätte entscheiden können, sich aber
durch einen Akt der freien Selbstbindung auf diesen Modus festgelegt und so den Schritt von der potentia absoluta zur potentia condicionata getan hätte.
190 s.o.Anm.181 und 183.
191 63,1 (192).
192 "Ad aliud, quod opponit - 'Convertimini ad me etc' -,
dicimus, quod in hoc non notat deus, quod conversioni hominis
ad se debeat ipse gratiam tamquam meritum, sed solum ex pura
largitate sua. Non quod homo sit dignus illa gratia, quamvis
faciat quod in se est, sed ex superabundanti sua benignitate
promittit gratiam tali nisui hominis." 63,16 (195).
193 63,5 (193).
194 s.o.Anm.32 ("bonitatis et largitatis dei declaratio").
195 "Forte dicet aliquis, quod cum dicitur: 'Convertimini
ad me', deus per illud verbum se obligat ad dandum gratiam, si
homo faciat quod suum est. Et nos dicimus, quod non est illud
verbum obligatorium, sed est tantum ostensivum largitatis dei."
63,18 (195).

Formulierung merae liberalitatis ostensio[196]. Nach Rolands Verständnis ist somit die Verheißung in Zach.1,3 kein Akt der
Selbstbindung Gottes, sondern der Aufweis einer schon bestehenden wesensmäßigen Bindung Gottes an misericordia, largitas und
benignitas, die vor aller Verheißung den notwendigen Zusammenhang zwischen Vorbereitung des Menschen und Eingießung der
rechtfertigenden Gnade garantiert. Der konditionale Aufbau des
Sacharjaverses, der ihn als argumentum necessarium charakterisiert, macht diese ontologische Notwendigkeit lediglich transparent[197]. Zwar spricht Roland hinsichtlich der Gnadeneingießung von einem debere Gottes, doch bezeichnenderweise nicht
von einem debere ratione promissionis, wie bei den zeitlichen
Gütern der Juden[198], erst recht nicht von einem debere de
iustitia[199], sondern, wie wir sahen, von einem debere ex pura
largitate sua[200].

Im gleichen Sinn dürfen wir auch die Äußerungen Hugos von
St.Cher zu den Verheißuhgen Zach.1,3 und Apoc.3,20 ("Ego sto
ad ostium et pulso: si quis aperuerit mihi, intrabo et coenabo")
verstehen. Er wertet sie nicht als Übereinkunft (conventio),
d.h. als verdienstbegründende Selbstbindung Gottes, sondern
sieht in ihnen lediglich Akte einer Vorhersage (praedictio),
des Hinweises auf die sichere Relation zwischen Bekehrung und
Gnadeneingießung, die in Gottes konstanter Barmherzigkeit ihren
Grund hat[201]. Mit "praedictio" ist also genau das gemeint, was
in der Summa Halensis "declaratio divinae bonitatis et liberali-

---

196 s.o.S.182 Anm.236.
197 In diesem Sinn kann dann Zach.1,3 von Roland als Argument für die Bejahung der Frage: "Utrum ista sit argumentatio
necessaria: Iste facit quod in se est, ergo deus dat gratiam"
angeführt werden. Roland nennt auch die logische Regel, die er
im Auge hat: "Sed regula est apud omnes dialecticos, quod ex
qualibet vera condicionali sumitur verum argumentum." 58,6
(174). 'Verum' ist hier gleichbedeutend mit necessarium. Vgl.
o.S.183 Anm.240.
198 s.o.Anm.170.
199 s.o.Anm.171.
200 s.o.Anm.192.
201 s.o.S.94f Anm.159. Vgl. folgenden Text: "Et quando homo
haec (sc. fides informis, timor servilis) habet, tunc convertitur ad deum; et ideo tunc deus convertitur ad peccatorem gratiam infundendo. Hoc enim promisit per Zachariae 1 dicentis:
'Convertimini ad me, et ego convertar ad vos', hoc est: Deseri-
te peccatum, proponite de cetero non peccare, si non caute de
futuro, dolete de peccato, et ego infundam gratiam." Sent.Cod.
Vat.lat.1098 fol.151v.

tatis" genannt wird[202]. Nicht zutreffend ist somit das Urteil Landgrafs, Hugo von St.Cher und Roland von Cremona hätten sich für die Notwendigkeit der Gnadenverleihung auf Gottes Bindung an sein Versprechen berufen[203], ebensowenig wie er mit der Behauptung recht hat: "Den Grund, weshalb Gott auf solche Werke hin (sc. Werke aus bloßen Naturkräften) die Gnade gibt, verlegt Roland lediglich in das Versprechen, das Gott durch den Propheten gab: Convertimini ad me, et ego convertar ad vos."[204]

Daß Roland die Notwendigkeit der Gnadeneingießung ganz anders als durch den Gedanken einer freien Selbstbindung Gottes ex promissione begründet, zeigt auch die Anwendung des aristotelischen Materie-Form-Schemas auf die Vorbereitungsfrage. Er vergleicht das Wirken Gottes am Menschen mit dem Wirken der Natur an der Materie. Wie die Natur der Materie mit Notwendigkeit die forma substantialis einprägt, wenn die Akzidentien der Materie den Höhepunkt der Vorbereitung erreicht haben, und sich nicht anders verhalten kann, so ist es notwendig, daß Gott dem sich vorbereitenden Menschen die Gnadenform einprägt. Denn die Natur ist nicht freigebiger (magis larga) als Gott, was der Fall wäre, wenn die Natur ihrer Vorbereitung die naturhafte Form, Gott aber seiner Vorbereitung nicht die Gnade gäbe[205].

---

202 s.o.S.261.

203 Bei Landgraf (Die Vorbereitung auf die Rechtfertigung, 261) heißt es: "Für die Notwendigkeit, mit der Gott demjenigen der sein Teil tut, seine Gnade verleiht, beruft sich eine Gruppe von Theologen auf das von Gott beim Propheten Malachias (Landgraf meint offensichtlich nicht Malachias, sondern Zacharias 1,3; vgl.u.Anm.204 - d.Verf.) gegebene Versprechen, durch das Gott gebunden wäre. Diese Erklärung, die Gaufrid von Poitiers als die gewöhnliche vorgefunden hat und unzweifelhaft von Langton übernommen hat, hatte auch Vertreter vom Rang eine Hugo a S.Charo und Roland von Cremona." Eine Überprüfung der Manuskriptstellen, auf die Landgraf in den Fußnoten verweist, hat gezeigt, daß weder Gaufrid die Auffassung, Gottes Bindung durch sein Versprechen begründe einen notwendigen Zusammenhang zwischen Vorbereitung des Menschen und Gnadenverleihung, als "gewöhnliche" vorgefunden haben will noch Hugo von St.Cher und Roland von Cremona diese Meinung vertreten haben. Man kann lediglich feststellen, daß Gaufrid und Roland unter den Argumenten für eine Verdienbarkeit der prima gratia - die sie aber selbst ablehnen - auch das von Zach.1,3 ausgehende Selbstbindungsargument anführen; zu Gaufrid s. Summa Cod.Paris.Nat.lat. 15747 fol.90r, zu Roland s.o.S.298 (bei Anm.193). Die Erklärung, die Gaufrid als die gewöhnliche vorgefunden hat ("solent dicere magistri"), hat einen ganz anderen Inhalt; vgl.o.S.126 Anm.56 und S.126-128.

204 Landgraf, Die Vorbereitung auf die Rechtfertigung, 279 Das Roland-Zitat, das Landgraf zum Beleg anführt, beweist

Filthaut bemerkt zu diesem Beispiel aus dem physischen Geschehen: "Was Simon von Tournai mit 'habilis, habilitas', Alanus von Lille und Wilhelm von Auxerre mit 'occasio' oder 'causa sine qua non' ausgedrückt haben, gießt Roland in aristotelische Begriffe."[206] Der Vergleich der largitas dei mit der
largitas naturae führt uns deutlich vor Augen, daß Roland die
Notwendigkeit der Gnadenverleihung nicht als kontingent gesetzte, sondern als ontologisch-naturhafte Notwendigkeit, als
notwendigen Ausdruck der göttlichen Natur, versteht.

4. Die vita aeterna als Gegenstand des Verdienstes

a) Die Rolands Verdienstbegriff entsprechende Lösung: seinsmäßige Proportion und göttlicher Beschluß

Wie Wilhelm von Auxerre widmet sich Roland ausführlich der
Frage, ob ein Mensch ex condigno das ewige Leben verdienen kann.
Wilhelm verwies in seiner Antwort auf zwei Gründe, die ein
Würdigkeitsverdienst ermöglichen: auf den Innenaspekt der Güte
des Gnadenwerks und auf den Außenaspekt der Großzügigkeit und
Freigebigkeit Gottes[207]. Auch bei Roland kommen in der Begrün-
dung des meritum condigni ein Innenaspekt und ein Außenaspekt
zusammen, nur daß er beide anders charakterisiert als Wilhelm.
Dessen Meinung, die Werke ergötzten Gott durch ihre Güte und
seien seine Speise, nennt er wahnwitzig - "talis sermo videtur

---

nichts. Es lautet: "Deus ... promisit, quod si aliquis facit
quod in se est, quod illuminabit ipsum spiritualiter, sicut per
prophetam promittit: 'Convertimini ad me et ego convertar ad
vos' (Zach.1,3), id est: Facite quod in vobis est, et ego faciam quod in me est, id est dabo vobis gratiam." Cod.Paris.Ma-
zar.lat.fol.39v.
205 "Sed natura ita operatur quod, cum est materia praeparata, quod imprimit formam substantialem ... Sed cum homo
facit quod suum est movendo liberum arbitrium, ut recipiat gratiam, quasi materiam praeparat deus, quia ex nobis non possumus etiam aliquid cogitare; et tunc materia erit praeparata in
summo per accidentia, quando homo fecerit quod suum est. Sed
video in naturalibus, si fuerit materia praeparata in summo per
accidentia, quod natura universalis de necessitate dat formam
nec potest non dare. Ergo si homo se praeparavit per accidentia
in summo, necesse est, ut deus imprimat formam quae est gratia,
qua redditur anima formosa et pulchra. Nec natura est magis
larga quam deus, ut natura det suae praeparationi formam naturae et deus non det suae praeparationi gratiam." 58,9 (174f).
206 Filthaut, Roland von Cremona, 148.
207 s. vor allem o.Anm.65.

mihi delirus, et deliravit hic magister Guilhelmus"; denn in
Wahrheit könne Gott nur an sich selbst Ergötzen finden. Mit dem
Gesichtspunkt der magnificentia dei aber bringe Wilhelm nichts
weiter zum Ausdruck, als daß die Werke ihre Verdienstlichkeit
von Gott haben. Darüber freilich hege niemand Zweifel, daß Gott
die Ursache von allem ist. Auf diese Weise könne man alle Probleme leicht lösen[208]. Wilhelms Außenaspekt ist ihm also viel
zu vage, um die Wurzel des Verdienstproblems erreichen zu können.

Sehen wir nun, wie Roland das Problem dieser quaestio löst,
die Aufgabe nämlich, trotz der unendlichen Wertdifferenz zwischen menschlichen Gnadenwerken und ewigem Leben ein meritum
condigni zu begründen, bei dem ja nach Rolands Verdienstbegriff
eine Seinsproportion zwischen Leistung und Lohn gegeben sein
muß. Wilhelm sah sich mit dieser Aufgabe nicht in solcher Schärfe konfrontiert, da er ein proportionaliter mereri des Menschen
von vornherein für unmöglich und außerdem zur Entstehung eines
meritum ex condigno für entbehrlich hielt. Nachdem Roland die
Argumente gegen und für eine Verdienbarkeit des ewigen Lebens
angeführt hat, referiert er zunächst die Meinung gewisser Theologen (quidam) - wir denken etwa an Wilhelm von Auvergne -, die
sagen, daß niemand das ewige Leben ex condigno verdiene, da das
Tugendwerk dem ewigen Leben nicht proportional sei. Seine eige-
Antwort[209] eröffnet Roland mit einer Distinktion: Man könne sa-

---

208 "Quidam dicunt istas duas causas: Dicunt quod opera virtutum sunt meritoria vitae aeternae a bonitate dei, quoniam
delectant illa opera deum et sunt cibus eius. Sed si istud di-
tum attendes, nihil est dictu, quoniam in veritate nihil extra
deum delectat ipsum; unde talis sermo videtur mihi delirus et
deliravit hic magister Guilhelmus. Alia causa est secundum
ipsum: magnificentia dei sunt opera virtutum meritoria, in
cuius honore fiunt. Et quid est hoc dictu, nisi quod a deo habent illa opera, quod sunt meritoria? Nec de hoc dubitat aliquis, quin deus sit causa omnium. Unde sic facile esset omnia
solvere." 347,54 (1049). Vgl.o.Anm.65.
209 "Nobis autem videtur esse distinguendum hoc modo: Dicimus, quod aliquis meretur vitam aeternam ex condigno, non ex
condigno absolute, sed secundum quendam modum particulatum. Et
ille modus dividitur in duos modos: unus modus est ille, quem
superius dixi, quoniam qui operatur opus caritatis, circa quem
est meritum, ita operatur illud, quoniam vult perseverare in
illo aeternaliter, et hoc facit caritas. Unde opus caritatis
ratione voluntatis, a qua exit, aequiparatur vitae aeternae
quantum ad durationem; unde aliqua est proportio. Alius modus
est, quoniam deus ex sua largitate iudicat huiusmodi opus dignum vita aeterna." 347,28 (1043).

gen, daß einer das ewige Leben ex condigno verdient, aber nicht "ex condigno absolute", sondern "secundum modum particulatum". Diese Unterscheidung entspricht derjenigen, die Roland wenig später zwischen einem "condignum simpliciter et absolute" und einem "condignum aliquo modo" macht[210]. Die auf einen Teilaspekt (modus particulatus) beschränkte Kondignität, die hinsichtlich des ewigen Lebens allein in Frage kommt, wird nach Roland wiederum auf zwei Faktoren zurückgeführt: der eine beruht auf der Beschaffenheit der Liebeswerke: "Wer ein Liebeswerk, das verdienstlich ist, tut, der tut es so, daß er in ihm ewig beharren will; das bewirkt die Liebe. Daher wird das Liebeswerk auf Grund des Willens, von dem es ausgeht, dem ewigen Leben hinsichtlich der Dauer gleichgestellt, und so besteht eine gewisse Proportion." Diesen Gedanken einer die Dauer betreffenden Proportion hatte Roland schon an früherer Stelle, auf die er hier ausdrücklich verweist ("superius dixi"), ausführlich entfaltet: Wie ein Todsünder ewig in Sünde beharren will und somit die Sünde in ihn - "quantum ad suam voluntatem" - ewig währt, so hat auch die Liebe durch den Willen des Verdienenden eine ewige Dauer. Das Endliche kann also nach Rolands Auffassung das Unendliche deshalb verdienen, weil es doch an einem Punkt, angesichts der vom Menschen intendierten Ewigkeit der Liebe und ihres Aktes, an der Dimension des Unendlichen partizipiert und ihm so proportional wird[211]. Der andere Faktor des Würdigkeitsverdienstes besteht im Urteil Gottes, der auf Grund seiner Freigebigkeit (largitas) das Werk des ewigen Lebens für würdig erachtet (iudicat).

Wir halten fest, daß Roland die nicht absolute Kondignität zwischen den Verdiensten des Gerechtfertigten und dem ewigen Leben einerseits durch den Innenaspekt der "infinita duratio quantum ad voluntatem", andererseits durch den Außenaspekt eines göttlichen Urteils begründet. Interessant ist eine weitere

---

210 347,30 (1044).
211 "Et sicut homo, qui cadit in mortale peccatum voluntarie, quantum ad illam voluntatem perseverat in illo peccato aeternaliter, ut visum est, ita ille, qui facit opus caritatis, perseverat in caritate aeternaliter quantum est ex sua voluntate. Et ita caritas quantum ad illius voluntatem qui meretur durat in perpetuum. Et ita quis potest mereri ex finito duratione illud, quod est infinitum duratione. Et ita patet, quoniam quis potest mereri vitam aeternam ex condigno." 347,12 (1041); vgl.347,32 (1044).

Stelle derselben quaestio, wo Roland diese beiden Aspekte nochmals, aber mit neuen Begriffen und Argumenten zur Sprache
bringt. Zumindest zwei Gründe gebe es, weshalb die tugendhaf-
ten Werke das ewige Leben verdienten. Der eine bestehe darin,
daß die Werke von den Tugenden und dem freien Willen ausgingen,
die Tugenden und der durch sie geheiligte Wille aber nicht in
der Zeit, sondern, wie Augustin sage, über der Zeit in der
Ewigkeit seien. Auch Aristoteles habe gesagt: "Anima est in
horizonte aeternitatis". Da also die Tugendwerke von Prinzipien ausgingen, die sich im Leben der Ewigkeit befänden, könnten sie das ewige Leben verdienen. Roland wiederholt hier sein
Ewigkeits- oder Unendlichkeitsargument, nur daß er nun ein
Augustin- und ein Aristoteleszitat in den Mittelpunkt stellt.
Der andere Grund sei im Dekret Gottes zu sehen. Gott habe nämlich beschlossen, den Tugendwerken das ewige Leben zu geben,
d.h. er habe beschlosssen, daß solche Werke das ewige Leben verdienen. Das "ex sua largitate iudicare" Gottes erläutert Roland hier also näher, indem er es auf ein decretum Gottes zurückführt. Wichtig ist der Zusatz, den Roland nach der Beschreibung der beiden Gründe macht: "Prima ratio magis tangit
esse."[212] Wir übersetzen ihn so: "Der erste Grund trifft eher
den Kern der Wirklichkeit." Roland räumt zwar ein, daß bei der
Ermöglichung des meritum condigni auch der Außenaspekt des
göttlichen Beschlusses, der Gesichtspunkt einer kontingenten
göttlichen Entscheidung, eine Rolle spielt, doch gibt in seinen
Augen der Innenaspekt der Werkqualität, der Seinsproportion
zwischen dem als ewig intendierten Liebeswerk und dem ewigen
Leben, den Ausschlag.

Das ist selbstverständlich, wenn wir uns daran erinnern,
welche zentrale Stellung der Proportionsgedanke in Rolands

---

212 "Ad ea, quae quaesita sunt, dicimus, quod opera virtutum a duobus ad minus habent, unde sunt meritoria vitae aeternae. Unum est, quoniam opera virtutum exeunt a virtutibus et
libero arbitrio. Virtutes autem cum libero arbitrio, quod sanc-
tificant, non sunt in tempore, ut dicit Augustinus, sed sunt
supra tempus in aeternitate. Et etiam Aristoteles dixit, quod
anima est in horizonte aeternitatis. Cum ergo opera virtutum
exeant ab his, quae sunt in vita aeternitatis, maxime sunt mer-
toria vitae aeternae, si sunt meritoria alicuius...Alia ratio
est, quare opera virtutum sunt meritoria vitae aeternae: decretum est dei; sic enim decrevit deus, ut daret operibus virtutu-
vitam aeternam, si perseverarem, vel decrevit, ut talia opera
sint meritoria vitae aeternae. Prima ratio magis tangit esse."
347,53 (1048f).

Verdienstbegriff innehat[213] - ein Proportionsgedanke, den er
nicht wie nach ihm Odo Rigaldi durch die Unterscheidung zwischen
proportio und proportionalitas auflockert[214]. Obwohl er im Moment der ewigen Dauer, das Tugend und himmlischen Lohn verbindet, den Anhaltspunkt für das die Verdienstlichkeit begründende Proportionsverhältnis findet, bleibt ihm allerdings die
Überzeugung: "Nec aliquis est dignus omnino vita aeterna"[215],
weshalb er die Vorstellung von einer absoluten, nur naturhaft-
immanent begründeten Kondignität zurückweist[216]. Die Wertdifferenz, die zwischen Leistung und Lohn bleibt, überbrückt er
durch den Hinweis auf Gottes largitas[217] und pietas[218], die
sich in dem Dekret, die Werke mit dem ewigen Leben zu belohnen,
manifestieren. Um bei demselben Bild zu bleiben: Das Dekret ist
die letzte Brücke, über die der von den gnadenhaften Tugenden
ausgehende motus meritorius[219] das Ziel des ewigen Lebens erreicht.

Der Unterschied zu Theologen wie Wilhelm von Auvergne, Odo
Rigaldi und Bonaventura besteht darin, daß Roland diesen Außenaspekt einer kontingenten göttlichen Verfügung betont an den
Rand seiner Überlegungen drängt und dafür das innere Wertmoment,
die Wertproportion, zur Mitte seines Denkens macht, ja bereits
den Verdienstbegriff so konzipiert, daß nur noch der Gesichtspunkt einer seinshaften Proportion für die Frage der Kondignität relevant sein kann[220]. Ist Roland in dieser Hinsicht ein

---

213   s.o.S. 287f.
214   s.o.S. 204.
215   s.u.Anm.231.
216   "Ad aliud, quod sequitur - finitum non potest esse causa infiniti -, dicimus, quod non absolute aut per modum naturae." 347,32 (1044); vgl.o.Anm.209.
217   s.o.Anm.209.
218   s.u.Anm.231.
219   s.o.Anm.160.
220   In einer früheren quaestio der Summe Rolands findet
sich eine Bemerkung, die nicht zu den übrigen Äußerungen Rolands
zu passen scheint, da Roland hier bei der Begründung der Verdienstlichkeit des Tugendwerkes das Statut Gottes in exklusiver
Weise gegen die Güte des Werks ausspielt: "Nec ego dico, quod
ideo meritorium est opus virtutis et non opus naturae, quia
ille melior est quam ille, quia secundum hoc argumentatio pro-
cederet quam faciebat; sed ideo est ille meritorius vitae aeternae, quoniam deus statuit tali motui dare vitam aeternam tamquam
praemium et non illi. Quod autem statuit dare tali motui vitam
aeternam, non fuit illud solum propter dignitatem motus, sed
propter largitatem dei et propter dignitatem illius motus."
63,12 (194). Wahrscheinlich ist, daß Roland hier noch nicht

Wegbereiter des Thomas von Aquin und seiner aristotelischen
Konzeption der Verdienstlehre, so ist doch andererseits zu
beachten, daß Roland die Wertproportion noch nicht durch den
aus der neuplatonischen Philosophie stammenden Gesichtspunkt
des Übernatürlichen, der auch bei Odo und Bonaventura zu finden war, begründet. Die gemeinsame seinsmäßige Basis zwischen
Werk und Lohn wird nicht durch die übernatürliche Qualität
der "göttlichen" Gnade als medium elevans und uniens, sondern
durch die Psychologie des begnadeten Willens, seine Intention
auf Ewigkeit hin, konstituiert. Bei Roland läßt sich die interessante Beobachtung machen, daß ein Theologe der ersten Hälfte
des 13. Jahrhunderts die Gnadenlehre durch die aristotelische
Bewegungs- und Verwirklichungstheorie, nicht aber durch die
neuplatonische Ontologie gestaltet, während es bei Odo Rigaldi und Bonaventura gerade umgekehrt ist. Erst Thomas verbindet
im Gefolge des Albertus Magnus und Philipps des Kanzlers beide
Denkbereiche miteinander, indem er die Teleologie der Gnade
zu ihrem "göttlich"-übernatürlichen Charakter in Beziehung
setzt, und kann daher im Unterschied zu Roland auf den Gedanke
einer freien Selbstbindung Gottes vollends verzichten.

b) Die dem Verdienstbegriff der magistri (de indebito facere
debitum) entsprechende Lösung: freie Selbstbindung Gottes im
restriktiven Sinn.

Wir haben gesehen, daß Roland von Cremona der traditionellen
Bestimmung des Verdienstes als "de indebito facere debitum",
von ihm als die gängige Magisterdefinition zitiert[221], eine
eigene neue Definition vorzieht, die dann seine Lösung zur Fra
ge der Verdienbarkeit des ewigen Lebens prägt. Freilich verwi
er die Magisterdefinition nicht kategorisch, sondern kann sie
als möglichen Weg neben seinem eigenen Verdienstbegriff gelte
lassen, ja bisweilen begibt er sich mit seiner Argumentation
auf ihre Ebene.

    Das ist erstens dann der Fall, wenn er auf Einwände ein-

---

seinen eigenen neuen Verdienstbegriff, sondern den traditione
len Verdienstbegriff der magistri ("de indebito facere debitu
voraussetzt, den er nur in Verbindung mit dem Gedanken einer
freien Selbstbindung Gottes rezipieren kann. s.u.S.306-309.
    221 s.u.Anm.231.

geht, welche die Verdienbarkeit des ewigen Lebens durch den
Gedanken einer freien Selbstbindung Gottes im e x k l u s i -
v e n Sinn begründen und dabei den promissio-Begriff heraus-
heben. Vorausgesetzt ist in diesen Einwänden natürlich die
traditionelle Verdienstdefinition, da nur auf ihrer Grundlage
das Argumentieren mit einer freien Selbstbindung Gottes, durch
die Gott zum Schuldner wird, sinnvoll sein kann. In seinen Entgegnungen stellt Roland dem exklusiven Verständnis der Selbstverpflichtung Gottes durch die Verheißung das restriktive
gegenüber. So heißt es in einem Einwand, daß den Tugendwerken
das ewige Leben nicht auf Grund ihrer Güte (ex bonitate ipsorum operum), sondern auf Grund der göttlichen Verheißung geschuldet werde[222]. Rolands Korrektur lautet: "non   p u r e
ex bonitate operum, sed ex bonitate operum et ex iustitia dei
et ex obligatione, qua deus vult se obligare ad dandum vitam
aeternam talibus operibus"[223]. In einem anderen Einwand wird
die Ansicht vorgetragen, daß der Mensch das ewige Leben nicht
"ex bonitate operum", sondern "ex largitate dei promittentis"
verdiene[224]. Hier antwortet Roland: "Quod meremur vitam aeternam ex operibus factis in caritate, non est illud ex bonitate
operum   t a n t u m   , sed ex bonitate operum et dei largitate
et quia voluit promittere vitam aeternam talibus operibus."[225]
Roland vertritt in seinen beiden Entgegnungen folgenden Standpunkt: Auf Grund seiner Freigebigkeit und angesichts der gnadenhaften Güte der Werke verpflichtet sich Gott durch seine Verheißung dazu, die Liebeswerke mit dem ewigen Leben zu belohnen,
so daß er ihnen nun diesen Lohn gerechtigkeitshalber schuldet
und damit dem Menschen die Möglichkeit eines Verdienstes im
Sinne des "de indebito facere debitum" eröffnet. Die Wendungen
"non pure" und "non tantum" erinnern uns an eine Theologenmeinung, die Wilhelm von Auvergne referiert. Diese "quidam" sagten, daß wir uns Gott nicht durch unsere Verdienste allein (nec
nostris meritis   s o l i s), sondern nur zugleich durch unsere
Verdienste und auf Grund seiner Verheißung zum Schuldner machen
können[226]. Mit dem "nec nostris meritis solis" wird wie mit dem

---

222   s.o.S. 96 Anm.161.
223   6o,18 (181).
224   s.o.S. 96f Anm.162.
225   63,15 (195).
226   s.o.S. 151 Anm.13o.

"non pure (bzw. tantum) ex bonitate operum" eine besonders klare Abgrenzung gegenüber der exklusiven Sicht der Selbstbindung
Gottes vollzogen.

Zweitens begibt sich Roland dann auf die Ebene der tradi-
tionellen Magisterdefinition, wenn durch Einwände ganz allgemein das Problem der Verpflichtung Gottes thematisiert wird.
Wir greifen ein Beispiel heraus. In einem Einwand gegen die
Möglichkeit eines Würdigkeitsverdienstes heißt es, daß wir
durch unsere Tugendwerke Gott nicht verpflichten könnten, da
es sich um einen in jeder Hinsicht geschuldeten Dienst handle.
Bei einem Würdigkeitsverdienst müsse aber eine Verpflichtung
Gottes gegeben sein[227]. Roland übt in seiner Entgegnung keine
Kritik an dem Verdienstbegriff, der mereri ex condigno und obligare nebeneinanderstellt, geht vielmehr auf ihn ein, fragt
also nach der Möglichkeit einer obligatio dei und kommt zu fol
gender Antwort: "Gott ist in Wahrheit uns gegenüber nicht zur
Verleihung des ewigen Lebens verpflichtet, soviel Gutes wir
auch tun mögen, sondern er gibt es uns aus freiem Willen. Es
sei denn, wir wollten die Verheißung Gottes Verpflichtung Gottes nennen, so daß sich folgender Sinn ergibt: Gott ist uns
gegenüber verpflichtet, d.h. er hat uns das ewige Leben verheißen und ist treu in seiner Verheißung."[228]

Fassen wir zusammen: Wo Roland von seiner eigenen Definitio
des Verdienstes als gnadenhaft-tugendhafter Bewegung, die dem
Lohn proportional ist und ihn verursacht, ausgeht, fehlt in
seinen Antworten auf die Frage der Verdienbarkeit des ewigen
Lebens der Gedanke einer Selbstbindung Gottes und damit das Be
griffsfeld promissio, promittere, se obligare, obligatio, debere, debitum, debitor, iustitia. Das Gefüge der seinsmäßig-
naturhaften Proportion und Kausalität wird allenfalls durch de
decretum-Gedanken gelockert. Wenn Roland aber auf die Magister
definition und jenes Begriffsfeld eingeht, dann vertritt er
die Konzeption einer freien Selbstbindung Gottes im restrikti-

---

227 347,3 (1039).
228 "Ad tertio obiectum - servitium omnino debitum non obligat illum, cui fit servitium, ad remunerandum - dicimus, qu
in veritate deus non est nobis obligatus ad dandum vitam aete
nam, quantacumque bona faciamus, sed libera voluntate dat nobis. Nisi velimus dicere dei obligationem dei promissionem, u
sit sensus: deus est nobis obligatus, id est promisit nobis
vitam aeternam et ipse est fidelis promissor." 347,31 (1044).

ven Sinn, und zwar in einer Form, die den Ausführungen Wilhelms
von Auvergne besonders nahesteht. Eigentlich lehnt Roland den
Verpflichtungsgedanken im Rahmen der Verdienstlehre ab; abgesehen davon, daß der obligatio-Begriff auf Gott ohnehin nur
schwer und allenfalls "sub aliquo modo loquendi" zu beziehen
sei[229], ist ihm die Funktion des Verpflichtungsgedankens nicht
ersichtlich. Warum muß mit dem Verdienst ein "de indebito facere debitum" verbunden sein, da doch Gott dem Menschen das
ewige Leben bereits auf Grund der Liebe oder Gnade schuldet?[230]
Will man aber trotzdem von einer Verpflichtung oder Schuldnerschaft Gottes sprechen, dann ist nach Rolands Auffassung nur
an eine freie Selbstbindung Gottes im restriktiven Sinn zu
denken. Obwohl Roland mit diesem Eingehen auf die traditionelle
Magisterdefinition des Verdienstes den Kern seiner eigenen
Lösung verläßt, zeigt doch die Art des Eingehens sein Interesse
an der Freiheit Gottes gegenüber dem kreatürlichen Bereich,
ein Interesse, das auch in dem decretum-Gedanken seiner eigenen
Lösung zum Vorschein kommt.

---

229 Wie Wilhelm von Auxerre (s.o.Anm.83 und 93) beschäftigt
sich auch Roland mit der Frage, wie die Verpflichtung mit der
Unwandelbarkeit Gottes zu vereinbaren sei. Seine Antwort lautet:
"Ad illud, quod dicit - deus est modo obligatus dare isti et
postea non est obligatus -, dicimus, quod in veritate deus non
obligatur nobis. Et ponamus, quod obligetur nobis sub aliquo
modo loquendi et postea non est obligatus, quando peccat ille
mortaliter, cui erat prius obligatus, dicimus, quod non est
facta mutatio circa deum, sed circa illum, respectu cuius dicitur esse illa obligatio. Circa enim connotatum huius participii
'obligatus' fit mutatio et non circa principalem significatio-
nem ..." 347,43 (1047). Dieses Zitat zeigt, daß Roland dem Gedanken einer obligatio Gottes weit zurückhaltender gegenübersteht als Wilhelm von Auxerre, dessen Antwort lautet: "Obligatio, quae dicitur de deo, est ipsa divina essentia" (s.o.Anm.
93). Vgl. auch Rolands Stellungnahme zum Problem Verpflichtung-
Freiheit: "Ad illud,quod dicit - promisit coronam vigilantibus,
et si promisit, obligatus est -, dicimus, quod illa condicio
falsa est. In nobis enim sequitur: si promittimus obligati sumus, sed non in deo; quoniam qui est liberrimus. proprie non
potest obligari. Vel dicatur, quod obligatus est sub condicione: si nos perseveramus." 347,45 (1047). Zu beachten ist auch
hier der Gegensatz zu Wilhelm von Auxerre (s.o.Anm.91). Die
Unterscheidung zwischen der promissio des Menschen, die zu
einer Verpflichtung führt, und der promissio Gottes, die ohne
Verpflichtung erfolgt, fanden wir bereits bei Gaufrid von
Poitiers (s.o.S. 126 Anm.56).
230 s.o.S. 284 (bei Anm.124).

5. Die incarnatio als Gegenstand des Verdienstes

Die Zweibahnigkeit der Stellungnahme Rolands zum Würdigkeitsverdienst, d.h. das Nebeneinander der seinem eigenen Verdienstbegriff und der dem Verdienstbegriff der zeitgenössischen magistri entsprechenden Lösung, zeigt sich auch sehr klar in
seiner Antwort auf die Frage, ob die Patriarchen die Fleischwerdung Christi ex condigno verdient haben. Gegenüber der ablehnenden Antwort, wie sie beispielsweise Wilhelm von Auxerre
gegeben hatte, nimmt er folgende Position ein: "Mir scheint,
daß man anders antworten muß, nämlich daß die heiligen Väter
die Inkarnation Christi ex condigno verdient haben, ob man nun
den Begriff mereri wie die Magister oder wie wir versteht."

Um diesen Satz zu untermauern, wendet sich Roland zunächst
dem Verdienstbegriff der magistri zu, die mereri mit "facere
de indebito debitum aut de debito magis debitum" gleichsetzen.
Wörtlich sagt er: "Es steht aber fest, daß die Inkarnation
Christi den Menschen geschuldet wurde, bevor die Patriarchen
sie erflehten, da dies von Ewigkeit an vorherbestimmt worden
ist (fuit illud praedestinatum) ... Ferner: Nachdem sie dem
Abraham verheißen worden war, erflehte sie Abraham mit vielen
Seufzern. Vor jenen Seufzern wurde die Fleischwerdung des
Gottessohnes geschuldet, weil sie dem Abraham verheißen worden
war; sie wurde also auf Grund der Verheißung geschuldet (debebatur ex promissione). Nach solch großen Seufzern wurde sie
noch mehr geschuldet; sonst wären jene Seufzer nutzlos gewesen,
was nicht anzunehmen ist. Also machten die Patriarchen die Inkarnation aus einer geschuldeten zu einer noch mehr geschuldeten; folglich verdienten sie sie." Nach diesen Worten beschreibt
Roland die Lösung, die sich aus seinem eigenen Verdienstverständnis ergibt: "Da nach unserer Sicht Verdienen gleichbedeutend ist mit einem Bewegtwerden durch die Bewegung der gnadenhaften Tugend auf irgendeinen Besitz zu und sie aus Liebe zum
Besitz der Inkarnation bewegt wurden, verdienten sie die Inkarnation ex condigno."[231]

---

231 "Aliter videtur mihi esse dicendum, scilicet quod sancti patres meruerunt ex condigno incarnationem Christi, sive
dicatur 'mereri', sicut dicunt magistri, sive dicatur, sicut
nos dicimus. Magistri dicunt, quod mereri est facere de indebito debitum aut de debito magis debitum. Sed constat, quod
Christi incarnatio debebatur hominibus, antequam quaererent

Diese Antwort Rolands auf die Inkarnationsfrage verdeutlicht das, was wir zum Verdienstgegenstand der vita aeterna gesagt haben. Wo Roland seinen eigenen aristotelischen Verdienstbegriff voraussetzt, verzichtet er auf den Gedanken einer Selbstbindung Gottes durch die Verheißung und hebt statt dessen die bis in die Ewigkeit reichende Dynamik der Liebestugend hervor. Wo er allerdings durch den gängigen Verdienstbegriff seiner Lehrer und Kollegen zur Aufnahme der Schuldvorstellung in die Verdienstlehre gedrängt wird,. sichert er die Souveränität Gottes durch die Herleitung des Obligationsverhältnisses aus der freien Selbstverpflichtung Gottes, im Fall der Inkarnation durch den Hinweis auf das göttliche praedestinare und promittere. So kommt er auf der Grundlage beider Verdienstbegriffe zu der Meinung, daß die Väter des Alten Bundes die Menschwerdung Christi durch ein Würdigkeitsverdienst verdient haben.

6. Zusammenfassung

Roland von Cremona nimmt mit seiner Verdienstlehre eine Zwischenposition zwischen Theologen wie Wilhelm von Auxerre und Wilhelm von Auvergne ein, die ganz verschiedene Konzeptionen zur Frage des Verdienstes entwickeln. Nicht zu Unrecht hätten wir Roland mit Wilhelm von Auvergne zu den Vertretern des restriktiven Verständnisses der Selbstbindung Gottes zählen können. Kommt doch in seinen Ausführungen dem Gedanken der Verheißung, durch die sich Gott gebunden habe, eine wichtige Rolle zu, und zwar nicht nur hinsichtlich des historischen Verhältnisses der Juden zu zeitlichen Gütern und Inkarnation, sondern auch hinsichtlich des ewigen Lebens, des zentralen und stets

---

illam patriarchae, quoniam ab aeterno fuit illud praedestinatum, sicut dicit Apostolus: 'Qui praedestinatus est, filius dei in virtute' (Rom.1,4). Item: Postquam fuit promissa Abrahae, petiit illam Abraham multis gemitibus. Ante illos gemitus incarnatio filii dei debebatur, quoniam erat promissa Abrahae; unde debebatur ex promissione. Et post tantos gemitus magis debebatur, alioquin inutiliter fiebant illi gemitus, quod non est credendum. Ergo faciebant patriarchae incarnationem debitam magis debitam; ergo merebantur eam. - Item: Cum mereri secundum nos sit moveri motu virtutis gratuitae ad aliquid habendum et ipsi movebantur ex caritate ad incarnationem habendam, ergo merebantur incarnationem ex condigno ... Non tamen dico, quod aliquis fuerit omnino dignus tanto beneficio dei, sicut nec aliquis est dignus omnino vita aeterna, nisi quia pietas dei exuberat in electis." 348,7 (1052).

aktuellen Verdienstgegenstandes.

Daß wir Roland trotzdem zusammen mit Wilhelm von Auxerre,
Thomas von Aquin und zahlreichen anderen Theologen des Domini-
kanerordens auf einer Linie sehen, die wir von der Traditionslinie des Selbstbindungsgedankens unterscheiden, hat folgenden
Grund: Roland spricht nur dann beim Verdienst des ewigen Lebens von der promissio dei, wenn er auf den traditionellen Verdienstbegriff eingeht, der den Empfänger der verdienstlichen
Leistung als Schuldner des Lohnes kennzeichnet. Unter den verschiedenen Möglichkeiten, die Entstehung der Schuldnerschaft
Gottes zu erklären, wählt Roland durch den Rückgriff auf die
Verheißung Gottes diejenige aus, welche ihm am ehesten mit der
frei schenkenden und wählenden Souveränität Gottes vereinbar
erscheint. Aus seinem eigenen Verdienstbegriff jedoch, der die
seinsmäßige Beziehung zwischen Verdienst und Lohn betont und
sie durch die Gesichtspunkte Bewegung und Proportion zum Ausdruck bringt, streicht Roland den Schuldgedanken. Konsequenterweise fällt dann die Vorstellung von einer freien Selbstverpflichtung Gottes fort - so dort, wo Roland hinsichtlich der
Verdienstgegenstände vita aeterna und incarnatio auf der Grundlage seines eigenen Verdienstbegriffs argumentiert und dabei
durch den Ewigkeitshorizont der gnadenhaften Liebe und ihrer
Werke eine ontologische Beziehung oder Seinsproportion zur unendlichen Qualität der göttlichen Belohnung gegeben sieht; dagegen hält er an dem einfachen Gedanken der freien Verfügung
Gottes durch ein decretum fest.

Diesen neuen Weg, den er unter dem Einfluß des wiederent-
deckten aristotelischen Denkens in der Verdienstlehre geht,
haben wir im Auge, wenn wir ihn eher zu den Vorläufern des
Thomas von Aquin als zu denjenigen Bonaventuras rechnen. Immer
hin aber zeigt die positive Aufnahme der Begriffe promissio und
decretum in die Verdienstlehre Rolands, daß er - zumindest in
dieser Frage - einen eigenständigen Platz innerhalb der älteren
Dominikanerschule einnimmt.

IV. Thomas von Aquin

Der einflußreichste Vertreter der theologischen Richtung, die
das übernatürliche Verdienst nicht durch den Gedanken einer
freien Selbstbindung Gottes, sondern durch die Vorstellung von

einer unmittelbaren, ontologischen Beziehung zwischen Leistung
und Lohn begründet, ist Thomas von Aquin. So wie der Sentenzenkommentar seines Zeitgenossen Bonaventura dem Vertrags-, Bun-
des- oder Verheißungsmoment eine bleibende Bedeutung in der
weiteren Theologiegeschichte sichert, so gewinnt durch sein Werk
das innere Wertmoment einen die künftige Verdienstlehre prägenden Einfluß. Der überragenden Stellung des Aquinaten entspricht
es, daß wir bei ihm nicht wie bei Roland von Cremona Neuland
der Forschung betreten, sondern eine große Zahl von Untersuchungen über seine Gnaden- und Verdienstlehre vorfinden[232].
Können wir uns deshalb an manchen Stellen kürzer fassen, so ist
doch eine genaue Darstellung der von ihm gegebenen Begründung
der Verdienstmöglichkeit des Menschen unerläßlich, da unser
Fragehorizont, der das Gegenüber des Außenaspekts kontingenter
Selbstbindung und des Innenaspekts ontologischer Notwendigkeiten betrifft, in der einschlägigen Literatur nicht die gewünsch-
te Beachtung gefunden hat. Eingehender beschäftigen werden wir
uns in erster Linie mit den beiden systematischen Traktaten
über das Verdienst im Sentenzenkommentar (1254-56)[233] und in
der Prima Secundae (I/II) der Summa theologiae (1269/70-1272)[234].

Die Gnadenlehre wie speziell die Verdienstlehre des Thomas
von Aquin erhält ihren besonderen Charakter durch die Verbindung mit Elementen der neuplatonischen und aristotelischen
Philosophie, die zu einer stärkeren Konzentration auf die naturhaften und immanent-teleologischen Konsequenzen des Gnadengeschehens führt, während das personal-relationale Gnadenverständnis der augustinischen Tradition zwar nicht ausgeschaltet,
aber deutlich zurückgedrängt wird. Thomas steht hier nicht am
Anfang eines neuen Weges, sondern knüpft mit der Rezeption aristotelischen Denkens und erst recht mit der neuplatonischer
Vorstellungen areopagitischer Provenienz an eine Entwicklung

---

232 Aus der neueren Literatur zur thomistischen Verdienstlehre seien die folgenden Veröffentlichungen erwähnt: De Letter, De ratione meriti (hier Verzeichnis älterer Literatur vor
1939); Auer, Gnadenlehre II, 58-166; Deman, Der neue Bund und
die Gnade; Lynn, Christ's Redemptive Merit; Pesch, Die Theologie der Rechtfertigung; Bouillard, Conversion et grâce.
233 Thomas hat seinen Kommentar unmittelbar im Anschluß an
seine Sentenzenlesung am Kolleg St.Jacques in Paris (1254-56)
veröffentlicht; s. Chenu, Das Werk, 302.
234 Zur Datierung der Secunda in den Zeitraum 1269/70-72 s.
Lottin, La date de la question disputée 'De malo'.

an, deren Zeugen etwa Philipp der Kanzler, Roland von Cremona
und Albertus Magnus sind; ja auch bei den Franziskanern Odo
Rigaldi und Bonaventura zeigte sich der neuplatonische Einfluß
in Merkmalen einer ontologisch-naturhaften Sicht der geschaffenen Gnade. Diese Entwicklung bringt nun Thomas zu einem gewissen Abschluß, indem er die neuplatonische Lehre vom übernatürlichen Charakter der Gnade mit dem aristotelischen Form- und
Finalgedanken durchdringt und damit eine Dynamisierung des Gnadenbegriffs erreicht - ein Prozeß, der an der Weiterentwicklung
der thomistischen Verdienstlehre vom Sentenzenkommentar zur
Summa theologiae abzulesen ist.

1. Verdienstbegriff

a) Das Wesen des Verdienstes

Der allgemeine Verdienstbegriff des Thomas von Aquin ist sowohl
im Sentenzenkommentar als auch in der theologischen Summe durch
vier für unsere Fragestellung wichtige Bestimmungen gekennzeichnet: 1.) Zwischen Verdienendem und Belohnendem besteht
ein Gerechtigkeitsverhältnis, d.h. der Belohnende muß dem Verdienenden einen gerechten Gegenwert für die empfangene Leistung
entrichten[235].   2.) Der iustitia-Begriff wird durch den Begriff
des debitum ausgelegt. Denn die Gerechtigkeit des Belohnenden
erweist sich darin, daß er dem Verdienenden das zukommen läßt,
was er ihm auf Grund des Verdienstes schuldet. Verdienen heißt
dann: "facere sibi debitum, quod est ei per iustitiam reddendum"[236].   3.) Gerechtigkeit und Schuldnerschaft werden durch
den aequalitas-Begriff ausgelegt, d.h.: Gerechtigkeitshalber
geschuldet wird nur ein Lohn, dem eine gleichwertige Leistung
vorausgeht[237]. Der aequalitas zwischen Leistung und Lohn entspricht dabei die aequalitas zwischen der Person des Leistenden

---

235 Sent.II d.27 q.1 a.3 resp.(II 702); Sent.III d.18 a.2
resp.(III 558f); Summa contra gentiles III c.149 n.3220; S.th.
I-II q.114 a.1 resp.
236 Sent.III d.18 a.2 resp.(III 558f). Zur Interpretation
des Verdienstgedankens durch den Schuldgedanken vgl. auch Sent.
III d.18 a.4 qcl.1 resp.(III 566f); Sent.III d.19 a.1 qcl.1
resp.(III 587); De veritate q.29 a.6 ad 3; S.th.I-II q.114 a.1
arg.3 und ad 3.
237 Sent.II d.27 q.1 a.3 resp.(II 702); Sent.III d.18 a.2
resp.(III 559).

und der des Belohnenden, wie Thomas unter Berufung auf Aristoteles feststellt. Gerechtigkeit im strengen Sinn und damit ein
wirkliches Verdienstverhältnis könne es nur zwischen gleichge-
stellten Personen geben[238]. 4.) Das Verdienst ist die Ursache
des Lohnes, und zwar causa efficiens, sofern es des Lohnes
würdig macht und damit auf ihn disponiert[239].

Die Verbindung des Verdienstbegriffs mit den Aspekten debitum und causa ist, wie die bisherige Untersuchung gezeigt
hat, bei den Theologen vor Thomas gang und gäbe. Was den iustitia-Aspekt betrifft, so ist uns zwar die Erläuterung des Verdienstes durch den Gerechtigkeitsgedanken schon des öfteren
begegnet[240], doch gewinnt er erst bei Thomas eine dominierende
Stellung in der allgemeinen zivilrechtlich-philosophischen Verdienstlehre, die man der spezifisch theologischen Verdienstlehre vorschaltet. Das hängt wohl mit dem Einfluß der Nikomachi-
schen Ethik des Aristoteles zusammen, ebenso wie die Interpretation der Gerechtigkeit durch den aequalitas-Aspekt dem
aristotelischen Einfluß zuzuschreiben ist[241]. Die Vorstellung
von einer Gleichwertigkeit oder Wertentsprechung zwischen Verdienst und Lohn ist freilich in der traditionellen Verdienstlehre des 12. und 13. Jahrhunderts weit verbreitet, wobei die
Begriffe condignus/condignitas, comparabilis, proportionalis/
proportio, commensuratio und beispielsweise bei Odo Rigaldi[242]
und Bonaventura[243] auch der aequalitas-Begriff eine Rolle spielen, doch gewinnt dieser bei Thomas im Gefolge des Gerechtig-
keitsgedankens eine Bedeutung für die Verdienstlehre, die er

---

238 S.th.I-II q.114 a.1 resp.
239 De veritate q.29 a.6 ad 1; vgl. S.th.I-II q.114 a.3
ad 3 (der durch die Gnade im Menschen einwohnende Heilige Geist
als sufficiens causa vitae aeternae) und a.7 ad 3 (Vergleich
des meritum mit einer causa naturalis).
240 s. z.B. Stephan Langton (s.o.S.110 Anm.16 und S.112f
Anm.19), Wilhelm von Auxerre (Summa aurea III tr.16 q.2 arg.7/
fol.221c: "Hoc enim dicimus mereri ex condigno, scilicet facere debitum sibi de iustitia"; vgl. auch S. 82 Anm.129), die
Quästionen Cod.Vat.lat.782 (s.o.S. 89f Anm.150), Roland von
Cremona (s.o.S.292f) und Odo Rigaldi (s.o.S.184f).
241 Vgl. bes. den Thomas-Kommentar zum 5. Buch der Niko-
machischen Ethik. Sowohl in Sent.II d.27 q.1 a.3 (Utrum aliquis possit mereri ex condigno vitam aeternam per actus virtutis) als auch in S.th.I-II q.114 a.1 (Utrum homo possit aliquid mereri a deo) beruft sich Thomas ausdrücklich auf dieses
Buch.
242 s.o.S.204.
243 s.o.S.241-243.

bei keinem Theologen vor ihm besaß. Die zentrale Frage ist natürlich, wie es zwischen Gott und Mensch aequalitas und damit iustitia, debitum und meritum geben kann.

b) Verdienstarten

Thomas kennt im Sentenzenkommentar drei Verdienstarten, meritum interpretatum, meritum congrui und meritum condigni[244], während er in der Summa theologiae nur noch zwischen meritum congrui und meritum condigni unterscheidet[245]. Fällt im Sentenzenkommentar auch die prima gratia unter die Gegenstände des Angemessenheitsverdienstes[246], so lehrt er in der Summa unter dem Einfluß der Entdeckung des historischen Semipelagianismus die völlige Unverdienbarkeit der rechtfertigenden Gnade[247]. Durch diese Wiedergewinnung der augustinischen Position, die in einem interessanten Kontrast zu seiner Entfernung von der heilsgeschichtlich-personalen Sicht Augustins steht, unterscheidet er sich von den Franziskanern Odo Rigaldi und Bonaventura, die gerade auf Grund ihres augustinischen Interesses an der personalen Relation zwischen Gott und Mensch an der Möglichkeit eines Angemessenheitsverdienstes hinsichtlich der prima gratia festhalten, während sie hinsichtlich der Gnadenvermehrung, wo Thomas wie beim Verdienstgegenstand des ewigen Lebens von einem meritum condigni spricht[248], ebenfalls nur ein meritum congrui gelten lassen wollen.

Wir wollen diesen Befund nicht näher analysieren, sondern uns der Frage zuwenden, ob Thomas an irgendeinem Punkt seiner Verdienstlehre den Gedanken einer freien Selbstbindung Gottes äußert, um das meritum congrui oder condigni zu begründen. Schon hier sei bemerkt, daß dieser Gedanke keine Bedeutung in der thomistischen Verdienstlehre besitzt, obwohl er einmal im

---

244 Diese drei Verdienstarten unterscheidet Thomas z.B. in Sent.III d.18 a.2 resp.(III 559).
245 z.B. in S.th.I-II q.114 a.3 und 6.
246 s. Sent.II d.27 q.1 a.4 ad 4 (II 705) und a.6 resp.(II 709).
247 s. S.th.I-II q.114 a.5 resp. Zur Entdeckung des historischen Semipelagianismus, die Thomas um 1260 bei der Abfassung der Summa contra gentiles durch die Lektüre der Spätschriften Augustins und des Indiculus Coelestins I. machte, s. Bouillard, Conversion et grâce, 91-140; Seckler, Instinkt und Glaubenswille, 90-114; Pesch, Die Lehre vom "Verdienst", 1882f.
248 s. S.th.I-II q.114 a.8 resp.

Sentenzenkommentar am Rande zur Sprache gebracht wird[249]. Trotzdem wollen wir das Verdienstverhältnis zwischen Gnadenwerken
und ewigem Leben bei Thomas eingehend untersuchen, um heraus-
zufinden, wie er trotz der Ausklammerung des Selbstbindungsgedankens die nicht geleugnete Wertdifferenz zwischen Werken
und ewigem Leben überbrücken und so die Möglichkeit von merita
condigni begründen kann. Vor allem wird zu zeigen sein, inwiefern man den Begriff der ordinatio im Verdiensttraktat der
Summa theologiae nicht im Sinne einer freien geschichtlichen
Selbstbindung Gottes deuten darf.

2. Das ontologisch-naturhafte Gnadenverständnis

Das entscheidende Verbindungsglied zwischen den verdienstlichen
Werken und der himmlischen Glorie, das einen ontologisch-naturhaften Zusammenhang zwischen beiden herstellt und damit erst
ein Verdienst ermöglicht, ist nach Thomas' Sicht das übernatürliche Gnadengeschenk. Will man die thomistische Begründung des
Verdienstes verstehen, so muß man daher erst Klarheit darüber
gewinnen, wie Thomas das Wesen der Gnade charakterisiert.

a) Die Dominanz der ontologisch-naturhaften gegenüber der personalen Sicht der Gnade

In seiner Arbeit über die Theologie der Rechtfertigung bei
Martin Luther und Thomas von Aquin übt Pesch Kritik an der
Thomasinterpretation Auers, der die thomistische Gnadenlehre
von einer mehr naturalistischen Betrachtungsweise bestimmt
sieht[250]. Pesch wertet Auers These als vergröberndes Urteil,
da Thomas bei aller Beeinflussung durch aristotelisch-meta-
physisches Denken die "personale Wesensart der geschöpflichen
Gnadenwirklichkeit" ins Licht rücken wolle: "Gnade ist - als
geschaffenes Geschenk und darüber hinaus - personale Annahme
des Menschen von seiten Gottes und Gemeinschaft Gottes mit
ihm; Gnade ist deswegen erst zum Ziel gekommen, wenn der Mensch,
durch sie ermächtigt, seinerseits personale Gemeinschaft mit
Gott vollzieht."[251] Für diese Deutung des thomistischen Gnaden-

---

249   s.u.S. 328f.
250   Vgl.o.S. 156f.
251   Pesch, Die Theologie der Rechtfertigung, 648f.

verständnisses spricht etwa die Tatsache, daß Thomas das gnadenhafte Verhältnis zwischen Gott und dem Gerechtfertigten sowohl im Sentenzenkommentar als auch in der Summa theologiae als
amicitia[252] und amicabilis societas[253] oder societas spiritualis[254] beschreibt und in dieser personalen Freundschaft und
Gemeinschaft mit Gott sicher keinen Nebenaspekt, sondern einen
unverzichtbaren Inhalt des Gnadengeschehens sieht. Man muß daher Pesch zustimmen, sofern Thomas die personale Betrachtungsweise der augustinisch-franziskanischen Tradition aus seiner
Gnadenlehre nicht völlig ausklammert, sondern in sie einbaut.

Andererseits vollzieht sich bereits im Sentenzenkommentar
dieser Tradition gegenüber eine bedeutsame Interessenverschiebung: Während Odo Rigaldi und Bonaventura die ontologisch-naturhafte Seite des Rechtfertigungsvorgangs zwar deutlich genug
mit Hilfe neuplatonischer Begriffe und Bilder hervorheben, aber
ihr eigentliches Interesse den personalen Konsequenzen der
Seinsveränderung schenken, ist es bei Thomas von Anfang an gerade umgekehrt: Sein Hauptinteresse gilt im Rahmen der Gnadenlehre der naturhaften Wandlung des Menschen, während ihn der
neue personale Status des Gerechtfertigten nur als Folge dieser
Wandlung interessiert[255]. Insofern hat Auer recht, wenn er hier
von einer m e h r naturalistischen Sicht der Gnade spricht,
um den charakteristischen Unterschied zum m e h r personalistischen Denken der Franziskaner zu bezeichnen[256], ohne - wei
wir ihn recht verstehen - ontologisch-naturhafte Elemente in
der franziskanischen und personale Elemente in der thomistischen Gnadenlehre leugnen zu wollen.

Die Interessenverschiebung zeigt sich etwa, um nur zwei
Beispiele zu nennen, in dem Zurückdrängen der Begriffe acceptatio und promissio, die wir als Merkmale personaler Gnadenauf
fassung kennengelernt haben. Im Sentenzenkommentar spricht
Thomas noch an ganz wenigen Stellen von der acceptatio divina[257], in der Summa theologiae ist der Begriff völlig aus der
Gnadenlehre verschwunden. Wo Thomas im Sentenzenkommentar zur

---

252 Sent.II d.26 q.1 a.1 ad 2 (II 669); S.th.I-II q.114
a.6 resp.
253 Sent.II d.26 q.1 a.1 ad 2 (II 669).
254 S.th.I-II q.109 a.3 ad 1.
255 Vgl. Stoeckle, "Gratia supponit naturam", 116f.
256 s. Auer, Gnadenlehre II, 63f.72.
257 s. z.B. Sent.II d.26 q.1 a.1 resp. und ad 1 (II 669).

Begründung der Schuldnerschaft des belohnenden Gottes einmal am
Rande die promissio erwähnt[258], verwendet er in der Summa theologiae den ordinatio-Begriff[259], der, wie wir zeigen werden, im
ontologisch-naturhaften Sinn zu interpretieren ist[260]. Dem Verschwinden biblisch-personaler Begriffe korrespondiert das Eindringen neuer philosophisch-metaphysischer Termini wie beispielsweise der Begriffe supernaturalis und qualitas. Hier zeigt
sich eine Entwicklung innerhalb der thomistischen Lehre, der
wir Rechnung tragen wollen, indem wir die naturhafte Gnadenauffassung des Thomas von Aquin zunächst am Sentenzenkommentar
und dann an der Summa contra gentiles und Summa theologiae untersuchen.

b) Sentenzenkommentar

In welcher Weise Thomas von Aquin schon im Sentenzenkommentar
die Gnade mit naturhaften Kategorien erfaßt, d.h. ihre seinshafte Übernatürlichkeit hervorhebt, machen die folgenden Sätze
besonders deutlich: "Da niemandes Handlung über die Fähigkeit
der handelnden Natur hinausreicht, muß, soll die Handlung über
das, was sie natürlicherweise kann, hinausreichen, auch die
Natur gewissermaßen über sich selbst hinausreichen. Da aber die
erwähnten Akte (d.h. die verdienstlichen Akte) die Fähigkeit der
menschlichen Natur überschreiten, können diese Akte nicht vom
Menschen ausgehen, da er zu ihnen auf natürliche Weise nicht
gelangen kann, es sei denn, die menschliche Natur würde ebenfalls gewissermaßen auf eine höhere Ebene emporgehoben werden."
Dieser Fall sei nun durch das Gnadengeschenk gegeben, "das den
Effekt hat, daß es das Wesen der Seele selbst zu einem göttlichen Sein emporhebt, so daß sie zu göttlichen Handlungen fähig
ist"[261].

---

258   Sent.II d.27 q.1 a.3 ad 4 (II 703).
259   S.th.I-II q.114 a.1 ad 3.
260   s.u.S.333f.
261   "Cum enim nullius operatio supra facultatem naturae
operantis extendatur, oportet, quod si operatio alicuius supra
id quod naturaliter potest extenditur, etiam natura quodammodo
supra se ipsam elevetur. Cum igitur actus memorii facultatem
humanae naturae excedant, non possunt isti actus ab homine
procedere; quia in eos solis naturalibus homo non potest, nisi
quodammodo natura humana etiam altius esset sublimata ... Oportet ergo, quod primum donum, quod gratis homini infunditur,
hunc habeat effectum, ut ipsam essentiam animae in quoddam di-

Thomas wiederholt den Gedanken, daß die Gnade die Natur des Menschen, d.h. das Wesen der Seele, zu einem altius und divinum esse emporhebt, an mehreren Stellen seines Sentenzenkommentars[262]. Schon hier gewinnt diese in ihrem Kern neuplatonische Lehre[263], welche mit der Seelenessenz auch die Seelenpotenzen und Werke des Menschen auf eine neue, gottförmige Qualitätsebene befördert sein läßt, ein Übergewicht gegenüber dem personalen Gedanken, daß die Wirkung der Gnade darin besteht, den Menschen Gott angenehm und akzeptabel zu machen. Die Begriffe gratus, acceptus, acceptatio, amicitia, amicabilis societas treten hinter dem ontologisch-naturhaften Vokabular mit den Termini elevare[264], sublimare[265], divinum esse[266], deiformis[267] similitudo[268] und assimilare[269] deutlich zurück. In ihnen spiegelt sich noch nicht der aristotelische, sondern der traditionelle neuplatonische Einfluß, wie er anhand derselben Begriffe auch bei Philipp dem Kanzler, Albertus Magnus, Johannes von Rupella, in der Summa Halensis, bei Odo Rigaldi und Bonaventura faßbar ist. So beruft sich Thomas für den Satz, daß ein höherer (göttlicher) Akt auch eine höhere (göttliche) Natur voraussetze, ausdrücklich auf die Autorität des Neuplatonikers Pseudo-Dionysius Areopagita[270].

Aristotelisch ist noch nicht das ontologisch-naturhafte Gnadenverständnis an sich, sondern erst seine teleologische Ausrichtung, für die sich bereits im Sentenzenkommentar Anzeichen finden. Aufschlußreich ist hier zum Beispiel Thomas' Entgegnung auf die Frage, ob die Natur im Stand der Unschuld der Gnade bedurfte. In seiner responsio unterscheidet er - wie vor ihm schon Roland von Cremona[271] - zwischen einer necessitas abso-

---

vinum esse elevet, ut idonea sit ad divinas operationes." Sent. II d.26 q.1 a.3 resp.(II 674f).

262 s. z.B. Sent.II d.26 q.1 a.3 ad 2.(II 675); Sent.II d.26 q.1 a.4 ad 2 und 3 (II 679); Sent.II d.27 q.1 a.5 ad 3 (II 707).

263 Zum Einfluß des Neuplatonismus auf die Gnadenlehre der Hochscholastik s.o.S.197 und 218 sowie u.S.322f.

264 s.o.Anm.261 und 262. Statt elevare auch sublevare: Sent.II d.28 q.1 a.1 resp.(II 719).

265 s.o.Anm.261.

266 s.o.Anm.261 und 262.

267 s. Sent.II d.26 q.1 a.4 ad 3 (II 679).

268 s. Sent.II d.29 q.1 a.1 ad 5 (II 741).

269 s. Sent.II d.29 q.1 a.1 ad 5 (II 742).

270 Sent.II d.26 q.1 a.3 resp.(II 674).

271 s.o.S.295f.

luta und einer necessitas condicionata ex suppositione finis,
wobei er letztere nochmals unterteilt in eine Notwendigkeit,
ohne die das angestrebte Ziel überhaupt nicht erreicht werden
kann, und eine, ohne die man nicht leicht zum Ziel gelangen
kann. Die Gnade vor dem Sündenfall ist für den Menschen eine
necessitas condicionata ex suppositione finis im ersten Sinne,
da der Mensch, wie Thomas sagt, ohne die Gnade das Ziel des
ewigen Lebens auf keinerlei Weise erreichen könnte. Zu einem
Ziel gelange man nämlich nur durch Werke, die dem Ziel proportional sind (per opera proportionata fini). Das ewige Leben
aber sei ein Ziel, das die Fähigkeit der menschlichen Natur
gänzlich überschreite. Darum müßten die Werke, durch die man
zum ewigen Leben gelangt, über die Kräfte der menschlichen Natur hinausgehen, weshalb der Mensch sie nicht ohne eine Gabe,
die seiner natürlichen Ausstattung hinzugefügt wird, leisten
könne[272].

Der Gesichtspunkt des excedere naturae humanae facultatem
ist uns schon in dem oben zitierten Thomas-Text begegnet[273];
dazu tritt nun hier die auch sonst im Sentenzenkommentar[274]
vorkommende Vorstellung vom ewigen Leben als Ziel der menschlichen Existenz und ihrer diesem Ziel proportionalen übernatürlichen Akte. Zum aristotelischen Charakter dieses Ziel- und Pro-
portionsdenkens verweisen wir auf das, was wir bei Roland von
Cremona zur Übernahme der aristotelischen Kausalitäts-, Bewe-
gungs- und Verwirklichungstheorie gesagt haben[275].

Die Konsequenzen der Gnadenvorstellung im Rahmen der neuplatonischen Ontologie und des aristotelischen Finalismus für
die Verdienstlehre liegen auf der Hand. Die durch das Gnadengeschenk bewirkte naturhafte Erhebung der menschlichen Seele und
ihrer Akte führt zu einer qualitativen Annäherung von Werken und
ewigem Leben, die Thomas als Proportionsgleichheit interpretieren kann[276]. Eine Gleichheit zwischen Leistung und Lohn ist
aber dem thomistischen Verdienstbegriff entsprechend erforder-

---

272 Sent.II d.29 q.1 a.1 resp.(II 740f); vgl. Sent.IV d.16
q.2 a.2 qcl.3 resp.(IV 790): necessitas absoluta/necessitas ex
suppositione finis.
273 s.o.Anm.261.
274 s. z.B. Sent.II d.26 q.1 a.1 ad 3 (II 669).
275 s.o.S. 288f.
276 s. Sent.II d.27 q.1 a.3 resp.(II 702); Sent.III d.18
a.2 resp.(III 559).

lich, um von Verdiensten sprechen zu können. Erklärlich ist es
auch, daß diese Lösung des Distanzproblems den Gedanken einer
freien Selbstbindung Gottes entbehrlich macht.

c) Summa contra gentiles und Summa theologiae

Die Entwicklung der thomistischen Gnadenlehre vom Sentenzenkommentar zur Summa contra gentiles beschreibt Lais folgendermaßen: "Die zunehmende Ausschaltung der neuplatonisch-augusti-
nischen Denkmittel und deren Ersatz durch die aristotelische
Begriffswelt zeigt sich nun auch in der zeitlichen Abfolge
der einzelnen Werke des hl. Thomas selbst. Steht in seinem Sentenzenkommentar (1254-1256) der Augustinismus noch ganz im
Vordergrund, so brachten schon die Quaestiones disputatae de
veritate (1256-1259) einen beträchtlichen Zuwachs an aristotelischen Begriffen und zugleich einen vertieften systematischen
Aufbau, der dann in der Summa contra gentiles eine bis dahin
ungeahnte Aufgipfelung erreichte."[277]

An dieser Darstellung sind einige Korrekturen anzubringen:
1.) Die Wendung "neuplatonisch-augustinische Denkmittel" ist
zumindest mißverständlich. Es gibt neuplatonische Denkmittel
im Dienste der dominierend heilsgeschichtlich-personalen Theologie Augustins; andererseits existiert aber auch ein von Augustin unabhängiger christlicher Neuplatonismus, wie er uns bei
dem von Thomas oft zitierten Pseudo-Dionysius Areopagita entgegentritt[278] und durch Johannes Scottus Eriugena, den Über-
setzer und Kommentator des dionysischen Schrifttums[279], im ontologisch-naturhaften Sinn interpretiert wurde[280], während Hug
von St.Viktor diesen Neuplatonismus sehr stark durch die
psychologischen Momente des augustinischen Neuplatonismus um-

---

277 Lais, Die Gnadenlehre des hl. Thomas, 2.
278 Zum Nebeneinander von augustinischem und dionysischem
Neuplatonismus s. Koch, Augustinischer und dionysischer Neuplatonismus. Zur Verwendung des Ps.-Dionysius durch Thomas s.
Durantel, Saint Thomas et le Pseudo-Denis (mit ausführlichem
Zitatenverzeichnis: 60-207).
279 Vgl. bes. Cappuyns, Jean Scot Erigène.
280 s. Weisweiler, Die Ps.-Dionysiuskommentare, 30.36;
ders., Sakrament als Symbol und Teilhabe, 342f. Weisweiler
spricht von einem "starken ontischen Zug in der Interpretation
des Areopagiten durch Eriugena" (342f), den er vor allem im
Partizipationsgedanken sieht.

gestaltete[281]. Die Gnadenlehre der Hochscholastik, besonders
die des Thomas, knüpft mit ihrem ontologischen Verständnis des
neuplatonischen Partizipationsgedankens[282] und der damit verbundenen Lehren von der gnadenhaften Gottverähnlichung und
Gottförmigkeit des Menschen wieder an dem Erbe des Johannes
Scottus an. 2.) Die Entwicklung innerhalb der thomistischen
Gnadenlehre besteht in dem fortschreitenden Zurückdrängen von
Elementen, die aus dem personalen Gnadenverständnis der augustinischen Tradition stammen, und in der zunehmenden Durchdringung des neuplatonischen Natur-Übernatur-Denkens, das noch
intensiviert wird[283], mit dem aristotelischen Bewegungs- und
Finaldenken. 3.) Wie wir sahen, steht schon in der Gnadenlehre
des Sentenzenkommentars nicht mehr der Augustinismus, sondern
die ontologisch-naturhafte Betrachtungsweise des dionysischen
Neuplatonismus im Vordergrund. Auch die aristotelische Final-
betrachtung findet sich bereits in Ansätzen. Sie wird nun in
den folgenden Werken weiter ausgebaut - nicht auf Kosten, sondern unter Einbeziehung der neuplatonischen Ontologie[284].

---

281 "Hugo hat in seinem Kommentar dem augustinischen Neuplatonismus mehr Raum gegeben als etwa Scotus Eriugena. Denn er
hob neben dem ontischen der Anteilnahme auch ihr psychologi-
sches Element stärker hervor ... Der Grund dafür scheint auch
darin gelegen zu haben, daß diese späte Zeit den starken ontischen Zug in der Interpretation des Areopagiten durch Eriugena
nicht mehr recht deuten konnte. Eriugena selbst hatte offenbar
bei der Übersetzung und auch bei der Deutung des Ps.-Dionysius
mit dem Problem gerungen, wie er griechische Ausdrücke, die
beide Elemente enthielten, in der lateinischen Sprache wieder-
geben sollte. Er hat dabei wohl zu oft dem Ontischen den Vorzug gegeben. Hier geht nun Hugo auf Grund seiner augustinisch
gesehenen Interpretation stärker den Weg auch der psychologischen Sicht. Partizipation ist ihm nicht nur seinsmäßig gegeben ..." Weisweiler, Sakrament als Symbol und Teilhabe, 342f.
282 Zum Teilhabegedanken bei Thomas von Aquin s. Fabro, La
nozione metafisica di partecipazione; Garrigou-Lagrange, La
grâce est-elle une participation; Geiger, La participation.
283 Zur Bedeutung des Neuplatonismus für Thomas s. Henle,
Saint Thomas and Platonism; Kremer, Die neuplatonische Seinsphilosophie. Huning bemerkt in der Rezension der Kremerschen
Arbeit (396): "Der Teil über Thomas von Aquin dürfte auch für
den deutschen Sprachbereich der Einsicht allgemeine Verbreitung sichern, die etwa in französischen philosophiegeschicht-
lichen Arbeiten schon sicherer Besitz ist, daß nämlich der
neuplatonische Anteil in der Metaphysik des Thomismus nicht zu
gering angesetzt werden darf." Wir können dieses Urteil hinsichtlich der thomistischen Gnadenlehre nur bestätigen.
284 Zum Finalgedanken in der thomistischen Gnadenlehre der
beiden Summen s. Auer, Gnadenlehre I, 231 und II, 100.213.223.
227f; Lais, Die Gnadenlehre des hl.Thomas, 167f.172.231-233.

324

In der Häufung von Begriffen, welche die teleologische Bestimmung der Gnade zum Ausdruck bringen, zeigt sich also die
Entwicklung vom Sentenzenkommentar zu den beiden Summen in erster Linie, wobei vor allem an die Begriffe finis, movere, motus, motio, processus, proportio, proportionalis, ordinare, ordinatio, ordo, tendere, dirigere, disponere, forma zu denken
ist, die sich mit den traditionellen Begriffen des neuplato-
nisch-ontologischen Gnadenverständnisses und neuen Begriffen
wie qualitas und supernaturalis verbinden. Sie zeichnen ein
Bild von der Gnade, dessen Charakteristika mit wenigen Worten
so beschrieben werden können[285]: Gott hat den Menschen zum Ziel
der himmlischen Glückseligkeit bestimmt, das die Reichweite
seiner natürlichen Fähigkeiten transzendiert. Auch im Stand der
Unschuld - und nicht nur zur Heilung seiner gefallenen und
korrumpierten Natur - bedarf der Mensch somit der Gnade, einer
in der Seelenessenz haftenden übernatürlichen Form oder Qualität, durch welche die menschliche Natur Anteil an der göttlich
Natur bekommt. Da die Gnade in ihrem Wesen auf die Vollendung
durch das ewige Leben angelegt ist, stellt sie die menschliche
Seele und, durch die Vermittlung der übernatürlichen Tugenden,
deren Akte in eine ständige Bewegung auf das ewige Leben hin,
d.h. der Heilige Geist bewegt den Menschen durch das Medium der
Gnade auf dieses Ziel zu. Wie die Gnade als innermenschliche
Bewegungsursache dem Endpunkt der Bewegung seinshaft proporti-
nal ist, so besteht auch ein Proportionsverhältnis zwischen den
Gnadenwerken und dem ewigen Leben.

Auf doppelte Weise also begründet Thomas den Gesichtspunkt
der aequalitas proportionis zwischen Gnade, gnadenhaften Tuge
den bzw. Gnadenwerken und ewigem Leben: 1.) durch den Gedanke
daß die beiden Pole durch die gemeinsame Ebene eines übernatü
lichen Seins verbunden sind, und 2.) durch die Vorstellung,
daß der Endpunkt der Bewegung in ihrem Ausgangspunkt virtuell
wie die Pflanze im Samen, enthalten ist, daß die Gnade somit
der Glorie kraft ihrer Entelechie ebenbürtig ist. Der Rest vo
Distanz, den die neuplatonische Ansicht vom übernatürlichen
Charakter der Gnade zwischen ihr und dem ewigen Leben beläßt,
wird durch die aristotelische Bewegungstheorie bewältigt, so

---

285 Wir finden dieses Bild in Summa contra gentiles III
147-151 und S.th.I-II q.109-110.114.

daß der Überbrückungsfaktor einer freien Selbstbindung Gottes überflüssig wird.

Die tiefere Wurzel, der Ermöglichungsgrund für eine solche Betrachtung der Gnade und ihrer Werke, die Proportionsgleichheit und Kondignität hinsichtlich des ewigen Lebens nur noch durch die Faktoren Übernatürlichkeit und Bewegung, durch immanente Faktoren also, und nicht durch das externe Moment einer promissio oder pactio begründet, liegt wohl in einer gewissen Verselbständigung der Gnade als Formalursache gegenüber Gott als der primären Effektivursache der übernatürlichen Werke. Auer hat diese Verselbständigung im Blick, wenn er sagt: "Gnade wird nicht so sehr als das göttliche Geschenk (Licht) gesehen, das der Mensch gewissermaßen wie ein zu seiner Natur Hinzukommendes (Schönheit, Anrecht auf Grund des Versprechens) empfängt, wie es in der franziskanischen Schule gelehrt wird; Gnade erscheint vielmehr als etwas im Menschen selbst, das, wenn auch übernatürlich, doch wie ein Stück seiner Natur wird. So wird bei Thomas Gnade etwas, was gewissermaßen inniger in seine Natur eingeht, sie verliert dafür doch etwas von dem Glanz, den sie bei Bonaventura etwa hat, wo sie ständig fließender Lichteinfluß Gottes ist. Wenn Thomas die Wirkungen der Gnade bestimmt, holt er gewissermaßen Gott und das Göttliche in diese Welt herein ..."[286] Als innerweltliche, wenn auch auf die Bewegung durch den Heiligen Geist bezogene, Größe gewinnt die Gnade an selbständiger Aktivität, sie wird zum motorischen Element, das den Menschen durch die ihm innewohnende Dynamik in die Bewegung auf sein Telos zu hineinreißt. Diese immanent-wesensmäßige Tendenz der Gnade von unten nach oben liegt Thomas am Herzen, zeigt sie ihm doch die Möglichkeit, die unendliche Distanz zwischen Gott und Mensch, zwischen Lohn und gnadengewirkter Leistung durch einen ontologisch-naturhaften Zusammenhang zu überwinden und so ein meritum de condigno zu begründen. Nur weil die Gnade ganz von Gott her kommt - nicht einmal durch ein meritum de congruo kann sie der Mensch verdienen[287] - und dennoch als qualitas supernaturalis in die Tiefendimension, die Essenz der menschlichen Natur eingeht, kann

---

286 Auer, Gnadenlehre II, 212. Zur Verselbständigung der Gnade vgl. auch II, 71-73.181f.
287 So Thomas' Lehre in der Summa theologiae; vgl.o.Anm. 247.

sie überbrückendes Medium zwischen der natürlichen Existenz
und dem ewigen Leben sein.

Nachdem wir das Gnadenverständnis des Thomas von Aquin in
Hinblick auf das Problem einer freien Selbstbindung Gottes
skizziert haben, bleibt zu sehen, welche Konsequenzen es für
die Gestaltung der Lehre vom meritum de condigno hat. Da hier
eine der allgemeinen Gnadenlehre entsprechende Entwicklung vom
Sentenzenkommentar zur Summa theologiae vorliegt, wollen wir
die beiden Verdiensttraktate gesondert untersuchen.

3. Die vita aeterna als Gegenstand des Verdienstes

a) Die Lösung im Sentenzenkommentar (II d.27 q.1 a.3)

Im Sentenzenkommentar eröffnet Thomas den Verdiensttraktat sofort mit der zentralen Frage: "Utrum aliquis possit mereri ex
condigno vitam aeternam per actus virtutis." In seiner solutio[288] macht er zunächst mit den zwei verschiedenen Antworten
- mereri ex congruo, mereri ex condigno - der Magister bekannt
um dann zu klären, was eigentlich unter mereri ex condigno und
mereri ex congruo zu verstehen sei: Bei einem Würdigkeitsverdienst liege eine Gleichheit zwischen Lohn und Verdienst vor,
bei einem Angemessenheitsverdienst handle es sich lediglich um
ein Geschenk, das der Freigebigkeit (liberalitas) des Gebenden
ziemt. Um zu zeigen, wie der Mensch das ewige Leben ex condign
verdienen kann, unterscheidet nun Thomas zwischen einer doppel
ten aequalitas, einer aequalitas quantitatis und einer aequalitas proportionis, eine Unterscheidung, die ihre Vorstufe in
Odos Unterscheidung zwischen aequalitas proportionis und aequa
litas proportionalitatis hat, auch wenn Odo die aequalitas pro
portionalitatis anders begründet als Thomas den entsprechenden
Begriff der aequalitas proportionis[289]. Zwischen dem gnadenhaf
ten Akt und dem Lohn der Glorie bestehe zwar keine aequalitas
quantitatis, d.h. keine Gleichheit in der Quantität der Güte,
und in dieser Hinsicht könne man zu Recht die Möglichkeit eine
meritum condigni leugnen und nur die eines meritum congrui kon
zedieren; doch angesichts der aequalitas proportionis verdien€
der Mensch das ewige Leben ex condigno[290].

---

288 Sent.II d.27 q.1 a.3 resp.(II 701f).
289 s.o.S. 204.
290 Wie Bonaventura (s.o.S. 239) kennt also auch Thomas

Entscheidend für unsere Frage ist, wie Thomas die Proportionsgleichheit zwischen menschlichen Werken und göttlichem
Lohn begründet. Eine solche Gleichheit sei dann gegeben, wenn
sich A zu B so verhält wie C zu D. Auf die Situation des verdienenden Menschen angewandt heißt das: "Es ist für Gott nicht
größer, das ewige Leben zu geben, als für uns, einen Tugendakt
darzubringen, sondern wie dies diesem entspricht, so entspricht
jenes jenem; und darum läßt sich eine gewisse Proportionsgleichheit zwischen dem belohnenden Gott und dem verdienenden
Menschen finden, da der Lohn auf dieselbe Art zu beziehen ist
wie das Verdienst. Wenn nämlich der Lohn das ist, was jede
Möglichkeit der menschlichen Natur übersteigt, wie das ewige
Leben, so besteht auch das Verdienst in einem Akt, in dem das
Gut jenes Habitus, der von Gott eingegossen wird und uns Gott
zuschreibt, widerstrahlt." Die Proportion liegt also darin, daß
sich die Gabe des ewigen Lebens zum menschlichen Verdienst ebenso exzessiv verhält wie das vom Gnadenhabitus geprägte Verdienst
zu den natürlichen Möglichkeiten des Menschen. Die Brücke zwischen Leistung und Lohn wird daher letztlich in der übernatürlichen Gnadengabe, die den Menschen auf seiten Gottes - "deo
nos consignans" - stellt, gesehen und nicht wie bei Odo und
Bonaventura zusätzlich noch in dem Moment eines göttlichen Vertrages.

Thomas untermauert seine Lösung, indem er der Unterscheidung
zwischen aequalitas quantitatis und aequalitas proportionis oder
zwischen aequalitas arithmetica und aequalitas geometrica in
Anlehnung an Aristoteles und unter ausdrücklicher Berufung auf
die Nikomachische Ethik[291] die Unterscheidung zwischen iustitia
commutativa und iustitia distributiva entsprechen läßt. Wir haben oben gesehen, daß nach Thomas das Gerechtigkeitsverhältnis
konstitutiv für die Verdienstsituation ist. Eine strenge Beziehung von Leistung und Gegenleistung will er aber zwischen Mensch
und Gott nicht gelten lassen, da Gott von uns nichts empfange.
Der Begriff der iustitia distributiva, mit der Gott jedem nach
seinen Werken vergelte, gibt ihm die Möglichkeit, am Gedanken
eines meritum de condigno festzuhalten und doch der Souveräni-

---

im Sentenzenkommentar eine meritum congrui- und eine meritum
condigni-Seite des übernatürlichen Verdienstes.
   291 Eth.Nicom.5,5-7 (Bekker 1130b,6-1132b,20).

tät des frei schenkenden Gottes Tribut zu zollen.

Der Gesichtspunkt einer freien Selbstbindung Gottes kommt in
diesem Gedankengang der Hauptantwort überhaupt nicht vor; die
Betrachtungsweise ist vielmehr rein immanent, d.h. sie orientiert sich am inneren Wert von Verdienst und Lohn. In der Entgegnung auf einen Einwand kommt Thomas dagegen auf eine freie
Selbstbindung Gottes zu sprechen. Der Einwand hatte gelautet:
"Von wem jemand verdient, der wird ihm zum Schuldner; denn der
Lohn wird dem Verdienst geschuldet. Gott aber kann nicht zum
Schuldner werden. Also können wir bei ihm nichts durch ein Würdigkeitsverdienst verdienen."[292] Thomas antwortet, daß Gott in
der Tat nicht unser Schuldner wird, es sei denn auf Grund seiner Verheißung, da er selbst den gut Handelnden den Lohn verheißen hat. Und darum sei es nicht unzutreffend zu sagen, daß
man von ihm etwas verdienen kann, da er in gewisser Weise
(aliquo modo) Schuldner ist[293]. Dies ist der erste Lösungsweg,
den Thomas anbietet und der seinem an anderen Stellen vertretenen Verdienstbegriff entspricht, in dem der debitum-Gedanke
fest verankert ist[294]. Anschließend erwähnt Thomas eine zweite
Lösungsmöglichkeit, mit der er seine Unterscheidung zwischen
iustitia commutativa und iustitia distributiva aufgreift. Im
Fall der kommutativen Gerechtigkeit werde jener, bei dem einer
verdient, zum Schuldner des Verdienenden; im Fall der distribu-
tiven Gerechtigkeit aber werde auf seiten des Belohnenden keine
ratio debiti verlangt. Könne er doch beliebige Dinge aus Freigebigkeit (liberalitas) verteilen, bei deren Verteilung freilic
insofern eine Gerechtigkeit verlangt werde, als er sie den verschiedenen Empfängern auf eine ihrer Stufe entsprechenden Weise
(proportionabiliter) zuzuteilen habe[295].

---

292 Sent.II d.27 q.1 a.3 arg.4 (II 701).
293 Auer (Gnadenlehre II, 103 Anm.144) beschreibt die Antwort des Thomas falsch, wenn er sagt: "Gott ist daher nicht de
bitor, sondern hält nur sein Versprechen." Richtig muß es heißen: Gott ist nur deshalb debitor, weil er sein Versprechen
hält.
294 s.o.S.314 (bei Anm.236).
295 "Ad quartum dicendum, quod deus non efficitur debitor
nobis, nisi forte ex promisso, quia ipse bona operantibus
praemium repromisit; et ideo non est inconveniens, si ab ipso
quis mereri possit, ex quo aliquo modo debitor est. - Vel dicendum, quod in iustitia commutativa ille, apud quem quis mere
tur, efficitur debitor ei qui meretur, ut patet in illis, qui
operationes suas locant in servitium aliorum; sed in iustitia

Wie Bonaventura ist somit auch Thomas der Auffassung, daß
der Begriff des meritum de condigno nicht unbedingt die Schuldnerschaft des Belohnenden verlangt, daß also die Meinung, Gott
könne nicht zum Schuldner des Menschen werden, nicht unbedingt
gegen die Annahme eines Würdigkeitsverdienstes spricht[296]. Doch
neigt Thomas selbst wohl, wie der erste Lösungsweg zeigt, der
Ansicht zu, daß sich Gott durch seine Lohnverheißung zum Schuldner des Menschen gemacht habe. Keinesfalls aber besitzt der
Gedanke der Selbstbindung Gottes durch seine Verheißung hier
die restriktive Funktion, die ihm bei Odo Rigaldi und Bonaventura zukam, geschweige denn, daß Thomas, wie Auer meint, im
Sentenzenkommentar das Würdigkeitsverdienst "ganz auf das göttliche Versprechen baut"[297]. Nur am Rande, nicht etwa in seiner
langen responsio, bringt er das Problem einer Schuldnerschaft
Gottes zur Sprache, und auch dann bietet er neben dem Gesichtspunkt der freien Selbstbindung noch einen zweiten Lösungsweg
an. Wir ziehen daraus den Schluß: Thomas nimmt den promissio-
Gedanken beim Stichwort debitum aus der traditionellen Verdienstlehre auf, ohne in ihm jedoch einen konstitutiven Faktor
zur Begründung des Würdigkeitsverdienstes zu sehen. Verdienstbegründende Bedeutung besitzt für ihn allein das immanente
Wertmoment der Tugendwerke als Wurzel der Proportionsgleichheit
zwischen Verdienst und Lohn.

b) Die Lösung in der Summa theologiae (I-II q.114 a.1-10):
ordinatio und motio als neue Elemente des Verdienstgedankens

Im Unterschied zum Sentenzenkommentar stellt Thomas im Verdiensttraktat der Summa theologiae der Erörterung der einzelnen
Verdienstgegenstände die allgemeine Frage voraus: "Utrum homo
possit aliquid mereri a deo."[298] Dann werden der Reihe nach die
möglichen Verdienstgegenstände vita aeterna, prima gratia, re-
paratio post lapsum, augmentum gratiae, perseverantia und bona

---

distributiva non requiritur ratio debiti ex parte eius qui
distribuit; potest enim ex liberalitate aliqua distribuere, in
quorum tamen distributione iustitia exigitur, secundum quod
diversis, prout eorum gradus exigit, proportionabiliter tri-
buit." Sent.II d.27 q.1 a.3 ad 4 (II 703).
   296 s.o.S.236f.
   297 Auer, Gnadenlehre II, 103.
   298 S.th.I-II q.114 a.1.

temporalia behandelt[299]. Unsere Aufgabe ist darauf beschränkt,
die thomistische Begründung des übernatürlichen Würdigkeitsverdienstes, das sich auf vita aeterna und augmentum gratiae
bezieht, zu eruieren. Im Zentrum unserer Betrachtung stehen dabei die Begriffe ordinatio und motio[300], in denen die Weiterentwicklung der thomistischen Verdienstlehre vom Sentenzenkommentar zur Summa theologiae besonders augenfällig ist. Fehl-
ten diese Begriffe im Verdiensttraktat des Sentenzenkommentars,
so gewinnen sie und die entsprechenden Verben in der Summe eine Schlüsselfunktion bei der Begründung des Verdienstes, was
mit der schon beschriebenen Aristotelisierung, d.h. teleolo-
gischen Orientierung und Dynamisierung, der Gnadenlehre zusammenhängt.

Halten wir uns zuerst an die alle weiteren Artikel bestimmende Grund- und Eröffnungsfrage, ob der Mensch überhaupt etwas
von Gott verdienen kann. Thomas legt in der responsio zunächst
seinen Verdienstbegriff mit den Elementen iustitia und aequalitas dar, womit er nichts Neues gegenüber dem Sentenzenkommentar bringt, es sei denn, daß er nun neben der Gleichwertigkeit
der Leistungen auch die der Personen hervorhebt. Zwischen un-
gleichen Personen, wie zwischen Sohn und Vater oder Knecht und
Herr, könne es freilich im uneigentlichen Sinne - secundum quid
nicht simpliciter - ein Verdienstverhältnis geben, sofern auch
hier ein gewisser Modus von Gerechtigkeit walten kann.

Nach dieser terminologischen Vorklärung kommt Thomas auf das
Kernproblem der theologischen Verdienstlehre zu sprechen, auf
die Tatsache nämlich, daß zwischen Gott und Mensch eine maxima
inaequalitas bestehe: "In infinitum enim distant, et totum quod
est hominis bonum, est a deo." Wie läßt sich dann überhaupt
noch von einer Verdienstsituation des Menschen vor Gott reden?
Zutreffend bemerkt Pesch zu diesem Textabschnitt: "Die völlige
Entleerung aller juridischen Vorstellungen, die mit dem Verdienstbegriff verbunden sein mögen, ist schwer zu überbieten.
... Der ganze aristotelische Apparat um die Begriffe iustitia,
aequalitas und merces dient nur dazu, darzutun, daß ein Verdienst bei Gott aus dem philosophischen Begriff der Gerechtigkeit gerade nicht abzuleiten ist."[301]

---

299 S.th.I-II q.114 a.2-10.
300 Für motio kann auch motus stehen.
301 Pesch, Die Theologie der Rechtfertigung, 775.

Wie im Sentenzenkommentar will Thomas allerdings auch in der
Summe eine gewisse Gerechtigkeit für die Beziehung zwischen
Gott und Mensch gelten lassen, keine iustitia secundum absolutam aequalitatem, sondern eine iustitia secundum proportionem
quandam, womit er an seine frühere Unterscheidung zwischen aequalitas quantitatis und aequalitas proportionis bzw. zwischen
iustitia commutativa und iustitia distributiva anknüpft. Interessant ist nun, wie er die Proportionsgerechtigkeit oder
-gleichheit erklärt, besonders wenn man den Unterschied zum
Sentenzenkommentar beachtet. Ging es dort um eine Analogie der
Seinsverhältnisse zwischen ewigem Leben und Tugendakt einerseits und zwischen übernatürlichem Tugendakt und natürlichen
Fähigkeiten des Menschen andererseits, also um eine statische
Betrachtungsweise verschiedener Qualitätsstufen, so löst Thomas
hier das Problem durch eine dynamisch-teleologische Zuspitzung
der Begriffe virtus und ordinatio. Das Wesen jener Proportion
bestehe darin, daß jeder, d.h. Gott und Mensch, auf seine ihm
eigentümliche Weise handelt. Wörtlich heißt es dann: "Die Art
und Weise und das Maß der menschlichen Kraft (virtus) aber ist
von Gott. Es kann somit ein Verdienst des Menschen bei Gott nur
geben unter der Voraussetzung einer göttlichen Anordnung (secundum praesuppositionem divinae ordinationis), so nämlich,
daß der Mensch durch sein Handeln dasjenige von Gott gleichsam
als Lohn erlangt, wozu ihm Gott die Wirkkraft zumaß. So erlangen ja auch die Naturdinge durch ihre Bewegungen und Tätigkei-
ten das, worauf sie von Gott hingeordnet sind. Allerdings mit
dem Unterschied, daß das vernunftbegabte Geschöpf sich durch
den freien Willen selber zum Handeln bewegt; deshalb hat auch
sein Handeln die Bewandtnis des Verdienstes, was bei den anderen Geschöpfen nicht der Fall ist."[302] Gott hat die Wirkkraft,
die er dem Menschen mitteilt, in ihrem Wesen auf ein bestimmtes
Ziel hingeordnet, das damit in die Reichweite der Möglichkeiten
des Menschen fällt, seiner Wirkkraft proportional ist, so wie
es der göttlichen virtus proportional ist, den Menschen das
seiner Wirkkraft verordnete und von ihr daher intendierte Telos erreichen zu lassen. Dieser Zielgewinn des Menschen heißt
deshalb Lohn, sein Wirken deshalb Verdienst, weil sich die
menschliche Wirkkraft als freier Akt im Rahmen eines personalen

---

302 Übersetzung nach Pesch, aaO 774.

Verhältnisses verwirklicht, und "nicht nur als naturalistischer
Mechanismus von causa prima und causa secunda"[303].

Es bleibt in diesem ersten Artikel des Verdiensttraktats
noch offen, auf welches Ziel sich die divina ordinatio des Menschen bezieht und welche virtus operandi ihr entspricht. Darüber
gibt nun der zweite Artikel Klarheit, der die Frage behandelt,
ob man das ewige Leben ohne Gnade verdienen kann. Thomas nennt
hier zwei Grundgegebenheiten der göttlichen Schöpfungsordnung:
1.) Kein Ding kann über seine Kraft hinaus handeln. Oder anders
ausgedrückt: Der Akt eines Dings wird von Gott nicht auf ein
Ziel hingeordnet, welches über sein Kräfteverhältnis hinausreicht[304]. Zwischen virtus und finis der Geschöpfe besteht somit ein strenges Proportionsverhältnis. 2.) Gott hat dem Menschen durch seine ordinatio das Ziel des ewigen Lebens gesetzt,
so wie er jedem Ding durch den Schöpfungsakt ein bestimmtes
Ziel zugeordnet hat[305].

Aus diesen beiden Faktoren der Schöpfungsordnung resultiert
die Notwendigkeit eines übernatürlichen Gnadengeschenkes. Denn
da das Ziel des Menschen als übernatürliche Größe die Proportion
seiner natürlichen Wirkkraft übertrifft, der Mensch aber nicht
von sich aus über diese virtus hinaus handeln kann, muß zu seiner natürlichen Ausstattung die dem ewigen Leben proportionale
übernatürliche Wirkkraft des Gnadengeschenkes hinzukommen. Die
schöpfungsmäßige Bestimmung des Menschen zum ewigen Leben impliziert somit logischerweise den Begnadigungsplan; bildlich ausgedrückt: Der große Spannungsbogen der ordinatio divina, der von
der Schöpfung zur Vollendung des Menschen reicht, umfaßt als
zwei Teilstrecken die ordinatio des Menschen zum Besitz der Gna
de und die ordinatio der Gnade zum Ziel des ewigen Lebens. Thomas bündelt diese Auffassung in dem Satz: "Deus ordinavit humanam naturam ad finem vitae aeternae consequendum non propria
virtute, sed per auxilium gratiae."[306]

---

303 Pesch, aaO 775.
304 "Actus autem cuiuscumque rei non ordinatur divinitus
ad aliquid excedens proportionem virtutis, quae est principium
actus; hoc enim est ex institutione divinae providentiae, ut
nihil agat ultra suam virtutem." S.th.I-II q.114 a.2 resp.
305 "Homo secundum suam naturam ordinatur ad beatitudinem
sicut ad finem; unde etiam naturaliter appetit esse beatus."
S.th.I-II q.114 a.2 arg.1.
306 S.th.I-II q.114 a.2 ad 1.

Aus dem Gesagten wird deutlich, daß der thomistische ordinatio-Begriff eine völlig andere Funktion besitzt als etwa die
Begriffe ordinatio, decretum, pactio und promissio in der Franziskanerschule. Während die Franziskaner durch sie den Freiheitsraum Gottes gegenüber seiner Schöpfung hervorheben wollen,
indem sie zwischen Schöpfungsordnung und via salutis des Menschen eine Reihe von heilsgeschichtlichen Verordnungen zwischenschalten, weist Thomas durch seinen ordinatio-Begriff nicht auf
die Kontingenz freien geschichtlichen Handelns, sondern auf
eine Schöpfungsontologie. Die innergeschichtliche Dynamik der
ordinatio, die sich in der Bewegung vom Gnadengeschenk zum ewigen Leben entfaltet, geht direkt auf den göttlichen Schöpfungsplan zurück. Kurz gesagt: Es handelt sich nicht um eine externe Verordnung, die den immanenten Schöpfungsgegebenheiten
erst entgegenträte, sondern um einen Faktor der immanenten
Schöpfungsgegebenheiten selbst, der ihre ontologisch-naturhafte
Finalität erklärt.

Für diese Deutung spricht auch die Tatsache, daß Thomas den
Begriff der ordinatio divina durch den der motio divina erset-
zen kann. Das wird aus der Gegenüberstellung zweier Abschnitte
deutlich. So heißt es in Artikel 4: "Humanus actus habet rationem merendi ex duobus: p r i m o   quidem et principaliter
ex divina ordinatione, secundum quod actus dicitur esse meritorius illius boni, ad quod homo divinitus ordinatur; s e -
c u n d o   vero ex parte liberi arbitrii, in quantum scilicet
homo habet prae ceteris creaturis, ut per se agat voluntarie
agens."[307] In Artikel 6 werden die beiden Verdienstgründe dagegen folgendermaßen formuliert: "Opus nostrum habet rationem
meriti ex duobus: p r i m o   quidem ex vi motionis divinae,
et sic meretur aliquis ex condigno. A l i o   m o d o   habet
rationem meriti, secundum quod procedit ex libero arbitrio, in
quantum voluntarie aliquid facimus."[308] Spricht Thomas in Artikel 1-4 wiederholt von der ordinatio, so ist in Artikel 5-10
statt dessen nur noch von der motio die Rede. Die Parallelisie-
rung von ordinatio und motio weist unmißverständlich darauf
hin, daß die Hinordnung der Gnade auf das Ziel der Glorie keine
äußere, voluntative Zuordnung ontologisch getrennter Wirklich-

---

307 S.th.I-II q.114 a.4 resp.
308 S.th.I-II q.114 a.6 resp.

keiten, sondern eine innere, der Gnade eingeschaffene Ausrichtung auf die Glorie hin ist - eine inhärente Teleologie, die in Hinblick auf ihren göttlichen Ursprung als ordinatio und motio divina bezeichnet wird[309].

Hat die thomistische ordinatio[310] diesen Charakter, dann ergibt sich daraus die Konsequenz, daß Thomas die Kondignität des Verdienstes ausschließlich immanent-teleologisch und nicht etwa durch den externen Gesichtspunkt einer geschichtlichen Selbstbindung Gottes begründet. Wie schon der erste Artikel zeigte, ist 'Lohn' das Ziel, welches die göttliche ordinatio der virtus operandi verordnet hat; damit ist aber der Lohn, d.h. das ewige Leben, zugleich das Ziel, wohin der Mensch durch die virtus operandi, d.h. die übernatürliche Kraft des Gnadengeschenkes, getrieben wird, wohin ihn die der Gnade innewohnende Bewegung führt: "Illud cadit sub merito condigni, ad quod motio gratiae se extendit."[311] So kann Pesch den Sinn der thomistischen Verdienstlehre in die Worte zusammenfassen: "Sie soll - im Bilde einer Art 'Kaufkraft'; Thomas spricht von pretium! - die innere Teleologie der Gnade auf ihre Entfaltung zur ewigen, ungebrochenen Gemeinschaft mit Gott zur Sprache bringen."[312] Die Gleichheit zwischen Verdienst und Lohn, die für den Begriff des meritum de condigno konstitutiv ist und die, wie wir sahen,

---

309 Vgl. als Kontrast dazu das ordinatio-Verständnis bei Odo Rigaldi (s.o.S.205f) und Bonaventura (s.o.S.239-241).
310 Zum ordinatio-Verständnis des Thomas vgl. bes. Pesch, Die Lehre vom "Verdienst", 1886-1888, bes.1886: "Äußerlich-'positivistische' und innerlich-ontische Begründung des Verdienstes vereinen sich hier in einem unumkehrbaren Bedingungs-verhältnis." Gegenüber Pesch ist freilich zu betonen, daß die thomistische ordinatio - im Gegensatz zur augustinischen promissio - dem Bereich der Heilsgeschichte entnommen und mit dem Schöpfungsplan verbunden ist. Innerhalb der Geschichte wird sie nicht als kontingente Anordnung, sondern als ontisch-naturhafte Dynamik des Gnadengeschenkes wirksam. Hier liegt auch der entscheidende Unterschied zum acceptatio-Verständnis des Duns Scotus. Pesch (aaO 1904) verwischt diesen Unterschied, wenn er sagt: "Man hat wohl nicht unrecht mit dem Urteil, Scotus habe mit seiner These von der acceptatio Divina als ratio meriti die thomanische ordinatio divina als Grund des Verdienstes aufgenommen und radikalisiert: Beide Theologen verankern damit den Verdienstbegriff in einer positiven Setzung Gottes." Richtiger muß man von einer Radikalisierung der von der älteren und mittleren Franziskanerschule vertretenen Selbstbindungstheorie durch Duns Scotus sprechen. s.u. S. 351-354.
311 S.th.I-II q.114 a.8 resp.
312 Pesch, Die Theologie der Rechtfertigung, 781f.

bei der Beziehung zwischen Gott und Mensch nur eine Proportionsgleichheit sein kann[313] - diese Gleichheit ist in der theologischen Verdienstlehre genau gesagt eine virtuelle Gleichheit,
d.h. die Gleichheit zwischen Gnade und Glorie besteht darin,
daß die Gnade in ihrem Wesen auf die Glorie angelegt, die Glorie somit in ihr virtuell enthalten ist.

Thomas entfaltet den Gesichtspunkt der virtuellen Gleichheit
im dritten Artikel (Utrum homo in gratia constitutus possit
mereri vitam aeternam ex condigno) durch drei parallele Gedanken: 1.) Der Wert (valor) des Verdienstes bemißt sich nach der
Kraft des Heiligen Geistes, der uns durch seine Gnade zum ewigen Leben bewegt, so daß - Thomas zitiert Io.4,14 - im Begna-
digten eine Quelle ist, deren Wasser dem ewigen Leben zuspru-
delt. 2.) Die Kaufkraft (pretium) des Werkes bemißt sich nach
der Dignität der Gnade, durch die der Mensch Teilhaber an der
göttlichen Natur und somit zum Sohn Gottes adoptiert worden
ist,dem die Erbschaft auf Grund des ius adoptionis geschuldet
wird[314]. 3.) Wie im Samen die virtus zum ganzen Baum steckt,
so ist die Gnade der Glorie zwar nicht aequalis in actu, aber
immerhin aequalis in virtute[315]. - Gemeinsam ist diesen drei
Gedanken, den Bildern von Quelle, Kindschaft und Same, daß sie
Kondignität und Kausalität zwischen Gnade und Glorie als ontologisch-naturhaften Zusammenhang deuten, dessen Wertdifferenz
virtuell bereits im Leben des Christen behoben ist.

Von der inneren Teleologie der Gnade her schlüsselt sich für
Thomas aber nicht nur das Problem der Gleichheit, sondern auch
das andere Problem des meritum de condigno, die Frage nach der
Schuldnerschaft Gottes, auf. Im Sentenzenkommentar hatte er die
Schuldnerschaft Gottes noch durch das göttliche promissum begründet[316], während nun in der Summa theologiae bei der Antwort auf denselben Einwand an die Stelle des promissum die ordinatio tritt: "Weil unsere Tätigkeit nur unter der Voraussetzung der göttlichen Anordnung die Bewandtnis des Verdienstes
hat, wird Gott nicht einfach uns gegenüber, sondern vor sich
selbst Schuldner, sofern es eine Schuld ist, daß seine Anordnung erfüllt wird."[317] Pesch sieht in diesem Satz eine Aussage

---

313 s.o.S.331.
314 S.th.I-II q.114 a.3 resp.
315 S.th.I-II q.114 a.3 ad 3.
316 s.o.Anm.295.
317 "Ad tertium dicendum, quod, quia actio nostra non ha-

über Gottes Treue: "Gott schenkt aus Treue zu sich selbst dem
Menschen auf dessen Handeln hin ohne jeden Anspruch einen
Lohn."[318] Man sollte freilich den Begriff 'Treue', dem ein
heilsgeschichtlich-personaler Sinn zukommt[319], streng genommen
nur im Zusammenhang mit dem heilsgeschichtlich-personalen Akt
der göttlichen Verheißung verwenden, wo dann auch die Begriffe
veritas und fides immer wieder vorkommen. Der thomistische Begriff der ordinatio dagegen, in dessen Umgebung die Begriffe
promissio, veritas und fides fehlen, zielt nicht auf die Dimension geschichtlich einsetzender und festgehaltener Treue Gottes,
sondern auf die welt-, insbesondere gnadenimmanente Zielgerichtetheit der göttlichen Schöpfungsordnung. Die Infallibilität
dieser Teleologie ist die Zielsicherheit der göttlichen Bewegung. Das debitum hat hier also anders als beim Gedanken der
freien Selbstbindung Gottes weniger den Charakter einer juristischen als den einer ontologisch-naturhaften Kategorie: Es
entspricht der Natur Gottes und der Natur seiner Bewegung, daß
die Gnade das Ziel der Glorie erreicht. Für 'debitum est' stünd
passender 'necessarium est'.

Wie Bonaventura[320] und wie er selbst schon in seinem Sentenzenkommentar[321] unterscheidet Thomas übrigens auch in der Summa
zwischen einem meritum condigni- und einem meritum congrui-As-
pekt des gnadenhaften Verdienstes. Blickt man auf den freien
Willen als Wurzel des Verdienstes, dann erscheint das Verdienst
nur als Billigkeitsverdienst, betrachtet man dagegen die durch
die Gnade wirkende Kraft der motio divina, dann zeigt sich der
Aspekt des Würdigkeitsverdienstes[322]. Gegenstand dieses meritum
condigni ist dann aber nicht nur das ewige Leben, sondern auch
die Vorstufe der Gnadenvermehrung. Denn, so argumentiert Thomas, unter das meritum condigni fällt das, worauf sich die Be-

---

bet rationem meriti nisi ex praesuppositione divinae ordinationis, non sequitur, quod deus efficiatur simpliciter debitor
nobis, sed sibi ipsi, in quantum debitum est, ut sua ordinatio
impleatur." S.th.I-II q.114 a.1 ad 3.
   318 Pesch, Die Theologie der Rechtfertigung, 776.
   319 So Pesch selbst, wenn er sagt: "... daß es sich um
eine Antwort der Treue auf Treue, d.h. um eine Begegnung von
Personen und auf eine personale Weise handelt. Dies ist der
erste und alles weitere beherrschende Sinn der Verdienstlehre.
Pesch, Die Lehre vom "Verdienst", 1886.
   320 s.o.S.239.
   321 s.o.Anm.290.
   322 S.th.I-II q.114 a.3 resp.

wegung der Gnade (motio gratiae) erstreckt. Die Bewegung eines
Bewegenden erstrecke sich aber nicht nur auf den letzten Punkt
der Bewegung, sondern auch auf den gesamten Fortschritt in der
Bewegung. Der Endpunkt der Bewegung der Gnade aber sei das ewige Leben, während der Fortschritt in dieser Bewegung durch die
Vermehrung der Gnade geschehe. Somit falle auch das augmentum
gratiae unter das meritum condigni[323]. Auch diese Argumentation
zeigt wieder die von der inneren Teleologie der Gnade ausgehende Betrachtungsweise des Verdienstes, wobei innerhalb der thomistischen Bewegungsanalogie sofort plausibel ist, daß die
Gnadenvermehrung als Teilziel auf dem Wege zum ewigen Leben
ebenso wie dieses in die meritorische Reichweite des mit der
übernatürlichen Bewegungsenergie versehenen Menschen fallen muß.
Dasselbe betrifft auch die zeitlichen Güter, die dann als Gegenstand wirklichen Verdienens gelten können, wenn sie Mittel
zur Erlangung des ewigen Lebens sind und damit wie die Gnadenvermehrung zum progressus in motu[324] gehören, an dessen Ende
die himmlische Glorie steht[325].

4. Zusammenfassung

Als wichtigstes Ergebnis unserer Untersuchung zu Thomas von
Aquin halten wir fest, daß Thomas das gnadenhafte Würdigkeitsverdienst des Gerechtfertigten sowohl im Sentenzenkommentar als
auch in der Summa theologiae auf eine Art und Weise begründet,
die ausschließlich an der ontologisch-naturhaften Dimension des
übernatürlichen Gnadengeschenkes orientiert ist. Zwar findet
sich im Sentenzenkommentar auch einmal der Gedanke einer freien
Selbstbindung Gottes, doch besitzt er, wenn man den weiteren
Kontext berücksichtigt, keine tragende Funktion innerhalb der
thomistischen Argumentation, sondern dürfte lediglich ein Tribut an den alten augustinischen Gedanken des debitum ex promisso sein[326], der dann in der Summa durch den neuen Gedanken
des debitum ex praesuppositione divinae ordinationis ersetzt
wird. Die Verwendung des ordinatio-Begriffs in der Franziskanerschule, vor allem bei Duns Scotus, könnte leicht das Mißverständnis wecken, als führe auch Thomas durch diesen Begriff

---

323 S.th.I-II q.114 a.8 resp.
324 Dieser Ausdruck in S.th.I-II q.114 a.8 resp.
325 S.th.I-II q.114 a.10 resp.
326 s.o.S.13-15.

ein Moment kontingenter heilsgeschichtlicher Verfügung und damit freier Selbstbindung Gottes in die Verdienstlehre der Summa
ein. Wir versuchten dagegen zu zeigen, daß es sich bei Thomas
nicht um einen spezifisch heilsgeschichtlichen, sondern um einen schöpfungsontologischen Begriff handelt, der die im göttlichen Schöpfungsplan beschlossene Bestimmung des Menschen zum
ewigen Leben und damit auch die innere Teleologie der Gnade auf
dieses Endziel hin bezeichnet. Deutlich ersichtlich ist dies
vor allem an der Austauschbarkeit der Begriffe ordinatio und
motio divina oder motio gratiae. Hintergrund dieser von Bewe-
gungs- und Wachstumsanalogien geprägten Verdienstlehre, welche
die Wertdifferenz zwischen Verdienst und himmlischem Lohn durch
den Gesichtspunkt der virtuellen Identität von Gnade und Glorie überbrückt, ist eine Gnadenlehre, die durch die Verbindung
aristotelischen Finaldenkens mit der bereits im Sentenzenkommentar dominierenden neuplatonischen Ontologie gekennzeichnet ist.

Mit Bonaventura teilt Thomas in der Verdienstlehre das Interesse an der Souveränität Gottes, an seiner Freiheit gegenüber der Schöpfung, will er doch, wie Pesch hervorhebt, "in
der 'Verdienst'-Vorstellung von allem Anfang an paradoxerweise
das eine festhalten", "daß der Mensch ohne jeden Anspruch
allein durch göttliche Herablassung einen Lohn empfängt"[327];
nur mit dem Unterschied, daß Thomas jene Freiheit durch den Gedanken der absoluten Unverdienbarkeit der Gnadenmitteilung gewahrt sieht und im übrigen eine direkte Kausalität zwischen Gnadenwerken und ewigem Leben annimmt, während Bonaventura die
göttliche Freiheit erst dadurch sichern zu können glaubt, daß
er die Notwendigkeit der Gnade und die Wirksamkeit ihrer Werke
durch ein Dekret und einen Vertrag Gottes bedingt sein läßt.

V. Zusammenfassung

Wilhelm von Auxerre, Roland von Cremona und Thomas von Aquin
waren für uns Repräsentanten einer Gruppe von Theologen des
13. Jahrhunderts, die das gnadenhafte Würdigkeitsverdienst des
Gerechtfertigten allein durch die dem Werk innewohnende Qualität und das sich gleich bleibende Wesen Gottes, nicht aber auf

---

327 Pesch, Die Theologie der Rechtfertigung, 786.

durch den Gesichtspunkt einer kontingenten heilsgeschichtlichen
Verfügung und Selbstbindung Gottes begründeten. Die Wahl Wilhelms und Thomas' war auf Grund ihres überragenden Einflusses
auf zeitgenössische und spätere Theologen gerechtfertigt, Roland beanspruchte unser besonderes Interesse durch die Zwi-
schenstellung, die er gegenüber der Konzeption einer freien
Selbstbindung Gottes und der Gegenkonzeption einer immanenten
Begründung des meritum de condigno einnimmt, wobei allerdings
die Vorliebe für die immanente Begründung unübersehbar ist.
Wenn wir auch zahlreiche wichtige Theologen dieser den Selbstbindungsgedanken ausklammernden oder sogar ausdrücklich ablehnenden Richtung unberücksichtigt lassen mußten, so wird doch
die ausführliche Beschäftigung mit den drei exemplarischen Vertretern, vor allem aber mit Thomas von Aquin, im Anschluß an
die Darstellung der Selbstbindungstradition die charakteristische Verschiedenheit der beiden großen Lösungswege zum Verdienstproblem hinreichend deutlich gemacht haben.

Eine zentrale Frage allerdings, die sich aus der Gegenüberstellung der beiden Richtungen ergibt, ist noch nicht hinreichend geklärt worden: Warum sehen Theologen wie Wilhelm von
Auxerre, Philipp der Kanzler, Alexander von Hales (bzw. Summa
Halensis), Hugo von St.Cher, Roland von Cremona, Richard Fishacre, Robert Kilwardby, Albertus Magnus und Thomas von Aquin
keine Veranlassung, in ihrer Verdienstlehre die Souveränität
des frei schenkenden Gottes durch den Gedanken der freien
Selbstbindung Gottes zu sichern, während dieser Gedanke bei
Theologen wie Stephan Langton, Gaufrid von Poitiers, Wilhelm
von Auvergne, Odo Rigaldi und Bonaventura die Funktion besitzt,
die Schuldnerschaft Gottes gegenüber dem verdienenden Menschen
so zu erklären, daß damit die Freiheit Gottes gegenüber der
Schöpfung stärker abgesichert ist als durch die Behauptung eines unmittelbaren, ontologisch begründeten Kausalzusammenhangs
zwischen den Verdiensten und dem Lohn des ewigen Lebens? Warum
besteht hier ein Interesse an dem Selbstbindungsgedanken, während es dort fehlt? Wir wollen die Beantwortung dieser Grund-
frage vorerst aufschieben, um sie in unseren Schlußüberlegungen
zur theologischen Funktion des Selbstbindungsgedankens in Angriff zu nehmen.

7. Kapitel

VON BONAVENTURA ZU LUTHER

AUSBLICK AUF DIE WEITERE GESCHICHTE DER KON-
ZEPTION EINER FREIEN SELBSTBINDUNG GOTTES

Nachdem wir die Entwicklung des Gedankens einer freien Selbstbindung Gottes in der Gnaden-, speziell in der Verdienstlehre
des 12. und 13. Jahrhunderts bis hin zu dem bedeutendsten Vertreter der älteren Franziskanerschule, Bonaventura, verfolgt
und auch die Gegenkonzeption einer rein ontologischen Begründung des Verdienstes kennengelernt haben, am deutlichsten bei
Thomas von Aquin, soll nun noch ein Blick auf den weiteren Verlauf jener Traditionslinie des Selbstbindungsgedankens geworfen werden. Hier wollen wir nicht mehr mit der Ausführlichkeit
vorgehen, die unsere Darstellung bis Bonaventura bzw. Thomas
von Aquin bestimmt hat, sondern lediglich ein Bild in groben
Umrissen zeichnen, wobei an der Geschichte des Selbstbindungsgedankens sowohl die Kontinuität eines bestimmten religiösen
Anliegens - des Insistierens auf der Freiheit Gottes - von der
Früh- und Hochscholastik bis zum Vorabend der Reformation als
auch gewisse Verschiebungen im Charakter der Selbstbindung Gottes sichtbar werden sollen. Die Kürze dieses Ausblicks erschei
uns vor allem auch deshalb gerechtfertigt, weil ein Teilproble
aus dem Komplex der Selbstbindung Gottes, nämlich das Spannung
verhältnis zwischen potentia dei absoluta und potentia dei ordinata in der Gnadenlehre des Duns Scotus und der spätmittelalterlichen Theologen, in der neueren Forschung wiederholt untersucht worden ist[1], während die wichtige Geschichte des
Selbstbindungsgedankens in der Theologie des 12. und 13. Jahrhunderts fast völlig unberücksichtigt blieb und deshalb eine
detaillierte Untersuchung unumgänglich machte.

I. Zwischen Bonaventura und Johannes Duns Scotus

Die Theologen des Franziskanerordens zwischen Bonaventura und
Duns Scotus, im letzten Drittel des 13. Jahrhunderts also, bezeichnet man als mittlere Franziskanerschule. Bei den meisten

---

1   s.o.S.3 Anm.1 und 2.

unter ihnen, so bei Simon von Lens[2], Richard von Mediavilla[3], Nikolaus von Ockham[4], Wilhelm de la Mare[5], Matthäus von Acquasparta[6], Petrus de Trabibus[7], Wilhelm von Ware[8] und Alexander von Alessandria[9] findet sich in der Begründung des meritum de condigno der Gedanke einer freien Selbstbindung Gottes. In deutlicher Abhängigkeit von Bonaventura rekurriert man auf das göttliche Versprechen, um das Verpflichtungs- oder Schuldverhältnis zwischen belohnendem Gott und verdienendem Menschen zu erklären und so die Wertdifferenz zwischen Gnadenwerken und ewigem Leben zu überbrücken. Diese Vorstellung wird aber nicht ausschließlich von Franziskanermagistern vertreten, sondern auch von einem Weltgeistlichen wie Gerhard von Abbeville[10] und einem Thomasschüler wie Aegidius Romanus[11], dem Schulhaupt der Augustinereremiten; beide sind ohne Zweifel durch augustinisch-franziskanisches Gedankengut beeinflußt.

Aus der Reihe der genannten Theologen greifen wir wegen der Bedeutung ihrer Äußerungen drei, Richard von Mediavilla, Aegidius Romanus und Petrus de Trabibus, heraus, um zu sehen, wie sie den Gesichtspunkt der freien Selbstbindung Gottes zum Ausdruck bringen:

1.) R i c h a r d   v o n   M e d i a v i l l a vertritt bei der Frage nach der Möglichkeit eines meritum de condigno die bekannte, auf Augustin zurückgehende Lösung, daß Gott nicht debitor ex commisso, d.h. Schuldner auf Grund einer empfangenen Wohltat, sondern debitor ex promisso sei, so daß sich seine Schuldnerschaft mit seiner liberalitas vertrage[12]. An anderer

---

2   s. Auer, Gnadenlehre II, 157.
3   s.u.Anm.12 und 13.
4   s. Auer, Gnadenlehre II, 108.
5   s. Auer, Gnadenlehre II, 108 Anm.155.
6   s. Auer, Gnadenlehre II, 108 Anm.156: "Est tamen in deo obligatio ratione promissi et ex mera liberalitate, qua voluit se ipsum dare nobis in praemium ... Ideo propter immutabilem veritatem pollicentis est quaedam condignitas ex parte fideliter servientis." Sent.II d.27 a.2 q.1. Vgl. auch Quaestiones disputatae de gratia, q.5 (134), wo Matthäus von der obligatio Gottes "ex mera voluntate et ratione liberalis promissi" spricht.
7   s.u.S.344f.
8   s. Auer, Gnadenlehre II, 106.
9   s. Auer, Gnadenlehre II, 108 (Alexander in seiner ersten Redaktion des Sentenzenkommentars; zur zweiten Redaktion s.u. S.356).
10   s. Auer, Gnadenlehre II, 108 Anm.155a.
11   s.u.Anm.16.
12   "Cum dicitur, quod deus nulli debitor est etc., potest

Stelle seines Sentenzenkommentars geht er der Frage einer
Gleichwertigkeit von caritas und vita aeterna nach und kommt
zu folgender Antwort: "Die geschaffene Liebe ist an sich (per
se) dem ewigen Leben nicht gleichwertig, da sie ein Teil von
ihm ist, sie ist aber gleichwertig auf Grund der göttlichen
Freigebigkeit, die solches beschlossen hat (ex divina liberalitate, quae hoc statuit), ebenso wie ein Denar, der seinem Wesen
nach weniger wert ist als ein Brot, dennoch auf Grund eines Beschlusses (ex statuto) einem Brot gleichwertig ist, so daß man
ein Brot für einen Denar haben kann."[13] Das Beispiel von Brot
und Denar begegnete uns bereits bei Odo Rigaldi, wo es die
aequalitas proportionalitatis oder aequalitas pretii zwischen
Verdienst und Lohn verdeutlichen sollte[14]. Vorausgesetzt ist
sowohl bei Odo Rigaldi als auch bei Richard von Mediavilla
ein Währungssystem, in dem der nominelle Wert des Geldes nicht
mehr seinem Materialwert entspricht und in dem der Landesherr
durch einen Pakt oder ein Statut die Kauf- oder Einlösekraft
des Geldes geregelt hat[15]. Deutlich wird, daß Odo Rigaldi und
Richard von Mediavilla durch das Moment der freien Verfügung
Gottes (pactum, promissio, statutum) nicht nur speziell die
Verpflichtung Gottes begründen wollen, sondern auch - wozu der
Begriff des meritum de condigno nötigt - eine gewisse Wertgleichheit von Liebe bzw. Liebeswerk und ewigem Leben. Es handelt sich dann freilich nicht um eine Äquivalenz secundum
essentiam, sondern um das von außen her verordnete Entsprechungsverhältnis, das die wesensmäßige Differenz zwischen
Leistung und Lohn überbrückt.

    2.) A e g i d i u s   R o m a n u s   kommt in seinem Sen-

---

dici, quod verum est loquendo de debito, quod est ex commisso
vel ex beneficio recepto; tamen est debitor ex promisso. Sic
autem deum esse debitorem in nullo suae liberalitati praeiudic
sed concordat." Sent.II d.27 a.2 q.3 ad 3 (II 352b).
    13 "Cum dicitur, quod caritas aequivalet vitae aeternae
etc., dico, quod caritas creata per se non aequivalet vitae
aeternae, cum sit pars eius, sed ex divina liberalitate, quae
hoc statuit, sicut denarius, quamvis sit inferior secundum
essentiam quam panis, tamen ex statuto aequivalet uni pani, it
quod unus panis habetur pro uno denario." Sent.I d.17 a.1 q.1
ad 3 (I 157a).
    14 s.o.S.203 Anm.297.
    15 s.o.S.78. Vgl. Courtenay, The King and the Leaden Coin,
bes. 193-200 (The medieval economic uses of ascribed value),
und ders., Token Coinage, bes. 275-285; hier Angabe weiterer
Literatur zu den numismatischen Problemen.

tenzenkommentar bei der Frage nach der Verdienbarkeit des ewigen Lebens durch ein meritum de condigno ebenfalls zu der Lösung des Gleichheitsproblems durch den Gedanken einer freien
Selbstbindung Gottes. Wörtlich heißt es bei ihm: "Wir können
das ewige Leben ex condigno und mit einer gewissen Gleichheit
verdienen, wenn wir das göttliche Versprechen (promissio) betrachten. Denn wenn einer verspräche, einem anderen eine Burg
für einen Denar zu geben, so wäre hier angesichts des Versprechens eine gewisse Gerechtigkeit und Gleichheit vorhanden, auf
daß er ihm die Burg gebe. Weil nun Gott versprochen hat, den
Gerechten zu geben, 'was kein Auge gesehen und kein Ohr gehört
hat und in keines Menschen Herz emporgestiegen ist' (1.Cor.2,9),
so ist hier, auch wenn dies alle Mühe der Gerechten übertrifft,
dennoch eine gewisse Ebenbürtigkeit (quoddam condignum) und eine
gewisse Gleichheit vorhanden, und zwar angesichts des göttlichen Versprechens, das uns um eines solchen Lohnes und um eines solchen Denares willen für seinen Weinberg angeworben
hat."[16] Hier ist der Denar sowohl wie bei Richard von Mediavilla Bild für die geringe Leistung des Menschen (denarius-
castrum), als auch im Anschluß an das Gleichnis Mt.20,1-16, das
uns in diesem Zusammenhang schon mehrfach begegnet ist[17], gerade umgekehrt Bild für den die Mühe der Gerechten überragenden
himmlischen Lohn. Trotz der offensichtlichen Wertdifferenz
zwischen Verdienst und Lohn kann von Kondignität und Gleichheit
die Rede sein, da die göttliche promissio ein Verhältnis der
Gerechtigkeit, d.h. der geregelten Entsprechung von Leistung und
Gegenleistung, konstituiert.

Mit Aegidius Romanus hat die Begründung des Würdigkeitsver-

---

16 "Secundo possumus mereri ex condigno et cum quadam aequalitate vitam aeternam, si consideremus divinam promissionem.
Nam si quis promitteret alii dare unum castrum pro uno denario,
considerata promissione esset ibi quaedam iustitia et quaedam
aequitas, ut daret sibi castrum hoc modo. Et quia deus promisit
iustis dare, quod nec oculus vidit nec auris audivit nec in cor
hominis ascendit, licet hoc excedat omnem laborem iustorum,
considerata tamen divina promissione, quae conduxit nos in
vineam suam pro huiusmodi praemio et pro huiusmodi denario,
est ibi quoddam condignum et quaedam aequitas." Sent.II d.27
q.2 a.4 resp.(II/2, 354b).
17 Vgl. z.B. Laborans (s.o.S.48/bei Anm.30 und S.50/bei
Anm.40), Radulfus Ardens (s.o.S.87), Hugo von St.Cher (s.o.S.
94), Stephan Langton (s.o.S.116), Paulinenkommentar Cod.Salz-
burg St.Peter a XI 7 (s.o.S.119) und Wilhelm von Auvergne (s.o.
S.155).

dienstes und des damit verbundenen Schuldgedankens durch die
göttliche Verheißung Eingang in den Augustinereremitenorden
gefunden, wie uns die Ausführungen des Thomas von Straßburg
(gest.1357)[18] und der von Thomas abhängigen Augustiner Johannes
von Retz (gest. nach 1404)[19] und Johann von Paltz (gest.1511)[20]
zeigen. Eine ganz andere Wurzel hingegen hat der Selbstbindungsgedanke, wie er uns in Verbindung mit einer kritischen Einstellung zum meritum de condigno bei den Augustinertheologen des
14. Jahrhunderts Gregor von Rimini, Hugolin von Orvieto und
Dionysius von Montina begegnet. Er liegt nicht auf der Linie
des Aegidius Romanus und Thomas von Straßburg, sondern ist
durch die Akzeptationslehre des Duns Scotus und Wilhelm von
Ockham geprägt[21].

3.) P e t r u s   d e   T r a b i b u s , der Schüler des
umstrittenen Franziskanerspiritualen Petrus Johannes Olivi, betrachtet in seinem Sentenzenkommentar das Problem eines meritum
gloriae unter zwei Aspekten, einmal unter dem Aspekt der liberalitas Gottes, die allenfalls das Reden von einem meritum congrui erlaube, das andere Mal unter dem Aspekt der Gnade und
ihrer Betätigung (exercitium). Hier sei wieder zu unterscheiden,
je nachdem ob man die Quantität der Gnadenbetätigung, d.h. die
ihr eigene Reichweite, oder die Gnadenbetätigung im Rahmen des
göttlichen Beschlusses im Auge habe. Im ersten Fall sei ein meritum condigni ausgeschlossen, da das, was von der Gnade ab-
hängt, wiederum nur Gnade sein könne und weil das gloriae praemium weit größer sein werde als jetzt das gratiae exercitium.

---

18 "Ad primum igitur dicendum ad minorem, quod respiciendo
ad primariam radicem tunc totum, quod consequimur a deo, ex
sua libertate assequimur; quia quod nos a servitute liberavit
et liberos nos fecit, ex sua libertate provenit. Sed postquam
nos liberos fecit, ratio non convincit, quin virtute spiritus
sancti, qui est spiritus libertatis, possimus aliquo modo de
pia iustitia ipsum debitorem constituere, et hoc ex suo libe-
rali promisso. Omne enim promissum aliquo modo cadit in debitum. Sed in Apocalypsi (2,10) promisit dominus 'coronam vitae'
ei, qui 'fidelis fuerit usque ad mortem'. Ideo etc. Etiam dicit Iacobus (1,12), quod qui 'probatus fuerit, accipiet coronam vitae, quam repromisit deus diligentibus se'." Sent.II
d.26-27 a.4 ad 1 (fol.180a).
19 s. Zumkeller, Der Wiener Theologieprofessor Johannes von
Retz, 178.567(n.82). Retz zitiert wörtlich Thomas von Straßburg.
20 Supplementum Coelifodinae, exercitus 5, porta 5 (fol.
R iiir). Eine kritische Edition des Supplementum Coelifodinae
wird von mir vorbereitet.
21 s.u.S.356.

Den zweiten Gesichtspunkt, unter dem das meritum condigni als möglich erscheint, beschreibt Petrus so: "... aut quantum ad exercitium per ordinationem divinam statutam et de causa, quae statuta erit, et decretum, ut qui in gratia perseveraverit, accipiet gloriae remunerationem maiorem; et sic cadit gloria aliquo modo sub merito condigni."

Eindeutig wird hier die ordinatio divina als äußere Anordnung und nicht im thomistischen Sinn als innere Ausrichtung der Gnade auf das Ziel der Glorie hin verstanden. Diese beschlossene Verordnung (ordinatio statuta), dieses Dekret begründet eine Kausalität der Gnadenbetätigung hinsichtlich der Glorie, eine zugesprochene, nicht eine sich aus der inhärenten Kraft der Gnade entwickelnde Ursächlichkeit, und insofern eine gewisse Gleichheit, die Petrus im Anschluß an Thomas von Aquin aequalitas proportionis im Unterschied zur aequalitas quantitatis oder aequalitas abstracta nennt[22]. Auer bemerkt dazu: "Nur insofern das gute Werk das Lohnversprechen Gottes besitzt, verdient es de condigno den verheißenen Lohn, das aber auch nicht mit strikter Gerechtigkeit, sondern nur mit Verhältnisgleichheit, nach proportionaler Art. Gewiß nicht aus Verachtung des guten Werkes oder gar der Gnade, sondern aus Ehrfurcht vor der absoluten Freiheit Gottes und aus einer fast ganz personalistischen Betrachtung der Verhältnisse heraus wird das Verdienst hier so sehr herabgedrückt."[23] Das sei der Geist, der auch bei Scotus lebt. Auch an anderen Stellen seiner Untersuchung hebt Auer die enge geistige Verwandtschaft zwischen der Olivi-schule und Johannes Duns Scotus hervor, die er vor allem in dem gemeinsamen Interesse an der absoluten Freiheit Gottes sieht[24]. Wir wollen diesem geschichtlichen Zusammenhang Rechnung tragen, indem wir uns nun Duns Scotus, dem Haupt der sogenannten jüngeren Franziskanerschule, zuwenden.

II. Johannes Duns Scotus

Über die Lehre von der acceptatio divina und den damit eng zusammenhängenden, in dem Begriffspaar potentia dei absoluta-

---

22 Sent.II d.27 a.3 q.1 (Nürnberg Stadt-Bibl.Cod.Cent.II 6 fol.114v); zit. bei Auer, Gnadenlehre II, 109 Anm.157.
23 Auer, Gnadenlehre II, 110.
24 s. z.B. Auer, Gnadenlehre II, 157f.

potentia dei ordinata zum Ausdruck kommenden Gedanken einer
freien Selbstbindung Gottes bei Johannes Duns Scotus liegt bereits eine gründliche Untersuchung von Werner Dettloff vor[25].
Allerdings wird hier Duns Scotus isoliert betrachtet und auf
die Vorgeschichte seiner Theologie so gut wie nicht eingegangen.
Dies ist umso bedauerlicher, als man in Scotus, worauf besonders Auer aufmerksam macht, den Fortsetzer der älteren franziskanischen Tradition mit ihrem spezifischen Interesse an der
Freiheit Gottes gegenüber dem frei handelnden Menschen sehen
muß[26]. Darin liegt die geschichtliche Bedeutung des doctor
subtilis, daß er dieses traditionelle religiöse Anliegen auf dem
Boden der aristotelischen Metaphysik radikalisiert und so erst
franziskanischen und thomistischen Geist zu einer fundamentalen
Auseinandersetzung führt, die wir am besten mit den Worten Auers
beschreiben: "Das Grundlegende im Denken des Scotus ist das
Personale und die Freiheit, hier die Freiheit Gottes, während
bei Thomas die objektive Seinswelt in einer mehr abstrakten metaphysischen Betrachtung das Grundlegende ist. So will gewiß
Thomas nicht die Freiheit des Menschen, noch weniger die Gottes
leugnen, und Scotus will nicht die Geltung der objektiven Wertewelt ausschalten oder leugnen, aber das Hauptinteresse gehört
eben doch bei Scotus der Freiheit, bei Thomas der Sach- und
Wertewelt ..."[27]

Diese grundlegende Vorbemerkung zu Duns Scotus soll nun
konkretisiert werden, indem wir einige Aspekte seiner im Rahmen
der Verdienstlehre vorgetragenen Akzeptationslehre aufleuchten
lassen und dabei das Verhältnis zur Selbstbindungstradition berücksichtigen. Zwischen den Äußerungen des Duns Scotus in der
Lectura prima von Oxford, der Reportatio Parisiensis, dem Quodlibet und der Ordinatio brauchen wir nicht zu differenzieren,
da es sich bei ihm um eine Lehrentwicklung im Sinne einer Lehr-

---

25 Dettloff, Die Lehre von der acceptatio divina bei Johannes Duns Scotus mit besonderer Berücksichtigung der Rechtfertigungslehre, 1954. Vgl. auch ders., Die antipelagianische
Grundstruktur der scotischen Rechtfertigungslehre, 1966. Zur
Dialektik von potentia dei absoluta und potentia dei ordinata
im Rahmen der skotischen Prädestinations- und Akzeptationslehre s. auch Vignaux, Justification et prédestination, 9-41;
Pannenberg, Die Prädestinationslehre des Duns Skotus, 133-139;
Hoffmann, Iohannes Lutterell, 218-225.
26 s. z.B. Auer, Gnadenlehre II, 246.
27 Auer, Gnadenlehre II, 165f.

entfaltung, nicht aber im Sinne einer Meinungsänderung handelt[28].

Charakteristisch für die skotische Verdienstlehre ist, daß in ihr streng zwischen der Substanz des übernatürlichen Aktes, seinem Gewirktsein aus freiem Willen und habitueller caritas, und der Verdienstlichkeit dieses Aktes unterschieden wird[29]. Der actus caritate formatus bedarf, um verdienstlich zu sein, der Annahme durch den Willen Gottes, der acceptatio divina, die ihn in Beziehung zum Lohn des ewigen Lebens setzt[30]. Der Grund des Verdienstes, die ratio meriti, liegt also nicht, das hebt Scotus ausdrücklich hervor, in irgendeinem absolutum causatum in actu, in einer seinsmäßigen Qualität des Aktes, auch nicht in der gnadenhaften caritas, sondern in der Extra-Dimension der voluntas divina acceptans[31]. Schon an diesem Punkt zeigt sich ein bedeutsamer Unterschied zwischen Scotus und der Tradition der älteren und mittleren Franziskanerschule. Spielt zwar auch dort der Akzeptationsbegriff eine wichtige Rolle bei der Beschreibung des Rechtfertigungsgeschehens[32], so sieht man doch in der acceptatio divina nicht wie Scotus eine Instanz, die bei der Begründung der Verdienstlichkeit des Aktes als Außenaspekt in Konkurrenz zum Innenaspekt der geschaffenen Gnade träte. Ausstattung des Menschen mit dem Gnadenhabitus und Annahme des Menschen durch Gott werden wohl bereits als Ursache und Folge unterschieden[33], bleiben jedoch noch so eng miteinander verbunden, daß man sich nicht genötigt sieht, die Notwendigkeit der Akzeptation als ratio meriti gegenüber der Notwendigkeit der Gnade besonders hervorzuheben. Der Satz, daß der gnadenhafte Liebesakt der acceptatio divina b e d a r f , um verdienstlich zu sein, ist charakteristisch für den veränderten Standpunkt des Duns Scotus.

Die Distanz, die damit zwischen die ontologische Vorfindlichkeit des übernatürlichen Aktes und seine durch den Akzeptationsbegriff beschriebene Wirkung vor Gott tritt, wird in

---

28 s. Dettloff, Acceptatio divina, 158.
29 Dettloff, aaO 47.124.175.226.
30 Dettloff, aaO 56.
31 Dettloff, aaO 45.
32 s.o.S.199f.209f (Odo Rigaldi) und S.222-231 (Bonaventura). Zur acceptatio divina in der Summa Halensis s. Gössmann, Metaphysik und Heilsgeschichte, 301f.
33 s.o.S.224 Anm.376 und 380.

ihrer Tragweite erst deutlich sichtbar, wenn man erkennt, daß
Scotus zwischen dem Gnadenhabitus als Teilursache des übernatürlichen Aktes und der göttlichen Akzeptation keinen absolut
notwendigen Bedingungs- und Kausalzusammenhang kennt. De potentia absoluta könnte Gott auch Personen und Akte akzeptieren,
ohne daß sie die caritas besitzen[34]; denn kraft seiner absoluten Machtfülle, die nur dadurch begrenzt ist, daß sie keinen
Selbstwiderspruch Gottes zuläßt[35], kann Gott alles, was er
durch eine causa secunda wirkt, auch unmittelbar durch sich
selbst wirken[36]. Was aber de potentia dei absoluta als möglich
erscheint, ist de potentia dei ordinata, d.h. im heilsgeschichtlichen Bereich der durch Gottes Willen frei verordneten
Gesetze und Regeln, unmöglich[37]. Hat sich doch Gott selbst an
die Regel gebunden, nur solche Akte als verdienstlich für das
ewige Leben zu akzeptieren, die von der voluntas und caritas
zugleich hervorgebracht wurden[38].

Geht es bei dieser Fragerichtung, die quasi von oben nach
unten verläuft[39], um die Notwendigkeit des Gnadenhabitus als
Voraussetzung der göttlichen Akzeptation, so handelt es sich
bei der von unten nach oben verlaufenden Fragerichtung um die
Wirksamkeit des als gegeben vorausgesetzten Gnadenhabitus hinsichtlich der acceptatio divina. Auch hier antwortet Scotus
im Rahmen seiner Unterscheidung zwischen der potentia dei absoluta und der potentia dei ordinata. Im Hintergrund steht dabei das grundlegende Prinzip seiner Gotteslehre, daß das erste
und einzig notwendige Objekt des göttlichen Willens allein das

---

34 Eine Zusammenstellung der skotischen potentia absoluta/
ordinata-Aussagen im Kontext der Akzeptationslehre findet sich
bei Dettloff, Acceptatio divina, 204-207; s. bes. Nr.1-6.
35 s.u.Anm.37.
36 "Nam quidquid potest cum causa secunda, quae non est de
essentia rei ..., hoc potest per se immediate." Report.Paris.
I d.17 q.1; zit. bei Dettloff, Acceptatio divina, 73 Anm.216.
37 "Aliquid autem est possibile deo dupliciter: vel secundum eius potentiam absolutam, qua potest omne id, quod non in-
cludit contradictionem; aut secundum eius potentiam ordinatam,
secundum quam fit omne illud, quod consonat legibus divinae
iustitiae et regulis sapientiae eius, quod si fieret aliter et
secundum alias leges statutas et ordinatas a divina voluntate,
non inordinate fieret, sed ita ordinate sicut modo secundum
ista." Report.Paris.IV d.1 q.5 n.2; zit. bei Dettloff, Acceptatio divina, 206 Nr.7.
38 Dettloff, aaO 204-206 Nr.1-6 und 207f Nr. 4.
39 Zur Unterscheidung zwischen den Fragerichtungen von oben
nach unten und von unten nach oben vgl.o.S.230f.

Wesen Gottes, also Gott selbst ist, daß er somit "allem Nichtgöttlichen in absoluter Freiheit gegenübersteht, m.a.W. daß
Gott von nichts Außergöttlichem zu irgendeinem bestimmten Verhalten im strengen Sinne genötigt werden kann"[40]. Aus diesem
Prinzip folgt für die Beziehung zwischen Gott und Geschöpf im
Rahmen der Rechtfertigungslehre das Axiom: "Nihil creatum formaliter est a deo acceptandum."[41] Das bedeutet, daß die caritas
als geschaffener habitus Gott nicht zur Akzeptation ihrer Akte
nötigen kann, so daß auch dem begnadeten Menschen nicht die
Möglichkeit eines strikten meritum de condigno gegeben ist[42].
Unter dem Vorzeichen der potentia dei ordinata jedoch hat der
Besitz der caritas die göttliche Akzeptation mit Notwendigkeit
zur Folge, da Gott sich in Freiheit an das principium practi-
cum gebunden hat: "Omni gratiae finaliter est retribuendum."[43]
Auf Grund dieser freien Selbstbindung Gottes kann man dann auch
von einer Kondignität im weiteren Sinne, von einem meritum de
condigno secundum potentiam ordinatam sprechen[44].

Bei Bonaventura standen die beiden Fragen, die nach der Notwendigkeit der geschaffenen Gnade im Menschen und die nach der
meritorischen Wirksamkeit des Gnadengeschenkes, völlig unverbunden nebeneinander. Zwar wird hier wie dort die Antwort durch
den Gedanken einer freien Verfügung Gottes gegeben, doch verwendet Bonaventura im ersten Fall den für die Allmachtsproble-
matik charakteristischen Begriff eines göttlichen Dekrets, im
zweiten Fall den für die Kausalitätsproblematik charakteristischen Begriff der pactio divina als Rahmen des göttlichen Versprechens[45]. Bei Duns Scotus rücken die beiden Fragestellungen
unter dem Leitmotiv der absoluten Freiheit Gottes gegenüber dem
Bereich der Schöpfung sachlich so eng zusammen, daß sie nur
noch mit Mühe als verschiedene Fragestellungen erkannt werden
können und nun auch terminologisch in dem Begriffspaar potentia
dei absoluta/potentia dei ordinata zusammenlaufen. Hat Scotus
erst einmal den Gedanken gefaßt, daß die ratio formalis elicitiva acceptationis allein der göttliche Wille ist, während die

---

40 Dettloff, Die antipelagianische Grundstruktur, 267.
41 Dettloff, aaO 267f.
42 Dettloff, Acceptatio divina, 216f.226f.
43 Dettloff, aaO 88f.
44 Report.Paris.I d.17 q.2; zit. bei Auer, Gnadenlehre II,
110 Anm.158.
45 s.o.S.243-245.

geschaffene Gnade nur eine ratio formalis obiectiva secundaria
acceptationis, d.h. eine nur kontingent, im Rahmen der potentia
dei ordinata notwendige Bedingung für die göttliche Akzeptation,
sein kann[46], dann ergibt sich daraus für ihn die logische Konsequenz, daß die aus der caritas gewirkten Akte eines konkret
geschichtlichen Menschen die Akzeptation ebenfalls nur auf dem
Hintergrund der potentia dei ordinata mit Notwendigkeit zur
Folge haben. "Ein 'Recht' auf diese Akzeptation, ein Recht auf
den Lohn des ewigen Lebens hat der begnadete Mensch also nur,
weil Gott dieses Recht frei, in freigebiger Liebe festgesetzt
hat."[47]

Auch in dem Zusammenhang, in dem Odo und Bonaventura vom Vertrag Gottes mit den Menschen sprechen, gebraucht Scotus die
Begriffe potentia ordinata, ordinatio, ordinare und statuere[48],
womit er die Souveränität Gottes noch stärker zum Ausdruck
bringen kann, der in seiner Freiheit nur sich selbst gegenüber,
nicht etwa vor den Menschen gebunden ist[49]. Duns Scotus ist der
erste mittelalterliche Theologe, bei dem wir die Anwendung der
Unterscheidung zwischen potentia absoluta und potentia ordinata
auf die Verdienstlehre gefunden haben, wo also diese Begriffe
die Funktion haben, die besondere Art des Kausalzusammenhangs
zwischen der objektiven Qualität der verdienstlichen Akte und
der Erlangung des himmlischen Lohnes zu erläutern. Ihr Eindringen in die skotische Verdienstlehre hängt damit zusammen, daß
sie, wie Oberman bemerkt, "erst seit Duns Skotus und nach ihm
dann in der nominalistischen Tradition ... Schlüsselworte für
die theologische Methode und für das Verständnis einer wachsen-
den Anzahl dogmatischer loci" wurden[50].

Fragen wir, wo der Punkt der freien Selbstbindung Gottes
nach Meinung des Duns Scotus lokalisiert ist, dann ist auf die
ordinatio divina, auf das Statut Gottes als Punkt des Übergang
von der potentia dei absoluta zur gegenwärtig gültigen Heilsordnung der potentia dei ordinata zu verweisen - auf den Punkt
der freien Verfügung Gottes, die den Zusammenhang zwischen Ein

---

46 Dettloff, Acceptatio divina, 87.
47 Dettloff, aaO 217.
48 Zum Begriff statuere, dem selteneren Synonym von ordinare, s.o.Anm.37 und Dettloff, aaO 205 Nr. 4 ("Potentia tamen
ordinata, qua secundum legem sapientiae suae statuit ...").
49 s. Auer, Gnadenlehre II, 163.
50 Oberman, Spätscholastik und Reformation I, 37.

gießung der gnadenhaften Liebe und Akzeptation des Menschen und
seiner Akte zu einem notwendigen Bedingungs- und Kausalzusammenhang macht. Zwar besitzt bereits der Verweis auf die acceptatio
divina als letzten Grund der Verdienstlichkeit menschlichen
Handelns die betont antipelagianische Funktion[51], den Bezug
dieses Handelns zur Belohnung des ewigen Lebens nicht in der
immanenten Qualität der geschaffenen Gnade, sondern in dem äußeren Moment des göttlichen Willens zu verankern, diesen Bezug
nicht als relatio realis, sondern lediglich als relatio rationis verständlich zu machen[52], doch ließe sich jene Funktion des
Akzeptationsgedankens ohne seine Verknüpfung mit der Unterscheidung zwischen potentia absoluta und potentia ordinata nicht
durchhalten. Erst diese Termini und der mit ihnen verbundene
Gedanke der freien Selbstbindung Gottes sichern dem Akzeptationsbegriff seine antipelagianische, auf die Freiheit Gottes
zielende Spitze; sie würde in dem Augenblick preisgegeben, in
dem man den Bedingungs- und Kausalzusammenhang zwischen caritas und acceptatio als absolut und nicht lediglich als durch
den Akt der freien Selbstbindung Gottes bedingt notwendigen Zusammenhang verstünde.

Auf dem Hintergrund unserer Untersuchung der Verdienstlehre
des 12. und 13. Jahrhunderts und der Unterscheidung zwischen
einem exklusiven und einem restriktiven Verständnis der Selbstbindung Gottes ergibt sich die Frage, ob Duns Scotus der freien
Selbstbindung Gottes in seiner Gnadenlehre eine exklusive oder
nur eine restriktive Funktion gibt. Die Besonderheit des exklusiven Selbstbindungsverständnisses sahen wir darin, daß die
Selbstbindung Gottes eine Begründung der Verdienbarkeit des
himmlischen Lohnes durch das immanente Wertmoment in Gestalt
der bonitas operum ausschließt, um die Möglichkeit eines eigentlichen oder uneigentlichen Verdienstes allein von dem Gesichtspunkt der freien Verfügung Gottes abhängig sein zu lassen[53]. Gemessen an dieser Beschreibung von "exklusiv" kann man
auch bei Duns Scotus von einer exklusiven Sicht der Selbstbindung Gottes sprechen, sofern er durch den potentia absoluta/

---

51 Zur antipelagianischen Funktion der skotischen Akzepta-
tions- und potentia absoluta/ordinata-Lehre s. Dettloff, Die
antipelagianische Grundstruktur, bes. 268.
52 Dettloff, Acceptatio divina, 109.
53 s.o.S.104.

potentia ordinata-Gedanken eine direkte Herleitung der Verdienstlichkeit der übernatürlichen Akte aus ihrer Qualität ausschließt; sieht er doch den Grund für ihre Verdienstlichkeit
einzig und allein im frei akzeptierenden göttlichen Willen, der
erst durch die kontingente Verfügung Gottes eine notwendige
Hinordnung auf die gnadenhaften Werke erfährt.

Es wäre allerdings ein Mißverständnis, würde man annehmen,
Duns Scotus wolle damit auch eine Relevanz der Gnade hinsichtlich der Qualität des verdienstlichen Aktes leugnen. Hier ist
auf die schon erwähnte strenge Unterscheidung zwischen dem actus caritate formatus und dem actus a deo acceptatus zu verweisen[54]. Wenn Scotus die freie Selbstbindung Gottes zur Sprache bringt, dann geht es ihm nicht um die Leistung der Gnade
im Menschen, sondern um ihre Wirkung vor Gott[55]. Die exklusive
Funktion der Selbstbindung richtet sich deshalb gegen das Kausalitätsverhältnis zwischen Gnadenwerken und göttlicher Akzeptation und nicht gegen die ontologischen Konsequenzen des
geschaffenen Gnadengeschenkes, d.h. gegen die Vorstellung, daß
der actus caritate formatus als übernatürlicher Akt seinsmäßig
eine höhere Vollkommenheit besitzt als der natürliche Akt[56].
Mit Recht kann daher Dettloff feststellen: "Eine Entwertung der
Gnade erfolgt bei Scotus keineswegs. Was allerdings erfolgt,
das ist gewissermaßen eine Erhöhung Gottes, der auch durch die
Gnade nicht genötigt wird, einen Lohn zu geben, der vielmehr
auch die von der caritas mitgewirkten Akte akzeptieren muß,
damit sie den ewigen Lohn verdienen."[57]

Auch die Theologen des 12. Jahrhunderts, die wie Scotus die
Selbstbindung Gottes im exklusiven Sinne verstehen, beziehen
ihre Aussagen über promissio, sponsio, pollicitatio, institutio
condicio, conventio, contractio, decretum und statutum Gottes
nicht auf das Moment der immanenten Werkqualität an sich, dere
Hebung durch die Gnade für sie in diesem Zusammenhang überhaupt
nicht zur Diskussion steht, sondern auf die Frage nach dem Gru
der Verdienstlichkeit der Gnadenwerke. Besteht also eine interessante Verbindungslinie zwischen der Theologie des 12.
Jahrhunderts und Duns Scotus, so ist doch auch auf die unterschiedliche Begründung des exklusiven Selbstbindungsverständ-

---

54 s.o.S. 347 (bei Anm.29 und 30).
55 s. Auer, Gnadenlehre II, 161.
56 Dettloff, Acceptatio divina, 226.
57 Dettloff, aaO 226.

nisses aufmerksam zu machen. Während man damals auf die unendliche Diskrepanz zwischen der Qualität der Werke und dem Wert
der himmlischen Glorie (Rom.8,18!) verwies, geht Scotus von
dem fundamentalen Prinzip der absoluten Freiheit Gottes gegenüber allem Nichtgöttlichen aus, wobei dann der Qualitätsver-
gleich zwischen Verdiensten und Lohn eine nur noch sekundäre
Rolle spielt. Gilt doch der Satz: Nichts Geschaffenes - welcher
Qualität auch immer - kann Gott zur Annahme nötigen[58].

Die radikale Sicht der Freiheit des göttlichen Willens gegenüber dem Einflußbereich des Geschaffenen, zu dem auch die
habituelle Gnade zählt, ist genau der Punkt seiner Gnadenlehre,
in dem sich Scotus nicht nur von den Vertretern des älteren
exklusiven Selbstbindungsverständnisses, sondern auch von den
Lehrern der älteren Franziskanerschule Odo Rigaldi und Bonaventura unterscheidet. Zwar schränkten diese die meritorische
Wirksamkeit der geschaffenen Gnade bzw. der Gnadenwerke durch
den Gedanken der freien Selbstbindung Gottes (pactum/promissio)
ein, weshalb wir von einem restriktiven Verständnis der Selbstbindung sprachen, doch spielt neben der personalen Betrachtungsweise der Gnade auch die vom Neuplatonismus geprägte ontologisch-naturhafte Betrachtungsweise eine entscheidende Rolle.
Sie zeigt sich bei Bonaventura in der Bedeutung, die der Faktor
der dignitas gratiae für die Begründung des meritum condigni besitzt; die von der Gnade ausgehende ontologische Wandlung des
Menschen samt ihrer personalen Wirkung - "gratia totum hominem
reddit deo et acceptum et carum"[59] - setzt ihn in einen unmittelbaren Bezug zur himmlischen Glorie, dem complementum
gratiae. Darin besteht die Dignität der Gnade[60]. Auer sagt einmal: "Was Scotus vor allem von Thomas trennt, ist sein Kampf
gegen die neuplatonische Seinsauffassung, der Thomas zuneigt."[61]
Dasselbe kann man auch für das Verhältnis des doctor subtilis
zu Odo Rigaldi und Bonaventura sagen, auch wenn deren eigent-

---

58 Eine annähernd tiefe und umfassende Vorstellung von der
Freiheit Gottes gegenüber der geschöpflichen Kausalität findet
man im 12. Jahrhundert allenfalls bei Kardinal Laborans, wenn
er etwa das Prinzip aufstellt: "Non enim cunctipotens bonitas,
quae ex suis ipsa subsistit extrinseci boni non indiga, forinsecis causis obstringitur..." s.o.S.50 Anm.40.
59 Sent.II d.27 a.2 q.3 ad 3 (II 668b).
60 s.o.S.237.
61 Auer, Gnadenlehre I, 123 Anm.117.

354

liches Interesse den personalen Konsequenzen der Seinsveränderung gilt.

Scotus gelangt zu einer so radikalen Deutung der souveränen Freiheit Gottes gegenüber allem Außergöttlichen, daß in seinen Augen jeder Versuch, einen unmittelbaren Kausalzusammenhang zwischen dem kreatürlichen Sein der Gnade und der absoluten göttlichen Willensmacht zu konstruieren, in die Nähe des Pelagianismus gerät[62]. Sein Angriff, von dem auch Odo und Bonaventura nicht ausgeschlossen sind, richtet sich also gegen das neuplatonische Kausalitätsprinzip[63], das auf der Grundlage seinsmäßiger Verwandtschaft (similitudo) - wie wir sahen, wird der göttliche Charakter der Gnade hervorgehoben - einen direkte Kausalbezug der niederen zur höheren Seinsstufe behauptet. Bejahung bzw. Verneinung dieses Prinzips für die Beziehung zwischen Gnade und Glorie ist der Grund dafür, weshalb Odo und Bonaventura zu einem nur restriktiven, Scotus dagegen zu einem exklusiven Verständnis der freien Selbstbindung Gottes kommen.

Andererseits aber ist zu betonen, daß sich das forcierte Interesse des Duns Scotus am Freiheitsspielraum Gottes aus demselben Interesse Odos und Bonaventuras entwickelt hat, das sic uns im Gesichtspunkt der freien Selbstbindung Gottes gezeigt hat. Die Distanz zwischen dem Haupt der jüngeren und den Vertretern der älteren Franziskanerschule darf den Blick für die Kontinuität dieses Interesses und der entsprechenden Funktion des Selbstbindungsgedankens nicht verstellen.

---

62 Der Gedanke, den Scotus beiläufig im Rahmen der Gotteslehre äußern kann, daß Gott auf Grund seiner Freigebigkeit Schuldner der Kreatur sei, d.h. ihr das zu geben, was ihre Natur nötig hat (s. Dettloff, Acceptatio divina, 180f), hat kein Konsequenzen für die Akzeptationslehre, es sei denn, daß er durch den Hinweis auf das Bedürfnis und Recht der Schöpfung (v oben S.266/bei Anm.60) begründen will, wieso de potentia dei absoluta eine Akzeptation des rein Natürlichen zum ewigen Lebe möglich ist. Keinesfalls ist diese Aussage mit der debitum-Vor stellung des Thomas von Aquin oder des Thomisten Johannes Lutterell zu vergleichen (gegen Hoffmann, Iohannes Lutterell, 214.217), da Scotus der ontologischen Begründung der meritorischen Relevanz des Gnadenhabitus den Boden entzieht, mag er a die Erhaltung der Schöpfung in naturalibus durch die Güte und Freigebigkeit Gottes ontologisch begründen.
63 s. die Untersuchung des areopagitischen Kausalbegriffs bei Kremer, Die neuplatonische Seinsphilosophie, 338-346.

III. Zwischen Johannes Duns Scotus und Martin Luther

Es würde den Rahmen unserer Arbeit sprengen, wollten wir dem
gedanklichen Reichtum und der Mannigfaltigkeit der verschiedenen
Positionen in den zweihundert Jahren Theologiegeschichte zwischen Duns Scotus und Martin Luther auch nur überblicksweise
gerecht werden. Wir beschränken darum unsere Absicht darauf,
nur einige Beobachtungen zur weiteren Geschichte der Selbstbindungstradition mitzuteilen - Beobachtungen, die z.T. schon
von anderen gemacht worden sind, die wir aber nun hier unter
dem Thema 'freie Selbstbindung Gottes' zusammenfassen und aus-
werten wollen. Vier Punkte sind hier zu nennen:

1. Der Einfluß des Duns Scotus auf die Gnadenlehre des 14. und 15. Jahrhunderts. Neue Aspekte des Nominalismus

Fast überall dort, wo man in der Gnadenlehre des 14. und 15.
Jahrhunderts auf den Gedanken einer freien Selbstbindung Gottes
stößt, ist die Nachwirkung der skotischen Theologie spürbar.
Dies zeigt sich besonders darin, daß die kontingente Verfügung
Gottes durch die Verknüpfung des Akzeptationsbegriffs mit der
potentia absoluta/ordinata-Spekulation zum Ausdruck gebracht
wird. Dabei geht es dann wie bei Scotus sowohl um die Frage nach
der Notwendigkeit der habituellen Gnade, die Fragerichtung "von
oben nach unten", als auch um die Frage nach der Notwendigkeit
der Belohnung der habituellen Gnade mit dem ewigen Leben, die
Fragerichtung "von unten nach oben".

Die Breite des skotischen Einflußbereichs ist aus der Fülle
der Theologen ersichtlich, die in dieser Weise einen nur kontingent notwendigen Bedingung- und Kausalzusammenhang zwischen
der eingegossenen Gnade bzw. den Gnadenwerken und der göttlichen
Akzeptation konzedieren, indem sie den freien Willensentscheid
Gottes in Gestalt seiner ordinatio, dispositio, institutio,
conventio, promissio, seines decretum, statutum oder pactum zum
Punkt des Übergangs von der absoluten Machtfülle Gottes zur verbindlichen Gültigkeit der gegenwärtigen Heilsordnung machen.
Greift man etwa zu Dettloffs Untersuchung der Akzeptations- und
Verdienstlehre von Duns Scotus bis Luther[64], dann kann man

---

64 Dettloff, Die Entwicklung der Akzeptations- und Verdienst-

feststellen, daß unter den 44 behandelten Theologen folgende
29 der von Scotus bestimmten Selbstbindungstradition verpflichtet sind: Alexander von Alessandria (in der zweiten Redaktion
seines Sentenzenkommentars), Wilhelm von Nottingham, Robert
Cowton, Durandus de S.Porciano, Johannes de Bassolis, Antonius
Andreas, Franciscus Mayronis, Anfredus Gonteri, Petrus de
Aquila, Franciscus de Marchia, Landulfus Caracciolo, Wilhelm
de Rubione, Johannes Rodington, Petrus de Candia, Wilhelm von
Ockham, Johannes Baconthorp, Robert Holkot, Gregor von Rimini,
Alfons von Toledo, Johannes von Mirecourt, Adam Wodham, Petrus
von Ailly, Heinrich Heimbuche von Langenstein, Wilhelm von
Vaurouillon, Nicolaus de Orbellis, Nicolaus Denyse, Jacobus
Almain, Johannes Maior von Hadington und Gabriel Biel[65].

Man könnte dieser Liste noch mehrere Namen hinzufügen, z.B.
die der beiden Augustinereremiten aus der Gregor von Rimini-
Schule Hugolin von Orvieto[66] und Dionysius von Montina[67], doch
ist auch so deutlich, was auch bereits unsere Ausführungen zu
Duns Scotus gezeigt haben dürften: Die Unterscheidung zwischen
potentia dei absoluta und potentia dei ordinata ist keine Besonderheit der sog. nominalistischen Theologen, wenn sie auch
gerade bei ihnen einen auffallend großen Raum einnimmt[68] und
das theologische Fundament ihres zentralen philosophischen Anliegens, der Leugnung unabhängig vom denkenden Geiste bestehen
der Allgemeinbegriffe und der Nachordnung der Gedankenkonzepti
nen gegenüber der inneren und äußeren Erfahrung, bildet[69]. Es

---

lehre von Duns Scotus bis Luther mit besonderer Berücksichtig
der Franziskanertheologen, 1963.
    65   Stellenbelege s. bei Dettloff, aaO.
    66   s. Zumkeller, Hugolin von Orvieto (†1373) über Prädest
nation, Rechtfertigung und Verdienst, 1955, 23f.33f.
    67   s. Zumkeller, Dionysius de Montina, 80.
    68   Zur fundamentalen Rolle der Dialektik von potentia dei
absoluta/ordinata im Nominalismus s. bes. Oberman, Some Notes
50f.56-60; Oakley, Pierre d'Ailly and the Absolute Power of
God, 60.65f.
    69   Die Ablehnung der universalia ante rem, d.h. "von Be-
griffen, die sich auf eine vor den Dingen bestehende exemplar
sche Verbindlichkeit beziehen" (Blumenberg, Die Legitimität d
Neuzeit, 109), entspricht der Ablehnung von Wesensstrukturen,
die den faktischen Heilsordnungen vorgegeben sind und diese
rational erklärbar machen. Wie die Einsicht in die Gültigkeit
und Verbindlichkeit einer bestimmten Heilsordnung erst post
ordinationem divinam, so ist auch die Gewinnung der Universa-
lien dem Menschen erst post rem möglich. Der Rückgriff hinter
das von Gott als Schöpfer und Erlöser kontingent Gesetzte zu

handelt sich um ein Begriffspaar, das seine Wurzel in der
Selbstbindungstradition des 12. und 13. Jahrhunderts hat, um
dann bei Duns Scotus, den Skotisten und den Nominalisten zum
terminologischen Träger einer fast alle Lehrstücke durchlaufen-
den theologischen Methode zu werden, ohne daß freilich seine
Verwendung im 14. und 15. Jahrhundert auf diesen Kreis beschränkt bliebe; es findet sich sporadisch in allen Orden und
Schulen. So ist es nicht verwunderlich, daß Cajetan,   d e r
Thomist seiner Zeit, in seinem Traktat De fide et operibus
(1532) die Verdienstlichkeit der menschlichen Werke durch den
- vom 13. Jahrhundert her gesehen - typisch franziskanischen
Anordnungs- und Vertragsgedanken begründet[70], worin Greschat
zu Unrecht die Rezeption "nominalistischen Gedankengutes" er-
blickt[71].

Durch nominalistische Theologen wie Wilhelm von Ockham, Robert Holkot oder Gabriel Biel erhält allerdings die Verdienstlehre, was das Problem der freien Selbstbindung Gottes betrifft,
auch wesentlich neue Gesichtspunkte, die über den Standpunkt
des Duns Scotus hinausführen. Man darf sich hier nicht auf die
Untersuchung der Gnadenlehre im engeren Sinne beschränken[72],
sondern muß auf das Vorzeichen achten, das sie durch den Charakter der Prädestinationslehre erhält. Während Duns Scotus
eine "praedestinatio   a n t e   praevisa merita", d.h. ein "un-
umkehrbares Nacheinander der göttlichen und kreatürlichen Entscheidung" im letztlich deterministischen Sinne[73], lehrt, kommen einige Vertreter des Nominalismus, speziell die Ockhami-

---

ontologischen Meta-Kategorien (vgl. Oberman, The Shape of Late
Medieval Thought, 14) ist hier wie dort nach Ansicht des Nominalismus versagt. Damit ist die faktische Relevanz der Ordnungen
und Begriffe freilich nicht in Frage gestellt. - Daß der Nominalismus des 14. Jahrhunderts Selbstbindungskonzeption und
Universalientheorie in einen gedanklichen Zusammenhang bringt,
schließt nicht aus, daß die Selbstbindungskonzeption schon vorher Gestaltungsprinzip der Theologie ist; s.u.S.472-489. Zur
Frage nach dem Charakteristikum des Nominalismus s.u.S.489-491.
    70 De fide et operibus adversus Lutheranos tractatus, Rom
1532, fol.C 1rf; zit. bei Greschat, Der Bundesgedanke, 57f.
    71 Greschat, aaO 58.
    72 Diesem Fehler verfällt Dettloff, Die Entwicklung; s.
auch ders., Das Gottesbild und die Rechtfertigung. Zur Kritik
an Dettloff und seiner Unterschätzung des Unterschiedes zwischen
nominalistischer und skotistischer Tradition vgl. Oberman, "Iustitia Christi" und "Iustitia Dei", 417.
    73 So Pannenberg, Die Prädestinationslehre des Duns Skotus,
132: "Allein durch jenes 'zugleich' (sc. von Gott und Mensch -
d.Verf.) ist das Gegenüber noch nicht als solches verstanden.

sten[74], zur synergistischen Gegenthese, indem sie die skotische Prädestinationslehre zur Präszienzlehre und damit zur Lehre von der "praedestinatio   p o s t   praevisa merita" umbil-
den: "... die Prädestination steht zu ihnen (sc. den Verdiensten - d.Verf.) nur in einem durch göttliche Anordnung festge-
setzten, realen Folgeverhältnis."[75]

Der Sinn dieser ockhamistischen Präszienzlehre, die ihrerseits wiederum ihre deterministische Antithese in der Lehre
Gregors von Rimini erhielt[76], ist darin zu sehen, daß sie dem
an der Franziskanertradition des 13. Jahrhunderts anknüpfenden
Interesse an der personalen Eigenständigkeit des Menschen, seiner sittlichen Entscheidungsfreiheit vor Gott, gerecht werden
soll[77]. Eine wichtige Konsequenz ist die Tatsache, daß nun der
Gesichtspunkt der acceptatio divina und des mit ihr verbundenen
Selbstbindungsgedankens eine noch größere Bedeutung für die
Sicherung der Freiheit Gottes als bei Scotus gewinnt, da nun
die antipelagianische Spitze der Prädestinationslehre fehlt.
Dem entspricht es, daß dieselben nominalistischen Theologen,
die den Spielraum der menschlichen Freiheit durch die Reduktion
der Prädestinationslehre zur Präszienzlehre erweitern, andererseits der potentia absoluta/ordinata-Spekulation, d.h. der Erörterung dessen, was Gott alles hätte verordnen können, ehe er
sich auf dem Hintergrund solcher Freiheit für bestimmte gültige
Regeln entschieden hat, weit mehr Raum als Scotus geben und gerade in der Gnadenlehre negative Möglichkeiten des göttlichen
Handelns aufzeigen, die Scotus nicht erwähnt hatte. So stößt

Dazu muß es als Verhältnis erkannt sein. Duns Skotus erkennt
dieses Verhältnis in der Prädestinationslehre als ein unumkehr-
bares Nacheinander der göttlichen und der kreatürlichen Entscheidung. Die metaphysische Objektivität seines Gottesbegriff
nötigt ihn jedoch, dieses Nacheinander in einem deterministischen Sinne zu verstehen." Scotus' Intention zielt freilich
darauf, die Antithese zwischen Determinismus und Synergismus zu
überwinden; s. Pannenberg, aaO und 144.
74 s. Pannenberg, aaO 141-148. Wie Pannenberg zeigt, vertreten nicht alle Nominalisten, sondern nur Ockham und seine Richtung, zu der auch Biel zählt, eine synergistische Prädestinationslehre; Gregor von Rimini sucht den Rückweg zur deterministischen Prädestinationslehre Augustins und des Lombarden, während Pierre d'Ailly und Johannes Gerson am Anfang des 15. Jahrhunderts wieder an die skotische Prädestinationslehre anknüpfe
75 Pannenberg, aaO 143. Zur Charakterisierung der ockhamistischen gegenüber der skotischen Prädestinationslehre vgl.
auch Oberman, Some Notes, 63f; ders., "Iustitia Christi" und
"Iustitia Dei", 417.

man immer wieder auf den Satz, daß Gott de potentia absoluta
auch einen Menschen, der im Stand der Gnade stirbt, für die
ewige Verdammnis bestimmen könnte[78]. Diese Intensivierung des
Nachdenkens über die potentia dei absoluta setzt freilich nicht
erst mit Wilhelm von Ockham ein, sondern findet sich bereits
bei dem unmittelbaren Scotus-Schüler Johannes de Bassolis[79],
ist sie doch nicht nur ein Merkmal des Nominalismus, sondern
auch des Skotismus in der ersten Hälfte des 14. Jahrhunderts[80].

Den Grund dafür sehen wir weniger in dem Eindringen logisch-
dialektischer Kunstfertigkeit in die Theologie[81], sondern in
der Frontstellung der von Scotus beeinflußten Theologen gegenüber dem Determinismus des Averroismus und radikalen Aristotelismus[82], aber auch gegenüber Thomas und dem von ihm beeinflußten Petrus Aureoli[83], die das verschärfte Insistieren auf
dem Entscheidungsspielraum des göttlichen Willens als Gegenreaktion provozierten. Aus der "Dimension metaphysischer Ge-
setzmäßigkeiten" suchte man den Ausweg in die "Dimension personaler Entscheidung"[84], wozu man sich durch das Glaubensbekenntnis - "Credo in unum deum patrem omnipotentem" - und das
Pariser Dekret des Bischofs Stephan Tempier von 1277[85] angehalten sah.

Prädestinationslehre und Allmachtslehre des Nominalismus
zeigen also, daß sein Proprium gegenüber Duns Scotus darin besteht, daß er Freiheit Gottes und Freiheit des Menschen noch
radikaler als Scotus einander gegenübertreten läßt, was zur
falschen These verleiten konnte, im Ockhamismus würden "Gott

---

76 s. Pannenberg, aaO 143f.
77 s. Oberman, Some Notes, 64: "The combination of the
'three-value logic' and the predestination post praevisa merita
grants man a radical freedom which is quite clearly a reaction
against what the Nominalists felt to be Thomas' - and in a
lesser degree - Duns' determinism."
78 s. Dettloff, Das Gottesbild und die Rechtfertigung, 200-
208.
79 s. Dettloff, aaO 202.
80 s. Dettloff, aaO 202-205. Die von Scotus abweichende negative potentia absoluta-Spekulation findet Dettloff vor Ockham
auch schon bei Durandus von St.Pourçain und Petrus de Palude;
s. Dettloff, aaO 200-202.
81 So Ehrle, Der Sentenzenkommentar Peters von Candia, 111.
Ehrle spricht von einem "Überwuchern des Artistentums in der
Theologie". Vgl. auch Hoffmann, Iohannes Lutterell, 149-156
(Die Logik als Instrument der Kritik in der Theologie des Nominalismus).
82 s. Hochstetter, Nominalismus?, 372.374.386f.

und Menschen ... im Heilsgeschehen doch nur in einem bloßen Nebeneinander gesehen"[86]. Daß dies nicht der Fall ist, zeigt die Art und Weise, wie Freiheit Gottes und Freiheit des Menschen durch den Gesichtspunkt der freien Selbstbindung Gottes in ein kunstvolles Miteinander gesetzt werden, das die Möglichkeit der personalen Beziehung des begnadeten Menschen zum annehmenden Gott eröffnet[87]. Wir werden diese zwei wesentlichen Anliegen des Nominalismus, die Profilierung der beiden Freiheitsaspekte und ihre widerspruchslose Verbindung miteinander durch den Selbstbindungsgedanken, verdeutlichen, indem wir uns nun vom Rahmen der Gotteslehre der inneren Struktur der eigentlichen Gnadenlehre zuwenden.

2. Der Verweis auf die freie Selbstbindung Gottes als Gegengewicht zur schwindenden Bedeutung des Gnadenhabitus bei Wilhelm von Ockham und Gabriel Biel. Antipelagianismus I und Antipelagianismus II

Wilhelm von Ockham in der ersten Hälfte des 14. und Gabriel Biel in der zweiten Hälfte des 15. Jahrhunderts, beide nominalistische Theologen, teilen mit zahlreichen Theologen ihrer Zei die Anwendung der Unterscheidung zwischen potentia dei absoluta und potentia dei ordinata auf die Gnadenlehre. Dabei betont Ockham stärker, nach Ansicht zahlreicher Forscher mit einer sich an logischen Spitzfindigkeiten erfreuenden Maßlosigkeit, die "den echten Bezug zum theologischen Gegenstand vermissen" lasse[88], den Gesichtspunkt der potentia dei absoluta und der ihr offenstehenden Möglichkeiten, während Gabriel Biel größeres

---

83   Zur Kritik an Petrus Aureolis Auffassung, daß der Mensch der die caritas besitzt, mit absoluter Notwendigkeit mit dem ewigen Leben belohnt werden muß, s.u.S.365.
84   Pannenberg, Die Prädestinationslehre des Duns Skotus, 137; s.u.Anm.103.
85   s. Hochstetter, Nominalismus?, 374.
86   Dettloff, Das Gottesbild und die Rechtfertigung, 208.
87   Man erinnere sich in diesem Zusammenhang insbesondere der nominalistischen Mystik, die das Ziel des geistlichen Lebens des viator innerhalb des Bundes als "uniri deo et adhaerere per amorosam voluntatis conformitatem" (Gerson) beschreibt; zit. bei Oberman, Spätscholastik und Reformation I, 308 Anm.20.
88   Dettloff, Das Gottesbild und die Rechtfertigung, 206. Zur Kritik an Ockhams "übertriebener" potentia absoluta-Spekulation vgl. auch Iserloh, Gnade und Eucharistie, 67-77; Lortz, Einleitung, XXIV-XXVIII; Hoffmann, Iohannes Lutterell, 152f.

Gewicht auf die gültige Heilsordnung im Rahmen der potentia dei ordinata legt[89]. Diese Unterschiede zwischen Ockham und Biel sollen nun aber hinter der Frage zurücktreten, welche Funktion das Moment der freien Selbstbindung Gottes als Grund der potentia dei ordinata in ihrer Verdienstlehre besitzt.

Die Funktion soll ohne Zweifel die sein, den Kausalzusammenhang zwischen menschlichen Werken und himmlischem Lohn statt aus einem Ablauf von Wesensnotwendigkeiten aus der Kontingenz der frei von Gott verfügten Heilsordnung zu interpretieren und so im betont antipelagianischen Sinne die Freiheit Gottes gegenüber dem Einflußbereich des Geschaffenen gerade dort zu sichern, wo von den Verdiensten der Geschöpfe und der Schuldnerschaft Gottes die Rede ist und daher die Gefahr des Pelagianismus droht. Soweit bleibt die Funktion des Selbstbindungsgedankens durchaus im Rahmen dessen, was Duns Scotus mit ihm bezweckt hatte[90]. Ockham und Biel gehen aber darin über Scotus hinaus, daß der Gesichtspunkt der freien Selbstbindung bei ihnen eine noch größere Bedeutung als Sicherung gegen den Pelagianismus gewinnt, da er nun zum Gegengewicht gegenüber der im Hintergrund stehenden Vorstellung von einer praedestinatio p o s t praevisa merita, deren Unterschied zur skotischen Prädestinationslehre wir bereits skizziert haben, und gegenüber einer schwindenden ontologisch-qualitativen Relevanz des übernatürlichen Gnadenhabitus wird. Dieser zweite Punkt bedarf wenigstens einer kurzen Erläuterung.

Für Duns Scotus ist die gnadenhafte Liebe nicht nur die auf Grund der göttlichen Verfügung notwendige formale Voraussetzung jeder Verdienstlichkeit, sondern auch der Realgrund eines höheren Grades von sittlicher Vollkommenheit. Setzt doch die Verdienstlichkeit nicht bloß eine "(natürliche) moralische Güte

---

89 s. Ackermann, Buße und Rechtfertigung, 200; Oberman, Spätscholastik und Reformation I, 54f.
90 Diese Kontinuität hat Oberman (Archbishop Thomas Bradwardine, 150) im Auge, wenn er sagt: "Since the end of the thirteenth century the doctrine of justification had undergone a very important new development, which found its startingpoint in Duns Scotus' theology. No longer in grace, but in the acceptatio Dei did Duns protect God's sovereignty from the great freedom of the human will." Die zentrale Stellung des Akzeptationsgedankens bei Scotus schließt freilich nicht aus, daß für ihn auch das Moment der geschaffenen Gnade ein Gegengewicht zur menschlichen Freiheit ist und damit eine wichtige antipelagianische Funktion gegenüber dem "ex solis naturalibus mereri" erfüllt. s. folgenden Textabschnitt.

des Aktes voraus, sondern eine Güte, wie sie die caritas verleiht. Da die caritas aber eine vollkommenere moralische Güte
des Aktes bewirkt, so folgt, daß dem Akt, der verdienstlich
ist, eine gewisse, über das Maß der bloß natürlichen moralischen Güte hinausgehende Qualität zukommt. Das Verdienstlich-
sein selbst aber bewirkt diese Güte nicht, setzt sie jedoch
voraus."[91]

Bei Ockham vollzieht sich hier insofern eine Verschiebung
in der Beurteilung der caritas, als er nur ihre faktische Notwendigkeit hervorhebt, ohne eine seinsmäßig-qualitative Bedeutung zu erwähnen[92]. In seiner Antwort auf die in diesem Zusammenhang wichtige Frage des vierten Sentenzenbuches "Utrum
caritas habeat aliquam causalitatem respectu actus meritorii"
läßt er offen, ob die caritas nur condicio sine qua non des
Aktes ist und bei ihm selbst nicht aktiv wird, was Iserloh für
die eigentliche Meinung Ockhams hält[93], oder ob sie zwar keine
qualitative Veränderung, aber doch eine größere Intensität des
Aktes im Vergleich zum natürlichen Akt bewirkt, worin Dettloff
Ockhams eigentliche Ansicht sieht[94]. Aber auch Dettloff kommt
zu dem Ergebnis, daß die Caritasvorstellung Ockhams sehr ver-
äußerlicht sei. Man könne zwar nicht mit Recht behaupten, daß
die Gnade für ihn "nur" Huld Gottes sei, in der Behandlung der
caritas schalte er diese jedoch weitgehend faktisch dem habitus acquisitus gleich. "'Habitus' scheint dem 'Nominalisten'
Wilhelm von Ockham eben 'Habitus' zu sein; um das Besondere des
habitus supernaturalis infusus kümmert er sich nicht weiter."[95]

Bei Gabriel Biel ist der Befund nicht wesentlich anders. Zwa
kann er der gratia creata ein gewisses Maß an helfender Kraft
zur Hervorbringung eines verdienstlichen Aktes zuschreiben[96],
doch interessieren ihn diese realen Wirkungen des Gnadenhabitus
nur minimal gemessen an der zentralen Bedeutung, die in seinen

---

91 Dettloff, Acceptatio divina, 115. Vgl. auch Hoffmann,
Iohannes Lutterell, 206: "Scotus unterscheidet also zwischen
dem Liebesakt, insofern er als freier Willensakt aus der Natur
des Menschen hervorgeht, und insofern er durch den Gnadenhabitus einen intensiveren und vollkommeneren Akt darstellt in einer Weise, wie ihn der Wille allein nicht hervorbringen könnte.
92 s. Dettloff, aaO 284.
93 Iserloh, Gnade und Eucharistie, 111.
94 Dettloff, aaO 277f.
95 Dettloff, aaO 171.
96 s. Grane, Contra Gabrielem, 260.

Augen dem in Übereinstimmung mit der recta ratio wählenden frei-
en Willen des Menschen als Prinzip der Qualität des moralisch
guten sowie des verdienstlichen Aktes zukommt[97]. Wirkliche Relevanz im Gegensatz zur Leistungsfähigkeit der natürlichen
Kräfte des Menschen besitzt der Gnadenhabitus nur als condicio
sine qua non für die acceptatio divina. So sieht Biel das Ungenügen der aus rein natürlichen Kräften hervorgebrachten dilectio dei super omnia nicht in einem realen wesensmäßigen De-
fekt, sondern in dem nur formal beschriebenen Nichtvorhanden-
sein der Gnade als verordneter ratio acceptationis[98].

Der Grund für diese Aushöhlung der ontologisch-moralischen
Relevanz des Gnadenhabitus, die mit der ausführlichen de potentia absoluta-Spekulation über die Entbehrlichkeit der caritas bei der Annahme des Menschen zum ewigen Leben in engem Zusammenhang steht, liegt in der Sorge, der überpersönliche und
übernatürliche Gnadenhabitus könne die personale Entfaltung des
Menschen in Selbstbestimmung und Entscheidungsfreiheit und damit seine Rolle vor Gott als Verdienenden gefährden. Hier erscheint, wie Oberman zeigt, nicht die Sünde, sondern die Gnade
als Rivalin der Freiheit, was einen Bruch mit der mittelalterlichen Tradition bedeutet[99]. Wir verweisen allerdings auf die
hohe Auffassung, die bereits Wilhelm von Auvergne von den moralischen Möglichkeiten des natürlichen Menschen hat, so daß für
ihn 'Gnade' weniger einen moralischen Wandel als vielmehr eine
neue personale Beziehung des Menschen zu Gott - Angenommenwerden durch Gott - eröffnet[100].

Der Aufwertung des freien Willens und der schwindenden Bedeutung des Gnadenhabitus für die Güte des verdienstlichen Aktes entspricht logischerweise eine stärkere Hervorhebung der
antipelagianischen Funktion des potentia absoluta/ordinata-Fak-
tors, d.h. der freien Selbstbindung Gottes. Dieser Zusammenhang wird einsichtig, wenn man sich vor Augen hält, daß es in
der scholastischen Theologie grundsätzlich zwei Absicherungs-
möglichkeiten gegenüber dem Pelagianismus gibt[101]. Bei der ersten Form des Antipelagianismus (Antipelagianismus I) weist man

---

97   s. Grane, aaO 153-181.
98   s. Ackermann, Buße und Rechtfertigung, 200f.
99   Oberman, Some Notes, 65f.
100 s.o.S.169f.
101   Zu einer ähnlichen Unterscheidung wie der folgenden
kommt Junghans, Ockham im Lichte der neueren Forschung, 286f.

auf den gnadenhaften Charakter der guten Werke, wobei man von dem augustinischen Gedanken ausgeht, daß die Verdienste Geschenke Gottes im Menschen sind[102]. Die entscheidende Rolle spielt hier die Erhabenheit der Gnade über alles natürliche Wirken, der gnadengewirkte Qualitätsunterschied zwischen den natürlichen und den übernatürlichen Werken. Die Sicherung gegenüber dem Pelagianismus erfolgt also am Punkt der Verhältnisbestimmung von status ante und status post infusionem gratiae. Die zweite Form des Antipelagianismus (Antipelagianismus II) stellt Gottes barmherziges Handeln bei der Annahme der Gnadenwerke zur Belohnung mit dem ewigen Leben in den Mittelpunkt, während die seinsmäßig-qualitative Relevanz der habituellen Gnade reduziert wird, damit die menschliche Freiheit einen größeren Spielraum erhält. Dem größeren Interesse an der Freiheit des Menschen entspricht somit das größere Interesse an der Freiheit Gottes gegenüber der geschaffenen Gnade bzw. den Gnadenwerken: Gott akzeptiert sie nicht mit absoluter Notwendigkeit, sondern mit der Notwendigkeit, die seiner freien Selbstbindung entspringt. Hier wird die Sicherung gegenüber dem Pelagianismus also am Punkt der Verhältnisbestimmung von status ante und status post acceptationem bzw. zwischen status ante und status post ordinationem divinam eingebaut.

Bei Odo Rigaldi und Bonaventura wie überhaupt bei allen Vertretern eines restriktiven Selbstbindungsverständnisses, aber auch noch bei Duns Scotus finden wir eine Verbindung von Antipelagianismus I und II, obwohl sich bei Scotus das Interesse schon zugunsten von Antipelagianismus II, von der informierenden Gnade auf die göttliche Akzeptation, verschiebt[103]. Thomas von Aquin beschränkt sich im wesentlichen auf Antipelagianismus I, worin er zu Beginn des 14. Jahrhunderts einen bedeutenden

---

102   s. etwa Augustinus, De gratia et libero arbitrio 6,15 (PL 44,891); Enchiridion ad Laurentium 28,107 (CC 46,107,55-57)
103   s. Dettloff, Die antipelagianische Grundstruktur, passim; Pannenberg, Die Prädestinationslehre des Duns Skotus, 137: "Der Schwerpunkt im Verständnis des Verhältnisses von Gott und Mensch verlagert sich von der bewegenden und informierenden, geschaffenen Gnade auf die göttliche Akzeptation, a u s e i n e r   D i m e n s i o n   m e t a p h y s i s c h e r   G e s e t z m ä ß i g k e i t e n   i n   d i e   D i m e n -

Nachfolger in dem Franziskaner Petrus Aureoli findet. Dieser
verficht gegen Duns Scotus die These, daß die geschaffene Gnade
ex natura rei und de necessitate das göttliche Wohlgefallen
findet, d.h. daß der Mensch, der im Besitz der caritas ist, von
Gott mit absoluter Notwendigkeit den Lohn des ewigen Lebens erhält, während umgekehrt auch de potentia dei absoluta niemand
ohne caritas mit dem ewigen Leben belohnt werden kann[104]. Die
iustitia commutativa, mit der Gott die merita de condigno des
Christen belohnt, bestehe nicht in einem pactum, mit dem man
beispielsweise ein "tantum de auro" zu einem "tantum de pane"
in Beziehung setzt, sondern in einer gewissen seinsmäßigen
proportio[105]. Ockhams Konzentration auf Antipelagianismus II
ist als Gegenreaktion gegenüber Petrus Aureoli zu verstehen[106].
Er sieht die Gefahr eines Pelagianismus durch die Vernachlässigung von Antipelagianismus II gegeben, während er sich den Vorwurf des Pelagianismus auf Grund seiner Vernachlässigung von
Antipelagianismus I gefallen lassen muß - so schon durch den
Kanzler der Universität Oxford Johannes Lutterell, einen über-
zeugten Thomisten, in dessen 1324/25 zu Beginn des Avignoneser
Ockham-Prozesses verfaßten Anklageschrift Libellus contra doctri-
nam Guilhelmi Occam[107]. Dasselbe gilt für Angehörige seiner
Schule, zu denen auch Gabriel Biel zählt.

----

s i o n   p e r s o n a l e r   E n t s c h e i d u n g ." Mit
dem von mir gesperrt geschriebenen Teil des Satzes bringt
Pannenberg genau das zum Ausdruck, was wir als charakteristischen Beitrag des franziskanischen Selbstbindungsgedankens ansehen; s.u.S.467-472.
    104 s. Dettloff, Die Entwicklung, 29-33.74. Zur Scotus-Kri-
tik Aureolis vgl. auch Vignaux, Justification et prédestination,
43-95.
    105 "Dico igitur, quod ibi est commutativa iustitia; sed
sciendum, quod iustitia commutativa non consistit in contra
passum pacto, si ego tibi tantum de auro, tu des mihi tantum de
pane, sed consistit in proportione quadam, et hoc modo id, quod
multum valet, bene potest proportionari ei, quod parum valet."
Sent.II d.28 a.1; zit. bei Iserloh, Gnade und Eucharistie, 87
Anm.155. Zu vergleichen ist die Interpretation der Selbstbindung Gottes durch die Brot/Geld-Beispiele bei Odo Rigaldi (s.o.
S.203 Anm.297) und Richard von Mediavilla (s.o.S.342).
    106 Darauf macht bes. Iserloh, Gnade und Eucharistie, 79-
89 aufmerksam; vgl. auch Vignaux, Justification et prédestination, 97-140.
    107 s. Hoffmann, Iohannes Lutterell, 48(n.96f).50(n.108).

Es soll nicht unsere Aufgabe sein zu prüfen, ob der Rekurs
auf die freie Selbstbindung Gottes als Hintergrund der acceptatio divina ein ausreichend starkes Gegengewicht zur schwindenden Bedeutung des Gnadenhabitus bildet, d.h. ob es ihm gelingt,
die in die Nähe des Pelagianismus rückende Verwischung der Grenze zwischen natürlicher und übernatürlicher Moralität zu neu-
tralisieren[108]. Wichtig für uns ist, daß der Gedanke der freien
Selbstbindung Gottes überhaupt diese antipelagianische Funktion
in der ockhamistischen Verdienstlehre besitzt, und zwar mit umso stärkerer Belastung, je geringer die ontologische Bedeutung
des Gnadenhabitus veranschlagt wird[109].

---

210. Lutterell selbst vertritt die mit Aureolis Standpunkt verwandte Ansicht, daß die eingegossene Gnade auf Grund ihrer Beschaffenheit Gott zur Akzeptation und Belohnung der Werke verpflichte: "ex necessitate obligat ipsum ex natura sua". Durch
die Verleihung der Gnade mache sich Gott zum Schuldner. s. Hoffmann, aaO 54(n.126).214. - Der Vorwurf des Pelagianismus kehrt
dann auch in den beiden Gutachten der päpstlichen Kommission
wieder, durch die Papst Johannes XXII. in Avignon Ockhams Lehre
prüfen ließ; der Vorwurf gipfelt in dem Satz: "Dicimus, quod
iste longus processus in praedicto articulo contentus (=Ock-
ham, Sent.I d.17 q.2) est erroneus et sapit haeresim Pelagianam
vel peius." Koch, Neue Aktenstücke, 1936, 84,35f; vgl. auch 85,
1f; 87,10f; 88,19. Der Kommission gehörten neben Johannes Lutterell und drei Dominikanern (unter ihnen Durandus von St.
Pourçain) auch zwei Vertreter des das Ungenügen der natürlichen
Moralität besonders hervorhebenden Augustinerermitenordens an:
Gregor, Bischof von Belluno-Feltre, und Johannes Paynhota (Paig
note), Magister der Theologie; s. Koch, aaO, 1935, 362. Zum Vor
wurf des Pelagianismus gegen Ockham aus den Reihen des Augustinerermitenordens vgl. dann bes. Gregor von Rimini, der unter
augustinischem Einfluß einen ausgeprägten Naturpessimismus vertritt, andererseits aber, was leicht übersehen wird, in seiner
Akzeptationslehre (Unterscheidung zwischen potentia dei absoluta und potentia dei ordinata) stark von Ockham beeinflußt ist,
also wiederum Antipelagianismus I und II verbindet; s. Dettloff
Die Entwicklung, 320-322. Vgl. auch Thomas Bradwardine und seine Polemik gegen die Lehre vom meritum de congruo; s. Oberman,
Archbishop Thomas Bradwardine, 145-151.
    108 Diese Frage wird von Ackermann, Buße und Rechtfertigung
184 gestellt und negativ beantwortet. Vgl. auch dies.(R.Steiger
Zum Begriff der Kontingenz, 66: "Gottes Freiheit wirkt nicht
gegenwärtig ordinierend, und so ist der Vorbehalt der acceptatio zu schwach, dem Pelagianismus in der Gnadenlehre zu weh-
ren ..."
    109 So kommt Dettloff (Die Entwicklung, 285) zu der Ansicht
daß Ockhams Denken nicht eigentlich als Pelagianismus bezeichnet werden könne, sondern eher als dessen überspitztes Gegenteil. - Die Zusammengehörigkeit des Gesichtspunktes der
menschlichen und des Gesichtspunktes der göttlichen Freiheit
auf der Grundlage des Personbegriffs wird von Oberman in Frage

Die Betonung der Freiheit Gottes bei der Akzeptation ist somit nicht eine Inkonsequenz angesichts des großen Interesses an der Rolle des freien menschlichen Willens als Prinzip des verdienstlichen Handelns, sondern sozusagen die Kehrseite, da der Personbegriff Ockhams sowohl die Spontaneität des verdienenden Menschen als auch die des belohnenden Gottes verlangt[110], vor allem aber ein antipelagianischer Gegenpol zum menschlichen Freiheitsraum gefordert ist. Im 13. Jahrhundert kommt dem Gnadenhabitus durchweg eine so zentrale Bedeutung als ontologisch verstandene ratio meriti zu, daß das Moment der Selbstbindung Gottes nur die Funktion einer   z u s ä t z l i c h e n   Sicherung der Freiheit Gottes beim Erlösungsgeschehen ausüben kann, freilich auch hier - besonders bei Odo Rigaldi[111] - als wichtiges Korrelat zur Freiheit des Menschen. Doch erst dort, wo die ontologische Relevanz des Gnadenhabitus zurücktritt, rückt die freie Selbstbindung Gottes in das Zentrum der Lehre von Rechtfertigung und Erlösung. Sie ist die Klammer, die Freiheit Gottes und Freiheit des Menschen zusammenhält und so vor einem beziehungslosen Nebeneinander[112] bewahrt. Der Zusammenhang zwischen den beiden Freiheitsaspekten besteht dann in der Sicht des Nominalismus darin, daß erst die Kontingenz der freien Selbstbindung Gottes, der den Übergang von der potentia dei absoluta zur potentia dei ordinata markierenden ordinatio divina, den Bereich gegenwärtiger Kontingenzerfahrung, d.h. Erfahrung menschlicher Entscheidungsfreiheit, eröffnet und defi-

---

gestellt, wenn er die voluntaristische Anthropologie des Nominalismus praktisch als Inkonsequenz gegenüber der Lehre von Gottes Souveränität beschreibt: "... the sovereignty of God, as understood by the Nominalist, would lead to an absolute determinism." Oberman, Some Notes, 64 (beachte auch den Kontext dieses Satzes).

110 Diese Zweiseitigkeit des ockhamistischen Freiheitsverständnisses beschreibt Hoffmann (Iohannes Lutterell, 211) folgendermaßen: "Wie nun der Anteil des Menschen am verdienstlichen Werk ganz und gar in der Macht seines Handelns besteht, die beeinträchtigt oder aufgehoben sein würde, wenn am verdienstlichen Werk ein Prinzip beteiligt wäre, das außerhalb des natürlichen freien Willens des Menschen liegt, so besteht der Anteil Gottes in der gnädigen Annahme des menschlichen Tuns, die ebenfalls absolut aus der Freiheit seines göttlichen Willens überlassen bleiben muß." Zum Personverständnis der Franziskanerrichtung s.u.S. 467-472.

111 s.o.S.208f.

112 Gegen Dettloff, Die Entwicklung, 364.

niert[113] und gleichzeitig die Dignität der freien Akte des Gerechtfertigten hinsichtlich des himmlischen Lohnes begründet.
Spielraum und Relevanz menschlicher Freiheit sind also von dem
freien göttlichen Entscheidungsakt abhängig. Das Problematische
dieser Verknüpfung liegt in der Tatsache beschlossen, daß die
frei schenkende Barmherzigkeit Gottes für den homo viator innerhalb der potentia dei ordinata nur als die göttliche Entscheidungsfreiheit der Vergangenheit und als das historische Faktum
der Inkarnation Christi[114] in den Blick kommt, während Gegenwart und Zukunft nur unter dem Aspekt des unwandelbaren ordo
iustitiae und der geforderten Bewährung der eigenen Freiheit erfahren werden. Wir werden darauf noch bei der Erörterung des
Unterschiedes zwischen Luther und der mittelalterlichen Selbstbindungstradition zu sprechen kommen[115].

3. Der Verweis auf die freie Selbstbindung Gottes in der Lehre
von der Vorbereitung des Menschen auf die rechtfertigende Gnade

Die Anwendung des Selbstbindungsgedankens auf den Zusammenhang
zwischen der Vorbereitung des Menschen auf die rechtfertigende
Gnade und dem Gnadenempfang findet sich bereits in der Theologie der Hochscholastik, so in den Quästionen Cod.British Museum Harley.658[116], bei Petrus de Trabibus[117] und Johannes
Duns Scotus[118]. Auch bei einigen Nominalisten des 14. und 15.
Jahrhunderts sind wir in Verbindung mit der Vorbereitungsfrage
auf die Lehre von einer freien Selbstbindung Gottes gestoßen.
Dabei ist die interessante Beobachtung zu machen, daß sie auch
auf dieser Ebene eine antipelagianische Funktion besitzt: Wie
der Selbstbindungsgedanke in Verbindung mit der Akzeptationslehre ein Gegengewicht gegen die schwindende ontologische Relevanz des Gnadenhabitus bilden soll, so soll der Selbstbindungsgedanke in Verbindung mit der Lehre von der Eingießung der

---

113 Vgl. Steiger, Zum Begriff der Kontingenz, 59-67.
114 Vgl. dazu Obermans Beschreibung des von Biel konzipier-
ten Verhältnisses von misericordia und iustitia dei als einer
ewigen und zeitlichen processio von der misericordia zur iustitia: Spätscholastik und Reformation I, 46f. Vgl. auch Steiger,
aaO.
115 s.u.S.389.
116 s.o.S.92f.
117 s.u.S.395 Anm.26.
118 s.u.S.395 Anm.27.

Gnade ein Gegengewicht zu dem Verzicht auf den Gedanken einer
aktuellen Gnadenhilfe bei der Vorbereitung auf die rechtfertigende Gnade, d.h. zu der Vorstellung von einer hinreichenden
Vorbereitungsmöglichkeit des Menschen ex solis naturalibus,
bilden. Oberman spricht hier von einer "deutlichen Tendenz zum
Naturalismus"[119]. Dieser Tendenz entspricht das Bedürfnis, die
Dimension der Selbstbindung Gottes auf das Verhältnis zwischen
Vorbereitung auf die Gnade und Verleihung der Gnade auszudehnen
und so außer dem Moment der freien Akzeptation zum ewigen Leben
noch eine weitere Sicherung gegen die Gefahr des Pelagianismus
in das Gnaden- und Verdienstsystem einzubauen. Der Augustiner
Gregor von Rimini beispielsweise bedarf einer solchen Sicherung
nicht, ist er doch der Ansicht: "Homo non potuit absque speci-
ali dei auxilio facere aliquem actum moralem non culpabilem."[120]

Im Sentenzenkommentar Wilhelms von Ockham, der zwischen 1317
und 1322/23 entstanden sein muß, findet sich der Satz: "Deus
o r d i n a v i t , quod quando aliquis diligit eum super omnia,
quod tunc mereatur habere caritatem infusam et deus sibi infundit."[121] Obwohl dieser Satz nach Ackermanns Urteil nur ein
paarmal bei Ockham zu belegen ist und nicht die zentrale Rolle
spielt, die ihm etwa bei Biel zugewiesen wird[122], so widerlegt
er doch Iserlohs Meinung, daß Ockham im Grunde nichts unter-
nehme, um die Kluft zwischen dem freien Tun des Menschen und dem
durch nichts gebundenen Willen Gottes zu überbrücken, vielmehr
beides betone, es aber nebeneinander stehenlasse[123]. Ockham
überbrückt die Kluft durch den Akt der göttlichen Verfügung,
die dem Menschen ein Verdienst - gemeint ist ein mereri de congruo - der Gnadeneingießung ermöglicht. Zwar spricht Ockham
nicht von einem debitum oder einer obligatio Gottes, weil diese Begriffe traditionsgemäß mit dem Begriff des meritum de condigno verknüpft werden, doch setzt Gottes Verfügung die unwider-
rufliche Regel in Kraft, daß einem Akt der dilectio dei super
omnia auf der Stelle (statim) die Eingießung der Gnade folgt.
Hinsichtlich der unbedingten Gültigkeit dieser Regel darf man

---

119 Oberman, Spätscholastik und Reformation I, 51.
120 Sent.II d.26-28 q.1 a.1; zit. bei Oberman, aaO 50 Anm.
62.
121 Sent.III q.8 S; zit. bei Ackermann, Buße und Rechtfertigung, 194.
122 Ackermann, aaO.
123 Iserloh, Gnade und Eucharistie, 126.

also auch hier von einer freien Selbst b i n d u n g Gottes
sprechen, zumal nach Ockhams Formulierung die göttliche Verfügung ein non posse Gottes zur Folge hat[124].

Robert Holkot (gest. 1349), der wie Ockham den Menschen für
fähig hält, Gott aus natürlichen Kräften über alles zu lieben
und sich so hinreichend auf den Gnadenempfang vorzubereiten[125],
macht den Zusammenhang zwischen Vorbereitung auf die Gnade und
Gnadenverleihung ebenfalls von der kontingenten Selbstbindung
Gottes abhängig, verwendet aber nicht den ordinatio-, sondern
den pactum-Begriff. Er ist uns in der Anwendung auf die Gabe der
rechtfertigenden Gnade bei Holkot zum ersten Mal begegnet[126].
In seinem Sentenzenkommentar heißt es: "Es liegt, absolut gesprochen, nicht in der Macht des freien Willens, daß er in der
Gnade ist, wenn dies auch in gewisser Weise auf Grund des zwischen Gott und Mensch geschlossenen Vertrages (ex pacto habito)
jetzt de facto in seiner Macht liegt." Auf die hinter der Selbst
bindung stehende göttliche Freiheit macht Holkot durch den sich
anschließenden Satz aufmerksam: "Wenn aber Gott jenen Vertrag
über die Verleihung der Gnade an jede vernunftbegabte Kreatur,
die ihrem Heil keinen Riegel vorschiebt, außer Kraft setzte
und gleichzeitig keinen Akt akzeptierte, der nicht mit der Gnade verbunden wäre, dann könnte der Mensch (das Heil) nicht verdienen."[127] Auch wenn Holkot absolute loquendo die Möglichkeit
einer Aufhebung des pactum im Irrealis erwägt, so besitzt es

---

124 "Deus sic ordinavit, quod quicumque et quandocumque
haberent talem actum, statim infunderet sibi caritatem nec per
potentiam dei ordinatam posset caritas subtrahi manente tali
actu." Sent.IV dubb.E; zit. bei Iserloh, aaO 109 Anm.239.
    125 s. Feckes, Die Rechtfertigungslehre des Gabriel Biel,
124.
    126 Obermans Urteil, daß nach Auffassung der Franziskaner-
schule (Alexander von Hales, Bonaventura, Duns Scotus, Ockham,
Holcot, Gerson, d'Ailly und Biel) "stenggenommen die merita de
congruo aufgrund der innergöttlichen liberalitas und nur die
merita de condigno aufgrund eines historischen Bundes" - Ober-
hat speziell den Begriff pactum dei im Auge - "belohnt werden"
(Wir sein pettler, 243f), ist also für Holkot zu korrigieren,
während es für Biel zutreffend ist (s.u.S.373).
    127 "Non est in potestate liberi arbitrii, quod sit in gra-
tia, absolute loquendo, licet quodammodo ex pacto habito inter
deum et hominem sit modo de facto in eius potestate. Si tamen
deus illud pactum de dando gratiam cuique creaturae rationali
non praestanti obicem suae salutis abrogaret et simul cum hoc
non acceptaret actum nisi coniunctum gratiae, tunc non posset
homo mereri." Sent.I q.1 a.2 concl.3 (fol.a iiid).

doch für ihn de facto eine verläßliche, kontingent verordnete
Gültigkeit, so daß das Reden von einer Selbstbindung Gottes
auch hier seine Berechtigung hat. In dieselbe Richtung weist
eine Stelle aus Holkots Lectiones super libros Sapientiae, wo
er den Zusammenhang zwischen facere quod in se est des Menschen
und Verleihung der Gnade durch Gott als necessitas infallibilitatis oder consequentiae - im Gegensatz zur necessitas coactionis oder necessitas absoluta - beschreibt. Diese Notwendigkeit
entspricht dem durch Gottes Versprechen, Pakt und Statut er-
lassenen Gesetz, an dem Gott in unwandelbarer Treue festhält[128].
Hinter der Unterscheidung zwischen den beiden Arten der necessitas, zwischen Seinsnotwendigkeit und Anordnungsnotwendigkeit,
steht ohne Zweifel die Unterscheidung zwischen potentia dei absoluta und potentia ordinata. Oberman spricht bei der Interpretation dieser Stelle von der Verpflichtung, mit der Gott
sich nach Holkots Auffassung an den Menschen gebunden habe[129].
Dies ist zwar nicht ganz korrekt, da Holkot beim Rechtfertigungsgeschehen bewußt das Wortfeld obligatio, se obligare, debere,
debitum, debitor vermeidet, trifft aber gleichwohl den Kern des
Problems, handelt es sich hier - von der zuverlässigen Gültigkeit der lex statuta her gesehen - faktisch doch um eine Selbstbindung und damit, wenn man so will, auch um eine Selbstverpflichtung Gottes[130].

Erwähnt sei auch der Ockhamist Marsilius von Inghen (gest.
1396), in dessen Sentenzenkommentar sich der Gedanke findet,
daß der Mensch im unversehrten Naturzustand die Gnade zwar
nicht de condigno, aber immerhin de congruo verdienen konnte,
und zwar auf Grund der göttlichen Anordnung (ex dispositione
dei)[131]. Zu Beginn des 16. Jahrhunderts vertritt dann der von

---

128 "Necessitas coactionis nullo modo cadit in deo, necessitas vero infallibilitatis cadit in deo ex promisso suo et pacto sive lege statuta, et haec non est necessitas absoluta sed
necessitas consequentiae ... Concedendo quod ex misericordia
et gratia sua pro tanto, quia talem legem misericorditer statuit
et observat. Sed statuta lege necessario dat gratiam necessitate
consequentiae." Lectiones super libros Sapientiae, lect.145 B;
zit. bei Oberman, Spätscholastik und Reformation I, 230 Anm.
189.
129 Oberman, aaO 230; vgl. auch ders., Facientibus quod in
se est, 328.
130 Zur Gnadenlehre Holkots vgl. auch Molteni, Roberto
Holcot O.P.
131 "Quamvis homo in statu naturae integrae non potuerit
gratiam mereri de condigno, potuit tamen ex dispositione dei
mereri hanc de congruo." Sent.II q.18 a.3 concl.2 (fol.299v).

Holkot beeinflußte Jakob Almain, ebenfalls Ockhamist, die Meinung, "daß nach dem nun einmal bestehenden Gesetze mit der Gottesliebe die Eingießung der Gnade verbunden ist, weil Gott es so beschlossen hat"[132].

Schließlich ist in diesem Zusammenhang Gabriel Biel (gest. 1495) zu nennen, der in seinem Werk zwar die verschiedensten Linien der theologischen Tradition zusammenlaufen läßt, sich aber in besonderer Weise der Lehre Ockhams verpflichtet weiß. Zum meritum de condigno bemerkt Biel[133], daß die acceptatio der Gnadenwerke für Gott ein debitum iustitiae sei. Das debitum wird durch das pactum begründet: Gott hat sich durch eine freie Willensverfügung (ex sola liberalissima voluntate) in seinem pactum (Synonyme: conventio, ordinatio, promissio, pollicitatio) verpflichtet, die durch die motio des Heiligen Geistes und die cooperatio der Gnade bestimmten freien Willensakte des Menschen als merita de condigno zu akzeptieren und ihnen den himmlischen Lohn zu schenken[134]. So ist er Schuldner des Menschen - nicht ex natura rei, sondern ex sua libera voluntate[135]. Auch die merita de congruo setzt Biel in Beziehung zur ordinatio divina, der freien Verfügung Gottes: Gott akzeptiert das facere quod in se est des Menschen als meritum de congruo, d.h. er läßt der optimalen Bemühung des Sünders im Rahmen seiner naturgegebenen Möglichkeiten auf der Stelle (statim) die Eingießung der rechtfertigenden Gnade folgen[136]; und zwar geschieht die Annahme der natürlichen Vorbereitungsakte des Sünders wie die der gnadengewirkten Akte des Gerechten mit Notwendigkeit, d.h. mit der aus der ordinatio divina folgenden necessitas immutabilitatis: "Deus dat gratiam facienti quod in se est necessitate immutabilitatis et ex suppositione; quia disposuit

---

132 Feckes, Die Rechtfertigungslehre des Gabriel Biel, 127
133 Zum folgenden s., in erster Linie Collectorium II d.27 q.1 a.1 und 2 und Canonis missae expositio, lect.59 I-T, wo Biel im Kontext der Unterscheidung zwischen merita de condigno und merita de congruo den Gedanken der freien Selbstbindung Gottes entfaltet.
134 Collectorium II d.27 q.1 a.1 not.3 C; Canonis missae expositio, lect.59 N (II 440f) und S (II 446f).
135 "Nam licet deus nullius debitor esse possit ex natura rei, potest tamen se facere debitorem nostrum ex sua libera voluntate nobis promittendo pro talibus actibus tantum praemium." Collectorium II d.27 q.1 a.2 concl.1 G.
136 Canonis missae expositio, lect.59 N (II 441f) und P (II 443f); Collectorium IV d.14 q.1 a.2 concl.5 S.

dare immutabiliter gratiam facienti quod in se est ... Illa ergo ordinatione stante et suppositione non potest non dare gratiam facienti quod in se est, quia tunc esset mutabilis."[137]
Den Unterschied zwischen den beiden Akzeptationsweisen sieht
Biel in durchaus traditioneller Weise darin, daß Gott die Akte
des Sünders nicht wie die des Gerechten ex debito iustitiae
akzeptiert, sondern ex sola acceptantis liberalitate[138]. Entsprechend wendet er den pactum-Begriff anders als Holkot nicht
auf die Beziehung zwischen Gott und Sünder an, weist ihn hier
vielmehr sogar ausdrücklich zurück: "non ex debito praeceden-
tis pacti, sed nuda liberalitate"[139]. Das hängt damit zusammen,
daß für Biel eine unlösbare Verknüpfung von pactum und debitum
iustitiae besteht, er aber nur in Verbindung mit der habituellen Gnade als Prinzip des übernatürlichen Verdienstes von einer
Schuldnerschaft Gottes sprechen will. Terminologisch unterscheidet Biel also deutlich zwischen der Verbindlichkeit der
Belohnung beim Würdigkeitsverdienst und der puren Freigebigkeit
Gottes beim Billigkeitsverdienst. Hält man sich aber vor Augen,
daß er auch in der Gnadenverleihung keine beliebige, ad hoc
geschehende Tat Gottes sieht, sondern aus der ordinatio divina
ihre Notwendigkeit herleitet und von einem non posse Gottes
spricht, dann gelangt man zu Granes Urteil: "Es scheint, als ob
es Biel schwer fällt, den prinzipiellen Unterschied in der
göttlichen acceptatio zwischen dem Sünder und dem, der in der
Gnade ist, zu bewahren."[140] Noch deutlicher bringt dies Oberman zum Ausdruck: "Wenn das Einflößen der Gnade bei denen, die
ihr Bestes tun, auf einer ewigen Vereinbarung beruht, worauf
Biel besteht, dann ist sie eine ewige Verpflichtung, an die Gott
ebenso unwiderruflich gebunden ist wie an die Annahme der Handlungen, die im Zustand der Gnade getan wurden."[141] Es ist also
durchaus sinnvoll, auch hinsichtlich der Gnadenverleihung von
dem Gedanken einer freien Selbstbindung Gottes bei Gabriel Biel
zu sprechen.

Auch hier kann man wieder die Frage stellen, ob diese freie
Selbstbindung mit ihrer antipelagianischen Funktion ein genügend

---

137 Collectorium II d.27 q.un.a.3 dub.4 O; vgl. Canonis
missae expositio, lect.59 P (II 443f).
138 Collectorium II d.27 q.1 a.1 not.3 C/D.
139 Canonis missae expositio, lect.59 N (II 442).
140 Grane, Contra Gabrielem, 90.
141 Oberman, Spätscholastik und Reformation I, 163.

374

starkes Gegengewicht zu der pelagianisierenden Tendenz der Lehre vom Leistungsvermögen des Menschen ex solis naturalibus bildet; soll sie doch gerade die de facto-Bedeutung des facere
quod in se est für das Erlangen der rechtfertigenden Gnade begründen und so den Freiheitsaspekt göttlicher Barmherzigkeit
und den Freiheitsaspekt menschlichen Bemühens zur Kongruenz
bringen. Vignaux sieht die Gefahr des Pelagianismus durch den
Selbstbindungsgedanken verhütet[142], während Ackermann durch
die Hervorhebung der faktischen Unveränderlichkeit der Heilsordnung bei Biel erst recht eine pelagianische Überbewertung
der sittlichen Möglichkeiten des Menschen gegeben sieht[143].
Auch Oberman ist der Ansicht, daß Biels Rechtfertigungslehre
wesentlich pelagianisch sei, da die Betonung auf der "Rechtfertigung allein durch Werke" liege, während es sich bei der
potentia absoluta/ordinata-Überlegung nur um eine rationale
äußere Struktur handle, die für die praktische Verkündigung und
Lehre der Kirche so gut wie keine Relevanz habe[144].

Natürlich sind solche Urteile von dem jeweiligen Verständnis von 'Pelagianismus' bzw. 'Antipelagianismus' abhängig, wobei wir auf die oben gemachte Unterscheidung zwischen zwei
Typen des Antipelagianismus, denen zwei Typen des Pelagianis-
musverständnisses entsprechen, verweisen wollen[145]. Biel sieht
das Problem des Pelagianismus weniger in der Verhältnisbestimmung von Natur und habitueller Gnade, d.h. in der Gefahr
eines 'Naturalismus', sondern in der Antwort auf die Frage
nach dem Verhältnis zwischen Wirkungsbereich des Geschaffenen
und göttlicher Freiheit ihm gegenüber, d.h. in der Gefahr eine
ontologisch begründeten Nötigung Gottes durch das Geschaffene,
zu dem er die habituelle Gnade ebenso wie die natürlich guten
Werke des Menschen zählt. In diesem Sinne ist dann sein Rekurs

---

142 Vignaux, Justification et prédestination, 127.139f;
ders., Nominalisme, DThC XI, 774f.
143 Ackermann, Buße und Rechtfertigung, 200.
144 Oberman, Spätscholastik und Reformation I, 167f; vgl.
auch McSorley, Was Gabriel Biel a Semipelagian? Gegen Obermans
These vom pelagianischen Charakter der Rechtfertigungslehre
Gabriel Biels wenden sich Clark, A New Appraisal, und Ernst,
Gott und Mensch am Vorabend der Reformation, 320-334. Zu Ockham bemerkt Miethke (Ockhams Weg zur Sozialphilosophie, 342 A
714), Obermans Vorwurf eines pelagianischen Synergismus sei
ungerecht, weil er im Grunde von der Lutherischen Position her
gedacht sei und zumindest die Intention Ockhams nicht treffe.
145 s.o.S. 363-365.

auf die freie Selbstbindung Gottes ohne Zweifel eine Sicherung
gegenüber der Gefahr des Pelagianismus. Eine andere Frage ist
es, ob Biels Pelagianismusverständnis eine Verkürzung dessen
darstellt, was man historisch gesehen unter Pelagianismus zu
verstehen hat. Dasselbe gilt auch für Ockham[146] und andere
Theologen seiner Schule.

4. Das religiöse Anliegen in Verbindung mit dem Selbstbindungsgedanken

Die antipelagianische Funktion des Selbstbindungsgedankens, die
sich in seinem Gegensatz zu einer ontologischen Begründung der
Gültigkeit des faktischen Verdienstsystems erweist, ist ein
deutlicher Hinweis darauf, daß hinter der Theorie von der kontingenten Verfügung Gottes als Ermöglichungsgrund von merita de
condigno oder merita de congruo ein bestimmtes religiöses Anliegen steht, das in der biblisch-heilsgeschichtlichen Theologie Augustins seinen Ursprung hat und bis zur Theologie Gabriel
Biels am Vorabend der Reformation reicht. Vignaux beschreibt
dieses Anliegen zutreffend, indem er dem Rückgriff auf die potentia dei absoluta die religiöse Funktion beimißt, durch den
Verweis auf die Kontingenz der gesamten Natur- und Gnadenord-
nung die Abhängigkeit aller Dinge von einem Prinzip, das in
souveräner Freiheit und Gnade handelt, deutlich zu machen[147].
Das Interesse an der Freiheit Gottes und dem ungeschuldeten
Charakter seines Gnadenerweises zeigt sich, radikal formuliert
durch Duns Scotus, in der Betonung dessen, daß Gott in all seinem Wirken, besonders bei der Akzeptation der natürlichen und

---

146 Man vergleiche etwa die Art und Weise, wie Ockham seine
Ansicht begründet, daß die Meinung des Petrus Aureoli dem error
Pelagii näher stehe als die des Johannes Duns Scotus: "Respondeo: Haec opinio improbata (sc. des Petrus Aureoli) plus inclinat ad errorem Pelagii ... quam opinio Ioannis, quia haec
ponit, quod est aliqua forma c r e a t a in anima, quae ex
natura rei incitat deum ad acceptandum actum talem et naturam,
in qua est ... Nec videtur alia differentia inter opinionem
Pelagii nisi quod Pelagius ponit, quod causae naturales quas
habemus ex nobis sufficient ad eliciendum actum necessitantem
deum ad dandum vitam aeternam; sed haec opinio ponit, quod ad
eliciendum talem concurrit necessario aliqua forma c r e a -
t a a deo." Sent.III q.5 L; zit. bei Vignaux, Justification
et prédestination, 127 Anm.1.
147 Vignaux, Nominalisme au XIVe siècle, 22; vgl. ders.,
Nominalisme, DThC XI, 763-776.

gnadengewirkten Akte des Menschen, stets die Initiative ergreift und nie von Außergöttlichem, Geschaffenem moviert und
motiviert wird[148]. Bezeichnend sind programmatische Sätze Ockhams wie: "Nullum temporale est causa alicuius aeterni"[149],
"Secundum sanctos deus nihil agit ad extra ex necessitate"[150]
und "Deus nullius est debitor"[151]. Sogar Iserloh, der Ockhams
Theologie äußerst negativ beurteilt, räumt ein: "Das Anliegen
Ockhams, die Unabhängigkeit Gottes zu wahren und jeden Pelagianismus auszuschalten ... ist sicherlich eindrucksvoll. Hier,
und man kann sagen, hier allein spürt man etwas von religiösem
Beteiligtsein. Wenn überhaupt ein Zug an Ockham franziskanisch
ist, dann die Art, wie er für die Allmacht Gottes eintritt und
damit auch der schenkenden Liebe Gottes den Raum freikämpft."[152]

Eine völlige Umkehrung der tatsächlichen Funktion des Selbstbindungsgedankens, wie er sich in der Unterscheidung zwischen
potentia dei absoluta und potentia dei ordinata äußert, kommt
in dem weit verbreiteten Urteil zum Ausdruck: "Mit Hilfe dieser
Unterscheidung sucht sich die nominalistische Theorie in Recht-
fertigungs- und Verdienstlehre über den klaffenden Zwiespalt
zur kirchlichen Glaubenslehre hinwegzuretten ..."[153] In Wirklichkeit geht die Mehrzahl der nominalistischen Theologen von
der unumstößlichen Relevanz der faktischen Heilsordnung und
kirchlichen Glaubenslehre aus, um auf dieser Grundlage das Interesse an der frei schenkenden Souveränität Gottes, das ja
seinerseits in der kirchlichen Tradition verankert ist, zur
Geltung zu bringen. In der theologischen Darstellung freilich

---

148 Vgl. Klein, Zur Sittenlehre des Johannes Duns Scotus,
169.
149 Sent.I d.41 q.un.L; zit. bei Hochstetter, Viator mundi, 19.
150 Quodlibet VI q.2, IV q.32; Sent.I d.17 q.2 E, III q.5
H und M; zit. bei Hochstetter, aaO 17.
151 Sent.I d.41 q.un.H, III q.5 N und O; zit. bei Hochstetter, aaO 17.
152 Iserloh, Gnade und Eucharistie, 128. Zur religiösen
Funktion der nominalistischen potentia absoluta/ordinata-Speku-
lation vgl. auch Hochstetter, Nominalismus?, 375; ders., Viator mundi, 17-20; Oberman, Some Notes, 60f. Anders urteilt
Hoffmann (Iohannes Lutterell, 153): "Man zweifelt an der religiösen Zielsetzung der Allmachtslehre Ockhams." - Zu beachten
ist freilich, daß die Intensität des religiösen Interesses
innerhalb des Ockhamismus schwankt; bei Holkot ist es weniger
vorhanden als bei Ockham oder Biel; vgl. Hochstetter, Nominalis
mus?, 375.
153 Zumkeller, Dionysius de Montina, 80.

kann man in umgekehrter Richtung von der potentia dei absoluta
ausgehen, um erst dann von der potentia dei ordinata zu sprechen, da man so die Bewegung Gottes von der absoluten Wahlfreiheit über den Entscheidungsakt zur Bindung an einen bestimmten
ordo salutis nachzeichnen will.

Die Erkenntnis und Würdigung dieses sich in der Lehre von
der freien Selbstbindung Gottes äußernden religiösen Anliegens
ist nicht unwichtig, wenn nach einer positiven Beziehung zwischen Luther und der mittelalterlichen Selbstbindungstradition
gefragt wird.

IV. Ausblick auf Martin Luther

Es darf als sicheres Ergebnis der Forschung angesehen werden,
daß Luther durch seine Ausbildung an der Erfurter Artistenfa-
kultät und dann am Generalstudium des Augustinereremitenordens
zum ockhamistischen Schultheologen wurde[154]. Ein unmittelbarer
literarischer Niederschlag dessen sind seine Randbemerkungen
zu den Sentenzen des Petrus Lombardus von 1509/10[155], die die
Benutzung der Sentenzenkommentare von Ockham, Biel und möglicherweise auch Pierre d'Ailly verraten[156]. Biels Auslegung des
Meßkanons, die Canonis missae expositio, hat Luther bereits
während seiner Vorbereitung auf die Priesterweihe (am 27.2.1507)
kennengelernt. Auch Luthers erster Bibelauslegung nach seiner
1512 erfolgten Übernahme der Lectura in biblia in Wittenberg,
seinen Dictata super Psalterium (1513-1515), spürt man noch an,
"daß hier ein Theologe der via moderna spricht"[157], obwohl sich
bereits der Bruch mit der scholastischen, insbesondere der ockhamistischen Theologie ankündigt. Das Festhalten an ockhamistischen Vorstellungen und Begriffen zeigt sich in der positiven
Beziehung zur Selbstbindungstradition, wie wir sie zuletzt bei
Gabriel Biel kennengelernt haben. Von Wichtigkeit sind besonders mehrere Stellen, an denen Luther von pactum und promissio
spricht, um das Verhältnis zwischen den drei Adventen Christi,
dem adventus in carnem, dem adventus spiritualis (per gratiam)

---

154 Vgl. bes. Meier, Research. Zur Beziehung von Luthers
Rechtfertigungslehre zum Ockhamismus s. Hägglund, The Background of Luther's Doctrine of Justification.
155 s. Vignaux, Luther Commentateur des Sentences.
156 s. Grane, Contra Gabrielem, 13.
157 s. Grane, aaO 309.

und dem adventus futurus (per gloriam), einerseits und der Vor-
bereitung des Menschen auf sie andererseits zu bestimmen[158].
Drei dieser Stellen wollen wir zitieren, um einen gewissen
Eindruck von der Funktion des Selbstbindungsgedankens in den
Dictata zu geben:

"Hinc recte dicunt doctores, quod homini facienti quod in
se est deus infallibiliter dat gratiam et licet non de condigno
sese possit ad gratiam praeparare, quia est incomparabilis, tamen bene de congruo propter promissionem istam dei et pactum
misericordiae. Sic pro adventu futuro promisit, ut 'iuste et
sobrie et pie vivamus in hoc saeculo exspectantes beatam spem'
(Tit.2,12f). Quia quantumvis sancte hic vixerimus, vix est dispositio et praeparatio 'ad futuram gloriam, quae revelabitur
in nobis', adeo ut Apostolus dicat: 'Non sunt condignae passiones huius temporis etc.' (Rom.8,18). Sed bene congru[a]e."[159]

- "Sicut humanum genus recepit Christum non ut iustitiam
suam, sed ut misericordiam dei, quantumlibet congrue sese dis-
ponebat, ita quilibet gratiam eius gratis accipit, quantumlibet sese congrue disponat. Non enim ex meo paratu, sed ex divino pacto datur, qui promisit per hunc apparatum se venturum,
si exspectetur et invocetur."[160] - "Hebr. 'in fide tua', id
est fideli promissionis impletione, ut verax inveniaris et
iustus, scilicet reddens veritatem promissam, non debitam mihi
ex me, sed tibi debitam ex pacto tuo."[161]

Die im Rahmen des Vertrages gegebene Verheißung hat die
Funktion, das auf ein Minimum reduzierte Tun des Menschen, von
Luther durch die Begriffe exspectare, invocare, petere, mendi-
cari, poenitere, peccatum confiteri und credere beschrieben,
als Vorbereitung auf die drei Advente Christi, insbesondere im

---

158 Schol. zu Ps.50,7 (WA 3,288,37-289,10);
Schol. zu Ps.113,1 (WA 4,261,25-262,17);
Schol. zu Ps.118,17 (WA 4,312,34-41);
Schol. zu Ps.118,41 (WA 4,329,26-36);
Schol. zu Ps.118,76 (WA 4,343,34-344,4);
Schol. zu Ps.118,88 (WA 4,350,11-16); hier spricht Luther
    vom Bund (foedus), den Gott mit uns geschlossen hat;
Glossa marg. zu Ps.142,1 (WA 4,443,29-31).
Zur Interpretation dieser Stellen vgl. Grane, Contra Gabrielem
296-301; Oberman, Wir sein pettler, 246-251; Schwarz, Vorge-
schichte der reformatorischen Bußtheologie, 249-259; Bayer,
Promissio, 115-143; Ozment, Homo Spiritualis, 159-183.
    159 Schol. zu Ps.113,1 (WA 4,262,4-11).
    160 Schol. zu Ps.118,41 (WA 4,329,31-36).
    161 Glossa marg. zu Ps.142,1 (WA 4,443,29-31).

tropologischen Sinne auf den Empfang der rechtfertigenden Gnade, zu qualifizieren. Diese dispositio oder praeparatio besitzt
für Luther sogar noch die Bedeutung eines meritum de congruo[162],
aber nicht auf Grund einer ihr innewohnenden Güte ("non ex meo
paratu"), sondern allein auf Grund des aus Barmherzigkeit gegebenen göttlichen Versprechens und der Wahrhaftigkeit Gottes,
die ihn das halten läßt, was er versprochen hat. Entsprechend
kann Luther aus der Extra-Dimension der barmherzigen promissio
auch eine Schuldnerschaft Gottes herleiten: "Nunc autem et gratis dedit, ut sit misericordia et gratia, et nihilominus verax,
quia se debitorem promittendo fecerat et non accipiendo. Quid
autem est, quod promittendo se fecit debitorem, nisi mera gratia et misericordia?"[163] Zwar ist diese Aussage speziell auf den
adventus Christi in carnem, d.h. auf den heilsgeschichtlich-
inkarnatorischen Aspekt der promissio[164], bezogen, doch besitzt
sie nach Luthers hermeneutischer Methode auch für die Gaben
der gratia und gloria, d.h. für den tropologischen und anagogischen Aspekt, unmittelbare Relevanz[165]. Deutlich ist also, daß
Luther der freien Selbstbindung Gottes einen exklusiven, die Begründung des se de congruo praeparare durch die immanente Qualität der Werke ausschließenden Sinn und damit eine streng antipelagianische Funktion gibt. Wir können hier eine klare Verbindungslinie von der mittelalterlichen Selbstbindungstheorie
und ihrem religiösen Anliegen zur Theologie des jungen Luther
erkennen.

---

162 Schol. zu Ps.118,17 (WA 4,312,40). Vgl. Schwarz, Vorgeschichte der reformatorischen Bußtheologie, 257 Anm.307.
163 Schol. zu Ps.84,11 (WA 4,13,24-27). Bayer (Promissio,
117 Anm.489) bemerkt zu Recht, daß sich hier Luther an Augustins Enarr. in Ps.83,16 (CC 39,1160,32-34) anlehnt; vgl. o.S.
9 Anm.9. Mit Augustin teilt Luther auch die antipelagianische
Funktion des promissio-Gedankens, die seiner radikal augustinischen Anthropologie entspricht. Was Luther in bemerkenswerter
Weise von Augustin trennt, ist seine exklusive Fassung des
Selbstbindungsgedankens auch hinsichtlich der vita aeterna; der
Grund dafür liegt in einem veränderten Gnadenverständnis; s. dazu den weiteren Text.
164 Vgl. Bayer, Promissio, 115-118.123.
165 Vgl. den zu demselben Psalmvers notierten hermeneutischen Grundsatz Luthers: "Nam quaecumque de adventu primo in carnem dicuntur, simul de adventu spirituali intelliguntur."
Schol. zu Ps.84,14 (WA 4,19,31-33). - Die Bemerkung von
Schwarz (Vorgeschichte der reformatorischen Bußtheologie, 258
Anm.307), daß dem Begriff des meritum (de congruo) "für Luther
hier kaum noch ein debitum nach dem Prinzip der Gerechtigkeit

Mindestens ebenso wichtig erscheint uns der Unterschied,
der zwischen dem Selbstbindungsgedanken in Luthers erster Psalmenvorlesung und der ockhamistischen Tradition besteht. Drei
Punkte sind hier hervorzuheben: 1.) Bereits die Vorbereitung
des Menschen auf die rechtfertigende Gnade sieht Luther unter
dem Einfluß der zuvorkommenden Gnadenhilfe Gottes[166]. Sie ist
nicht egozentrisch, "als eine von uns Menschen zu erringende
Disposition", sondern theozentrisch, "als eine durch Gottes
Selbsterschließung gewirkte humiliatio", verstanden[167]. Das bedeutet, daß der Aspekt der freien Selbstbindung Gottes nicht
wie bei Ockham, Holkot oder Biel zum Gegengewicht gegenüber dem
Verzicht auf die Lehre von einer gratia praeveniens wird, sondern den antipelagianischen Aspekt des göttlichen Wirkens im
sündigen Menschen als zusätzlicher antipelagianischer Faktor
umgreift: Nicht die Güte der menschlichen Akte, und sei diese
auch von Gott gewirkt, sondern allein der auf Gottes Erbarmen
beruhende monopleurische und darum unaufkündbare Bund Gottes[168]
garantiert die Relevanz des facere quod in se est als dispositio ad gratiam.   2.) Zwar akzeptiert Luther das allgemein-
scholastische Axiom "Facienti quod in se est deus infallibiliter dat gratiam"[169], doch ist es bezeichnend, wie er das facere
inhaltlich bestimmt: nicht als positive Entfaltung einer Tugend,
sondern als Eingeständnis des Sünders, gerade nichts tun zu
können, einerseits als Sündenbekenntnis und Selbstgericht (1.
Cor.11,31), andererseits als Bittgebet (Lc.11,9f)[170]. Der aus-

---

entsprechen" dürfte, ist also zu ergänzen: Dem Billigkeitsverdienst entspricht bei Luther ein debitum ex promisso, d.h.
nicht eine Schuldnerschaft Gottes vor dem Forum menschlicher
Leistungen und einer entsprechenden vergeltenden Gerechtigkeit,
sondern eine Schuldnerschaft vor dem Forum seiner eigenen Bundestreue.
    166 s. WA 4,446,31-34; 4,520,30f. Oberman (Wir sein pett-
ler, 250) hebt mit Recht hervor, daß man darin kein Indiz für
eine reformatorische Wende sehen darf, da es auch spätmittel-
alterliche Theologen gibt, die bei dem facere quod in se est
die gratia praeveniens voraussetzen, z.B. Marsilius von Inghen
und Johann von Staupitz.
    167 So wird die Alternative von Peters (Glaube und Werk,
34) im Anschluß an E.Vogelsang, A.Gyllenkrok, A.Brandenburg und
R.Prenter formuliert.
    168 Zum monopleurischen Charakter des neutestamentlichen
Bundes im Gegensatz zum dipleurischen Charakter des alttestamentlichen Bundes vgl. Oberman, Wir sein pettler, 247.
    169 s.o.S.378 (bei Anm.159).
    170 Diese zwei Aspekte der dispositio werden sehr schön
von Bayer (Promissio, 118-123.128-143) herausgearbeitet.

schließlich negativen Einstellung des Menschen zu sich selbst
im radikalen iudicium sui entspricht das Offensein für Gott,
das exspectare und paratus esse, das von Gott auf Grund seines
pactum als Vorbereitung auf die rechtfertigende Gnade angenommen
wird. 3.) Darf man schon in dieser Sicht des facere als de-
mütig bettelnden Flehens des Bundespartners, der in sich nur
Sünde und alle bonitas nur extra se bei Gott finden kann[171],
eine Umdeutung des traditionellen dispositio-Verständnisses sehen, so wird der Neuansatz Luthers noch klarer, wenn man erkennt, wie er mit dem gängigen Zwei-Stufen-Schema - via ad gratiam als meritum de congruo/via ad gloriam als meritum de condigno - bricht und seine theo- bzw. christozentrische Sicht der
menschlichen Vorbereitung auf die Rechtfertigung auch auf das
Verhältnis des bereits Gerechtfertigten zum Empfang der himmlischen Glorie bezieht. Das facere quod in se est als Selbstgericht und flehentliches Bittgebet ist nicht eine bestimmte,
überholbare Stufe im Leben des Christen, sondern ein Kontinuum
seiner Existenz: "Totum tempus gratiae praeparatio est ad futuram gloriam et adventum secundum."[172] Hier steht Luthers Auffassung vom bleibenden Sündersein des Gerechtfertigten (in
peccatis originalibus) im Hintergrund. Das semper se iudicare
und semper petere ist nur die Rückseite des semper in peccatis
esse[173]. Als Folge ergibt sich für Luther die Ablehnung des meritum de condigno in seiner traditionellen Anwendung auf die
Werke des Gerechtfertigten; auch das Leben auf die Glorie hin
kann er nur als de congruo-Vorbereitung werten, da die Wertdis-
krepanz kaum noch das Reden von einer Disposition erlaubt:
"Quia quantumvis sancte hic vixerimus, vix est dispositio et
praeparatio ad futuram gloriam."[174] Die Kritik des meritum de
condigno im Anschluß an Rom.8,18 ("Non sunt condignae passiones
huius temporis ad futuram gloriam") bedeutet allerdings an
sich noch keinen Bruch mit der scholastischen Tradition überhaupt[175], auch wenn sich Luther damit in Gegensatz zur ock-

---

171 Vgl. Schol. zu Ps.106,1 (WA 4,210,18-211,4).
172 Schol. zu Ps.113,1 (WA 4,262,8-10).
173 Schol. zu Ps.50,7 (WA 3,289,6f): "Verum est nos esse in
peccatis coram illo semper, ut scilicet ipse in pacto suo et
testamento, quod nobiscum pepigit, iustificator sit." Vgl.
Schol. zu Ps.50,6 (WA 3,291,14f): "Semper igitur peccatum ti-
mendum, semper nos accusandum et iudicandum in conspectu dei."
174 s.o.S.378 (bei Anm.159).
175 Vgl. den Überblick über die Geschichte des Begriffs
meritum de condigno unten S.455 und 457-462.

hamistischen, skotistischen und thomistischen Schuldoktrin
stellt; grundsätzlich neu ist vielmehr die Meinung von der
Gleichartigkeit der Existenzbewegung des homo viator als eines
semper incipiens[176] und das damit verbundene Schwinden der
Unterscheidung zwischen gratia praeveniens und gratia iustifi-
cans[177].

Mit der Einsicht Luthers, daß der Mensch auch als Gerecht-
fertigter immer Bettler vor Gott bleibt, steht eine gegenüber
der Tradition veränderte Auffassung vom Wesen des pactum und
der in ihm gegebenen promissio in unmittelbarem Zusammenhang.
Schwarz charakterisiert den Wandel treffend, wenn er bemerkt:
"Dadurch wird ferner das testamentum oder pactum Gottes in die
Aktualität des unablässigen Widerstreits von peccatum und gra-

---

176 Vom proficere des Gerechtfertigten sagt Luther: "Proficere est nihil aliud nisi semper incipere." Schol. zu Ps.
118,88 (WA 4,350,15). Im Kontext ist vom Bund (foedus) Gottes
mit uns die Rede, der beinhaltet, "ut daret nobis petentibus
gratis ac mendicantibus". Zu Luthers Verständnis des semper
proficere als semper incipere vgl. Wicks, Man Yearning for
Grace, 88-94. Auf dem Hintergrund von Luthers Sicht menschlicher Existenz als Leben unter dem semper incipere, semper se
praeparare, semper se accusare ist zu verstehen, weshalb er
einerseits die accusatio sui als vorbereitende Disposition auf
die Rechtfertigung, andererseits als Indiz für die Gerechtigkeit des Gerechtfertigten beschreiben kann. Auch der Gerechtfertigte bleibt eben durch den gemitus des Sünders charakterisiert. Dieselbe Existenzweise ist daher a parte hominis Vorbereitung auf die Rechtfertigung, die sich a parte dei bereits
als Zeichen des Ankommens seiner Gerechtigkeit beim Gerechtfertigten darstellt. Zu dieser Problematik in den Dictata super
Psalterium vgl. Wicks, aaO 69-73.416f.
177 Die These Schinzers (Die doppelte Verdienstlehre, 22f),
daß sich die Neuorientierung Luthers gegenüber der ockhamistischen Verdienstlehre vor 1517/18 nur auf die Beurteilung der
Vorbereitung des homo naturalis, nicht aber auf die merita ex
gratia facta beziehe, ist damit als falsch erwiesen. Die Bezeichnung der Gnadenwerke als Verdienste, die Luther vorerst
beibehält, darf ebensowenig wie die Bezeichnung der Vorbereitung auf die Gnade als facere quod in se est und meritum de
congruo - Schinzer (aaO 21) überspielt dieses Faktum - den Blic
für die veränderte Interpretation der alten Begriffe verdecken.
Der Verdienstbegriff a n s i c h ist wie schon in der
Scholastik so auch beim jungen Luther als Leitbegriff für das
Aufspüren wesentlicher Neuansätze und Nuancierungen denkbar un-
geeignet, da er mit den verschiedensten Inhalten gefüllt werden
kann. Das ist für mich der entscheidende Einwand gegenüber dem
methodischen Vorgehen Schinzers. Bayer (Promissio) ist mit
seinem Ansatz beim Verheißungsbegriff hingegen auf der richtigen Spur, da die Begriffe promissio und pactum den Blick auf
die Art der Auslegung des traditionellen Verdienstbegriffs len-
ken.

tia hereingeholt; es hört auf, eine allgemeine, hinter der
kirchlichen Wirklichkeit verschwindende heilsgeschichtliche
Anordnung Gottes zu sein."[178] Durch pactum und promissio vollzieht sich nicht wie in der franziskanischen Tradition der Übergang von der misericordia zur iustitia, von der Zuwendung Gottes im Akt der freien Selbstbindung zur Gültigkeit der faktischen Vergeltungsordnung; auch die heilsgeschichtliche Wirkung
der Selbstbindung Gottes bleibt von der immer gegenwärtigen
misericordia dei bestimmt, die der unüberholbaren Aktualität
der Sünde entspricht[179]. So ist die Verheißung für Luther kein
fernes Datum der Vergangenheit, sondern gegenwärtige Anrede
Gottes[180]. Da sie auf die praeparatio ad gratiam bezogen ist,
der Mensch aber nie über dieses Vorbereitungsstadium hinausge-
langen kann, sondern immer um neue Gnade - auch das ewige Leben ist Gnade - bitten muß, ist er auf die ständige Relevanz
der promissio angewiesen, während sich der traditionelle Verheißungsbegriff nur auf die beiden Punkte der iustificatio und
acceptatio (ad vitam aeternam), meist sogar nur auf die acceptatio bezog.

Kommt man von der Verdienstlehre der Scholastik zum Luther
der Dictata super Psalterium, dann wird man mit dem für feine
Nuancen geschulten Blick eine solche Interpretation bevorzugen,
da der bemerkenswerte Neuansatz Luthers im Vergleich zur scholastischen Selbstbindungstradition kaum anders bestimmt werden
kann. Sieht man freilich Luthers pactum/promissio-Konzeption
in den Dictata vom späteren promissio-Verständnis her, wie es
von Luther in De captivitate Babylonica ecclesiae praeludium
(1520) entfaltet wird, dann mag man zu einem anderen Urteil gelangen und den frühen Luther mehr in die Nähe zu Gabriel Biel
und die franziskanische pactum-Theologie rücken, um den Wandel
in Luthers Auffassung vom Wesen der promissio dei deutlich ge-

---

178 Schwarz, Vorgeschichte der reformatorischen Bußtheologie, 252.
179 Bei Luther ist uns im Rahmen des pactum dei niemals
der iustitia-Begriff (als Bezeichnung der vergeltenden Gerechtigkeit) in positiver Bedeutung begegnet; auch die Vertrags-
ordnung in sich ist eine Ordnung der Barmherzigkeit. Vgl. bes.
Schol. zu Ps.118,41 (WA 4,329,26-36) und Schol. zu Ps.118,76
(WA 4,344,2f).
180 Zur pactum-Verheißung in der ersten Psalmenvorlesung
als konkreter Zusage Gottes an den einzelnen vgl. SCHWARZ,
Vorgeschichte der reformatorischen Bußtheologie, 256f.

nug herausstellen zu können. So ist Bayers Position zu erklären, der bei Luther zwischen einer "legislatorisch" verstandenen promissio, die auch für die nominalistische Promissio- und Pakttheologie kennzeichnend sei, und der späteren "prädikatorisch exekutiven" promissio, die er als Mitte der reformatorischen Theologie Luthers bestimmt, unterscheidet. Das "wesentlich Reformatorische" sieht er dabei "in ihrer konkreten Lokalisierung in bestimmtem 'Sitz im Leben', mithin in ihrem zeitlichen Charakter als mündlichem Zuspruch, der in seiner Eindeutigkeit Gewißheit schafft, d.h. die Prädestinationsanfechtung und zugleich die Ungewißheit im Blick auf das Letzte Gericht wegnimmt". Im Gegensatz dazu gelte von der pactum-Verheißung der ersten Psalmenvorlesung: "Sucht der Mensch ... der promissio konkret zu entsprechen, so sieht er sich dabei zwischen den definitiven Erlaß v o r der Zeit und dessen definitive Ausführung n a c h der Zeit gestellt. Beides erreicht ihn nicht konkret i n .ihr; es bleibt die Prädestinationsanfechtung und ebenso die Ungewißheit im Blick auf das Letzte Gericht. Weil die promissio nicht, erst- und letztgültig zugleich als mündlicher Zuspruch in der Zeit begegnet, wird sie nur als Forderung einer bestimmten menschlichen Einstellung und als Erhofftes erfahren."[181]

Diese Charakterisierung der "fundamentalen semantischen Differenz"[182] zwischen den beiden promissio-Begriffen wird der ebenso bemerkenswerten Differenz zwischen dem pactum-Gedanken in Luthers Dictata super Psalterium und der mittelalterlichen Selbstbindungstradition nicht gerecht; sie überspielt Luthers Entdeckung der ständigen Aktualität der pactum-Verheißung für den semper incipiens, wie wir sie oben dargestellt haben. Richtig an Bayers Darstellung ist freilich, daß Luthers pactum-Begriff in den Dictata eng mit dem dispositio-Denken und dem damit verbundenen Vokabular - facere quod in se est, meritum de congruo (meist nur de congruo), praeparatio, paratus esse und capax esse - verknüpft bleibt und damit den Blick auf eine bestimmte Einstellung des Menschen als Bedingung des Gnadenempfangs lenkt[183]. Besteht doch seine Funktion darin, die mit dem

181 Bayer, Promissio, 136.
182 Bayer, Rezension von Preus, From Shadow to Promise, 381.
183 s. auch Bayer, Promissio, 140.

dispositio-Denken gegebene Konditionalstruktur[184] und jenes
traditionelle Vokabular so in die Rechtfertigungslehre einzu-
bringen, daß zugleich Gottes frei schenkende Souveränität in
ihr Zentrum rückt. So ist es verständlich, daß Luthers eigentliche Auseinandersetzung mit der mittelalterlichen, und zwar in
erster Linie der ockhamistischen Schultheologie in den Jahren
1515 bis 1517, die sich nun bewußt gegen das traditionelle dis-
positio-Verständnis und seine Begriffe wendet[185], zur Preis-
gabe der Begriffe pactum und promissio, wie sie uns in den Dictata super Psalterium begegnet sind, führt[186].

Man kann freilich die Frage stellen, ob es nicht auf anderer
Ebene auch noch nach dem Bruch mit der Schultheologie eine Verbindungslinie zwischen der Theologie Luthers und der mittelalterlichen Selbstbindungstradition gibt. Die Beantwortung
dieser Frage müßte durch eine eigene Untersuchung erfolgen[187].
Wir wollen nur auf e i n e n Aspekt der lutherischen Theologie aufmerksam machen, der möglicherweise den geistigen Hintergrund der mittelalterlichen Selbstbindungstradition verrät

---

184 Vgl. z.B. Schol. zu Ps.118,41 (WA 4,329,34-36): "Non
enim ex meo paratu, sed ex divino pacto datur, qui promisit per
hunc apparatum se venturum, s i exspectetur et invocetur."
Schol. zu Ps.118,76 (WA 4,344,2f): "Ideo nominat ea misericordiam, quae ex pacto et promisso datur, s i tamen pactum et
testimonia eius serventur." Die Konditionalstruktur war Luther
durch Schriftstellen wie 1.Cor.11,31 ("Si nosmetipsos diiudi-
caremus, non utique iudicaremur") vorgegeben - eine Stelle, die
er z.B. in Schol. zu Ps.50,6 (WA 3,291,14-21) interpretiert.
185 Der Hauptangriff Luthers richtet sich gegen die ock-
hamistische Lehre vom natürlichen Vermögen des Menschen, das
die reine Gottesliebe super omnia einschließt. Am Ende dieses
Stadiums steht die Disputatio contra scholasticam theologiam
vom 4.Sept. 1517. Hier wendet sich Luther auch ausdrücklich
gegen das scholastische Dispositonsschema, in dessen Zusammenhang in der ersten Psalmenvorlesung (1513-15) die Begriffe pactum und promissio gestanden haben. In These 30 heißt es: "Ex
parte autem hominis nihil nisi indispositio, immo rebellio
gratiae gratiam praecedit." (WA 1,225,29f). Zur Interpretation
dieser Stelle s. Grane, Contra Gabrielem, 372. - Zur Kritik
Luthers am facere quod in se est in den Jahren 1515-17 s. Oberman, Facientibus quod in se est, 330-342; zur gleichzeitigen
Kritik am meritum de congruo s. Schinzer, Die doppelte Verdienstlehre, 16-20.
186 Noch in der Römerbriefvorlesung Luthers (1515/16)
zeigt sich gelegentlich der mit dem Dispositionsschema verknüpfte Hintergrund der pactum-Theologie, so in dem Satz: "Statuit deus nulli velle non imputare peccatum nisi gementi et
timenti ac assidue misericordiam suam imploranti." Schol. zu
Rom.4,7 (WA 56,281,18f). Zum Vorkommen der Begriffe statuere
und statutum in der traditionellen Selbstbindungsterminologie
s.u.S.414f.

und damit ein Stück von deren Wirkungsgeschichte im neuen Zeitalter sichtbar macht. Halten wir uns noch einmal vor Augen, daß
es in dieser Tradition um die Zuständigkeit einer göttlichen
Extra-Dimension, d.h. der freien Willensverfügung Gottes, die
sich durch die promissio kundgibt, gegenüber dem Wirkungsfeld
schöpfungsimmanenter Qualitäten und göttlicher Wesensnotwendigkeiten geht. Wir sehen hier eine gedankliche Verbindung zu der
Tatsache, daß dem Interesse Luthers an der Externität der Gerechtigkeit des Gerechtfertigten eine - besonders seit 1517 -
zunehmende Betonung der Heilsmittlerschaft des verbum externum
als notwendigen Mediums des im Menschen ankommenden verbum in-
ternum Gottes entspricht. Nur so erhält das angefochtene Gewissen Heilsgewißheit, indem es sich das Heilswort nicht selbst
im Verweis auf eigene Gerechtigkeit und Verdienste zu sagen
braucht, sondern das äußere, konkret geschichtliche, gepredigte
Wort Gottes in Gestalt der sicheren promissio ergreift und
sich damit auf die Gerechtigkeit Gottes extra nos als alleini-
gen Modus unserer Gerechtigkeit gegründet sieht[188].

In diesem Zusammenhang gewinnen dann die drei Sakramente
Buße, Taufe und Abendmahl durch die mit ihnen verknüpften Verheißungen Mt.16,19 (bzw. Mt.18,18/Io.20,23: Schlüsselgewalt),
Mc.16,19 (Taufpromissio) und Mc.14,24 (bzw. Mt.26,28/Lc.22,20:
die Einsetzungsworte als Testament der Sündenvergebung) eine
zentrale Bedeutung für Luther; ja man kann sagen, daß sich Luthers neue Sicht der promissio als gewißmachenden äußeren, mündlichen und öffentlichen Zuspruchs erst in dem durch den Ablaßstreit geförderten Bemühen um ein Neuverständnis der institutionellen Sakramente, d.h. in den Resolutiones zu den Ablaß-
thesen (1518) und in den Sakramentssermonen der Jahre 1519/20,
die zu der Gesamtkonzeption in De captivitate führen, heraus-
gebildet hat[189]. Die spezifische Funktion der sakramentalen

---

187 Das Material dafür ist in Bayers Untersuchung über
Promissio bereitgestellt. Bayer geht freilich nicht auf die
Frage nach einer positiven Beziehung zwischen der promissio-
Konzeption Luthers seit dem Ablaßstreit und der scholastischen
Selbstbindungstradition ein.
188 s. hierzu bes. zur Mühlen, Nos extra nos, 1972. Auf de
Zusammenhang zwischen mittelalterlicher Selbstbindungstraditio
und lutherischer Extra nos-Theologie kommt zur Mühlen allerdings nicht zu sprechen.
189 Darin stimme ich mit Bayer (Promissio, 344-351) überei
ohne mich deshalb schon seiner Datierung der reformatorischen

Zeichen bestimmt dabei Luther so, daß sie den Gewißheitscharak-
ter der die Sündenvergebung zusprechenden Verheißungsworte für
den Empfänger intensivieren: "... ut humana natura certius comprehenderet deum et ad unum aliquod signum defigeretur, quo
comprehenderet deum, nec vagaretur aut fluctuaret in suis
speculationibus."[190] Dem entspricht es, daß er die Sakramentspromissio in dem unwiderruflichen Bund oder Vertrag Gottes mit
der Kirche und dem einzelnen Christen in ihr verankert sein
läßt, um damit "den objektiven und zuverlässigen Kontext des
Glaubens"[191] extra nos aufzuzeigen. Die Extra-Dimension der Verheißung ist nicht auf das Sakrament beschränkt[192], doch erfährt sie gerade als Sakramentspromissio durch den Verweis auf
den Bund, der ihre Gültigkeit garantiert, ihre schärfste Profilierung. Ist doch die auffallende Häufung der Begriffe pactum[193], testamentum/testament[194], foedus[195], contrahere cum[196],
agere cum[197], bund[198], vorpundtnis[199], vorpinden[200], vorpin-
dung[201], gelubd[202], sich vorpinden/verbinden[203], sich verpflichten[204], vorordnen[205] in den das Sakrament thematisierenden
Schriften der Jahre 1518 bis 1520 ein deutlicher Hinweis darauf,
daß Luther die unwandelbare Relevanz der Verheißung nicht in
die bleibende Relevanz des Glaubens aufgelöst wissen will[206].

Wende anzuschließen. Zum Neuverständnis der institutionellen
Sakramente vgl. Bizer, Die Entdeckung des Sakraments durch
Luther.
    190 Predigt De testamento Christi vom 8.April 1520 (WA 9,
448,34-36); zit. bei Bizer, aaO 84 Anm.121.
    191 Oberman, Wir sein pettler, 251 Anm.113.
    192 Vgl. Bayer, Promissio, 348: Die promissio "bildet als
'summa et compendium evangelii' (6,525,36) den Grundtext jeder
Predigt".
    193 s. z.B. WA 2,429,8-15; 2,595,12-33; 9,348,9f; 9,357,4-6;
9,446,30-32.
    194 WA 57 II,82,1-15; 2,521,25-37; 6,513,36-514,1; 6,230,
10-231,15; 6,357,10-27.
    195 WA 9,348,9f; 9,357,4-6; 9,446,30-32.
    196 WA 9,446,30-32.
    197 WA 9,446,12f.
    198 WA 2,730,20-22; 2,731,3-12.18-37; vgl. 31 I,423,34-
424,4 (diese Stelle stammt aus der 1530 verfaßten Auslegung des
111. Psalms).
    199 WA 2,731,11.
    200 WA 2,731,3; 2,733,5.25; 2,734,12.
    201 WA 2,733,19.
    202 WA 6,357,10-20: gelubd als Parallelbegriff zu zusagung
oder zusagen.
    203 WA 2,730,21; 1,731,4; 1,732,23; 1,733,17.
    204 WA 30 II,497,19 (diese Stelle stammt allerdings aus der
erst 1530 verfaßten Schrift Von den Schlüsseln): "Er verpflich-

Erst durch den Hinweis auf den institutionsbezogenen, objektiven Rahmen des Bundes, der aller Subjektivität des Glaubens
vorgeordnet ist, findet er den Sinn der Verheißung als trösten-
der und mutschaffender Zusage an die angefochtenen Gewissen
gewahrt: "Nihil enim pretiosius in tota scriptura quam promissio dei, quae nisi esset, nec orationi nec operationi nec fidei, immo nec vitae nec ulli rei locus esset. Promissio enim
dei sustentat et solatur nos in omni angustia carnis et spiritus."[207]

Der positive Bezug dieser seit 1517 präzisierten und entfalteten Theologie Luthers zum mittelalterlichen Gedanken der
freien Selbstbindung Gottes besteht also in dem Rekurs auf die
Extra-Dimension der sicheren Verheißung und des sie verbürgen-
den Bundes Gottes. Hier wie dort sieht man erst durch diese
geschichtliche Zuwendung Gottes und nicht durch die Qualität
der Werke den Zugang des Menschen zum Heil eröffnet[208].

Neben der Kontinuität zwischen der scholastischen Theologie
und dem reformatorischen Luther, die in der Forschung eher zu

---

tet und verbindet sich an unser werck" (sc. des Bindens und
Lösens).

205   WA 6,230,20; 6,357,16.
206   Vgl. Østergaard-Nielsen, Scriptura sacra et viva vox,
167f.
207   Operationes in Psalmos, in Ps.12,6 (WA 5,376,2-5).
208   Luther setzt damit sowohl die Tradition des Selbstbindungsgedankens im Rahmen der Gnadenlehre als auch des Selbs
bindungsgedankens im Rahmen der Sakramentenlehre (s.u.S.479-48
fort. Er verbindet beide Linien miteinander, indem er die
Probleme der Rechtfertigungslehre, z.B. die Frage des Verdiens-
stes, seit 1517 im Rahmen der Sakramentenlehre behandelt. Sein
neues Bundesverständnis entsteht dann dadurch, daß er das objektive (antidonatistische) Moment des sakramentalen Bundes -
seine Gültigkeit "in se" - als immer neue konkrete Zusage zu
dem Aspekt des empfangenden Glaubens - als Wirklichkeit "pro
me" - in Beziehung setzt. Unter genetischem Gesichtspunkt kan
man wohl innerhalb dieses Bundesgedankens zwischen einer spez
fisch sakraments- und einer spezifisch rechtfertigungstheolog
schen Seite, zwischen dem Vorstellungsbereich des opus operat
und dem personalen Denkansatz unterscheiden, wie Kasten (Tauf
und Rechtfertigung, 264-293) es tut. Nur ergibt sich daraus
nicht, wie Kasten (273) meint, ein Widerspruch zweier "wider-
streitender Ansätze" bei Luther, vielmehr wird von Luther das
antidonatistische opus-operatum-Motiv im werkkritischen Sinne
mit der personalen Relation von Verheißung und Glaube zu eine
für ihn charakteristischen Einheit verbunden (Verheißung und
Glaube im vorgegebenen Rahmen des monopleurischen Bundes).

wenig beachtet als überbetont wird, darf aber der entscheidende Umbruch, innerhalb dessen Luthers pactum-Gedanke der ersten
Psalmenvorlesung mit seinem Bezug zur dispositio-Vorstellung
eine Zwischenstation einnimmt, nicht übersehen werden: Der
mittelalterliche Selbstbindungsgedanke hat trotz seiner antipelagianischen Funktion immer wieder die Aufgabe, die Möglichkeit menschlichen Verdienens, die Relevanz menschlicher Leistungen vor Gott - und seien sie auch erst durch Gottes Gnadenhandeln ermöglicht - zu begründen, um so der personalen Eigenwertigkeit des Menschen, in der man das Pendant zur göttlichen
Freiheit sieht, gerecht zu werden. Treffend sagt Greschat: "Der
Bundesgedanke schafft somit den Raum, in dem sich die indivi-
duelle Freiheit des Menschen und damit seine Eigenverantwor-
tung gegenüber Gott nachdrücklich entfalten kann."[209] Die Externität der barmherzigen promissio wird nicht durchgehalten;
statt dessen erhält die Verheißung den Charakter eines mehr oder
weniger wichtigen heilsgeschichtlichen Datums, dessen man sich
als eines Ereignisses vergangener Kontingenz erinnert, während
sich die gegenwärtige Kontingenzerfahrung auf das liberum arbitrium des handelnden Menschen angesichts der belohnenden und
bestrafenden Gerechtigkeit Gottes bezieht[210]. Luther hingegen
macht mit dem externen und zugleich exklusiven Charakter der
Extra-Dimension radikal ernst, indem er die Verheißung der
Sündenvergebung als immer gegenwärtige Anrede Gottes, die dem
bleibenden Sündersein des Menschen entspricht, in die Geschichte
einbrechen läßt, sie enthistorisiert. Der Externitätscharakter
der Verheißung ist nun Ausdruck dessen, daß durch sie dem Sünder die Gerechtigkeit als externe Gerechtigkeit extra nos immer
neu zugesagt und damit der Blick auf das eigene Leistungsvermögen, auch auf subtile Formen eines disponierenden facere quod
in se est und das von der rechtfertigenden Gnade formierte
Leistungsvermögen, grundsätzlich verwehrt ist. Darin erweist die
promissio ihre unüberholbare Exklusivität. So kommt Luther zu
einem Umsturz des mittelalterlichen Verdienst- und Lohnsystems,
das durch den traditionellen Selbstbindungsgedanken gerade ge-
stützt wurde[211].

---

209 Greschat, Der Bundesgedanke, 58.
210 Vgl. Steiger, Zum Begriff der Kontingenz, 59-67.
211 Deutlich zeigt sich das darin, daß meritum und promissio für Luther zu Gegensatzbegriffen werden, so etwa, wenn er

Unser Gang durch die Kirchengeschichte hat uns von August.
zu Luther geführt. Wenn wir unsere Untersuchung nun an diesem
Punkt abbrechen, dann hat dies seinen Grund in einer notwend:
gen Selbstbeschränkung und nicht darin, daß keine anderen Li∎
en von der mittelalterlichen Selbstbindungstradition in das
Zeitalter der Reformation und Gegenreformation führten[212]. L∎
ther war für uns eben deshalb ein besonders geeigneter Unter-
suchungsgegenstand, weil zwischen ihm und der ockhamistischen
Tradition ein unmittelbarer historischer Zusammenhang besteht

---

in der Großen Genesisvorlesung (1535-45) die Frage stellt:
"Quid igitur movet papistas, quod malunt operibus et meritis
niti quam promissione et gratia?" (WA 43,178,36-38). Andererseits ist an den porretanischen Standpunkt, wie er von Kardin
Laborans und dem Paulinenkommentar Cod.Paris.Nat.lat.686 vertreten wird, zu erinnern, der eine erstaunliche Nähe zu Luthe
Kritik an der Verdienstlehre zeigt und vor einer pauschalen
Beurteilung der scholastischen Selbstbindungstradition unter
dem Vorzeichen des Leistungsdenkens warnen sollte. Diese für
den Einflußbereich Gilbert Porretas charakteristische Kritik
Verdienstgedanken hat sich freilich, wie wir zeigten, nicht b
haupten können. Gegenüber der Selbstbindungstradition des 13.
Jahrhunderts und der Spätscholastik behält der Satz seine Gül
tigkeit, daß Luthers Verweis auf die Extra-Dimension der Verheißung den Bruch mit der scholastischen Gnadenlehre bedeutet
zumal auch die Porretaner nicht das im Auge haben, was Luther
unter "iustitia extra nos" und "simul iustus et peccator" ver
steht. Schließt doch die augustinische Prädestinations- und
Gnadenlehre der Porretaner sowie ihr exklusives Verständnis
der freien Selbstbindung Gottes nicht aus, daß sie die iustit
des Gerechtfertigten ausschließlich als innere Qualität verstehen.
   212 Für die Zeit bis 1530 verweise ich nur auf die Rolle
des Bundesgedankens bei Erasmus von Rotterdam, Philipp Melanc
thon, Johannes Bugenhagen, Huldrych Zwingli, Martin Bucer und
Heinrich Bullinger, für das zweite Viertel des 16. Jahrhunder
besonders auf Johannes Calvin. Vgl. Hagen, From Testament to
Covenant (Erasmus, Melanchthon, Zwingli, Bucer); Bizer, Theologie der Verheißung (Melanchthon); Holfelder, Tentatio et
Consolatio, 179-185 (Bugenhagen); Greschat, Der Bundesgedanke
58-62 (Erasmus, Zwingli); Locher, Huldrych Zwingli, 256; Jaco
Bund, 1519 (Zwingli, Bullinger, Melanchthon); Schrenk, Gottes
reich und Bund, 36-49 (Zwingli, Bullinger, Calvin, Melanchtho
Staedtke, Die Theologie des jungen Bullinger, 57-71; Oberman,
Wir sein pettler, 242 (Bullinger und Coccejus); Bohatec, Budé
und Calvin, 36f (Budaeus).246-248 (Calvin).

8. Kapitel
ZUSAMMENFASSUNG

Obwohl diese Arbeit von der Absicht bestimmt war, geistesge-
schichtliche Zusammenhänge und Traditionslinien zu erkennen
und nachzuzeichnen, stand die Untersuchung des historischen
Einzelfalls im Mittelpunkt, da es zugleich unser Ziel war, die
spezifische Ausprägung des Selbstbindungsgedankens bei den einzelnen mittelalterlichen Theologen, die von Fall zu Fall wech-
selnde Kombination bestimmter Vorstellungen und Begriffe darzustellen. Zahlreiche Verbindungslinien zwischen den bei den
jeweiligen Theologen besprochenen Einzelelementen mußten somit
im Hintergrund bleiben. Aufgabe dieses zusammenfassenden Kapitels soll es nun sein, die auf die Vielfalt der Theologen und
Werke verstreuten Details, soweit sie im Rahmen des Selbstbindungsgedankens eine wichtige Rolle spielen, thematisch und be-
grifflich zusammenzustellen und zu ordnen. Ordnungseinheiten
sind erstens die jeweiligen thematischen Bezugspunkte der Selbstbindung Gottes, d.h. die göttlichen Gaben der zeitlichen Güter,
der Gnade, der Inkarnation Christi und des ewigen Lebens, und
zweitens Leitbegriffe aus dem Wortfeld der Selbstbindungstradition, z.B. promissio, obligatio, liberalitas oder meritum de
condigno. In einem dritten Abschnitt sollen dann zusammenfassende Beobachtungen zur Funktion des Gedankens der freien Selbstbindung Gottes im Mittelalter folgen.

I. Die thematischen Bezugspunkte der freien Selbstbindung Gottes

1. Die zeitlichen Güter

Der Gedanke, daß die Verleihung zeitlicher Güter (bona temporalia) ein Resultat der freien Selbstbindung Gottes ist, findet
sich bei Wilhelm von Auxerre, Wilhelm von Auvergne, Roland von
Cremona und Odo Rigaldi, also am Ende der Früh- und zu Beginn
der Hochscholastik in der ersten Hälfte des 13. Jahrhunderts.
  Zwar spricht bereits Stephan Langton davon, daß Gott dem,
der gute Werke tut, zeitliche Güter verheißen hat und deshalb,
wenn er sie ihm zukommen läßt, gerecht genannt wird, weil er

hält, was er versprochen hat[1]; doch wird bei Langton nicht
deutlich, ob die Gültigkeit des Zusammenhangs zwischen facere
bona opera und conferre temporalia speziell auf dem kontingenten Moment der promissio beruht und nicht vielmehr auf dem
essentiellen Gebundensein Gottes an seine wesenhafte Gnade, so
daß dann die promissio nur eine deklaratorische Funktion besäße.
Eindeutig ist der Befund bei Wilhelm von Auxerre, der zwischen
der Situation der Juden des Alten Testaments und der Situation
des Sünders im Zeitalter des Neuen Testaments unterscheidet. Im
ersten Fall vertritt er den Gedanken einer freien Selbstbindung
Gottes: Gott schuldet den Juden gerechtigkeitshalber zeitliche
Güter, weil er sie ihnen als Anreiz zum Guten verheißen hat.
Im zweiten Fall dagegen leitet Wilhelm die Notwendigkeit, mit
der Gott auch den Sündern des Neuen Testaments, die natürlich
gute Werke tun, einige zeitliche Güter gibt, nicht aus der geschichtlichen Verheißung ab, sondern aus Gottes Barmherzigkeit
und Freigebigkeit. Die Notwendigkeit besteht also in der Unwandelbarkeit des göttlichen Wesens, das Gott nicht verleugnen
kann. An die Stelle der freien Selbstbindung tritt das essentielle Gehaltensein Gottes[2]. Dieser Lösung mit ihrer Unterscheidung zwischen Juden und Christen schließt sich Roland von
Cremona an. Während aber Wilhelm von Auxerre eine Verdienstmöglichkeit der temporalia grundsätzlich verneint, läßt er zumindest durch die Verheißung an die Juden ein meritum congrui
begründet sein[3]. Noch einen Schritt weiter geht Odo Rigaldi
in seinen Gnadenquästionen: Während er den Menschen post Christum die Möglichkeit eines meritum congrui der zeitlichen Güter einräumt, konnten die Juden ante Christum auf Grund der
freien Selbstbindung Gottes die temporalia sogar durch ein meritum de pacto, das eine Sonderform des meritum de condigno ist,
verdienen[4]. Wilhelm von Auvergne, Zeitgenosse Wilhelms von Auxerre, kommt zu einer ganz anderen Lösung als dieser: Er bedient sich weder der Unterscheidung zwischen der Situation des
Alten und des Neuen Testaments, noch findet sich bei ihm die Ablehnung oder zumindest eine Einschränkung des Verdienstgedanke

---

1   s.o.S.112f Anm.19.
2   s.o.S.263-267.
3   s.o.S.290-297.
4   s.o.S.192-194.

Sowohl vor als auch nach dem Fall kann der Mensch ex solis naturalibus zeitliche Güter verdienen, da ihm Gott durch seine
Selbstverpflichtung diese Möglichkeit eröffnet hat[5]. Gemeinsam
hingegen ist Wilhelm von Auxerre und Wilhelm von Auvergne das
exklusive Verständnis der Selbstbindung Gottes, sofern sie
durch den Gesichtspunkt der promissio einen unmittelbaren Kausalzusammenhang zwischen der Qualität der Werke und der Schuldnerschaft Gottes ausschließen[6].

Angemerkt sei noch, daß der Akt der freien Selbstbindung
Gottes bei den vier genannten Theologen durch die Begriffe promissio, promissum und promittere bezeichnet wird; nur Odo Rigaldi spricht außerdem noch vom pactum Gottes als dem vertraglichen Rahmen der Verheißung.

2. Die rechtfertigende Gnade

Den zwei grundlegend verschiedenen Wegen, das übernatürliche
Verdienst der Gnadenwerke zu begründen, dem Weg der Selbstbindungskonzeption, der die meritorische Relevanz des immanenten
Wertmoments nicht auszuschließen braucht, und dem Weg der rein
ontologischen Argumentation, entsprechen in der mittelalterlichen Theologiegeschichte zwei Möglichkeiten, die zuverlässige
Gültigkeit des Zusammenhangs zwischen Vorbereitung auf die Gnade und Gnadenempfang zu begründen, womit in der Regel die Begründung eines uneigentlichen Verdienstes (improprie mereri,
meritum interpretativum, meritum congrui) verknüpft ist[7]:

Die rein ontologische Argumentation, die etwa bei Wilhelm
von Auxerre[8], Wilhelm von Auvergne[9], Hugo von St.Cher[10], Roland von Cremona[11], Johannes von Rupella[12], in der Summa Halen-

---

5 s.o.S.145-150.
6 Zu Wilhelm von Auxerre s.o.S.264 Anm.56 ("non de iustitia
operum"), zu Wilhelm von Auvergne s.o.S.147 Anm.121 ("non quidem
ex virtute vel bonitate huius amoris vel servitii, sed magis ex
promissione divina").
7 Diese beiden Möglichkeiten werden in der Forschung meist
nicht auseinandergehalten. So stößt man oft auf das Mißverständnis, dort, wo von einer necessitas immutabilitatis der
Gnadenmitteilung die Rede ist, sei immer eine freie Selbstbindung Gottes gemeint.
8 s.o.S.256-259.
9 s.o.S.144f.
10 s.o.S.299f.
11 s.o.S.297-301.
12 s.o.S.259-263.

sis[13], bei Odo Rigaldi[14] und Bonaventura[15] zu finden ist, verweist auf das ewige, sich gleich bleibende Wesen Gottes und setzt es in Beziehung zu den vorbereitenden guten Werken des Menschen. Da Gott seine wesenhafte bonitas, benignitas, misericordia, liberalitas oder largitas niemals verleugnen wird, kann es nicht ausbleiben, daß er dem sich redlich bemühenden Sünder die rechtfertigende Gnade schenkt. Man spricht demgemäß von einer Notwendigkeit der Gnadenmitteilung[16], näher spezifiziert als necessitas immutabilitatis oder infallibilitatis, ja sogar von einem debere Gottes im weiteren Sinn des Wortes[17], der einem weiteren iustitia-Begriff entsprechen kann[18]. Thomas von Aquin schlägt wie bei seiner Begründung des meritum condigni durch die Rezeption des aristotelischen Finaldenkens einen neuen Weg der ontologischen Argumentation ein, indem er die necessitas infallibilitatis durch die Gesichtspunkte der immanent-seinsmäßigen ordinatio und der intentio dei moventis interpretiert: Die Absicht, die Gott mit der Hinordnung der menschlichen praeparatio und mit der Bewegung des sich vorbereitenden Herzens auf das Ziel des Gnadenempfangs hin verfolgt, kann nicht fehlschlagen[19].

Der zweiten Möglichkeit der Begründung hingegen, dem Selbstbindungsgedanken, begegnet man in ihrer klarsten Ausprägung bei mehreren Theologen des 13. Jahrhunderts in Form von abgelehnten Argumenten für eine uneingeschränkte Verdienbarkeit der rechtfertigenden Gnade. In diesem Zusammenhang spielt dann, z.B. bei Wilhelm von Auxerre[20], Roland von Cremona[21], Odo Rigaldi[22] und in der Summa Halensis[23], das Schriftwort Zach.1,3 ("Convertimini ad me, et ego convertar ad vos") eine zentrale Rolle. Gott habe sich, da er in seiner Wahrhaftigkeit und Treue nicht lügen kann, durch diese und ähnliche Verheißungen dem Menschen gegen-

---

13 s.o.S.259-263.
14 s.o.S.181-192.
15 s. Bonaventura, Sent.II d.9 a.1 q.3 resp.(II 246).
16 So Wilhelm von Auxerre, Roland von Cremona, Johannes von Rupella und die Summa Halensis; s.u.S.426f.
17 So Roland von Cremona, Odo Rigaldi und Durandus von St. Pourçain. Zu Durandus s. Dettloff, Die Entwicklung, 117 (debitum de congruo).
18 So bei Odo Rigaldi.
19 S.th.I-II q.112 a.3 resp.
20 s.o.S.258 Anm.31.
21 s.o.S.298f.
22 s.o.S.182 Anm.235 und S.185 Anm.245.
23 s.o.S.98.

über verpflichtet, seinen Bemühungen die Verleihung der rechtfertigenden Gnade folgen zu lassen. Der frei gewählten Schuldnerschaft Gottes entspreche die Verdienstmöglichkeit des Menschen.

Zwar fanden wir keinen mittelalterlichen Theologen, der diese Argumentation mit ihrem schroffen Verpflichtungs- und Verdienstgedanken zu seiner eigenen gemacht hätte - nirgends ist
wie in diesen Argumenten von einer obligatio, einem teneri oder
einem strikten debitum Gottes gegenüber dem Sünder die Rede -,
doch gibt es einige Theologen, die erstens einen regelhaften
Gültigkeitscharakter des Folgeverhältnisses von vorbereitender
Leistung und Eingießung der rechtfertigenden Gnade annehmen und
diesen zweitens nicht ausschließlich aus dem göttlichen Wesen,
sondern zusätzlich aus dem kontingent-geschichtlichen Akt einer freien Anordnung Gottes herleiten[24]. Zu denken ist hier an
die Quästionen Cod.British Museum Harley.658 (erste Hälfte
13.Jh.)[25], an Petrus de Trabibus[26], Duns Scotus[27], Wilhelm von
Ockham[28], Robert Holkot[29], Marsilius von Inghen[30], Gabriel
Biel[31] und Jacques Almain[32]. Zwar verweisen diese Theologen
auch auf die göttlichen Wesenseigenschaften bonitas, misericordia und liberalitas, aber nicht als die unmittelbare Quelle

---

24 Diese Auffassung ist uns im Zeitalter der Frühscholastik
nicht begegnet, erst recht nicht die Vorstellung, daß die guten
Werke Gott auf Grund seiner Selbstbindung durch sein Versprechen zur Gnadenverleihung v e r p f l i c h t e n . Gegen
Landgraf, Die Vorbereitung auf die Rechtfertigung, 261 und
Pesch, Die Lehre vom "Verdienst", 1881 Anm.59.
       25 s.o.S.92 Anm.155.
       26 Sent.II d.28 a.1 q.3: "Utrum homo sine gratia possit se
sufficienter disponere ad gratiam gratum facientem." Die Antwort Petrus' lautet: "Resp.: Dicendum, quod cum gratia gratum
faciens immediate a divina voluntate dependet nec proprie sub
merito puri hominis cadit, ut patet ex praemissis, nulla potest
esse hominis praeparatio ad gratiam sufficiens per modum abso-
lutae necessitatis, sed solum ex ordine et statuto divinae bonitatis. Unde tunc dicitur sufficienter praeparatus, quando habet ea, quae deus ordinavit et discrevit ea habere ad hoc, quod
gratiam infundat." Zit. bei Auer, Gnadenlehre I, 235 Anm.69
(nach Nürnberg Stadt-Bibl.Cod.Cent.II 6 fol.115d-116a).
       27 s. Auer, Gnadenlehre I, 261f und Ox.IV d.14 q.2 n.15
(IX 45).
       28 s.o.S.369f.
       29 s.o.S.370f.
       30 s.o.S.371.
       31 s.o.S.372f.
       32 s.o.S.372.

der unfehlbaren Gnadenmitteilung, sondern als die Motivation
zur freien Willensverfügung Gottes. Diese erst begründet das,
was einige unter ihnen necessitas immutabilitatis, infallibilitatis oder consequentiae[33] und Nichtanderskönnen Gottes[34]
nennen. An die Stelle der Seinsnotwendigkeit tritt die Anordnungsnotwendigkeit. Die Bezeichnungen für den Akt der freien
Selbstbindung Gottes wechseln. Es finden sich die Begriffe
statutum (Petrus de Trabibus), ordo (ders.), ordinatio (Scotus,
Biel), promissum (Holkot), pactum (ders., Luther in den Dictata super Psalterium[35], Alfons Salmerón[36]), dispositio (Marsilius), statuere (Cod.British Museum Harley.658, Holkot), ordinare (Petrus de Trabibus, Ockham), discernere (Petrus de Trabibus), disponere (Scotus, Biel). Die theologische Funktion, die
diese Begriffe im Rahmen der Lehre von der Vorbereitung des
Menschen auf die Gnade besitzen, kommt deutlich zum Ausdruck:
Sie sollen die zuverlässige Gültigkeit des Zusammenhangs zwischen Vorbereitung auf die Gnade und Gnadenempfang, zwischen
facere quod in se est und infundere gratiam, und die damit verbundene Möglichkeit eines uneigentlichen Verdienstes der rechtfertigenden Gnade so begründen, daß die Souveränität des frei
schenkenden Gottes gewahrt bleibt. Da man unter der sich in
der Freigebigkeit erweisenden Freiheit Gottes offensichtlich
nicht nur die Freiheit zur Selbstbejahung, die stetige Treue
zum eigenen Wesen, sondern auch die geschichtlich realisierbare
Entscheidungsfreiheit versteht, glaubt man diese Freiheit nicht
durch den Hinweis auf das Gehaltensein Gottes an seine ewige,
unwandelbare Barmherzigkeit, sondern nur durch den Gesichtspunkt der barmherzigen Selbstbindung Gottes sichern zu können.
Da aber die Lehre von einer solchen Selbstbindung Gottes hinsichtlich der rechtfertigenden Gnade immer mit dem Selbstbindungsgedanken hinsichtlich des ewigen Lebens gekoppelt ist,
muß man hier von einer zusätzlichen Sicherung der Freiheit Gottes sprechen: Die Funktion der Selbstbindung Gottes für das Verhältnis zwischen Gnadenwerken und ewigem Leben wird auf das

---

33 So Holkot und Biel. Bei Petrus de Trabibus muß man der
necessitas absoluta etwa die necessitas condicionata gegenüberstellen; vgl. Roland von Cremona (s.o.S.296 Anm.185) und Thomas
von Aquin (s.o.S.320f).
34 So Ockham und Biel.
35 s.o.S.378.
36 "Praecipue tribuitur iustificatio fidei ex pacto." CT V
270,17f.

Verhältnis zwischen natürlichen Werken und rechtfertigender
Gnade vorprojiziert, so daß man bei den genannten Theologen
eine doppelte Selbstbindung Gottes vorfindet. Die Bedeutung
des auf die Gnade bezogenen Selbstbindungsgedankens als zusätzlichen Garanten der Freiheit Gottes muß noch wachsen, wenn
er wie bei den nominalistischen Theologen zum Gegengewicht
gegenüber der Gleichsetzung von facere quod in se est und facere ex puris naturalibus wird und damit die Funktion eines
Ausweges aus der Gefahr des Pelagianismus erhält[37]. Kann man
doch jederzeit darauf verweisen, daß de potentia dei absoluta
kein notwendiger Zusammenhang zwischen dem facere quod in se
est und der Begnadigung des Menschen besteht[38].

Das Rechtfertigungsgeschehen als Folge der   e i g e n e n
Vorbereitung auf die Gnade ist übrigens nicht der einzige Punkt,
an dem die geschaffene Gnade in Beziehung zum Aspekt der frei-
en Selbstbindung Gottes gesetzt wird. So kommt Richard von
Mediavilla bei der Frage nach der Möglichkeit eines Verdienstes
der rechtfertigenden Gnade für   a n d e r e   auf die freie
Verfügung Gottes, das liberaliter disponere, zu sprechen[39],
während Petrus de Trabibus die Möglichkeit, die Vermehrung der
Gnade durch ein meritum condigni zu verdienen, aus dem statutum
und decretum Gottes herleitet[40].

3. Die Inkarnation Christi

Am Rande unserer Untersuchung kam auch die Inkarnation Christi
als Verdienstgegenstand in den Blick. So findet sich bei Wilhelm

---

37 s.o.S.368f.
38 s. z.B. Robert Holkot, Sent.I q.1 a.2 concl.3 (fol.a iva)
im Anschluß an den o.S.370 Anm.127 zitierten Text: "... sicut
si deo placeret, ipse posset ordinare de una certa persona humana, quod illa numquam haberet gratiam."
39 "Ad tertium, cum dicitur, quod aliquis potest mereri
gratiam alicui non habenti eam etc., dico, quod non est verum
de merito simpliciter, quia quamvis deus aliquando convertat
peccatorem propter preces iustorum, hoc non est, quia illud beneficium debeatur illis precibus habendo aspectum ad illum, pro
quo fiunt, quamvis dignae sint exaudiri habendo aspectum ad
illos iustos, a quibus fiunt, sed illa conversio est ex liberalitate et benignitate dei convertentis, qui benigne et liberaliter disponit se quibusdam daturum gratiam ad preces iustorum."
Sent.II d.27 a.2 q.1 ad 3 (II 350b).
40 "... cadit augmentum gratiae sub merito condigni aliquo
modo, scilicet statuto quodam et decreto dei, qui statuit et

von Auxerre ein Argument, das den Vätern des Alten Bundes sogar ein meritum de condigno der Inkarnation auf Grund der Selbstbindung Gottes durch seine promissio zuspricht[41]. Wilhelm selbst weist dieses Argument zurück, da er wie vor ihm schon Stephan Langton[42] die Inkarnationsverheißung nicht als Akt der freien Selbstbindung Gottes interpretiert[43]. Roland von Cremona hingegen vertritt am Beginn der Hochscholastik den Standpunkt, daß die Väter die Menschwerdung Gottes ex condigno verdient haben, und begründet diese Lösung dort, wo er sich der traditionellen Magisterdefinition des Verdienstes als "facere de indebito debitum aut de debito magis debitum" anschließt, durch den Hinweis auf die göttlichen Selbstbindungsakte des praedestinare und promittere[44]. Der Frage, ob sich die Antwort Rolands auch noch bei anderen Theologen der Hoch- und Spätscholastik findet, sind wir nicht intensiv nachgegangen. Der erste Eindruck jedenfalls ist der, daß wir ihr in der Folgezeit nicht mehr begegnen. Von Interesse aber dürfte die Beobachtung sein, daß Luther in seinen Dictata super Psalterium (1513-1515) den Gedanken äußert, die gläubigen Juden hätten sich auf Grund der im Rahmen eines Vertrages gegebenen göttlichen Verheißung auf den ersten Advent Christi (in carnem) durch ein meritum de congruo vorbereitet[45].

4. Das ewige Leben

Zentraler Verdienstgegenstand für den Menschen und damit wichtigster thematischer Bezugspunkt der freien Selbstbindung Gottes ist in der mittelalterlichen Gnadenlehre die himmlische Herrlichkeit in Gestalt des ewigen Lebens. In diesem Zusammenhang taucht der Selbstbindungsgedanke nicht nur wie in Verbindung mit den Verdienstgegenständen der zeitlichen Güter, der recht-

---

decrevit, quod habens gratiam et se in illa exercens dignus remuneratione iudicetur." Sent.II d.27 a.2 q.1 (Nürnberg Stadt-Bibl.Cod.Cent.II 6 fol. 114a/b); zit. bei Auer, Gnadenlehre II, 99 Anm.136.
    41   s.o.S.278 Anm.99.
    42   s.o.S.112f Anm.19.
    43   s.o.S.278f.
    44   s.o.S.310f Anm.231.
    45   s.o.S.378. — Zum ganzen Problem vgl. im übrigen Kokša, Die Lehre der Scholastiker des XVI. und XVII. Jahrhunderts von der Gnade und dem Verdienst der alttestamentlichen Gerechten, 1955.

fertigenden Gnade und der Inkarnation Christi sporadisch auf,
sondern bildet eine Traditionslinie, die von Augustin und der
von ihm geprägten Frühscholastik bis zu Martin Luther verfolgt
werden konnte. Die zeitlichen Epochen dieser historischen Entwicklung und die typenmäßige Unterscheidung zwischen einem integrativen, exklusiven und restriktiven Selbstbindungsgedanken
bestimmten die Gliederung dieser Untersuchung in ihren Umrissen.
Zusammenfassende und allgemeinere Bemerkungen zur Geschichte
der auf den Lohn des ewigen Lebens bezogenen Selbstbindungskonzeption und zu ihrer Funktion im integrativen, exklusiven
und restriktiven Verständnis findet man daher am Anfang und am
Ende der jeweiligen Kapitel, so daß wir uns hier eine ins Detail gehende Zusammenfassung ersparen können. Trotzdem sei wenigstens ein kurzer Überblick über die Geschichte jener Konzeption gegeben.

Der integrative Selbstbindungsgedanke Augustins, der von
frühscholastischen Theologen wie Bernhard von Clairvaux und
Petrus Lombardus übernommen wird, ist dadurch gekennzeichnet,
daß er eine Relevanz des immanenten Wertmoments in Gestalt der
Gnade als Ursache für das Entstehen der Schuldnerschaft Gottes
weder ausschließt noch zugunsten des externen Verfügungsmoments
einschränkt, sondern lediglich in der heilsgeschichtlichen
Klammer der göttlichen Verheißung verankert. So stehen die Sätze
"promittendo debitorem se fecit" und "donando delicta fecit se
coronae debitorem" für zwei Aspekte desselben theologischen
Denkvorganges, insofern sich das Interesse Augustins an der
Souveränität des frei schenkenden Gottes sowohl im promissio-
Argument als auch in dessen Entfaltung durch das gratia-Argument äußert[46].

Die augustinische Konzeption der freien Selbstbindung Gottes
mit ihrer Kopplung von promissio und debitum hat das exklusive
und restriktive Selbstbindungsverständnis zweifellos beeinflußt,
auch wenn hier nun promissio- und gratia-Aspekt gewissermaßen
in ein Spannungsverhältnis treten. Charakteristisch für die
exklusive Konzeption ist, daß sie durch den Gesichtspunkt der
freien Selbstbindung Gottes einen unmittelbaren Kausalzusammenhang zwischen der Gnade bzw. den Gnadenwerken und der Schuldnerschaft Gottes sowie der Verdienstlichkeit der Werke leugnet.

---

46 s.o.S.17f.

Sie begegnet uns - parallel zur augustinischen Konzeption - etwa seit der Mitte des 12. Jahrhunderts zunächst bei Theologen der Porretanerschule und des weiteren porretanischen Einflußbereichs, die wie die Vertreter dieser Schulrichtung allgemein ein vollgültiges Verdienst des Gerechtfertigten ablehnen und so durch die Selbstbindung Gottes nur ein Verdienst im uneigentlichen Sinne begründen wollen. Am Ausgang des 12. Jahrhunderts fand sich dann auch das exklusive Verständnis der freien Selbstbindung Gottes in Verbindung mit einer Bejahung des strengen Verdienstbegriffs, um aber bald - bei Stephan Langton ist die Phase des Übergangs sichtbar - dem restriktiven Verständnis Platz zu machen, wie wir es bei Gaufrid von Poitiers, Wilhelm von Auvergne, Odo Rigaldi und Bonaventura kennenlernen konnten.

Es zeigt seine Besonderheit darin, daß es das Moment der freien Selbstbindung Gottes in eine komplementäre Beziehung zum inneren Wertmoment der Werke setzt und so einerseits die Würdigkeit des Gnadengeschenkes als entscheidenden Faktor zur Begründung des meritum condigni anführt, andererseits die meritorische Wirksamkeit der Gnade durch den Hinweis auf die Selbstbindung Gottes einschränkt. Da man den Begriff des meritum condigni durch ein ausgewogenes Wertverhältnis zwischen Leistung und Lohn definiert, die Diskrepanz zwischen menschlichen Gnadenwerken und himmlischem Lohn jedoch deutlich vor Augen steht, erhält die freie Selbstbindung Gottes die Funktion, durch die äußere Zuordnung von Verdienst und Lohn die Wertdifferenz zu überbrücken und so die Schuldnerschaft Gottes oder zumindest die ordinatio sufficiens der Werke auf den Lohn hin[47] letztlich zu begründen. Auf diesem Wege kommt man zur Behauptung eines meritum condigni im weiteren Sinne, von Odo Rigaldi meritum ex pacto genannt[48], oder wie Wilhelm von Auvergne, der den Begriff des meritum condigni nur in seinem engeren Sinne verwendet, zumindest zur Behauptung eines meritum debiti[49].

Für die Weiterentwicklung des exklusiven zum restriktiven Selbstbindungsgedanken war sicherlich die tiefgreifende Wandlung des Gnadenbegriffs an der Wende vom 12. zum 13. Jahrhundert von Bedeutung, die zu der Bestimmung der Gnade als gratum und dig-

---

47 Zum Begriff der ordinatio sufficiens s.o.S.240f (Bonaventura).
48 s.o.S.179-181.
49 s.o.S.143f.

num faciens und zu der Gleichsetzung von gratum faciens und meritorius führte[50]. Dasselbe neue Gnadenverständnis bewirkt auch, daß zahlreiche Theologen von so verschiedener Couleur wie Wilhelm von Auxerre, Alexander von Hales (Summa Halensis) oder Thomas von Aquin bei ihrer Begründung der Verdienbarkeit des ewigen Lebens den Gesichtspunkt der kontingenten Verfügung Gottes nicht oder nur am Rande berücksichtigen. Wir haben diesen Standpunkt als Gegenposition zur Selbstbindungskonzeption integrativer, exklusiver und restriktiver Prägung dargestellt.

Das restriktive Selbstbindungsverständnis findet sich auch noch bei Theologen nach Bonaventura, besonders bei Vertretern der mittleren Franziskanerschule im letzten Viertel des 13. Jahrhunderts, die stark von Bonaventura beeinflußt sind. Duns Scotus, das Haupt der jüngeren Franziskanerschule, setzt sich von der Bonaventuratradition deutlich ab, indem er in Abwehr der neuplatonischen Seinsauffassung Bonaventuras und Thomas' von Aquin die Selbstbindung Gottes wieder wie die Theologen des 12. Jahrhunderts, nur mit einem noch radikaleren Verständnis der absoluten Freiheit Gottes gegenüber allem Geschaffenen, im exklusiven Sinn interpretiert. Grund für die Akzeptation des Menschen und seiner Werke und damit für deren Verdienstlichkeit könne keine geschaffene Größe, auch nicht das innere Wertmoment in Gestalt der gratia creata, sondern allein der frei verfügende und sich frei bindende Wille Gottes sein. Wie schon für Bonaventura stellt sich aber auch für Duns Scotus die Frage nach dem Zusammenhang zwischen Gnade und ewigem Leben nicht nur als Frage nach der verdienstlichen Wirksamkeit der Gnadenwerke, sondern auch als Frage nach der Notwendigkeit des Gnadenhabitus als Voraussetzung der acceptatio divina; und auch diese Frage beantwortet er wie Bonaventura durch den Gedanken der freien Willensverfügung Gottes.

Zahlreiche Theologen des 14. und 15. Jahrhunderts sind dem exklusiven Selbstbindungsverständnis des Duns Scotus und der doppelten Anwendung des Selbstbindungsgedankens gefolgt, besonders Skotisten und Nominalisten. Für letztere gewinnt der Gesichtspunkt der freien Selbstbindung Gottes eine umso größere Bedeutung als antipelagianischer Faktor, je mehr die Güte des verdienstlichen Aktes vom freien Willen, je weniger sie von

---

50   s.o.S.246-248.

einer seinsmäßig-qualitativen Bedeutung des Gnadenhabitus her
gesehen wird.

Wichtig aber ist die Beobachtung, daß die Konzeption der
freien Selbstbindung Gottes immer, auch schon vor den Nominalisten und Duns Scotus, ja bereits bei Augustin und den frühscholastischen Theologen, von dem antipelagianischen Interesse
an der Souveränität des göttlichen Willens gegenüber dem Geschaffenen und dessen Wirken getragen ist und ihre eigentliche
Aufgabe darin besitzt, dieses Anliegen zum Ausdruck zu bringen.
Darauf wurde im Verlauf der Untersuchung mehrfach hingewiesen.
Die Funktion des Selbstbindungsgedankens bestand also immer
wieder, von Augustin bis zu Gabriel Biel, darin, die unendliche Distanz zwischen dem Wert der menschlichen Werke und dem
Wert der himmlischen Herrlichkeit durch den Gesichtspunkt eines
geregelten Entsprechungsverhältnisses zwischen den beiden Faktoren gerade so zu überbrücken, daß damit die bleibende ontologische Wertdifferenz bewußt und die Souveränität des frei
schenkenden Gottes gewahrt blieb. So konnte man durch dasselbe
Argument sowohl den iustitia- als auch den misericordia-Charak-
ter der Belohnung mit dem ewigen Leben begründen.

II. Leitbegriffe aus dem Wortfeld der Selbstbindungstradition

In diesem Abschnitt wollen wir unsere über die ganze bisherige
Arbeit verstreuten Beobachtungen, die wir zu einigen wichtigen
Begriffen aus dem Wortfeld der Selbstbindungstradition machen
konnten, zusammenfassen und dabei hier und da zur Ergänzung
auch einige bislang noch nicht genannte Stellen anführen. Eine
Einteilung der Begriffe in drei Gruppen ist naheliegend: Die
erste Gruppe umfaßt Begriffe, die den Akt der freien Selbstbindung Gottes bezeichnen, die zweite solche, die den Aspekt
des Gebundenseins Gottes, die dritte solche, die den Aspekt der
Freiheit Gottes zum Ausdruck bringen. Angeschlossen werden ein-
ge Bemerkungen zu den Wandlungen des Verdienstbegriffs und zur
Bedeutung der juristischen Terminologie des römischen und kanonischen Rechts für die theologische Verdienstlehre.

1. Bezeichnungen für den Akt der freien Selbstbindung Gottes

Im Bereich der Gnaden-, speziell der Verdienstlehre des von uns
untersuchten Zeitraums fanden wir folgende Bezeichnungen für
den Akt der freien Selbstbindung Gottes: compromissio, condicio,
contractio, conventio, decretum, dispositio, foedus, institutio, iuramentum, ordinatio, ordo, pactio, pactum, pollicitatio,
promissio, promissum, repromissio, sponsio, statutum, testamentum, decernere, discernere, disponere, instituere, iurare,
ordinare, praeordinare, pangere, pacisci, placere, polliceri,
praedestinare, promittere, repromittere, spondere, statuere.
Unter ihnen wollen wir die Begriffe conventio, decernere/de-
cretum, ordinare/ordinatio, pacisci/pangere/pactum/pactio,
polliceri/pollicitatio, promittere/promissio/promissum und
statuere/statutum genauer besprechen. Die übrigen Begriffe
kommen in den Quellen nur äußerst selten vor und lassen sich
nicht über eine längere Zeitspanne verfolgen.

a) conventio

Der Begriff der conventio (Übereinkunft, Vertrag), der das Verhältnis zwischen Gott und Mensch als personale Relation zwischen zwei Vertragspartnern beschreibt[51], begegnete uns nur im
Zusammenhang der Frage nach der Verdienbarkeit des ewigen Lebens, wo er dann die Möglichkeit des Verdienstes zu begründen
hat. In dieser Rolle als Bezeichnung für den Akt der freien
Selbstbindung Gottes fanden wir ihn zuerst im Paulinenkommentar Cod.Paris.Arsenal.lat.534[52], der gegen Ende des 12. Jahrhunderts oder um die Jahrhundertwende verfaßt worden sein
dürfte, dann in den etwas später anzusetzenden Quästionen Cod.
Vat.lat.782[53], bei Hugo von St.Cher[54], mehrmals bei Wilhelm
von Auvergne[55] und dann wieder am Ende der Scholastik bei Gabriel Biel[56]. Der ausdrückliche Verweis auf das Gleichnis von

---

51 Bedeutungsgleich mit conventio sind die Begriffe compromissio, contractio, foedus, pactio und pactum. Sie alle charakterisieren die Beziehung zwischen Gott und Mensch als das Verhältnis zwischen Bundes- oder Vertragspartnern, bringen damit
also eine heilsgeschichtlich-personale Komponente zur Geltung.
52 s.o.S.88 Anm.145.
53 s.o.S.89f Anm.150.
54 s.o.S.94f Anm.159.
55 s.o.S.155 Anm.137, S.160 Anm.157 und S.161 Anm.158.
56 s.o.S.372 (bei Anm.134).

den Arbeitern im Weinberg (Mt.20,1-16) bei Hugo von St.Cher[57]
und Wilhelm von Auvergne[58] macht es sehr wahrscheinlich, daß
der conventio-Begriff als vertraglicher Rahmen der Lohnverheißung über Mt.20,2 Eingang in die mittelalterliche Verdienstlehre gefunden hat[59].

Daß die conventio wie in der Regel auch die bedeutungsgleichen Begriffe compromissio, contractio, foedus, pactio und pactum nur auf den Lohn des ewigen Lebens für den Gerechtfertigten
bezogen wird, ist bezeichnend. Setzt doch die Verwendung des
Vertragsgedankens in den Augen der meisten mittelalterlichen
Theologen die Vorstellung von einer personalen Würde und Eigenwertigkeit des Menschen als Vertrags- oder Bundespartners Gottes voraus, die ihm erst durch die in der Rechtfertigung er-
folgte Veränderung seines personalen Status gegeben ist. Von
daher ist es verständlich, weshalb sich Gabriel Biel ausdrücklich gegen die Anwendung der Vertragsvorstellung auf die Beziehung zwischen Gott und Todsünder wendet[60]. Die conventio
Gottes ist an den Gerechtfertigten, der im Besitz des liberum
arbitrium ist, adressiert und schafft ihm damit den Rahmen für
die meritorische Anwendung seiner Freiheit.

b) decernere/decretum

Auch das Begriffspaar decernere/decretum, mit dem die freie
göttliche Willensentscheidung bezeichnet wird, hat, bis auf ein
Stelle bei Petrus de Trabibus, die sich auf die Gnadenvermehrun
bezieht[61], nur den thematischen Bezugspunkt des ewigen Lebens.
Das Verbum decernere taucht in diesem Zusammenhang zum ersten
Mal in der Schrift De iustitia et iusto des Kardinals Laborans,
die zwischen 1154 und 1160 entstanden ist, auf[62] und findet sic
dann erst wieder im 13. Jahrhundert bei Roland von Cremona, hie
auch in Verbindung mit dem Substantiv decretum[63], und bei Bonaventura[64], der an zahlreichen Stellen seines Sentenzenkommentar

---

57   s.o.S.94f Anm.159.
58   s.o.S.155 Anm.137.
59   Vgl. bereits Radulfus Ardens (s.o.S.88).
60   s.o.S.373.
61   s.o.Anm.40.
62   s.o.S.55 Anm.57.
63   s.o.S.304 Anm.212.
64   s.o.S.226 Anm.389 und S.227 Anm.390.

eine ausgesprochene Vorliebe für diesen Begriff zeigt[65], so daß
man bei ihm geradezu von einer decretum-Theologie sprechen
kann. Nach Bonaventura spielen Verbum und Substantiv noch bei
Matthäus von Acquasparta[66], Petrus de Trabibus[67] und am Anfang
des 14. Jahrhunderts bei Wilhelm von Nottingham[68] - alle drei
sind Franziskaner - eine Rolle.

Man kann zwei verschiedene Funktionen der beiden Begriffe
unterscheiden: Bei Laborans, Roland von Cremona, Matthäus von
Acquasparta und Petrus de Trabibus dienen sie der Fragestellung
von unten nach oben[69], d.h. sie sollen die meritorische oder
nur quasimeritorische Wirksamkeit der Gnadenwerke begründen.
Bonaventura dagegen verwendet den Begriff decernere bei der
Fragestellung von oben nach unten, d.h. bei der Begründung der
Notwendigkeit des Gnadenhabitus als Voraussetzung der acceptatio divina. Wilhelm von Nottingham schließlich verbindet in
seiner Dekretvorstellung beide Fragerichtungen.

c) ordinare/ordinatio

Anders als die Begriffe conventio und decernere/decretum haben
die Begriffe ordinare/ordinatio nicht nur den Bezugspunkt des
ewigen Lebens, sondern auch den der rechtfertigenden Gnade,
allerdings wohl erst seit dem Ende des 13. Jahrhunderts. Wenden
wir uns zunächst der weit älteren Verbindung mit der Frage nach
der Verdienbarkeit des ewigen Lebens zu.

Vorausgeschickt sei, daß die Begriffe ordinare und ordinatio
im Rahmen der mittelalterlichen Gnadenlehre zwei völlig verschiedene Bedeutungen haben können: Einmal können sie im Sinne
einer geschichtlichen Anordnung Gottes verstanden werden, die
von außen her dort einen Kausalzusammenhang im Bereich des Geschaffenen konstituiert, wo der ontologische Konnex fehlt oder
unzulänglich ist, d.h. den Zusammenhang zwischen der gratia
creata oder ihren Werken und dem Lohn des ewigen Lebens. Zum
anderen können sie eine schöpfungstheologisch verstandene An-

---

65   s.o.S.227 Anm.391 und S.228 Anm.392.
66   Quaestiones de gratia, q.3 ad 13 (82).
67   s.o.S.345 Anm.22.
68   Sent.I d.17 q.1 (Cod.Cambridge Gonv. and Caius Coll.300
fol.55d); zit. bei Dettloff, Die Entwicklung, 12 Anm.43.
69   Zur Unterscheidung zwischen der Fragerichtung von unten
nach oben und der von oben nach unten s.o.S.230f.

ordnung Gottes bezeichnen, die ein ontologisches Angelegtsein
der Ursache auf ihre Wirkung hin begründet und sich folglich
im ordo salutis als Hinordnung im Sinne einer eingeschaffenen
Ausrichtung der Gnade und ihrer Werke auf die Glorie hin manifestiert, so daß Gnade und Gnadenwerk kraft ontologisch-naturhafter Notwendigkeit die Glorie zur Folge haben.

In der ersten Bedeutung begegnete uns der Begriff ordinare
in den fünfziger Jahren des 12. Jahrhunderts bei Kardinal Laborans[70] und in dem ebenfalls ins 12. Jahrhundert zu datieren-
den Paulinenkommentar Cod.Paris.Nat.lat.686[71], jeweils parallel
zum promissio-Begriff. Beide sehen durch die göttliche Anordnung
einen zuverlässigen ordo der Aufeinanderfolge von Werk und Lohn
in Kraft gesetzt[72] und so das - wenn auch nur uneigentliche -
Reden von Verdiensten ermöglicht. Schwer zu beantworten ist die
Frage, in welchem Sinne Odo Rigaldi das Verbum ordinare versteht, wenn er davon spricht, daß die Gnade auf das Verdienst
der Glorie hingeordnet ist[73]; doch scheint er ihm dieselbe Bedeutung wie Bonaventura zu geben, bei dem wir auch zum ersten
Mal die Verwendung des Substantivs ordinatio belegen konnten.
Hat Bonaventura die Beziehung zwischen Gnade und Glorie ohne
Berücksichtigung der Verdienstfrage im Auge, dann sieht er die
Folge der Anordnung als ontologischen Zusammenhang; geht es ihm
hingegen wie Odo um die meritorische Relevanz der Gnade, dann
fallen für ihn - und dies dürfen wir auch für Odo annehmen -
die beiden Möglichkeiten des ordinatio-Verständnisses, das
schöpfungsontologische und das heilsgeschichtliche, zusammen.
Erst in ihrer Eigenschaft als Akt der freien Selbstbindung Gottes kann die ordinatio die Begründung des meritum condigni
leisten, dessen Zustandekommen allerdings auch die ontologische
Hinordnung der Gnade auf die Glorie hin voraussetzt[74]. Thomas
von Aquin versteht das Begriffspaar ordinare/ordinatio in der
Summa contra gentiles[75] und in der Summa theologiae[76] ausschließlich in der ontologischen Bedeutung, so daß es bei ihm

---

70   s.o.S.63 Anm.81.
71   s.o.S.69 Anm.100.
72   s.o.S.54 Anm.54 (ordo bei Laborans) und S.69 Anm.100
(ordo in Cod.Paris.Nat.lat.686).
73   s.o.S.205-207.
74   s.o.S.239-241.
75   s. Summa contra gentiles III c.150 n.3229; c.151 n.3238
und 3300.
76   s.o.S.329-334.

keine freie Selbstbindung Gottes zum Ausdruck bringt. Die bedeutsame Stellung der beiden Begriffe in der älteren Franziskanerschule bei Odo Rigaldi und Bonaventura ist der Grund dafür, daß sie auch in der mittleren Franziskanerschule bei Petrus de Trabibus[77] und in der jüngeren Franziskanerschule bei Duns Scotus[78] und den von ihm beeinflußten Theologen[79] eine wichtige Rolle spielen, und zwar durchweg als Bezeichnungen für den Akt der geschichtlichen Selbstbindung Gottes. In Verbindung mit der Unterscheidung zwischen potentia dei absoluta und potentia dei ordinata, die uns im Rahmen der Gnadenlehre zum ersten Mal bei Duns Scotus begegnet ist, wird das Verbum ordinare sogar zum dominierenden Selbstbindungsbegriff in der Spätscholastik.

Auch hier ist wieder die Frage zu stellen, welche Funktion die Begriffe ordinare und ordinatio haben, ob sie die meritorische Wirksamkeit der Gnadenwerke oder die Notwendigkeit der gratia creata zur Erlangung des ewigen Lebens begründen sollen. Bis Petrus de Trabibus haben sie ausschließlich die erste Funktion, seit Duns Scotus sind in ihnen beide Funktionen des Selbstbindungsgedankens miteinander verbunden.

Was den Bezugspunkt der rechtfertigenden Gnade betrifft, so ist zunächst auf Petrus de Trabibus zu verweisen, der die Suffizienz der menschlichen Vorbereitung auf die Gnade von dem göttlichen ordinare und discernere abhängig sein läßt[80], ferner auf Wilhelm von Ockham[81] und Gabriel Biel[82], die die Möglichkeit des meritum de congruo durch den Gesichtspunkt der kontingenten Anordnung Gottes begründen.

d) pacisci/pangere/pactum/pactio

Wie uns die Ausführungen des Kardinals Laborans[83] und Odo Rigaldis[84] zur Verdienstlehre gezeigt haben, kennen die Theologen des 12. und 13. Jahrhunderts einen allgemeinen juristischen

---

77 s.o.S.345 (bei Anm.22).
78 s.o.S.347-351.
79 Oben auf Seite 356 haben wir einige der Theologen des 14. und 15. Jahrhunderts aufgeführt, die der von Scotus bestimmten Selbstbindungstradition verpflichtet sind.
80 s.o.Anm.26.
81 s.o.S.369f.
82 s.o.S.373 (bei Anm.137).
83 s.o.S.45f.
84 s.o.S.179f.

Verdienstbegriff, der ganz entscheidend durch die Vorstellung
von einem pactum oder einer pactio, d.h. einem Vertrag zwischen
Belohnendem und Verdienendem, bestimmt ist. So ist es nicht
verwunderlich, daß diese Begriffe zusammen mit den Verben pacisci und pangere wie vorher bzw. zur gleichen Zeit die bedeutungsgleichen Begriffe conventio, compromissio[85] und contractio[86]
auch auf das Verhältnis zwischen Gott und Mensch angewandt werden, um die dem Menschen gegebene Verdienstmöglichkeit oder,
was damit ja eng zusammenhängt, die Schuldnerschaft Gottes zu
begründen. Die im theologischen Vertragsgedanken enthaltene
Vorstellung von einer personalen Eigenständigkeit des freien
Menschen vor Gott, die gerade durch das pactum mit der Souveränität Gottes in Verbindung gebracht wird, wurde bereits erwähnt[87].

Der dominierende Bezugspunkt von pacisci/pangere/pactum/
pactio ist der Lohn des ewigen Lebens. In Verbindung damit und
in der mittelalterlichen Verdienstlehre zum ersten Mal überhaupt ist uns der Begriff pactum als Bezeichnung der freien
Selbstbindung Gottes in dem von Stephan Langton abhängigen
Paulinenkommentar Cod.Salzburg St.Peter a XI 7 (1200-1222) begegnet, wo er - in Verbindung mit den Parallelbegriffen promissio, compromissio und institutio - Gottes debere ex condigno begründet[88]. Pangere und pactum bzw. pactio tauchen dann
auch bei Wilhelm von Auxerre[89] und Wilhelm von Auvergne[90] auf,
jeweils kombiniert mit den Verben promittere und iurare oder
den Substantiven promissio und iuramentum, um zu erklären, wie
es zwischen Gott und Mensch zu einem Obligationsverhältnis
kommt. Allerdings trägt Wilhelm von Auxerre an der betreffenden
Stelle nicht seinen eigenen Standpunkt, sondern ein gegenläufi-
ges Argument vor. Durch seine pointierte Verwendung in den Gnadenquästionen Odo Rigaldis[91] findet das pactum dei, das nach
Meinung Odos die promissio zum Akt der Selbstverpflichtung Gottes macht[92], Eingang in die Verdienstlehre der Franziskaner-

---

85 Zum Begriff der compromissio s.o.S.119 Anm.34.
86 Zum Begriff der contractio s.o.S.92 (bei Anm.155).
87 s.o.S.51f und 404.
88 s.o.S.119f.
89 s.o.S.273 Anm.82 und S.274 Anm.83.
90 s.o.S.151 Anm.130 und S.160f Anm.157.
91 s.o.S.193f und S.203 Anm.297.
92 s.o.S.211f.

schule und ihres Einflußbereichs. Hier wird es trotz seines
relativ seltenen Vorkommens zu einer sehr wichtigen Bezeichnung,
da die beiden häufigsten Selbstbindungsbegriffe promissio und
ordinatio sehr oft nicht eine freie Selbstbindung Gottes, sondern eine pure Deklaration bzw. eine ontologische Ausrichtung
meinen und auch nicht das personale Moment des Gegenübers zweier Vertrags- oder Bundespartner zum Ausdruck bringen. Gerade
am pactum-Begriff in seiner Eindeutigkeit zeigt sich daher die
Funktion des mittelalterlichen Selbstbindungsgedankens am
klarsten.

Zu beachten ist ferner, daß das pactum zur Zeit Odo Rigaldis, d.h. in den vierziger Jahren, als Bezeichnung der freien
Selbstbindung Gottes auch in die Sakramentenlehre eindringt[93],
um eine ganz ähnliche Funktion wie in der Gnadenlehre auszuüben: Begründet es dort die meritorische Kausalität der sub-
jektiven Werke, so erklärt es hier die Gnadenkausalität der
objektiv-institutionellen sakramentalen Handlungen. Der Franziskaner und Schüler Odo Rigaldis Bonaventura ist der erste
Theologe, der sowohl den sakramentalen als auch den meritorischen pactum-Begriff verwendet[94] - eine Symbiose, die für die
künftige Franziskanertheologie bis hin zu Gabriel Biel, der
unter ihrem Einfluß steht[95], charakteristisch sein wird.

Angemerkt sei noch, daß die Begriffe pacisci/pangere/pactum/
pactio im Rahmen der Gnadenlehre immer in Verbindung mit der
Fragestellung von unten nach oben, d.h. zur Begründung der
meritorischen Wirksamkeit der Gnadenwerke, und niemals im
Dienste der Fragerichtung von oben nach unten, d.h. zur Begründung der Notwendigkeit der geschaffenen Gnade, angeführt werden.

Im Zusammenhang der Frage nach dem Verdienst zeitlicher Güter ist uns das pactum nur bei Odo Rigaldi, für den auch in
diesem Fall das meritum de pacto eine Sonderform des meritum
de condigno ist, begegnet[96]. Ebenfalls nur einmal konnten wir
in der mittelalterlichen Theologie das pactum bei der Frage der

---

93   s.u.S. 483f.
94   Zum sakramentalen Begriff der pactio divina bei Bonaventura s.u.S.479-483; zur meritorischen Verwendung s.o.S.235-239.
95   Zum meritorischen pactum-Begriff bei Biel s.o.S.372f;
zum sakramentalen pactum-Begriff s. Biels Collectorium IV d.1
q.1 ad 1 und 2; z.B. a.1 not.3 E; Canonis missae expositio,
lect.47 S-Y (II 225-229).
96   s.o.S.193 (bei Anm.261).

Vorbereitung auf die Gnade antreffen, nämlich bei Robert Holkot[97], während Gabriel Biel die Anwendung der pactum-Vorstel-
lung auf das Verhältnis zwischen Gott und Sünder ausdrücklich
zurückweist[98]. Allerdings findet sich dann das pactum wieder
in Luthers Dictata super Psalterium[99] und in Salmeróns Votum
De iustificatione auf dem Konzil von Trient[100].

e) polliceri/pollicitatio

Als Bezeichnung für das göttliche Versprechen, durch das sich
Gott zum Schuldner der Belohnung des Menschen mit dem ewigen
Leben macht, wird der Begriff polliceri von Bernhard von Clair-
vaux[101], Kardinal Laborans[102], Bonaventura[103], Wilhelm de la
Mare[104], Matthäus von Acquasparta[105] und Gabriel Biel[106] ange-
wandt, von Biel auch das Substantiv pollicitatio. Immer besteht
die Funktion der Begriffe in der Begründung der verdienstlichen
Relevanz der Gnadenwerke.

f) promittere/promissio/promissum

Die in der mittelalterlichen Gnadenlehre weitaus am häufigsten
gebrauchten Bezeichnungen für den Akt der freien Selbstbindung
Gottes sind die Begriffe promittere, promissio und promissum.
Hinsichtlich des ewigen Lebens findet sich der Gedanke einer
freien Selbstbindung Gottes durch seine Verheißung bei fast
allen Theologen, die in der Selbstbindungstradition stehen, von
Augustin bis zu Luther, wobei man an ganz bestimmte Schriftstellen denkt, z.B. an Iac.1,12 und 1. Tim.4,8[107]. Was über die
Funktion der bedeutungsgleichen Begriffe polliceri und pollicitatio gesagt worden ist, gilt auch hier. Der Anwendungsbereich
des Verheißungsgedankens erschöpft sich aber nicht nur in der

---

97 s.o.S.370 Anm.127 und S.371 Anm.128.
98 s.o.S.373.
99 s.o.S.378.
100 s.o.Anm.36.
101 s.o.S.20 Anm.2.
102 s.o.S.57 Anm.61.
103 s.o.S.233 und 235f.
104 s. Auer, Gnadenlehre II, 108 Anm.155.
105 s.o.S.341 Anm.6.
106 s.o.S.372.
107 s.o.S.151.

Thematik des ewigen Lebens, sondern umfaßt auch die Verheißungsgegenstände der zeitlichen Güter, der Inkarnation und der rechtfertigenden Gnade. Was die zeitlichen Güter betrifft, so findet sich der Begriff der Verheißung als Ausdruck des Selbstbindungsgedankens bei Wilhelm von Auxerre[108], Wilhelm von Auvergne[109], Roland von Cremona[110] und Odo Rigaldi[111]; in Verbindung mit der Inkarnation begegnet er uns bei Roland von Cremona[112] und Luther[113], in Verbindung mit der rechtfertigenden Gnade bei Robert Holkot[114] und wiederum bei Luther[115]. Aufschlußreich für die Rolle der Verheißung in diesen Zusammenhängen ist der generelle Satz des Thomas von Straßburg, mit dem er die Selbstbindung Gottes begründet: "Omne enim promissum aliquo modo cadit in debitum."[116]

Bemerkenswert ist allerdings, daß sich in der mittelalterlichen Gnadenlehre nicht nur das Verständnis der Verheißung als Akt der freien Selbstbindung Gottes findet, sondern auch ein weiter gefaßter Verheißungsbegriff, dem der Aspekt der Selbstbindung Gottes fehlt. Dieser weitere Verheißungsbegriff kann neben den engeren, vom Selbstbindungsgedanken bestimmten Verheißungsbegriff treten, so bei Stephan Langton, Gaufrid von Poitiers, Wilhelm von Auxerre, Roland von Cremona und Odo Rigaldi, er kann aber auch alleiniger Verheißungsbegriff eines Theologen sein und dann das Moment der freien Selbstbindung grundsätzlich aus dem Verheißungsgedanken ausschließen, so bei Radulfus Ardens, Alexander von Hales und Petrus de Palude. Gehen wir diese acht Theologen kurz der Reihe nach durch:

Stephan Langton unterscheidet zwischen der Verheißung des ewigen Lebens, durch die sich Gott verpflichtet habe, und zwischen der Verheißung zeitlicher Güter und der Inkarnation Christi, die keine Selbstverpflichtung Gottes gegenüber menschlichen Leistungen bedeutet und somit auch keine de condigno-Verdienstlichkeit der Werke begründet[117]. Auch Langtons Schüler Gaufrid

---

108 s.o.S.263-265.
109 s.o.S.147-150.
110 s.o.S.291-294.
111 s.o.S.193.
112 s.o.S.310f.
113 s.o.S.378.
114 s.o.S.371 Anm.128.
115 s.o.S.378.
116 s.o.S.344 Anm.18.
117 s.o.S.112f Anm.19.

412

von Poitiers kennt zwei Arten der göttlichen Verheißung, eine
obligatorische und eine nicht obligatorische. Im Verheißungsgeschehen an sich sieht er noch keine Selbstverpflichtung Gottes, sondern nur den Ausdruck dessen, daß ein bestimmter Plan
von der göttlichen Vorsehung konzipiert worden ist und darum
seine unwandelbaren geschichtlichen Konsequenzen haben wird.
So bemerkt er zur Verheißung Ier.15,19 ("Si converteris, convertam te"), die die Frage nach der Verdienbarkeit der prima gratia aufwirft, daß sich Gott durch eine solche Verheißung nicht
verpflichte, und führt folgende Begründung an: "Ideo non potest
obligari, quia suum promittere est in providentia fixum habere, quod habet congruo tempore facere." Dagegen hat sich Gott
durch die Verheißung des ewigen Lebens den Menschen gegenüber
verpflichtet, so daß ihre Gnadenwerke merita condigni sein
können. Dies ist nicht so zu verstehen, als ob nun Gaufrid
plötzlich eine andere Vorstellung vom Wesen der göttlichen Verheißung hätte; die Verheißung des ewigen Lebens ist vielmehr
auf die durch die Gnade qualitativ veränderten Werke des Gerechtfertigten bezogen und hat nur durch diesen Bezug zur Würdigkeit des Adressaten, nicht aber als Verheißung an sich, verpflichtenden Charakter[118]. Eine ganz ähnliche Sicht der göttlichen Verheißung, die wir hier nicht mehr in extenso darzustellen brauchen, findet sich ca. dreißig Jahre später auch
bei Odo Rigaldi. Während er einerseits die Verheißung der zeitlichen Güter und des ewigen Lebens als Akt der freien Selbstbindung Gottes versteht[119], kommt er andererseits im Rahmen der
Frage nach der Verdienbarkeit der rechtfertigenden Gnade und bei
der Auseinandersetzung mit der im proverdienstlichen Sinn verstandenen Verheißung Zach.1,3 ("Convertimini ad me, et ego convertar ad vos") zu der Definition "Promittere nihil aliud est
quam ab aeterno se promisisse daturum"[120] und zu der Charakterisierung von Zach.1,3 als "merae liberalitatis ostensio" im Gegensatz zur Interpretation als obligatio[121]. Dieses Verständnis
von Zach.1,3 wird durch die Deutungen Wilhelms von Auxerre als
"bonitatis et largitatis dei declaratio"[122], Rolands von Cremona
als "verbum ostensivum largitatis dei"[123]und der Summa Halensis

---

118   s.o.S.126 Anm.56 und S.128-133.
119   s.o.S.193 und 202-213.
120   s.o.S.190 Anm.254.
121   s.o.S.182 Anm.236.
122   s.o.S.258 Anm.32.
123   s.o.S.298 Anm.195.

als "declaratio divinae bonitatis et liberalitatis"[124] vorbereitet. Dabei findet sich bei Wilhelm und Roland wie bei Odo neben dem rein deklaratorischen Verständnis des Verheißungsgeschehens auch - bei Roland hinsichtlich der bona temporalia[125], der
Inkarnation[126] und des ewigen Lebens[127], bei Wilhelm nur hinsichtlich der bona temporalia[128] - die Gleichsetzung von promissio und Selbstverpflichtung Gottes. Alexander von Hales hingegen klammert wie im 12. Jahrhundert bereits Radulfus Ardens[129]
den Gedanken einer freien Selbstbindung Gottes rigoros aus dem
Verheißungsbegriff aus. Eine Verpflichtung könne nur gegenüber
einem Höhergestellten bestehen. Da Gott aber keinen Höhergestellten über sich habe, könne er niemandem gegenüber, auch
nicht durch eine Verheißung, verpflichtet sein[130]. Aufschlußreich ist auch eine Stelle aus der Sentenzenglosse Alexanders
in der Redaktion des Codex Erfordiensis, wo es hinsichtlich
der Gnadenverleihung heißt, daß die Verheißung am Verhältnis
Gottes zum Menschen nichts ändere, so daß Gott nach der Verheißung nicht stärker verpflichtet sei als vorher[131]. Die Verheißung hat lediglich die Funktion, Gottes Plan und die in ihm
zum Ausdruck kommende Güte und Freigebigkeit Gottes bekannt zu
machen. Der Dominikaner Petrus de Palude, ein Zeitgenosse des
Duns Scotus, äußert in seinem Sentenzenkommentar ähnliche Gedanken. Er wendet sich gegen die Vorstellung, daß Gott zur Belohnung mit dem ewigen Leben verpflichtet sei. Auch auf Grund
der Verheißung gebe es keine Verpflichtung Gottes, da niemand
sich ein Gesetz auferlegen könne, von dem er nicht wieder abrücken dürfe. Daher seien die göttlichen Verheißungen gewissermaßen Weissagungen und Bekanntmachungen (praedictiones et
protestationes) des göttlichen Plans[132]. Dettloff macht sich

---

124 s.o.S.261 (bei Anm.49).
125 s.o.S.291-294.
126 s.o.S.310f.
127 s.o.S.307f (bei Anm.225 und 228).
128 s.o.S.263-265.
129 s.o.S.42.
130 s.o.S.262 (bei Anm.52).
131 s.o.S.262 (bei Anm.51).
132 "Secundo, quia ex hoc ipso, quod homo dat, non tenetur
plus dare; sed deus dat homini omnia, quibus meretur, etiam
actum ipsum, quem principaliter operatur. Ergo ex hoc ipse non
obligatur nec etiam ex promisso, quia nemo potest sibi legem
imponere, a qua non liceat sibi recedere ..., unde promissiones
dei sunt magis quaedam praedictiones et protestationes propo-
siti divini quam aliud." Sent.II d.27 q.1 a.3 (Cod.Vat.lat.
1073 fol.115a); zit. bei Dettloff, Die Entwicklung, 136 Anm.457.

zum Sprecher des franziskanischen Selbstbindungsgedankens, wenn
er zur Beweisführung des Petrus von Palude bemerkt, daß sie
theologisch keineswegs einwandfrei sei, sich vielmehr mit Rücksicht auf die Unwandelbarkeit Gottes nicht halten lasse; die
Unwandelbarkeit Gottes verlange nämlich, daß Gott zu den Verheißungen steht, die er gegeben hat[133].

Halten wir zum Schluß das Wesentliche der beiden verschiedenen Verheißungsbegriffe, die sich nach Meinung der einen ergänzen, nach Meinung der anderen ausschließen, fest: Der Verheißungsbegriff, der das Wort Gottes an den Menschen als Ereignis der freien Selbstbindung Gottes vor dem Forum der menschlichen Erwartung versteht, ist von dem Anliegen bestimmt, die
zuverlässige Gültigkeit des göttlichen Wortes zu betonen und
die Möglichkeit menschlichen Verdienens von diesem Ereignis ge-
schichtsmächtiger Sprache her zu verstehen. Der Verheißungsbegriff hingegen, der das geschichtliche Wort Gottes nur als Bekanntmachung ewiger Pläne und unwandelbarer Wesenseigenschaften
Gottes sieht, soll, sofern man nicht mit dem Blick auf Gottes
souveräne Freiheit eine Selbstbindung Gottes überhaupt für
unmöglich hält, der Tatsache Rechnung tragen, daß es in der
Schrift zahlreiche Verheißungen gibt, die im Unterschied zu anderen Verheißungen keine Selbstbindung Gottes implizieren und
damit auch keine Möglichkeit menschlichen Verdienens eröffnen.

g) statuere/statutum

Das Begriffspaar statuere/statutum wird in der mittelalterlichen
Gnadenlehre zu den Verdienstgegenständen des ewigen Lebens, der
rechtfertigenden Gnade und der Gnadenvermehrung in Beziehung
gesetzt. In Verbindung mit dem ewigen Leben fanden wir Verbum
oder Substantiv in dem gegen Ende des 12. oder am Anfang des
13. Jahrhunderts verfaßten Paulinenkommentar Cod.Bamberg.Bibl.
132, und zwar zusammen mit dem Substantiv institutio[134], ferner
im Paulinenkommentar Cod.Paris.Nat.lat.3572[135], bei Roland von
Cremona[136], Richard von Mediavilla, wo uns zum ersten Mal das

---

133 Dettloff, Die Entwicklung, 136.
134 s.o.S.84f Anm.133.
135 s.o.S.77 Anm.116.
136 s.o.S.305 Anm.220.

Substantiv statutum begegnet ist[137], bei Petrus de Trabibus[138],
Duns Scotus[139], Wilhelm von Nottingham[140], Robert Cowton[141],
Landulfus Caracciolo[142], Hugolin von Orvieto[143], Jan Hus[144]
und Pierre d'Ailly[145]. Dabei ist bis Petrus de Trabibus die
Frage nach der verdienstlichen Wirksamkeit des Gnadenwerkes mit
ihrer Richtung von unten nach oben und erst seit Scotus auch
die umgekehrte Frage nach der Notwendigkeit des Gnadenhabitus
im Blick.

In Verbindung mit dem Thema der Vorbereitung auf die rechtfertigende Gnade ist das Verbum statuere in den Quästionen
Cod.British Museum Harley.658 (1.Hälfte des 13.Jh.)[146] und bei
Robert Holkot[147] im 14. Jahrhundert anzutreffen, während sich
bei Petrus de Trabibus gegen Ende des 13. Jahrhunderts das
Substantiv statutum findet[148]. Petrus, der eine auffallende Vorliebe für die Begriffe statuere und statutum hegt, verwendet
sie auch, um das Verdienst des augmentum gratiae zu begründen[149].

2. Bezeichnungen für das Gebundensein Gottes

a) Vorbemerkung zur Problematik der Terminologie und zur Funktion der Begriffe verax/veritas und fidelis/fidelitas

Als Bezeichnungen, welche die Folge der freien Selbstbindung
Gottes, das Gebundensein Gottes an eine bestimmte Ordnung des
Umgangs mit den Menschen, beschreiben, wollen wir die Begriffe

---

137 s.o.S.342 Anm.13.
138 s.o.S.345 (bei Anm.22).
139 s.o.S.350 (bei Anm.48).
140 s.o.Anm.68.
141 "Sic enim deus statuit, ut nullum actum hominis acceptet
ad praemium aeternum nisi assistente caritate, quamvis, si sibi
placuisset, potuisset aliter statuisse." Sent.I d.17; zit. bei
Dettloff, Die Entwicklung, 19 Anm.69 (Dettloff verwendet drei
Handschriften).
142 "Habitus est ratio, quare deus acceptat ex statuto sui
beneplaciti." Sent.I d.17 p.2 q.4 concl.4 (Wien Nationalbibl.
Cod.lat.1496 fol.74a); zit. bei Dettloff, aaO 196 Anm.242.
143 Sent.II d.27 q.1 a.1; zit. bei Zumkeller, Hugolin von
Orvieto (†1373) über Prädestination, Rechtfertigung und Verdienst, 1955, 9 Anm.164.
144 Sent.II d.27 q.5 (II 307,9).
145 Sent.I q.9 a.2; zit. bei Courtenay, Covenant and Causality, 109 Anm.56.
146 s.o.S.92 Anm.155.
147 s.o.S.371 Anm.128.
148 s.o.Anm.26.
149 s.o.Anm.40.

obligare/obligatio, debere/debitum/debitor, necessarius/neces-
se/necessitas und iustus/iustitia näher untersuchen. Dabei übergehen wir die Begriffe alligare[150], astringere[151], obstringere[152] und tenere[153], die nur sehr selten und dann meist im negativen Sinne verwendet werden. Zwei Beispiele seien genannt:
Bei Duns Scotus findet sich der Satz, daß Gott seine Macht
nicht an die Sakramente, ja an überhaupt keine geschaffene Form
gebunden habe (non alligavit)[154], womit Duns die absolute Freiheit Gottes - auch gegenüber dem geschaffenen Gnadengeschenk -
zum Ausdruck bringt[155]. Dieselbe negative Verwendung des Begriffs alligare ist bei Odo Rigaldi anzutreffen, der sagt, daß
Gott seine Macht an keine Sache gebunden habe und daher mit
niemandem ungerecht verfahre, dem er die Vermehrung der Gnade
vorenthält[156]. Es bleibt zu sehen, wie sich mit dieser typisch
franziskanischen Bestimmung der Souveränität Gottes und den
kritischen Äußerungen zum Gedanken einer Bindung oder Verpflichtung Gottes der positive Gebrauch von Begriffen wie obligatio,
debere, necessitas und iustitia vereinbaren läßt. Die Problematik der Anwendung solcher Begriffe auf Gott und sein Verhältnis zum Menschen ist den mittelalterlichen Theologen, gerade
denen der Selbstbindungstradition, deutlich bewußt und führt zu
zahlreichen subtilen Distinktionen und Äquivokationen.

---

150   s.u.Anm.154,155,533,546 und o.S.209 Anm.317.
151   s.o.S.66 bei Anm.90 ("deus nullius meriti debito astringitur") sowie S.65 Anm.86 und S.66 Anm.88.
152   s.o.S.50 Anm.40 ("Non enim cunctipotens bonitas ... forinsecis causis obstringitur").
153   s.o.S.10 Anm.15, S.79 Anm.122, S.133 Anm.68, S.185 Anm.
245, S.262 Anm.51 und 52, S.273f Anm.82; vgl. auch Dettloff, Die
Entwicklung, 324 Anm.163 (Alfons Vargas von Toledo, Sent.I d.18
a.2; Druck Venedig 1490 fol.130d): "Nullus actus est meritorius
vitae aeternae de condigno, quo posito in homine deus non tenetur de necessitate iustitiae dare illi vitam aeternam, sed posito quocumque actu elicito mediante habitu caritatis in homine
deus non teneretur etc."
154   "Deus autem de potentia absoluta non necessitatur, ut
infundat caritatem ad hoc, quod anima formaliter sit sibi accepta et ordinetur ad vitam aeternam, quia potentiam suam non alligavit sacramentis nec per consequens aliis formis creatis."
Report.Paris.I d.17 q.1 resp.; zit. bei Dettloff, Acceptatio
divina, 73 Anm.216.
155   Der Gedanke, daß Gott seine Macht nicht an die Sakramente gebunden habe, findet sich bereits bei Petrus Lombardus:
"Cum igitur absque sacramentis, quibus non alligavit potentiam
suam deus, homini gratiam donare posset ..." Sent.IV d.1 c.5
(748).
156   s.o.S.209 Anm.317.

Eine besondere Rolle bei der Beantwortung der Frage, wie es denn infolge der göttlichen promissio, pactio, ordinatio etc. überhaupt zu einer Bindung Gottes kommen kann, spielt der immer wiederkehrende Hinweis auf die Wahrhaftigkeit[157] und Treue[158] Gottes. Da Gott als wahrhaftiger Gott niemals lügen kann und somit in Treue an seinen Zusagen festhält, beruht die sogenannte Bindung Gottes in der Vollkommenheit seines Wesens; sie wird nicht von außen an ihn herangetragen, sondern ist das Resultat seiner kontingenten Willensverfügung bzw. deren sprachlicher Mitteilung und der von seiner wesenhaften Wahrhaftigkeit und Treue sowie seiner Allmacht bestimmten Bereitschaft und Fähigkeit, seine Anordnung oder Zusage geschichtlich zu realisieren. So erklärt Wilhelm von Auxerre die Tatsache, daß Gott den Juden die Verleihung zeitlicher Güter gerechtigkeitshalber schuldete, durch den Satz: "Debebat de iustitia, id est de veritate et fidelitate sua; quoniam verax est in verbis suis et fidelis in promissionibus."[159] Festzuhalten ist: Die Begriffe verax/veritas und fidelis/fidelitas bezeichnen nicht wie die nun folgenden Begriffe die Bindung Gottes selbst, sondern den Grund, der zu der Bindung, dem Nichtanderskönnen Gottes führt. Obwohl also eine Bindung Gottes ohne die göttlichen Wesenseigenschaften der Wahrhaftigkeit und Treue völlig unvorstellbar wäre, kann man nicht von einer rein wesensmäßigen Bindung Gottes sprechen, da das konkrete Auslösungsmoment für die Bindung der kontingente Verfügungsakt Gottes ist, der gerade nicht aus dem Wesen Gottes hergeleitet werden kann.

b) obligare/obligatio

Kein Wort aus dem Bereich der mittelalterlichen Verdienstlehre bringt den Gesichtspunkt der Verpflichtung des Belohnenden gegenüber dem Verdienenden schärfer zum Ausdruck als die Begriffe obligare und obligatio. Wir finden sie deshalb auch nicht überall, wo von einer freien Selbstbindung Gottes die Rede ist,

---

157 s. z.B. o.S.11 Anm.19, S.182 Anm.235, S.233 (veritas pollicentis), S.298 (bei Anm.193); vgl. auch Auer, Gnadenlehre II, 108 Anm.155 (Wilhelm de la Mare) und 155a (Gerhard von Abbeville) sowie 109 Anm.156 (Matthäus von Acquasparta).
158 s.o.S.11 Anm.22, S.22 (bei Anm.9), S.57 Anm.61, S.82 Anm.129, S.112f Anm.19, S.264 Anm.56, S.298 (bei Anm.193), S.308 Anm.228, S.378 (bei Anm.161).
159 s.o.S.264 Anm.56.

sondern ausschließlich bei der Frage nach der Verdienbarkeit
des ewigen Lebens, nur bei Wilhelm von Auvergne auch in Verbindung mit dem Thema der zeitlichen Güter[160]. Nirgends dagegen
war eine positive Verwendung der Begriffe im Zusammenhang mit
dem Thema der Vorbereitung auf die rechtfertigende Gnade anzutreffen, obwohl ja auch hier wiederholt der Gedanke einer frei-
en Selbstbindung Gottes geäußert wird. Nur unter den Argumenten
die für ein vollgültiges Verdienst der Gnade plädieren, jedoch
von allen Autoren abgelehnt werden, findet sich - z.B. bei Odo
Rigaldi[161] - die Ansicht, daß Gott sich durch eine Verheißung
wie die in Zach.1,3 zur Verleihung der prima gratia verpflichtet habe.

Ist also der Anwendungsbereich des Obligationsgedankens in
der Regel auf das Thema der Belohnung der Gnadenwerke mit dem
ewigen Leben, wo eine gewisse seinshafte Würdigkeit des Menschen vorausgesetzt ist, begrenzt, so sind doch die Begriffe
obligare und obligatio auch auf diesem Gebiet keineswegs unumstritten. Zahlreiche Äußerungen zeigen, wie kritisch man ihnen
und damit dem Gedanken einer Verpflichtung Gottes gegenübersteht, wie sehr man durch sie die Vorstellung von der souveränen Freiheit Gottes gegenüber der Kreatur bedroht sieht. Wir
wollen einen kurzen Überblick über diese Äußerungen geben.

Zu Beginn des 13. Jahrhunderts weist Gaufrid von Poitiers
den Gedanken zurück, daß sich Gott durch die Verheißung Ier.
15,19 ("Si converteris, convertam te") dem Menschen gegenüber
verpflichtet habe. Seine Begründung lautet: Gott, der Urheber
der Gesetze, kann selbst durch kein Gesetz verpflichtet werden[162]. Vergleichbare Sätze, nur mit anderer Terminologie, fin
den sich schon im 12. Jahrhundert bei Kardinal Laborans - "Non
enim cunctipotens bonitas ... forinsecis causis obstringitur"[1]
- und im Paulinenkommentar Cod.Paris.Nat.lat.686 - "Deus nulli
meriti debito astringitur"[164]. Bei Wilhelm von Auxerre stößt
man dann in einem Argument, das er selbst ablehnt, auf die Ansicht, daß Gott zu nichts verpflichtet sei, da er ein Höchst-
maß an Freiheit besitze, so daß er freier nicht mehr gedacht

---

160   s.o.S.147 Anm.121.
161   s.o.S.185 Anm.245.
162   s.o.S.126 Anm.56.
163   s.o.S.50 Anm.40.
164   s.o.S.66 (bei Anm.90).

werden könne[165]. Ganz ähnlich äußert sich Roland von Cremona, wenn er sagt: "In nobis enim sequitur: si promittimus, obligati sumus, sed non in deo; quoniam qui est liberrimus, proprie non potest obligari."[166] Zweimal hebt er hervor, daß Gott in Wahrheit uns gegenüber nicht verpflichtet sei[167]. Guerricus de S. Quintino[168] und Johannes von Rupella[169] vertreten beide den Standpunkt, daß eine Verheißung Gott nicht verpflichte, da er über jedes Gesetz erhaben sei, und daß darum die Erfüllung der Verheißung eine Sache der Barmherzigkeit Gottes sei. Auch Odo Rigaldi ist hier zu erwähnen, bemerkt er doch mit dem Blick auf die göttliche Verheißung, daß der Begriff obligatio auf Gott nicht angewandt werden dürfe, da Gott uns gegenüber in keiner Weise verpflichtet sein könne[170]. Bei Bonaventura findet sich dann die Ansicht: Die göttliche Freigebigkeit kann niemandem gegenüber verpflichtet sein, sondern was sie tut, tut sie aus reiner Freigebigkeit (ex mera liberalitate)[171]. Ebenfalls von der Freigebigkeit Gottes her argumentiert Petrus de Trabibus, wenn er sagt: "Dei liberalitas sic est libera, quod nullo modo alicui obligatur."[172] Durandus de S.Porciano wendet sich zu Beginn des 14. Jahrhunderts mit äußerst scharfen Worten gegen den obligatio-Gedanken, was auch bei ihm mit dem ausgesprochen starken Interesse an der libertas und liberalitas dei zusammenhängt. Prinzipiell stellt er fest: "Was auch immer dem Menschen gegeben wird, das wird ihm freiwillig und nicht aus Notwendigkeit oder irgendeiner Verpflichtung gegeben."[173]

---

165   s.o.S.273f Anm.82.

166   s.o.S.309 Anm.229.

167   s.o.S.308 Anm.228 und S.309 Anm.229.

168   "Promissio enim dei non obligat deum, cum sit super omnem legem. Unde misericordiae est solvere." Paulinenkommentar Cod.Paris.Nat.lat.15603 und Cod.Paris.Nat.lat.15604; zit. bei Denifle, Die abendländischen Schriftausleger, 115.

169   Paulinenkommentar Cod.Paris.Nat.lat.15602 und Cod.Vat. Palat.lat.94; Wortlaut nahezu wie bei Guerricus de S.Quintino (s.o.Anm.168); zit. bei Denifle, aaO 126.

170   s.o.S.186 Anm.246.

171   s.o.S.234.

172   Sent.II d.27 a.2 q.1 (Nürnberg Stadt-Bibl.Cod.Cent.II 6 fol.114a/b); zit. bei Auer, Gnadenlehre II, 99 Anm.136. Vgl. Sent.II d.27 a.3 q.1 (ibid. fol.114v); zit. bei Auer, aaO 109 Anm.157: "... quantumcumque creatura deo serviat, semper eius liberalitas remanet libera nec ei in aliquo obligatur..."

173   "Quidquid autem datur homini, totum datur liberaliter et non ex necessitate vel ex aliqua obligatione." Sent.I d.17 q.1 (Cod.Paris.Nat.lat.12330 fol.21c); zit. bei Dettloff, Die Entwicklung, 110 Anm.368.

Er entfaltet diesen Gedanken durch die Überlegung: "Weil niemand dadurch, daß er ein unverdientes Geschenk gegeben hat, dazu verpflichtet wird, noch mehr zu schenken, sondern vielmehr der Empfangende dem Schenkenden verpflichtet wird, darum wird aus dem guten Habitus, den guten Akten oder Gewohnheiten, die uns von Gott geschenkt sind, Gott selbst in keiner Weise verpflichtet, uns auf Grund irgendeiner Gerechtigkeitspflicht noch etwas weiteres zu schenken."[174] Speziell zum Problem der Verheißung bemerkt Durandus, daß eine göttliche Verheißung in der Heiligen Schrift nicht irgendeine Verpflichtung bezeichne, sondern lediglich eine Verfügung aus göttlicher Freiheit[175]. In deutlicher Abhängigkeit von Durandus betont auch sein Zeitgenosse Petrus de Palude, daß für Gott aus seinem gnadenhaften Wirken am Menschen keine Verpflichtung entstehe, nicht einmal auf Grund der Verheißung, da niemand sich ein Gesetz auferlegen könne, von dem er nicht wieder abrücken dürfe[176]. Schließlich sei noch der Grundsatz Ockhams erwähnt, der lautet: "Deus autem nulli tenetur nec obligatur tamquam debitor."[177]

Neben diesen kritischen Äußerungen zum obligatio-Gedanken finden sich freilich auch zahlreiche Beispiele einer positiven Verwendung der Begriffe obligare und obligatio. Dabei sind kritische und positive Bemerkungen oft bei ein und demselben Autor anzutreffen, z.B. bei Gaufrid von Poitiers, Roland von Cremona, Odo Rigaldi, Bonaventura und Matthäus von Acquasparta. Sie handhaben einen vorsichtig differenzierten Gebrauch dieser Begriffe. Für Guerricus de S.Quintino, Johannes von Rupella und Petrus de Trabibus ist Ähnliches zu vermuten[178]. Durandus de S Porciano und Petrus de Palude dagegen können den Begriffen

---

174 "Id quod sumus et quod habemus, sive sint habitus sive actus boni, totum est in nobis ex liberalitate divina gratis dante et conservante. Et quia ex dono gratuito nullus obligatu ad dandum amplius, sed potius recipiens obligatur danti, ideo bonis habitibus et ex bonis actibus seu usibus nobis a deo datis deus non obligatur nobis ex aliquo debito iustitiae ad ali quid amplius dandum." Quodlibet I q.7 (Cod.Vat.lat.1075 fol.6b zit. bei Dettloff, aaO 120 Anm.402.
175 "Promissio divina in scripturis sacris non sonat in al quam obligationem, sed insinuat meram dispositionem libertatis divinae." Quodlibet I q.7 (Cod.Vat.lat.1075 fol.6b); zit. bei Dettloff, aaO 121 Anm.403.
176 s.o.Anm.132.
177 Sent.II d.19 H.
178 Wir haben die Verdienstlehre dieser drei Autoren aus Zeitgründen nicht näher untersuchen können.

obligare und obligatio keine positive Seite abgewinnen. Demnach scheint es so, als ob man erst seit der Wende zum 14. Jahrhundert unter dem Einfluß eines radikalen Verständnisses der
göttlichen Freiheit, wie es vor allem Duns Scotus entfaltet
hat[179], hier und da zu einer generellen Ablehnung des obliga-
tio-Gedankens für die Beziehung zwischen Gott und Mensch gekommen ist. Doch widmen wir uns nun den positiven Aussagen zu
obligare und obligatio, die wir im 13. Jahrhundert finden:

Gaufrid von Poitiers, der sich so deutlich gegen eine Verpflichtung Gottes ausgesprochen hat, kann andererseits vor dem
falschen Eindruck warnen, daß sich der Herr niemandem gegenüber durch eine Verheißung verpflichte. Vielmehr verpflichte
sich der Herr gegenüber den Gerechten zur Belohnung ihrer Liebeswerke[180]. Abgelehnt wird also nicht der Gedanke einer freien
Selbstverpflichtung Gottes, sondern nur eine obligatio, die man
als Fremdbestimmung Gottes durch äußere Ursachen, sei es durch
Gesetze oder menschliche Leistungen, verstehen müßte. In diesem
Sinne sind auch die oben zitierten Äußerungen des Kardinals Laborans und des Paulinenkommentars Cod.Paris.Nat.lat.686 zu verstehen. Wie Gaufrid von Poitiers kombinieren auch Roland von
Cremona[181], Odo Rigaldi[182] und Bonaventura Ablehnung der obligatio als Bezeichnung für eine Fremdbestimmung Gottes und Bejahung der obligatio als Bezeichnung für die freie, autonome
Selbstbindung Gottes. Bonaventura bringt den Gegensatz der beiden obligatio-Verständnisse und damit den Sinn der Ablehnung sowie den Sinn der Bejahung besonders deutlich zum Ausdruck: Zwar
könne Gott uns gegenüber nicht auf Grund einer empfangenen
Leistung (in ratione dati et accepti) verpflichtet sein, jedoch
gewissermaßen auf Grund seiner reinen Güte, mit der er die Verheißung gegeben hat[183]. In Abhängigkeit von Bonaventura unterscheidet dann Matthäus von Acquasparta zwischen einer "obligatio
ex necessitate vel ratione debiti" und einer "obligatio ex mera
voluntate et ratione liberalis promissi"[184]. Ausschließlich

---

179 s.o.S.353f.
180 s.o.S.126 Anm.56.
181 s.o.S.307 (bei Anm.223), S.308 Anm.228 und S.309 Anm.
229.
182 s.o.S.186-188.
183 s.o.S.235f.
184 Quaestiones de gratia, q.5 IVb (134); vgl. auch Sent.II
d.27 a.2 q.1 (Cod.Assisi Bibl.Com.132 fol.149c-150c); zit. bei
Auer, Gnadenlehre II, 109 Anm.156 ("obligatio ratione promissi
et ex mera liberalitate").

422

positiv äußern sich Wilhelm von Auxerre und Wilhelm von Auvergne zum Problem der Verpflichtung Gottes, jedoch mit unterschiedlicher Begründung. Wilhelm von Auxerre versteht die obligatio als essentielles Gehaltensein Gottes, d.h. er sieht in ihr nur einen anderen Ausdruck für die unwandelbare Treue Gottes zu sich selbst, so daß die Verbindung von libertas/liberalitas und obligatio nicht schwer herzustellen ist. Die höchste Freigebigkeit Gottes bestehe gerade darin, daß er nicht anders als freigebig handeln kann[185]. Wilhelm von Auvergne hingegen begründet die Tatsache der Verpflichtung Gottes wie fast alle Theologen des 13. Jahrhunderts, die von einer obligatio dei sprechen, durch den Hinweis auf die freie Selbstbindung Gottes[186].

Man bedient sich der Begriffe obligatio und obligare, um die unbedingte Gültigkeit der göttlichen Verheißung oder - wie Wilhelm von Auxerre - das stetige Festhalten Gottes an seinem eigenen Wesen und damit die Legitimität der menschlichen Lohnerwartung adäquat zum Ausdruck bringen zu können. Dieser adäquate Ausdruck schließt natürlich ein, daß im Aspekt der Verpflichtung zugleich der Aspekt der Freiheit Gottes transparent wird. Wir haben gesehen, wie beide Pole immer wieder miteinander verknüpft wurden. Die Interpretation der obligatio von der libertas oder liberalitas her zeigt sich auch darin, daß man die obligatio wiederholt als nur uneigentliche Verpflichtung kennzeichnet. So sagt Wilhelm von Auxerre, daß Gott nur im übertragenen Sinne (transsumptive) verpflichtet genannt werden könne[187]. Roland will nur "sub aliquo modo loquendi" von einer Verpflichtung Gottes sprechen[188], und Bonaventura charakterisiert die obligatio als quaedam obligatio und das se obligare Gottes als quodam modo se obligare[189]. Man ist sich bewußt, durch die Anwendung der Begriffe obligare und obligatio auf Gott eine äußerste Grenze theologischen Redens erreicht zu haben.

---

185 s.o.S.276 Anm.91 und 93.
186 s.o.S.147 Anm.121, S.151 Anm.130 und S.160 Anm.157 ("se astrinxit").
187 s.o.S.276 Anm.91.
188 s.o.S.309 Anm.229.
189 s.o.S.236 (bei Anm.416).

c) debere/debitum/debitor

Die bei weitem am häufigsten vorkommenden Bezeichnungen für
das Gebundensein Gottes sind debere, debitum und debitor, die
Gott als Schuldner bestimmter Gaben kennzeichnen. Man stößt
auf diese Begriffe im Rahmen der Gnaden- und Verdienstlehre
schon bei Tertullian[190], Cyprian[191] und Augustin[192], dann auf
Schritt und Tritt bei den Theologen der Früh-, Hoch- und Spätscholastik, ja sogar noch bei Martin Luther in dessen Dictata
super Psalterium[193]. Entsprechend weit ist der Anwendungsbereich der Schuldvorstellung. In erster Linie natürlich bezieht
sie sich wie der Obligationsgedanke auf die Gabe des ewigen Lebens, in einigen wenigen Fällen aber auch auf die rechtfertigende Gnade[194], die zeitlichen Güter[195] und die Inkarnation
Christi[196].

Nicht überall, jedoch in den meisten der Fälle, wo man eine
freie Selbstbindung Gottes im Auge hat, wird Gott als Schuldner bezeichnet. Die Begriffe debere, debitum und debitor stehen
so vielen Interpretationen offen, können bis zu einem solchen
Grad des uneigentlichen Sprachgebrauchs verflüchtigt werden,
daß ihre Anwendung auch dem möglich ist, der unter dem Eindruck
der frei schenkenden Souveränität Gottes dem Gedanken einer
Schuldnerschaft Gottes äußerst kritisch gegenübersteht. Man
denke nur an Theologen wie Augustinus, Petrus Lombardus, Laborans, Bonaventura, Thomas, Duns Scotus, Durandus de S.Porciano
und Luther. Warum nimmt man immer wieder das heikle und reichlich mühsame Geschäft auf sich, vom debere Gottes zu sprechen
und dabei alle möglichen Mißverständnisse dieser Schuldnerschaft abzuwehren, anstatt solche juristischen Termini in der
Theologie grundsätzlich zu vermeiden?

Die hermeneutischen Überlegungen des Kardinals Laborans ha-

---

190 s.o.S.9 Anm.10.
191 s.o.S.9 Anm.11.
192 s.o.S.8-11.
193 s.o.S.378 (bei Anm.161).
194 Bei Roland von Cremona (s.o.S.298 Anm.192), Odo Rigaldi (s.o.S.186 Anm.246) und Durandus von St.Pourçain (s. Dettloff, Die Entwicklung, 117).
195 Bei Wilhelm von Auxerre (s.o.S.264 Anm.56), Wilhelm von
Auvergne (s.o.S.147 Anm.121 und S.149 Anm.123) und Roland von
Cremona (s.o.S.291-294).
196 Bei Roland von Cremona (s.o.S.310f Anm.231).

ben uns gezeigt, daß die Begriffe debere, debitum und debitor
zwar innerhalb des theologischen Rahmens ihre juristische Bedeutung sprengen, da hier nicht mehr die juristische Antinomie
zwischen Schuldnerschaft und Freiheit besteht, daß aber trotzdem ihre theologische Verwendung für sinnvoll gehalten wird,
weil man durch sie pointiert zum Ausdruck bringen kann, daß
Gott ein zuverlässiger Geber ist[197]. Ganz entscheidend für den
häufigen Gebrauch dieser Begriffe ist aber auch die Tatsache,
daß man in der Scholastik den Verdienstbegriff allgemein durch
den Gedanken der Schuldnerschaft des Belohnenden erklärt[198].
Will man an der Lohn- und Verdienstvorstellung festhalten, dann
muß darum auch ein Weg gefunden werden, der es erlaubt, von
einer Schuldnerschaft Gottes zu reden. Dies ist nur möglich,
wenn man zwischen verschiedenen Schuldbegriffen unterscheidet
und dabei diejenigen auf Gott anwendet, die dem Gesichtspunkt
der Freiheit und Freigebigkeit Gottes gerecht werden. Wir wollen
kurz einen Blick auf diese verschiedenen Bedeutungen von debere, debitum und debitor werfen.

Petrus Lombardus macht auf die besondere Problematik des
Wortes debere aufmerksam, wenn er in Abhängigkeit von der Summa
sententiarum bemerkt, daß es Gift enthalte, da es einen viel-
fältigen und verhüllten Sinn habe[199]. Die mannigfachen Bedeutungen des Begriffs, die von den scholastischen Theologen er-
schlossen werden, lassen sich in drei Gruppen zusammenfassen.
In der ersten Gruppe geht es um die Schuld im eigentlichen Sinne
die durch die Qualität der Leistung konstituiert wird, indem
der Empfänger bestimmter Leistungen Schuldner einer entsprechenden Belohnung wird. Durandus de S.Porciano beschreibt diese unmittelbare Abhängigkeit der Schuldnerschaft von der Beschaffenheit der Leistung folgendermaßen: "Quoddam enim est debitum de
condigno, quando ex natura et condicione operis efficitur homo
dignus, ut ex iustitia sibi reddatur talis merces propter aequalitatem inter opus et mercedem secundum iustam aestimationem."[20]
Wie auch immer man in der mittelalterlichen Verdienstlehre zur
Frage eines meritum de condigno steht, kein Theologe wendet

---

197 s.o.S.55f.
198 s.u.S.439-441.
199 s.o.S.23 Anm.11. Vgl. Summa sententiarum 1,14 (PL 171,
1095D = PL 176,69B/C).
200 Quodlibet I q.7 (Cod.Vat.lat.1075 fol.5d-6a); zit. bei
Dettloff, Die Entwicklung, 117 Anm.390.

diesen Gedanken einer eigentlichen Schuldnerschaft, die aus der besonderen Qualität der Leistung erwächst, auf das Verhältnis zwischen Gott und Mensch an[201].

Dagegen ist sehr häufig von einem debitum Gottes im uneigentlichen Sinn die Rede, das eine Folge seiner promissio, conventio, pactio etc., d.h. seiner freien Selbstbindung, und gerade nicht eine direkte Konsequenz der Werkqualität ist. Dieser zweite Typus der Schuldvorstellung wird zu den Gaben des ewigen Lebens, der zeitlichen Güter und der Inkarnation Christi, nicht aber zur rechtfertigenden Gnade in Beziehung gesetzt, da dies offensichtlich dem Gesichtspunkt der Gratuität der Gnade widerspräche.

Der dritte und weiteste Schuldbegriff, der auch auf die Verleihung der rechtfertigenden Gnade anwendbar ist[202], geht nicht von der kontingenten Selbstbindung Gottes, sondern von der gleichbleibenden Güte des göttlichen Wesens aus, die sich nach außen als Bindung Gottes darstellt, obwohl sie nichts anderes als die ewige Selbstbejahung Gottes ist. Debere in diesem Sinn ist gleichbedeutend mit decere, umfaßt also den Bereich dessen, was Gott zu tun geziemt, wenn er sein eigenes Wesen nicht verleugnen will[203].

Während der erste Typus des Schuldbegriffs den Aspekt der freien Zuwendung und des freigebigen Schenkens aus dem Verdienstverhältnis ausklammert und deshalb für den Theologen unpraktikabel ist, sind der zweite und der dritte Typus auch auf Gott anwendbar, weil beide die Schuld Gottes gerade so charakterisieren, daß die Freiheit Gottes, sein freier geschichtlicher Willensentscheid bzw. das freie Festhalten an seiner wesenhaften Güte, Freigebigkeit und Barmherzigkeit, zur Geltung gebracht wird.

---

201 In diesem Zusammenhang sind auch die kritischen Bemerkungen zum Gedanken einer obligatio dei zu sehen; s.o.S.418-420.

202 s.o.S.423 (bei Anm.194).

203 So spricht Odo Rigaldi von einem "debere de iustitia, quae est condecentia divinae bonitatis" (s.o.S.186 Anm.246). Vgl. auch Thomas von Aquin, S.th.I q.21 a.1 ad 3: "Debitum enim est deo, ut impleatur in rebus id, quod eius sapientia et voluntas habet et quod ipsius bonitatem manifestat. Et secundum hoc iustitia dei respicit decentiam ipsius, secundum quam reddit sibi, quod sibi debetur." Duns Scotus spricht bei Gott von einer "redditio debiti sibi ipsi, id est suae bonitati", die der "condecentia voluntatis divinae" entspricht: Ox.IV d.46 q.1 n.3.5 (X 238.241).

d) necessarius/necesse/necessitas

Die Begriffe obligare/obligatio und debere/debitum/debitor bezogen sich in erster Linie auf den Verdienstgegenstand des ewigen Lebens. Dagegen finden sich die Begriffe necessarius (oder
necesse) und necessitas - zumindest im 13. Jahrhundert - vor
allem dort, wo es um die Bestimmung des Zusammenhangs zwischen
der Vorbereitung des Menschen, dem facere quod in se est, und
der Gnadenverleihung geht, weniger oft bei der Frage nach dem
Verdienst zeitlicher Güter. Der Gedanke einer Notwendigkeit
der Gnadeneingießung wird beispielsweise von Wilhelm von Auxerre[204], Roland von Cremona[205], Johannes von Rupella[206], Alexander von Hales (Summa Halensis)[207], Albertus Magnus[208], Thomas
von Aquin[209], Matthäus von Acquasparta[210], Duns Scotus[211], Robert Holkot[212] und Gabriel Biel[213] vertreten, während die Notwendigkeit der Mitteilung zeitlicher Güter an den Sünder, der
gewisse natürlich gute Werke vollbringt, von Wilhelm von Auxerre[214] und Roland von Cremona[215] behauptet wird.

Dabei spielt natürlich die Unterscheidung zwischen verschiedenen Arten der necessitas eine zentrale Rolle, denn nur die
Methode der Distinktion erlaubt das konfliktlose Nebeneinander
oder sogar die wechselseitige Durchdringung des Notwendigkeits-
aspekts und des Gesichtspunkts der Freiheit Gottes. Bereits
Anselm unterscheidet zwischen der zwanghaften Notwendigkeit,
der necessitas cogens aut prohibens, die mit Gottes Freiheit
nicht vereinbar sei, und der Notwendigkeit, die eine selbstverständliche Folge des göttlichen Wesens sei, der necessitas
als immutabilitas[216]. Diese Unterscheidung wird von Johannes vo
Rupella und in der Summe Alexanders von Hales durch die Begriff
necessitas coactionis bzw. prohibitionis und necessitas immu-

---

204 s.o.S.256f.
205 s.o.S.299 Anm.197.
206 s.o.S.259f.
207 s.o.S.259f.
208 Sent.II d.28 H a.1 ad 4 (XXVII 485a).
209 s.o.S. 394.
210 Quaestiones de gratia, q.3 ad 13 (83).
211 Report.Paris.II d.28 n.9 (XI/1,377).
212 s.o.S.371 Anm.128.
213 s.o.S.372f (bei Anm.137).
214 s.o.S.266 Anm.61.
215 s.o.S.295f Anm.183 und 185.
216 s.o.S.190.

tabilitatis aufgenommen[217]. Wenn bei den oben genannten Theologen von einer Notwendigkeit der Gnadenverleihung oder der Mitteilung zeitlicher Güter die Rede ist, dann ist nie die necessitas coactionis oder absoluta[218] gemeint, sondern die necessitas immutabilitatis (Johannes von Rupella, Summa Halensis, Matthäus von Acquasparta, Duns Scotus, Robert Holkot, Gabriel Biel), infallibilitatis (Thomas von Aquin) oder condicionata (Roland von Cremona, Thomas von Aquin). Nicht unwichtig ist dabei, wie man diese Notwendigkeit im weiteren Sinne begründet: Entweder geht man - wie Wilhelm von Auxerre, Roland von Cremona, Johannes von Rupella, Summa Halensis, Albertus Magnus, Thomas von Aquin und Matthäus von Acquasparta - unmittelbar von der Unwandelbarkeit des göttlichen Wesens und seiner bonitas, liberalitas, benignitas, misericordia, largitas aus, oder man leitet - wie Duns Scotus, Robert Holkot und Gabriel Biel - die Notwendigkeit aus dem geschichtlichen Akt einer freien Verordnung Gottes her, an die sich Gott in seiner Treue hält. In beiden Fällen geht es darum, auf die zuverlässige Gültigkeit des ordo salutis und damit auf die garantierte Relevanz der menschlichen Werke, auch der des Sünders, hinzuweisen.

e) iustus/iustitia

Auch die Begriffe iustus und iustitia bringen, sofern sie in der mittelalterlichen Gnadenlehre als Bezeichnungen für eine Eigenschaft Gottes und nicht für die von Gott im Menschen gewirkte Gerechtigkeit[219] dienen, in verschiedener Hinsicht eine Bindung oder ein Nichtanderskönnen Gottes und damit die unaufhebbare Gültigkeit der bestehenden Heilsordnung zum Ausdruck.

Grundsätzlich gibt es zwei Möglichkeiten, Gerechtigkeit als Eigenschaft Gottes zu verstehen: Zum einen deutet man iustitia

---

217 s.o.S.190.
218 Von einer necessitas absoluta im Gegensatz zur necessitas condicionata sprechen Roland von Cremona (s.o.S.296 Anm.185) und Thomas von Aquin (s.o.S.320f).
219 Dieses Verständnis von iustitia dei findet sich bei Augustin und einigen von Augustin abhängigen Paulusexegeten des Mittelalters; s. Denifle, Die abendländischen Schriftausleger, Sachregister über iustitia Dei und iustificatio impii Nr.I B 6 (Iustitia Dei, non qua iustus ipse Deus). Zur Frage der iustitia dei vgl. auch Holl, Die iustitia dei in der vorlutherischen Bibelauslegung; Bornkamm, Iustitia dei in der Scholastik und bei Luther; Oberman, "Iustitia Christi" und "Iustitia Dei".

in einem engeren Sinne als vergeltende Gerechtigkeit, als iustitia respectu exigentiae meritorum[220] und iustitia distributiva[221], bezieht sie also auf die Belohnung der Gerechten mit dem ewigen Leben und die Bestrafung der Sünder mit der ewigen Verdammnis. Das Moment der Bindung besteht darin, daß Gott als gerechter Gott die Taten des Menschen entsprechend vergelten muß, daß von dieser iustitia, die Gegenbegriff zur misericordia ist, nur da die Rede sein kann, wo sich die Beziehung Gottes zum Menschen als Obligationsverhältnis oder Schuldnerschaft darstellt. Bezeichnend sind Ausdrücke wie debere de (oder ex) iustitia[222] und necessitas iustitiae[223], bei denen erst der iustitia-Aspekt dem debere und der necessitas die strikte Bedeutung gegenüber einem weiteren Verständnis verleiht.

Zum anderen ist ein Gerechtigkeitsbegriff im Umlauf, der in einem umfassenden Sinne das zum Inhalt hat, was der göttlichen Güte gemäß ist, aus diesem Grunde auch dem Gesichtspunkt der misericordia dei Raum gibt und daher auch auf das Rechtfertigungsgeschehen, die Inkarnation oder die Verleihung zeitlicher Güter anwendbar ist. Diese Art der Gerechtigkeit, die man gewöhnlich condecentia (divinae) bonitatis nennt[224], enthält insofern das Moment der Bindung Gottes, als sie anzeigt, daß Gott aus Treue zu seinem eigenen Wesen nicht anders als gut handeln kann. Wir sprachen hier von einem essentiellen Gehaltensein im Gegensatz zu einer geschichtlichen Selbstbindung Gottes[225]. Anselm von Canterbury war es, der durch seine Unterscheidung zwischen der engeren Vergeltungsgerechtigkeit und der weiteren Wesensgerechtigkeit Gottes den doppelten scholastischen Gerechtigkeitsbegriff entscheidend prägte. Immer wieder wird jene Stelle seines Proslogion zitiert, in der es heißt: "Cum punis malos, iustum est, quia illorum meritis convenit; cum vero

---

220 s.o.S.186 Anm.246 (Odo Rigaldi).
221 Der Begriff der ‚iustitia distributiva (im Gegensatz zur iustitia commutativa) war unter den von uns besprochenen Autoren zuerst bei Thomas von Aquin zu finden; s.o.S.327.
222 s.o.S.264 Anm.56 und S.373 (bei Anm.138).
223 s. Dettloff, Die Entwicklung, 324 Anm.163 (Alfons Vargas von Toledo).
224 s. z.B. Summa fr. Alexandri I p.1 inq.1 tr.4 q.1 m.2 c:2 ad 4 (I 207b); Bonaventura, Sent.II d.32 a.3 q.2 resp.(II 772b-773a); Thomas von Aquin, Sent.IV d.46 q.1 a.1 sol.1 (Ed. Parma VII 1136), IV d.46 q.2 a.2 ad 1 (1146), IV d.46 q.2 a.2 sol.2 ad 4 (1147); ders., S.th.I q.21 a.1 ad 3.
225 s.o.S.1f.

parcis malis, iustum est, non quia illorum meritis, sed quia bonitati tuae condecens est."[226]

Noch erwähnten wir nicht jene Art der Gerechtigkeit Gottes und damit jene Form des Gebundenseins Gottes, die seiner freien geschichtlichen Selbstbindung entspringt. Davon scheint dort die Rede zu sein, wo der Gerechtigkeitscharakter des göttlichen Gebens aus der promissio Gottes - oder aus der pollicitatio, dem pactum, der conventio etc. - hergeleitet und die iustitia dei dann als Treue Gottes zu seiner Verheißung gesehen wird. Zu einer solchen Deutung der iustitia als Bezeichnung der aus dem geschichtlichen Verfügungsakt folgenden Bindung Gottes ist man in all den Fällen berechtigt, in denen promissio und iustitia auf den Lohn des ewigen Lebens bezogen werden, so bei Bernhard von Clairvaux[227], Stephan Langton[228], in den Quästionen Cod.Vat.lat.782[229], in einer von Wilhelm von Auxerre referierten opinio[230], bei Roland von Cremona[231], Odo Rigaldi[232], Aegidius Romanus[233] und Gabriel Biel[234]. In diesen Fällen ist die iustitia dei eine besondere Form der vergeltenden Gerechtigkeit, ein gerechtes Verhalten, das nicht oder nicht nur durch die Qualität der Gnadenwerke, sondern ausschließlich oder entscheidend durch den geschichtlichen Akt der freien Selbstbindung Gottes bewirkt wird. Der spezifische Charakter dieser Gerechtigkeit kommt besonders in der bei Wilhelm von Auxerre genannten opinio zum Ausdruck, wo zwischen zwei Arten der vergeltenden Gerechtigkeit unterschieden wird, einer Gerechtigkeit, die jedem nach seiner Leistung vergilt ("redditur unicuique quod suum est"), und einer Gerechtigkeit, die mit der Treue zu den gegebenen Verheißungen gleichzusetzen ist. Im letzteren Sinn sei Gott "iustus in remunerando"[235].

Wichtig ist, daß auch jenes debere de iustitia, das aus der freien Selbstbindung Gottes resultiert und einen direkten Ein-

---

226 Proslogion, c.10 (I 108,27-109,1).
227 s.o.S.21 Anm.3.
228 s.o.S.112f Anm.19.
229 s.o.S.89f Anm.150.
230 s.o.S.82 Anm.129. Wilhelm selbst bezieht diese Art der vergeltenden Gerechtigkeit auf die Verleihung zeitlicher Güter an die Juden; s.o.S.264 Anm.56.
231 s.o.S.307 (bei Anm.223).
232 s.o.S.184f.
233 s.o.S.343 Anm.16.
234 s.o.S.373 (bei Anm.138).
235 s.o.S.82 Anm.129.

fluß der menschlichen Werke auf den Gerechtigkeitscharakter der
göttlichen Belohnung ausschließt oder zumindest einschränkt,
als vergeltendes Verhalten Gottes gilt, dem die exigentia operum entspricht, eine Lohnforderung freilich, die ihr Recht nur
im Rahmen der freien Selbstbindung Gottes behaupten kann: "Est
etiam meritum de condigno, quod iustitiam respicit sive exigentiam operum non in se, sed ratione conventionis factae. Et
sic meremur vitam aeternam."[236] Gerechtigkeit und Barmherzigkeit
sind zwar eng aufeinander bezogen, da die Gerechtigkeit eine
Folge der Barmherzigkeit ist, mit der Gott die Verheißung gegeben hat[237], bleiben aber trotzdem streng geschieden: Während
sich die misericordia (oder benignitas, bonitas, clementia,
gratia, largitas, liberalitas) auf das Anfangsereignis der Verheißung bezieht, verbindet sich die iustitia mit dem die Erfüllung der Verheißung bringenden Endereignis der Belohnung.

Anders hingegen sind solche Stellen zu beurteilen, in denen
zwar auch von der iustitia dei als Treue Gottes zu seiner Verheißung die Rede ist, die Gerechtigkeit jedoch nicht auf die
Belohnung mit dem ewigen Leben, sondern auf die Gabe der Inkarnation und die Verleihung der rechtfertigenden Gnade oder zeitlicher Güter[238] bezogen und dann nur als ein anderer Aspekt
der misericordia dei gesehen wird. Wir haben hier neben je einer Stelle bei Stephan Langton[239] und Thomas von Aquin[240] zahlreiche Auslegungen abendländischer Schriftkommentare zu Rom.1,17
("Iustitia enim dei in eo revelatur ex fide in fidem") und 3,21
("Nunc autem sine lege iustitia dei manifestata est") im Blick,
die in dem von Denifle aufbereiteten Quellenmaterial[241] zu finden sind und erklären wollen, inwiefern Inkarnation Christi und

---

236 s.o.S.89f Anm.150 (Quaestiones Cod.Vat.lat.782).
237 An die Stelle der misericordia können auch die Begriffe
benignitas, bonitas, clementia, gratia, largitas und liberalitas
treten; s.u.S.432f.
238 s. aber o.Anm.230: Wilhelm von Auxerre bezieht die vergeltende Verheißungsgerechtigkeit auch auf die Verleihung zeitlicher Güter; anders dagegen Stephan Langton (s.o.S.112f Anm.
19), der sagt: "Temporalia vero et incarnationem sic promisit,
ut de sola gratia darentur." Vorher hieß es bei ihm: "Conferendo temporalia facienti bona opera dicitur iustus, id est fidelis."
239 s.o.Anm.238.
240 "In iustificatione impii servatur aliquis modus iustitiae, qui est secundum condecentiam divinae bonitatis vel etiam
secundum exhibitionem promissi." Sent.IV d.46 q.2 a.2 sol.2 ad
4 (Ed.Parma VII 1147).
241 Denifle, Die abendländischen Schriftausleger.

Rechtfertigung des Gottlosen als Erweis der iustitia dei verstanden werden können. Schon der Ambrosiaster (366-384) kommt
zu der Erklärung: "Iustitia est dei, quia quod promisit dedit"[242] und führt diesen Gedanken noch näher aus: "Ideo autem
iustitia dei dicta est, quae videtur esse misericordia, quia
de promissione originem habet, et cum promissum dei redditur,
iustitia dei dicitur. Iustitia est enim, qua redditum est, quod
promissum est; et cum suscepit confugientes ad se, iustitia dicitur, quia non suscipere iniquitas est."[243] Das iustitia-Ver-
ständnis des Ambrosiasters wird in der mittelalterlichen Paulus-
exegese mehrfach - wir fanden bei Denifle Belege bei vierzehn
verschiedenen Autoren vom achten bis zum fünfzehnten Jahrhundert[244] - aufgenommen und entfaltet. Zwar weist die Auslegung
der iustitia dei in vielen dieser Stellen auf eine Bindung Gottes, allerdings nicht auf eine Bindung, die Resultat der promissio ist, sondern auf das essentielle Gehaltensein Gottes, auf
die Tatsache also, daß Gott als gütiger und barmherziger Gott
dem Menschen, der tut, was in seinen Kräften steht, die rechtfertigende Gnade nicht vorenthalten kann. Von dieser weiteren,
mit der Barmherzigkeit kongruenten Wesensgerechtigkeit Gottes
haben wir schon gesprochen. Die Verheißung hat dann lediglich
eine deklaratorische Funktion; sie verkündet die ewige Bereitschaft Gottes, den Sünder in Gnade anzunehmen. Man kann die
Rechtfertigung wohl als Erfüllung der Verheißung und gerade von
daher als Gerechtigkeit, d.h. als Zeichen der Treue Gottes zu
seiner Verheißung, verstehen, doch ist diese Art der Gerechtigkeit streng genommen nicht Ausdruck des Gebundenseins Gottes.
Deutlich wird dies z.B. in der Auslegung des Guerricus de S.
Quintino zu Rom.3,21. Er sagt, daß die Gerechtigkeit, mit der
Gott den Sünder rechtfertigt, schon v o r der Verheißung
an Abraham bestanden habe, durch die Verheißung aber geoffenbart

---

242 Zu Rom.1,17 (CSEL 81 I,36,17; 37,23). Vgl. Denifle, aaO
1.
243 Zu Rom.3,21 (CSEL 81 I,116,24-31). Vgl. Denifle, aaO 2.
244 Die Autoren lauten (in Klammern die Seitenzahlen bei
Denifle, aaO): Sedulius Scottus (11f), Gilbert (31), Rupert von
Deutz (39), Pseudo-Gilbert de la Porrée (43-45.47), Petrus
Lombardus (58.62f), Glossen zum Lombarden (101), Hugo von St.
Cher (108), Guerricus de S.Quintino (113.115f), Pseudo-Odo
Gallus (118-120), Johannes von Rupella (126f), Thomas von Aquin
(137.140), Augustinus Favaroni von Rom (227), Petrus Tzech von
Pulka (238.242), Anonymus von Krakau (265-268).

worden sei[245]. Jene Gerechtigkeit beschreibt er genauer als
"iustitia congrui, quae non opponitur misericordiae" und meint
damit die Wesensgerechtigkeit und das damit gegebene essentielle Gehaltensein Gottes[246]. Die Gerechtigkeit als "actualis
fidelitas in promisso", die er ebenfalls erwähnt[247], hat wie
die Verheißung selbst mit der eigentlichen Bindung Gottes
nichts zu tun. Dieselbe Lösung findet sich wortwörtlich bei
Pseudo-Odo Gallus[248] und Johannes von Rupella[249].

Abschließend können wir sagen, daß sich in der mittelalterlichen Theologie zwei Möglichkeiten finden, die iustitia dei
als Verheißungstreue Gottes zu verstehen, wobei diese zwei Möglichkeiten einem doppelten Verheißungsbegriff[250] entsprechen.
Sieht man in der promissio den Akt einer freien Selbstbindung
Gottes, dann wird der Begriff iustitia zur Bezeichnung des
Gebundenseins, das Folge der Selbstbindung ist und ein Handeln
ex misericordia ausklammert. Interpretiert man die promissio
hingegen lediglich als Bekanntmachung ewiger Pläne und Wesenseigenschaften Gottes, dann ist der iustitia-Begriff frei vom
Moment der Bindung Gottes, kann allerdings mit dem weiteren Begriff der Wesensgerechtigkeit Gottes, der iustitia congrui oder
condecentia bonitatis, verbunden werden, der dann seinerseits
ein die misericordia implizierendes wesenhaftes Gebundensein
Gottes zum Ausdruck bringt.

3. Bezeichnungen für die Freiheit Gottes

Wenn wir von Bezeichnungen für die Freiheit Gottes sprechen,
dann haben wir speziell solche Begriffe im Auge, die das Ereignis der Selbstbindung Gottes (durch promissio, pactum, ordinatio etc.) aus der unendlichen Entscheidungsfreiheit und frei
schenkenden Zuwendung Gottes herleiten sollen, um so auch die
Konsequenz der Selbstbindung Gottes, die Verleihung bestimmter
Gaben, als Erweis der Freiheit und Freigebigkeit Gottes zu
charakterisieren. Es handelt sich also um Begriffe, die Ursprung
der Selbstbindung und Motivation zur Selbstbindung bezeichnen.

---

245 Denifle, Die abendländischen Schriftausleger, 115.
246 Denifle, aaO 115f.
247 Denifle, aaO 115.
248 Denifle, aaO 120.
249 Denifle, aaO 126f.
250 s.o.S. 410-414.

Folgende sind zu nennen: benignus/benignitas, bonitas, clementia, gratia, largus/largitas, liberalis/liberalitas, liber/
libertas, misericordia, posse, potentia absoluta, velle/volun-
tarius/voluntas. Am häufigsten kommen die Begriffe benignus/
benignitas, liberalis/liberalitas, misericordia, posse und potentia absoluta sowie velle/voluntarius/voluntas vor. Wir wollen sie daher genauer betrachten. Die übrigen Begriffe fanden
wir jeweils nur ein- oder zweimal.

a) benignus/benignitas

Die Begriffe benignus und benignitas, welche die Güte Gottes
bezeichnen, begegnen uns in der beschriebenen Funktion bei
Stephan Langton[251], Bonaventura - sowohl in seiner eigenen Antwort[252] als auch in seiner Darstellung der Meinung anderer
Theologen[253] - und Richard von Mediavilla[254]. So sagt etwa Bonaventura, daß Gott uns gegenüber nicht auf Grund einer empfangenen Leistung verpflichtet sei, sondern auf Grund seiner reinen Güte (ex mera benignitate), aus der er sich selbst denen,
die ihn lieben, verheißen wollte[255]. Roland von Cremona führt
die Verleihung zeitlicher Güter an die Juden auf ein debere
Gottes zurück und begründet den Schuldgedanken durch den Satz:
"Decet enim deum benignissimum adimplere promissa."[256] Er erwähnt die Güte Gottes also nicht als Grund der Verheißung, sondern als Grund der Erfüllung, der von anderen Theologen iustitia genannt wird[257].

b) liberalis/liberalitas

Wohl kein Begriff dient in der Verdienstlehre der Hochscholastik so oft als Bezeichnung der göttlichen Souveränität wie
der Begriff der liberalitas, der Freigebigkeit, in der sich
Gottes Freiheit zeige. Vor allem die Theologen der Franziskaner-

---

251   s.o.S.110 Anm.16.
252   s.o.S.234.
253   s.o.S.232 (bei Anm.411).
254   s.o.Anm.39.
255   s.o.S.234.
256   s.o.S.292 Anm.170.
257   s.o.S. 427-432.

schule verwenden ihn mit Vorliebe, häufig in Wendungen wie ex mera liberalitate[258] und ex sola liberalitate[259], wenn sie die frei schenkende Zuwendung Gottes bei der Eingießung der rechtfertigenden Gnade und der Belohnung mit dem ewigen Leben herausstellen wollen. Meist ist dabei von einer freien Selbstbindung Gottes überhaupt nicht die Rede; hier und da freilich haben die Begriffe liberalis und liberalitas auch die Funktion, die Motivation Gottes, die ihn zur Selbstbindung bewegt, zu bezeichnen.

Man hat hier an Kardinal Laborans[260], zwei in der Sentenzenglosse und in der Summa Alexanders von Hales genannte Einwände[261], Bonaventura[262], Richard von Mediavilla[263], Matthäus von Acquasparta[264], Gabriel Biel[265] und Bartholomäus Arnoldi von Usingen[266] zu denken. Interessant ist vor allem die Aussage des Kardinals Laborans, der aus der liberalitas des göttlichen Versprechens auch die liberalitas der Erfüllung herleitet und damit eine meritorische Relevanz der menschlichen Werke für die Verleihung des ewigen Lebens ausgeschlossen sieht: "Sicut de liberalitate sponsio, sic est de liberalitate solutio."[267] Ganz anders argumentiert man dort, wo man durch das "ex liberalitate promittere" ein "ex iustitia teneri" Gottes und so eine Verdienstmöglichkeit des Menschen begründet[268]. In dieser liberalitas-iustitia-Struktur darf man den Schlüssel zum Verständnis des Selbstbindungsgedankens im 13. Jahrhundert und in der Spät-

---

258 s. z.B. Bonaventura (s.o.S.234) und Matthäus von Acquasparta (s.o.Anm.184).

259 s. z.B. Johannes von Rupella, Quaestiones disputatae de gratia, q.6 contra 1 resp. und contra 3 resp.(Hödl, Die neue Quästionen, 55); Summa fr. Alexandri (s.o.S.261/bei Anm.48) und Gabriel Biel (s.o.S.372: "ex sola liberalissima voluntate").

260 s.o.S.60 (bei Anm.71).

261 s.o.S.98 Anm.167 und S.262.

262 s.o.S.235 (bei Anm.415).

263 s.o.S.342 Anm.13.

264 s. Auer, Gnadenlehre II, 109 Anm.156.

265 s.o.S.372.

266 "Quamvis ex natura rei neminis sit debitor deus, potest tamen ex sua liberalitate se debitorem constituere promittendo praemium pro opere." Libellus contra Lutheranos, Erfurt 1524, fol.D 4r; zit. bei Oberman, Spätscholastik und Reformation I, 170 Anm.103.

267 s.o.S.60 (bei Anm.71); vgl. auch Paulinenkommentar Cod Paris.Nat.lat.686: "... ut liber in promittendo, sic et in exhibendo" (s.o.S.67 Anm.94).

268 s.o.S.262.

scholastik sehen, auch wenn der Aspekt der Freiheit nicht immer
durch den Begriff der liberalitas und der Aspekt der Bindung
nicht immer durch den Begriff der iustitia zum Ausdruck gebracht wird. Die grundlegende Struktur aber, die processio von
der Freigebigkeit zur Gerechtigkeit, von der Bedeutungslosig-
keit menschlicher Werke zu ihrer meritorischen Relevanz, ist
überall dieselbe[269].

c) misericordia

Als Bezeichnung für den Grund der freien Selbstbindung Gottes
findet sich der Begriff der misericordia dei bei Bernhard von
Clairvaux[270], Kardinal Laborans[271], Roland von Cremona[272],
Gabriel Biel[273] und in Martin Luthers erster Psalmenvorlesung[274].
Luther sieht nicht nur promissio und pactum unter dem Zeichen
der misericordia dei - er spricht z.B. vom pactum misericordiae -, sondern wie Augustin auch das Erfüllungsgeschehen
selbst. So ist die Selbstbindung nicht wie bei Biel der Übergang von der misericordia zur iustitia, sondern sie bleibt auch
in ihrer Wirkung von der immer gegenwärtigen Barmherzigkeit
Gottes bestimmt.

d) posse und potentia absoluta

Schon bei Augustin und in der Theologie der Frühscholastik hat
der Hinweis auf den Spielraum der göttlichen Macht die Funktion,
die Kontingenz der von Gott faktisch gewollten Heilsordnung und
damit die souveräne Entscheidungsfreiheit Gottes zu unterstreichen, wobei man zugleich die Angemessenheit der gewählten Ordnung darzulegen sucht[275]. Damit ist - vom Allmachtsbegriff her -
der Rahmen vorgegeben, der das Reden von einer freien Selbstbindung Gottes auf den verschiedensten Gebieten der Theologie
sinnvoll erscheinen läßt, weil man auf diesem Wege sowohl die

---

269 Zur processio von der Barmherzigkeit zur Gerechtigkeit
vgl. Oberman, Spätscholastik und Reformation I, 46f.
270 s.o.S.20 Anm.2.
271 s.o.S.60 (bei Anm.70).
272 s.o.S.292 Anm.171.
273 s. Canonis missae expositio, lect.59 S (II 447).
274 s.o.S.378.
275 s.u.S.491-493.

unbegrenzte Macht Gottes als auch die zuverlässige Gültigkeit
der vorgegebenen Heilsordnung betonen kann. Im Rahmen der Gnadenlehre wird das posse Gottes als Hintergrund der Selbstbindung Gottes von Bonaventura erwähnt: Gott hätte die Kreatur
auch ohne Gnadengeschenk akzeptieren können, hat es aber anders
beschlossen (decrevit)[276]. Seit Duns Scotus[277] begegnet uns
dann bei dieser Frage nach der Notwendigkeit des geschaffenen
Gnadenhabitus und bei der Frage nach der Notwendigkeit der Belohnung der Gnadenwerke mit dem ewigen Leben immer wieder der
schon in der ersten Hälfte des 13. Jahrhunderts gebräuchliche,
jedoch erst jetzt mit der Gnadenlehre verbundene Begriff der
potentia dei absoluta[278], der die unendliche Dimension der
göttlichen Freiheit gegenüber dem durch die Selbstbindung Gottes beschränkten Raum der potentia dei ordinata bezeichnet.
Dem posse per potentiam absolutam tritt das non posse per potentiam ordinatam gegenüber[279]. Wir haben oben einen Überblick
über die Reihe der Theologen des 14. und 15. Jahrhunderts gegeben, welche die absolute Entscheidungsfreiheit Gottes in dieser
Weise hervorheben[280].

e) velle/voluntarius/voluntas

Der Rekurs auf den göttlichen Willen hat für die Charakterisierung der Selbstbindung Gottes als freier Selbstbindung eine
ähnlich grundlegende Bedeutung wie der Verweis auf die göttliche Allmacht. Bezeichnet diese den Raum, aus dem die Selbstbeschränkung Gottes heraustritt, so benennen die Begriffe velle
voluntarius und voluntas den konkreten geschichtlichen Ursprungsort des Selbstbindungsaktes. Sie begründen ebenso wie in
anderer Weise die Begriffe posse und potentia, warum man bei
diesem Akt überhaupt von einer benignitas, bonitas, clementia,
gratia, largitas, liberalitas und misericordia Gottes sprechen
kann. Nur weil Gott durch keine andere Ursache als durch seinen
eigenen Willen zur Begrenzung seines Machtspielraums veranlaßt
wird, kann von einer gütigen, barmherzigen und freien Selbst-

---

276 s.o.S.227 Anm.390.
277 Zu Duns Scotus s.o.S.348-351.
278 Zur Verwendung des Begriffs in der ersten Hälfte des
13. Jahrhunderts s.u.S.473-478.
279 s. z.B. o.S.370 Anm.124 (Ockham).
280 s.o.S.356.

bindung die Rede sein. Erweisen sich doch Güte, Barmherzigkeit und Freigebigkeit Gottes gerade darin, daß er sich aus freiem Willen und nicht unter äußerem Druck bindet.

Sehr deutlich kommt diese Rolle der voluntas dei bei Kardinal Laborans zum Ausdruck, wenn er sagt: "Die allmächtige Güte, die aus ihrem eigenen Wesen besteht ohne Bedürfnis nach einem äußeren Gute, wird nicht durch äußere Ursachen verpflichtet, so daß sie ... gezwungen wäre, dem Taglöhner am Abend einen Denar auszubezahlen (Weinberggleichnis Mt.20,1-16); die einzige Ursache und der einzige Grund, den es für sie geben kann, ist ihr Wille (sola illi est pro causis et ratione voluntas)."[281] Ebenso wird die Selbstbindung Gottes im Paulinenkommentar Cod.Paris.Nat.lat.686[282], bei Roland von Cremona[283], Bonaventura[284], Matthäus von Acquasparta[285], Duns Scotus[286] und Gabriel Biel[287] auf den göttlichen Willen zurückgeführt. Vom Zusammenhang der Betonung der Ursächlichkeit des göttlichen Willens mit dem heilsgeschichtlich-personalen Charakter der Theologie, die sich des Selbstbindungsgedankens bedient, wird noch die Rede sein müssen[288].

4. Elemente und Wandlungen des Verdienstbegriffs

Auch die Termini, die das theologische Verdienst bezeichnen, insbesondere die Begriffe merere, mereri, promereri, meritorius, meritum, meritum congrui (oder ex congruo/de congruo) und meritum condigni (oder ex condigno/de condigno), sind zum Wortfeld der Selbstbindungstradition zu rechnen, wird doch im Rahmen der scholastischen Gnadenlehre meist dort der Gedanke einer freien Selbstbindung Gottes entwickelt, wo es die Verdienstmöglichkeit des Menschen und damit eine gewisse Schuldnerschaft Gottes zu begründen gilt. Wir wollen uns zunächst dem allgemeinen Verdienstbegriff zuwenden, um dann unsere Beobachtungen

---

281 s.o.S.50 Anm.40.
282 s.o.S.67 Anm.94.
283 s.o.S.307 (bei Anm.223 und 225) und S.308 (bei Anm.228).
284 s.o.S.233 Anm.413 und S.235 (bei Anm.415).
285 s.o.S.421 (bei Anm.184) und Auer, Gnadenlehre II, 109 Anm.156.
286 s.o.S.348 und 352.
287 s.o.S.372.
288 s.u.S.467-472.

zur Geschichte der Begriffe meritum congrui und meritum condigni zusammenzustellen.

a) merere/mereri/meritorius/meritum

Die Begriffe merere, mereri, meritorius und meritum, die aus dem römischen Recht stammen[289], wurden in Entsprechung zum biblischen Lohngedanken von den abendländischen Theologen Tertullian, Cyprian, Hilarius, Optatus von Mileve, Ambrosius, Ambrosiaster, Marius Victorinus und Hieronymus in der theologischen Terminologie verankert[290]. Wichtig ist die Beobachtung von Bakhuizen van den Brink, daß der Verdienstbegriff in jener Zeit nicht unbedingt einen Anspruch auf gerechte Belohnung und eine Verpflichtung Gottes zum Ausdruck bringen soll, sondern oft in einem weiteren Sinn, der die Übersetzung von merere mit 'empfangen', 'erlangen', 'erhalten' erlaubt, zu verstehen ist. "Misericordiam merui" ist dann gleichbedeutend mit "misericordiam consecutus sum" und "laudari meruit" mit "laudatus est"[291]. Wir fanden diese Deutung durch einen Blick auf den Sprachgebrauch des römischen Rechts bestätigt, wo die Verben merere und mereri neben der engeren Bedeutung von 'etwas verdienen', 'dessen würdig sein' auch die weitere von 'erwerben', 'erlangen' haben können, etwa in Verbindungen wie mereri libertem, legatum oder fideicommissum und merere coniugium (= eine Ehe eingehen)[292].

Der Streit zwischen Augustin und dem Pelagianismus bzw. dem Semipelagianismus der Mönche von Marseille[293] setzte allerdings der unbefangenen Verwendung des Verdienstbegriffs, die ihn auch mit der Vergebung und rechtfertigenden Gnade verknüpfen

---

289 s.u.S. 462. Die biblischen Begriffe merere, mereri (auß Hebr.10,29 nur alttestamentliche Belege) und meritum (nur in Jesus Sirach) haben auf die Ausbildung des patristischen Verdienstgedankens keinen Einfluß genommen.

290 s. Thesaurus Linguae Latinae, s.v. mereo(r) und meritu Rivière, Mérite, 619-633.

291 Bakhuizen van den Brink, Mereo(r) and meritum in some Latin Fathers, bes. 335-337.

292 s. Heumann/Seckel, Handlexikon zu den Quellen des römischen Rechts, s.v. merere.

293 In seinen gegen sie gerichteten Schriften De praedestinatione sanctorum und De dono perseverantiae weist Augustin di Annahme möglicher Verdienste vor dem Gnadenempfang schroff zurück.

konnte, ein Ende[294]. Künftig, d.h. bis etwa zur Mitte des 12.
Jahrhunderts, nennt man allenfalls die Werke Verdienste, die
bereits den Besitz der rechtfertigenden Gnade voraussetzen.
Schon seit Beginn der zweiten Hälfte des 12. Jahrhunderts findet man dann durch Distinktionen innerhalb des Verdienstbegriffs - wir erinnern nur an Robert von Melun, den Zeitgenossen
des Lombarden[295], Petrus Cantor[296], Paulinenkommentar Cod.
Paris.Nat.lat.3572[297], Stephan Langton[298], Gaufrid von Poitiers[299] und die Quästionen Cod.British Museum Harley.658[300] -
die Möglichkeit, wieder bei dem weiteren Verdienstbegriff der
frühen lateinischen Kirchenväter anzuknüpfen und auch die auf
die Rechtfertigung vorbereitenden Werke des Menschen als Verdienste, als merita comparatione in malo, merita interpreta-
tiva, merita occasionalia oder merita de congruo, zu bezeichnen.
Bedeutung gewinnt im Laufe des 13. Jahrhunderts vor allem der
Begriff des meritum de congruo, den wir unten ausführlicher behandeln werden. Erleichtert wurde diese Entwicklung durch die
Tatsache, daß die Beschlüsse des Konzils von Orange 529 gegen
den Semipelagianismus, insbesondere gegen den Gedanken eines
auf die Gnade vorbereitenden Verdienstes, den scholastischen
Theologen unbekannt blieben[301].

Lassen wir die Bezeichnungen bestimmter Verdienstarten vorerst unberücksichtigt, dann bleibt zu klären, welche Züge der
allgemeine Verdienstbegriff der mittelalterlichen Theologie,
der meist zum Lohn des ewigen Lebens in Beziehung gesetzt wird,
trägt. Im Vordergrund der Verdienstdefinitionen steht der Gesichtspunkt der Schuldnerschaft des Belohnenden, der Gedanke

---

294 s. Bakhuizen van den Brink, Mereo(r) and meritum, 338.
Erinnert sei nur an Augustins Schüler Prosper von Aquitanien,
der in seiner Schrift Liber contra collatorem (3,1: PL 51,222
A) dem Massilienser Johannes Cassianus entgegenhält: "Impium
est, sic velle meritis ante gratiam exsistentibus locum facere."
Vgl. auch die Beschlüsse des Konzils von Orange im Jahre 529:
Denzinger/Schönmetzer, Enchiridion symbolorum, 382,388,397
(185,191,200).
    295 s. Landgraf, Die Vorbereitung auf die Rechtfertigung,
268f.
    296 s.o.S.71f Anm.106.
    297 s.o.S.77.
    298 s.u.Anm.378.
    299 s.o.S.122 Anm.46.
    300 s.o.S.92 Anm.155.
    301 s.o.Anm.294 und Pesch, Die Lehre vom "Verdienst",
1880f.

also, daß der Empfänger einer verdienstlichen Leistung durch diese dem Verdienenden gegenüber zum Schuldner einer entsprechenden Belohnung wird. Bereits bei den lateinischen Kirchenvätern wie Tertullian[302], Cyprian[303] und Augustin[304] und bei frühscholastischen Theologen wie Bernhard von Clairvaux[305], Petrus Lombardus[306] und Kardinal Laborans[307] kann man feststellen, daß die Verwendung des Verdienstbegriffs von dem Bemühen begleitet wird, Gott auf irgendeine theologisch verantwortbare Weise als Schuldner des himmlischen Lohnes zu verstehen. Nirgends ist uns freilich in diesem Zeitraum bis zum Ende des 12. Jahrhunderts eine ausdrückliche Definition des Verdienstes auf der Grundlage des Schuldgedankens begegnet[308], was zugleich besagt, daß die Konzeption einer freien Selbstbindung Gottes bei keinem dieser Theologen automatisch die Möglichkeit menschlichen Verdienens begründet[309]. So lassen die Vertreter der Porretanerschule, zu denen auch Kardinal Laborans zu rechnen ist, ihre Verdienstdefinition nicht vom debitum des Belohnenden, sondern vom Moment der auctoritas operandi bestimmt sein[310]. Die Situation muß sich in den letzten Jahrzehnten des 12. Jahrhunderts gewandelt haben, denn kurz vor der Wende zum 13. Jahrhundert findet sich bei Petrus Cantor die Definition "mereri est de indebito debitum facere"[311] und bei Alanus ab Insulis der Gesichtspunkt "ut de indebito fiat debitum" als notwendiges Element des Verdienstbegriffs[312]. Diese

---

302 s.o.S.423.
303 s.o.S.423.
304 s.o.S.8-11.
305 s.o.S.20 Anm.2 und S.21 Anm.6.
306 s.o.S.22-24.
307 s.o.S.57.
308 Zwar findet sich bei Laborans die Formulierung "Debetur equidem merito merces et redditur" (Landgraf, Laborantis Cardinalis Opuscula, 34,7), doch erwähnt er bei der ausführlichen Behandlung des Verdienstes nur die Momente "remunerantis maioritas, auctoritas operandi et disparitas generis" (Landgraf, aaO 36,30f).
309 Kardinal Laborans und der Verfasser des Paulinenkommentars Cod.Paris.Nat.lat.686 begründen durch den Selbstbindungsgedanken lediglich die Möglichkeit eines uneigentlichen Verdienstes, da sie noch nicht die Gleichsetzung des eigentlichen Verdienstes mit einem "de indebito debitum facere" kennen.
310 s.o.S.29f.
311 s.o.S.72 Anm.108.
312 s.o.S.29 Anm.18. Vgl. die Quaestiones Cod.British Museum Royal 10 A VII (um 1200), die mereri gleichsetzen mit "de indebito debitum fieri"; zit. bei Landgraf, Die Vorbereitung auf die Rechtfertigung, 272.

Bestimmung des meritum durch das debitum hat sich durchgesetzt und ist bei fast allen Theologen des 13. Jahrhunderts anzutreffen. Damit war natürlich durch die Anwendung des Verdienstbegriffs in der Theologie automatisch die Aufgabe gestellt, zu erklären, wie Gott Schuldner des Menschen werden kann. Der allgemeine formale Rahmen, der durch die Definition "mereri est de indebito debitum facere" vorgegeben ist, mußte durch die theologische Verdienstlehre erst inhaltlich gefüllt werden. Hier zeigen sich dann die gravierenden Unterschiede zwischen den einzelnen Theologen: Man kann die Schuldnerschaft Gottes in einer mehr ontologisch-naturhaften Betrachtungsweise von der besonderen Qualität der Gnadenwerke oder in einer mehr heilsgeschichtlich-personalen Betrachtungsweise von der freien Selbstbindung Gottes her begründen.

Eng verknüpft mit dem Aspekt der Schuldnerschaft des Belohnenden ist in der Verdienstlehre des 12. und 13. Jahrhunderts das Moment der Gleichwertigkeit oder Wertentsprechung von Leistung und Lohn, das man durch die Begriffe condignus/condignitas[313], comparare/comparabilis/comparatio[314], proportionari/proportionalis/proportio[315], associatio[316], aequus[317], aequiparari[318], aequivalere[319], aequitas[320], aequalitas[321], adaequatio[322], accomodatus[323] und commensurare/commensuratio[324] zum Ausdruck bringt. Manche Theologen, z.B. Kardinal Laborans, der Verfasser der Quästionen Cod.British Museum Harley.lat. 1762[325] und Thomas von Aquin, sehen in der seinshaften Wert-

---

313 s. z.B. o.S.46 Anm.21 und S.63 Anm.81 (Laborans), S.65f Anm.87 (Cod.Paris.Nat.lat.686) und S.84f Anm.133 (Cod.Bamberg. Bibl.132).
314 s.o.S.84f Anm.133 (Cod.Bamberg.Bibl.132), S.88 Anm.145 (Cod.Paris.Arsenal.lat.534), S.176/bei Anm.203 (Wilhelm von Auvergne) und S.287 Anm.149 (Roland von Cremona).
315 s. z.B. o.S.270 (Wilhelm von Auxerre), S.176/bei Anm. 204 (Wilhelm von Auvergne), S.287f (Roland von Cremona) und S. 176f (Odo Rigaldi).
316 s.o.S.287 Anm.148 (Roland von Cremona).
317 s.u.Anm.325.
318 s.o.S.287 (Roland von Cremona).
319 s.o.S.342 Anm.13 (Richard von Mediavilla).
320 s.o.S.343 Anm.16 (Aegidius Romanus).
321 s.o.S.203 Anm. 297 (Odo Rigaldi), S.241-243 (Bonaventura), S.315f (Thomas von Aquin) und S.343 Anm.16 (Aegidius Romanus).
322 s.o.S.214 (Bonaventura).
323 s.o.S.287 (Roland von Cremona).
324 s.o.S.77 Anm.116 (Cod.Paris.Nat.lat.3572) und S.214 (Bonaventura).
325 "Vere dicitur meritum, quod ex aequo respondet praemio"; zit. bei Landgraf, Die Vorbereitung auf die Rechtfertigung, 272.

entsprechung die Voraussetzung jener Art von Schuldnerschaft,
die ein wirkliches Verdienst begründet. Andere, z.B. die Autoren der Paulinenkommentare Cod.Bamberg.Bibl.132 und Cod.Paris.
Arsenal.lat.534, der Autor der Quästionen Cod.Vat.lat.782,
Stephan Langton, Gaufrid von Poitiers, Odo Rigaldi und Bonaventura, setzen zwar die Schuldnerschaft des Belohnenden auch in
Beziehung zur Wertentsprechung von Leistung und Lohn, meinen
aber, wenn sie vom Verhältnis des gnadenhaften Verdienstes zum
Lohn des ewigen Lebens sprechen, keine Wertentsprechung oder
Wertgleichheit im ontologischen Sinne, sondern eine condignitas, comparatio, proportio, aequitas oder commensuratio, die
durch die Verordnung Gottes konstituiert wird. Wir werden davon noch beim meritum de condigno zu sprechen haben.

Obwohl die Definition des Verdienstes als "de indebito debitum facere" im 13. Jahrhundert allgemeine Verbreitung findet,
ja bereits in der ersten Hälfte des 13. Jahrhunderts zur klassischen Verdienstdefinition wird, hat sie keine völlig unange-
fochtene Gültigkeit. Im Verzicht auf den Aspekt der Schuldnerschaft, der sich in der Verdienstlehre einiger weniger Theologen findet, kann man den Versuch einer Theologisierung des Verdienstbegriffs sehen[326], genauer gesagt das Bemühen, die Begriffe mereri und meritum von ihrer Verpackung in juristisches
Denken zu befreien, um dem Geschenkcharakter der göttlichen
"Belohnung" gerecht zu werden. Schon bei Wilhelm von Auvergne
ist zu beobachten, wie sich die Bezeichnung des Verdienstes als
"obsequium gratis impensum", die hier die formale Bestimmung
des meritum als "obsequium retributionis obligatorium" inhaltlich füllt, in den Vordergrund schiebt. Das Proprium des Verdienstes liegt weniger im Verpflichtungsmoment als darin, daß
es selbstlose Tat, die nur um des Empfängers willen verrichtet
wird, ist[327]. Hugo von St.Cher geht noch einen Schritt weiter,
indem er den Gesichtspunkt der Unentgeltlichkeit des Verdienste
breit entfaltet, ohne dabei das Moment der Schuldnerschaft oder
Verpflichtung zu erwähnen[328]. Sein Lehrer Roland von Cremona,
der allerdings literarisch von ihm abhängig ist, begnügt sich
nicht mit einem stillschweigenden Übergehen der Schuldvorstellung, sondern distanziert sich ausdrücklich von der Defi-

---

326 s.o.S.141f.
327 s.o.S.138-140.
328 s.o.S.140.

nition "mereri est de indebito facere debitum" und stellt ihr
eine eigene Verdienstdefinition, in der die Begriffe motus und
movere im Mittelpunkt stehen, gegenüber[329]. Bonaventura und
Thomas von Aquin knüpfen insofern an Roland von Cremona an, als
sie beide die Ansicht vortragen, man könne unter Umständen auch
dann von einem meritum de condigno sprechen, wenn keine Schuldnerschaft des Belohnenden gegeben sei. Sie wollen damit aber
nur sagen, daß die Meinung, Gott könne nicht zum Schuldner des
Menschen werden, nicht unbedingt gegen die Annahme eines Würdigkeitsverdienstes spricht, und halten selbst an der traditionellen Bestimmung des meritum durch das debitum sowie an
der Vorstellung von Gott als Schuldner des Menschen fest[330].

Allgemein vertreten wird die Auffassung, daß das verdienstliche Werk Ursache der Belohnung ist[331]. Gerade hier werden
dann aber wieder die charakteristischen Lehrunterschiede zwischen den verschiedenen theologischen Richtungen sichtbar:
Theologen wie Wilhelm von Auxerre[332], Roland von Cremona[333]
und Thomas von Aquin[334] sprechen von einem direkten Kausalzusammenhang zwischen Verdienst und himmlischer Belohnung, der
in der besonderen Qualität der von der Gnade bestimmten Werke
seine Wurzel hat. Die Vertreter der Selbstbindungstradition
hingegen, besonders eindrucksvoll Laborans[335], Petrus de Trabibus[336] und Duns Scotus[337], verstehen die meritorische Ursächlichkeit des Gnadenwerks nicht oder nicht ausschließlich
im ontologisch-naturhaften Sinne, sondern haben einen durch
die heilsgeschichtliche Anordnung Gottes vermittelten Kausalzusammenhang im Auge. Vorbereitet wird diese Sicht durch den
allgemeinen Gedanken, dem wir bei Laborans[338], Gaufrid von

---

329 s.o.S.283-289.
330 Zu Bonaventura s.o.S.236; zu Thomas s.o.S.328f.
331 Bezeichnend sind z.B. die Begriffe meritum causae und
meritum efficientiae, die in den Quästionen des Cod.British
Museum Royal 9 E XII (zit. bei Landgraf, Die Vorbereitung auf
die Rechtfertigung, 272 Anm.17) und des Cod.lat.353 der Erlanger
Universitätsbibliothek (zit. bei Landgraf, aaO 273) das Verdienst im strengen Sinne benennen.
332 s.o.S.272 (bei Anm.80).
333 s.o.S.287.
334 s.o.S.315 (bei Anm.239).
335 s.o.S.61-64.
336 s.o.S.345 ("causa, quae statuta erit").
337 s.o.S.352 und 354.
338 s.o.S.46.

Poitiers[339] und Odo Rigaldi[340] begegnen, daß die Situation des
Verdienstes einen Vertrag oder ein Versprechen von seiten des
Empfängers voraussetze. So heißt es bei Gaufrid: "Ex opere et
promisso meretur quis."[341] Bemerkenswert erscheint uns, daß
durch die Definition des Verdienstes als causa retributionis
sichtbar wird, wie eng der Gedanke der freien Selbstbindung
Gottes nicht nur in der Sakramentenlehre[342], sondern auch in
der Verdienstlehre mit dem Problem der Kausalität verflochten
ist[343].

Schließlich ist darauf hinzuweisen, welch zentrale Bedeutung
der Gesichtspunkt der Freiheit des Handelnden für den theologischen Verdienstbegriff des Mittelalters besitzt, schon bei
Petrus Lombardus, der sich hier in einer Frontstellung gegenüber der Porretanerschule befindet[344], in besonderer Weise
aber dann bei Odo Rigaldi[345], Petrus Johannes Olivi[346] und
Johannes Duns Scotus[347]. In der Franziskanerschule entspricht
die starke Hervorhebung des liberum arbitrium als einer Teilursache des verdienstlichen Aktes dem starken Interesse an
der Freiheit der göttlichen Willensmacht gegenüber dem geschöpflichen Seinsbereich des Menschen. Man muß sich diesen Zusammenhang klarmachen, um nicht vorschnell die Rolle des liberum arbitrium - besonders bei der Vorbereitung auf die Gnade, dem
meritum de congruo - als Indiz für einen latenten Semipelagianismus zu werten. Überhaupt sollte man mit der Handhabung der Begriffe Pelagianismus oder Semipelagianismus, die auch noch in
neueren Untersuchungen[348] der kritischen Auseinandersetzung mit
der mittelalterlichen Theologie dienstbar gemacht werden, sehr
vorsichtig sein, da man als evangelischer Kirchenhistoriker
möglicherweise unbewußt vom Standpunkt Luthers und seiner

---

339 s.o.S.123f (bei Anm.51).
340 s.o.S.179f.
341 s.o.S.123f (bei Anm.51); vgl.o.S.126 Anm.56 ("Ubi est
meritum, oportet, quod sit opus cum condicione").
342 s.u.S. 479-489.
343 Zum Kausalitätsproblem s.u.S. 485-489.
344 s.o.S.31f.
345 s.o.S.174f.
346 s. Auer, Gnadenlehre II, 134.
347 s.o.S.347.
348 So jüngst von Oberman, The Shape of Late Medieval
Thought, 1974, 15; vgl. auch Steiger, Zum Begriff der Kontingenz, 66. Oberman und Steiger haben allerdings speziell die
Gnadenlehre des Nominalismus im Blick, die ja schon zu ihrer
Zeit den Vorwurf des Pelagianismus erntete; vgl. o.S.365.

Polemik gegen die scholastische Theologie her denkt und dabei
außer Acht läßt, daß Luthers Neuansatz auch den traditionellen
augustinischen Antipelagianismus hinter sich läßt. Historisch
gesehen darf man also nicht nur das als ernstzunehmenden Antipelagianismus gelten lassen wollen, was an die fundamentale
Werkkritik Luthers heranreicht. Vor allem aber sollte man nicht
schon in der bloßen Tatsache, daß ein Theologe von Verdiensten
- welcher Art auch immer - spricht, eine pelagianische Tendenz
vermuten, sondern sich vor Augen halten, daß der mittelalterlichen Kirche der Begriff des Verdienstes durch den Sprachgebrauch
der lateinischen Kirchenväter, auch Augustins, vorgegeben war.
Entscheidend ist, wie die traditionellen Begriffe merere, mereri, meritorius und meritum im theologischen Denken verankert,
welchem grundlegenden Interesse sie dienstbar gemacht werden.
Hier aber zeigen sich sehr wesentliche Nuancen in der mittelalterlichen Theologie, die eine sorgfältig differenzierende
Forschungsarbeit notwendig machen.

b) meritum de (ex) congruo/meritum congrui

Kein Begriff wird in der Gnadenlehre des 14. bis 16. Jahrhunderts so häufig als Bezeichnung des auf den Empfang der Gnade
vorbereitenden uneigentlichen Verdienstes verwendet wie der des
meritum congrui oder meritum de congruo, das meist dem meritum
condigni oder meritum de condigno des Gerechtfertigten gegenübergestellt wird. Es ist daher besonders reizvoll, das Auf-
kommen dieses Begriffs und seine Geschichte bis zum Zeitpunkt
seiner Vorherrschaft näher zu studieren. Man muß dabei vor allem
auf den wichtigen Aufsatz Landgrafs über "Die Vorbereitung auf
die Rechtfertigung und die Eingießung der heiligmachenden Gnade
in der Frühscholastik"[349] zurückgreifen, der eine Fülle hand-
schriftlichen Materials bereitstellt, ohne es allerdings in
der gewünschten Weise zu verarbeiten.

Wie wir bereits im dritten Kapitel unserer Arbeit[350] gesehen
haben, unterscheiden mehrere Vertreter der Schule Gilberts von
Poitiers schon in den vierziger, fünfziger und sechziger Jahren
des 12. Jahrhunderts zwischen einem Verdienst im strengen und

---

349 Scholastik 6, 1931, 42-62.222-247.354-380.481-504; aufgenommen in: Dogmengeschichte der Frühscholastik I/1, 238-302.
350 s.o.S.35-37.

einem Verdienst im weiteren Sinne, um für den Gerechtfertigten
nur letzteres gelten zu lassen. Ausdrücken wie proprie mereri,
vero nomine mereri, plenitudo rationis merendi oder vera virtus
merendi, die das eigentliche Verdienst bezeichnen sollen, stehen als Umschreibungen für das uneigentliche Verdienst die Wendungen improprie mereri, ratione consortii mereri und portio
plenitudinis rationis merendi gegenüber. Dagegen sind wir in
der zweiten Hälfte des 12. Jahrhunderts noch nicht der Gegenüberstellung von Würdigkeitsverdienst (meritum de condigno) und
Billigkeitsverdienst (meritum de congruo) begegnet, während sich
die isolierte Verwendung dieser Begriffe bereits vor der Wende
zum 13. Jahrhundert belegen läßt[351].

Fragt man nach der Vorgeschichte des Begriffs meritum de
congruo oder congrui, dann dürfte eine Wendung von Interesse
sein, die sich in zahlreichen Werken der zweiten Hälfte des 12.
und des beginnenden 13. Jahrhunderts findet, so bei Alanus ab
Insulis[352], Simon von Tournai[353], Radulfus Ardens[354], Petrus
von Capua[355] und Innozenz III.[356], in den Quästionen Cod.British
Museum Harley.957[357], in der Sentenzenglosse Cod.Paris.Nat.lat.

---

351 An Literatur vgl. bes. Rivière, Mérite, 685-700; ders.,
Sur l'origine des formules "de condigno", "de congruo", 1927;
dazu die Rezension von Chenu. Für Rivière sind die Formeln de
condigno und de congruo Schöpfungen des beginnenden 13. Jahrhunderts, während wir auf der Grundlage neuen Materials ihre
Entstehung und Verknüpfung mit dem Verdienstbegriff in die zweite Hälfte des 12. Jahrhunderts verlegen können. - Die Gegenüberstellung der Begriffe congruus und condignus findet sich
bereits bei Augustinus: "Tamen si etiam ipsa (sc. angelica
creatura) peccaret, sufficeret dei potestas ineffabilis potentiae ad regendam istam universitatem, ut omnibus congrua et
condigna retribuens nihil in toto imperio suo turpe atque in-
decorum esse permitteret." De libero arbitrio 3,12,35 n.122
(CC 29,296,13-17). Diese Augustinstelle hat freilich auf die
Begriffsbildung im 12. und 13. Jahrhundert keinen Einfluß ausgeübt.
352 Summe 'Quoniam homines' II tr.1 (Glorieux, La Somme
"Quoniam homines", 278 n.142); nach Glorieux (aaO 116) hat
Alanus seine Summe zwischen 1155 und 1165, sehr wahrscheinlich
gegen 1160 verfaßt.
353 Disputationes, disp.100 q.3 sol.(Warichez 290,2-3).
354 Landgraf, Die Vorbereitung auf die Rechtfertigung, 248f;
vgl. ders., Zur Chronologie der Werke Stephan Langtons, 70f.
355 Summe Clm 14508 fol.34 und 55; zit. bei Landgraf, Die
Vorbereitung auf die Rechtfertigung, 271 Anm.8. Petrus von Capua
hat seine Summe 1201/2 vollendet; s. Landgraf, Einführung, 109.
356 Dialogus inter deum et peccatorem (PL 217,695C/D); vgl.
o.S.79 Anm.122.
357 Landgraf, Die Vorbereitung auf die Rechtfertigung, 271.

3572[358] sowie den Summen Cod.Vat.lat.10754[359] und Cod.Bamberg.
Patr.136[360]: Der Sünder kann sich durch seine Werke der rechtfertigenden Gnade würdig machen, und zwar "non dignitate meriti, sed dignitate congrui" oder, wie es auch heißen kann, "non
de merito, sed de congruo". Der Porretaner Simon von Tournai
unterscheidet bei der Beantwortung der Frage, ob die Eingießung
der prima gratia eine Würdigkeit des Menschen voraussetze, zwischen dignus habilitate und dignus merito und fährt fort: "Merito autem dignus est, qui verbo vel facto meruit sibi aliquid
dari vel fieri; quo modo mercennarius dignus est mercede sua.
Digno ergo habilitate vel congruitate, non digno meritis infunditur gratia."[361] Zwischen diesen Stellen und dem Begriff
eines meritum de congruo besteht zweifellos ein enger gedanklicher Zusammenhang und eine durch die Begriffe congruus und
congruitas gegebene terminologische Verklammerung, andererseits aber auch eine bemerkenswerte Distanz, da hier ja der
Aspekt der Verdienstlichkeit gerade ausgeschlossen und nicht
mit dem congruus gekoppelt wird.

Gerade in den Disputationes des Simon von Tournai, aus denen wir eben zitiert haben und die in den siebziger Jahren des
12. Jahrhunderts entstanden sein dürften[362], stoßen wir aber
zum ersten Mal auch auf den Begriff des Billigkeits- oder Angemessenheitsverdienstes, das von Simon meritum congruentiae genannt wird. Die Reue (contritio), so führt er aus, sei im Menschen auf Grund der Gnade Gottes und nicht auf Grund des Verdienstes der Sünde; es sei denn, man wolle von einem meritum
congruentiae sprechen, da eine Reue für die Sünde angemessen
sei (congruit)[363]. Mit der oben genannten Anwendung der Begriffe
congruus und congruitas hat diese Stelle allerdings inhaltlich

358 Landgraf, aaO 271 Anm.9.
359 Landgraf, aaO 271 Anm.10.
360 Landgraf, aaO 248 Anm.53. Vgl. ders., Zur Chronologie,
70f; ders., Cod.Bamberg.Patr.136; nach Landgraf ist die Bamber-
ger Summe von Radulfus Ardens abhängig, gehört also wie dieser
zum porretanischen Einflußbereich.
361 Disputationes, disp.100 q.3 sol.(Warichez 289,28-290,3).
362 s. Gründel, Die Lehre von den Umständen, 185 (die dort
genannten Quaestiones sind die Disputationes); Landgraf, Einführung, 83.86.
363 "Contritio igitur est in homine gratia dei, non merito
peccati, nisi velis dicere meritum congruentiae; congruit enim,
ut pro peccato conteratur." Disputationes, disp.33 q.3 sol.
(Warichez 99,22-24).

nichts zu tun, denn dort ging es um die positive Vorbereitung
auf die Gnade, um die Würdigkeit des Menschen, während hier der
negative Kontrast zur Gnade Verdienst genannt wird. In ähnlicher
Weise kann man in dieser Epoche auch von einem meritum exigentiae sprechen, mit dem die Schuld Evas die Erlösung durch
Christus verdient habe, da sie nur auf diesem Wege gesühnt werden konnte[364].

Zur selben Zeit aber verwendet man in der Porretanerschule
den Begriff des Billigkeitsverdienstes auch in Verbindung mit
dem Gesichtspunkt der dignitas oder habilitas des Menschen, um
die Eignung Mariens, Christus zu empfangen, zum Ausdruck zu
bringen. So ist in den Quästionen Cod.British Museum Royal 9 E
XII vom meritum congrui oder meritum dignitatis Mariens die Rede, wovon das Verdienst im eigentlichen Sinne, das meritum
causae, unterschieden wird[365]. Auch Alanus ab Insulis stellt in
seinen Distinctiones dictionum theologicalium (1179-1195) dem
eigentlichen Verdienst, das eine Lohnforderung beinhalte, das
Verdienst Mariens, durch das ein "congruum esse" bezeichnet
werde, gegenüber[366]. Landgraf hat sicher Recht, wenn er den
Usus der Porretanerschule, das Verdienst Mariens als meritum de
congruo zu bezeichnen, auf den Einfluß Simons von Tournai zurück
führt[367]. Zwar läßt sich bei ihm dieser Sprachgebrauch nicht
direkt belegen[368], doch ist er aus dem Vergleich dreier Stellen
der Disputationes zu erschließen: An der ersten erklärt er das
Verdienst Mariens ("dicitur meruisse fecundari") durch die Be-

---

364   Quaestiones Cod.lat.353 der Erlanger Univ.-bibl. fol.
100v; zit. bei Landgraf, Die Vorbereitung auf die Rechtfertigung, 273 Anm.20: "Est meritum exigentiae, secundum quod dicitur: O felix culpa Evae, quae tantum et talem meruit habere
redemptorem. Tanta enim fuit, quod non poterat expiari nisi per
tantum redemptorem." Vgl. Petrus Cantor (zit. bei Landgraf, aaO
270), Cod.Paris.Nat.lat.3572 (zit. bei Landgraf, aaO 270 Anm.6)
Quaestiones Cod.British Museum Royal 9 E XII (zit. bei Landgraf
aaO 272 Anm.17) und Gaufrid von Poitiers (s.o.S.122 Anm.46).
365   fol.95v; zit. bei Landgraf, Die Vorbereitung auf die
Rechtfertigung, 272 Anm.17: "Est meritum, quod possumus dicere
congrui vel dignitatis, iuxta quod dicimus aliquem mereri
illud, quo ipse dignus est. Sic dicimus, quod beata virgo meruit Christum, quia inventa est digna, quod Christum portaret.
Est igitur meritum congrui, ut dictum est ... Est meritum causae, quod proprie meritum dicitur."
366   s.o.S.37 Anm.49.
367   Landgraf, Die Vorbereitung auf die Rechtfertigung, 272
368   Dies teilt Landgraf nicht mit - eine seiner zahlreiche
kleinen Flüchtigkeiten (vgl. z.B. u.Anm.376).

griffe habilis, idoneus und dignus[369], an der zweiten und
dritten setzt er in anderen Zusammenhängen die Begriffe dig-
nus/dignitas, habilis/habilitas und congruus/congruitas parallel[370]. An allen drei Stellen verdeutlicht er diese Art von
Würdigkeit des Menschen durch das Beispiel des Priamus, dessen
Antlitz der Herrschaft würdig gewesen sei: "... quia congruebat talem personam imperare."[371]

Aus diesem Befund ziehen wir den Schluß, daß der Begriff meritum de congruo und verwandte Ausdrücke wie meritum congrui,
meritum congruitatis, meritum congruentiae oder mereri ex congruo aus der Schule des Gilbert Porreta hervorgegangen sind.
Die frühen Porretaner kennen bereits ein Verdienst im uneigentlichen Sinne, gebrauchen aber dafür noch nicht die Bezeichnung
meritum de congruo. Wir finden sie zum ersten Mal in den siebziger Jahren bei Simon von Tournai, nicht bei Petrus Cantor,
in dem Auer fälschlicherweise den Urheber des Ausdrucks meritum
de congruo sieht[372]. Mit dieser terminologischen Neuerung war
im Grunde zu den bisherigen Ausdrücken für das uneigentliche
Verdienst nur ein weiterer Begriff getreten, der allerdings -
von der einen Stelle bei Simon von Tournai abgesehen[373] - die

369 "Non meruit virgo, ut Christus incarnaretur. Tamen dicitur meruisse fecundari, quia habilis fuit et idonea ad eam
fecunditatem. Quo modo dicitur: facies Priami digna est imperio,
non quia Priamus meruit imperare, sed quia habilis et idoneus
erat secundum corporis statum ad imperandum." Disputationes,
disp.56 q.5 sol.(Warichez 162,22-27).
370 "Dignitas dicitur multipliciter: Primo meriti exigentia;
quo modo dicitur: qui vicerit, dignus est corona, merito praemium exigente. Secundo dignitas dicitur congruitas; quo modo
dicitur facies Priami digna imperio, non quia Priamus meruerit
imperare, sed quia congruebat talem personam imperare." "Haec
autem habilitas dicitur dignitas, quia digni dicti sunt inven-
ti contumelias pati pro Christo (s. Act.5,41). Haec enim dignitas vel congruitas non succumbendi maxime congruit pro Christo
patientibus." Disputationes, disp.70 q.1 sol.(Warichez 196,23-
28; 197,8-11). - "Dignus dicitur dupliciter: habilitate vel
merito. Habilitate, ut facies Priami digna est imperio, id est
habilis ad imperium, et honestus clericus dignus episcopatu,
id est congruus et habilis ad episcopatum." Disputationes,
disp.100 q.3 sol.(Warichez 289,28-31).
371 Zu diesem Beispiel vgl.o.S.47 Anm.24 (Kardinal Laborans).
372 Auer (Gnadenlehre II, 78) schreibt: "Wie Landgraf einmal dartut, ist wohl Petrus Cantor der Urheber des Ausdrucks
meritum de congruo..." Landgraf freilich sagt über Petrus Cantor an der von Auer angegebenen Stelle (Die Vorbereitung auf
die Rechtfertigung, 270) das genaue Gegenteil: "Auffallend ist
allerdings, daß man wohl dem Ausdruck meritum ex condigno,
nicht aber demjenigen des meritum ex congruo bei ihm begegnet."
373 s.o.Anm.363.

besondere Funktion erhielt, die Eignung Mariens für die Empfängnis des Erlösers zu bezeichnen. Die bei den älteren Porretanern
gebräuchlichen Wendungen für das uneigentliche Verdienst und
der Begriff des Billigkeits- oder Angemessenheitsverdienstes
haben dies gemeinsam, daß sie nicht die Vorbereitung des Sünders
auf die rechtfertigende Gnade kennzeichnen, sondern sich auf
das Leben der Heiligen in der Gnade beziehen, denn auch Maria
ist ja im Stand der Gnade. Wie besonders deutlich die Quästionen Cod.British Museum Royal 9 E XII zeigen[374], ist mit dem
Begriff meritum de congruo die Vorstellung von einer gewissen
Würdigkeit (dignitas) verbunden, die es den Theologen des ausgehenden 12. und beginnenden 13. Jahrhunderts verbietet, bei
der Vorbereitung des Sünders an ein meritum de congruo zu denken[375]. Erwähnt man in Verbindung mit dem Problem der Vorbereitung des Sünders die Begriffe congruus und congruitas, dann
schließt man damit gerade eine Verdienstlichkeit der vorbereitenden Werke aus, spricht also gerade nicht von einem meritum
de congruo[376].

Dies gilt nicht nur für den Kreis der Gilbertschen Schule,
sondern auch für die Theologen, die von ihr den Begriff meritum
de congruo übernehmen. Zu denken ist z.B. an Stephan Langton,
der um die Jahrhundertwende schrieb, und an Gaufrid von Poitier
seinen Schüler, der seine Summe zwischen 1213 und 1215 abge-
faßt hat. Beide verwenden das meritum congrui nur in der traditionellen Verbindung mit dem Gedanken der Eignung Mariens,
nicht aber zur Bezeichnung der auf die prima gratia vorbereiten
den Leistung des Sünders[377]. Das ohne caritas verrichtete Werk

---

374 s.o.Anm.365.

375 Daß man im 12. Jahrhundert beim meritum de congruo an
einen bestimmten Würdigkeitsgrad denkt, zeigen auch die Quästionen des Cod.British Museum Harley 3596, die das beim meritum
übliche Einteilungsschema auf die dignitas anwenden und so zwischen einer dignitas als Rechtsanspruch (exigentia) und einer
dignitas als Eignung (congruitas oder habilitas) unterscheiden,
s. Landgraf, Die Vorbereitung auf die Rechtfertigung, 273 Anm.
21.

376 Nach Landgraf (aaO 255) spricht Simon von Tournai von
einem meritum de congruo für die Rechtfertigung. Doch konnten
wir diesen Ausdruck an der von Landgraf angegebenen Stelle
nicht finden.

377 Zu Stephan Langton s. Landgraf, Die Vorbereitung auf
die Rechtfertigung, 272f Anm.18 und 19; zu Gaufrid von Poitier
s.o.S.122 Anm.46.

nennen sie vielmehr meritum interpretativum[378]. Nach Landgrafs
Urteil war es Stephan Langton, der diesen Begriff eingeführt
hat[379]. Gemeint war damit, daß Gott die vorbereitenden Werke
so interpretiert und belohnt, als seien sie Verdienste. Ausdrücklich spricht Gaufrid dem Sünder ein meritum de condigno,
aber auch ein meritum de congruo ab, konzediert ihm aber ein
meritum interpretativum[380]. Die weitere Entwicklung der Terminologie beschreibt Landgraf folgendermaßen: "Es scheint, als
ob man auch später noch den Ausdruck des meritum interpretativum für den Fall gewählt hätte, wo man in demjenigen, der seinen Quasilohn erhält, nicht von einer dignitas dafür sprechen
konnte. Damit wurde es in deutliche Distanz vom meritum de
congruo gesetzt. Wollten doch die Vertreter dieser Unterscheidung, wie gesagt nur ein meritum interpretativum, nicht aber
ein meritum de congruo, für die erste Gnade gelten lassen."[381]
Landgraf erwähnt als Beispiel die Quästionen Cod.Paris.Nat.
lat.18127, die dem meritum interpretativum das meritum congrui
vel condigni (!) gegenüberstellen[382]. Er weist aber darauf hin,
daß diese feine Unterscheidung keine allgemeine Anerkennung gewonnen habe, da sich im 13. Jahrhundert gerade bei Autoren von
Namen die Ansicht durchgesetzt habe, daß die vor der Rechtfertigung liegenden Werke merita de congruo seien[383]. Als erste
Zeugen dafür fanden wir in den zwanziger bzw. dreißiger Jahren
Wilhelm von Auvergne[384] und Roland von Cremona[385].

Gegen Landgrafs Darstellung ist jedoch hervorzuheben, daß die
überwiegende Mehrzahl der Theologen des 13. Jahrhunderts entweder überhaupt kein auf die Gnade vorbereitendes Verdienst des
Menschen gelten läßt oder dieses nicht meritum de congruo nennt.

---

378 Zu Stephan Langton s. Landgraf, aaO 275 Anm.30 ("Dicuntur tamen tales mereri large, id est interpretative, quia
deus remunerat eos, acsi mererentur"); zu Gaufrid von Poitiers
s. Landgraf, aaO 276 Anm.36 und o.S.122 Anm.46.
379 Landgraf, aaO 275.
380 Landgraf, aaO 276 Anm.35 ("Et ita patet, quod non meretur de congruo. Et certum est, quod nec de condigno") und
Anm.36 ("Nullus peccator meretur aliquid de condigno vel congruo").
381 Landgraf, aaO 278.
382 Landgraf, aaO 278 Anm.42.
383 Landgraf, aaO 278f.
384 s.o.S.145; vgl. auch Wilhelm von Auvergne, De virtutibus, c.12 (I 161 aA). Dieser Traktat ist nach Kramp ("Magisterium Divinale", 1921, 78) um 1223 entstanden.
385 s.o.S.298.

452

Die Zahl der Anhänger des Billigkeitsverdienstes bleibt sehr
klein. Wilhelm von Auxerre meidet den Begriff eines Vorbereitungsverdienstes[386], Albertus Magnus weist den Gedanken der Vor
bereitung des Sünders auf die rechtfertigende Gnade durch ein
meritum de congruo entschieden zurück[387], Thomas von Aquin
sieht in seiner Summa theologiae im meritum de congruo nur einen anderen Aspekt des dem Gerechtfertigten zugeschriebenen
meritum de condigno[388], und auch sein Schüler Romanus a Roma
betont, daß die Vorbereitung auf die Gnade keinerlei Verdienst
enthalte[389]. Die Vertreter der älteren Franziskanerschule
Alexander von Hales (Summa Halensis)[390] und Johannes von Rupella[391] sprechen nur von einem meritum interpretativum, währen
Odo Rigaldi – allerdings erst in seinen Quaestiones de libero
arbitrio[392] – und Bonaventura[393] das Vorbereitungsverdienst meritum de congruo nennen. Fast alle Franziskanertheologen zwischen Bonaventura und Duns Scotus, z.B. Richard von Mediavilla,
Simon von Lens, Nikolaus von Ockham, Matthäus von Acquasparta,
Johannes Peckham, Wilhelm de la Mare, Petrus Johannes Olivi
und Petrus de Trabibus, schließen sich nicht Bonaventura an,
sondern lehnen das meritum de congruo als Bezeichnung des Vorbereitungsverdienstes ab, können dagegen von einer dispositio
sufficiens auf die Gnade und – so Matthäus von Acquasparta und
Petrus de Trabibus – von einem meritum interpretativum sprechen[394]. Diese Bezeichnung wählt auch der Dominikaner Petrus
von Tarantasia[395]. Auch im 14. Jahrhundert ist die Bezeichnung
des Vorbereitungsverdienstes als meritum de congruo nicht unan-

---

386 s.o.S.257f.
387 "Dicendum, quod nullus alii meretur primam gratiam de
condigno, sed de congruo tantum, sibi autem nec de condigno ne
de congruo omnino potest mereri; quia antequam habens gratiam,
non est dignus pane quo vescitur, ut dicit Augustinus, et tunc
nihil potest mereri." Sent.II d.28 a.2 sol.(XXVII 486); zit.
bei Doms, Die Gnadenlehre, 154f.
388 s.o.S.336.
389 s. Auer, Gnadenlehre I, 259f.
390 s.o.S.260f.
391 s. Auer, Gnadenlehre II, 81f.
392 s.o.S.178 (bei Anm.213).
393 s. Auer, Gnadenlehre I, 260.
394 Zur Lehre von der Vorbereitung auf die Gnade bei den
Theologen der mittleren Franziskanerschule s. Auer, aaO 260f;
zur Rolle des meritum interpretativum bei Matthäus von Acquasparta und Petrus de Trabibus s. Auer, Gnadenlehre II, 84 Anm.
und 85 Anm.89.
395 s. Auer, aaO 85 Anm.88.

gefochten. Man denke nur an die Kritik, der es bei Thomas Bradwardine[396], bei den Augustinereremiten Gregor von Rimini[397],
Hugolin von Orvieto[398] und Dionysius von Montina[399] sowie bei
John Wyclif[400] ausgesetzt ist. Doch sind solche kritischen
Stimmen die Ausnahme. Die Lehre, daß es sich bei dem facere
quod in se est des Sünders um ein mereri de congruo handelt,
hat sich unter dem Einfluß Bonaventuras und des Duns Scotus seit
dem Beginn des 14. Jahrhunderts allgemein durchgesetzt. Noch in
seiner ersten Psalmenvorlesung (1513-1515) macht sich Luther
wie fast jeder spätscholastische Theologe zum Sprecher dieser
Lehre: "Hinc recte dicunt doctores, quod homini facienti quod
in se est deus infallibiliter dat gratiam et licet non de condigno sese possit ad gratiam praeparare, quia est incomparabilis, tamen bene de congruo propter promissionem istam dei et
pactum misericordiae."[401]

c) meritum de (ex) condigno/meritum condigni

Wie zum Begriff des meritum de congruo findet man auch zu dem
des meritum de condigno in der bisherigen Forschung nur sehr
unbefriedigende Auskünfte, wenn man nach seiner Herkunft fragt
und ein detailliertes Bild von seiner Geschichte erhalten
will[402]. Wir wollen hier nur einige Beobachtungen mitteilen,
die wir im Laufe unserer Untersuchung des Selbstbindungsgedankens im Mittelalter machen konnten.

Als meritum de condigno oder meritum condigni bezeichnet
seit dem Beginn des 13. Jahrhunderts die überwiegende Mehrzahl
der mittelalterlichen Theologen dasjenige Verdienst des Gerechtfertigten, mit dem er sich den Lohn des ewigen Lebens verdient.

---

396 s. Oberman, Das tridentinische Rechtfertigungsdekret,
258.
397 s. Oberman, aaO und Zumkeller, Die Augustinerschule des
Mittelalters, 222.
398 s. Zumkeller, Hugolin von Orvieto († 1373) über Prädestination, Rechtfertigung und Verdienst, 1955, 27-29.
399 s. Zumkeller, Dionysius de Montina, 81f.
400 s. Oberman, Das tridentinische Rechtfertigungsdekret,
258.
401 Schol. zu Ps.113,1 (WA 4,262,4-17). Zwar spricht Luther
hier nicht ausdrücklich von einem m e r i t u m de congruo, doch darf man daraus keine Ablehnung des Verdienstgedankens folgern, da er an anderer Stelle seiner Dictata (Schol. zu
Ps.118,17; WA 4,312,36ff) den vollen Begriff des meritum de congruo positiv verwendet.
402 Völlig unzureichend ist in dieser Hinsicht der ausführliche Artikel 'Mérite' von Rivière; vgl.o.Anm.351.

Gegenüber dem einfachen Begriff meritum bringt die Hinzufügung
des condignus den Gesichtspunkt einer gewissen Ebenbürtigkeit,
Gleichwertigkeit oder Wertentsprechung von Leistung und Lohn
bereits terminologisch zum Ausdruck und gibt damit zugleich den
Grund für die Schuldnerschaft Gottes gegenüber dem Verdienenden
an. Entscheidend ist, wie man diese Ebenbürtigkeit jeweils versteht und begründet. Zwei grundlegend verschiedene Lösungen
lassen sich unterscheiden: Entweder sieht man in der condignita
eine ontologische Gleichwertigkeit, die durch die der verdienst
lichen Leistung eigene Qualität begründet werden muß, oder man
versteht sie als nur äußere Gleichwertigkeit, die durch die
faktische Geltung der Leistung in den Augen des Empfängers begründet wird und damit auch durch eine Verordnung oder einen
Vertrag als ein geregeltes Entsprechungsverhältnis konstituiert
werden kann. Odo Rigaldi nennt diese Art von Gleichwertigkeit
aequalitas pretii im Unterschied zur aequalitas secundum rem
und führt als Beispiel das Brot an, das man für einen Denar
erhält, obwohl das Brot vom Material her (secundum rem) mehr
wert ist als der Denar[403]. Bei der Untersuchung der Geschichte
des Begriffs meritum de condigno ist jeweils zu fragen, ob es
sich bei der Kondignität um eine ontologisch-qualitative Äquivalenz oder eine nur nominelle, von außen her begründete
Gleichwertigkeit handelt.

Es ist sehr wahrscheinlich, daß man auf der Grundlage von
Rom.8,18 "Non sunt condignae passiones huius temporis ad futuram gloriam, quae revelabitur in nobis" zum Ausdruck meritum de
condigno gekommen ist. Wie wir sahen, diente dieser Vers in der
porretanischen Verdienstlehre und ihrem Einflußbereich mehrfach als Beleg dafür, daß zwischen dem Wert der Liebeswerke und
dem Wert der himmlischen Herrlichkeit eine unendliche Diskrepanz bestehe und daß deshalb die Qualität der guten Werke nicht
als Verdienstgrund gelten könne[404]. So folgert Kardinal Laboran
in den fünfziger Jahren des 12. Jahrhunderts unter Hinweis auf
Rom.8,18 aus der fehlenden condignitas der Werke in ihrem Verhältnis zum Heil die Unmöglichkeit eines wirklichen meritum[405]

---

403 s.o.S.203 Anm.297.
404 Diese Funktion hatte Rom.8,18 bei Laborans (s.o.S.45
Anm.16), Petrus Cantor (s.o.S.71 Anm.106), im Paulinenkommentar Cod.Bamberg.Bibl.132 (s.o.S.84f Anm.133), in einer von
Stephan Langton zitierten opinio (s.o.S.81 Anm.124) und in eine
Argument bei Roland von Cremona (s.o.S.96f Anm.162).
405 s.o.S.48-50.

Petrus Cantor operiert in seiner Summa de sacramentis et animae consiliis (1192-1197) im Sinne Laborans' mit Rom.8,18 und begründet so die Ablehnung eines meritum ex condigno, von dem er das meritum ex promisso unterscheidet[406]. Es ist interessant, daß das meritum ex condigno an dieser Stelle, wo wir es zum ersten Mal finden können, mit negativem Vorzeichen genannt wird. Diese Ablehnung entspricht der negativen Verwendung des Begriffs condignus in Rom.8,18. Daß Petrus Cantor mit seiner Kritik am meritum ex condigno am Ausgang der Frühscholastik nicht allein stand, beweisen der Paulinenkommentar Cod.Paris.Nat.lat.3572[407] und eine von Wilhelm von Auxerre referierte "opinio aliquorum"[408]. Deutlich ist, daß Theologen wie Laborans und Petrus Cantor, die Rom.8,18 heranziehen, um eine Gleichwertigkeit zwischen den Werken des Gerechtfertigten und dem himmlischen Lohn zu leugnen, eine Kondignität im ontologischen Sinne meinen[409].

Eng verbunden mit dieser negativen Sicht der Begriffe condignus und meritum de condigno ist die Ablehnung des strengen, eine gewisse Gleichwertigkeit von Leistung und Belohnung voraussetzenden Verdienstbegriffs. Will man auch diese Verdienstmöglichkeit dem Christen konzedieren, so sieht man sich gezwungen, die Begriffe condignus und meritum de condigno im positiven Sinne zu interpretieren. So kommt es, daß aus der von Rom. 8,18 ausgehenden kritischen Verwendung des Kondignitätsbegriffs seine positive Verwendung in der Theologie erwächst, da man beim Gerechtfertigten von einem wirklichen Verdienst sprechen will und der herrschende Sprachgebrauch proprie mereri und condignitas verknüpft. Dieser Wandel im Verständnis von condignus ist uns zum ersten Mal gegen Ende des 12. Jahrhunderts im Paulinenkommentar Cod.Bamberg.Bibl.132 begegnet. Hier wird bei der Auslegung von Rom.8,18 unterschieden zwischen einem condignae esse der passiones "quantum ad se" und einem condignae esse "ex dei institutione". Die erste Bedeutung von condignus ist dann mit Rom.8,18 abzulehnen, während die zweite für das Verhältnis von passiones und gloria Gültigkeit besitzt. Diese Kondignität auf der Grundlage einer Selbstbindung Gottes wird durch das Beispiel

---

406 s.o.S.71 Anm.106.
407 s.o.S.77 Anm.116.
408 s.o.S.82 Anm.129.
409 Zu diesen Theologen gehört auch Petrus Lombardus, für den sich aus Rom.8,18 die Ablehnung eines "promereri futuram gloriam" ergibt; s.o.S.49.

456

eines Feldherrn verdeutlicht, der demjenigen eine bestimmte
Geldsumme in Aussicht stellt, welcher ein Feld am schnellsten
durchläuft. Die Pointe des Vergleichs liegt darin, daß der Lauf
verglichen mit der Größe der Geldsumme nicht "dignus ex se",
sondern "dignus ex institutione imperatoris" ist[410]. Wir stoßen
hier auf einen neuen Sinn der Begriffe dignus und condignus.
Für Laborans und Petrus Cantor ist Kondignität gleichbedeutend
mit einer Äquivalenz von Leistung und Lohn im ontologischen
Sinne, während der Verfasser des Paulinenkommentars Cod.Bam-
berg.Bibl.132 neben der inneren Gleichwertigkeit "quantum ad
se", die er mit Laborans und Petrus Cantor zurückweist, eine
äußere Gleichwertigkeit "ex dei institutione" kennt, die in
seinen Augen ein promereri des Christen begründet[411].

An diesem Text wird zugleich modellartig deutlich, inwiefern
man im folgenden 13. Jahrhundert ein meritum de condigno als
Möglichkeit des Christen bejahen kann, inwiefern man es verwirft
und wie man Ablehnung und Bejahung miteinander verbinden kann.
Theologen wie Stephan Langton[412], Gaufrid von Poitiers[413], der
Verfasser der Quästionen Cod.Vat.lat.782[414] und Bonaventura[415],
die ein meritum de condigno des Gerechtfertigten bejahen, lasser
die Kondignität von außen her, durch Gottes promissio, conventio oder pactio begründet sein. Bonaventura interpretiert daher
die commensuratio zwischen Leistung und Lohn, die durch den Begriff des meritum de condigno verlangt wird, nicht als omnimoda
aequalitas, sondern als conveniens proportionabilitas[416]. Aufschlußreich ist auch eine im Paulinenkommentar Cod.Paris.Nat.
lat.3572 referierte Meinung "gewisser" Theologen. Sie sagen, da
der Mensch das ewige Leben ex condigno verdienen könne, da es
beschlossen sei ("statutum est enim"), daß man für eine solche
Münze, d.h. für ein in Liebe verrichtetes Werk, das ewige Leben
habe[417]. Auch hier wird die Gleichwertigkeit, das commensurare
von labor und merces, auf die Extra-Dimension der freien Anordnung Gottes zurückgeführt.

---

410 s.o.S.84f Anm.133.
411 Vgl. im Gegensatz dazu o.Anm.409. Zur Interpretation
dieser Stelle aus Cod.Bamberg.Bibl.132 s. auch Oberman, Das
tridentinische Rechtfertigungsdekret, 256.
412 s.o.S.111-114.
413 s.o.S.123.
414 s.o.S.89f Anm.150.
415 s.o.S.215 und 235-239.
416 s.o.S.241-243.
417 s.o.S.77 Anm.116.

Eine Ablehnung des Würdigkeitsverdienstes, die auf dem Verständnis der Kondignität als rein seinsmäßiger Gleichwertigkeit beruht, ist bei Wilhelm von Auvergne[418], Johannes von Rupella[419] und in einer von Bonaventura wiedergegebenen opinio[420] zu finden. Wilhelm registriert die zwei verschiedenen Möglichkeiten einer Interpretation des Begriffs condignus, wenn er in seinem Traktat De meritis schreibt: "Wenn aber gefragt wird, ob man sich durch ein solches Werk das ewige Leben nach Art eines meritum condigni verdient, antworten wir: Einerseits bezeichnet man mit 'condignum' etwas Vergleichbares (comparabile), so in Rom.8 (18): 'Existimo enim, quod non sunt condignae passiones huius temporis ad futuram gloriam, quae revelabitur in nobis.' Das bedeutet, daß die gegenwärtigen Beschwernisse nicht vergleichbar mit der künftigen Herrlichkeit sind und ebensowenig die gegenwärtigen Unglücksfälle mit der künftigen Glückseligkeit, da jene künftigen Güter unendlich und unvergleichlich größer sind als solche gegenwärtigen Übel. Andererseits bezeichnen viele Lehrer und Schüler mehr nach der Willkür ihres Sprachgebrauchs als der eigentlichen Bedeutung des Wortes und der ersten Definition gemäß mit condignum eine Schuld oder ein Verdienst im eigentlichen Sinne (strictum debitum vel meritum)."[421] Mit den "magistri et scholares multi" hat Wilhelm Theologen wie Stephan Langton und Gaufrid von Poitiers im Auge. Sie sehen die Kondignität nicht von der ontologischen Gleichwertigkeit, sondern primär vom Moment der Schuldnerschaft des Belohnenden her,

---

418   s.o.S.143f und S.161 Anm.158.
419   Quaestiones disputatae de gratia, q.6 arg.12 resp.(Hödl, Die neuen Quästionen, 54). Es erscheint mir allerdings fraglich, ob man in dem betreffenden Satz die Meinung Rupellas oder nur das Gegenargument eines Disputanten sehen darf. s.o.S.253 Anm.10.
420   s.o.S.231f.
421   "Si vero quaeratur, utrum merito condigni mereatur quis quocumque huiusmodi opere (sc. opere facto ex caritate) vitam aeternam, respondemus, quia uno modo condignum dicitur comparabile, quemadmodum in 8 Ad Romanos: 'Existimo enim, quod non sunt condignae passiones huius temporis ad futuram gloriam, quae revelabitur in nobis', id est quod non sunt comparabiles praesentes molestiae ad futuram gloriam neque praesentes miseriae ad futuram felicitatem, cum futura illa bona in infinitum et incomparabiliter maiora sint praesentibus huiusmodi malis. Alio modo magis secundum usus sui impositionem vocant magistri et scholares multi quam secundum proprietatem et primam positionem condignum strictum debitum vel meritum." Wilhelm von Auvergne, De meritis (I 313 bB).

die auch durch eine nur äußere Gleichwertigkeit konstituiert
werden kann. Wilhelm hingegen definiert den Begriff condignus
in Anlehnung an Rom.8,18 durch den Gesichtspunkt der seinsmäßigen Vergleichbarkeit und muß daher mit Petrus Cantor das meritum condigni in seiner Anwendung auf die guten Werke des Christen ablehnen. Statt dessen spricht er vom meritum debiti des
Gerechtfertigten, dem bei Petrus Cantor das meritum ex promisso
entspricht.

Eine Distinktion innerhalb des Begriffs meritum de condigno,
die sowohl seine negative als auch seine positive Verwendung
erlaubt und damit sowohl Rom.8,18 als auch dem Sprachgebrauch
der magistri und scholares gerecht wird, begegnet uns in Ansätzen bei Wilhelm von Auxerre. Er unterscheidet bei der Untersuchung des mereri ex condigno zwischen einem promereri gleich
proportionabiliter oder proportionaliter mereri und einem einfachen Verdienst, mereri oder simpliciter mereri genannt. Das
Würdigkeitsverdienst im ersten Sinne, das eine genaue ontologische Wertentsprechung von Leistung und Lohn voraussetzt, ist
dem Christen unmöglich, während das einfache Verdienst jenes
meritum ex condigno ist, mit dem er sich das ewige Leben verdienen kann. In diesem Fall wird die für das Würdigkeitsverdienst charakteristische Ebenbürtigkeit von Werk und Lohn allerdings nicht durch das Moment der freien Selbstbindung Gottes
begründet - Wilhelm weist diesen Gedanken ausdrücklich zurück -, sondern durch den Verweis auf Gottes magnificentia, largitas, liberalitas und benevolentia, womit freilich auch eine
Extra-Dimension angesprochen ist[422]. Interessant ist auch ein
von Wilhelm angeführtes, von ihm selbst aber abgelehntes Argument, in welchem auf der Grundlage der freien Selbstbindung
Gottes durch Bund und Verheißung von einem indirecte ex condigno mereri des Menschen die Rede ist, womit - so darf man ergänzen - ein directe ex condigno mereri auf der Grundlage der
Werkqualität bestritten wird[423]. An die Stelle der Unterscheidung zwischen promereri und mereri bzw. directe und indirecte
ex condigno mereri tritt dann bei Roland von Cremona die zwischen mereri ex condigno absolute und mereri ex condigno secundum modum particulatum[424] und bei Odo Rigaldi die zwischen

422 s.o.S.267-273.
423 s.o.S.273f Anm.82.
424 s.o.S.303.

meritum de condigno absoluto und meritum de pacto[425]. Beide verstehen den engeren Kondignitätsbegriff von der ontologischen
Gleichwertigkeit und den weiteren Kondignitätsbegriff vom Außenaspekt der freien Selbstbindung Gottes her, wobei allerdings
bei Roland der Gesichtspunkt der Selbstbindung Gottes durch das
decretum fast bedeutungslos wird, während der Gedanke der Seinsproportion zwischen dem als ewig intendierten Liebeswerk und
dem ewigen Leben die Begründung des Würdigkeitsverdienstes bestimmt[426]. Diese Lösung führt uns direkt zu Thomas von Aquin.
In seinem Sentenzenkommentar kann er sich der Ablehnung des
meritum condigni anschließen, sofern damit eine aequalitas
quantitatis zwischen Leistung und Lohn gemeint ist; dagegen sei
ein meritum condigni des Gerechtfertigten anzunehmen, wenn man
die Gleichwertigkeit als aequalitas proportionis interpretiere[427].
Auch die Proportionsgleichheit freilich begründet Thomas durch
eine rein ontologische Betrachtungsweise[428]. Das Neue der Summa
theologiae gegenüber dem Sentenzenkommentar besteht darin, daß
Thomas hier an die Stelle der relativ statischen Betrachtungsweise verschiedener Qualitätsstufen die organisch-teleologische
Zuspitzung der Begriffe virtus und ordinatio setzt und so die
Wertdifferenz zwischen Verdienst und himmlischem Lohn durch den
Gesichtspunkt der virtuellen Identität von Gnade und Glorie
überbrückt[429]. Wie im Samen der ganze Baum steckt, so sei die
Gnade der Glorie zwar nicht aequalis in actu, aber aequalis in
virtute[430]. Thomas kann damit von einem meritum de condigno des
Christen sprechen, ohne auf die Extra-Dimension der freien
Selbstbindung Gottes oder des essentiellen Gehaltenseins Gottes
durch seine Freigebigkeit zu rekurrieren.

Bei Duns Scotus hingegen und zahlreichen von ihm beeinflußten
Theologen des 14. und 15. Jahrhunderts bleibt der Gedanke lebendig, daß eine Kondignität von Gnadenwerken und ewigem Leben

---

425 s.o.S.179f, 193f und 204.
426 s.o.S.303f.
427 s.o.S.326f und 315f. Ähnliche Unterscheidungen, in
denen der weitere Kondignitätsbegriff durch den Proportionsge-
danken bestimmt wird, finden sich bei Petrus von Tarantasia (s.
Auer, Gnadenlehre II, 106 Anm.151) und Simon von Lens (s. Auer,
aaO 104 Anm.146).
428 s.o.S.327f.
429 s.o.S.329-337.
430 s.o.S.335 (bei Anm.315).

nicht im Sinne ontologischer Gleichwertigkeit, sondern nur auf
der Grundlage der freien Selbstbindung Gottes zu bejahen sei.
So läßt Scotus nur ein meritum de condigno secundum potentiam
ordinatam gelten[431] und begegnet uns bei dem Skotisten Johannes
de Bassolis die prägnante Formulierung: "Tota condignitas meriti ad praemium ex ordinatione divina."[432] Durandus von St.Pour-
çain knüpft wieder an den Distinktionen Odo Rigaldis und Rolands
von Cremona an und unterscheidet zwischen einem meritum de
condigno stricte et proprie sumptum, das er ablehnt, und einem
von ihm bejahten meritum de condigno large sumptum, das auf der
ordinatio divina beruhe[433]. In demselben Sinne unterscheidet
der unmittelbare Scotusschüler Anfredus Gonteri zwischen einem
condignum debiti und einem condignum promissi[434]. Wir wollen
auf eine Aufzählung ähnlicher Unterscheidungen innerhalb des
Kondignitätsbegriffs späterer Theologen verzichten und nur noch
den durch die skotistische Tradition beeinflußten Gabriel Biel
erwähnen, der das meritum de condigno auf der Basis der freien
Selbstbindung Gottes ("ex divina promissione et ordinatione")
bejaht, hingegen ein Würdigkeitsverdienst auf der Grundlage der
den Werken eigenen Güte für unmöglich hält: "Comparando opera
s e c u n d u m   s e   e t   i n t r i n s e c a m   b o n i -
t a t e m , quam habent ex voluntate eliciente, ad praemium
beatificum, bona opera ex gratia facta praemii beatifici nullatenus merita sunt condigna."[435]

Neben dieser vorsichtigen Anwendung des Kondignitätsgedankens
im engeren und weiteren Einflußbereich des Duns Scotus findet
sich jedoch in der Spätscholastik auch eine völlige Ablehnung
des Begriffs meritum de condigno, so daß Oberman sogar von einer "spätmittelalterlichen Gilbertiner-Schule" sprechen kann[436].
Wir erinnern uns daran, daß man in der Schule Gilberts de la
Porrée im 12. Jahrhundert ein eigentliches Verdienst des Christen vor Gott leugnete und eine condignitas der menschlichen
Werke unter Hinweis auf Rom.8,18 ablehnte[437]. Eine ähnlich ra-

431 s.o.S.349; vgl. Dettloff, Acceptatio divina, 216.
432 Sent.I d.17 q.1 a.1 (Druck Paris 1517 fol.112d); zit.
bei Dettloff, Die Entwicklung, 159 Anm.68.
433 s. Dettloff, aaO 118f und 127.
434 s. Dettloff, aaO 182.
435 Canonis missae expositio, lect.59 Q (II 444); vgl. auch
Collectorium II d.27 q.un.a.1 C.
436 Oberman, Das tridentinische Rechtfertigungsdekret, 259.
437 s.o.S.30-32 und 454f.

dikale Position findet sich bei John Wyclif (gest. 1384) und
dem von ihm abhängigen Jan Hus (gest. 1415). Zu beachten ist
freilich, wie Wyclif und Hus das von ihnen abgelehnte meritum
de condigno definieren: Es handelt sich um ein Verdienen auf
der Grundlage reiner Gerechtigkeit (mereri de pura iustitia),
was bedeutet, daß der Belohnende nicht auf gnadenhafte Weise
mitgewirkt hat (non gratiose coagit) oder daß das Verdienst
einem Bedürfnis des Belohnenden entgegenkommt[438]. Auf dem Hintergrund einer so engen Definition hätten alle Theologen des
13.-15. Jahrhunderts ein meritum de condigno zurückgewiesen,
da niemand das gratiose coagere Gottes vom verdienstlichen Wirken des Menschen ausklammert oder annimmt, daß Gott auf die
menschlichen Verdienste angewiesen sei. Die entscheidende
Distanz zwischen Wyclif und Hus einerseits und den das Würdigkeitsverdienst bejahenden Theologen andererseits besteht also
nicht in einer unterschiedlichen Einschätzung des menschlichen
Leistungsvermögens, sondern in einer verschiedenen Definition
des meritum de condigno[439].

Im übrigen waren Wyclif und Hus nicht die einzigen Theologen
der Spätscholastik, die sich zum meritum de condigno ablehnend
äußern. Wir erwähnen nur den Franziskaner Angelus Clarenus de
Cingoli (gest. 1337)[440] und die beiden Augustinereremiten
Gregor von Rimini (gest. 1358)[441] und Alfons Vargas von Toledo
(gest. 1366)[442]. Auch bei diesen Theologen muß man fragen, ob
sie sich vom meritum de condigno auf Grund eines sehr eng ge-

---

438 Wyclif, Summa de ente II tr.2 (De scientia dei) c.6
(Cod.Cambridge Trinity Coll. B.16.2, fol.61c); zit. bei Robson, Wyclif and the Oxford Schools, 209 Anm.1: "Et est duplex
meritum, scilicet de congruo et de condigno: de congruo, quando
aliquis meretur de pura gratia praemiantis, utpota quando praemians praevenit cooperando omne meritum merentis, ut bene sibi
sit et non illi praemianti aliquid bonitatis inde accrescat,
cum nullo tali labore indigeat ...; de condigno autem dicitur
quis mereri, quando meretur de pura iustitia ab aliquo prae-
miante, quod fuit, quando praemians non gratiose coagit cum
illo vel quando fuit meritum ad indigentiam praemiantis." -
Hus, Sent.II d.27 q.5 (II 307,2-20); seine Definition deckt
sich bis auf kleinere Erweiterungen mit der Wyclifs.
439 So kann Hus unter Voraussetzung der thomistischen Definition von meritum de condigno, die lediglich eine aequalitas proportionis, nicht aber eine aequalitas quantitatis zwischen Leistung und Lohn und auch nicht den Verzicht auf den
Gnadenaspekt verlangt, das Würdigkeitsverdienst gelten lassen;
s. Sent.II d.27 q.5 (II 307,20-308,1).
440 s. Zumkeller, Das Ungenügen der menschlichen Werke,
287f.
441 Sent.I d.17 q.1 concl.2 (fol.88a); zit. bei Dettloff,

faßten Verständnisses von condignus oder - wie später jedenfalls der Augustinereremit Johann von Staupitz[443] - auf Grund
einer ganz bestimmten Vorstellung von der Intensität des göttlichen Gnadenhandelns distanzieren.

5. Der Einfluß des römischen und kanonischen Rechts auf die
Terminologie der Selbstbindungstradition

Zum Abschluß unserer zusammenfassenden Untersuchung wichtiger
Begriffe der Selbstbindungstradition wollen wir noch auf den
eminenten Einfluß, den das römische und kanonische Recht auf
diese Terminologie ausgeübt hat, aufmerksam machen. Dieser
Aspekt fand in den bisherigen Untersuchungen zur mittelalterlichen Gnaden- und Verdienstlehre kaum Beachtung. Allenfalls
stellt man sehr allgemein eine Abhängigkeit der Verdienst- und
Satisfaktionslehre lateinischer Kirchenväter wie Tertullian und
Cyprian vom römischen Recht fest[444]. Wir können diesen vom römischen und kanonischen Recht ausgehenden Einfluß, der nicht
nur die Terminologie der mittelalterlichen Selbstbindungstradition, sondern auch inhaltlich die Bestimmung des Verhältnisses zwischen Gott und Mensch wesentlich prägt, nicht mit der

---

Die Entwicklung, 319 Anm.134.
    442   s.o.Anm.153. Der Augustinereremit Hugolin von Orvieto
(gest.1373), der zur Gregor von Rimini-Richtung zu rechnen ist,
bestreitet dem Menschen nicht grundsätzlich die Möglichkeit
eines meritum de condigno, sondern unterscheidet wie die Skotisten und einige Theologen des 13. Jahrhunderts zwischen einem
eigentlichen und einem uneigentlichen Würdigkeitsverdienst (ex
valore meriti - ex promisso). Das meritum de condigno auf der
Grundlage der freien Selbstbindung Gottes läßt er gelten. s.
Zumkeller, Hugolin von Orvieto (†1373) über Prädestination,
Rechtfertigung und Verdienst, 1955, 35-39.
    443   s. Johann von Staupitz, De executione aeternae praede-
stinationis (1517), c.7 §42 und c.8 §51. Wie die Porretaner
(s.o.S.32-34) vertritt Staupitz die Auffassung, daß Christus
allein Verdienste im eigentlichen Sinne - merita condigni - erworben habe. Zur Verdienstlehre Staupitzens vgl. Steinmetz,
Misericordia Dei, 114-122. Den Grund für die Ablehnung des
meritum de condigno als Möglichkeit des Christen sieht Steinmetz in der Auffassung, die Staupitz von der Intensität des
Wirkens Christi im Gerechtfertigten hat, also letztlich in der
christologischen Verankerung der Rechtfertigungslehre: "... the
Christian's good works cannot be merita de condigno because
they are in fact the work of Christ in and through him" (120).
    444   s. Wirth, Der "Verdienst"-Begriff bei Tertullian, 62-65;
ders., Der "Verdienst"-Begriff bei Cyprian, 165-167; v.Harnack,
Dogmengeschichte I 427 und II 175-177; Schultz, Der sittliche
Begriff des Verdienstes, 24-50; Beck, Römisches Recht bei Tertullian und Cyprian, 41-43.120f.

eigentlich notwendigen Intensität darstellen, sondern müssen
uns auf einige wenige Hinweise beschränken.

Fast alle Begriffe, die uns als Bezeichnungen des Aktes der
freien Selbstbindung Gottes und des Gebundenseins Gottes begegnet sind, haben einen festen Platz im Vokabular des Corpus
iuris civile Justinians bzw. der vorjustinianischen Rechts-
quellen. Es handelt sich um die Begriffe condicio, contractio,
conventio, decernere/decretum, discernere, disponere/dispositio,
foedus, instituere/institutio, iurare/iuramentum, lex, ordinare/
ordinatio, ordo, pacisci/pangere/pactum/pactio, polliceri/pol-
licitatio, promittere/promissio/promissum, spondere/sponsio,
statuere/statutum, alligare, astringere, debere/debitum/debitor,
iustus/iustitia, necessarius/necesse/necessitas, obligare/obli-
gatio, obstringere und tenere[445]. Die meisten dieser Begriffe,
z.B. conventio, decernere, disponere, pactum, polliceri, promissio, spondere, statuere, iustitia, finden sich auch in der
Vulgata, was ihre Verwendung innerhalb der Gnadenlehre begründet
oder wenigstens fördert; doch ist anzunehmen, daß sie sich unter
dem Einfluß des römischen Rechts und seiner Terminologie mit
juristischen Vorstellungen verbunden haben, die ihnen im biblischen Kontext fremd waren, wenn sie nicht schon hier - man
denke nur an die Verwendung des Begriffs conventio in Matth.20,
2[446] - eine juristische Bedeutung haben.

Im einzelnen ist nun genau zu unterscheiden, ob es sich um
einen direkten Einfluß des römischen Rechts auf die Theologie
handelt oder ob dieser Einfluß durch das kanonische Recht, das
vom Zivilrecht sehr stark abhängig ist, ja zahlreiche Normen
von ihm einfach übernimmt, vermittelt ist. Ein direkter Einfluß
liegt beim Verdienst- und Schuldgedanken der lateinischen Kirchenväter vor. Wenn beispielsweise Augustin die Begriffe promit-
tere/promissio/promissum, debere/debitum/debitor, tenere, cautio und chirographum miteinander verknüpft, um die Schuldnerschaft Gottes gegenüber dem Menschen zu beschreiben, dann bezieht er sich ohne Zweifel auf das römische Obligationenrecht,
genauer gesagt auf das schriftliche Schuldversprechen (die sti-

---

445 s. Heumann/Seckel, Handlexikon zu den Quellen des römischen Rechts; Vocabularium Iurisprudentiae Romanae; Ambrosino, Vocabularium Institutionum Iustiniani; von Mayr/San Ni-
colò, Vocabularium Codicis Iustiniani.
446 s. Kaser, Römisches Privatrecht, §42 (Miete und Pacht,
Dienstvertrag, Werkvertrag [locatio, conductio]).

pulatio), wie es im Gegensatz zum rein mündlichen Schuldversprechen des klassischen römischen Rechts in der nachklassischen
Periode (seit dem 3. Jahrhundert) üblich wurde[447].

Die große Bedeutung, die der Gedanke der freien Selbstbindung Gottes dann seit der Mitte des 12. Jahrhunderts in der Gnadenlehre spielt, und seine Entfaltung durch Vorstellungen, die
sich mit neuen Begriffen wie contractio, conventio, decretum,
dispositio, institutio, ordinatio, pactum, polliceri, spondere,
statutum und obligatio verbinden, sind wohl nicht auf den direkten Einfluß des römischen Rechts, sondern auf die Symbiose
von Kanonistik und Theologie, die sich wechselseitig befruchte-
ten, zurückzuführen. Immerhin ist es bemerkenswert, daß die von
uns untersuchte mittelalterliche Selbstbindungstradition gerade
in der Zeit an Bedeutung gewinnt, in der sich das Kirchenrecht
zu "erster und voller Blüte entfaltet"[448], d.h. in der Epoche
nach der Veröffentlichung des Decretum Gratiani (um 1142).
Kardinal Laborans, in dessen Schrift De iustitia et iusto (1154-
1160) wir zum ersten Mal die Konzeption der Selbstbindung Gottes im exklusiven Sinne finden konnten, war zugleich Theologe
und Kanonist, wie sein Hauptwerk, die Compilatio decretorum,
eine Bearbeitung des Gratianschen Dekrets, zeigt.

Die Einwirkung des kanonischen Rechts auf die Gnadenlehre
wird z.B. am Begriff des pactum deutlich, der in der ersten
Hälfte des 13. Jahrhunderts mit der Vorstellung einer obligatio
dei verbunden wird[449]. Im römischen Recht gilt der Grundsatz:
"Nuda pactio obligationem non parit."[450] Das pactum an sich
gilt im Gegensatz zum contractus als nicht klagbarer Schuldver-
trag ohne obligatorische Wirkung[451]. Dagegen heben die Kanonisten hervor, daß auch dem einfachen pactum, dem pactum nudum,
und nicht nur dem pactum vestitum, das auf Grund der Begleit-
umstände rechtlich verbindlich ist, obligatorische Kraft zukommt[452]. So heißt es bei Baldus de Ubaldis im 14. Jahrhundert:
"Ex pacto nudo, quod habet in se aequitatem praestationis,

---

447 s. Kaser, aaO §7 III (Stipulatio) und §40 (Stipulation.
Litteralkontrakt).
448 Stickler, Kanonistik, 1290.
449 s.o.S. 407-410.
450 Heumann/Seckel, Handlexikon, s.v. pactum.
451 s. Kaser, Römisches Privatrecht, §38 III (Pacta).
452 s. Bellini, L'obligazione da promessa, 44-46.109f.146-
148.268f.381f.

oritur de iure canonico naturalis et canonica obligatio."[453]
Daß diese Auffassung der Kanonisten schon zu Beginn der klassischen Kanonistik zu belegen ist, zeigt eine Stelle aus der in
den Jahren 1188-1190 verfaßten Dekretsumme des Huguccio von
Pisa[454]: "... licet stipulatio non intervenerit, obligatur enim
nuda promissione saltem, etsi non civiliter ... Peccaret enim
quis, nisi nudum pactum observaret, honestum tamen, licet nulla
sollemnitas intervenerit ... sive ergo interveniat stipulatio
sive non, promissor non peccat, nisi adimpleat promissum si
potest."[455] Guido de Baysio (gest. 1313) spricht in diesem Zusammenhang von der simplicitas canonica, die keinen Unterschied
zwischen dem bloßen Versprechen (promissio nuda) und dem Schuldversprechen (stipulatio) macht, so wie sie auch keinen Unterschied zwischen dem einfachen Wort und dem Eid kennt[456]. Der
Gedanke, daß sich Gott durch pactum und promissio dem Menschen
gegenüber verpflichtet (se obligat), ist also nicht aus dem
römischen Recht selbst, sondern erst aus der Umgestaltung rö-
mischer Rechtssätze durch das kanonische Recht verständlich.
Deutlich findet der Unterschied zwischen zivilrechtlichem und
kanonistischem Denken in der von uns herangezogenen Glosse zum
Paulinenkommentar des Lombarden Cod.Salzburg St.Peter a XI 7
ihren Niederschlag, wo es heißt, daß das pactum Gottes in
größerem Maße eingehalten werden muß als das eines Menschen und
darum ein meritum de condigno begründet[457].

Fragt man nach dem Standort der Terminologie des römischen
und kanonischen Rechts innerhalb der Theologie, nach ihrem Sinn
in einem Kontext, welcher - als Lehre vom Gnadenhandeln Gottes -
gerade der Anwendung juristischer Vorstellungen sehr abweisend
gegenüberstehen müßte, dann ist auf die hermeneutischen Überlegungen des Kardinals Laborans zu verweisen, die wir wegen

---

453 Praelectiones in codicem, in tit. De iuris et facti
ignorantia n.17 (C.1,18,20); zit. bei Bellini, aaO 268.
454 Zur Datierung s. Prosdocini, La 'Summa Decretorum' di
Uguccione da Pisa, bes. 355.
455 Commentum in can.66 Quicumque suffragio (C.12 q.2);
zit. bei Bellini, aaO 46 Anm.54.
456 "Et hoc verum est, sive verbotenus sive per stipulationem promissio facta fuerit, quia secundum simplicitatem canoni-
cam sicut inter simplex verbum et iuramentum nulla est differentia ... ita inter nudam promissionem et stipulationem, dummodo
iusta fuerit." Rosarium cap.66 Quicumque suffragio (C.12 q.2);
zit. bei Bellini, aaO 45 Anm.52.
457 s.o.S.119 Anm.34.

ihrer singulären Stellung als Prolegomena zu allen folgenden
Konzeptionen einer Selbstbindung Gottes bezeichnet haben[458].
Im Rahmen dieser Überlegungen sagt Laborans, daß die zivilrechtliche Sprache nicht überall einer zivilrechtlichen Beurteilung
zu unterwerfen sei. Vielmehr bediene sich die Theologie dieser
ihr eigentlich fremden Sprache, um sich den Menschen verständlich zu machen, um sie in ihren eigenen Bereich zu locken und
so zum Aufstieg zu den himmlischen Geheimnissen zu bewegen[459].
Nimmt die Theologie juristische Begriffe auf, dann entfremdet
sie diese ihrem eigentlichen Anwendungsbereich und gibt ihnen
eine völlig neue Bedeutung, macht sie damit zu uneigentlichen
Begriffen. So fällt in der Theologie die im Zivilrecht bestehende Antinomie zwischen Lohn und Geschenk[460], zwischen Schuldnerschaft und Freiheit weg. Spricht sie davon, daß Gott dem Menschen den himmlischen Lohn auf Grund des Verheißungsrechtes
schuldet, dann meint sie nicht das zivilrechtliche, sondern Gottes eigenes ius promissi, dem das liberaliter polliceri und das
liberalitate sola persolvere entspricht[461]. Die enge Verbindung
der Aspekte Freiheit und Selbstbindung Gottes weist darauf hin,
daß die Sprache des römischen und kanonischen Rechts einem spezifisch theologischen Interesse dienstbar gemacht wird, das ihre
ursprüngliche juristische Bedeutung transzendiert[462]. Diesem
Interesse wollen wir uns nun abschließend zuwenden.

III. Schlußüberlegungen zur theologischen Funktion des Gedankens der freien Selbstbindung Gottes im Mittelalter

1. Die Funktion des Selbstbindungsgedankens innerhalb der Gnadenlehre. Die Frage nach dem Wesen der zugrundeliegenden Frei-
heitsvorstellung

Wie wir in unserer Arbeit mehrfach hervorgehoben haben, hat der
Gedanke einer freien Selbstbindung Gottes in der mittelalterli-

---

458 s.o.S.53-56.
459 s.o.S.54f Anm.55.
460 s.o.S.55 Anm.56.
461 s.o.S.55 Anm.57.
462 Daß der Anwendung juristischer Begriffe in der mittelalterlichen Gnadenlehre eine gewisse Verrechtlichung des Verhältnisses zwischen Gott und Mensch entspricht, bleibt trotz
der Ausführungen des Kardinals Laborans eine nicht zu leugnen-
de Tatsache, die von protestantischer Seite genug betont worden

chen Gnadenlehre die Funktion, die verläßliche Gültigkeit der
auf dem Werk Jesu Christi beruhenden Heilsordnung, speziell die
meritorische Relevanz der menschlichen Werke und die Notwendigkeit der geschaffenen Gnade, gerade so herauszustellen, daß damit die frei wählende, verordnende und schenkende Souveränität
Gottes vereinbar ist. Blickt man auf Theologen des 13. Jahrhunderts wie Wilhelm von Auxerre, Philipp den Kanzler, Hugo von
St.Cher, Roland von Cremona, Albertus Magnus und Thomas von
Aquin, dann zeigt sich, daß man die Gültigkeit der Heilsordnung
auch ganz anders begründen konnte, indem man sich auf die Natur
der eingegossenen Gnade und das unwandelbare Wesen Gottes, auf
ontologische Garantien also, berief. Gegenüber diesem Denken ist
die Konzeption der freien Selbstbindung Gottes, wie sie in derselben Zeit von Theologen wie Wilhelm von Auvergne, Odo Rigaldi
und Bonaventura vertreten wird, von einem ganz bestimmten Interesse an der Freiheit Gottes geleitet. Auch Thomas ist von dem
Anliegen getrieben, der Souveränität Gottes gegenüber der Schöpfung Ausdruck zu geben, nur mit dem Unterschied, daß er die
Freiheit Gottes durch den Aspekt der absoluten Unverdienbarkeit
der heiligmachenden Gnade gewahrt sieht, während z.B. Bonaventura die Freiheit Gottes erst dadurch sichern zu können glaubt,
daß er die Notwendigkeit der Gnade durch ein Dekret und die
Verdienstlichkeit ihrer Werke durch einen Vertrag Gottes bedingt sein läßt. Die bisher noch unbeantwortete Frage ist die,
wie es zu diesem Unterschied, der auch der Unterschied zwischen
Duns Scotus und Thomas oder zwischen Wilhelm von Ockham und
Petrus Aureoli[463] ist, kommt.

2. Personales und heilsgeschichtliches Denken als Hintergrund
des Selbstbindungsgedankens

Die Antwort wird durch den besonderen Charakter des Freiheitsverständnisses der Theologen, die den Gedanken einer freien
Selbstbindung Gottes vertreten, gegeben. Man muß dieses Frei-
heitsverständnis in Verbindung mit einer mehr personalen Be-

---

ist. Vgl. auch unsere kritischen Äußerungen zur mittelalterlichen Tradition o.S.389. Doch sollten die hermeneutischen Überlegungen des Kardinals Laborans davor warnen, sich die Arbeit
der Kritik zu leicht zu machen.
463 s.o.S.364f.

trachtungsweise sehen, die sich von der mehr ontologisch-naturhaften Betrachtungsweise der Thomas-Richtung unterscheidet[464].
Wir haben hier einerseits den substantialen Personbegriff im
Auge, der durch die Definition des Boethius "Persona est rationalis naturae individua substantia"[465] Eingang in die mittelalterliche Theologie gefunden hat und durch das bis in die Neuzeit hinein wirksame Verständnis der Person als geistiger In-
dividualität gekennzeichnet ist. Joest bestimmt diesen Personbegriff durch die Momente "Inseität" und "Subjektität", die er
in dem Begriff "Konzentrik" zusammenfaßt: "In beiden, Inseität
und Subjektität, erweist sich Substanz als Träger eines bestimm
ten Wesens (quidditas). Kraft ihrer Inseität ist sie als eigen-
geartete Wesenheit in sich gesammelt und von anderen abgehoben.
Kraft ihrer Subjektität tritt sie in Eigenschaften, Wirkungen
und Verhaltensweisen als Träger dieses ihr eigenen Wesens in
Erscheinung und Wechselwirkung zur Umwelt hin." "Diesem Person-
verständnis eignet eine ausgesprochende Konzentrik. Die Person ist in ihrer zum geistigen Selbstbesitz potenzierten Eigenständigkeit in sich selbst gesammelt, und in der Selbstbestimmung ihres Verhaltens wird sie zum Aktionszentrum, auf das
seine Verhaltungen zurückweisen und dem sie zuzurechnen sind."[4]
Der substantiale oder individualistische Persongedanke wird in
der mittelalterlichen Theologie dann radikalisiert, wenn er auf
Gott angewandt wird, wenn somit die In-seität zur A-seität ge-
steigert wird[467], und wenn sich mit der Betonung des göttlichen
Willens das Insistieren auf der absoluten Wahlfreiheit Gottes
und seiner absoluten Unabhängigkeit gegenüber dem Einfluß und
Zugriff des Geschaffenen verbindet. Dieses vom Neuplatonis-

---

464 Vgl.o.S.156f, wo wir die entsprechende These Auers zur
Sprache brachten.
465 Boethius, ·Liber contra Eutychen et Nestorium 3 (PL 64,
1343C/D).
466 Joest, Ontologie der Person bei Luther, 235.
467 Vgl. Joest, aaO 236 und Auer, Gnadenlehre I, 107 Anm.
78; Auer beschreibt die Entwicklung, die innerhalb der franziskanischen Theologie von Richard von Mediavilla zu Duns Scotus und Wilhelm von Ockham läuft, mit den Worten: "Beachte die
verschiedene Betrachtungsweise und die Entwicklung von der motio zur acceptatio und complacentia (Gott wird immer mehr zur
bloß in sich abgeschlossenen Wirklichkeit: personalistische
Metaphysik). Wenn Thomas von einer dilectio specialis (QD de
ver.27 q.1: unten Anm.91) spricht, sind hier noch alle Menschen
als Menschen eingeschlossen (naturalistische Metaphysik)."

mus[468] und Augustin[469] bestimmte Interesse an der unverfügbaren
Transzendenz der göttlichen Willensmacht - man müßte es wohl
adäquater religiöse "Ergriffenheit von der absoluten Transzendenz Gottes"[470] nennen - kennzeichnet gerade die mittelalterliche Franziskanerschule, in welcher der Gedanke der freien
Selbstbindung Gottes eine besondere Rolle spielt. Es erklärt
sowohl die Lehre, daß der Besitz der eingegossenen Gnade nicht
absolut notwendig zur Erlangung des ewigen Lebens sei, da Gott
den Menschen auch ohne sie beseligen könne, als auch die Vorstellung, daß die Verdienstlichkeit der Werke keine unmittelbare Folge ihrer Qualität sei. Erst dieser Hintergrund macht
deutlich, warum man überhaupt von einer freien Selbstbindung
Gottes reden kann.

Wichtig ist die von uns wiederholt hervorgehobene Beobachtung,
daß der substantiale Personbegriff nicht nur das Insistieren
auf der göttlichen Freiheit, sondern konsequenterweise auch die
Hervorhebung der menschlichen Freiheit als Ausdruck ihrer personalen Eigenwertigkeit, vor allem bei Odo Rigaldi und Duns
Scotus, zur Folge hat. Die Bejahung eines auf den Empfang der
rechtfertigenden Gnade vorbereitenden uneigentlichen Verdienstes
durch die meisten Theologen der Franziskanerschule ist in diesem Zusammenhang zu sehen. Wahlfreiheit Gottes und Entscheidungsfreiheit des Menschen werden in ein Korrespondenzverhält-
nis gebracht.

Daß man der absoluten Freiheit der transzendenten Willensmacht die Selbstbindung Gottes durch promissio, pollicitatio,
sponsio, pactum, conventio oder contractio gegenüberstellt, ist
freilich nicht allein aus der Radikalisierung des substantialen
Personbegriffs zu erklären. Hier kommt noch ein anderes Person-
verständnis zur Geltung, das nicht durch die Selbständigkeit
des Individuums, sondern durch die Relation zur anderen Person,
nicht durch das konzentrische, sondern durch das exzentrische
Wesen des Person-Seins charakterisiert ist[471]. Spricht man in
diesem Sinne von Gott als Person, dann muß man zugleich von der
Beziehung zwischen Gott und Mensch, vom Wort Gottes an den

468 s.u.S.494.
469 s.u.S.491-495.
470 Dettloff, Franziskanerschule, 287.
471 Dem substantialen Personbegriff stellt Joest (Ontologie der Person bei Luther, 233-274) das exzentrische Personverständnis Luthers gegenüber.

Menschen und dem Antwortverhalten des Menschen vor Gott und damit von der Geschichte Gottes mit dem Menschen sprechen. Man
bringt so zum Ausdruck, daß der Mensch sein Wissen um Gott und
den ordo salutis und die Zuversicht seines Hoffens nicht auf
feste Wesensstrukturen und ontologische Qualitäten gründen kann
sondern Wissen und Hoffen nur kontingenten, unvorhersehbaren
Verordnungen (ordinatio, institutio, dispositio, statutum, decretum) verdankt, denen eine Abfolge von Kundgebungen in der
Geschichte (promissio, pollicitatio, sponsio, iuramentum, conventio, contractio, pactum) entspricht. Besonders der seit dem
Ende des 12. Jahrhunderts in der Verdienstlehre sehr häufig
vorkommende Vertragsgedanke weist auf den relationalen Charakter
des zugrundeliegenden Personverständnisses[472], der sich uns
ebenso in einer ganz bestimmten Sicht des Gnadengeschehens,
d.h. in der Beschreibung des Gnadenstandes durch die Bilder der
Freundschaft, Adoptivkindschaft und Brautschaft[473] und der
Stellung des Akzeptationsgedankens[474], gezeigt hat. Die Ge-
schichtsbezogenheit dieser relationalen Gottesvorstellung macht
deutlich, daß auch hier wie beim substantialen Personbegriff
die Unverfügbarkeit Gottes Thema der Gnadenlehre ist: "Gott
ist Person und nicht Sache, weil er als unbekannte Macht über
das Dasein wesenhaft undurchschaubar ist ... Was zumindest prin
zipiell gänzlich verfügbar ist, wird dagegen zur Sache. Daher
bleibt die Gottheit Person, solange sie sich nicht in eine kos-
mische Funktion auflösen läßt. Der biblische Gott ist wesenhaft
Person, weil er immer neues, kontingentes Geschehen hervorbring

---

472 Interessant ist in diesem Zusammenhang eine Stelle bei
Holkot, wo er den Vergleich des sich auf die Gnade vorbereitenden Menschen mit dem Ton in der Hand des Töpfers (Ier.18,6)
durch den Gedanken einschränkt, daß es zwischen Töpfer und Ton
keinen Vertrag gebe: "Quamvis sumus sicut lutum per comparationem ad deum aliquo modo, non tamen similitudo tenet in omnibus
nec est pactum inter artificem et lutum." Lectiones super libros Sapientiae, zu Sap.12,1f, lect.145B; zit. bei Oberman,
Spätscholastik und Reformation I, 230 Anm.193. Die Anwendung
des Vertragsgedankens setzt nach Auffassung der mittelalterlichen Theologen die personale Würde des Menschen voraus, die
man, wie Schwarz (Vorgeschichte der reformatorischen Bußtheologie, 254) zutreffend hervorhebt, im liberum arbitrium zentriert und durch das pactum zur Personalität Gottes in Beziehung setzt.
473 s.o.S.156-158 (Wilhelm von Auvergne), 199f und 208f
(Odo Rigaldi), 220-222 (Bonaventura).
474 s.o.S.156 (Wilhelm von Auvergne), 199f und 208f (Odo
Rigaldi), 222-230 (Bonaventura) und 346-351 (Duns Scotus).

stets unvorhersehbar handelt und darin die Unendlichkeit seiner Freiheit erweist."[475] Diese Sätze Pannenbergs, die das biblisch-heilsgeschichtliche Verständnis Gottes als Person umreißen, darf man ebensogut als Beschreibung der spezifisch franziskanischen Personvorstellung nehmen, wie sie von Scotus nach der Vorarbeit der älteren und mittleren Franziskanerschule am klarsten entfaltet worden ist. Sie machen sichtbar, wie sich im franziskanischen Gottesgedanken das substantiale Moment des Personverständnisses mit dem relationalen zu einer Einheit verbindet: Weil Gott als transzendente, in sich abgeschlossene Wirklichkeit[476] durch die Unendlichkeit seiner Machtfülle und seines Entscheidungsspielraums, die potentia dei absoluta, charakterisiert ist, kann der Mensch sein Wissen um die Gültigkeit einer bestimmten Heilsordnung, die potentia dei ordinata, nur von den kontingenten Selbstmitteilungen Gottes in der Geschichte her erhalten. So haben nicht erst Luther, sondern schon die mittelalterlichen Vertreter der Selbstbindungskonzeption das Offenbarungsgeschehen in "heilsgeschichtlich-personalistischen Kategorien" interpretiert[477], ohne freilich auf eine ontologische Verankerung dieser Interpretation zu verzichten. Bei den Vertretern der Gegenkonzeption jedoch, insbesondere bei Thomas und den Thomisten, wird die ontologisch-naturhafte Sicht so in den Mittelpunkt des Verständnisses von Gnade, ihrer Notwendigkeit und Wirksamkeit, gestellt, daß die Erklärung der Heilsordnungen durch den Aspekt heilsgeschichtlicher Kontingenz an die Peripherie des Denkens rückt und Begriffe wie acceptatio oder promissio aus dem Vokabular der Verdienstlehre verschwinden, während sie bei den Gegnern eine umso größere Bedeutung besitzen.

Kehren wir zu unserer Frage zurück, um eine knappe zusammenfassende Antwort zu geben. Weil die Vertreter der mittelalterlichen Selbstbindungstradition auf Grund ihrer mehr personalen und darum auch mehr konkret heilsgeschichtlichen Betrachtungsweise eine ausgeprägtere Sensibilität für die Freiheit Gottes

---

475 Pannenberg, Person, 232.
476 Zur Vorstellung von Gott als in sich abgeschlossener Wirklichkeit vgl. die o.Anm.467 zitierten Sätze Auers.
477 Vgl. dagegen Ebeling, Wort und Glaube, 16: "Sie (sc. die Reformation - d.Verf.) hat ... in der Akzentverlagerung von den metaphysischen auf die heilsgeschichtlich-personalistischen Kategorien das scholastische System zerstört ..."

gegenüber dem Einflußbereich des übernatürlich Geschaffenen, zu
dem sie Gnade und Gnadenwerke rechnen, und vermeintlich seinshaft vorgegebener unwandelbarer Verhaltensweisen Gottes selbst
entwickelt haben als andere mehr ontologisch argumentierende
Theologen, deshalb glauben sie diese Freiheit mit der unumstößlichen Gültigkeit der gegebenen Heilsordnung nur durch den Gedanken der freien Selbstbindung Gottes in Einklang bringen zu
können, während die andere Gruppe auf den Aspekt der Selbstbindung verzichten kann. Dieser Verschiedenheit entspricht ein
unterschiedliches Verständnis von Pelagianismus und Antipelagianismus, von dem bereits ausführlicher die Rede war[478].

3. Der Selbstbindungsgedanke als Gestaltungsprinzip in allen Bereichen der Schultheologie

Die mit der personalen Betrachtungsweise verknüpfte Sensibilität für die Freiheit Gottes, von der wir sprachen, hat nicht nur
innerhalb der Gnadenlehre, sondern in allen Bereichen der Schultheologie des 13. Jahrhunderts und der Spätscholastik die Entfaltung der Vorstellung von einer freien Selbstbindung Gottes
zur Folge. Man kann sich von der Bedeutung dieser Konzeption
erst dann ein wirkliches Bild machen, wenn man ihre Funktion
in jedem Teil der Sentenzenkommentare und Summen sichtbar macht.
Dabei ist festzustellen, daß der Selbstbindungsgedanke in der
Gotteslehre, Soteriologie und Sakramentenlehre eine mit seiner
Rolle in der Gnaden-, Tugend- oder Verdienstlehre durchaus vergleichbare Funktion besitzt, und zwar nicht erst bei Duns Scotus oder gar erst im Nominalismus, sondern schon in der Theologie des 13., zum Teil auch bereits des 12. Jahrhunderts. Als
roter Faden, der sich durch das gesamte Werk eines Theologen
zieht, ist er uns allerdings erst bei Bonaventura begegnet,
was dessen Bedeutung als konsequent gestaltenden Systematikers
unterstreicht.

---

478 s.o.S.363f.

a) Der Selbstbindungsgedanke in der Gotteslehre und Soteriologie: die Dialektik von potentia dei absoluta und potentia dei
ordinata

Wie wir sahen, läßt sich bei Bonaventura wie dann bei zahlreichen Theologen der Franziskanerschule und ihres Einflußbe-
reiches nach ihm in der Gnadenlehre eine doppelte Fragerichtung
unterscheiden, eine "von oben nach unten" und eine "von unten
nach oben"[479]. Im ersten Fall fragt man auf dem Hintergrund
des Allmachtsgedankens nach der Notwendigkeit der geschaffenen
Gnade im Menschen als Voraussetzung des Akzeptationsgeschehens;
Bonaventura begründet ihre Notwendigkeit durch den Gesichtspunkt des freien göttlichen Dekrets. Bei der umgekehrten Fragerichtung wird die Notwendigkeit des Gnadenhabitus und seine
Existenz im Gerechtfertigten vorausgesetzt und seine Wirksamkeit als Ursache des himmlischen Lohnes, seine verdienstliche
Relevanz also, untersucht; Bonaventura kommt hier auf promissio
und pactum Gottes zu sprechen.

Der Fragerichtung von oben nach unten entspricht bei Bonaven-
tura die grundlegende Unterscheidung zwischen potentia dei ab-
soluta und potentia dei ordinata[480], gegen die er freilich auch
Bedenken äußern kann[481], und der in seinem Sentenzenkommentar
auffallend häufig vorkommende Verweis auf ein Dekret (decernere)
Gottes, das die Gültigkeit der bestehenden Heilsordnung, den
Übergang des göttlichen posse zum non posse begründen soll[482].
So hebt Bonaventura im Rahmen der Soteriologie bei der Frage

---

479   s.o.S.230f (Bonaventura) und 348f (Duns Scotus).
480   S. z.B. Sent.II d.7 p.1 a.1 q.1 ad 1 (II 177a).
481   "Aliqui distinguunt hic potentiam dei dupliciter dicentes deum posse aut de potentia absoluta, et sic potest Iudam
salvare et Petrum damnare, aut de potentia ordinata, et sic non
potest. Sed haec distinctio non videtur esse conveniens, quia
nihil potest deus, quod non possit ordinate. Posse enim inordinate facere est non posse, sicut posse peccare et posse mentiri.
Unde nec potentia absoluta nec ordinata potest mentiri." Sent.I
d.43 dub.7 (I 778a). Obwohl Bonaventura an dieser Stelle die
Unterscheidung zwischen potentia dei absoluta und potentia dei
ordinata ablehnt, weil sie nach seiner Sicht zumindest das Mißverständnis wecken kann, Gottes Macht könne ungeordnet sein, so
bejaht er doch, was mit dieser Unterscheidung sachlich gemeint
ist. Man muß dies aus seiner sonstigen Verwendung des Begriffs-
paars und dem immer wiederkehrenden Verweis auf ein decretum
Gottes (s.o.S.227 Anm.391) schließen.
482   s.o.S.227 Anm.391.

474

"Utrum alio modo genus humanum potuerit reparari quam per mortem Christi" hervor, daß Gott die Menschheit auch anders hätte erlösen können[483]. Ist es doch unüberlegt, der göttlichen Macht im theologischen Denken eine Schranke vorzuschieben, da sie mehr kann, als wir uns vorstellen können[484]. Der Grundsatz lautet: "Non enim est limitanda divina potentia"[485], womit Bonaventura das Prinzip seines Lehrers Alexander von Hales "Non est determinare divinam potentiam"[486] aufgreift. Blickt man freilich auf das heilsgeschichtliche Dekret Gottes, den Menschen nur auf dem Wege der Gerechtigkeit, d.h. durch redemptio oder satisfactio, zu befreien und nur den Tod Christi als Genugtuung gelten zu lassen[487], dann kann man auch wie Anselm von Canterbury von einem non posse Gottes sprechen[488]. Während aber Anselm die Notwendigkeit der Genugtuung und des Todes Christi aus dem Erlösungsplan Gottes rational deduziert[489], durchbricht Bonaventura den Argumentationsgang Anselms an beiden Punkten durch das Zwischenschalten des kontingenten göttlichen Beschlusses: "Nos aliter non decrevit salvare."[490] Ausschlaggebend ist

---

483 Sent.III d.20 q.6 resp.(III 431a).
484 "Temerarium est, cum de divina potentia agitur, terminum ei praefigere. Amplius enim potest quam nos possumus cogitare." Sent.III d.20 q.6 ad 4 (III 432b).
485 Sent.III d.20 q.6 resp.(III 431a); vgl. Sent.III d.20 q.6 arg.4 (III 430b): "Si non potuisset nos alio modo liberare, ergo tunc fuisset divina potentia limitata et persona Christi passioni subiecta; quod omnino est absurdum."
486 Summa fr. Alexandri III tr.1 q.1 c.4 resp.(IV 15b).
487 Sent.III d.20 q.6 ad 1 und 2 (III 431b): dispositio, decernere; vgl. Sent.III d.20 q.5 resp.(III 428a): decernere.
488 Sent.III d.20 q.6 resp. sowie ad 1 und 2 (III 431a-b).
489 Es ist Anselms Bemühen in Cur deus homo, nicht nur die Angemessenheit der Erlösung durch den Tod Jesu Christi darzustellen, sondern ihre Notwendigkeit in einem logisch einwandfreien Schlußverfahren zu demonstrieren (s. etwa Cur deus homo 1,4 und 1,25). Wird die Notwendigkeit der Erlösung auf Grund des kontingenten Willensentschlusses Gottes, den Menschen zur Seligkeit zu schaffen (Cur deus homo 1,5.16-19.23; 2,1.4.5), vorausgesetzt, dann kann man ohne Rekurs auf ein weiteres Dekret Gottes nach Anselms Anleitung die Notwendigkeit einer Genugtuung sowie der Inkarnation und des Leidens Christi folgern.
490 Sent.III d.20 q.6 ad 1 und 2 (III 431b). Bonaventura erläutert in ad 4 (III 431b-432b), daß er aus der Notwendigkeit einer redemptio oder satisfactio durch den Gottessohn nicht die Notwendigkeit seines Todes zu folgern wagt. Denn "vielleich wäre bei einer so vornehmen Person auch eine geringfügige Strafe zur Wiederherstellung des Menschengeschlechts ausreichend gewesen". Das Dekret, durch das sich Gott nach Bonaventura auf den faktischen Erlösungsweg festgelegt hat, ist daher als

dabei für ihn das Bewußtsein der Entfernung zwischen Gott und
Mensch, die Demut des Theologen, der Gottes souveräne Machtfülle nicht anzutasten und daher die Notwendigkeit des Faktischen nur a posteriori durch den Rekurs auf eine Vielzahl von
geschichtlichen Verordnungen zu beschreiben wagt[491].

Was die Unterscheidung zwischen potentia dei absoluta und
potentia dei ordinata betrifft, so ist hinzuzufügen, daß sie
sich nicht erst bei Bonaventura, sondern beispielsweise schon
bei Herbert von Auxerre (Abbreviatio der Summa aurea vor 1234)[492],
den Franziskanern Alexander von Hales[493] und Odo Rigaldi[494] und

---

Doppeldekret zu verstehen: Gott hat 1.) beschlossen, den Menschen nur durch eine redemptio oder satisfactio zu befreien;
2.) hat Gott den Entschluß gefaßt, nur den Tod Christi als
Genugtuung gelten zu lassen. - Vgl. auch den Selbstbindungsgedanken bei Bonaventuras Erörterung der Frage, ob die Erlösung des Menschen durch Gott notwendig gewesen sei: Sent.III
d.20 q.1 resp.(III 418a). Er beantwortet die Frage durch den
Hinweis auf die necessitas immutabilitatis, "quae consurgit ex
stabilitate et immutabilitate divinae dispositionis".
     491 s.o.Anm.484. Die theologische Grundhaltung der humili-
tas kommt bei Bonaventura besonders schön in Sent.II d.26 a.
un.q.2 resp.(II 635b) zum Ausdruck. - Im übrigen hatte schon
Alexander von Hales den Selbstbindungsgedanken durch seine
Sentenzenglosse (3.Buch: 1225-1227) in die Soteriologie eingeführt; s.u.Anm.584.
     492 Summa abbreviata magistri G.Altissiodorensis: Cod.Vat.
lat.2674 fol.108v; nach Landgraf, Potestas, 206f. Zur Datierung
s. Glorieux, Répertoire I n.157; Betti, Notes de littérature
sacramentaire, bes. 213-216: L'activité littéraire d'Herbert
d'Auxerre.
     493 Summa fr. Alexandri I p.1 inq.1 tr.4 q.1 m.2 c.2 resp.
II (I 207b): "Distinguitur ergo potentia absoluta (a) potentia ordinata. Potentia absoluta est eorum, quorum non est divina praeordinatio; potentia vero ordinata est eorum, quorum
est divina praeordinatio, hoc est eorum, quae a deo sunt prae-
ordinata sive disposita." Vgl. I p.1 inq.1 tr.4 q.2 m.2 c.2
resp.III (I 220b-221a); III tr.1 q.1 c.4 resp.(IV 15b-16a).
s. Gössmann, Metaphysik und Heilsgeschichte, 350.
     494 Quaestiones de gratia, q.13 ad 4 (Toulouse Bibl.Com.
Cod.737 fol.214a); zit. bei Auer, Gnadenlehre II, 66 Anm.29.
Vgl. Hödl, Die neuen Gnadenquästionen, 39: "Odo Rigaldi meint,
Gott könnte ohne die Zwischenkunft einer Dispositio die Seele
rechtfertigen, wenn er wollte. Der Einsatz der absoluten Macht
entsprach aber nicht seinem Gnadenwalten, weil Gott dem Menschen die Freiheit wahren, die Mitwirkung ermöglichen und das
Verdienst gewähren wollte." Ohne Verständnis für die theologische Funktion des Hinweises auf die absolute Macht und die
freie Selbstbindung Gottes fügt Hödl hinzu: "... mit welchem
Recht fragen ... die Theologen immer wieder, was Gott könnte,
wenn er anders wollte. Die Spekulationen über die absolute
Macht Gottes, die in der Spätscholastik beängstigend zunehmen,
sind gefährliche Wege des Denkens."

den Dominikanern Hugo von St.Cher (Sentenzenkommentar bereits
1230-1232)[495], Johannes von Treviso[496] und Guerricus de S.
Quintino[497] findet[498]. Zu vergleichen sind Begriffspaare wie
potentia infinita-potentia finita[499], potentia potens-potentia
exsequens[500], potentia indeterminata-potentia determinata[501]
(alle bei Alexander von Hales), absolute potens-determinate po-
tens (Wilhelm von Auvergne)[502], potentia pure considerata-po-
tentia determinata (Wilhelm von Auxerre)[503] und potentia abso-
luta/libera-potentia condicionata rebus (Roland von Cremona)[504].

Nicht bei allen Theologen freilich wird mit diesen Distinktionen der Gedanke der freien Selbstbindung Gottes als des Über-

---

495   Sent.IV (Leipzig Univ.-Bibl.Cod.lat.573 fol.223r); zit.
bei Landgraf, Potestas, 184 Anm.72 und 207 Anm.78.
496   Summa in theologia: Cod.Vat.lat.1187 fol.58v; nach Landgraf, aaO 206f. Das Werk wurde zwischen 1232 und 1235 verfaßt.
s. Fries, Ein Abriß der Theologie für Seelsorger; Landgraf,
Einführung, 131 (nach Landgraf zitiert Johannes von Treviso den
Sentenzenkommentar Hugos von St.Cher).
497   Paulinenkommentar, zu 1.Cor.(Cod.Paris.Nat.lat.15603
fol.11r); zit. bei Landgraf, Potestas, 207. Vgl. auch Landgraf,
aaO 184.
498   Nach Borchert (Der Einfluß des Nominalismus, 50) kommt
das Begriffspaar potentia absoluta und potentia ordinata zum
ersten Mal bei Albertus Magnus vor. Borchert kann aber keine
Stellen aus Alberts Sentenzenkommentar, der zudem erst in den
Jahren 1246-1249 entstanden ist, sondern nur solche aus der in
ihrer Echtheit umstrittenen (s. Hufnagel, Zur Echtheitsfrage)
und erst nach 1260 verfaßten Summa theologiae anführen. Ebenso
unzutreffend ist die von Grzondziel (Die Entwicklung, 10) vertretene These, die Unterscheidung zwischen der potentia absoluta und ordinata sei terminologisch erst bei Alexander von
Hales - d.h. in der Summa Halensis - abgeschlossen. Sie ist vor
1235, dem Terminus post quem der Summa Halensis, schon bei
Hugo von St.Cher, Johannes von Treviso und Herbert von Auxerre
nachzuweisen.
499   Summa fr. Alexandri I p.1 inq.1 tr.4 q.2 m.2 c.1 ad 2
(I 219a).
500   Summa fr. Alexandri I p.1 inq.1 tr.4 q.1 m.2 c.2 resp.I
(I 207a). Vgl. auch Bonaventura, Sent.I d.43 q.4 ad 3-4 (I
775b).
501   Summa fr. Alexandri I p.1 inq.1 tr.4 q.1 m.1 c.3 ad 4
(I 204b): "Est potentia indeterminata, quae se habet ad infinitos mundos, et secundum hoc est potentia in causa ad infinitos
mundos; et est potentia determinata per dispositionem praeordi-
natam."
502   Wilhelm von Auvergne, De trinitate, c.10 (II 14b).
503   Wilhelm von Auxerre, Summa aurea I c.11 q.5 und 6 (fol.
27b-d). Vgl. Grzondziel, Die Entwicklung, 46: "In dieser Unterscheidung zwischen der potentia pure considerata und der potentia determinata haben wir zum ersten Mal eine Distinktion vor
uns, die sich inhaltlich mit jener späteren Unterscheidung zwischen der potentia dei absoluta und ordinata vollständig deckt."
504   s.o.S.295f.

gangs vom unendlichen Möglichkeitsraum göttlicher Freiheit zur
Gültigkeit der geschichtlichen Heilsordnung in Verbindung gebracht. Eine solche Verknüpfung der beiden Machtbereiche setzt
voraus, daß bereits die potentia dei absoluta nur solche Möglichkeiten des göttlichen Wollens und Könnens umfaßt, die seiner wesenhaften Güte entsprechen. Sehr schön kommt das in der
Summa Halensis zum Ausdruck, wenn sie die potentia dei absoluta durch die condecentia bonitatis[505] und die potentia dei ordinata durch die kontingente praeordinatio divina[506] begrenzt
sein läßt. So könnte Gott kraft seiner potentia absoluta den
Petrus verdammen und den Judas beseligen[507]. Dies ist eine
echte Möglichkeit, da sie seiner wesenhaften Gerechtigkeit nicht
widerspricht. Kraft seiner praeordinatio aber, des Aktes der
freien Selbstbindung, liegt diese Möglichkeit nicht mehr im Bereich seiner potentia ordinata. Gott hat sich in Freiheit auf
eine Vergeltungsordnung festgelegt, in der jedem nach seinen
Verdiensten vergolten wird: "... secundum rationem divinae praeordinationis iustitiae reddentis unicuique secundum merita."
Aus dem gerechten Gott im Sinne des guten Gottes ist durch die
praeordinatio für die Menschen der gerechte Gott im Sinne des
gerecht vergeltenden Gottes geworden[508]. Im Hintergrund steht

---

505 Summa fr. Alexandri I p.1 inq.1 tr.4 q.2 m.2 c.2 resp.
II (I 220b). Versteht man iustitia dei als condecentia divinae
bonitatis, dann fällt für Alexander posse de potentia (sc. absoluta) und posse de iustitia zusammen; interpretiert man die
iustitia dei dagegen als Vergeltungsgerechtigkeit (congruentia
meritorum), dann entspricht das posse de iustitia nur dem engeren Bereich der potentia dei ordinata.

506 s.o.Anm.493 und 501 sowie die folgende Anm.507.

507 "Ad illud vero, quod quaerit, utrum possit damnare Petrum etc., distinguendum, quod potentia dei intelligitur dupliciter: uno modo absoluta, alio modo ordinata secundum rationem divinae praeordinationis iustitiae reddentis unicuique
secundum merita. De potentia ergo absoluta posset damnare Petrum et salvare Iudam; de potentia vero ordinata secundum
praeordinationem et retributionem secundum merita non posset;
nec in hoc derogatur eius potentiae, sed ostenditur immutabilitas ordinis potentiae secundum praeordinationem et iustitiam.
Similiter dicendum, quod posset Petrum revocare ad vitam, et
Iudam etc." Summa fr. Alexandri I p.1 inq.1 tr.4 q.2 m.2 c.2
resp.III (I 220b-221a).

508 Zur Unterscheidung zwischen einer doppelten iustitia,
die der Unterscheidung zwischen den zwei Machtbereichen entspricht, s.o.Anm.505 und Summa fr. Alexandri I p.1 inq.1 tr.4
q.1 m.2 c.2 ad 4 (I 207b): "Iustitia dicitur dupliciter: Uno
modo retributio unicuique secundum merita; et sic non omnia
facit de iustitia. Alio modo condecentia bonitatis; et sic omnia
facit de iustitia nec aliquid facit nisi quod condecet iustitiae." Vgl. auch o.S. 427-429.

hier der doppelte Gerechtigkeitsbegriff Anselms von Canterbury,
den Anselm allerdings nicht durch den Gedanken der freien
Selbstbindung Gottes interpretierte[509].

Während die Franziskaner Alexander von Hales, Odo Rigaldi
und Bonaventura den absoluten und den eingeschränkten Machtbereich durch den Akt der freien Selbstbindung Gottes verknüpfen,
hat die Distinktion innerhalb der potentia dei bei Wilhelm von
Auxerre und den Dominikanern Hugo von St.Cher, Roland von Cremona, Guerricus von S.Quintino und Albertus Magnus eine ganz
andere Bedeutung. Die absolute Macht Gottes ist in ihren Augen
ein rein fiktiver Möglichkeitsraum, von dem man nur dann sprechen kann, wenn man vom Außenbezug Gottes zur Welt und von
seinem gütigen Umgang mit ihr absieht. So stellt Wilhelm von
Auxerre der potentia pure considerata die potentia cum bonitate
gegenüber[510]. Bezeichnend ist auch Rolands Begriff der potentia condicionata rebus; schon die Beziehung Gottes zur Schöpfung
und nicht erst die heilsgeschichtliche Selbstbindung schränkt
den absoluten Machtbereich Gottes ein[511]. Man kann also sagen,
daß diese Theologen im Gegensatz zu den Vertretern der Franziskanerschule mit dem Hinweis auf ein posse de potentia absoluta
nur eine völlig irreale, nie vorhanden gewesene Möglichkeit,
eine in den fiktiven Raum des Möglichen transponierte Unmöglichkeit zur Sprache bringen, die den Charakter des wirklich
Möglichen verdeutlichen soll. Ihr Anliegen ist es, das faktische
Verhalten und Nicht-Anders-Können Gottes als Erweis seiner
wesenhaften Güte, an der er in Freiheit festhält, und gerade
nicht als Ausdruck seiner Ohnmacht zu verstehen. In eine andere
Richtung geht indessen das Interesse der Franziskaner, die eine
wirkliche Wahlfreiheit Gottes und damit die Notwendigkeit geschichtlicher Selbstbindungen und Kundgebungen Gottes vor Augen
haben[512].

---

509   s.o.S. 428f(bei Anm.226). Zum Gegensatz zwischen Anselms
potentia-voluntas-Vorstellung und der nominalistischen Selbstbindungstheorie vgl. Courtenay, Necessity and Freedom, 60-62.
510   Summa aurea I c.11 q.5 sol.(fol.27c).
511   s.o.S.295f.
512   Der Hinweis auf Gottes absolute Macht im Unterschied zu
dem durch die freie Selbstbindung Gottes eingeschränkten Machtbereich findet sich also bereits in der älteren Franziskanerschule, ja in Ansätzen schon bei Augustin (s.u.S.491f). Auf dem
Hintergrund dieser Tradition und des in ihr lebendigen Interesses an der frei wählenden Souveränität Gottes ist die Tatsache zu sehen, daß der Pariser Bischof Stephan Tempier 1277

b) Der Selbstbindungsgedanke in der Sakramentenlehre: die ex
pacto-Kausalität

Der Fragerichtung von unten nach oben, der wir in Bonaventuras
Verdienstlehre begegnet sind, entspricht die Rolle der freien
Selbstbindung Gottes in seiner Lehre von der Wirksamkeit der
Sakramente[513]. Sowohl im Sentenzenkommentar[514] als auch im

---

die Sätze verurteilte: "Quod prima causa non posset plures mundos facere" und "Quod prima causa posset producere effectum sibi aequalem, nisi temperaret potentiam suam" (s. Denifle/Chate-
lain, Chartularium Universitatis Parisiensis I, 545 n.34 und
26). Wie Blumenberg (Die Legitimität der Neuzeit, 119 Anm.47)
richtig bemerkt, richtet sich diese Verurteilung gegen den aristotelischen Beweis für die Einzigkeit der Welt bei Thomas von
Aquin: Expos. in De coelo et mundo 1,16 (Ed. Marietti 79f). Er
übersieht jedoch ihre Verankerung in der älteren augustinischen
Tradition, wenn er sie als Wendepunkt zu einer neuen Epoche
interpretiert (119): "Dieses Dokument bezeichnet genau den
Zeitpunkt, in dem der Vorrang des Interesses an der Rationali-
tät der Schöpfung und ihrer humanen Intelligibilität umschlägt
in die spekulative Faszination durch das theologische Prädikat
der absoluten Macht und Freiheit." Daß das Interesse an der
humanen Intelligibilität der Schöpfung und die Faszination
durch Gottes absolute Macht und Freiheit in der Franziskanertheologie des 13. Jahrhunderts sowie im Nominalismus keine
Antinomie bilden, werden wir u.Anm.567 zeigen.
    513 Vgl. Remy, La causalité des sacrements; Lampen, De cau-
salitate sacramentorum; Henquinet, De causalitate Sacramentorum.
    514 Der Gedanke einer freien Selbstbindung Gottes (durch
pactum, pactio, ordinatio oder institutio) findet sich im Sentenzenkommentar Bonaventuras sowohl in den allgemeinen Dar-
stellungen des Kausalitätsmodus der Sakramente als auch in den
speziellen Fragen zu einzelnen Sakramenten: Sent.III d.40 dub.3
(III 895f): zum Verhältnis der Sakramente des Alten und Neuen
Bundes und ihrer verschiedenen Wirkweisen; IV d.1 p.1 a.un.q.1
(IV 12a): De sacramentorum institutione (pactum); IV d.1 p.1
a.un.q.3 (IV 16f): De sacramentorum continentia (ordinatio);
IV d.1 p.1 a.un.q.4 (IV 23f): De sacramentorum efficacia (pactio, ordinatio, institutio); IV d.1 p.1 a.un.q.5 (IV 26b): De
differentia inter sacramenta vetera et nova (pactio, ordinatio); IV d.1 p.2 dub.1 (IV 44a): zur Sonderrolle der Beschneidung unter den alttestamentlichen Sakramenten (pactio, ordinatio); IV d.1 p.2 a.2 q.3 (IV 43b): De efficacia circumcisionis
(ordinare); IV d.3 p.1 a.1 q.3 (IV 69b): Utrum ad completum et
integrum esse baptismi sit necessaria fides alicuius articuli
(pactio, pactum, ordinare); IV d.3 p.2 a.1 q.2 (IV 79): Utrum
ex institutione baptismi aliqua vis sit collata aquis (ordinatio,
institutio); IV d.4 p.1 a.1 q.1 (IV 95b): Utrum baptismus in
digne suscipientibus deleat omnem culpam (placere, disponere);
IV d.8 p.2 a.2 q.2 (IV 197f): De unitate sacramenti eucharistiae
(ordinare, institutio); IV d.10 p.2 a.1 q.3 (IV 232): Utrum
virtus transsubstantiandi sit data verbo prolato, an solum sit
virtus verbi increati (pactio, ordinatio, institutio); IV d.13

Breviloquium[515] vertritt er die Ansicht, daß die Sakramente des
Neuen Bundes den Besitz der Gnade nicht auf Grund einer immanenten Kraft, einer qualitas oder proprietas absoluta, sondern
auf Grund einer äußeren vertraglichen Anordnung Gottes, einer
pactio (auch pactum), ordinatio, institutio oder eines decretum
bewirken. Gott habe sich durch seinen Vertrag gleichsam dazu
verpflichtet - "ex tali pactione dominus astrinxit se quodam
modo"[516] -, dem gläubigen Empfänger der ordnungsgemäß ausgeteil-
ten Sakramente die Gnade zu schenken, so daß man nun unter dem
Vorzeichen der heilsgeschichtlichen ordinatio efficax in einem
weiteren Sinne von einer Kausalität (causa efficiens) und einer
Kraft (virtus) der Sakramente sprechen kann: "Si enim virtus
dicat aliquam qualitatem vel naturam sive essentiam advenientem
sacramento, sicut virtus proprie dicitur, sic ... non est dicendum, quod (sacramentum) habeat virtutem; sed extenditur nomen virtutis ad aliquam ordinationem, ut quando aliquid habet
efficacem ordinationem ad aliquid, dicitur habere virtutem
respectu illius."[517]

Bonaventura bezog damit eine Gegenposition zu anderen Theologen seiner Epoche, welche die kausale Verbindung von Sakrament und rechtfertigender Gnade aus einer den sakramentalen
Zeichen inhärierenden geschaffenen Qualität herleiteten[518], indem sie wie Wilhelm von Auxerre[519], Alexander von Hales[520],
Roland von Cremona[521], Wilhelm von Melitona[522], Albertus Mag-

a.1 q.3 (IV 306): Utrum potestas consecrandi magis resideat
circa sacerdotem an circa verbum (ordinatio).
515 Breviloquium 6,1 (V 265f): zur Wirksamkeit der Sakramente (decretum, ordinatio, institutio).
516 Sent.IV d.1 p.1 a.un.q.4 resp.(IV 24a).
517 Sent.IV d.1 p.1 a.un.q.4 resp.(IV 23b).
518 Eine gute Gegenüberstellung der verschiedenen im 13.
Jahrhundert vertretenen Standpunkte zur Frage der Kausalität
der Sakramente findet sich bei Courtenay, The King and the Leaden Coin, bes. 188-193; s. ferner: von Schäzler, Die Lehre von
der Wirksamkeit der Sakramente; Reinhold, Die Streitfrage;
Gierens, De causalitate sacramentorum. Weitere Literatur s. bei
Courtenay, Covenant and Causality, 98 Anm.13 und 14. - Text-
sammlungen: Lampen, De causalitate sacramentorum iuxta scholam
Franciscanam; Simonin/Meersseman, De sacramentorum efficientia.
519 Summa aurea IV tr.1-3 (fol.1d-7d); s. Gillmann, Zur
Sakramentenlehre des Wilhelm von Auxerre; van Hove, Doctrina
Gulielmi Altissiodorensis de causalitate sacramentorum.
520 Glossa in Sent.IV d.1 n.6f.13 (IV 11,23-15,4; 21,1-5).
521 Summa IV (Cod.Paris.Mazar.lat.795 fol.79c.85a-b.89c.
91a); s. Simonin/Meersseman, De sacramentorum efficientia, 1-5;
Filthaut, Roland von Cremona, 158-168. Filthaut kommt zu folgendem Urteil: "Auf Grund der Spiritus-Medienlehre hat Roland

nus[523] und Thomas von Aquin in seinem Sentenzenkommentar[524] diesen Konnex als dispositive oder wie Stephan Langton[525], Hugo von St.Cher[526], Petrus von Tarantasia[527] und Thomas in seiner Summa theologiae[528] sogar als instrumentale Kausalität verstanden. In den beiden ausführlichen Erörterungen des Problems am Ende des dritten[529] und zu Beginn des vierten Sentenzenbuches[530] stellt Bonaventura die beiden Lösungen, die Inhärenz-

---

hier eine höchst originelle, wenn auch primitive sakramentale Wirktheorie im übertriebenen physischen Sinne konstruiert, die wir unseres Wissens in dieser ausgesprochenen Form bei keinem anderen Sentenziarier oder Summisten des 12. oder 13. Jahrhunderts wieder antreffen" (168).

522 Quaestiones de sacramentis; vgl. Prolegomena zur Summa Halensis, CCXLb-CCXLIa. Zum Anteil Wilhelms von Melitona am vierten Buch der Summa Halensis s. Prolegomena zur Summa Halensis, CCXLIa und CCXLIIIa. s. auch Lynch, Texts Illustrating the Causality of the Sacraments from William of Melitona.

523 Sent.IV d.1 B a.5; Tractatus de sacramentis, tr.1 q.1 (Krit. Ges.-ausg.XXVI 2,23-39) und tr.1 q.2 (XXVI 4,37-42).

524 Sent.IV d.1 q.1 a.4 qcl.1 (IV 31-34). Thomas setzt sich in dieser Quästion auch ausführlich mit der pactio-Theorie auseinander, die er mit folgenden Worten referiert: "Quidam enim dicunt, quod (sacramenta) non sunt causae quasi facientes aliquid in anima, sed causae sine quibus non; quia increata virtus, quae sola effectus ad gratiam pertinentes in anima facit, sacramentis assistit per quandam dei ordinationem et quasi pactionem. Sic enim ordinavit et quasi pepigit deus, ut qui sacramenta accipiunt, simul ab iis gratiam recipiant, non quasi sacramenta aliquid faciant ad hoc. Et est simile de illi, qui accipit denarium plumbeum facta tali ordinatione, ut qui habuerit unum de illis denariis, habeat centum libras a rege: qui quidem denarius non dat illas centum libras, sed solus rex accipienti ipsum. Et quia pactio talis non erat facta in sacramentis veteris legis, ut accedentes ad ipsa gratiam acciperent, ideo dicuntur gratiam non conferre, sed promittebant tantum." ibid. resp.(IV 31). Zur Lehre von der Wirksamkeit der Sakramente im Sentenzenkommentar und in der Summa theologiae des Thomas von Aquin s. die bei Courtenay, Covenant and Causality, 98 Anm.13 und 14 genannte Literatur.

525 Quaestio Utrum opera legalia iustificarent (Codd. Chartres Ville 430 fol.6v-7r; Cambridge St.John's College 57 fol. 307b-307d; Paris.Nat.lat.14556 fol.244b); Text bei van den Eynde, Stephen Langton and Hugh of St.Cher, [143] - [146]. s. ferner Veal, The Sacramental Theology of Stephen Langton, 16-21.

526 Sent.IV d.1 und Quaestio De sacramentis in communi (Cod. Douai 434 fol.111c-111d); Texte bei van den Eynde, aaO [146] - [155].

527 Sent.IV d.1; Text bei Simonin/Meersseman, De sacramentorum efficientia, 108-117.

528 S.th.III q.62 a.1. Auch hier setzt sich Thomas in der responsio mit der Selbstbindungstheorie (ordinatio) auseinander.

529 Sent.III d.40 dub.3 (III 895f).

530 Sent.IV d.1 p.1 a.un.q.4 (IV 23f).

und die Selbstbindungstheorie, noch nahezu gleichberechtigt
nebeneinander und bemerkt nur, daß ihm letztere weniger Schwie-
rigkeiten bereite, da sie nicht erklären müsse, wie eine geistige Kraft in einem körperlichen Zeichen existieren kann. Außer
dem laufe sie nicht Gefahr, den signa corporalia zu viel Lob
zu spenden. In den Antworten des vierten Sentenzenbuches zu den
speziellen Fragen der Beziehung zwischen den Sakramenten des
Alten und Neuen Bundes, der Beschneidung, Taufe und Eucharistie[531]
und bei der Behandlung der Sakramentenkausalität im Breviloquium[532] nimmt Bonaventura dann ganz eindeutig zugunsten der
Selbstbindungstheorie Stellung.

Aufschlußreich für das religiöse Anliegen, das er mit dem
Hinweis auf Vertrag und Anordnung Gottes vertritt, ist besonders eine Stelle des Breviloquiums, in der er hervorhebt, daß
Gott allein Urheber der Gnadeneingießung sei und seine Gnade
nicht an die Sakramente gebunden habe: "Die Sakramente werden
Gefäße und Ursache der Gnade genannt, nicht weil die Gnade in
ihnen auf substantiale Weise enthalten wäre oder durch sie auf
kausale Weise bewirkt würde, denn allein in der Seele hat sie
ihren Platz und von Gott allein wird sie eingegossen, sondern
weil man auf Grund des göttlichen Dekrets in ihnen und durch sie
die gnadenhafte Heilung von dem höchsten Arzt Christus empfangen muß, auch wenn Gott seine Gnade nicht an die Sakramente gebunden hat."[533] In diesen Sätzen kommt das Interesse Bonaventuras an der Freiheit Gottes gegenüber dem Bereich der Schöpfung
d.h. gegenüber den signa corporalia, deutlich zum Ausdruck. Der
Verweis auf die Bindung Gottes durch ordinatio, institutio, decretum und pactio ermöglicht es ihm, sowohl die Unmittelbarkeit
des göttlichen Gnadenwirkens als auch die unumstößliche Relevanz der kirchlichen Sakramentenausteilung zu betonen. So wende
sich Bonaventura mit seiner Lehre von der Wirksamkeit der Sakramente sowohl gegen die Vorstellung von einer dispositiven

---

531   s.o.Anm.514.
532   s.o.Anm.515.
533   "Huiusmodi sacramenta dicuntur gratiae vasa et causa,
non quia gratia in eis substantialiter contineatur vel causaliter efficiatur, cum in sola anima habeat collocari et a solo
deo habeat infundi, sed quia in illis et per illa gratiam cu-
rationis a summo medico Christo ex divino decreto oportet hau-
riri, licet deus non alligaverit suam gratiam sacramentis."
Breviloquium 6,1 (V 265b); vgl.o.Anm.155.

oder instrumentalen Gnadenkausalität der Sakramente als auch
gegen die Angriffe auf den ex opere operato-Charakter der Sakramente durch Arnoldisten und Waldenser[534].

Bonaventura war nicht der erste, der die Wirksamkeit der Sakramente von der freien Selbstbindung Gottes her erklärte. Man
findet diese Vorstellung auch nicht erst bei den Oxforder Dominikanern Richard Fishacre[535] - sein Sentenzenkommentar ist kurz
nach 1240 entstanden[536] - und Robert Kilwardby[537], wie Courtenay
annimmt[538], sondern schon bei dem Pariser Bischof Wilhelm von
Auvergne[539], der in engem Kontakt mit dem franziskanischen
Schulbetrieb stand[540]. Ausdrücklich führt Bonaventura die Anwendung des Selbstbindungsgedankens im Rahmen der Frage nach
der Wirkweise der Sakramente auf Wilhelm von Auvergne zurück:
"Hunc modum dicendi et huius quaestionis determinationem plures
sustinent bene intelligentes. Et dominus Guillelmus, Parisiensis
episcopus, in determinando in scholis Fratrum Minorum approbavit
istum modum dicendi coram fratre Alexandro[541] bonae memoriae."[542]
Ein Blick auf den um 1228 verfaßten Traktat De sacramentis im
Magisterium divinale des Wilhelm von Auvergne[543] zeigt, daß er
diese Lehre auch literarisch vertreten hat. Den Taufworten
"Baptizo te in nomine patris, filii et spiritus sancti" schreibt

---

534   s. Courtenay, The King and the Leaden Coin, 188f; Grundmann, Ketzergeschichte des Mittelalters, G19 und G29f.
535   Sent.IV d.1; Text bei Simônin/Meersseman, De sacramentorum efficientia, 18-20: foedus, pangere (davon die Form: pactum
est).
536   s. Pelster, Das Leben und die Schriften, bes. 531; Stegmüller, Repertorium Commentariorum, n.718; Doucet, Commentaires, n.718. Nach Köpf (Die Anfänge der theologischen Wissenschaftstheorie, 57f Anm.23) hat Richard seinen Sentenzenkommentar erst um die Mitte der vierziger Jahre verfaßt.
537   Sent.IV d.1; Text bei Simônin/Meersseman, aaO 27f: pactio, institutio, ordinare. Robert Kilwardby hat seinen Sentenzenkommentar bald nach 1250 verfaßt. s. Gründel, Die Lehre von
den Umständen, 480; Köpf, aaO 59 (Sentenzenvorlesung 1252-54).
538   Courtenay, The King and the Leaden Coin, 191f.
539   Auf Wilhelm von Auvergne hat in diesem Zusammenhang bereits Doronzo, De sacramentis in genere, 164 aufmerksam gemacht. Die von Courtenav (aaO 191 Anm.19) vorgetragene Ablehnung einer "covenantal causality" für die Sakramentenlehre
Wilhelms kann ich nicht teilen.
540   s. Longprê, Guillaume d'Auvergne et l'Ecole Franciscaine de Paris, bes. 427.
541   Gemeint ist Alexander von Hales.
542   Sent.III d.40 dub.3 (III 895f). Zur Interpretation
dieser Stelle vgl. Longprê, aaO 427.
543   Zur Datierung dieses Traktats s. Kramp, "Magisterium
Divinale", 1921, 78; Glorieux, Répertoire I n.1410.

er die Kraft zu, die Heiligung des Täuflings durch Gott selbst
herbeizuführen, bezeichnenderweise aber keine inhärierende
virtus, sondern eine virtus, die allein auf dem Beschluß (beneplacitum)[544] und der Güte Gottes beruht. Diesen Gedanken wendet
er dann auch auf die übrigen Sakramente an[545]. Daß Wilhelm damit das Interesse Bonaventuras an der von geschöpflichen Ein-
wirkungen unberührten Souveränität der göttlichen Person teilt,
zeigt etwa folgende Stellungnahme zum Problem der Sakramentenkausalität: "Für den göttlichen Willen kann es überhaupt keine
Ursache geben, da er selbst Ursache aller Ratschlüsse und Urteile Gottes ist, und er kann auch nicht erforscht werden.
Auch ist die Allmacht seiner Kraft (virtus) in keiner Weise an
die Sakramente gebunden, da er frei und dem Beschluß seines
Willens gemäß heiligt und rechtfertigt, welche und auf welche
Weise er will."[546]

Wie die Sakramentenlehre der Franziskanertheologen Richard
von Mediavilla[547], Servasanctus[548], Petrus Johannes Olivi[549],

---

544 Daß mit dem Begriff beneplacitum im 13. Jahrhundert ein
freier Beschluß des göttlichen Willens bezeichnet werden kann
und bei Wilhelm mit großer Wahrscheinlichkeit gemeint ist,
zeigt z.B. ein Vergleich mit dem Sprachgebrauch des Franziskaners Petrus de Trabibus, der in Sent.IV d.17 a.1 q.1 schreibt
"Et hoc est beneplacitum divinae voluntatis, quo deus decrevit, sibi placuit peccatorem sibi reconciliare." Zit. bei Gàl,
Commentarius Petri de Trabibus, 269. Vgl. auch Sent.IV d.1 a.6
q.1 (257).
545 Opera I 418 bE-419aA. Der entscheidende Abschnitt lautet: "Redeamus ergo ad id, in quo eramus, et dicamus, quia
virtute benedictionis sive invocationis divinae sanctificatio
fit. Ut enim iste, qui baptizatur aqua visibili sive mergitur,
baptizetur aqua salutari invisibili, virtus facit benedictionis
sive divinae invocationis, et hoc solo beneplacito et abundantia divinae pietatis, qua electis suis invocantibus se praesto
est deus ... Idem dicimus in sacramento confirmationis, quod
invocatio divini nominis seu benedictio operatur ipsum robur et
confirmationem in suscipiente, et hoc ex eodem beneplacito et
abundantia divinae bonitatis ..." I 418 bG/H.
546 "In quo licet sufficienter responderi possit, divinae
voluntatis nullam penitus esse causam, cum ipsa causa sit omnium consiliorum atque iudiciorum dei, et non esse investigatio-
nem neque alligatam esse omnino omnipotentiam virtutis suae
sacramentis, cum libere et pro beneplacito voluntatis sancti-
ficet et iustificet simpliciter semper quos vult et quomodo
vult ..." I 423 aC.
547 Sent.IV d.1 a.4 q.2; Text bei Lampen, De causalitate
sacramentorum iuxta scholam Franciscanam, 33-36; Vgl. Lechner,
Die Sakramentenlehre des Richard von Mediavilla, 52-55.
548 Liber de exemplis naturalibus II c.1 (Clm 14749 fol.
236c). Vgl. Lechner, aaO 53 Anm.1: Grabmann, Der Liber de exemplis naturalibus.
549 s. Gàl, Commentarius Petri de Trabibus, 259.

Petrus de Trabibus[550] und Duns Scotus[551] beweist, hat sich die
Position Bonaventuras in der Franziskanerschule durchgesetzt.
Der Augustinereremit Thomas von Straßburg kann in den dreißiger
Jahren des 14. Jahrhunderts[552] sogar behaupten, die Meinung,
daß die Kausalität der Sakramente hinsichtlich der Gnade auf
dem Vertrag (pactum) Gottes mit der Kirche beruhe, werde von
allen doctores, sowohl den moderni als auch den antiqui, vertreten[553]. Wird dieses Urteil auch nicht dem historischen Sachverhalt gerecht - man denke nur an die Polemik des Thomas von
Aquin gegen die pactum-Theorie[554] -, so zeigt es doch deren
großen Einfluß zu Beginn des Spätmittelalters.

Zwischen der Funktion des Selbstbindungsgedankens bei der
Frage nach der Wirksamkeit der neutestamentlichen Sakramente
und bei der Frage nach der meritorischen Wirksamkeit der Werke
des Gerechtfertigten besteht ein sehr enger Zusammenhang, der
es als selbstverständlich erscheinen läßt, daß - um nur die
einflußreichsten Franziskanertheologen zu nennen - Bonaventura,
Duns Scotus und Wilhelm von Ockham[555] auf beiden Gebieten mit
sehr ähnlichen Argumenten für eine Wirksamkeit ex pacto plädieren. Beide Fragen begegnen sich in der Kausalitätsproblematik,
d.h. in der übergeordneten Frage, wie es "zwischen dem zeitlichen, geschöpflichen Seinsbereich des Menschen und dem ewigen,
ungeschaffenen Sein Gottes"[556] zu einem Kausalzusammenhang
kommen kann, inwiefern irdisch-geschöpfliche Größen im Rahmen
der göttlichen Heilsordnung als Ursachen spiritueller Wirkungen,

---

550 Sent.IV d.1 a.6 q.2.4.5; Text bei Gal, aaO 259-262.
551 Ox.IV d.1; Text bei Lampen, De causalitate sacramentorum iuxta scholam Franciscanam, 46-60. Vgl. Report.Paris.IV
d.1 q.4 resp.: "Susceptio sacramenti est quaedam dispositio
necessitans ad gratiam ex pactione divina, qua deus pepigit
assistere sacramentis, ut conferrent quod signant." Zit. bei
Lampen, aaO 5. s. auch Huber, The Doctrine of Ven. John Duns
Scotus.
552 Wie mir Pater D.Trapp OSA mündlich mitgeteilt hat, dürfte Thomas seinen Sentenzenkommentar 1335 oder 1336 verfaßt haben.
553 "Omnis potestas et causalitas sacramentorum respectu
divinae gratiae est ex divina institutione et ex pacto, quod
pepigit deus cum ecclesia, ut dicunt omnes doctores tam moderni
quam antiqui." Sent.IV d.2 q.1 a.1 concl.4 (fol.64c).
554 s.o.Anm.524 und 528.
555 Zum Vertragsgedanken in Ockhams Sakramentenlehre s.
Sent.IV q.1 E.
556 Schwarz, Vorgeschichte der reformatorischen Bußtheologie, 249.

der übernatürlichen Gnade und des himmlischen Heils, gelten
können. Zwar sieht man auch in der eingegossenen Gnade etwas
Geschaffenes, weshalb man das meritum de condigno durch den
Selbstbindungsgedanken begründet; andererseits versteht man sie
als unmittelbare Wirkung göttlichen Handelns, so daß man in
der Lehre von der Vorbereitung auf die rechtfertigende Gnade
und in der Sakramentenlehre mit dem Problem konfrontiert ist,
wie die natürlichen Werke bzw. menschlichen Wörter und materiellen Zeichen Einfluß auf das Handeln des souveränen Gottes
nehmen können.

Der Theologe des 13. Jahrhunderts konnte bei der Begründung
eines konstanten Kausalzusammenhangs zwischen drei verschiedenen Kausalitätstypen wählen: 1.) Es bestand die Möglichkeit,
die Ursächlichkeit einer Sache aus ihrer eigenen ontologischen
Beschaffenheit herzuleiten. So begründete Thomas von Aquin sowohl die Möglichkeit des Würdigkeitsverdienstes aus der übernatürlichen Qualität der Gnadenwerke als auch die Wirksamkeit
der Sakramente aus einer inhärenten übernatürlichen Kraft.
2.) Man konnte die Kausalität des kreatürlichen Seinsbereichs
auf dem Hintergrund des essentiellen Gehaltenseins Gottes, des
unwandelbaren Festhaltens an seinem eigenen gütigen Wesen sehen. Auf diese Weise erklärte man im 13. Jahrhundert in der
Regel den Notwendigkeitscharakter des Zusammenhangs zwischen
Vorbereitung auf die Gnade und Gnadenverleihung. Wir erinnern
nur an Wilhelm von Auxerre[557], Johannes von Rupella[558], die
Summa Halensis[559] und Roland von Cremona[560]. 3.) Die kausale
Rolle der menschlichen Werke und kirchlichen Sakramente konnte
durch den Gesichtspunkt der freien Selbstbindung Gottes begründet werden. Dieser Kausalitätsmodus wird sowohl in der Ver-
dienst- als auch in der Sakramentenlehre des 13. Jahrhunderts
wiederholt durch das Beispiel eines Denars[561] oder Zeichens

---

557 s.o.S.256f.
558 s.o.S.259-261.
559 s.o.S.259-261.
560 s.o.S.297-301.
561 Verdienstlehre: s.o.S.203 Anm.297 (Odo Rigaldi), S.342
Anm.13 (Richard von Mediavilla) und S.343 Anm.16 (Aegidius
Romanus). Vgl. auch o.S.77 Anm.116 (Paulinenkommentar Cod.Paris
Nat.lat.3572): moneta. Im 14. Jahrhundert s. z.B. Johannes
Lutterell, der die Meinung Ockhams in seinem Libellus contra
doctrinam G.Occam so referiert: "Sed dicunt isti, quod deus
potest acceptare illud (sc. opus) tamquam dignum, quia rex
potest statuere, quod unus denarius stagneus, dum tamen portet

(signum)[562] verdeutlicht, dessen Materialwert durch den nominellen Wert bei weitem übertroffen wird. Seine Kauf- oder Einlösekraft beruht also nicht auf seiner inhärenten Qualität,
sondern auf der Anordnung des Königs[563].

Courtenay nennt diese drei Kausalitätstypen physical bzw.
dispositive causality, moral causality und covenantal oder
'sine qua non' causality[564]. Ein weiterer Kausalitätstyp, die
occasional or accidental causality[565], ist in unserem Kontext
ohne Bedeutung, da es sich bei der akzidentiellen Kausalität um
einen rein zufälligen und nicht um einen dauerhaft gültigen
Kausalzusammenhang handelt. In der Verdienstlehre des 13. Jahrhunderts lassen sich die drei Kausalitätstypen nicht immer
säuberlich voneinander trennen. Einerseits kann man den Hinweis
auf die freie Selbstbindung Gottes mit einer kausalen Relevanz
der Werkqualität kombinieren - wir sprachen hier von einem restriktiven Verständnis der Selbstbindung Gottes -; andererseits
verbindet man die kausale Rolle der Werkqualität mit der moralischen Kausalität, indem man wie beispielsweise Wilhelm von
Auxerre[566] die Verpflichtung Gottes als Resultat der bonitas
operum und der magnificentia dei sieht.

Wo immer aber der Kausalitätstypus der freien Selbstbindung
Gottes, der besonders durch den Begriff des pactum oder der
pactio gekennzeichnet ist, innerhalb der Verdienst- und Sakramentenlehre zum Tragen kommt, besteht eine doppelte Intention,
eine gewisse Dialektik der Absichten, die der Dialektik von potentia dei absoluta und potentia dei ordinata entspricht: Einmal soll die Freiheit Gottes gegenüber dem Bereich des Geschaf-

---

imaginem suam, valeat unum denarium argenteum. Igitur similiter
(deus) potest ordinare, quod opus naturale sit dignum vita
aeterna sine hoc, quod aliquid sibi conferat ultra naturalia."
Hoffmann, Iohannes Lutterell, 47f(n.95).
Sakramentenlehre: Richard Fishacre (s.o.Anm.535) und Thomas
von Aquin (s.o.Anm.524 und 528).
  562 Sakramentenlehre: Richard Fishacre (s.o.Anm.535), Robert Kilwardby (s.o.Anm.537; er nennt auch das analoge Beispiel
von "litterae regis") und Bonaventura: Sent.IV d.1 p.1 a.un.
q.4 resp.(IV 23f; auch Bonaventura erwähnt neben dem Beispiel
des signum das der "litterae regiae").
  563 Vgl. die Interpretation der Geldbeispiele durch Courtenay, The King and the Leaden Coin, und ders., Token Coinage.
Courtenay hat allerdings nicht die Rolle der Geldbeispiele in
der Verdienstlehre berücksichtigt.
  564 Courtenay, Covenant and Causality, 97-102.
  565 s. Courtenay, aaO 100-102.
  566 s.o.S.267-273.

fenen zum Ausdruck gebracht werden - eine Freiheit, welche die
Annahme eines ontologisch zwingenden Konnexes zwischen diesem
Bereich und dem göttlichen Handeln verbietet. Zum anderen soll,
was bisweilen übersehen wird[567], die garantierte Gültigkeit

---

567 Bei der Konzeption der freien Selbstbindung Gottes, die
hinter der Unterscheidung zwischen potentia dei absoluta und
potentia dei ordinata steht, handelt es sich um eine wirkliche
Dialektik der theologischen Anliegen, um das Zusammenspiel des
Interesses an der frei verfügenden Souveränität Gottes und des
Interesses an der das Heilsvertrauen des Menschen begründenden
und seinen wissenschaftlichen Umgang mit der Natur legitimieren-
den Verläßlichkeit bestimmter Ordnungen und Gesetze. Wo man den
einen Aspekt gegen den anderen ausspielt, indem man beispielsweise das Anliegen des Nominalismus einseitig auf den potentia
absoluta- oder potentia ordinata-Bereich konzentriert sieht,
hat man das Wesen der Selbstbindungskonzeption mißverstanden
und die Dialektik der beiden Ordnungen Gottes nicht ernst genommen (vgl. Oberman, Spätscholastik und Reformation I, 31-35).
Eine solche Fehlinterpretation findet sich etwa bei Blumenberg (Die Legitimität der Neuzeit, 108-144), wo sie unter dem
Stichwort "theologischer Absolutismus" zu Lasten des potentia
ordinata-Aspekts geht. Nach Blumenberg entspricht dem "vollen-
deten Absolutismus der göttlichen Souveränität" (140) eine
"Entäußerung von allen vorgegebenen Versicherungen" des Menschen (142), eine "Dimension schlechthinniger Ungewißheit"
(121), das Fehlen einer "zugänglichen Ordnung" der Welt für den
Menschen (134), eine Negation der "letzten physischen und metaphysischen 'Zusicherungen' seiner Rolle in der Welt zugunsten
der Konsequenz des Maximal-Gotts" (142), die Auslieferung des
Menschen an die "ihm in ihrer Gunst unversicherte absolute
Macht" (166). Diese Deutung, die mit der Betonung der potentia
absoluta im Nominalismus einen "Ordnungsverlust" (142) gegeben
sieht, übergeht vollkommen das Moment der Selbst b i n d u n g
Gottes, das dem glaubenden und forschenden Menschen eine un-
verrückbare Ordnung und damit Sicherheit und Gewißheit gibt.
Nicht erst Nikolaus von Cues, der nach Blumenberg "dem inneren
Zerfall des mittelalterlichen Systems entgegenzuwirken" versucht, sondern die Ockhamisten selbst wollen "dem theologischen
Absolutismus und der Steigerung der metaphysischen Transzendenz
so etwas wie eine mundane und humane Kompensation ... schaffen"
(139), d.h. Freiheit Gottes und Relevanz der Schöpfungs- und
Heilsordnung in Einklang bringen. Daß dies durch den Selbstbindungsgedanken geschieht, nimmt Blumenberg nicht wahr; statt
dessen sieht er im nominalistischen Gott einen Gott, "der sich
nicht selbst nötigt, der auf keine Konsequenz seiner Manifestation festgelegt werden kann" (121), und unterstellt der Scholastik die Furcht vor der "Konsequenz, dem Schöpfer des Menschen
eine Obligation für das Heil seines Geschöpfes zuzuschreiben",
die "Vermeidung der Prämisse, daß Gott diesem einzigen Geschöpf
seiner eigenen Art unwiderruflich sich verpflichtet" (137).
Ein Studium der Selbstbindungstradition zeigt das genaue Gegenteil. Bereits Anselm von Canterbury, auf den sich Blumenberg beruft (132f), sieht in der Schöpfung einen Akt der freien Selbstbindung Gottes, durch den sich Gott zur Beseligung des Menschen
gleichsam verpflichtet habe: "Bonitate sua illum creando sponte
se, ut perficeret inceptum bonum, quasi obligavit" (Cur deus

einer bestimmten Heilsordnung begründet und damit die Hoffnung
des sich um den Empfang von Gnade und Glorie bemühenden Menschen
und die sakramentale Praxis der Kirche auf einen festen Grund
gestellt werden. Die enge Verbindung beider Interessen führt
dazu, Kausalität im theologischen Bereich als Kausalität der
freien Selbstbindung Gottes zu deuten.

c) Anfrage an die Nominalismus-Forschung

Sieht man, welche Bedeutung der Gedanke der Selbstbindung Gottes als alle Bereiche der Theologie bestimmende Konzeption
schon bei Theologen wie Bonaventura und Duns Scotus besitzt[568],
dann wird man der in der neueren Nominalismusforschung vertretenen These, der Nominalismus des 14. und 15. Jahrhunderts sei
durch die Anwendung der Dialektik der zwei Machtbereiche Gottes,
der potentia absoluta und der potentia ordinata, auf eine Fülle
theologischer und philosophischer Probleme charakterisiert[569],
mit Vorsicht begegnen. Nur wer die Selbstbindungstradition des
12. und 13. Jahrhunderts vor Augen hat, wird den Umbruch, den
der Nominalismus bringt, richtig beurteilen, die bemerkenswerte
Kontinuität des für die Selbstbindungstradition charakteristischen Interesses an der Souveränität Gottes und der verbürgten
Relevanz der faktischen Heilsordnung von der Hoch- zur Spätscholastik erkennen und nicht ein für diese Tradition bezeichnendes
Motiv wie den Vertragsgedanken als Spezifikum nominalistischen
Denkens ansehen[570]. Ohne die eminente Bedeutung der Selbstbin-
dungskonzeption für die Theologie nominalistischer Denker in
Frage stellen zu wollen, sei zumindest vor einer Vernachlässigung

---

homo 2,5). Was schließlich den Verlust der "Verortung des Menschen im theologischen Bezugssystem" und "die spekulative Selbst-
verleugnung des anthropologischen 'Egoismus'" im Ausgang des
Mittelalters (141) betrifft, so ist zu entgegnen, daß dem Menschen und seinem Leistungsvermögen durch den potentia ordinata-
Aspekt ein fester Platz im Rahmen der via salutis zugewiesen
wird (s.o.S.389), was von anderer Seite in völliger Umkehrung
der Betrachtungsweise Blumenbergs als latente Tendenz der Spätscholastik zum Pelagianismus interpretiert wurde.
   568 Auch schon vor Bonaventura in der ersten Hälfte des 13.
Jahrhunderts ist die Vorstellung von der freien Selbstbindung
Gottes für alle Gebiete der Theologie relevant, allerdings nicht
bei ein und demselben Theologen.
   569 So Courtenay, Nominalism and Late Medieval Thought,
720f; vgl. Oberman, Some Notes, 49f.75; Oakley, Pierre d'Ailly
and the Absolute Power of God, 60.
   570 s. Courtenay, Covenant and Causality, 96.

490

der früh- und hochscholastischen Tradition innerhalb der N li-
nalismus-Forschung gewarnt.

Man darf vermuten, daß nicht die Selbstbindungskonzeption
a n   s i c h , sondern die gedankliche Verknüpfung des theologischen Selbstbindungsgedankens mit dem philosophischen Uni-
versalienproblem für den Nominalismus des 14. und 15. Jahrhunderts charakteristisch ist[571]. Als Theologe zieht der Nominalist aus dem Kontingenzcharakter der vorgegebenen Heilsordnung die - bei Duns Scotus noch nicht ausgebildete[572] - Konsequenz, daß es für die menschliche ratio keinen Aufstieg zur
wahren Gotteserkenntnis geben kann, sondern daß diese nur dem
Glauben auf der Grundlage der Autorität von Heiliger Schrift[573]
und Kirchenlehre ermöglicht ist; entsprechend sieht er sich als
Philosoph durch den Kontingenzcharakter der gültigen Naturordnung genötigt, den Zugang zur extramentalen Realität nicht über
gedachte und hypostasierte Allgemeinbegriffe, sondern durch die
evidente Erfahrung (experientia) des Partikularobjekts zu su-
chen. Charakteristisch für den Nominalismus, sowohl für den
eines Robert Holkot (gest. 1349) wie für den eines Gregor von
Rimini (gest. 1358), um Vertreter zweier verschiedener Flügel
zu nennen[574], ist somit das Kontingenz- oder Grenzbewußtsein
im Rahmen des Erkenntnisproblems, das die Gotteserkenntnis
ebenso wie die Welterkenntnis betrifft. Sicher spielt dabei
eine von der Theologie unabhängige "Welterfahrung, die Gott in
der Natur nicht mehr zu sehen vermag"[575], eine gewisse Rolle,
doch der ausschlaggebende Grund für die Hinwendung zur auctoritas ecclesiae bzw. sacrae scripturae und experientia dürfte die
intensive theologische Beschäftigung mit der Dialektik von potentia dei absoluta und potentia dei ordinata sein, die eine
unmittelbare, notwendige Deduktion der faktischen Erlösungs-
und Naturordnung aus dem ewigen Wesen Gottes und damit den Rückgriff auf ontologische Meta-Kategorien verbietet[576]. Erst die

---

571   s.o.S.356f Anm.69.
572   s. Hochstetter, Studien, 20; Hoffmann, Iohannes Lutterell, 134-136.
573   Zur Auffassung von der Heiligen Schrift als alleinigem
Prinzip der theologischen (Quasi-) Wissenschaft s. speziell
Gregor von Rimini, Sent.I prol. q.1 a.2 (fol.2b-3c).
574   Oberman (Some Notes, 54f) sieht in Holkot einen Vertreter des linken Flügels, in Gregor von Rimini einen Vertreter
des rechten Flügels des Nominalismus.
575   Steiger, Zum Begriff der Kontingenz, 63.
576   Zur nominalistischen Kritik an den Meta-Kategorien vgl.
Oberman, The Shape of Late Medieval Thought, 14.

konsequente Verankerung dieser Dialektik in der Gotteslehre
macht die Neuorientierung auf philosophischem Gebiet möglich.

Wir wollen daher die These wagen: Muß man im Nominalismus
auf Grund seiner Vorstellung von der Erfahrung des Einzeldings
als Grundlage und Norm jeder wissenschaftlich verantwortbaren
philosophischen Abstraktion den Wegbereiter der modernen experi-
mentellen Naturwissenschaft sehen – auch wenn er selbst noch
nicht den Schritt von der 'experientia' zum methodischen 'ex-
perimentum' vollzogen hat –[577], so ergibt sich die wichtige
Folgerung, daß diese Wende im Bezug zur Natur von langer Hand
durch die Selbstbindungstradition des 12. und 13. Jahrhunderts
mit ihrer Aufgipfelung in Duns Scotus vorbereitet worden ist.

4. Die Bedeutung Augustins für die Konzeption der freien
Selbstbindung Gottes im Mittelalter

Kehrt man von einer Untersuchung des Selbstbindungsgedankens in
der mittelalterlichen Theologie zu Augustin zurück, dann stellt
man fest, daß er in den verschiedenen theologischen Bereichen
der Anwendung des Selbstbindungsgedankens im 12. und 13. Jahrhundert vorgearbeitet hat, in der Gotteslehre (Lehre von der
potentia dei), in der Soteriologie (Frage nach der Notwendigkeit von Inkarnation und Tod Christi), in der Gnadenlehre (Frage nach der Schuldnerschaft Gottes) und in der Ekklesiologie
(Frage nach der Heilsmittlerschaft der Kirche). Diese Rolle Augustins als Wegbereiters einer bestimmten theologischen Richtung, die besonders im Franziskanerorden Aufnahme fand, sei
kurz erläutert:

1.) Innerhalb seiner Lehre von der potentia dei unterscheidet Augustin wiederholt zwischen dem allgemeinen Können und
dem konkret-heilsgeschichtlichen Wollen bzw. Nicht-Wollen Gottes. So könnte Gott viele retten, die er aber faktisch nicht
retten will. Gilt doch hinsichtlich des göttlichen Willens der
Satz: "... multa possit et non velit, nihil autem velit, quod

---

577 Ich stütze mich hier u.a. auf die Ergebnisse eines im
Rahmen des Sonderforschungsbereichs "Spätmittelalter und Re-
formation" Tübingen im Wintersemester 1973/74 veranstalteten
Kolloquiums über das Thema "Experientia und auctoritas in der
Philosophie und Theologie Gregors von Rimini". Vgl. auch die
jüngsten Arbeiten von Oberman: Contra vanam curiositatem, 33-
38; The Shape of Late Medieval Thought, 12-14; Reformation and
Revolution, 147-153.

non possit."[578] Aus demselben Grund hätte Christus die Tauf-
vollmacht (potestas baptizandi) an seine Diener in der Kirche
übertragen können, was mit einem Handeln des Priesters an
Christi Statt gleichbedeutend gewesen wäre, doch habe das Christus nicht gewollt, damit die Hoffnung der Getauften auf ihm
und nicht auf seinen Dienern ruhe[579]. Ebenfalls hätte Gott Lot
zusammen mit den Sodomiten vernichten können, aber seine Gerechtigkeit schloß diese Möglichkeit aus: "Poterat per potentiam, sed non poterat per iustitiam."[580] Die potentia dei wird
von Augustin also nicht nur als Ausführungsorgan des göttlichen
Willens oder als Fähigkeit zur unwandelbaren Güte verstanden;
er kennt auch eine Dimension des göttlichen Könnens, die außerhalb des faktischen Verhaltens Gottes liegt und dieses damit
als kontingentes Geschehen auf dem Hintergrund eines göttlichen
Entscheidungsaktes kennzeichnet. Zwar spricht Augustin in diesem Zusammenhang nicht von einer Selbstbindung Gottes, doch
bereitet er durch seine Betonung des freien, souverän wirkenden
göttlichen Willens und der entsprechenden Gegenüberstellung von
posse und velle, nolle oder non posse die spätere Unterscheidung zwischen potentia dei absoluta und potentia dei ordinata
vor.

2.) In dieselbe Richtung weist sein Standpunkt im Rahmen
der Soteriologie[581]: Aus unendlich vielen Möglichkeiten der
Erlösung des Menschen hat Gott gerade die Erlösung durch
den Tod seines Sohnes gewählt[582]. Augustin legt Wert

---

578   Enchiridion ad Laurentium 24,95 (CC 46,99,17-23).
579   "Potuit autem dominus Jesus Christus, si vellet, dare
potestatem alicui servo suo, ut daret baptismum suum tamquam
vice sua, et transferre a se baptizandi potestatem et constituere in aliquo servo suo et tantam vim dare baptismo trans-
lato in servum, quantam vim haberet baptismus datus a domino.
Hoc noluit ideo, ut in illo spes esset baptizatorum, a quo se
baptizatos agnoscerent. Noluit ergo servum ponere spem in servo. Ideoque clamabat Apostolus, cum videret homines volentes
ponere spem in se ipso: 'Numquid Paulus pro vobis crucifixus
est aut in nomine Pauli baptizati estis?' Baptizavit ergo Paulus tamquam minister, non tamquam ipsa potestas; baptizavit
autem dominus tamquam potestas. Intendite. Et potuit hanc potestatem servis dare et noluit." Tractatus in Ioannis evangelium 5,7 (CC 36,44,1-13).
580   Contra Gaudentium 1,30,35 (CSEL 53,233,24f).
581   Dieser Standpunkt wird von Augustin in De trinitate 13,
10,13-16,21 (CC 50A,399,1-412,90) entfaltet.
582   "Cur ergo non fieret mors Christi? Immo cur non praeter-
missis aliis innumerabilibus modis, quibus ad nos liberandos
uti posset omnipotens, ipsa (sc. mors) potissimum eligeretur ut
fieret?" De trinitate 13,16,21 (CC 50A,410,37-39).

auf die Hervorhebung dieser Möglichkeitsdimension und der Wahlfreiheit Gottes, da er damit die Souveränität Gottes gegenüber
der Schöpfung unterstreichen will: "... ostendamus non alium
modum possibilem deo defuisse, cuius potestati cuncta aequaliter subiacent."[583] In dem Gedanken, daß alles Gottes Macht unterworfen ist, wird der Kern seines Anliegens sichtbar, das in
der mittelalterlichen Franziskanerschule weiterlebt und auch
dort zu der These führt, daß Gott die Menschheit anders als
durch den Tod Jesu Christi hätte erlösen können, ja überhaupt
nicht hätte zu erlösen brauchen[584]. So hat Augustin durch die
Unterscheidung zwischen möglichen Erlösungswegen und tatsächlich gewolltem Erlösungsmodus auch hier den Rahmen geschaffen,
innerhalb dessen im 13. Jahrhundert der Gedanke einer Selbstbindung Gottes von Bedeutung werden wird.

   3.) Die Rolle des Selbstbindungsgedankens in Augustins Gnadenlehre und seine Rezeption im 12. Jahrhundert wurde in den
ersten beiden Kapiteln dieser Arbeit bereits ausführlich dargestellt.

   4.) Was schließlich Augustins Ekklesiologie, d.h. das Wesen
seines Kirchenbegriffs und seine Vorstellungen von kirchlichem
Amt und geistlicher Vollmacht, der Wirkweise des Wortes Gottes
und der Kausalität der Sakramente, betrifft, so muß wiederum
das starke Interesse Augustins an Gottes Souveränität gegenüber
dem geschöpflichen Seinsbereich hervorgehoben werden[585]. Dieses

---

   583 De trinitate 13,10,13 (CC 50A,399,8-10).
   584 s. z.B. Alexander von Hales, Glossa in Sent.III d.20
n.1-16 (III 229-238) in Redactio A (=Cod.Assis.Commun.189).
Der entscheidende Satz lautet: "Dicendum etiam est, quod secundum necessitatem, quae respicit potentiam dei, non est necessarium Christum incarnari. Secundum vero necessitatem, quae
est secundum sapientiam, necessarium est Christum incarnari
et pati, quoniam secundum sapientiam ordinatissime fiunt res."
Sent.III d.20 n.16 (III 237f). Vgl. damit die Formulierung der
Redactio L, die nach Ansicht der Editoren (III 31*-35*) aus
den Jahren 1228-29 stammt und eine gegenüber Redactio A (Datierung: 1225-27) verbesserte Fassung wahrscheinlich ebenfalls
aus Alexanders Feder ist: "Fuit enim necesse (sc. Christum pati) secundum sapientiam suam, qua omnia ordinatissime disponit." Sent.III d.20 n.27 (III 243). Vgl. ferner Summa fr.
Alexandri III tr.1 q.1 c.3 (IV 12-14): Utrum necesse sit humanam naturam reparari (propositum, necessitas immutabilitatis)
und c.4 (IV 14-17): Utrum humana natura possit reparari sine
satisfactione peccati, per quod lapsa est (potentia dei absolute considerata, potentia dei cum ordine considerata). Zu
Bonaventura s.o.S. 473-475.
   585 Ich beabsichtige die folgenden thesenartigen Sätze über
einen bemerkenswerten Grundzug augustinischer Ekklesiologie in

Interesse besagt im Rahmen der Ekklesiologie: Gottes Wirken als
Erlöser der Menschen wird nicht völlig absorbiert durch die
Mittlerschaft der institutionell gesicherten Funktionen innerhalb der ecclesia catholica wie Wortverkündigung und Sakramente,
sondern erreicht zwar in Verbindung mit ihnen, jedoch unmittelbar sein Ziel. 'Souveränität' ist hier also verstanden als
Transzendenz und Unmittelbarkeit: Gott wahrt in seiner Transzendenz eine gewisse Distanz zu den Heilsmitteln der Kirche und
erweist gerade so die personale Direktheit seines Gnadenhandelns. Es ist immer Gott selbst, der den Menschen rechtfertigt.
Die somit von Augustin sehr deutlich gemachte Unterscheidung
zwischen dem Wirkungsbereich der institutionellen Amtskirche
und der Gnadenwirkung in ihr zeigt ihre Tragweite in Augustins
Meinung von der Inkongruenz zwischen kirchlichem und göttlichem
Wirken: Die Zugehörigkeit zur äußeren sakramentalen Gemeinschaft
ist zwar die notwendige Voraussetzung, aber umgekehrt noch keine Garantie für den Empfang der Gnade. Der Geist Gottes ist
vielmehr nur in einem durch das Band der Liebe gekennzeichneten
kleineren Kreis innerhalb der Großkirche wirksam. Diese Position, in der man die Konzeption einer relativierten Heilsmittlerschaft[586] der Großkirche erkennen kann, hat Augustin im
Kampf mit dem Donatismus eingenommen, wobei sowohl Einflüsse
neuplatonischer Transzendenzvorstellung als auch biblisches
Denken, das Gott als eine sich unmittelbar aufdrängende Person,
als einen den menschlichen Willen überwindenden allmächtigen
Willen versteht, wirksam werden. Zwar verbindet Augustin kirchliche Institutionen und Gnadenwirkung nicht durch das Moment
der freien Selbstbindung Gottes, doch sind es gerade die Vertreter der Selbstbindungstradition, die sein Anliegen im 13.
Jahrhundert weiterführen. Wird doch durch den pactum-Gedanken,
wie er seit Bonaventura in der Sakramentenlehre des franziskanischen Einflußbereichs heimisch wird, den Sakramenten eine
ihnen innewohnende spirituelle Qualität abgesprochen und statt
dessen ein direkt an die menschliche Seele gerichtetes Gnaden-

---

einem Aufsatz, zu dem die Vorarbeiten abgeschlossen sind, zu
erläutern und mit Texten zu belegen. Dies schon hier zu tun,
würde den räumlich begrenzten Rahmen dieser Schlußüberlegungen
sprengen.
    586 Von einer Relativierung der Heilsmittlerschaft ist et-
wa im Vergleich mit Cyprians Ekklesiologie zu reden. Vgl. von
Campenhausen, Kirchliches Amt und geistliche Vollmacht, 292-
322, bes. 297f.

handeln Gottes in Verbindung mit den Sakramenten - als causae
sine qua non - angenommen. Dies ist die Art und Weise, wie
Augustins Interesse an Transzendenz und Unmittelbarkeit Gottes
lebendig bleibt.

Macht man sich diese Zusammenhänge der Theologie des 12.
und 13. Jahrhunderts mit dem Denken Augustins bewußt, dann wird
man unsere Untersuchung der Selbstbindungstradition im Mittelalter als Beitrag zur Klärung der Geschichte des Augustinismus
verstehen. Die Kontinuität, die Augustin mit den Vertretern
dieser Tradition verbindet, sehen wir weniger in der Übereinstimmung von Einzellösungen - gerade hier zeigt sich ein bedeutsamer Wandel -, als im Festhalten an seinem alle Bereiche
der Theologie gestaltenden Anliegen, Gottes souveräne Freiheit
gegenüber dem Bereich des Geschaffenen adäquat zum Ausdruck
zu bringen. Dieses Interesse gibt den Rahmen ab, in welchem
die Konzeption der freien Selbstbindung Gottes im 12. und 13.
Jahrhundert ihre Bedeutung als Gestaltungsprinzip der Theologie
gewinnt.

ABKÜRZUNGEN

Lexika, Sammelwerke, Zeitschriften und Monographienreihen

In der Regel halte ich mich an die üblichen Abkürzungen (nach RGG und LThK); in Ausnahmefällen habe ich eine eigene Abkürzung gewählt. Für die bibliographischen Angaben, soweit sie sich nicht unten im Literaturverzeichnis finden, sei auf das LThK verwiesen.

AFP	Archivum Fratrum Praedicatorum
AFrH	Archivum Franciscanum Historicum
AGThL	Arbeiten zur Geschichte und Theologie des Luthertums
AHDL	Archives d'histoire doctrinale et littéraire du moyen-âge
AKG	Arbeiten zur Kirchengeschichte
ALKGMA	Archiv für Literatur- und Kirchengeschichte des Mittelalters
AnGr	Analecta Gregoriana
ARG	Archiv für Reformationsgeschichte
BEH	Bibliothèque de l'Ecole des Hautes Etudes
BFS	Biblioteca di filosofia e scienza
BGPhMA	Beiträge zur Geschichte der Philosophie (ab 27, 1928-30: und Theologie) des Mittelalters
BHTh	Beiträge zur historischen Theologie
BiblFranc	Bibliotheca Franciscana Scholastica Medii Aevi
BiblThom	Bibliothèque Thomiste
BLE	Bulletin de littérature ecclésiastique
BStHTh	Breslauer Studien zur historischen Theologie
BThAM	Bulletin de Théologie ancienne et médiévale
CC	Corpus Christianorum
CollFr	Collectanea Franciscana
CSEL	Corpus Scriptorum Ecclesiasticorum Latinorum
CT	Concilium Tridentinum
DTh	Divus Thomas
DThA	Die deutsche Thomas-Ausgabe
DThC	Dictionnaire de théologie catholique
Efranc	Etudes franciscaines
EPhM	Etudes de philosophie médiévale
EThL	Ephemerides Theologicae Lovanienses
EThSt	Erfurter Theologische Studien

EvTh	Evangelische Theologie
FChLDG	Forschungen zur christlichen Literatur- und Dogmengeschichte
FGLP	Forschungen zur Geschichte und Lehre des Protestantismus
FIP	Franciscan Institute Publications
FKDG	Forschungen zur Kirchen- und Dogmengeschichte
FlorPatr	Florilegium Patristicum
FranzForsch	Franziskanische Forschungen
FreibThSt	Freiburger Theologische Studien
FS	Franziskanische Studien
FSt	Franciscan Studies
HThR	The Harvard Theological Review
JEH	The Jornal of Ecclesiastical History
LR	Lutherische Rundschau
LThK	Lexikon für Theologie und Kirche
MBTh	Münsterische Beiträge zur Theologie
MGrabInst	Mitteilungen des Grabmann-Instituts der Universität München
MG SS	Monumenta Germaniae Historica Abt. Scriptores
MS	Mediaeval Studies
MStHTh	Münchener Studien zur historischen Theologie
MThSt(S)	Münchener Theologische Studien Systematische Abt.
MThZ	Münchener Theologische Zeitschrift
PG	Migne, Patrologia Graeca
PhJ	Philosophisches Jahrbuch der Görres-Gesellschaft
PL	Migne, Patrologia Latina
RE	Realencyklopädie für protestantische Theologie und Kirche
RevSR	Revue des Sciences Religieuses
RGG	Die Religion in Geschichte und Gegenwart
RHE	Revue d'histoire ecclésiastique
RPhL	Revue philosophique de Louvain
RThAM	Recherches de Théologie ancienne et médiévale
RThom	Revue Thomiste
SA	Studia Anselmiana
SCJ	The Sixteenth Century Journal
SDGSTh	Studien zur Dogmengeschichte und systematischen Theologie
SMRTh	Studies in Medieval and Reformation Thought

SPAMPh	Studien zur Problemgeschichte der antiken und mittelalterlichen Philosophie
SSL	Spicilegium sacrum Lovaniense
SteT	Studi e Testi
StFrib	Studia Friburgensia
StG	Studia Gratiana
ThEx	Theologische Existenz heute
ThQ	Theologische Quartalschrift
ThSt	Theologische Studien
ThStKr	Theologische Studien und Kritiken
TThS	Trierer Theologische Studien
TU	Texte und Untersuchungen zur Geschichte der altchristlichen Literatur
WA	Martin Luther, Kritische Gesamtausgabe ("Weimarer Ausgabe")
WiWei	Wissenschaft und Weisheit
ZAM	Zeitschrift für Aszese und Mystik
ZKG	Zeitschrift für Kirchengeschichte
ZKTh	Zeitschrift für Katholische Theologie
ZThK	Zeitschrift für Theologie und Kirche

LITERATURVERZEICHNIS

I. Quellen

1. Handschriftliche

Es werden nur solche Handschriften aufgeführt, die ich selbst
in Mikrofilmen zur Verfügung hatte. Bei allen anderen zitierten
Handschriften wird in den Anmerkungen der Fundort in der Literatur angegeben.

GAUFRID VON POITIERS, Summa: Brügge Bibliothèque de la ville
    Cod.lat.220; Cod.Paris.Nat.lat.15747

HUGO VON ST.CHER, Sent.: Cod.Vat.lat.1098

ODO RIGALDI, Quaestiones De gratia: Toulouse Bibliothèque de
    la ville Cod.737 fol.208a-220d

PHILIPP DER KANZLER, Summa De bono: Cod.Vat.lat.7669

PRAEPOSITINUS VON CREMONA, Summa: Cod.Paris.Nat.lat.14526

QUAESTIONES Cod.British Museum Harley.658

QUAESTIONES Cod.Vat.lat.782 fol.105d-106a

RICHARD FISHACRE, Sent.: Oxford Balliol College Cod.57

ROBERT KILWARDBY, Sent.: Oxford Merton College Cod.131; Worce-
    ster Cod.F 43

ROLAND VON CREMONA, Summa: Cod.Vat.Barb.lat.729

STEPHAN LANGTON, Quaestiones: Cod.Paris.Nat.lat.14556

WILHELM VON AUXERRE, Summa aurea: Cod.Vat.Chigi B VII 108

2. Gedruckte

AEGIDIUS ROMANUS, Commentarius in secundum librum Sententiarum,
    2 Bde, Venedig 1581 (Neudruck: Frankfurt 1968).

ALANUS VON LILLE (AB INSULIS), Opera omnia: PL 210

 - Summa 'Quoniam homines', ed. P.Glorieux, La Somme "Quoniam
   homines" d'Alain de Lille, AHDL 28, 1953, 113-364

ALBERTUS MAGNUS, Opera omnia, 38 Bde, ed. A.Borgnet, Paris
    1890-1899

 - Opera omnia, ed. Institutum Alberti Magni Coloniense,
   Münster 1951ff; Bd.26: De sacramentis. De incarnatione. De
   resurrectione, Münster 1957

ALEXANDER VON HALES, Glossa in quattuor libros Sententiarum
    Petri Lombardi, 4 Bde, ed. PP. Collegii S. Bonaventurae,
    BiblFranc 12-15, Ad Claras Aquas (Quaracchi) 1951-1957

(PS.-) ALEXANDER VON HALES: s. SUMMA HALENSIS

AMBROSIASTER, Ambrosiastri qui dicitur Commentarius in Epistu-
    las Paulinas: CSEL 81

500

ANDREAS BODENSTEIN GEN. KARLSTADT, Apologeticae Conclusiones
(9.Mai 1518), in: V.E.Löscher, Vollständige Reformations-
Acta und Documenta oder umständliche Vorstellung des evangelischen Reformations-Wercks, Bd 2, Leipzig 1723, 78-108

ANSELM VON CANTERBURY, Opera omnia, 6 Bde, ed. F.S. Schmitt,
Stuttgart 1968

ARISTOTELES, Opera, 5 Bde, ed. I.Bekker, Berlin 1831-1870
(Neudruck in 2 Bden: Darmstadt 1960)

AUGUSTINUS, Opera: PL 32-47; CSEL 1887ff; CC 1954ff

- Confessiones, ed. M.Skutella (ed.corr.curaverunt H.Juergens
et W.Schaub), Bibliotheca scriptorum Graecorum et Romanorum
Teubneriana, Stuttgart 1969

BERNHARD VON CLAIRVAUX, Opera: Editiones Cistercienses, ed. J.
Leclercq, H.Rochais u.a., Rom 1957ff

BIBLIA CUM GLOSSA ORDINARIA (ET INTERLINEARI) ET EXPOSITIONE
(NICOLAI) LYRAE ..., 6 Bde, Basel 1506-1508

BIEL, GABRIEL, Canonis missae expositio, 4 Bde, ed. H.A.Oberman/
W.J.Courtenay, Veröffentlichungen des Instituts für Europäische Geschichte Mainz 31-34, Wiesbaden 1963-1967

- Collectorium in quattuor libros Sententiarum, Basel 1508

BOETHIUS, Opera omnia: PL 63 und 64

BONAVENTURA, Opera omnia, 10 Bde, ed. PP. Collegii S. Bonaventurae, Ad Claras Aquas (Quaracchi) 1882-1902

CONCILIUM TRIDENTINUM, Diariorum, Actorum, Epistularum, Tracta-
tuum nova collectio, ed. Societas Goerresiana, Freiburg/Br.
1901ff (= CT)

CYPRIAN, Opera omnia: PL 4

GLOSSA ORDINARIA: s. BIBLIA

GOTTFRIED VON AUXERRE, Epistula ad Albinum cardinalem et episcopum Albanensem: PL 185,587-596

GREGOR VON RIMINI, Super primum et secundum Sententiarum,
Venedig 1522 (Neudruck: FIP Text Series 7, St.Bonaventure/
N.Y. - Louvain - Paderborn 1955)

HILARIUS VON POITIERS, Opera omnia: PL 9 und 10

HUGO VON ST.CHER, Postilla in universa biblia iuxta quadruplicen
sensum, 8 Bde, Venedig 1732

INNOCENTIUS III., Opera omnia: PL 214-217

JAN HUS, Super IV Sententiarum, ed. W.Flajšhans/M.Komínková,
Magistri Ioannis Hus opera omnia, Bd.2, Prag 1905 (Neudruck:
Osnabrück 1966)

JOHANNES DUNS SCOTUS, Opera omnia, 12 Bde, ed. L.Wadding, Lyon
1639

JOHANNES LUTTERELL, Libellus contra doctrinam Guilelmi Occam,
ed. F.Hoffmann, Die Schriften des Oxforder Kanzlers Iohannes
Lutterell. Texte zur Theologie des vierzehnten Jahrhunderts,
EThST 6, Leipzig 1959, 3-102

JOHANN VON PALTZ, Supplementum Coelifodinae, Erfurt 1504

JOHANNES VON RUPELLA, Quaestiones disputatae De gratia (Cod. Paris.Nat.lat.14726), q.6-8, ed. L.Hödl, Die neuen Quästionen der Gnadentheologie des Johannes von Rupella OM († 1245) in Cod.lat.Paris.14726, MGrabInst 8, München 1964, 51-58.62-69.74-77

- Tractatus De gratia (Cod.Vat.lat.782), q.2 m.1 a.2 und 4 sowie q.3 m.2 a.2, ed. L.Hödl, Die neuen Quästionen ..., 58-62.69-74.78-81

JOHANNES VON SALISBURY, Historia pontificalis, ed. R.L. Poole, Ioannis Saresberiensis Historiae Pontificalis quae supersunt, Oxford 1927

JOHANN VON STAUPITZ, De executione aeternae praedestinationis, Nürnberg 1517

KARLSTADT: s. ANDREAS BODENSTEIN

LABORANS, De iustitia et iusto, ed. A.M.Landgraf, Laborantis Cardinalis Opuscula, FlorPatr 32, Bonn 1932, 6-42

LUTHER, MARTIN, D. Martin Luthers Werke. Kritische Gesamtausgabe, Weimar 1883ff (= WA)

MARSILIUS VON INGHEN, Quaestiones super quattuor libros Sententiarum, Straßburg s.a.

MATTHAEUS AB AQUASPARTA, Quaestiones disputatae De gratia, ed. V.Doucet, BiblFranc 11, Ad Claras Aquas (Quaracchi) 1935

ODO RIGALDI, Sent.II d.26-29, ed. J.Bouvy, Les questions sur la grâce dans le Commentaire des Sentences d'Odon Rigaud, RThAM 27, 1960, 305-343 (d.26 und 27); ders., La nécessité de la grâce dans le Commentaire des Sentences d'Odon Rigaud, RThAM 28, 1961, 69-96 (d.28 und 29)

OTTO VON FREISING, Gesta Friderici I. imperatoris, MG SS 20, Hannover 1868

PETRUS CANTOR, Summa De sacramentis et animae consiliis, 5 Bde, ed. J.-A.Dugauquier, Analecta Mediaevalia Namurcensia 4.7.11.16.21, Louvain - Lille 1954/1957/1961/1963/1967

PETRUS LOMBARDUS, Opera omnia: PL 191 und 192

- Sententiae I und II, 3.Aufl., ed. PP. Collegii S. Bonaventurae, Spicilegium Bonaventurianum 4, Grottaferrata (Rom) 1971

- Sententiae III und IV, 2.Aufl., ed. PP. Collegii S. Bonaventurae, Ad Claras Aquas (Quaracchi) 1916

PETRUS DE TARANTASIA (= INNOCENTIUS V.), In IV libros Sententiarum, 4 Bde, Toulouse 1649-1652

PETRUS DE TRABIBUS, Sent.IV, Teiledition: G.Gàl, Commentarius Petri de Trabibus in IV librum Sententiarum Petro de Tarantasia falso inscriptus, AFrH 45, 1952, 241-278

PHILIPP DER KANZLER, Summa De bono, daraus: Tractatus De gratia, ed. L.Hödl, Die neuen Quästionen der Gnadentheologie des Johannes von Rupella OM († 1245) in Cod.lat.Paris.14726, MGrabInst 8, München 1964, 81-91

PROSPER VON AQUITANIEN, Opera omnia: PL 51

RADULFUS ARDENS, Homiliae de tempore: PL 155, 1301-1490

- Homiliae in epistolas et evangelia dominicalia:
  PL 155,1667-2118

RICHARD VON MEDIAVILLA, Super quattuor libros Sententiarum,
4 Bde, Brescia 1591

ROBERT HOLKOT, In quattuor libros Sententiarum quaestiones,
Lyon 1518 (Neudruck: Frankfurt 1967)

ROLAND BANDINELLI (= ALEXANDER III.), Sententiae, ed. A.M.
Gietl, Die Sentenzen Rolands, nachmals Papstes Alexander
III., Freiburg/Br. 1891

ROLAND VON CREMONA, Summa III, ed. A.Cortesi, Summae magistri
Rolandi Cremonensis O.P. liber tertius, Monumenta Bergomensia 7, Bergamo 1962

SENTENTIAE DIVINITATIS, ed. B.Geyer, Die Sententiae Divinitatis. Ein Sentenzenwerk der Gilbertschen Schule, BGPhMA 7,
2-3, Münster 1909

SIMON VON TOURNAI, Disputationes, ed. J.Warichez, Les Disputationes de Simon de Tournai, SSL 12, Louvain 1932

STEPHAN LANGTON, In IV Sententiarum, ed. A.M.Landgraf, Der
Sentenzenkommentar des Kardinals Stephan Langton, BGPhMA
37,1, Münster 1952

SUMMA HALENSIS (eigentlicher Titel: SUMMA FRATRIS ALEXANDRI)
= (Ps.-)Alexander von Hales, Summa theologica I-III, 4 Bde,
ed. PP. Collegii S. Bonaventurae, Ad Claras Aquas (Quaracchi)
1924-1948; IV: Köln 1622

SUMMA SENTENTIARUM: PL 176,41-174 (vgl. auch PL 171,1067-1150)

TERTULLIAN, De poenitentia: CC 1,319-340

THOMAS VON AQUIN, Scriptum super Sententias Magistri Petri
Lombardi I und II, 2 Bde, ed. P.Mandonnet, Paris 1929; III
und IV d.1-22, 2 Bde, ed. F.Moos, Paris 1933/1947. Für IV
d.23-50 verwenden wir die Ausgabe Opera omnia, Parma 1852-
73 (Neudruck: New York 1948-1950), Bd 7. - Alle anderen
Werke des Thomas werden nach der Turiner Ausgabe (Ed. Marietti), Turin 1948ff (z.T. wieder in Neuauflagen) zitiert.

THOMAS VON STRASSBURG, Commentaria in 4 libros Sententiarum,
Venedig 1564 (Neudruck: Ridgewood/New Jersey 1965)

WILHELM VON AUVERGNE, Opera omnia, 2 Bde, Paris 1674 (Neudruck:
Frankfurt 1963)

WILHELM VON AUXERRE, Summa Aurea, ed. Regnault, Paris 1500

WILHELM VON OCKHAM, Super IV libros Sententiarum, Lyon 1495
(Neudruck: Farnborough 1962)

Der Fundort weiterer unselbständiger Quelleneditionen ist aus
dem Verzeichnis der Sekundärliteratur zu ermitteln.

II. Sekundärliteratur

1. Sammel und Nachschlagewerke

AMBROSINO,R., Vocabularium Institutionum Iustiniani, Augusti 1942

CHEVALIER,U., Repertorium Hymnologicum, 6 Bde, Subsidia Hagiographica 4, Löwen 1892-1921

DENIFLE,H./CHATELAIN,E., Chartularium Universitatis Parisiensis, Paris, 4 Bde, Paris 1889-1897

DENZINGER,H./SCHÖNMETZER,A., Enchiridion symbolorum, definitionum et declarationum de rebus fidei et morum, 32.Aufl., St. Barcelonette - Freiburg/Br. - Rom 1963

Dictionnaire de théologie catholique, 15 Bde, hg.v. A.Vacant/ E.Mangenot, fortges. v. E.Amann, Paris 1930-1967 (= DthC)

Die Deutsche Thomas-Ausgabe. Vollständige, ungekürzte deutsch-lateinische Ausgabe der Summa Theologiae. Übersetzt und kommentiert von Dominikanern und Benediktinern Deutschlands und Österreichs, hg.v. der Albertus-Magnus-Akademie Walberberg, Salzburg - Leipzig (seit 1941: Heidelberg; seit 1950: Heidelberg - Graz) 1933ff (= DThA)

Die Religion in Geschichte und Gegenwart, 3.Aufl., 6 Bde und RegBd, hg.v. K.Galling, Tübingen 1957-1965 (= RGG)

DOUCET,V., Commentaires sur les Sentences. Supplément au Répertoire de M.Frédéric Stegmüller, Ad Claras Aquas (Quaracchi) 1954

GLORIEUX,P., Répertoire des maîtres en théologie de Paris au XIIIe siècle, 2 Bde, EPhM 17.18, Paris 1933/34

HEUMANN,H./SECKEL,E., Handlexikon zu den Quellen des römischen Rechts, 11.Aufl., Graz 1971

Lexikon für Theologie und Kirche, 2.Aufl., 10 Bde und RegBd, hg.v. J.Höfer/K.Rahner, Freiburg/Br. 1957-1967 (= LThK)

LÖSCHER,V.E., Vollständige Reformations-Acta und Documenta oder umständliche Vorstellung des evangelischen Reformations-Wercks, 3 Bde, Leipzig 1720-1729

MAYR,R.VON/SAN NICOLO,M., Vocabularium Codicis Iustiniani, 2 Bde, Prag-Leipzig 1923/1925

Realencyklopädie für protestantische Theologie und Kirche, 3.Aufl., 21 Bde, RegBd und 2 Bde Ergänzungen und Nachträge, hg.v. A.Hauck, Leipzig 1896-1913

STEGMÜLLER,F., Repertorium Biblicum Medii Aevi, 7 Bde, Madrid 1940-1961

- Repertorium Commentariorum in Sententias Petri Lombardi, 2 Bde, Würzburg 1947

Thesaurus Linguae Latinae, Leipzig 1900ff

Vetus Latina. Die Reste der altlateinischen Bibel, Bd 1/1: Verzeichnis der Sigel für Kirchenschriftsteller, 2.Aufl., Freiburg/Br. 1963

Vocabularium Iurisprudentiae Romanae, 5 Bde, Berlin 1903-1939

2. Darstellungen

ACKERMANN,R., Buße und Rechtfertigung bei Gabriel Biel, Diss. theol. Tübingen 1962 (masch.)

ALSZEGHY,Z., Nova creatura. La nozione della grazia nei commentari medievali di S. Paolo, AnGr 81, Rom 1956

ALVERNY,M.-Th.d', Alain de Lille. Textes inédits, EPhM 52, Paris 1965

ANCIAUX,P., La date de composition de la Somme de Godefroid de Poitiers, RThAM 16, 1949, 165f

ANTL,L., An Introduction to the Quaestiones Theologicae of Stephen Langton, FSt 12, 1952, 151-175

AUER,J., Die Entwicklung der Gnadenlehre in der Hochscholastik mit besonderer Berücksichtigung des Kardinals Matteo d'Acquasparta. Erster Teil: Das Wesen der Gnade, Freiburg/Br. 1942

- Die Entwicklung der Gnadenlehre in der Hochscholastik. Zweiter Teil: Das Wirken der Gnade, FreibThSt 64, Freiburg/Br. 1951

- Die menschliche Willensfreiheit im Lehrsystem des Thomas von Aquino und Johannes Duns Scotus, München 1938

- Textkritische Studien zur Gnadenlehre des Alexander Halesius, Scholastik 15, 1940, 63-75

BAKHUIZEN VAN DEN BRINK,J.N., Mereo(r) and meritum in some Latin Fathers, Studia Patristica III 1 (TU 78), hg.v. F.L. Cross, 1961, 333-340

BARON,R., Etudes sur Hugues de Saint-Victor, Angers 1963

BAYER,O., Promissio. Geschichte der reformatorischen Wende in Luthers Theologie, FKDG 24, Göttingen 1971

- Rezension zu J.S.Preus, From Shadow to Promise. Old Testament Interpretation from Augustin to the Young Luther, Cambridge/Mass. 1969, in: ZKG 82, 1971, 380-382

BECK,A., Römisches Recht bei Tertullian und Cyprian, Schriften der Königsberger Gelehrten Gesellschaft, geisteswissenschaftl. Klasse 7,2, Halle 1930 (Neudruck: Aalen 1967)

BELLINI,P., L'obligazione da promessa con oggetto temporale nel sistema canonistico classico, Università degli studi di Roma 19, Mailand 1964

BETTI,H., L'état actuel de la Summa Theologica de Roland de Crémone, RThAM 18, 1951, 216-218

- Notes de littérature sacramentaire. Quelques écrits sur les sacrements en général au début de la grande scolastique (env. 1225-1240), RThAM 18, 1951, 211-237

BEUMER,J., Gratia supponit naturam. Zur Geschichte eines theologischen Prinzips, Gregorianum 20, 1939, 381-406.535-552

BITTREMIEUX,J., De congruo nobis B.Virgo promeruit, quae Christus de condigno, EThL 8, 1931, 422-436

BIZER,E., Die Entdeckung des Sakraments durch Luther, EvTh 17, 1957, 64-90

- Fides ex auditu. Eine Untersuchung über die Entdeckung der Gerechtigkeit Gottes durch Martin Luther, 3.Aufl., Neukirchen 1966

- Theologie der Verheißung. Studien zur theologischen Entwicklung des jungen Melanchthon (1519-1524), Neukirchen 1964

BLUMENBERG,H., Die Legitimität der Neuzeit, Frankfurt 1966

BOEHNER,Ph., Collected Articles on Ockham, hg.v. E.M.Buytaert, FIP Philosophy Series 12, St.Bonaventure/N.Y.-Löwen-Paderborn 1958

BOHATEC,J., Budé und Calvin. Studien zur Gedankenwelt des französischen Frühhumanismus, Graz 1950

BORCHERT,E., Der Einfluß des Nominalismus auf die Christologie der Spätscholastik nach dem Traktat De communicatione idiomatum des Nicolaus von Oresme, BGPhMA 35,4/5, Münster 1940

BORNKAMM,H., Iustitia dei in der Scholastik und bei Luther, ARG 39, 1942, 1-46

BOUGEROL,J.G., Introduction à l'étude de Saint Bonaventure, Bibliothèque de Théologie ser.1/vol.2, Tournai 1961

BOUILLARD,H., Conversion et grâce chez S.Thomas d'Aquin, Paris 1944

BOUVY,J., La nécessité de la grâce dans le Commentaire des Sentences d'Odon Rigaud, RThAM 28, 1961, 59-96 (= Bouvy II)

- Les questions sur la grâce dans le Commentaire des Sentences d'Odon Rigaud, RThAM 27, 1960, 290-343 (= Bouvy I)

BOZITKOVIC,G., S.Bonaventurae doctrina de gratia et libero arbitrio, Marienbad 1919

BREUNING,W., Die hypostatische Union in der Theologie Wilhelms von Auxerre, Hugos von St.Cher und Rolands von Cremona, TThS 14, Trier 1962

- Roland von Cremona, Art. in LThK VIII 1367

CAMPENHAUSEN,H.v., Kirchliches Amt und geistliche Vollmacht in den ersten drei Jahrhunderten, BHTh 14, 2.Aufl., Tübingen 1963

CAPPUYNS,M., Jean Scot Erigène, Löwen 1933

CATHREIN,V., Gottesliebe und Verdienst nach der Lehre des hl. Thomas, ZAM 6, 1931, 15-32

CHENU,M.-D., Rezension zu J.Rivière, Sur l'origine des formules "de condigno", "de congruo", BLE 7, 1927, 75-88, in: Bulletin Thomiste 4, 1927, 214f

- La théologie au douzième siècle, EPhM 45, Paris 1957 (2.Aufl. 1966)

- Das Werk des hl.Thomas von Aquin, DThA ErgBd 2, Heidelberg-Graz 1960 (franz.: Introduction à l'étude de saint Thomas, Paris 1950)

CLARK,F., A New Appraisal of Late Medieval Theology, Gregorianum 46, 1965, 733-765

COURTENAY,W.J., Covenant and Causality in Pierre d'Ailly, Speculum 46, 1971, 94-119

- The King and the Leaden Coin: The Economic Background of 'Sine qua non' Causality, Traditio 28, 1972, 185-209

- Necessity and Freedom in Anselm's Conception of God, Analecta Anselmiana IV/2, 1975, 39-64

- Nominalism and Late Medieval Thought: A Bibliographical Essay, Theological Studies 33, 1972, 716-734

- Token Coinage and the Administration of Poor Relief During the Late Middle Ages, Journal of Interdisciplinary History 3, 1972/73, 275-295

CZERNY,J., Das übernatürliche Verdienst für andere. Eine Untersuchung über die Entwicklung dieser Lehre von der Frühscholastik an bis zur Theologie der Gegenwart, StFrib 15, Freiburg/Schw. 1957

DEMAN,Th.-A., Der neue Bund und die Gnade. Kommentar zu S.th. I-II 106-114, DThA 14, Heidelberg-Graz 1955

DENIFLE,H., Die abendländischen Schriftausleger bis Luther über Justitia Dei (Rom.1,17) und Justificatio (= Ergänzungen zu Denifle's Luther und Luthertum, 1.Bd: Quellenbelege), Mainz 1905

- Die Constitutionen des Prediger-Ordens vom Jahre 1228, ALKGMA 1, 1885, 165-193(227)

DESHARNAIS,R.P., The History of the Distinction between God's Absolute and Ordained Power and Its Influence on Martin Luther, Unveröffentl. Diss. der Catholic University of America, Washington 1966

DETTLOFF,W., Die antipelagianische Grundstruktur der scotischen Rechtfertigungslehre, FS 48, 1966, 266-270

- Die Entwicklung der Akzeptations- und Verdienstlehre von Duns Scotus bis Luther mit besonderer Berücksichtigung der Franziskanertheologen, BGPhMA 40,2, Münster 1963

- Franziskanerschule, Art. in LThK IV 285-288

- Das Gottesbild und die Rechtfertigung in der Schultheologie zwischen Duns Scotus und Luther, WiWei 27, 1965, 197-210

- Die Lehre von der acceptatio divina bei Johannes Duns Scotus mit besonderer Berücksichtigung der Rechtfertigungslehre, FranzForsch 10, Werl 1954

- Zur Beurteilung der skotischen Akzeptationslehre, WiWei 16, 1953, 144-146

DHONT,R., Le problème de la préparation à la grâce, Paris 1946

DOMS,H., Die Gnadenlehre des sel. Albertus Magnus, BStHTh 13, Breslau 1929

DONDAINE,A., Un commentaire scripturaire de Roland de Crémone: "Le livre de Job", AFP 11, 1941, 109-137

DONDAINE,H.-D., A propos d'Avicenne et de saint Thomas. De la
causalité dispositive à la causalité instrumentale, RThom
51, 1951, 441-453

DORONZO,E., De sacramentis in genere, Milwaukee 1946

DURANTEL,J., Saint Thomas et le Pseudo-Denis, Paris 1919

EBELING,G., Wort und Glaube (= Gesammelte Aufsätze), 3.Aufl.,
Tübingen 1967

EHRLE,F., Der Augustinismus und der Aristotelismus in der Scholastik gegen Ende des 13. Jahrhunderts, ALKGMA 5, 1889,
603-635

 - Der Sentenzenkommentar Peters von Candia, des Pisaner-
papstes Alexander V., FS 9 Beiheft, Münster 1925

ERNST,W., Gott und Mensch am Vorabend der Reformation. Eine
Untersuchung zur Moralphilosophie und -theologie bei
Gabriel Biel, EThSt 28, Leipzig 1972

EYNDE,D.van den, Deux sources de la Somme théologique de Simon
de Tournai, Antonianum 24, 1949, 19-42

 - Précisions chronologiques sur quelques ouvrages théologiques du XIIe siècle, Antonianum 26, 1951, 223-246

 - Stephen Langton and Hugh of St.Cher on the Causality of the
Sacraments, FSt 11, 1951, [141] - [155]

EYNDE,D. und O.van den, Guidonis de Orchellis Tractatus de
sacramentis ex eius Summa de sacramentis et officiis
ecclesiae, FIP Text Series 4, St.Bonaventure/N.Y.-Löwen-
Paderborn 1953

FABRO,C., La nozione metafisica di partecipazione secondo
S.Tomaso d'Aquino, Studi superiori 3, 2.Aufl., Turin 1950

FAUST,U., Bernhards "Liber de gratia et libero arbitrio",
Analecta Monastica 6e série, Rom 1962, 35-51

FECKES,C., Die Rechtfertigungslehre des Gabriel Biel und ihre
Stellung innerhalb der nominalistischen Schule, MBTh 7,
Münster 1925

FEHLNER,P.-D., Person und Gnade nach Johannes Duns Scotus,
WiWei 28, 1965, 15-39

FERRARO,C., Doctrina de merito apud s.Bonaventuram, Pontificium Athenaeum Antonianum, facultas theologica, Theses ad
lauream 114, Rom 1956

FILTHAUT,E., Hugo v.St-Cher, Art. in LThK V 517f

 - Roland von Cremona O.P. und die Anfänge der Scholastik im
Predigerorden. Ein Beitrag zur Geistesgeschichte der älteren Dominikaner, Vechta i.O. 1936

FOREST,A./STEENBERGHEN,F.van/GANDILLAC,M.de, Le mouvement
doctrinal du IXe au XIVe siècle, Histoire de l'Eglise depuis
les origines jusqu'à nos jours 13, Paris 1951

FORSTER,A., Verdienst/systematisch, Art. in LThK X 677-680

FRIES,A., Ein Abriß der Theologie für Seelsorger aus der ersten
Hälfte des 13. Jahrhunderts, AFP 6, 1936, 351-360

508

GAL,G., Commentarius Petri de Trabibus in IV librum Sententiarum Petro de Tarantasia falso inscriptus, AFrH 45, 1952,
241-278

GAMMERSBACH,S., Gilbert von Poitiers und seine Prozesse im
Urteil der Zeitgenossen, Neue Münstersche Beiträge zur Ge-
schichtsforschung 5, Köln 1959

GARRIGOU-LAGRANGE,R., La grâce est-elle une participation de
la Déité telle qu'elle est en soi?, RThom 41, 1936, 470-485

GEIGER,L.B., La participation dans la philosophie de S. Thomas
d'Aquin, BiblThom 23, Paris 1942

GEYER,B., Neues und Altes zu den Sententiae divinitatis, in:
Mélanges J.de Ghellinck II, Museum Lessianum - Section hi-
storique 14, Gembloux 1951, 617-630

 - Die patristische und scholastische Philosophie, F.Überwegs
Grundriß der Geschichte der Philosophie, 2.Teil, 13.Aufl.,
Basel-Stuttgart 1956

 - Die Sententiae Divinitatis. Ein Sentenzenwerk der Gilbertschen Schule, BGPhMA 7,2/3, Münster 1909 (verbess.Neudruck:
Münster 1967)

GHELLINCK,J.de, Le mouvement théologique du XIIe siècle. Sa
préparation lointaine avant et autour de Pierre Lombard, ses
rapports avec les initiatives des canonistes. Etudes,
recherches et documents, Museum Lessianum - Section histo-
rique 10, 2.Aufl., Brügge 1948

 - Les notes marginales du Liber Sententiarum, RHE 14, 1913,
511-536.705-719

 - Pierre Lombard, Art. in DThC XII 1941-2019

GIERENS,M., De causalitate sacramentorum seu De modo expli-
candi efficientiam sacramentorum novae legis, Pontificia
Universitas Gregoriana, Textus et documenta, Series theologica 16, Rom 1935

GIETL,A.M., Die Sentenzen Rolands, nachmals Papstes Alexander
III., Freiburg/Br. 1891

GILLMANN,F., Zur Sakramentenlehre des Wilhelm von Auxerre,
Würzburg 1918

GILSON,E./BOEHNER,Ph., Christliche Philosophie von ihren Anfängen bis Nikolaus von Cues, 3.Aufl., Paderborn 1954

GLORIEUX,P., Le mérite du Christ selon S.Thomas, RevSR 10,
1930, 622-649

 - Sentences (Commentaires sur les), Art. in DThC XIV 1860-1884

 - La Somme "Quoniam homines" d'Alain de Lille, AHDL 28, 1953,
113-364

GÖSSMANN,E., Metaphysik und Heilsgeschichte. Eine theologische
Untersuchung der Summa Halensis (Alexander von Hales),
MGrabInst, Sonderbd., München 1964

GRABMANN,M., Die Geschichte der scholastischen Methode, 2 Bde,
Freiburg/Br. 1909/1911 (Neudruck: Darmstadt 1956)

 - Der Liber de exemplis naturalibus des Franziskanertheologen
Servasanctus. FS 7, 1920, 85-117

- Mittelalterliches Geistesleben. Abhandlungen zur Geschichte der Scholastik und Mystik, 3 Bde, München 1926/1936/1956

GRANE,L., Contra Gabrielem. Luthers Auseinandersetzung mit Gabriel Biel in der Disputatio Contra Scholasticam Theologiam 1517, Acta Theologica Danica 4, Gyldendal (Dän.) 1962

- Gabriel Biels Lehre von der Allmacht Gottes, ZThK 53, 1956, 53-75

GRESCHAT,M., Der Bundesgedanke in der Theologie des späten Mittelalters, ZKG 81, 1970, 44-63

GRÜNDEL,J., Hugo von St.Cher O.P. und die älteste Fassung seines Sentenzenkommentars, Scholastik 39, 1964, 391-401

- Die Lehre von dem Umständen der menschlichen Handlung im Mittelalter, BGPhMA 39,5, Münster 1963

- Das 'Speculum Universale' des Radulfus Ardens, MGrabInst 5, München 1961

GRUNDMANN,H., Ketzergeschichte des Mittelalters, Die Kirche in ihrer Geschichte II G 1, Göttingen 1963

GRZONDZIEL,H., Die Entwicklung der Unterscheidung zwischen potentia Dei absoluta und der potentia Dei ordinata von Augustin bis Alexander von Hales, Breslau 1926 (Diss. Teildruck)

GUARDINI,R., Die Lehre des heil. Bonaventura von der Erlösung. Ein Beitrag zur Geschichte und zum System der Erlösungslehre, Düsseldorf 1921

GUTJAHR,F.S., Petrus Cantor Parisiensis. Sein Leben und seine Schriften, Graz 1899

HÄGGLUND,B., The Background of Luther's Doctrine of Justification in Late Medieval Theology, Philadelphia 1971

- Voraussetzungen der Rechtfertigungslehre Luthers in der spätmittelalterlichen Theologie, LR 11, 1961, 28-55

HÄRING,N., Das sogenannte Glaubensbekenntnis des Reimser Konsistoriums von 1148, Scholastik 40, 1965, 55-90

- (HARING,N.M.), Notes on the Council_ and the Consistory of Reims (1148), MS 28, 1966, 39-59

HAGEN,K., From Testament to Covenant in the Early Sixteenth Century, SCJ 3/1, April 1972, 1-24

HARNACK,A.v., Lehrbuch der Dogmengeschichte, 3 Bde, 3.Aufl., Freiburg/Br.-Leipzig 1894-97

HEIM,K., Das Wesen der Gnade und ihr Verhältnis zu den natürlichen Funktionen des Menschen bei Alexander Halesius, Leipzig 1907

HEINZMANN, R., Wilhelm von Auvergne, Art. in LThK X 1127f

- Zur Anthropologie des Wilhelm von Auvergne (gest. 1249), MThZ 16, 1965, 27-36

HENLE,R.J., Saint Thomas and Platonism. A Study of the Plato and Platonici Texts in the Writings of Saint Thomas, Den Haag 1956

HENNINGER,J., S.Augustinus et doctrina de duplici iustitia, St.Gabrieler Studien 3, Moedling bei Wien 1935

HENQUINET,F.-M., De causalitate Sacramentorum iuxta codicem autographum S.Bonaventurae, Antonianum 8, 1933, 377-424

- Les manuscrits et l'influence des écrits théologiques d'Eudes Rigaux O.F.M., RThAM 11, 1939, 324-350

HESS,C.R., Roland of Cremona's Place in the Current of Thought, Angelicum 45, 1968, 429-477

HEYNCK,V., Die Bedeutung von "mereri" und "promereri" bei dem Konzilstheologen Andreas de Vega OFM, FS 50, 1968, 224-238

HOCEDEZ,E., Richard de Middleton. Sa vie, ses oeuvres, sa doctrine, SSL 7, Löwen 1925

HOCHSTETTER,E., Nominalismus?, FSt 9, 1949, 370-403

- Studien zur Metaphysik und Erkenntnislehre Wilhelms von Ockham, Berlin 1927

- Viator mundi. Einige Bemerkungen zur Situation des Menschen bei Wilhelm von Ockham, FS 32, 1950, 1-20 (danach zitiert); aufgenommen in: Wilhelm Ockham. Aufsätze zu seiner Philosophie und Theologie, Münster 1950, 1-20

HÖDL,L., Die Geschichte der scholastischen Literatur und der Theologie der Schlüsselgewalt, 1.Teil: Die scholastische Literatur und die Theologie der Schlüsselgewalt von ihren Anfängen an bis zur Summa aurea des Wilhelm von Auxerre, BGPhMA 38,4, Münster 1960

- Die neuen Quästionen der Gnadentheologie des Johannes von Rupella OM († 1245) in Cod.lat.Paris.14726, MGrabInst 8, München 1964

HOFFMANN,F., Die Schriften des Oxforder Kanzlers Iohannes Lutterell. Texte zur Theologie des vierzehnten Jahrhunderts, EThSt 6, Leipzig 1959

HOLFELDER,H.H., Tentatio et Consolatio. Studien zu Bugenhagens 'Interpretatio in librum Psalmorum', AKG 45, Berlin 1974

HOLL,K., Die iustitia dei in der vorlutherischen Bibelauslegung, in: Gesammelte Aufsätze zur Kirchengeschichte, Bd 3 (Der Westen), Tübingen 1928 (Neudruck: Darmstadt 1965), 171-188

HOVE,A.van, Doctrina Gulielmi Altissiodorensis de causalitate sacramentorum, DTh 33, 1930, 305-324

HUBER,R.M., The Doctrine of Ven. John Duns Scotus concerning the Causality of the Sacraments, FSt 4, 1926, 9-38

HUFNAGEL,A., Bonaventuras Person-Verständnis, in: Theologie in Geschichte und Gegenwart, Festschr. M. Schmaus, München 1957, 843-860

- Zur Echtheitsfrage der Summa theologiae Alberts d.Gr., ThQ 146, 1966, 8-39

HUNING,A., Rezension zu K.Kremer, Die neuplatonische Seinsphilosophie und ihre Wirkung auf Thomas von Aquin, SPAMPh 1, Leiden 1966, in: FS 50, 1968, 395f

INGU,T., Der Meritum-Gedanke bei St.Thomas von Aquin, S.Th.I-II Q.114 a.1-a.6 (in Japanisch), Studies in Medieval Thought 3, 1960, 18-31

ISERLOH,E., Gnade und Eucharistie in der philosophischen Theologie des Wilhelm von Ockham. Ihre Bedeutung für die Ursachen der Reformation, Veröffentlichungen des Instituts für Europäische Geschichte Mainz 8, Wiesbaden 1956

JACOB,P., Bund IV. Föderaltheologie, dogmengeschichtlich, Art. in RGG I 1518-1520

JALBERT,G., Nécessité et Contingence chez saint Thomas d'Aquin et chez ses Prédécesseurs, Ottawa 1961

JETTER,W., Die Taufe beim jungen Luther. Eine Untersuchung über das Werden der reformatorischen Sakraments- und Taufanschauung, BHTh 18, Tübingen 1954

JOEST,W., Ontologie der Person bei Luther, Göttingen 1967

JUNGHANS,H., Ockham im Lichte der neueren Forschung, AGThL 21, Berlin-Hamburg 1968

KÄPPELI,Th., Kurze Mitteilungen über mittelalterliche Dominikanerschriftsteller, AFP 10, 1940, 282-296

KASER,M., Römisches Privatrecht, 7.Aufl., München 1972

KASTEN,H., Taufe und Rechtfertigung bei Thomas von Aquin und Martin Luther, FGLP Reihe 10/Bd 41, München 1970

KLEIN,J., Die Charitaslehre des Johannes Duns Skotus, FS Beiheft 11, Münster 1926

 - Skotus und Pelagius. Erläuterungen zu P.Parthenius Minges, Joh. Duns Scoti Doctrina Philosophica et Theologica, FS 19, 1932, 256-258

 - Zur Sittenlehre des Joh. Duns Skotus, FS 1, 1914, 401-437; 2,1915,137-169

KOCH,J., Augustinischer und dionysischer Neuplatonismus und das Mittelalter, Kant-Studien 48, 1956/1957, 117-133

 - Neue Aktenstücke zu dem gegen Wilhelm Ockham in Avignon geführten Prozeß, RThAM 7, 1935, 353-380; 8, 1936, 79-93.168-197

KÖPF,U., Die Anfänge der theologischen Wissenschaftstheorie im 13. Jahrhundert, BHTh 49, Tübingen 1974

KOKSA,G., Die Lehre der Scholastiker des XVI. und XVII. Jahrhunderts von der Gnade und dem Verdienst der alttestamentlichen Gerechten, Rom 1955

KRAMP,J., Des Wilhelm von Auvergne "Magisterium divinale", Gregorianum 1, 1920, 538-584; 2, 1921, 42-78.174-187

KREMER,K., Die neuplatonische Seinsphilosophie und ihre Wirkung auf Thomas von Aquin, SPAMPh 1, Leiden 1966

KRIZOVLJAN,H.a, Primordia Scholae Franciscanae et Thomismus, CollFr 31, 1961, 133-175

KROEGER,M., Rechtfertigung und Gesetz. Studien zur Entwicklung der Rechtfertigungslehre beim jungen Luther, FKDG 20, Göttingen 1968.

KÜHN,U., Via caritatis. Theologie des Gesetzes bei Thomas von Aquin, Berlin 1964; Lizenzausgabe für die Bundesrepublik: Göttingen 1965

KUTTNER,S., Kanonistische Schuldlehre von Gratian bis auf die Dekretalen Gregors IX., SteT 64, Vatikanstadt 1935

LACOMBE,G./LANDGRAF,A.M., The Quaestiones of Cardinal Stephen Langton, The New Scholasticism 3, 1929, 1-18.113-158; 4, 1930, 115-165

LACOMBE,G./SMALLEY,B./GREGORY,A.L., Studies on the Commentaries of Cardinal Stephen Langton, AHDL 5, 1930

LAIS,H., Die Gnadenlehre des hl.Thomas in der summa contra gentiles und der Kommentar des Franciscus Sylvestris von Ferrara, MThSt(S) 3, München 1951

LAMPEN,W., De causalitate sacramentorum iuxta s.Bonaventuram, Antonianum 7, 1932, 77-86

 - De causalitate sacramentorum iuxta scholam Franciscanam, FlorPatr 26, Bonn 1931

LANDGRAF,A.M., Beobachtungen zur Einflußsphäre Wilhelms von Auxerre, ZKTh 52, 1928, 53-64

 - Die Bestimmung des Verdienstgrades in der Frühscholastik, Scholastik 8, 1933, 1-40; aufgenommen in: Dogmengeschichte der Frühscholastik I 2, 75-110 (danach zitiert)

 - Cod.Bamberg.Patr.136, Cod.Paris.Nat.lat.3237 und der Magister Alanus, PhJ 54, 1941, 476-490

 - Commentarius Porretanus in primam epistolam ad Corinthios, SteT 117, Vatikanstadt 1945

 - Dogmengeschichte der Frühscholastik I-IV, 8 Bde, Regensburg 1952-1956

 - Einführung in die Geschichte der theologischen Literatur der Frühscholastik unter dem Gesichtspunkt der Schulenbildung, Regensburg 1948

 - Die Erkennbarkeit des eigenen Gnadenstandes nach der Lehre der Frühscholastik, Scholastik 20, 1949, 39-58; aufgenommen in: Dogmengeschichte der Frühscholastik I 2, 57-74 (danach zitiert)

 - Die Erkenntnis der helfenden Gnade in der Frühscholastik, ZKTh 55, 1931, 177-238.403-437.562-591; aufgenommen in: Dogmengeschichte der Frühscholastik I 1, 51-140 (danach zitiert)

 - Der frühscholastische Streit um die potestas, quam Christus potuit dare servis et non dedit, Gregorianum 15, 1934, 524-572; aufgenommen in: Dogmengeschichte der Frühscholastik III 1, 169-209 (danach zitiert unter der Abkürzung: Potestas)

 - Handschriftenfunde aus der Frühscholastik, ZKTh 53, 1929, 95-110

 - Laborantis Cardinalis Opuscula, FlorPatr 32, Bonn 1932

 - Mitteilungen zur Schule Gilberts de la Porrée, CollFr 3, 1933, 185-208

 - Neue Funde zur Porretanerschule, CollFr 6, 1936, 354-363

 - Der Porretanismus der Homilien des Radulphus Ardens, ZKTh 64, 1940, 132-148

 - Sentenzenglossen des beginnenden 13. Jahrhunderts, RThAM 10, 1938, 36-55

LANDGRAF,A.M. (Forts.), Der Sentenzenkommentar des Kardinals
Stephan Langton, BGPhMA 37,1, Münster 1952

- Studien zur Erkenntnis des Übernatürlichen in der Frühscholastik, Scholastik 4, 1929, 1-37.189-220.352-389; aufgenommen in: Dogmengeschichte der Frühscholastik I 1, 141-201
(danach zitiert unter der Abkürzung: Die Erkenntnis des
Übernatürlichen)

- Der Traktat De errore Pelagii des Wilhelm von Auvergne,
Speculum 5, 1930, 168-180

- Untersuchungen zu den Eigenlehren Gilberts de la Porrée,
ZKTh 54, 1930, 180-213

- Die Vorbereitung auf die Rechtfertigung und die Eingießung
der heiligmachenden Gnade in der Frühscholastik, Scholastik
6, 1931, 42-62.222-247.354-380.481-504; aufgenommen in:
Dogmengeschichte der Frühscholastik I 1, 238-302 (danach
zitiert)

- Zur Chronologie der Werke Stephan Langtons, RThAM 3, 1931,
67-71

LECHNER,J., Die Sakramentenlehre des Richard von Mediavilla,
MStHTh 5, München 1925

LETTER,P.de, De ratione meriti secundum sanctum Thomam, AnGr
19, Rom 1939

LINDBECK,G., Nominalism and the Problem of Meaning as Illustra-
ted by Pierre d'Ailly on Predestination and Justification,
HThR 52, 1959, 43-60

LOCHER,G.W., Huldrych Zwingli in neuer Sicht. Zehn Beiträge
zur Theologie der Zürcher Reformation, Zürich-Stuttgart 1969

LONGPRE,E., Guillaume d'Auvergne et Alexandre de Hales, AFrH 16,
1923, 249f

- Guillaume d'Auvergne et l'Ecole Franciscaine de Paris, La
France Franciscaine 5, 1922, 426-429

LOOFS,F., Leitfaden zum Studium der Dogmengeschichte, 2 Bde,
5.Aufl., hg.v.K.Aland, Halle 1951/1953

LORTZ,J., Einleitung zu: E.Iserloh, Gnade und Eucharistie in
der philosophischen Theologie des Wilhelm von Ockham. Ihre
Bedeutung für die Ursachen der Reformation, Veröffentlichungen des Instituts für Europäische Geschichte Mainz 8, Wiesbaden 1956, XIII-XL

LOTTIN, O., La date de la question disputée 'De malo' de saint
Thomas d'Aquin, RHE 24, 1928, 373-388

- L'influence littéraire du Chancelier Philippe sur les
théologiens préthomistes, RThAM 2, 1930, 311-329

- Le premier commentaire connu des Sentences de Pierre Lombard, RThAM 11, 1939, 64-71

- Psychologie et Morale aux XIIe et XIIIe siècles, I-VI, 8
Bde, Löwen-Gembloux 1942-1960 (Bd 1: 2. Aufl. 1957)

- Quatre 'Quaestiones' de Godefroid de Poitiers, RThAM 18,
1951, 147-151

LOTTIN,O. (Forts.), Rezension zu D. van den Eynde, Les définitions des sacrements pendant la première période de la théologie scolastique (1050-1240), Rom-Löwen 1950, in: BThAM 6,
1950-1953, 121f Nr.414

- Roland de Crémone et Hugues de Saint-Cher, RThAM 12, 1940,
136-143

LYNCH,K.F., The Alleged Fourth Book on the Sentences of Odo
Rigaud and Related Documents, FSt 9, 1940, 87-145

- Some 'Fontes' of the 'Commentary' of Hugh de Saint Cher:
William of Auxerre, Guy d'Orchelles, Alexander of Hales,
FSt 13, 1953, 119-146

- Texts Illustrating the Causality of the Sacraments from
William of Melitona, Assisi Bibl.Comm.182, and Brussels
Bibl.Royale 1542, FSt 17, 1957, 238-272

LYNN,W.D., Christ's Redemptive Merit. The Nature of its Causality according to St.Thomas, AnGr 115, Rom 1962

MARTINEAU,R.M., Le plan de la Summa Aurea de Guillaume d'Auxerre, Etudes et recherches, publiées par le Collège Dominicain
d'Ottawa II 1, Ottawa 1937, 79-114

McSORLEY,H.J., Was Gabriel Biel a Semipelagian?, in: Wahrheit
und Verkündigung, Festschr. M.Schmaus, hg.v. L.Scheffczyk/
W.Dettloff u.a., München 1967, II 1109-1120

MEERSSEMAN,G.G., "In libris gentilium non studeant." L'étude
des classiques interdite aux clercs au moyen âge?, Italia
medioevale e umanistica 1, 1958, 1-13

MEIER,L., Research That Has Been Made and Is Yet to Be Made on
the Ockhamism of Martin Luther at Erfurt, AFrH 43, 1950,
56-67

MIETHKE,J., Ockhams Weg zur Sozialphilosophie, Berlin 1969

MINGES,P., Ioannis Duns Scoti doctrina philosophica et theologica quoad res praecipuas proposita et exposita, 2 Bde,
Ad Claras Aquas (Quaracchi) 1930

- Die theologischen Summen Wilhelms von Auxerre und Alexanders
von Hales, ThQ 97, 1915, 508-529

MINIO-PALUELLO,L., Die aristotelische Tradition in der Geistesgeschichte, in: Aristoteles in der neueren Forschung, hg.
v. P.Moraux, Darmstadt 1968, 314-338

MITZKA,F., Die Lehre des hl.Bonaventura von der Vorbereitung
auf die heiligmachende Gnade, ZKTh 50, 1926, 27-72.220-252

MØLLER,J.G., The Beginnings of Puritan Covenant Theology, JEH
14, 1963, 46-67

MOLTENI,P., Roberto Holcot O.P. dottrina della grazia e della
giustificazione con due questioni quodlibetali inedite,
Pinerolo 1968

MÜHLEN,K.H.zur, Nos extra nos. Luthers Theologie zwischen
Mystik und Scholastik, BHTh 46, Tübingen 1972

MURPHY,Th., The Divine Freedom according to St.Thomas, RPhL 57,
1959, 312-341

OAKLEY,F., Pierre d'Ailly and the Absolute Power of God: Anothe
Note on the Theology of Nominalism, HThR 56, 1963, 59-73

OBERMAN,H.A., Archbishop Thomas Bradwardine - a Fourteenth Century Augustinian. A Study of his Theology in its Historical Context, Utrecht 1957

- Contra vanam curiositatem. Ein Kapitel der Theologie zwischen Seelenwinkel und Weltall, ThSt 113, Zürich 1974

- Die "Extra"-Dimension in der Theologie Calvins, in: Geist und Geschichte der Reformation, Festg. H. Rückert, hg.v. H.Liebing/K.Scholder, AKG 38, Berlin 1966, 323-356

- Facientibus quod in se est deus non denegat gratiam. Robert Holcot, O.P. and the Beginnings of Luther's Theology, HThR 55, 1962, 317-342

- "Iustitia Christi" und "Iustitia Dei". Luther und die scholastischen Lehren von der Rechtfertigung, in: Der Durchbruch der reformatorischen Erkenntnis bei Luther, Wege der Forschung 123, hg.v. B.Lohse, Darmstadt 1968, 413-444 (engl.: "Iustitia Christi" and "Iustitia Dei". Luther and the Scholastic Doctrines of Justification, HThR 59, 1966, 1-26)

- Reformation and Revolution: Copernicus' Discovery in an Era of Change, in: The Nature of Scientific Discovery, hg.v. O.Gingerich, Washington, D.C., 1975, 134-169

- The Shape of Late Medieval Thought: the Birthpangs of the Modern Era, in: The Pursuit of Holiness in Late Medieval and Renaissance Religion. Papers from the University of Michigan Conference, hg.v. C.Trinkaus/H.A.Oberman, SMRTh 10, Leiden 1974, 3-25

- Some Notes on the Theology of Nominalism with Attention to its Relation to the Renaissance, HThR 53, 1960, 47-76

- Spätscholastik und Reformation, Bd 1: Der Herbst der mittelalterlichen Theologie, Zürich 1965 (engl.: The Harvest of Medieval Theology. Gabriel Biel and Late Medieval Nominalism, Cambridge/Mass. 1963)

- Das tridentinische Rechtfertigungsdekret im Lichte spätmittelalterlicher Theologie, ZThK 61, 1964, 251-282

- Wir sein pettler. Hoc est verum. Bund und Gnade in der Theologie des Mittelalters und der Reformation, ZKG 78, 1967, 232-252

OEING-HANHOFF,L., Zur thomistischen Freiheitslehre, Scholastik 31, 1956, 161-181

ØSTERGAARD-NIELSEN,H., Scriptura sacra et viva vox. Eine Lutherstudie, FGLP Reihe 10/Bd 10, München 1957

OTT,L., Gottfried v. Poitiers, Art. in LThK IV 1139f

- Porretaner, Art. in LThK VIII 620f

OTTAVIANO,C., Guglielmo d'Auxerre (+ 1231). La vita, le opere, il pensiero, BFS 12, Rom s.a.

OZMENT,S.E., Homo Spiritualis. A Comparative Study of the Anthropology of Johannes Tauler, Jean Gerson and Martin Luther (1513-16) in the Context of their Theological Thought, SMRTh 6, Leiden 1969

516

PANNENBERG,W., Person, Art. in RGG V 230-235

- Die Prädestinationslehre des Duns Skotus im Zusammenhang der scholastischen Lehrentwicklung, FKDG 4, Göttingen 1954

PELSTER,F., Beiträge zur Erforschung des schriftlichen Nachlasses Odo Rigaldis, Scholastik 11, 1936, 518-542

- Das Leben und die Schriften des Oxforder Dominikanerlehrers Richard Fishacre (+ 1248), ZKTh 54, 1930, 518-553

PERGAMO,B., La dottrina della gratia unionis in Alessandro di Hales, Studi Francescani 29, 1932, 129-163

PESCH,O.H., Die Lehre vom "Verdienst" als Problem für Theologie und Verkündigung, in: Wahrheit und Verkündigung, Festschr. M.Schmaus, hg.v. L.Scheffczyk/W.Dettloff u.a., München 1967, II 1865-1907

- Die Theologie der Rechtfertigung bei Martin Luther und Thomas von Aquin. Versuch eines systematisch-theologischen Dialogs, Walberberger Studien der Albertus-Magnus-Akademie/ Theologische Reihe 4, Mainz 1967

PETERS,A., Glaube und Werk. Luthers Rechtfertigungslehre im Lichte der Heiligen Schrift, AGThL 8, 2.Aufl. 1967

PILARCZYK,D.E., Praepositini Cancellarii de Sacramentis et de Novissimis (Summae Theologicae Pars Quarta), Collectio Urbaniana III 7, Rom 1964

POWICKE,F.M., Stephen Langton, Oxford 1928

PRETO,E., Un teste inedito: la Summa theologica di Rolando da Cremona, Rivista di filosofia neo-scolastica 40, 1948, 45-72

PREUS,J.S., From Shadow to Promise. Old Testament Interpretation from Augustin to the Young Luther, Cambridge/Mass. 1969

- Old Testament Promissio and Luther's New Hermeneutic, HThR 60, 1967, 145-161

PROSDOCINI,L., La 'Summa Decretorum' di Uguccione da Pisa. Studi preliminari per una edizione critica, StG 3, 1955, 349-374

PUECH,L., De meriti theoria iuxta Ioannem Duns Scotum, Pontificium Athenaeum Antonianum, Thesis inedita, Rom 1934

QUILLIET,H., Congruo (de), condigno (de), Art. in DThC III 1138-1152

RATZINGER,J., Die Geschichtstheologie des heiligen Bonaventura, München 1959

REINHOLD,G., Die Streitfrage über die physische oder moralische Wirksamkeit der Sakramente - nach ihrer historischen Entwicklung kritisch dargestellt, Stuttgart-Wien 1899

REMEC,B., De sanctitate et gratia doctrina Summae Theologicae Alexandri Halensis, Ljubljana 1940

REMY,P., La causalité des sacrements d'après S.Bonaventure, Efranc 42, 1930, 324-339

RIVIERE,J., Mérite, Art. in DThC X 574-785

- S.Thomas et le mérite "de congruo", RevSR 7,1927, 641-649

- Sur l'origine des formules "de condigno", "de congruo",
  BLE 7, 1927, 75-88

ROBSON,J.A., Wyclif and the Oxford Schools. The Relation of the
  "Summa de ente" to Scholastic Debates at Oxford in the Later
  14. Century, Cambridge Studies in Medieval Life and Thought
  8, Cambridge 1961

RODRIGUES DE GRAJAU,C., A natureza do mérito no ensinamento
  do Doutor Seráfico S.Bonaventura, Centro Studi Cappucini
  Lombardi 10, Mailand 1963

ROKITA,G., Aristoteles, Aristotelicus, Aristotelicotatos,
  Aristoteleskunst, Probeartikel zum Sachregister der Weima-
  rer Lutherausgabe (Abt. Schriften), ABG 15, 1971, 51-93

ROO,W.A.van, Grace and Original Justice according to St.Thomas,
  AnGr 75, Rom 1955

RÜCKERT,H., Promereri. - Eine Studie zum tridentinischen Rechtfertigungsdekret als Antwort an H.A.Oberman, ŽThK 68, 1971,
  162-194; aufgenommen in: Vorträge und Aufsätze zur historischen Theologie, Tübingen 1972, 264-294

SANTOS,J.-G., Doctrina del mérito en Duns Escoto, Verdad y
  Vida 19, 1961, 269-289

SCHÄZLER,C.von, Die Lehre von der Wirksamkeit der Sakramente
  ex opere operato, in ihrer Entwicklung innerhalb der Scholastik und ihrer Bedeutung für die christliche Heilslehre
  dargestellt, München 1860

SCHINZER,R., Die doppelte Verdienstlehre des Spätmittelalters
  und Luthers reformatorische Entdeckung, ThEx 168, München
  1971

SCHMIDT,M.A., Scholastik, in: Die Kirche in ihrer Geschichte II
  G 2, Göttingen 1969

SCHOTT,E., Verdienst/dogmengeschichtlich, Art. in RGG VI 1266-
  1270

SCHRAMM,H.-P., Zur Geschichte des Wortes 'obligatio' von der
  Antike bis Thomas von Aquin, ABG 11, 1967, 119-147

SCHRENK,G., Gottesreich und Bund im älteren Protestantismus vor-
  nehmlich bei Johannes Coccejus. Zugleich ein Beitrag zur
  Geschichte des Pietismus und der heilsgeschichtlichen Theologie, Beiträge zur Förderung christlicher Theologie, Reihe
  2/Bd 5, Gütersloh 1923

SCHULTZ,H., Der sittliche Begriff des Verdienstes und seine Anwendung auf das Verständnis des Werkes Christi. Eine dogmati-
  sche Frage vom ethischen Gesichtspunkt aus betrachtet, ThStKr
  67, 1894, 7-50

SCHUPP,J., Die Gnadenlehre des Petrus Lombardus, FreibThSt 35,
  Freiburg 1932

SCHWARZ,R., Vorgeschichte der reformatorischen Bußtheologie,
  AKG 41, Berlin 1968

518

SECKLER,M., Das Heil in der Geschichte. Geschichtstheologisches
Denken bei Thomas von Aquin, München 1964

- Instinkt und Glaubenswille nach Thomas von Aquin, Mainz 1961

SEEBERG,R., Lehrbuch der Dogmengeschichte, 4 Bde, 6.Aufl.,
Darmstadt 1959-1965

SIMONIN,H.-D./MEERSSEMAN,S., De sacramentorum efficientia apud
theologos Ord.Praed., I: 1229-1276, Rom 1936

STAEDTKE,J., Die Theologie des jungen Bullinger, SDGSTh 16,
Zürich 1962

STEENBERGHEN,F.van, Aristotle in the West. The Origins of Latin
Aristotelianism, Löwen 1955

- La philosophie au XIIIe siècle, Philosophes médiévaux 9,
Löwen-Paris 1966

STEER,G., Scholastische Gnadenlehre in mittelhochdeutscher
Sprache, Münchener Texte und Untersuchungen zur deutschen
Literatur des Mittelalters 14, München 1966

STEIGER,R. (geb. ACKERMANN), Zum Begriff der Kontingenz im
Nominalismus, in: Geist und Geschichte der Reformation,
Festg. H.Rückert, hg.v. H.Liebing/K.Scholder, AKG 38, Berlin
1966, 35-67

STEINMETZ,D.C., Misericordia Dei. The Theology of Johannes
von Staupitz in its Late Medieval Setting, SMRTh 4, Leiden
1968

STICKLER,A.M., Kanonistik, Art. in LThK V 1289-1302

STOECKLE,B., "Gratia supponit naturam." Geschichte und Analyse
eines theologischen Axioms unter besonderer Berücksichtigung
seines patristischen Ursprungs, seiner Formulierung in der
Hochscholastik und seiner zentralen Position in der Theologie des 19. Jahrhunderts, SA 49, Rom 1962

STRAKE,J., Die Sakramentenlehre des Wilhelm v. Auxerre, FChLDG
13,5, Paderborn 1917

VEAL,J.F., The Sacramental Theology of Stephen Langton and the
Influence upon him of Peter the Chanter, Rom 1955

VERNET,F., Guillaume d'Auvergne, Art. in DThC VI 1967-1976

VERWEYEN,J., Das Problem der Willensfreiheit in der Scholastik,
Heidelberg 1909

VIGNAUX,P., Justification et prédestination au XIVe siècle.
Duns Scot, Pierre d'Auriole, Guillaume d'Occam, Grégoire
de Rimini, BEH/Sciences Religieuses 48, Paris 1934

- Luther Commentateur des Sentences (livre I, distinction
XVII), EPhM 21, Paris 1935

- Nominalisme, Art. in DThC XI 717-784

- Nominalisme au XIVe siècle, Paris 1948

- Sur Luther et Ockham, FS 32, 1950, 21-30

VOLK,H., Gnade und Person, in: Theologie in Geschichte und
Gegenwart, Festschr. M.Schmaus, hg.v. J.Auer/H.Volk, München
1957, 219-236

WEIJENBERG,J., Die Verdienstlichkeit der menschlichen Handlung nach der Lehre des hl.Thomas von Aquin, Freiburg 1931

WEISWEILER,H., Maître Simon et son groupe, De sacramentis, SSL 17, Löwen 1937

- Die Ps.-Dionysiuskommentare "In Coelestem Hierarchiam" des Skotus Eriugena und Hugos von St.Viktor, RThAM 19, 1952, 26-47

- Sakrament als Symbol und Teilhabe. Der Einfluß des Ps.-Dionysius auf die allgemeine Sakramentenlehre Hugos von St. Viktor, Scholastik 27, 1952, 321-343

WICKI,N., Die Lehre von der himmlischen Seligkeit in der mittelalterlichen Scholastik von Petrus Lombardus bis Thomas von Aquin, StFrib 9, Freiburg/Schw. 1954

WICKS,J., Man Yearning for Grace. Luther's Early Spiritual Teaching, Veröffentlichungen des Instituts für Europäische Geschichte Mainz 56, Wiesbaden 1969

WIRTH,K.H., Der "Verdienst"-Begriff in der christlichen Kirche, nach seiner geschichtlichen Entwicklung dargestellt, I: Der "Verdienst"-Begriff bei Tertullian, Leipzig 1892; II: Der "Verdienst"-Begriff bei Cyprian, Leipzig 1901

WULF,M.de, Histoire de la philosophie médiévale, 2 Bde, 6.Aufl., Löwen-Paris 1934/1936

ZUMKELLER,A., Die Augustinerschule des Mittelalters: Vertreter und philosophisch-theologische Lehre (Übersicht nach dem heutigen Stand der Forschung), AAug 27, 1964, 167-262

- Dionysius de Montina - ein neuentdeckter Augustinertheologe des Spätmittelalters, Cassiciacum 9 (2.Reihe/3.Bd), Würzburg 1948

- Hugolin von Orvieto (+1373) über Prädestination, Rechtfertigung und Verdienst, Augustiniana 4, 1954, 109-156; 5, 1955, 5-51

- Das Ungenügen der menschlichen Werke bei den deutschen Predigern des Spätmittelalters, ZKTh 81, 1959, 265-305

- Der Wiener Theologieprofessor Johannes von Retz O.S.A. (+ nach 1404) und seine Lehre von Urstand, Erbsünde, Gnade und Verdienst, Augustiniana 21, 1971, 505-540; 22, 1972, 118-184.540-582

Nachtrag: Die Dissertation von K.Bannach, Die Lehre von der doppelten Macht Gottes bei Wilhelm von Ockham. Problemgeschichtliche Voraussetzungen und Bedeutung, Wiesbaden 1975 (im Buchhandel erst seit Frühjahr 1976) konnte ich leider nicht mehr berücksichtigen. Bannach geht freilich auf die Selbstbindungstradition vor und nach Ockham nicht näher ein, während es mir gerade darum ging, in dieser Frage einen Traditionsstrom von Augustin über Früh-, Hoch- und Spätscholastik bis in das Reformationszeitalter hinein zur Darstellung zu bringen. Aus diesem Kontext ergibt sich dann auch eine in manchen Punkten andere Sicht Ockhams als bei Bannach.

Genesis

4,4: 146, 165, 222

15,1: 232

15,18: 232

Kap.17: 232

27,7-10: 269

Exodus

13,5: 263

Numeri

21,8f: 54

Psalmi

12,6: 388

31,1: 23

32,4: 22

44,2: 31

50,6: 381, 385

50,7: 378, 381

54,3: 12

83,16: 9-11, 14, 379

84,11: 379

84,14: 379

91,2: 12

100,1: 15

100,2: 9, 12, 15-17

106,1: 381

109,1: 9-11, 14, 17f

113,1: 378, 381, 453

118,17: 378f, 453

118,41: 378, 383, 385

118,43: 49

118,49: 22

118,76: 378, 383, 385

118,88: 378, 382

118,159: 23

142,1: 378

Proverbia

8,17: 294

Sapientia

12,1f: 470

Isaias

1,19: 192f, 263, 292

64,6: 234

Ieremias

15,19: 124, 126-130, 132, 191, 412, 418

18,6: 470

Ezechiel

2,8: 94

Zacharias

1,3: 94, 97f, 181f, 185, 187, 191f, 212, 257f, 261-263, 298-301, 394, 412f, 418

Matthaeus

7,16: 63

10,20: 31, 48

16,19: 386

18,18: 386

20,1-16: 48, 50, 87f, 94, 116, 119, 124, 141, 148, 155, 164, 343, 404, 437

20,2: 119, 404, 463

20,8: 26

25,14-30 (par.: Lc 19, 11-27): 147

26,28: 386

Marcus

14,24: 386

16,19: 386

Lucas

7,47: 127

11,9f: 380

22,20: 386

Ioannes

1,16: 16, 63, 69f, 94, 118

4,14: 335

20,23: 386

Actus apostolorum

5,41: 449

Ad Romanos

1,4: 311

1,17: 430f

2,3-6: 11

3,21: 430f

3,24: 246

4,7: 385

6,21-23: 24

6,23: 25, 67, 94, 118

Erfaßt sind nur antike, mittelalterliche und frühneuzeitliche
Quellen. Anonyme Werke sind unter ihrem Titel, nur handschrift-
lich erhaltene unter "Codices (anonym): Cod...." eingeordnet.